Friedrich von Raumer

Geschichte der Hohenstaufen und ihrer Zeit

Friedrich von Raumer

Geschichte der Hohenstaufen und ihrer Zeit

ISBN/EAN: 9783741172038

Hergestellt in Europa, USA, Kanada, Australien, Japan

Cover: Foto ©ninafisch / pixelio.de

Manufactured and distributed by brebook publishing software (www.brebook.com)

Friedrich von Raumer

Geschichte der Hohenstaufen und ihrer Zeit

Geschichte
der
Hohenstaufen
und ihrer Zeit.

Von

Friedrich von Raumer.

In sechs Bänden.

Vierte Auflage.

Vierter Band.

Leipzig:
F. A. Brockhaus.
1872.

Siebentes Buch.

(Fortsetzung.)

Von dem Einfalle der Mongolen bis zum Tode Friedrichs II.

(Vom Jahre 1241 bis 1250.)

Vierzehntes Hauptstück.

Im Norden der großen Bucharei und der Wüste Kobi, im Süden Sibiriens, zieht sich durch das mittlere Asien eine ungeheure Ebene hin, im Durchschnitte wohl 50 — 100 Meilen breit und über 300 Meilen lang. Sie liegt ungefähr unter denselben Graden der Breite wie die herrlichen lombardischen Ebenen: aber welch ein Unterschied der Natur und der Menschen! Jenes scheinbare asiatische Flachland ist der Wahrheit nach ein Gebirge, ein ebenes Hochland, welches überall mehre Tausend Fuß, ja so hoch über der Meeresfläche erhaben ist, wie die höchsten europäischen Alpenwohnungen. Nur nach der Nordwestseite ragen die Riesenberge des großen Altai noch weit über dieses Hochland hervor; nach den meisten anderen Seiten zeigt sich hingegen ein gewaltiger Abfall in tiefere Länder. Steigt man von diesen aufwärts, so führt der Weg durch Thäler, in die sich wilde Bäche hinabstürzen, zwischen losgerissenen Massen und schroffen Berghäuptern hindurch. Hat man aber endlich die Höhe erreicht, so verschwindet alle Mannichfaltigkeit, alle Schönheit. Nirgends ein Baum, nirgends ein Strauch, nichts Festes, Beharrliches, sich Auszeichnendes in diesem Landmeere von Kies und Sand, oder in diesen mit Salzpflanzen bedeckten Ebenen, wo das flechtenartig aufsprießende Salz wie frischgefallener Schnee den seitigen Boden deckt [1]. Nirgends eine Menschen-

---

[1] Humboldt, Ansichten der Natur, I, 7.

Wohnung, die verdient mit dem beweglichen Meerschiffe verglichen zu werden. Etwa zwei Monate lang brennt die Sonne am Tage mit gewaltiger Gluth, und des Nachts tritt dennoch Eiskälte ein. Nordwinde herrschen den größten Theil des Jahres hindurch, und die Trockenheit ist so groß, daß es nicht einmal schneit, viel weniger regnet. Auf dem magern Boden suchen die Thiere ängstlich ihre nothdürftige Nahrung [1].

So ist das Stammland der Mongolen, und wie das Land, so die Menschen. Ihre nur mittelmäßige Größe würde man ihnen kaum als Mangel anrechnen, wenn nur sonst die Verhältnisse ihres Körperbaues angenehm und richtig wären. Aber an dem überlangen, starken Oberleibe sitzen schmale Hüften und kurze, krumme, magere Beine. In dem blassen Gesichte treten dicke Lippen und eckige Backenknochen hervor, während die Nase breit und platt ist und in den weiten, tiefen Augenhöhlen kleine, schiefgestellte Augen blinzeln. Der Bart fehlt von Natur fast ganz, der Kopf wird künstlich geschoren, und nur hinter jedem Ohre bleibt ein langer zusammengedrehter Zopf hängen [2]. Diese Gestalten, sowohl Männer als Weiber, darf man sich fast nicht anders denken, als auf magern, raschen Pferden und in steter Bewegung; doch hatten sie auch sogenannte Häuser, das heißt Zelte von Filz, welche, um sie wasserdicht zu machen, mit Schafmilch bestrichen wurden. Wohnung und Hausgeräth stellte man bei Wanderungen auf zweiräderige Wagen und fuhr sie von einem Orte zum andern. Die Mongolen aßen Katzen, Hunde, Ratzen, Mäuse, Läuse und anderes Ekelhafte, am liebsten Pferdefleisch; sie verschmähten als Getränk selbst schmutziges Wasser und Pferdeblut nicht, zum Wohlgeschmack aber bereiteten sie den berauschenden Kamus oder Kumis aus Stutenmilch. Brot war ihnen unbekannt, und auch den Wein lernten sie erst in späterer Zeit schätzen [3]. Ihre Waffen bestanden in Spießen, Schwertern und Keulen; sie waren (selbst die Weiber nicht ausgenommen) treffliche Bogenschützen. Beim Angriffe stellten sich die Mongolen gern ein, um ihre überlegene Zahl zu verbergen; schien es nützlich, so schämten sie sich keiner Flucht. Pelze mannichfacher Art schützten gegen die Kälte, Harnische von gehärtetem Leder gegen feindliche Waffen. Hunger und Durst, Hitze und Kälte ertrug dies Volk mit großer Gleichgültigkeit; fand sich aber die Gelegenheit, so ward auch desto unmäßiger gegessen und getrunken. Es wechselten beleidigender Stolz und knechtische Unterwürfigkeit, scheinbare Genügsamkeit und betrügeri-

---

[1] Ritters Erdkunde, I, 275, 301, 517. Mongolen und Tataren gehören zu einem großen Stamme. Diese sind aber von den Türken verschieden. Strahl D, 4. — [2] Vincent. spec., XXIX, 71. Matth. Paris, 370, 414. Marco Polo bei Ramusio, 14, 31. Deguignes, III, 8. Hammer, Geschichte der goldenen Horde, 11. — [3] Haithon, c. 48. Daß sie auch Menschenfleisch aßen, ist nicht genügend erwiesen. (Matth. Par., 439.) Unter die Sättel legen die Kalmücken rauh Fleisch, um die wunden Rücken der Pferde zu heilen. Bergmann, 1, 126.

Sitten der Mongolen.

scher Geiz. Jeder durfte so viel Weiber nehmen oder vielmehr kaufen, als er wollte, und diese lebten alle in Frieden oder vielmehr in gleicher Knechtschaft. Man durfte die Unfruchtbare verstoßen und die Ehebrecherin tödten. Es war Gebrauch, die Frau des verstorbenen Bruders zu heirathen, ja der Sohn erbte, wie das Vieh, so auch die Frauen seines Vaters und beschlief sie, nur die eigene Mutter ausgenommen. Zwischen ehelichen und unehelichen Kindern gab es wenig oder keinen Unterschied, und der Vater theilte sein Vermögen unter sie nach bloßer Willkür [1]. Hurerei und unnatürliche Wollust schien den Mongolen nicht unnatürlich. Weiber folgten ihren Männern freiwillig oder gezwungen ins Grab; beim Tode der Herrscher wurden viele geopfert. — Man erzählt, daß die Mongolen an einem höchsten Gott glaubten; da sie aber nicht einmal den äußeren Gottesdienst ausgebildet hatten und in allem Sittlichen und Gemüthlichen so sehr zurückstanden [2], so kann jener Glaube unmöglich tief und fruchtbar gewesen seyn. Auch ist weit mehr von niederen Schutz- und Hausgöttern die Rede, denen sie opferten, sowie von einer Verehrung der Sonne, des Mondes und anderer Naturgegenstände. Gegen Bekenner abweichender Religionsmeinungen übten sie keine Gewalt; man hat aber diesen Beweis bloßer Gleichgültigkeit und Unfähigkeit sehr irrig einer Duldung gleichgesetzt, welche sich auf gründliche Erkenntniß und ächte Demuth gründet. In ihren abergläubigen Satzungen findet sich nicht einmal eine Beziehung auf etwas Wahrhafteres und Höheres. So galt es z. B. für ein Verbrechen, wenn Jemand Knochen zerschlug, Fleisch auf die Erde fallen ließ, sich auf eine Peitsche lehnte, mit dem Schwerte ins Feuer hieb u. dergl. Auch reihten sich hieran Wahrsagereien von mancherlei Art.

Kein Mongole konnte schreiben oder lesen, und ihre Sprache stand in einem natürlichen Verhältnisse zu diesem gänzlichen Mangel an Bildung. Dem einsilbigen Sprachstamme sehr nahe verwandt, fehlt es ihr an den zwar schwierigen, aber zuletzt doch hülfreichen Kunstmitteln, welche z. B. in China angewandt werden, um Geistigkeit und Mannichfaltigkeit hervorzubringen. Die Beugungen sind unvollkommen, der Gebrauch der Fürwörter fast unbekannt, und der Mangel fast aller kleineren Redetheile führt nothwendig zur ärgsten Steifheit. Auch darin bekundet sich diese, daß, einer strengen Wortfolge gemäß, stets das Vornehmste voransteht und das scheinbar Geringste den Beschluß macht [3].

So waren der Glaube, die Sitten und die Sprache der mit den alten Hunnen nahe verwandten [4] Mongolen, welche sich für das aus-

---

[1] Haithon und Vincent., l. c. — [2] Et ut breviter dicam, nihil credunt, sagt Math. Paris addit., 137, 59. Vincent. specil., XXXI, 2. — [3] Abelungs Mithrid., Th. I. Ritter, I, 543. Bergmanns Streifereien, I, 30 und 109, enthalten das Nähere über die Sprache. — [4] Hüllmann, 71, 99. Abulfar., 303. Alles umständlich bei Hammer; hier konnten nur kurze Andeutungen Platz finden.

4 Dschingischan.

erwählte Volk Gottes und für bestimmt hielten, die Welt zu erobern und zu beherrschen. Und der furchtbare Dschinglschan verwandelte diesen Glauben in entsetzliche Wahrheit, indem er ein Reich gründete, größer als irgend eines auf Erden; aber selbst der Herrscher brachte es nie bis zu ächt menschlicher Freiheit, und seine Mongolen blieben Knechte wie vorher, und das mit Recht.

1155 bis 1227 — Dschingis, geboren 1155, drei Jahre nach der Thronbesteigung Kaiser Friedrichs I, war der Sohn Jissugais, eines Anführers mongolischer Stämme, und der Tochter eines mongolischen Chans, Oulaun Iga [1]. Das Kind erhielt den Namen Temudschin, von einem Chane, welchen Jissugai um die Zeit der Niederkunft seiner Frau besiegt hatte. Später erfand man (um Temudschins Schicksal noch merkwürdiger erscheinen zu lassen) einerseits, er sey von ganz geringer Herkunft, andererseits, er stamme von der Sonne, oder von Göttern, oder gottverwandten Menschen. Eher möchte man glauben, daß sich, wie erzählt wird, in der Hand des Neugeborenen ein die Zukunft andeutender Klumpen Blutes gefunden habe.

Der Anfang von Temudschins Laufbahn war indeß ungünstig; denn nach dem Tode seines Vaters fielen alle zeither gehorsamen Stämme ab und er mußte zu Ungchan (Wangchan), dem Beherrscher der Keraiten, fliehen, welcher bei den nestorianischen Christen der Priesterfürst Johannes heißt, obgleich er wohl nur Christen duldete, keineswegs lauter Christen beherrschte oder ihrer Lehre zugethan war [2]. Bei ihm fand Temudschin nicht nur eine freundliche Aufnahme, sondern stieg auch so sehr in dessen Gunst, daß ohne seine Theilnahme kein wichtiger Beschluß gefaßt, kein Krieg geführt wurde, und Duisulougine, die Tochter Ungchans, ihm ihre Hand reichte, mit Zurücksetzung, des Chans Dschemula (Dschamuka [3]). Aus Zorn und Eifersucht erhob dieser Krieg und besiegte Ungchan, bald aber stellte Temudschin durch seine Tapferkeit das Glück wieder her. Hierauf wandte sich Dschemula zur List und überzeugte Sankoun, den Sohn Ungchans, daß Temudschin damit umgehe ihn von der Thronfolge ganz auszuschließen. Und weil dies zuletzt sogar dem Ungchan wahrscheinlich ward, beschloß er seinen gefährlichen Schwiegersohn verhaften zu lassen. Durch zwei Sklaven, welche einen Theil der Berathung unbemerkt mit angehört hatten, erhielt Temudschin Nachricht von diesem Plane und ließ nun an dem Abende, wo seine Feinde ihn ergreifen wollten, sein Lagerzelt hell erleuchten, während er sich selbst in einen Hinterhalt begab, der zur Flucht wie zum Angriffe gleich bequem lag. Kaum

---

[1] Histoire des Mongols, I. 30. Andere lassen Temudschin erst 1102 geboren werden. Schmidt, Ostmongolen, 370. Plath, Geschichte des östlichen Asia. Band II. d'Ohsson, Hist. des Mongols, I, 35. Hammer, Gesch. der goldenen Horde, 114. — [2] Abulfar., 280. La Croix, 33. Neander, IX, 85. Ritter, I, 295. — [3] Den Andern wird diese Erzählung für ein Mährchen erklärt. Hammer, 60.

war es dunkel geworden, so stürzten jene auf schnellen Rossen zu dem erleuchteten Zelte hin und durchbohrten es mit so unzähligen Pfeilen, daß auch nicht ein einziger etwa darin befindlicher Mensch hätte sein Leben retten können; aber zu ihrem Erstaunen hörten sie keine Stimmen, kein Angstgeschrei der Verwundeten, und gewahrten daß ihr Plan war verrathen worden. Doch glaubten sie der furchtsamen Flucht Temudschins und damit ihres Sieges gewiß zu seyn und verfolgten ihn, bei dieser Sicherheit, mit so vieler Uebereilung und Unordnung, daß Beide, Sanloun und Dschemuka, in jenen Hinterhalt geriethen und von ihrem Gegner vollständig besiegt wurden. Mit diesem im Jahre 1195 erfochtenen Siege beginnt die größere Laufbahn des jetzt schon vierzigjährigen Temudschin [1]. Als Wahrzeichen seiner Verfahrungsweise und der verhängnißvollen Zukunft ließ er die angesehensten Gefangenen in 70 Kesseln sieden.

Während der nächsten zehn Jahre ward Temudschin allmählich Herr vieler weitverbreiteten Horden, und im Jahre 1202, wo die Franken den Kreuzzug gegen Konstantinopel unternahmen, siegte er über seinen früheren Wohlthäter Ungchan. Dieser floh, in der Hoffnung großmüthig behandelt zu werden, zu einem alten Feinde Tajan und fand auch anfangs eine günstige Aufnahme; dem drohenden Verlangen Temudschins wagte man aber nicht zu widerstehen, Ungchan ward hier und sein Sohn Sanloun (Singoun) in Tibet ermordet. Zu spät überzeugte sich Tajan, zu dem auch Dschemuka floh, daß die täglich anwachsende Macht der Mongolen ihm selbst gefährlich sey; er ward in dem erhobenen Kriege besiegt und nebst Dschemuka getödtet.

Hierauf hielt Temudschin im Jahre 1206 einen großen Reichstag in seiner Hauptstadt Karakorum an dem Quellen des Onon [2]. Manche, denen die räumliche Ausdehnung eines Reiches alleiniger Maßstab aller Größe ist, hätten Andere gar gern überredet, daß dieser Sitz des unermeßlichen mongolischen Weltreiches Athen und Rom und Florenz an Herrlichkeit und Bedeutsamkeit weit müsse übertroffen haben; ein Schluß, der ungefähr ebenso richtig ist, als daß Klima und Natur in jenen Hochwüsten Asiens ebenso zauberisch seyn müsse als in dem Blumenthale des Arno, weil Karakorum und Florenz etwa unter der gleichen nördlichen Breite liegen [3]. Selbst in den Zeiten der höchsten mongolischen Gewalt war jene Hauptstadt der Weltverwüster kaum etwas mehr als ein mit Beute überfülltes Heerlager; nie ward sie der Mittelpunkt einer, sey es auch nur erkünstelten Bildung.

Auf jenem Reichstage von 1206, so wird uns berichtet, sey Temudschin als Gesetzgeber seines Volkes aufgetreten. Zuletzt aber findet sich, daß die angeblich von ihm erlassenen Gesetze nur einige alte Gewohnheiten bestätigen, auf einige arge Laster Strafen setzen, über

---

[1] Hüllmann, Gesch. d. Mongolen. 110. Hammer, 62. — [2] Hüllmann, 14. d'Ohsson, I, 98. Ritter I, 553. — [3] Ritter, I, 461.

6   Geſetze. Eroberung Chinas.

1206 bis 1215 Krieg und Kriegführung Vorſchriften ertheilen und eine gänzliche Unterwerfung des Volkes und ſtrengen Gehorſam gegen den höchſten willkürlichen Herrſcher bezwecken [1]. Und wiederum war, wie in allen despotiſchen Staaten, ſelbſt das Oberhaupt der aufrühreriſchen Willkür hingegeben; denn es hieß: Keiner ſoll ohne Beiſtimmung der Großen allgemeiner Chan werden. Verjagt man dieſen, weil er nicht den Geſetzen gemäß regiert, ſo wird auch jeder ſeiner Verwandten und ſein Geſolge eingeſperrt. Die Krone (dies ſetzte man ferner in ſonderbarem Widerſpruche mit dem Vorigen feſt) iſt erblich, und wenn die Häupter der ſieben angeſehenſten Stämme den neuen Chan erinnert haben, er ſolle gerecht regieren, damit er einſt im Himmel noch mehr erhoben werde als auf Erden, ſo werfen ſich alle vor ihm nieder, küſſen ihm die Füße und bringen ihm mancherlei Geſchenke. Das Volk wird getheilt nach zehn, hundert, tauſend u. ſ. w. und iſt jedem Anführer ſolcher Abtheilungen den ſtrengſten Gehorſam ſchuldig. Dieſe hingegen ſind frei von Strafen für Verbrechen, ſofern ſie dieſelben nicht wiederholt begehen. Wer an den Kriegen keinen Theil nimmt, dient dem gemeinen Weſen wöchentlich einen Tag auf andere Weiſe; ſonſt dient ein Mongole nie einem zweiten. Flüchtige Sklaven werden aber ihren Herren bei Todesſtrafe wieder ausgeliefert.

Während jenes Reichstages in Karakorum erklärte ferner ein vermuthlich von Temudſchin ſelbſt dazu angeregter Weiſſager und Wunderthäter, Namens Tengry: ihm ſey ein rother, auf einem weißen Pferde ſitzender übermenſchlicher Mann erſchienen und habe befohlen, daß Temudſchin den Namen Chan aller Chane oder Dſchingis (Tſchengis) annehme [2]. Hiezu ließ ſich dieſer gern willig finden; und ſeitdem brachen nun die Mongolen aus ihren wüſten Höhen, den Flußthälern, Senkungen und Engpäſſen folgend, nach allen Seiten in die tieferen, reicheren Länder, zuvörderſt in China ein, wo, nach anfangs wechſelndem Kriegsglücke, Peking im Jahre 1215 erobert und das Kaiſerhaus der Niutſchen geſtürzt wurde. Hoſchang, ein Prinz dieſes Hauſes, mußte ſich, nachdem er drei mongoliſche Abtheilungen geſchlagen hatte, dennoch flüchten und in der Stadt Tſching-tſchen verbergen. Als auch dieſe nach tapferem Widerſtande überging, warf Hoſchang ſeine Verkleidung ab und ſtellte ſich freiwillig vor Tuli, dem Sohn Dſchingischans, mit der Bitte [3]: er möge ihn tödten, damit die Mitwelt ſeine Treue kennen lerne und die Nachwelt ihm Gerechtigkeit widerfahren laſſe. Tuli übergab den Prinzen, weil er ihn nicht für die Mongolen gewinnen konnte, ſeinen Soldaten; dieſe hieben ihm die Beine ab, weil er nicht niederknieen wollte, und ſchlitzten ihm den Mund bis an die Ohren auf, damit er nicht weiter reden könne. Nachdem er auf ſolche Weiſe jämmerlich hingeopfert worden,

---

[1] Deguignes, III, 79. Notices et extr., V, 106. Umſtändlich Hammer im fünften Buche. — [2] Vielleicht geſchah dies ſchon 1202. Hammer, Goldene Horde, 65. — [3] Deguignes, III, 80. Doch geſchah dies ſpäter, 1231.

goſſen die Mongolen zu ſeinen Ehren Pferdemilch auf die Erde und
wünſchten, er möge, im Fall er auferſtehe, unter ihnen leben!

Sowie gegen Südoſten nach China, drangen die Mongolen nun
auch durch die ſüdweſtlichen Oeffnungen ihres Hochlandes in die
Staaten des Sultans Muhamed von Chowaresm ein. Schon dem
macedoniſchen Alexander ſchickte ein am Oxus lebendes Volk, die Cho-
rasmier, Geſandte und ihr Land hieß Choraſan oder Chowaresm [1];
hier iſt indeſſen nur von dem neueren Staate die Rede, welchen Muhamed, der Sohn Anuſchtekins, um die Zeit des erſten Kreuzzuges
mit Beiſtimmung der ſeldſchukiſchen Oberſultane gegründet hatte. Trotz
vieler Fehden mit Seldſchuken und Kilanen und trotz manches ſehr
ſchädlichen Familienzwiſtes wuchs das Reich während des 12. Jahrhunderts; aber erſt Sultan Muhamed, welcher ſeit dem Anfange des
13. regierte, erhob es durch ſeine Eroberungen auf einen unerwarteten
Gipfel von Größe und Macht [2]. Er herrſchte vom kaſpiſchen Meere
bis nach Indien über Länder, wohl ſo groß als halb Europa, und
alle Fürſten des vorderen Aſien fürchteten ſeine Uebermacht. Auch
der Chalif Naſſer, welcher den Chowaresmiern die Aufnahme in Bagdad abgeſchlagen hatte, ſah ſich vom Sultan äußerſt bedrängt und
wandte ſich, ohne Rückſicht auf viele Warnungen, um Beiſtand an die
Mongolen: denn ein Ungläubiger, welcher Hülfe leiſte, ſei beſſer als
ein Gläubiger, welcher verfolge [3]. Dſchingis verſprach ihm dieſe Hülfe,
wollte jedoch den eben erſt mit Muhamed geſchloſſenen Frieden nicht
ohne alle Veranlaſſung brechen; und eine ſolche Veranlaſſung fand ſich
nur zu bald. Mongoliſche Kaufleute und Geſandte kamen nämlich,
im Vertrauen auf jenen Frieden, nach der chowaresmiſchen Stadt
Otrar, und Gayrchan, der daſige Befehlshaber, welcher ſie für Kund-
ſchafter hielt, empfing vom Sultan den Befehl: er möge ſie genau
beobachten und übrigens thun was ſeine Klugheit ihm rathe. Da
faßte Gayrchan den ungerechten und grauſamen Beſchluß, ſie unter
dem Scheine eines Feſtes in ſeinem Palaſt zu locken und umzubringen.
Nur ein einziger entkam und berichtete den Frevel an Dſchingis, welcher Genugthuung verlangte, nicht erhielt und nun im Jahre 1218
mit ſeinen Mongolen in die Ebenen hinabzog. Den Frevel eines
Einzelnen büßten Hunderttauſende auf furchtbare Weiſe.

Die erſte Schlacht zwiſchen Muhamed und Dſchingis wurde nur
dadurch gegen den Erſten entſcheidend, daß er auf verkehrte Weiſe ſein
Heer auflöſete und als Beſatzung in die großen Städte vertheilte, denn
die Mongolen umlagerten und eroberten nun eine nach der andern.
Und welche Eroberungen waren dies! Gottlob daß die Geſchichte faſt
keine Ihresgleichen zeigt! — In Bochara, einem Hauptſitze muhame-
daniſcher Gelehrſamkeit, machte man Ställe aus den Bücherſälen und

---

[1] Arrian., IV, 15. Ptolem., VI, 12. — [2] Das Einzelne zerſtreut bei
Abulfeda. — [3] Histoire des Mongols, I, 149, 153. d'Ohsson, I, 200.

zerstörte die Bücher, Dinge, welche keiner von den Siegern je gesehen hatte. Als die Einwohner ihre Schätze und die versteckten Anhänger Muhameds nach Tschingischans Meinung nicht schnell genug auslieferten, ließ er die Stadt niederbrennen[1]. Samarkand hingegen wurde nur geplündert, nur 30,000 Einwohner wurden erschlagen, nur 30,000 als Sklaven verkauft: das hieß eine milde Behandlung! Freilich die Regel war, alle älteren Personen hinzurichten und alle jüngeren als Sklaven zu verkaufen; so behandelte man Chowaresm, bei dessen Eroberung 100,000 Menschen ums Leben kamen; so Balk, so Nisabur. Mauern, Thürme, Häuser, Karavansereien, Bäder, Moscheen, Alles wurde zerstört; es blieb schlechthin gar nichts von diesen und von vielen anderen blühenden Städten übrig! Als Tuli nicht alle Einwohner von Herat hatte umbringen lassen und später sich daselbst neuer Widerstand zeigte, sagte ihm sein Vater Tschingis[2]: „Ich verbiete dir, jemals ohne meinen ausdrücklichen Befehl milde gegen die Bewohner eines Landes zu verfahren. Mitleid findet sich nur in schwächlichen Gemüthern, und Strenge allein erhält die Menschen bei ihrer Schuldigkeit. Ein bloß besiegter Feind ist nie gezähmt und haßt immer seinen neuen Herrn." Völker, die sich unterwarfen, wurden nur etwas langsamer hingeopfert und sichernde Eide und Versprechungen rücksichtslos gebrochen. — Was hilft der Schein einiger Gesetze, was bedeutet die knechtische Ordnung bei so vorsätzlicher Ungebundenheit, bei so eingewurzeltem Frevelmuthe?

Chatun, die Mutter Sultan Muhameds, ein Weib von vieler Klugheit und großartigem Ehrgeize, fiel in die Hände der Mongolen, und Tschingis ließ ihr (die Könige und Fürsten zu ihren Füßen gesehen hatte), gleich einem Hunde, etliche Stücke Fleisch von seinem Tische vorwerfen. Muhamed floh, von einem Orte zum andern gedrängt, auf eine wüste Insel des kaspischen Meeres und erlag hier, in dem Jahre wo Friedrich II die Kaiserkrone empfing, dem Schmerze und dem Zorn. Dschelaleddin, sein Sohn und Nachfolger, ward, ungeachtet der größten Anstrengungen und bewundernswerther Geschicklichkeit, bis über den Indus zurückgedrängt; und auch hier hätten die mongolischen Züge noch keine Grenze erreicht, wenn nicht Dschingischan am 19. August 1227, wahrscheinlich eines gewaltsamen Todes, gestorben wäre[3]. Doch gingen seine Söhne auf den betretenen Bahnen fort.

Schon bei Lebzeiten seines Vaters hatte Tuschi, dem das Oberbefehl in den nordwestlichen Gegenden zugefallen war, die Polowzer angegriffen, welche bei den Russen Hülfe suchten und erinnerten, daß nur

---

[1] Journ. asiat., X, 275. Abel Rémusat, Nouv. mélanges, I, 430. Einzelnes ist gewiß übertrieben, im Ganzen aber das Verdammungsurtheil vollkommen gerecht, welches auch die neuesten Geschichtschreiber der Mongolen über sie und Tschingis aussprechen. d'Ohsson, Hist. des Mongols, I, préf., VI. Hammer, Goldene Horde, 76. — [2] La Croix, 392. Abulf. 1219—21. [3] Abulfar., 303. Hist. des Mongols, I, 280. Schmidt, Ostmongolen, 393.

Besiegung der Russen.

ein gemeinsamer Widerstand Rettung aus der großen, Alle bedrohenden Gefahr hoffen lasse. Diese Ansicht war um so richtiger, da Rußland durch Theilungen, innere Kriege und Unordnung aller Art bereits sehr geschwächt worden [1]. Ihrerseits stellten dagegen die Mongolen vor: sie hätten wider die Russen durchaus keine feindlichen Absichten und bekriegten die Polowzer nur als ehemalige abtrünnige Unterthanen. Warum wollten sich die Russen ohne hinreichenden Grund mit alten Feinden verbinden, während sie ungestört in Frieden leben und die Ueberläufer zu Soldaten oder Sklaven machen könnten? — Solche in früherer und späterer Zeit nur zu oft wirksame Darstellungen verzögerten auch hier entscheidende Beschlüsse; doch zogen endlich die Fürsten des südlichen Rußland den Polowzern zu Hülfe und drängten die Mongolen bis an den Fluß Kalka zurück, welcher ins asowsche Meer fällt. Hier aber entzweiten sich der Fürst von Kiew und der Fürst von Halisch, und während jener mit 40,000 Mann ein besonderes festes Lager in der Hoffnung bezog, sich allein vertheidigen oder mit den Mongolen einen vortheilhaften Frieden schließen zu können, wagte dieser aus Ehrgeiz am 16. Junius 1223 eine große Schlacht, welche völlig verloren ging [2]. Dem Heere des hierauf ebenfalls eingeschlossenen Fürsten von Kiew versprachen die Mongolen das Leben und für Lösegeld sogar die Freiheit. Kaum war indeß die Uebergabe erfolgt, so hieb man die Gemeinen nieder und legte alle Vornehmen unter die Bretter, auf welchen die Sieger bei der Feier eines großen Festes saßen; man quetschte sie auf diese Weise allmählich zu Tode. Während der nächsten Jahre waren die Mongolen in Asien beschäftigt, aber von 1236 — 40 eroberte Batu, Tuschis Sohn, nach neuen Siegen [3] Moskau, Riäsan, Wladimir, Susdal, Kiew; und nun wälzte sich das durch alle unterjochten Völker verstärkte Heer in die Ebenen von Polen. Es bedecke, so hieß es, zwanzig Tagereisen in der Länge und funfzehn in der Breite; es werde weder durch Berge, noch Wälder, noch Flüsse aufgehalten, und eine Anzahl wilder Pferde laufe, die Verwüstung zu mehren, dem wilden Heere nach [4]. Aus der Hölle, dem Tartarus, meinten Viele, wären diese Tataren entsprossen. Andere nannten sie Abkömmlinge der israelitischen Verehrer des goldenen Kalbes und erzählten Folgendes [5]: „Alexander der Macedonier wollte sie ihrer viehischen Lebensweise halber ganz von allen Völkern absondern und in die Gebirge jenseit des kaspischen Mee-

1236 bis 1240

---

[1] Strahl, Gesch. von Rußland, I, 286, 295, 324, 330, 357; II, 1. — [2] Wagner, Gesch. von Rußland. Dorp, 139. d'Ohsson, I, 343. Karamsin, III, 146, 288, 337. Die Nachrichten über die Schuld der Fürsten stimmen nicht ganz überein; meist wird Mstislav von Halisch als der Schuldigere dargestellt. Ob die Schlacht auf den 16. Junius 1223 oder den 31. Mai 1224 zu setzen sei: Hammer, Geschichte der goldenen Horde, 88, 549. Der Fluß Kalka, jetzt Kalza, in der Statthalterschaft Ekaterinoslav, nicht fern von Mariopol. — [3] Ueber die Gränze dieser Siege: Strahl, II, 31. — [4] Die Schreiben in den Addit. zu Matth. Par., 137. — [5] Matth. Par., 370. Villani, V, 29.

10 Mongolen in Polen.

res einschließen; aber erst nachdem er den Gott Israels anrief, rückten die Bergspitzen zusammen und versperrten den Ausgang. Nunmehr ließ Alexander auf diesen Bergen Trompeten so geschickt befestigen, daß sie von selbst und mit jedem Winde bliesen, weshalb die Mongolen glaubten, sein Heer stehe noch immer in der Nähe. Als die Vögel indeß zu häufig in diesen Trompeten nisteten und die Oeffnungen so verstopften, daß sie nicht mehr klangen, faßten die Mongolen neuen Muth und drangen zum Verderben aller Völker wieder hervor."

Noch weniger als Rußland war Polen im Stande ihren schrecklichen Anfällen zu widerstehen. Seit dem Jahre 1138, wo Boleslav III das Reich unter seine Söhne getheilt und festgesetzt hatte: daß künftig der an Jahren älteste unter seinen Nachkommen Krakau zum voraus besitzen und das Ganze leiten solle, seitdem war Wechsel, Unruhe, Aufruhr und innerer Krieg fast gesetzlich an der Tagesordnung [1]. Boleslav V oder dem Keuschen stand zwar jetzt dem Namen nach die Oberleitung zu; allein wenn auch seine Persönlichkeit tüchtiger gewesen wäre, so hätten Heinrich der Fromme von Schlesien, Conrad von Masovien und einige zwanzig andere polnische Fürsten von ihm keinen Rath und am wenigsten Befehle angenommen. — Ohne erheblichen Widerstand zu finden, drangen daher die Mongolen verwüstend bis Lublin, bis zur Weichsel; erst während ihres freiwilligen Rückzuges brachte ihnen der tapfere Woywode Wladimir von Krakau eine Niederlage bei, welche aber nur veranlaßte, daß sie im Anfange des Jahres 1241 mit verdoppelter Macht und Wuth zurückkehrten. Sie erreichten Krakau, fanden aber, weil die Bürger aus Furcht entflohen waren, die Stadt leer und steckten sie in Brand [2]. Anstatt sich an die Spitze der Polen zu stellen, hatte sich der Oberherzog Boleslav eiligst nach Ungern gerettet, und die Woywoden von Sendomir und Krakau, welche mit dem in Eile zusammengebrachten Adel eine Schlacht gewagt hatten, waren besiegt worden, weshalb alle Diejenigen welche sich nicht feige in mongolische Sklaverei begeben wollten, zu Heinrich dem Frommen von Niederschlesien eilten, einem Sohne Heinrichs des Bärtigen und der heiligen Hedwig [3]. Zu ihm kamen ferner seine Vettern Boleslav von Mähren und Mieciślav von Oberschlesien, sowie viele andere muthvolle Ritter und Edle. Doch stieg ihr gesammtes Heer nicht über 30,000 Mann, weil viele Polen aus Feigheit oder mißverstandenem Eigennutze entfernt blieben und aus dem verwirrten Deutschland fast nur Freiwillige zu diesem ehrenvollen Kampfe erschienen.

[1] Die Beweisstellen für das Folgende und die umständlichsten Nachrichten über die Schlacht bei Liegnitz finden sich in Tzschirners Liegnitzschen Jahrbüchern, Kap. X, XI. — [2] Ueber die Reihenfolge der Begebenheiten, desgleichen über die Einnahme von Breslau: Roepell, Geschichte Polens, I, 469. — [3] Heilig, nach der damaligen überfrommen ascetischen Weise. Strezel, Schlesien, I, 35.

Schlacht bei Liegnitz.

Anfang April gingen die Mongolen trotz alles Widerstandes über die Oder und verbrannten die Stadt Breslau, nachdem ein Theil der Bürger entflohen war und ein Theil sich zu weiterer Vertheidigung in die Burg zurückgezogen hatte. Von Breslau wandten sie sich gen Liegnitz wider die versammelte Macht Herzog Heinrichs. Am Morgen des 9. April 1241[1] zog dieser muthig mit den Seinen aus der Stadt hervor; als aber ein Ziegel vom Kirchendache herab und ihm vor die Füße fiel, wollten Mehre diesen Zufall deuten, und wie gewöhnlich nur auf ängstliche Weise[2]. Die Ebene von Wahlstadt war zum Schlachtfelde ausersehen; vielleicht mit Unrecht, da eine kleine Zahl einer ungleich größeren widerstehen sollte. Denn obgleich wir keineswegs glauben, daß 450,000 Mongolen an der Schlacht Theil nahmen, oder daß ihr Heer funfzehnmal so stark als das christliche gewesen sey[3], so darf man doch annehmen daß jedem christlichen Kämpfer wenigstens drei bis vier Feinde entgegenstanden. Herzog Heinrich, welcher erfahren hatte daß die Mongolen, nach scheinbarer Flucht einer weiter vorwärts gestellten Abtheilung, gewöhnlich von beiden Seiten mit frischer Mannschaft einbrächen und ihr Feinde ganz umringten, hatte sein Heer in mehre ungefähr gleiche und nicht auf einmal ins Treffen zu führende Schaaren getheilt. Sie bestanden aus Polen, Mähren, Schlesiern und freiwilligen, geworbenen oder mit dem Kreuze bezeichneten Deutschen.

Der mongolische Feldherr Peta theilte sein Heer ebenfalls in mehre Abtheilungen, deren jede stärker gewesen seyn soll, als die christlichen zusammen genommen. Deßungeachtet begann Boleslav aus Mähren muthig die Schlacht mit seiner ersten Schaar und trieb die ihm entgegenstehende mongolische in die Flucht. Als er aber (trotz jener ihm nicht unbekannten Gefahr) zu weit verfolgte, gerieth er in den Pfeilregen der zweiten und dritten feindlichen Abtheilung, wodurch viele der nicht durch Panzer gedeckten Christen umkamen und Boleslav selbst getödtet wurde. Zwar eilten ihm der zweite und dritte Heerhaufe unter dem Polen Sufislav und dem Herzoge Miecislav zu Hülfe und stellten das Treffen wieder her; in diesem Augenblicke soll aber ein Mongole listig auf Polnisch geschrien haben: „Flicht, flieht[4]!" und Miecislav glaubte sehr übereilt, gleich den Seinen, diesen feigen Rath befolgen zu müssen. Desto tapferer focht Herzog Heinrich mit seiner Schaar, und erst als er getödtet[5] und diese zersprengt worden, war die Schlacht rettungslos verloren. Die Mongolen zogen den Herzog

---

[1] Stenzel, Script. rer. Siles., 22, 27, 106; Schlesien, I, 49. — [2] Joannis chron. Poloniae, 9. Boguphalus, 60. — [3] Klose, Gesch. von Breslau, I, 438. — [4] Das Souve qui peut! Auch von einer Zauberfahne der Mongolen, welche Alles entschieden habe, ist viel die Rede. — [5] Sommersberg, Script. rer. Siles., I, 316. Schubert, De magistr. ordin. Teutonici. Vor Allen aber Voigts unwiderlegliche Erörterung in seiner Geschichte von Preußen, Band II, Beilage III.

12 Rüstungen der christlichen Lande.

nackt aus, hieben ihm den Kopf ab, steckten ihn auf eine Lanze und verlangten nun: die Burg von Liegnitz solle sich, nach dem Tode ihres Fürsten, gutwillig ergeben. Aber die Herzogin Anna, welche sich mit ihren vier Kindern in der Burg befand, gab zur Antwort: noch wären vier fürstliche Erben am Leben, und die Besatzung sey bereit Gut und Blut für diese einzusetzen.

Ein solcher Sieg, nach solchem Widerstande und mit so großem Verluste, war den Mongolen nicht willkommen; und anstatt in dieser Richtung ähnlichen Gefahren entgegenzugehen, wandten sie sich durch Oberschlesien nach Mähren[1]. Deshalb hat Herzog Heinrich der Fromme in seiner Niederlage eigentlich obgelegt; er hat durch selten Opfertod das Abendland gerettet und verdient glücklicheren Anführern glorreich an die Seite gestellt zu werden. Binnen mehr als tausend Jahren fanden vielleicht nur zwei Augenblicke ähnlicher Gefahr statt: Karl Martell schützte Europa durch seinen Sieg bei Tours gegen muhamedanische Religion und sultanische Willkür; und auf derselben heiligen Stelle von Wahlstadt ward am 26. August 1813 der erste unter den herrlichen Siegen erfochten, welche von der Einverleibung in ein Reich erretteten, wo Tyrannei im Innern und nach außen sich auf arge Weise vertrugen. Aber so groß auch diese beiden Gefahren erscheinen, so schrecklich die Erinnerung an die nächst vergangene ist: wer wird nicht eine mongolische Sklaverei für die entsetzlichste halten?

Damals fürchtete man dieß allgemein, und die Nachricht von der Niederlage bei Liegnitz erweckte Furcht und Schrecken in allen christlichen Landen von der Oder bis nach Sicilien. Die zunächst bedrohten sächsischen Fürsten und Bischöfe[2] hielten einen Tag in Merseburg und beschlossen: nicht die gewöhnlichen, bei solcher Noth unzureichenden Kriegsmittel anzuwenden, sondern (den alten Heerbann noch überbietend) das gesammte Volk, Männer, Weiber und Kinder mit dem Kreuze zu bezeichnen[3]. Wer nicht persönlich am Kriege Theil nahm, der mußte wenigstens mit seinem Gute beisteuern, sodaß kein Einziger sich der Pflicht, für die Rettung des Vaterlandes zu wirken, ganz entziehen konnte[4]. Ferner erklärte König Konrad im Mai 1241: er habe nach Berathung mit den Fürsten (ohne sich jedoch hierdurch dem Papste zu verpflichten) das Kreuz genommen und fordere Jeden auf, seinem Beispiele zu folgen. Aehnlichen Aufforderungen fügte der Kaiser den Rath hinzu: man möge keine offene Feldschlacht übereilt

---

[1] Sie verwüsteten das Land bis Brünn. Wiener Jahrb., XLIII, 257. —
[2] Chron. Luneburg., 1410. Otto von Braunschweig nahm auch das Kreuz. Orig. Guelf., IV, 100. Förstemann, Neue Mittheil., IV, 2, 105. — [3] Den Betreuzten fehlte es aber an einem Führer, deshalb domi remanerunt, Tartaris propria voluntatis motu sive domino disponente reversis. Garstense chron. in Rauch, Scriptor., I. — [4] Nach dem Rückzuge der Mongolen theilten Fürsten und Prälaten das Geld und nur der Bischof Landolf ließ es den Einzahlenden zurückgeben. Wormat. ann. 190.

wagen, das zur Nahrung nothwendige Getreide nicht zu Bier ver-
brauen, unnützen Aufwand vermeiden, Mannschaft sammeln u. f. w.[1].
Ehe sich jedoch ein neu gebildetes Heer in Bewegung setzte, traf die
freudige Botschaft von der Räumung Schlesiens und dem Zuge der
Mongolen gen Mähren ein. Jene Rüstungen, der bei Liegnitz theuer
erkaufte Sieg, die Nähe eines böhmischen Heeres mögen diesen Rückzug der Mongolen veranlaßt haben. In der Nähe von Olmütz wurden sie aber durch Jaroslav von Sternberg[2] am 25. Junius 1241
geschlagen[3] und einer ihrer Fürsten, vielleicht Peta, von ihm getödtet.
So gesellt sich der glücklichere Jaroslav zu dem Märtyrer Heinrich.
Er zwang die Mongolen, sich nach Ungern zu wenden, wo sie jedoch
dem König Bela IV selber dergestalt besiegten[4], daß fast kein Theil des
Landes von ihren furchtbaren Verwüstungen und Grausamkeiten verschont blieb. Sie sonderten die Einwohner eines jeden eroberten Ortes nach Alter und Geschlecht, hieben dann die Männer nieder und
drückten Greisen, welche den linken Arm in die Höhe halten mußten,
einen Pfeil in das Herz. Die schönen Ungerinnen wurden von den
mongolischen Weibern erstochen, die häßlichen verstümmelt und zu Skla-
vinnen gemacht. Alle gefangenen Kinder mußten sich niedersetzen, während die mongolischen Knaben — damit diese Brut frühzeitig zu Gre-
veln angelernt werde — von ihren Müttern Knittel erhielten, um
jene zu erschlagen. Denjenigen lobte man am meisten, welcher einem
ungerischen Kinde mit einem Schlage den Kopf zerschmetterte. Manche
Gefangene wurden geschunden[5], anderen spitzige Hölzer unter die Nä-
gel gesteckt und, wenn nichts mehr zu morden und zu plündern übrig
war, die Orte angezündet. Raubvögel zogen, durch die unbegrabenen
Leichname gelockt, in Schaaren herbei; Wölfe drangen, noch wüthen-
der, bis in die wenigen übrig gebliebenen Wohnungen und zerfleischten
Säuglinge an den Brüsten der Mütter. Ja der Hunger soll so ent-
setzlich überhand genommen haben, daß Menschenfleisch öffentlich verkauft ward und ein Mann in der Beichte bekannte, er habe acht
Mönche und 60 Kinder geschlachtet! Nie ist durch Frevel größeres
Elend erzeugt worden, noch aus dem Elende größerer Frevel hervor-
gewachsen.

Bela wandte sich um Hülfe an den Papst und an den Kaiser[6];
beide aber trösteten ihn nur mit Worten und schoben die Schuld, daß

---

[1] Pertz, Script, IV, 339. Stenzel, Script, II, 462. Palacky. Der Mon-
golen Einfall. — [2] Andere nennen Jdislav von Sternberg. Palacky, 394,
400. — [3] Meiller, 167, theilt ein Schreiben Herzog Friedrichs an König Konrad mit vom 13. Junius 1241, über die tatarischen Gefahren. — [4] Engel,
Gesch. von Ungern, I, 353. Mailath, I, 193. Neuburg. chron. zu 1248.
Rogerii Hungari chron. Pappenheim. Hormayr, Taschenbuch, 1825, S. 289.
Dublicsla, V, 199. Nach Mouskes, 30063, sind die Mongolen auch von einem
Herzoge von Baiern geschlagen worden. — [5] Karamsin, III, 398, Dömieges,
244. Rogerius, 303. Fejer, IV, 1, 214, 257. Sancruc. chron., 640. —
[6] Bela bot dem Kaiser im Junius 1241 sein ganzes Reich zu Lehn, wenn er

1241. Thaten ausblieben, einander wechselseitig zu. Der Papst wollte nichts von dem aufgeben, was er für Recht der Kirche hielt[1], und der Kaiser, welcher binnen kurzer Frist ganz Italien zu unterwerfen hoffte, wollte sich (eingedenk seiner ihm Gefahr bringenden Abwesenheit in Syrien) jetzt keineswegs entfernen und seinen Feinden hierdurch freie Hand lassen. Sobald Italien ruhig und Gregor zu einem billigen Frieden bewogen sey, werde er mit verdoppelter Macht gegen alle Feinde der Christenheit auftreten; bis dahin solle König Konrad die Mongolen bekriegen. Aber Deutschland war damals leider in sich so zerfallen, und es gab so viele innere Uebel zu bekämpfen, daß eine kraftvolle, einträchtige Wirksamkeit nach außen fast unmöglich erschien. Die Erzählung dessen, was hier während der letzten Jahre geschah, wird uns wieder zu dem Mittelpunkte der deutsch=italienischen Angelegenheiten, zu dem Streite zwischen Reich und Kirche zurückführen.

1234 bis 1240.   Als sich Heinrich im Jahre 1234 gegen den Kaiser, seinen Vater, empörte, schienen die Verhältnisse weit ungünstiger zu seyn als in diesem Augenblicke. Der Wahrheit nach fand sich aber damals, mit Ausnahme dieser einen freventlichen Verletzung der Bande des Blutes, mehr Einheit, Treue und Zusammenhang in Deutschland als jetzt, nachdem die weltlichen und geistlichen Feinde Friedrichs sieben böse Jahre zur völligen Auflösung der Bande zwischen Kaiser und Reich benutzt hatten. Damals verließen Alle den abtrünnigen Sohn, sobald der ächte Herrscher auftrat; jetzt hörten nur Wenige auf die Stimme Konrads, des treuen Sohnes, und sahen voraus daß der Kaiser, ungeachtet seines aufrichtigen Wunsches und wiederholter Erklärungen[2], schwerlich selbst nach Deutschland kommen werde. Gewiß war es nicht seine Schuld, wenn er der übermächtigen geistlichen und weltlichen Aristokratie gegenüber die Königsmacht nicht erhöhen und Ordnung herstellen konnte. Vielmehr trat der Gedanke, beim Reiche Hülfe zu suchen und demselben Hülfe zu leisten, allmählich immer mehr in den Hintergrund, und Jeder suchte sich von dem Andern unmittelbar durch die Waffen Recht oder Vortheile zu verschaffen. Die Markgrafen von Brandenburg wurden z. B. in diesen Jahren von dem Markgrafen von Meißen und dem Erzbischofe von Magdeburg bekriegt[3]; die Lübecker befehdeten den Grafen von Holstein und die Dänen, um freie Schifffahrt auf der Trave zu gewinnen[4]; der Graf von Flandern kämpfte mit dem Herzoge von Niederlothringen über eine zwistige Bischofswahl in Lüttich[5]; die Bürger und Edlen von Eichstädt vertrieben ihren Bischof nebst allen Geistlichen, ohne auf die Vermittelungs=

---

ihn schütze, und schrieb auch um Hülfe an die deutschen Fürsten. Rich. S. Germ., 1046. Mailath, I, 190, klagt Friedrich des Streitbaren an, er habe sich gegen den bedrängten Bela ergrundlos benommen.
[1] Petr. Vin., I, 29, 30. Cod. Vindob. philol., Nr. 61, fol. 52; Nr. 305, fol. 92. — [2] Petr. Vin., III, 64. — [3] Magdeb. chron., 330, zu 1240. — [4] Langebek, II, 261, zu 1239. — [5] Matth. Par., 357.

Oesterreich. Deutschland. Albert von Passau. 15

versuche des Erzbischofs von Salzburg und des Herzogs von Baiern Rücksicht zu nehmen [1].

Wichtiger jedoch als Fehden dieser Art (welche in jenen Zeiten nie ganz fehlten und zuletzt immer noch keinem einzelnen großen Kriege gleichzustellen sind) erschienen die Verhältnisse Oesterreichs, bei denen man zuerst päpstliche Einwirkung gewahr wird. In Herzog Friedrich dem Streitbaren fand nämlich Gregor einen thätigen Verbündeten, und selbst den mächtigen Herzog Otto von Baiern gewann er dadurch, daß er ihm in einigen Streitigkeiten wider Mainz und Freisingen Recht gab [2]. Mit beiden Herzögen verband sich wiederum König Wenzel III von Böhmen, dessen Mutter Ludmilla Ottos Tante war und dessen Sohn Pribislav Herzog Friedrichs Schwester Margarethe verlobte. Ja er versprach, ganz Oesterreich nördlich der Donau an Wenzel abzutreten, wenn er ihm zu seinen übrigen Ländern verhelfe. Auch kam der Herzog, jedoch mehr durch eigene große Thätigkeit als durch fremde Hülfe, in den Besitz derselben. — Sobald Kaiser Friedrich von diesen Ereignissen und dem im Hintergrunde liegenden Plane der Verbündeten hörte, ihn, Gregors Forderung gemäß, des Thrones zu entsetzen, ward ihm sehr bange; denn er war außer Stande durch Gewalt obzusiegen, und ernstliche Abmahnungsschreiben machten keinen Eindruck. Da gerieth Herzog Friedrich mit dem Könige Wenzel über die Abtretung Oesterreichs in Streit [3], was der Kaiser sogleich aufs Geschickteste benutzte und sich unter Vermittelung des Erzbischofs Eberhard von Salzburg noch im Jahre 1240 so vollständig und herzlich mit jenem aussöhnte [4], daß seitdem durchaus kein Streit mehr zwischen beiden eintrat und Herzog Friedrich seinem Kaiser trotz aller späteren Anreizungen und Versuchungen treu blieb bis in den Tod.

Daß aber Deutschland dennoch nicht ruhig ward, wie man hoffte und erwartete, daran waren die Maßregeln des Papstes schuld. Er sandte, um dem Kaiser auf jede Weise Feinde zu erwecken, Beauftragte im ganzen Reiche umher, unter denen sich vor allen der Archidiakonus Albert Beham von Passau auszeichnete; ein Mann so verschmitzt als frech. Ihm und anderen Freunden in Deutschland schrieb Gregor bereits am 24. September 1239 [5]: „Ich höre mit Verdruß, daß einige Fürsten und Prälaten es noch immer mit dem Kaiser halten, ob er sie gleich unterdrückt, ächtet, gefangen setzt, ja, ärger als die

---

[1] Salisb. chr. zu 1240. Gudeni cod., I, 555—560. Salisb. chr. Canisii, 483. — [2] Avent. ann. Boj., VII, 4, 19. Neuburg. chr. Suntheim, 1029. Pappenh., 1136. Mellic. chr. Salisb. chr. Den 9. Februar 1239 nimmt Gregor den Herzog von Baiern in besonderen Schutz. Lang, II, 282. — [3] Pribislav von Mähren und Friedrich der Streitbare hatten beide Töchter Ottos von Meran geheirathet, weshalb Pribislav seinen Bruder Wenzeslav von Böhmen im Kriege gegen Friedrich nicht unterstützte. Boczek, Codex Moraviae, XVII, praef. — [4] Böhmer, Reg., 384. — [5] Dumont, I, 177, Urk. 339.

16 Albert von Passau.

1239 Assassinen, sogar umbringen läßt; daß sie hingegen meine Befehle nicht achten, ob ich gleich ihre Rechte aufrecht zu erhalten suche. Jeder der auf diesem Irrwege länger beharrt, soll mit den härtesten Kirchenstrafen belegt werden." In diesem Sinne wirkte Albert Beham und hob insbesondere die Behauptung hervor: der Papst werde, wenn die Deutschen länger zögerten, vermöge seines Rechts einen Kaiser und ächten Beschützer der Kirche erwählen und die höchste Würde der Christenheit an ein anderes Volk bringen. Hierdurch, mehr aber wohl durch eigennützige Hoffnungen, wurde Herzog Otto von Baiern zu der Aeußerung verleitet: Gregor möge den Deutschen nur einen anderen König ernennen. Nicht mit Unrecht machte der Kaiser dem Herzoge
1240 hierüber bittere Vorwürfe und schrieb ihm [1]: „Hat nicht mein Großvater Kaiser Friedrich I, habe ich nicht Euch und Euren Stamm aus dem Stande der Niedrigkeit zum Gipfel der Größe erhoben? Und Ihr vergeßt alles Dankes und schließt Euch unseren Feinden an!" — Diese und ähnliche Vorstellungen blieben indeß ohne Erfolg, und die Verhandlungen über eine neue Königswahl wurden immer bedenklicher, als der Kaiser unerwartet an den Geistlichen Verbündete gegen den Papst fand. Dieser hatte nämlich die Vollmachten Alberts (dessen Geschick und Würdigkeit er viel zu hoch anschlug) so übermäßig erweitert, daß er selbst Bischöfe und Erzbischöfe bannen durfte; und auf den Grund ähnlicher Begünstigungen lud ein anderer Botschafter des Papstes, Raimer von S. Quentin, deutsche Prälaten zur Verantwortung bis in die Gegend von Paris. Als sie dem unbekannten Franzosen nicht gehorchten, wurden sie von ihm gebannt und verurtheilt die Schulden zu bezahlen, welche er bei sienesischen Kaufleuten gemacht hatte!

Ein solches Auflösen aller zeitherigen Ordnungen und Abstufungen der Kirchenverfassung empörte die meisten Bischöfe dergestalt, daß sie keine Rücksicht auf den Bann nahmen, welchen Albert über den Kaiser, seine Anhänger und über alle diejenigen aussprach, die Gott für jenem anrufen würden. Hierüber aufgebracht, befahl Albert den Aebten, die ungehorsamen Bischöfe zu bannen, aber sie gehorchten nicht; er wies nunmehr die Mönche an, neue Aebte zu wählen, aber sie fürchteten sich mehr vor ihren nächsten Obern als vor entfernten Kirchenstrafen. In Freisingen [2], Augsburg, Eichstädt, Würzburg hatten Alberts Bemühungen gar keinen Erfolg, und einige rheinische Prälaten, die dem Kaiser minder geneigt waren, erklärten: sie dürften nichts gegen ihn unternehmen, weil ihnen die Bürger für solchen Fall den Tod angedroht hätten [3]. Damit Alberts Boten und

---

[1] Zschocke, I, 490. — [2] Meichelb., Hist. Fris., II, 1, 17. — [3] Aventin. ann. Boj., VII, 4, 23—33, v. l. Aventin. excerpta ex Alb., 787—706. Erzbischof Siegfried II von Mainz gab Geld und Lehen an Eberhard von Breuberg, daß er ihn gegen Jeden, besonders gegen Friedrich II und dessen Anhänger schütze. Breuberg. dipl., Urk. I. Ulm, Augsburg, Nördlingen,

Schreiben nicht mehr, wie bisher, in alle Lande gehen könnten, ließen der Erzbischof von Salzburg und der Bischof von Brixen alle Straßen nach Italien, der Bischof von Bamberg aber alle Straßen nach dem Norden so genau bewachen, daß kaum unverdächtige alte Weiber und Kinder durchschlüpfen konnten. Nach dem Antrage des Kaisers ward Albert aus dem Stifte von Passau ausgestoßen, und als er den dasigen Bischof Rüdiger vorsätzlich in Abhaltung des Gottesdienstes störte, von diesem heftig mit der Faust zurückgeschlagen.

Bischof Konrad von Freisingen äußerte: „Ohne Zustimmung der deutschen Bischöfe hat der römische Bischof keine Rechte in Deutschland. Er mag seine italienischen Schafe scheren, uns aber hat Gott eingesetzt daß wir als Wachhunde die Wölfe in Schafskleidern von unseren Schafen abhalten sollen." Bischof Siegfried von Regensburg erklärte vor Herzog Otto von Baiern: er wolle dem trefflichen gottesfürchtigen Kaiser gegen hämische Feinde 600 Reiter zu Hülfe stellen, und die Bürger von Regensburg schlossen mit dem Pfalzgrafen Rapoto von Baiern ein Bündniß gegen Albert, den Feind des christlichen Gemeinwesens, den Friedensstörer, den Erzheuchler und falschen Propheten. Erzbischof Eberhard von Salzburg zerriß im Zorne päpstliche Schreiben, trat sie mit Füßen und schrieb dem Herzoge von Baiern: er solle den größten Schuft der auf zwei Beinen einhergehe, den verpesteten Schurken Albert aus Baiern verjagen und diese Schlange nicht in seinem Busen nähren.

Fast gleichzeitig, im Julius 1240, erließ der Kaiser ein Schreiben an alle deutschen Fürsten, welches dem Wesentlichen nach Folgendes enthielt: „Seitdem die Kaiser, meine Vorfahren, des römischen Bischofs Reichthum und Würde erhöht haben, ist er der hartnäckigste Feind aller Könige und Fürsten geworden und will keinen neben sich dulden. Vor Allem aber richtet er seine feindseligen Anstrengungen gegen das heilige römische Reich, wohl wissend daß, wenn das Haupt niedergeworfen ist, den Gliedern leicht Sklavenketten angelegt werden. Weil ich seine alleinige, unbedingte Herrschaft nicht anerkennen, ihn nicht höher als Gott ehren will, darum verketzert er, selbst der Antichrist, mich, den treuesten Verehrer Christi. Wer wünscht mehr als ich, daß das christliche Gemeinwesen seine alte Majestät und Einfachheit und sicheren Frieden wieder gewinne; aber dies kann nie geschehen, so lange das Grundübel, der Ehrgeiz, Stolz und Aufwand des römischen Bischofs, nicht durch Beschränkung seiner Reichthümer und Ansprüche ausgetilgt wird. Ich bin kein Priesterfeind, sondern ehre den geringsten wie einen Vater, wenn er sich von weltlichen Dingen entfernt hält; dennoch schreit der Papst: ich wolle das Christenthum mit Gewalt und Waffen ausrotten! Wie thöricht! Nicht durch Waffen

---

Gemünd, Dinkelspiel, Halle, Nürnberg und viele andere Städte standen nach wie vor treu auf der Seite Friedrichs.

und Gewalt kann das Reich Gottes unterdrückt werden; aber durch böse Lüste, durch Geiz und Habsucht, diese Wurzeln alles Uebels, wird es geschwächt, verunreinigt und verderbt. Hiegegen mit aller Macht aufzutreten, ja mit dem Schwerte rastlos zu wirken, das ist der mir von Gott verliehene Beruf. Ich will der Heerde ihren Hirten, dem Volke seinen Bischof, der Welt ihren geistlichen Vater wiedergeben; ich will dem wölfischen Tyrannen seine Heuchlermaske vom Antlitze reißen, ihn zwingen daß er die weltlichen Geschäfte und den irdischen Glanz bei Seite setze und in Christi heilige Fußtapfen trete, statt sich als dessen Nachfolger in frevelhaftem Stolze zu ·brüsten. Keineswegs ist der Papst über jede Verantwortlichkeit erhaben, vielmehr soll er uns von dem Ungöttlichen, von dem Heillosen so in ihm ist, schon auf Erden Rechenschaft ablegen und nicht mehr jede List, jede Täuschung, jeden Betrug, jede Nichtswürdigkeit als tadellose, unfehlbare, göttliche Offenbarung hinstellen ¹."

In einem anderen, an den König von Böhmen gerichteten Briefe äußert der Kaiser: „Erkennt man nicht den römischen Sinn an seinen Werken? Wird nicht der am meisten geschätzt und erhoben, der am besten bezahlt? Und verkauft man nicht Alles, Kleider, Vallien, Stäbe, Mützen, Chen, Gottesdienst, ja das Himmelreich? Deutschland allein fürchtet man noch in Rom! Deßhalb strebt der Papst, die Deutschen (das tapferste, alle Völker durch Muth, Tüchtigkeit, Ordnungsliebe und Gottesfurcht besiegende, sie übertreffende Volk) in Bruderkriege zu verwickeln, damit die Ermüdeten, Erschöpften, durch Beute Verweichlichten oder durch Zuchtlosigkeit Entarteten auch ihren Nacken feige, dumm oder verzweifelnd unter das römische Joch beugen möchten."

Jene Anmaßung päpstlicher Bevollmächtigten, diese eindringlichen Vorstellungen und König Konrads rastlose Thätigkeit riefen das alte, nie ganz vertilgbare Gefühl für innere Ordnung wieder hervor, sodaß auf einem von ihm im Sommer 1240 zu Eger gehaltenem Reichstage viele Fürsten erschienen ² und den Herzog Otto von Baiern vorluden, um sich über die Anschuldigung des Verrathes zu rechtfertigen. Während dieser hierüber erschreckt nach Böhmen eilte, besuchte König Konrad seine Verwandte, die furchtsame und abergläubige Herzogin Agnes ³, stellte ihr das Unrecht und die Undankbarkeit ihres Mannes aufs Lebhafteste vor und sagte ihr halb warnend, halb drohend: das von den Hohenstaufen erst erhobene Haus Wittelsbach könne bei längerer Untreue leicht in die frühere Unbedeutsamkeit zurückgestürzt werden.

1241 In dieser Bedrängniß ließ Otto den Papst um Rath und Hülfe bitten: denn er allein sey außer Stande seinen Gegnern zu wider-

---

¹ Avent. ann. Boj., VII, 5, 3—5. — ² Gemeiner, Chronik, 340. Böhmer, Reg., 237. — ³ Der Beichtvater Ottelin gewann sie durch die Erzählung: daß die heilige Jungfrau erschienen sey und Alles billige, was Albert Beham thue. Lang, Jahrb. zu 1244.

stehen und gerathe mit Gütern und Würden, ja mit Weib und Kind [1241] in die höchste Gefahr! Und Albert Beham bestätigte nicht bloß diese Darstellung, sondern sagte noch hinzu: wenn nicht bald ein päpstlicher Gesandter erscheine und eine neue Königswahl zu Stande bringe, so würden bei weitem die meisten Fürsten und Bischöfe dem Kaiser zu Hülfe nach Italien ziehen [1].

Diesen Klagebrief schrieb Albert im April 1241; am 9. April desselben Jahres schlugen die Mongolen bei Liegnitz; am 14. April eroberte der Kaiser Faruza [2]. — So drängen sich (des Morgenlandes nicht einmal zu gedenken) die verschiedenartigsten Ereignisse auf entfernten Punkten und treten in die mannichfaltigste Wechselwirkung, wodurch der Reichthum dieser Geschichten sehr erhöht, zugleich aber auch ihre Anordnung und Uebersicht erschwert wird!

Funfzehntes Hauptstück.

In dem Augenblicke wo Gregor den Bann über den Kaiser aussprach, schickte er Bevollmächtigte in alle christlichen Reiche, um sein Recht darzuthun und Unterstützung für die Kirche auszuwirken. Als aber der Kardinal Otto von der englischen Geistlichkeit ein Fünftel ihrer Einnahmen verlangte, antwortete sie einstimmig [a]: „Die Beschuldigungen gegen den Kaiser sind nicht erwiesen und kein Geistlicher darf mit weltlichem Arme fechten. Jede Kirche hat, gleich der römischen, das Recht zu erwerben und das Erworbene ohne Eingriff für sich zu behalten; denn es stehet zwar geschrieben: Was du binden und lösen wirst auf Erden, soll auch im Himmel gebunden und gelöset seyn; nicht aber: Was du erpressest auf Erden, soll auch im Himmel gültig erpreßt seyn. Und versprach nicht der Papst schon längst, er wolle mit außerordentlichen, ungesetzlichen Forderungen inne halten und das zu der ursprünglichen heilsamen Bestimmung ohnedieß nicht hinreichende Kirchenvermögen unverkürzt lassen?" — Bei solcher Stimmung würde ein tüchtiger König leicht die Geistlichkeit seines Reichs gegen Erpressungen geschützt oder wenigstens die Angemessenheit der Ausschreiben näher geprüft haben; statt dessen sagte Heinrich III, als ihn mehre Aebte in Gegenwart des päpstlichen Gesandten hiezu bestimmt aufforderten: „Ihr sehet, Herr Legat, daß diese elenden Ver-

---

[1] Avent. excerpt. ex Alb., 709. — [2] Im April 1241 versprach der Kaiser den Herzögen von Brabant, Lothringen, Limburg, den Grafen von Geldern, Jülich u. s. w., sie auf alle Weise zu schützen, sich ihrer bei etwaiger Aussöhnung mit Gregor anzunehmen, und sie nicht zu zwingen wider ihren Willen über die Alpen zu ziehen. Bondam, I, 3, Urk. 99, aber irrig Leodii (vielleicht Lodii) datirt Ob ächt? Böhmer, Reg., 199. — [a] Matth. Paris 354, 355, 360.

2 *

führer Euern Befehlen nicht gehorchen wollen; allein ich überlasse sie Eurer Willkür und Ihr mögt sie in einem meiner Schlösser gefangen setzen." — Ebenso wenig, als Vorstellungen seiner eigenen Unterthanen, halfen dringende Schreiben des Kaisers, und die Entschuldigung Heinrichs: daß er dem Papste als Lehnsmann gehorchen müsse und ihm nicht zu widersprechen wage, enthielt in den Augen Friedrichs die höchste eigene Anklage. — Ob nun gleich der Kardinalgesandte in England allgemeine und strenge Maßregeln vermied, so wußte er doch durch Entbindung von Gelübden, durch kirchliche Erlaubnißscheine mancher Art und durch geschickte Behandlung der einzelnen Bischöfe und Aebte große Summen Geldes zu erhalten; und fast noch mehr Erfolg hatten ähnliche Bemühungen in Frankreich.

Als Friedrich II im Sommer des Jahres 1240 mit seinem neugesammelten Heere über Velletri gen Rom vorzubringen drohte, war der Papst über den Ertrag der neuen Steuern wohl noch nicht unterrichtet, sondern von allen kriegerischen Vertheidigungsmitteln so entblößt, daß er für sich und die Lombarden einen Waffenstillstand bis Ostern 1241 suchte. Der Kaiser (ohnehin außer Stande gleichzeitig beide zu bekämpfen, und geneigt den Papst zu beruhigen) schloß mit dessen Bevollmächtigten ab und wandte sich hierauf zur Belagerung Faenzas. Sobald aber Gregor von der Noth dieser Stadt und den großen Einnahmen in England und Frankreich hörte, welche ihm neue Kriegsmittel darboten, verwarf er jenen Waffenstillstand, weil er nicht auf seine Verbündeten, die Lombarden, ausgedehnt sey. Kardinal Kolonna, welcher solch eine unlösliche Vereinigung der kirchlichen und lombardischen Angelegenheiten mißbilligte und jene Unterhandlung mit dem ihm befreundeten Kaiser hauptsächlich geführt hatte, sagte hierauf zum Papste: „Herr, ich will nicht durch leichtsinnige Rücknahme meines dem Kaiser gegebenen Wortes den Schein der Untreue auf mich laden, und auch Ihr thätet besser den Frieden anzunehmen, als würdige Kardinäle mit so ungebührlichen Aufträgen an einen so großen Fürsten zurückzusenden." — „Wenn du", antwortet Gregor zornig, „mir nicht gehorchen willst, so werde ich dich nicht länger als Kardinal gelten lassen." — „Und ich", fiel jener rasch ein, „dich nicht für einen Papst."

Seitdem gesellte sich Kolonna zu den Feinden Gregors; auch andere Kardinäle wurden über dessen Hartnäckigkeit ungeduldig, und in Rom erhoben kaiserlich Gesinnte von neuem ihre Stimme [1]. Ungefähr um dieselbe Zeit (März bis Mai 1240) schrieben mehre deutsche Fürsten und Bischöfe dem Papste: sie wollten der Kirche zwar treu

---

[1] Der Papst selbst hatte in den Waffenstillstand nicht gewilligt; aber deswegen braucht man den Streit mit Kolonna, der nachher gegen ihn austritt, keineswegs ganz zu läugnen. Wir haben versucht die Nachrichten und Ansichten zu vereinigen, welche sich bei Matth. Par., 350, 365, Petr. Vin., I, 34, 36; II, 38, Rich. S. Germ. zu 1241 und Raynald zu 1240, §. 52, befinden.

Berufen der Kirchenversammlung.

bleiben, doch möge er zu einer billigen Aussöhnung die Hand bieten. 1240 Der Deutsch-Ordensmeister Konrad, welcher vermitteln sollte, starb aber leider am 24. Julius 1240 zu Rom [1].

Zu dem Mißlingen aller Unterhandlungen trug nicht wenig ein anderer Plan bei, welcher, statt den bezweckten Frieden herbeizuführen, zuletzt den Bruch zwischen der weltlichen und geistlichen Macht wo möglich noch erweiterte. Der Kaiser hatte sich nämlich in seinen früheren Klageschriften über den Papst mehre Male auf eine allgemeine Kirchenversammlung berufen und von ihr die Abstellung der vorhandenen Mißbräuche erwartet. Gregor hingegen war auf diese Wünsche nicht eingegangen, aus Furcht, seine rein moralische Stellung dürfte, bei den vorhandenen Umständen und Leidenschaften, hiedurch leicht gefährdet werden. Weil er sich aber der kaiserlichen Macht nicht mehr erwehren und von den Geistlichen immer noch eher Beistand erwarten konnte, als von den Laien, weil ihm in Hinsicht der Berufung, der Geschäftsführung, der Abstimmung und Entscheidung sehr viele Mittel und Rechte zu Gebote standen, so erließ er im Sommer 1240 Schreiben an alle Prälaten der Christenheit: daß sie sich zur Berathung über wichtige Angelegenheiten der Kirche um Ostern 1241 in Rom versammeln möchten [2].

Dieser Beschluß war dem Kaiser in dem jetzigen Augenblicke durchaus nicht willkommen; denn nachdem er den Papst durch eigene Kraft bis an den Rand des Unterganges gebracht hatte, ließ sich vorhersehen daß die gesammte christliche Geistlichkeit nicht fördernd, sondern nur störend und hemmend dazwischentreten werde: auch blieben die Mittel, wodurch sich der Papst gegen etwaigen Widerspruch kaiserlich Gesinnter zu schützen suchte, schon jetzt nicht verborgen. Deshalb erließ Friedrich im September 1240 Schreiben an alle Könige und Fürsten, des Inhalts: er werde eine Kirchenversammlung nie anerkennen, wozu keineswegs lauter unparteiische Geistliche, sondern auch alle diejenigen berufen wären, welche sich offenbar gegen ihn empört oder, wie die englischen Prälaten, Geld aufgebracht hätten damit ihn der Papst desto nachdrücklicher bekriegen könne. Ja nicht bloß die ihm abgeneigten Geistlichen, sondern auch alle seine weltlichen Feinde habe der Papst namentlich eingeladen: die Grafen von Provence [3] und S. Bonifazio, den Dogen von Venedig, den Markgrafen von Este, Alberich von Romano, Paul Traversaria, die Mailänder u. A. m. Das zeige deutlich: nicht Friede sey Zweck der Versammlung, sondern Haß und Krieg [4]. Ueberhaupt könne ein Papst ohne Zustimmung des Kai-

---

[1] Böhmer, Reg., 385. — [2] Savioli, III, Url. 622, 624. — [3] Im November 1240 schloß Gregor einen Bund mit dem Grafen Berengar von Provence wider Friedrich und im Jahre 1241 einen ähnlichen mit dem Grafen Raimund von Toulouse. Hist. de Languedoc., III, preuves 228, 234. — [4] Matth. Par., 367, 371. Rymer, Foed., I, 1, 134. Petr. Vin., I, 34. Bullae pontif. ap. Hahn., XXI.

22   Friedrich an die Kardinäle und Prälaten.

1240 sey keine allgemeine Kirchenversammlung berufen; am wenigsten einer der, wie Gregor, als hartnäckiger Feind des Reiches auftrete und die Angelegenheiten der Könige und Fürsten, welche keinem irdischen Gerichte unterworfen wären, durch seine gehorsamen und aus Furcht vor der Absetzung eingeschüchterten Diener, durch die Prälaten, auf unerhörte Weise wolle entscheiden lassen. Dahin deute, wenn man es sonst nicht schon wüßte, auch die unbestimmte Angabe des Grundes jener Ladung, und die absichtlich kurz gesetzte Frist bewirke daß entferntere nicht erscheinen könnten und nur die nahen eifrigen Freunde des Papstes erscheinen würden. Sobald der Papst die Vertheidigung der ketzerischen Mailänder aufgebe, sey die Aussöhnung leicht; und wie ehrlich und ernstlich der Kaiser den Frieden wünsche, gehe daraus hervor daß er selbst seinen Sohn, König Konrad, als Geißel für seine Versprechungen, obgleich vergebens, angeboten habe[1]. — Ferner schrieb Friedrich den Kardinälen[2]: „Ihr seyd dem Papste zwar verpflichtet, aber nicht seinen Leidenschaften ohne Urtheil unterworfen. Ihr solltet fest stehen, als die Angeln, die Cardinäre der Welt, und euch nicht leichtsinnig für das Unrecht, für das Verderben des Kaisers umstimmen lassen. Ihr solltet das Uebel durch Milde zum Guten wenden, nicht durch unnütze Reden Oel ins Feuer gießen und Zugpflaster statt der Heilsalbe auflegen. Wollte der Papst den Frieden, er ließe sich schnell durch erwählte Kardinäle und kaiserliche Bevollmächtigte zu Stande bringen; statt dessen beruft er Geistliche aus fernen Landen zur Berathung über Dinge die sie nicht kennen, und zu Richtern über Dinge welche sie nichts angehen; ein klarer Beweis daß er sich ihrer nur bedienen will für seine Leidenschaften und seine Zwecke."

Am einfachsten und angemessensten wäre es für den Kaiser gewesen, wenn das Ausbleiben der Prälaten die ganze Kirchenversammlung vereitelt hätte. Ein umständliches, feierlich und mit rednerischem Prunke abgefaßtes Kreisschreiben des Kanzlers Peter von Vinea sollte Jeden von der Reise abschrecken. „Alle Küsten, alle Häfen, alle Wege (so heißt es in demselben) sind besetzt[3]; des Kaisers Seemacht bedeckt das Meer, und von seiner Strenge, welche des eigenen ungehorsamen Sohnes nicht schonte, habt Ihr das Aeußerste zu befürchten. Kämet ihr aber auch durch Zufall ungefährdet bis Rom, was erwartet euch daselbst Anderes als neue Gefahren? Das Kochen unerträglicher Hitze, faules Wasser, grobe ungesunde Speisen, eine handgreiflich dicke Luft, eine Unzahl von Mücken, ein Vorrath von Scorpionen und eine Menschenart, schmutzig, abscheulich, schändlich, wüthig! Die Stadt ist unterirdisch ausgehöhlt, darin lauert giftiges Gewürm, bis es mit den heißen Dünsten des Sommers zu Tage kommt! Wer sich vom Meere rettet, geräth aus der Scylla in die Charybdis, und wer sein Leben

---

[1] Martene, Coll. ampliss., II, 1138. — [2] Petr. Vin. Bibl Barberina, Nr. 2138, p. 10. — [3] Ibid., 10.

wunderbar in Rom erhält, dem ſtehen immer noch die Gefahren der
Rückreiſe bevor. — Und was will der Papſt von euch? Er will euch
täuſchen, euch als Mittel zur Ausführung ſeiner Abſichten, zum Deckmantel ſeiner Ungerechtigkeit gebrauchen; ihr ſollt die Orgelpfeifen ſeyn,
auf denen er nach Willkür umherſpielt. Jetzt verſchweigt er noch ſeine
Zwecke, weil er die nach ihrer Ankunft in ſeine Hände Gegebenen
leichter zu verführen und zu zwingen hofft; habt ihr aber in Leiden-
ſchaft oder Irrthum etwas beſchloſſen, ſo werden nachher die Laſten und
Geldzahlungen nicht ausbleiben, welche Gregor zur Ausführung des
Beſchloſſenen für unerläßlich und nothwendig erklärt. Den Gehorſam
preiſet er an, als blene dieſer zu Gottes Ehren; der Wahrheit nach
aber ſucht er, um ſeines Vortheils willen, die Freiheit der hohen
Geiſtlichkeit zu untergraben. Vom Leichten und Billigen werden ſeine
Forderungen immer mehr und mehr ſteigen, und er wird euch, wenn
ihr ihn nicht durch Widerſtand zurückſchreckt, behandeln wie ſchwaches
Rohr. — Mithin umringen euch von allen Seiten Gefahren aller
Art, für das Gut, die Freiheit, den Leib, die Seele! Möchten doch
Eitelkeit, Haß, Ehrgeiz, Hoffnung auf Schutz und Pfründen, oder
andere Leidenſchaften und Irrthümer euch nicht täuſchen und in das
unabwendbare Verderben ſtürzen, wovor euch der wohlgeſinnte Kaiſer
ernſtlich warnen läßt!"

Sobald der Papſt von dieſem Schreiben hörte, erließ er andere [1],
worin die Noth der Kirche und die Pflicht des Gehorſams hervorgehoben und höflich hinzugefügt wurde, daß die Berufung nach reifli-
chem Ueberlegen ſtattgefunden habe und ſelbſt zur Ehre der Eingela-
denen gereiche. Auf dieſe Weiſe durch kaiſerliche und päpſtliche Aufforderungen und Drohungen von zwei Seiten geängſtigt, waren die
Prälaten lange unſchlüſſig, bis ein Theil die nächſten Pflichten voran-
ſtellte und zu Hauſe blieb, ein anderer hingegen die Reiſe wagte,
weil man Gott mehr gehorchen müſſe als Menſchen, und der Kaiſer
zwar den Leib, nicht aber die Seele tödten könne. Der Kardinal Otto,
ein Sohn Wilhelms III von Montferrat, führte mit dem Anfange des
Jahres 1241 die Prälaten aus England herüber [2]; der Kardinal von
Präneſte, Jakob Peloraria, welcher die Bannung Friedrichs auf mehren franzöſiſchen Kirchenverſammlungen mit großer Heftigkeit verkündet
und anſehnliche Summen von der Geiſtlichkeit beigetrieben hatte, zog
mit ſehr vielen Biſchöfen und Aebten nach Nizza; der päpſtliche Bevollmächtigte Gregor von Montelongo eilte aus der Lombardei nach
Genua, um durch Bitten, Vorſtellungen und Geldvorſchüſſe die Genueſer zur ſchnellen Ausrüſtung einer Flotte zu vermögen [3]. Von dem
Allem wohl unterrichtet, verſuchte der Kaiſer zuvörderſt noch einmal
den Weg der Ueberredung und ließ den Prälaten durch eine feierliche

---

[1] Am 13. October 1240. Rayn., §. 59. Savioli, III. 2. Url. 621. —
[2] Cardella, I. 2. 247. Ericus, 46. Cecconi, 260. — [3] Concil., XIII, 1414.
Cherrier, 3, 62.

1241 Gesandtschaft vorstellen[1]: wie schrecklich ihn der Papst behandelt und verketzert habe, und welche Mängel bei der Berufung der Kirchenversammlung vorsätzlich begangen worden. Er bitte und beschwöre sie, nicht übers Meer (denn er lasse dasselbe streng bewachen), sondern auf dem Landwege nach Rom zu gehen. Wenn er sie gesprochen, wenn er ihnen alle Umstände, alles zeither Geschehene aufs Vollständigste mitgetheilt und vorgetragen habe, dann möchten sie auf der Kirchenversammlung auch den Papst hören. Dem Spruche, welchen so weise Männer nach so vollständiger Rückfrage ertheilen würden, wolle er sich gern unterwerfen, wogegen sie es selbst nicht billigen könnten, wenn man über ihn, den Abwesenden, Unbefragten, urteln wollte. Für die Sicherheit ihrer ganzen Landreise und dafür daß er sie nach genommener Rücksprache ungestört würde zur Kirchenversammlung ziehen lassen, wäre er bereit jede Bürgschaft zu stellen, die sie selbst vorschlagen und verlangen würden. Gern käme er persönlich nach Genua, aber Mangel an Geld, vielfache Geschäfte und die ungünstige Stimmung der Bürger jener Stadt machten es ihm in diesem Augenblicke unmöglich. — Auf alle diese Vorstellungen und Bitten des Kaisers antworteten die Prälaten (wahrscheinlich den Weisungen der Kardinäle gemäß) nichts weiter als: den täuschenden Reden eines Gebannten dürfe man nicht trauen. Hiemit glaubte der Papst, welcher wohl um jeden Preis eine persönliche Zusammenkunft Friedrichs mit den Prälaten zu vermeiden wünschte, vollkommen obgesiegt zu haben; aber manche Prälaten kehrten, die Zukunft ahnend, in aller Stille um; denn der Kaiser hatte endlich, obwohl ungern, beschlossen, offene Gewalt gegen seine offenbaren Feinde zu gebrauchen.

Mit großer Anstrengung war in Apulien und Sicilien eine Flotte ausgerüstet worden, welche sich mit der pisanischen vereinte. Jene führte des Kaisers Admiral Ansaldus oder Anselm de Mari und König Enzius, diese hingegen der tüchtige Pisaner Ugolino Bujacherini aus der Familie Sismondi[2]. Als die Genueser (welche dem Kaiser bis jetzt nur geantwortet hatten: sie würden die Befehle der Kirche und des Papstes, unbekümmert um seinen Widerspruch, vollziehen) von dieser ansehnlichen Rüstung hörten; als Nachricht eintraf, daß die kaiserlichen Statthalter Palavicini und Marinus von Eboli an zwei verschiedenen Stellen in das Gebiet des Freistaates eingebrochen wären, und sich das Gerücht verbreitete, der Podesta verheimliche aufgefangene kaiserliche Briefe: so entstand in der Stadt Unzufriedenheit, Widerspruch, ja zuletzt ein offenbarer Aufruhr. Doch war die Obrigkeit von der guelfischen Gesinnung der Mehrzahl so wohl unterrichtet, daß sie es wagen konnte eine allgemeine Versammlung der Bürgerschaft zu

---

[1] Matth. Par., 380. — [2] Sismondi, III, 44. Bartolom. annal. Salvi, I, 184. Im Jahre 1240 wird auch Nicolini Spinola als kaiserlicher Admiral genannt.

Die Prälaten gefangen.

berufen, mit deren Beiſtande binnen kurzer Friſt alle Widerſetzlichen 1241 bezwungen und beſtraft wurden.

Am 25. April 1241 ſchifften ſich die Prälaten in Genua unter großem Jubel und heiteren Hoffnungen ein [1]; denn, ſo ſchloſſen Viele, entweder begegnet man der kaiſerlichen von Anſalb de Mari geführten Flotte gar nicht, und das iſt auf dem weiten Meere das Wahrſcheinlichſte; oder man wird ſie im entgegengeſetzten Falle mit 27 großen wohlbemannten Schiffen leicht beſiegen. Die bergige, mannichfach geſtaltete Küſte entlang kam die Flotte über Porto Fino und Levano bis Porto Venere und vernahm hier, daß 27 kaiſerliche und 40 piſaniſche Schiffe bei Piſa ankerten. Ein Theil der Genueſer ſchlug jetzt vor, die bereits in ihrer Vaterſtadt begonnene Rüſtung von acht neuen Schiffen abzuwarten; aber die Geiſtlichen glaubten ſich nur durch die höchſte Eile retten zu können. Hierauf riethen die Meiſten: man möge weſtlich gen Korſika ſteuern, weil man die Feinde hiedurch täuſchen, ihnen auf hohem Meere leichter entgehen und glücklich Civitavecchia oder Oſtia erreichen könne. Dieſem verſtändigen Plane widerſetzte ſich jedoch der genueſiſche Admiral Wilhelm Ubriacchi (zu deutſch Trunkenbold) und ſuchte, trotz aller Bitten der Prälaten, mit einer in der That trunkenen Zuverſicht die Schlacht [2]. Auch wurde dieſe keinesweges verweigert; denn kaum erſchienen die Genueſer in den piſaniſchen Gewäſſern, ſo eilten ihnen die Verbündeten entgegen und griffen ſie am 3. Mai 1241 bei der Felſeninſel Meloria, ſüdweſtlich von Livorno an. Nach kurzem Widerſtande wurden die Genueſer (deren Fahrzeuge zu ſchwer beladen und zum Theil mit Leuten beſetzt waren, die vom Seekriege gar nichts verſtanden) völlig geſchlagen, drei ihrer Schiffe verſenkt, 22 genommen [3] und 4000 ihrer Mitbürger gefangen. Ferner (und das war der zweite wichtigere Theil des Sieges) fielen den Kaiſerlichen in die Hände: die Kardinäle [4] Otto und Jakob, Gregorius de Campagna, ein päpſtlicher Legat, die Erzbiſchöfe von Rouen, Bordeaux und Beſançon, die Biſchöfe von Karkaſſonne, Agde, Nismes, Tortona, Pavia, die Aebte von Klairvaur, Cuteaur und Klugny, die meiſten Abgeordneten der lombardiſchen Städte, ſofern ſie nicht, gleich einigen Prälaten, ihren Tod im Meere gefunden hatten [5].

---

[1] Mehre holte man in Nizza abgeholt; andere hatten ſich zu Lande eingefunden. Der Legat Gregor hatte einen förmlichen Vertrag mit Genua über die Stellung und Bemannung der erforderlichen Schiffe geſchloſſen. Reg. Greg. IX in Doria, Jahr 14, Schreiben vom III Idus Octobr. — [2] Chron. mac., Nr. 911. Malespini, 128. Guil. Tyr., 720. Villani, V, 10. Sanese, Chron., 20. Magri e Sentelli, III, 101. Serra, II, 74, nennt den Admiral Maloeelli; Varena, I, 328, Marocello. — [3] Petr. Vin., I, 8, 9. Wenn fünf Schiffe, wie Bartol. ſagt, entkamen, müßten deren 30 geweſen ſeyn. Rymer, Foed., I, 1, 138. Nur vier entkamen. Hiſt. dipl., I, 2, 907. — [4] Lyrense chron. Rich. S. Germ., 1040. Jamsilla, 496. Ecclesia. 169. Matth. Par., 370. Magagnotti, 400. Hiſt. dipl., I, 2, 907. Chr. Ital. Bréb., 185. — [5] Vitae pontif., 592.

26 Richard von Kornwall. Friedrich und Ludwig IX.

1241 Es ward endlich alles Geld und Gut erbeutet, was der Kardinal Otto in England, nicht immer auf löbliche Weise, zusammengebracht hatte[1]. Die durch jene ungewohnte Seereise größtentheils schon erkrankten Prälaten litten auf der weiteren Fahrt bis Neapolis so viel Hartes und Unwürdiges von dem rohen Schiffsvolke und einigen durch Haß übertelzten Befehlshabern, daß die geordnete Haft, welche ihnen auf dem festen Lande zu Theil wurde, dagegen fast wie eine Erlösung erschien[2]. Doch wurden auch hier nicht alle gleich, sondern strenger oder milder behandelt, je nachdem sie mehr oder weniger feindselig gegen den Kaiser aufgetreten waren.

Als Gregor von diesem großen Unglück hörte, erschrak er sehr; aber wie niemals, so verlor er auch jetzt den Muth nicht, sondern forderte Venedig, Genua, Bologna und andere der Kirche befreundete Städte auf, ihre Anstrengungen zu verdoppeln, schrieb die kräftigsten und herzlichsten Trostbriefe an die gefangenen Prälaten und ermahnte den Kanzler Peter von Vinea, daß er beim Kaiser die Befreiung oder wenigstens mildere Behandlung derselben auswirken möge[3].

Um diese Zeit landete der aus Palästina zurückkehrende Herzog Richard von Kornwall zu Tropea in Sicilien und ward von seinem Schwager, dem Kaiser, und seiner Schwester, der Kaiserin Isabelle, aufs Prachtvollste und Zuvorkommendste empfangen. Doch vergaß man über den Ergötzungen und Festen nicht die ernsthaften Angelegenheiten, und Richard glaubte, ihm (dem Kreuzfahrer, dem Bruder eines Königs) werde die Vermittelung des so natürlichen und nothwendigen Kirchenfriedens nicht schwer fallen. Mit unbeschränkten Vollmachten des Kaisers versehen, eilte er nach Rom, ward aber von den Einwohnern mit beleidigendem Spotte empfangen, und der Papst verlangte: daß sich der Kaiser, nach so ungeheuren Vergehen, schlechthin und ohne alle Bedingung unterwerfe. Deshalb kehrte Richard bald zu seinem Schwager zurück und erzählte mit zornigem Erstaunen, wie viel Mißfälliges er gesehen und erlebt habe[4]. Dieser, welchem nichts der Art mehr unerwartet kam, gab zur Antwort: „Es freuet mich daß Ihr selbst erfahren habt, was ich vorhergesagt und was Euch unglaublich schien."

Mehr als Richard nahm Ludwig IX die Partei der gefangenen Prälaten und schickte den Abt von Corbie und den Ritter des Crosnes mit Schreiben folgenden Inhalts an den Kaiser ab: „Bisher haben wir den festen Glauben gehegt daß zwischen unseren durch alte Liebe und Zutrauen eng vereinten Reichen nicht der geringste Zwist entstehen könne. Jetzt aber werden wir mit Recht und mehr denn

---

[1] Wikes, Chron. zu 1240; per fas et nefas. — [2] Matth. Par. Rymer, Foed., I, 1, 139. Die Prälaten, welche noch unterwegs waren, kehrten jetzt in ihre Heimath zurück. Guil. de Podio, 44. — [3] Rayn., §. 64—79. Cod. philol. Vindob., Nr. 61, fol. 33, und Nr. 305, fol. 91. Concil. XIII, 1109. — [4] Matth. Par., 384, 385, 389, 392.

ruhig, als Ihr wohl meint, weil die Prälaten Frankreichs von Euch ohne zulänglichen Grund und ohne vorhergegangene Beleidigung sind gefangen worden. Sie waren durch Glauben und Gehorsam verpflichtet, den Aufforderungen des Papstes Genüge zu leisten, und hatten, wie sie uns schreiben, keineswegs feindselige Absichten gegen Euch, wenn auch der Papst vielleicht minder gebührend vorzuschreiten dachte. Wir müssen aber um so bestimmter deren Freilassung verlangen, da wir den Kardinalbischof von Präneste und andere päpstliche Abgeordnete mit ihren Anbringen und Gesuchen wider Euch stets öffentlich zurückgewiesen haben. Prüfet und überlegt also ruhig und unbefangen, handelt nicht nach bloßer Heftigkeit oder im Vertrauen auf Eure Macht; denn nie werden wir die Ehre Frankreichs verletzen lassen, und es ist keineswegs so schwach, daß es sich von Euren Sporen verwunden ließe." Der Kaiser antwortete; die Ansicht und Schlußfolge des königlichen Schreibens würde unwiderleglich richtig erscheinen, wenn nicht des Papstes feindselige Zwecke weltkundig wären. Diese einseitige, keineswegs allgemeine Kirchenversammlung sey berufen, dieser Thurm von Babel sey erbaut bloß zu seinem Untergange. Wer trotz aller Warnungen zu seinen Feinden eile, den müsse er als Feind betrachten, und gegen offenbare Verfolgung sey eine offene Vertheidigung erlaubt. Deshalb möge sich der König nicht wundern, daß er die französischen Prälaten, welche nur gekommen wären ihn einzuengen, jetzt in solcher Enge halte [1]. — Erst eine zweite Gesandtschaft Ludwigs, an deren Spitze der Abt von Klugny [2] stand, fand den Kaiser nachgiebiger; es waren jedoch unterdeß noch andere, weiter unten zu erzählende Gründe für die mildere Ansicht eingetreten.

Noch immer stieg Friedrichs Glück. Acht Tage nach jener Seeschlacht, am 11. Mai, wurden die innerlich in Parteien zerfallenen Mailänder von den Pavienfern hart geschlagen, 350 der Ihrigen gefangen und mehre Fahnen und Kriegszeug erbeutet [3]. Der Kaiser selbst rückte vorwärts durch das Bolognesische in den Kirchenstaat und eroberte Fano, Spoleto, Terni, Narni und Rieti, ferner, mit Hülfe des Kardinals Kolonna, Tivoli, Albano und Grottaferrata. Monteforte endlich, eine Burg, welche Gregor von den Geldern der Kreuzfahrer zu seinem und seiner Verwandten Schutz erbauet hatte, fiel nebst diesen, zu großem Schrecken des Papstes, in die Hände Friedrichs. Ringsum war Rom eingeschlossen und Gregor gezwungen, während der gewaltigen Hitze des Sommers gegen seine Gewohnheit in der ungesunden Stadt zu verweilen. Ihn allein traf die Gefahr,

---

[1] In angusto tenet Augustus, qui ad Caesaris angustias nitebantur. — [2] Da Gregor (Rayn., p. 68 und 71) den Abt von Klugny unter den Gefangenen nennt, so muß er bald befreit worden seyn. Doch fällt die zweite Gesandtschaft später, und wir wollen nur unsere Erzählung nicht zerstückeln. Vie de S. Louis, msc. Sinner, II, 53, Nr. 191 fol. Guil. Nang., 335. Petr. Vin., I, 12. — [3] Mural, Ann. Petr. Vin., I, 8 Mediol. annal.

1241 welche Friedrich den Prälaten warnend verkündet hatte; und so erlag der fast hundertjährige Greis zuletzt vielleicht noch mehr den giftigen Dünsten als den giftigen Leiden; er starb am 21. August 1241 [1]. — Fast alle seine Zwecke schienen ihm mißlungen, überall schien der Kaiser obzufiegen! Gregor hingegen war in der Ueberzeugung beharrt: daß ein Kampf, so muthig und auf so felsenfestem Boden geführt, zuletzt zum Vortheile der Kirche enden werde, und hatte deßhalb wenige Wochen vor seinem Tode geschrieben [2]: „Laßt euch, ihr Gläubigen, nicht durch die wechselnde Erscheinung der Gegenwart betäuben; seyd im Unglücke nicht verzagt, im Glücke nicht stolz; vertraut auf Gott und tragt seine Prüfungen in Geduld. Das Schifflein Petri wird zwar bisweilen durch Stürme fortgerissen und auf Felsen fortgetrieben, aber bald und unerwartet taucht es aus den schäumenden Wogen wieder auf und segelt unverletzt auf der geglätteten Fläche."

Dem Kaiser erschienen die Verhältnisse natürlich in einem anderen Lichte; er schrieb an alle Könige [a]: „Nachdem unser siegreiches Heer das römische Gebiet betreten hatte, traf die Nachricht ein, daß Papst Gregor IX am 21. August verstorben sey. Er, der jeden Frieden zurückwies und ewige Spaltungen bezweckte, der so Viele in die Gefahr des Todes brachte und den Kaiser, den Augustus, zu bezwingen hoffte, hat nicht einmal das Ende des sich rächenden August überleben können! Ob wir nun gleich gegen ihn durch offenbares Unrecht und feindselige Verfolgungen zum Haß aufgereizt sind, so bedauern wir dennoch seinen Tod und wünschen daß der Himmel seine Tage verlängert hätte, bis unsere ehrwürdige Mutter, die heilige Kirche, und das römische Reich, welchem wir von Gottes Gnaden vorstehen, auf erwünschte Weise wären versöhnt und das durch ihn erregte größte Aergerniß neuerer Zeiten gehoben worden. Der Himmel hat es jedoch anders beschlossen! Er wird zum Troste der wehklagenden Christenheit einen Mann auf den apostolischen Stuhl erheben nach seinem Herzen, der Gregors Krümmungen gerade, seine Missethaten wieder gut macht, der ganzen Welt den Frieden giebt und uns zur Liebe der mütterlichen Kirche zurückführt. Wahrlich, sobald nur das künftige Oberhaupt der Kirche nicht seines Vorgängers Haß und Missethaten gegen uns erneut, so ist es unser brennendster Wunsch und unser größtes Bestreben, ihm und dem katholischen Glauben und der kirchlichen Freiheit auf alle Weise Beistand zu leisten und Wohlwollen zu zeigen."

---

[1] Matth. Par., 389. Rich. S. Germ., 1047. Chron. misc., 011. Compagnoni, II, 207. — [2] Savioli, III, 2, 627. — [a] Petr. Vin, 1, 11.

Sechzehntes Hauptstück.

Der Kaiser, welcher stets behauptet hatte, er kämpfe nicht gegen die Kirche, sondern nur gegen die Persönlichkeit Gregors, hielt nunmehr die Hauptfehde für beseitigt und schickte (so wird berichtet), seiner kriegerischen Ueberlegenheit in Italien gewiß, den König Enzius mit 4000 Rittern und vielem Fußvolk nach Deutschland gegen die Mongolen. Diese hofften, nachdem sie an der Oder so hart empfangen worden, mit leichterer Mühe die Donau aufwärts in das südliche Deutschland einzubringen; allein König Konrad hatte bereits das Kreuz wider sie genommen und mit größter Anstrengung ein Heer gesammelt, welches er, durch jene italienische Mannschaft verstärkt, den Barbaren muthig entgegenführte [1]. An einem Seitenflusse der Donau, von dem Berichterstatter Delphos genannt, kam es zu einer Schlacht, welche die Mongolen nach hartnäckigem Widerstande gänzlich verloren; und als sie im nächsten Jahre einen neuen Versuch wagten, wurden sie durch Herzog Friedrich von Oesterreich und seine Verbündeten gleich nachdrücklich zurückgeworfen [2]. Mühln gebührt (bei noch größerem Glücke, als es Herzog Heinrich dem Frommen zu Theil ward) die Hälfte des Ruhms für die Errettung von den Mongolen dem Hause der Hohenstaufen und der Babenberger, und das sinnlose Gerücht, als habe der Kaiser jene Brut herbeigerufen, verdient kaum eine Erwähnung, viel weniger eine Widerlegung. Andererseits ist es jedoch nicht minder gewiß, daß auch Papst Gregor die Besiegung dieser ungläubigen Horden sehnlichst wünschte, wenn auch dessen Kreuzpredigten gegen Friedrich II mittelbar die christlichen Streitkräfte verringerten.

Unter allem Wichtigen erschien jetzt die Wahl eines neuen Papstes als das Wichtigste. Zum Zeichen seiner wohlwollenden Gesinnungen stellte der Kaiser alle Feindseligkeiten im Kirchenstaate ein und begab sich nach Apulien, während der römische Senator, mit Beistimmung der Bürger, die in der Stadt gegenwärtigen Kardinäle ein-

---

[1] Erfurt. chr. Schann., 204, zu 1242. — [2] Matth. Par., 391, 413. Bulaeus, III, 169. Haython, c. 21. Pernold zu 1243. Pflsters Uebersicht der Geschichte von Schwaben. Funks Geschichte Friedrichs II, 203. Ungeachtet des sehr bestimmten Zeugnisses von Matth. Paris bleibt es zweifelhaft, ob Enzius wirklich nach Deutschland kam und Konrad eine Schlacht gewann. Gewiß aber nahmen die Grafen Albrecht von Tirol, Ulrich von Ulten und andere Ghibellinen das Kreuz gegen die Mongolen, und Herzog Friedrich besiegte sie an der Mündung der March und Donau, bei dem daselbst gelegenen Theben (Dewin), woraus vielleicht Delphos gemacht ist. Wiener Jahrb., XXXIX, 103; XL, 145; Hormayr, Archiv, 1827, Nr. 125. Am 21. August 1243 entbindet Innocenz IV den König von Ungarn von dem juramentum homagii, welches er dafür geleistet, daß Friedrich II oder sein Sohn ihm binnen einer gewissen Frist mächtig gegen die Mongolen beistehe. Dies sey nicht geschehen. Doch ist ein früherer Angriff und Beistand unläugbar, sofern Kaiser und Reichsstände als eins betrachtet werden.

sperrte, damit sie sich nicht entfernen und anderswo, ohne Rücksicht auf die Ansichten der Römer, wählen möchten. In dieser Bedrängniß wandten sich die Kardinäle bittend an den Kaiser, er möge ihre noch in seiner Haft befindlichen Brüder frei lassen, damit sie, ihrem Rechte und ihrer Pflicht gemäß, an der Papstwahl Theil nehmen könnten. Friedrich, welcher sich in diesem Augenblicke durchaus nicht mit jenen so gefährlichen Wählern vereinigen wollte, bewilligte das Gesuch[1] und erklärte: man werde daraus sehen daß er selbst seine Feinde frei lasse, er: kennen wie sehr er wünsche der Kirche ein Oberhaupt zu geben; doch hoffe er, daß die Folgen seines Beschlusses gut ausfallen und die Wahl befriedigen werde[2]. Ueber diese konnten sich indeß die Kardinäle nicht vereinigen; fünf nämlich gaben ihre Stimmen dem sechsten, dem Mailänder Gottfried Kastiglione, dem Schwestersohne Urbans III, und drei erwählten den vierten, Romanus[3]. Diesen verwarf an: geblich der Kaiser, weil er den früheren Streit mit Gregor vermehrt, die Universität Paris ungebührlich verfolgt und der Königin von Frankreich unanständige Zumuthungen gemacht habe. Was hievon auch wahr oder nicht wahr seyn mag, so viel steht fest, daß jede Partei auf ihrem Sinne beharrte, mithin keine Wahl (wozu gesetz: lich zwei Drittheile der Stimmen gehörten) zu Stande kam. Der Kardinal Otto, welcher, sobald er nicht selbst erwählt werde, dem Kaiser die Rückkehr in die Haft versprochen und dafür Geißeln ge: stellt hatte, hielt jetzt sein Wort und wurde seltsam von diesen, uneingedenk alles Früheren, mit Achtung und Milde behandelt[4]; die übrigen Kardinäle blieben dagegen in Rom eingesperrt, bis sie von Hunger, Noth und Krankheit bedrängt, sich am 16. Oktober[5] 1241 für jenen Mailänder einigten, welcher den Namen Cölestin IV. annahm. Allein kaum hatte dieser einige Bischöfe geweiht und andere zunächst gebräuchliche Geschäfte verrichtet, als er dem Alter und der Schwachheit erlag und 17 Tage nach der Wahl, am

---

[1] Daß alle drei freigelassen wurden, scheint hervorzugehen aus Cod. epist., 4057, p. 3. Matth. Par., 389. Rich. S. Germ., 1050. — [2] Litt. princ. ap. Hahn., 24. Petr. Vin. mscr., 2138, p. 19. — [3] Do- nlo, 204. Dandolo, 313. — [4] Matth. Paris, 300. — [5] Vitae pont- if., 589. Iperius, 712. Villani, VI, 20. Matth. Par., 301. Roland. Patav., V, 8. Mon. Patav., 680. Martin. Fuld., 1108. Memor. Reg., 1112. Bonon. hist. misc. Tonduzzi, 281. Das Bullarium magnum setzt die Wahl auf den IX cal. Octobr. Vixit dies XII, obiit VIII Id. Octobr. Des Chron. S. Petrin. Erfurt. setzt die Wahl auf VII cal. Nov. u. XVII die, IV Id. Nov. den Tod, Chron. Ital Bréh., 187, die Wahl auf den 1., den Tod auf den 10. November. Es ist schwer die Angaben zu vereinigen, mag man dort XVI statt XII, oder hier Oct. statt Nov. oder statt VII Col., XVII Cal. lesen. Da indeß Rich. S. Germ. die Wahl auch auf den Oktober und den Tod auf den November setzt, so habe ich Diehus Emendationen (Geschichte des Mittelalters, II, 447) an- genommen. Nur muß bei ihm im Texte der 16. statt des 26. Oktober ge- lesen werden.

Krieg wider Genua.

2. November ſtarb. Die Kardinäle flohen, neue Mißhandlungen[1] der Römer fürchtend, ſogleich aus der Stadt[1]; eine zweite Wahl kam weder in dieſem, noch in dem nächſten Jahre zu Stande, aus Gründen, welche wir darlegen werden, ſobald die Erzählung einiger anderen auf jene Hauptſache zurückwirkenden Ereigniſſe vorherge= gangen iſt.

Zuvörderſt dauerte der Krieg zwiſchen dem Kaiſer und Genua noch immer fort. Seine Flotte beherrſchte, nach dem großen Seeſiege vom 3. Mai, das Meer, und die Genueſer waren gleich ſehr beſorgt für ihre Küſten, ihre Hauptſtadt und ihre aus dem Morgenlande zurückkehrende große Handelsflotte. In dieſer Lage baten ſie den Kaiſer um Verzeihung, erinnerten ihn an ſeine oft bewieſene Milde und ſtellten ihm Eli und Chriſtus als Muſter vor[2]. Er ant= wortete[3]: keine Sünde bleibe ungeſtraft; Judas leide ewig und es ſey, nach der Schrift, die Pflicht der Fürſten und Mächtigen auf Erden, dahin zu wirken, daß kein Unrecht geſchehe oder geduldet werde. — Ungeachtet dieſer bedenklichen Aeußerungen verloren die Genueſer den Muth nicht, ſondern rüſteten mit großer Anſtrengung 52 größere und kleinere Schiffe aus und ſandten jener Handelsflotte einen warnenden Schnellſegler entgegen, welcher ſie im Julius 1211 ohne Unfall zum Hafen von Genua führte. Kaum war indeß dieſe Gefahr glücklich beſeitigt, ſo traf die Nachricht ein: Anſelm de Mari habe mit der kaiſerlichen Flotte Noli von der Meerſeite, die mit ihm einverſtandenen Einwohner Albengas und Finales aber von der Land= ſeite ſo eng eingeſchloſſen, daß alle außerhalb der Stadt gelegenen Häuſer ſchon niedergebrannt wären. Dahin eilte die genueſiſche Flotte, fand die kaiſerliche nicht mehr, freute ſich ihrer Flucht und befeſtigte Noli gegen künftige Anfälle. Anſelm war aber nicht ge= flohen, ſondern auf die Nachricht von der bevorſtehenden Ankunft der genueſiſchen Flotte ins hohe Meer und dann ſo raſch als möglich gerade nach Genua geſegelt. Dieſe Kühnheit hatte Niemand erwar= tet, und es entſtand die höchſte Noth, als die kaiſerliche Flotte in den Hafen eindrang, die Handelsſchiffe angriff und zerſtörte und auf allen Seiten nach reicher bequemer Beute um ſich griff. Doch kehrte den Genueſern die Beſonnenheit bald zurück; ſie vertheidigten die Ufer mit höchſter Tapferkeit und verbrennen ihre Flotte durch Feuerzel= chen aus Noli zurück, ſodaß Anſelm, um nicht eingeſchloſſen zu wer= den, den Hafen verließ.

Hiemit trat aber die erwartete Ruhe nicht ein, vielmehr begann auf zwei Seiten nunmehr auch der Landkrieg. Des Kaiſer Statt= halter Marinus von Eboli zog nämlich auf der Küſtenſtraße von

---

[1] Salisburg. chron. zu 1212. Alb. Stadens. — [2] Dieſe in Lami, Delizie, III, 261, ohne Datum abgedruckten Schreiben ſcheinen hieher zu gehören. — [3] Bartol. annal.

Krieg wider Genua.

1241 Voro und Savona nach Arezzano, wohin sich die kaiserliche Flotte gewandt hatte; Palavicini rückte auf der entgegengesetzten morgenlichen Küste von Spezia her vorwärts und belagerte Vernazza. Bei den Unternehmungen war aber die Beschaffenheit des Bodens durchaus zuwider; denn zwischen dem Meerbusen von Spezia und Genua wechseln in rascher Folge vielleicht vierzigmal hohe Berge und tief eingeschnittene Thäler [1], zur Ermüdung selbst des unbehinderten friedlichen Wanderers, und die hohen Felsen treten sehr oft der Küste so nahe, daß wenige beherzte Männer ein ganzes Heer aufhalten könnten. Auch gelang dies den Bewohnern der benachbarten Orte Rapallo, Chiavari u. a., bis Verstärkung aus Genua ankam. Hierauf zog sich Palavicini freiwillig zurück und Marinus von Eboli war unter ähnlichen Umständen bei Arezzano zurückgeschlagen worden. Doch beharrten fast alle Orte südwestlich von Savona im Aufstande wider Genua, und jene auf alle Weise befestigte und gegen Angriffe geschützte Stadt blieb ein sicherer trefflicher Hafenplatz für die kaiserliche Flotte.

1242 Mit dem Frühlinge des Jahres 1242 begannen die Seezüge von neuem, und wenn sie auch zu keiner völligen Entscheidung führten, muß man doch die unermüdliche Thätigkeit bewundern, mit welcher Anselm die Genueser beunruhigte und diese ihm überall entgegentraten. Jener griff Porto Venere und Levano an, entwich aber dann vor der großen genuesischen Flotte nach Savona. Während der Podesta Konrad Koreggio ihm dahin folgte, hatte er sich bereits zurückgewandt und bedrohte den Hafen von Genua. Als die durch Feuerzeichen berufenen Genueser ihrer Vaterstadt zu Hülfe kamen, war Anselm schon wieder in Savona; als sie ihn hier suchten, hieß es, er sey in Albenga; im Augenblicke, wo sie vor diesem Orte eintrafen, befand er sich an den provenzalischen Küsten; als sie ihn da zu finden hofften, hatte er schon Korsika, schon Apulien erreicht. — Jetzt hielt der Podesta den Feldzug um so mehr für beendigt, da die kaiserliche Flotte durch Sturm gelitten hatte; plötzlich aber war Anselm nochmals bei Savona angelangt und segelte, der von Marinus von Eboli geführten Landmacht zur Seite, bis Arezzano. Zwar drängten ihn die Genueser nach Savona zurück, allein alle Versuche den Hafen zu stürmen, oder die kaiserliche Flotte durch Brander zu vernichten, schlugen fehl, und der Podesta ging endlich bei Noli vor Anker. Kaum war dies geschehen, so brach Anselm wieder hervor, segelte bis Arbizola, kehrte dann nach Savona zurück und besuchte hierauf zum zweiten Male die provenzalischen Küsten, ohne daß ihn die zum Theil durch Ausbesserung ihrer beschädigten Schiffe aufgehaltenen Genueser erreichen konnten.

Mehr Vortheile versprach ihnen der Feldzug des Jahres 1243;

---

[1] Dante, Purgat. canto 3.

denn die Markgrafen von Montferrat, Karetto und Ceva föhnten 1243
sich, gegen Empfang bedeutender Summen, mit den Genuesern aus
und versprachen, gleich mehren lombardischen Städten, Hülfe zur Belagerung von Savona. Als nun diese Stadt (obgleich einige von
den Verbündeten nicht kommen wollten oder konnten) hart bedrängt
wurde, wandte sie sich um Hülfe an den König Enzius und den
Markgrafen Lancia, welche auch sogleich aus Pavia, Alessandria, Tortona und anderen Städten ein Heer sammelten und bis Aqui vor-
rückten. Hier kam indeß den Genuesern wiederum ihr nach allen
Seiten von Natur befestigtes Gebiet zu Hülfe; denn jene Feinde
wagten nicht durch die engen Bergpässe der Bochetta vorzudringen,
sondern begnügten sich Lebensmittel und Kriegsvorräthe unter Bedeckung von 200 Mann unbemerkt in Savona hineinzuwerfen. Bei
der Ausdauer der Belagerer entstand jedoch neue Bedrängniß in Savona, und ergangenen Aufforderungen gemäß traf der Kaiser Anstalten, der wichtigen Stadt eine zweite Land- und Seemacht zu Hülfe
zu senden. Die Genueser beschlossen vor Ankunft derselben die Stadt
zu stürmen, allein dieser Sturm ward am 19. April 1243 mit so
großer Tapferkeit zurückgeschlagen, daß jene die Belagerung aufheben und in ihre Heimath zurückkehren mußten. Dahin folgten
die Pisaner mit 80 Schiffen, schossen höhnend silberne Bolzen in
die Stadt und behaupteten seitdem in Verbindung mit 23 kaiserlichen Schiffen die Herrschaft auf dem Meere und in Sardinien [1].

Weniger Thätigkeit und Anstrengung zeigte sich während dieser
Jahre im adriatischen Meere und in der Lombardei, obgleich auch
hier keineswegs volle Ruhe stattfand. Venedig war im Begriff den Genuesern im Jahre 1241 eine Flotte zu Hülfe zu senden [2], als die Nachricht eintraf daß sich die kaiserliche bereits entfernt habe, und der Abfall
von Pola und Zabern ihre Kräfte in Anspruch nahm. Die Einwohner der letzten Stadt sprachen den Kaiser um Hülfe an; er wollte
jedoch seine Seemacht nicht theilen, sondern lieber in Verbindung mit
den Pisanern an einer Stelle obsiegen.

Im Jahre 1241 schlossen die Mailänder Frieden mit Pavia; aber 1241
das Land zwischen beiden Städten glich mehr einer Wüste als einer
fruchtbaren Aue [3], und durch einen neuen Krieg mit Como ward
nun auch die nördliche Landschaft verheert. Gleichzeitig dauerte die
Partelung zwischen Adel und Volk innerhalb der Mauern Mailands
fort, und neuer Streit entstand über die Wahl eines Erzbischofs.
Endlich kam man überein den anzuerkennen, welchen der Minorit
Leo von Perego ernennen werde [4], worauf dieser sich selbst er-

---

[1] Pisana monum. zu 1242 nach pisanischer Rechnung. — [2] Dandolo, 354. — [3] Magis alluvionum ferarum videbatur quam agrikultura. Galv. Flamma, c. 265. — [4] Saxii archiep., II, 696, zu 1241.

wählte; anfangs zum Erstaunen Aller, dann wenigstens zur Zufriedenheit der guelfischen Partei, denn Leo war ein heftiger Feind des Kaisers.

Ezelin erhöhte nicht minder durch List und Grausamkeit, als durch Klugheit und Tapferkeit seine Macht, besonders auf Kosten des Markgrafen von Este. Den Grafen von Vanezo, welcher in den Verdacht kam daß er Verona für große Summen den Lombarden habe übergeben wollen, ließ er ohne Rücksicht auf seine Schönheit und Jugend hinrichten; dem Baumeister, welcher sich frech erbot ihm Gefängnisse und Marterkammern zu bauen, schrecklicher als sie je erfunden worden, ließ er, nach so musterhafter als boshafter Vollendung derselben, zuerst auf jämmerliche Weise darin umkommen[1].

In Bologna zeigte sich böse Spaltung, welche zu strengen Untersuchungen wider die kaiserlich Gesinnten führte; Fano hingegen und Imola traten offenbar auf Friedrichs Seite und erhielten von ihm mancherlei Vorrechte[2]. In Tuscien hatten die Ghibellinen die Oberhand, besonders durch die Einwirkung der kaiserlichen Statthalter Rainald von Spoleto und Friedrich von Antiochien[3]. Ueberall endlich finden wir den höchst thätigen König Enzius, bei Mailand und Placenza, in Ravenna und Turin, bei Vercelli[4], im Grauesischen und an andern Orten[5].

Aus all dem Gesagten ergiebt sich, daß der Kaiser zwar über einzelne Gegner in Italien noch immer nicht obsiegen konnte, im Ganzen aber doch die Oberhand hatte und die Hauptbesorgnisse in Deutschland beseitigt waren[6]. Dagegen liefen üble Nachrichten aus Syrien ein, und noch schmerzlichere Unfälle erlitt Friedrich in seiner eigenen Familie. Am 1. December 1241 starb in Foggia seine von ihm herzlich geliebte Gemahlin Isabelle, worüber er ihrem Bruder, dem Könige von England, einen rührenden Brief schrieb[7]; und am 12. Februar 1242 starb sein ungehorsamer Sohn, König Heinrich, — ein Ereigniß, das auf eine noch mannichfachere Weise zugleich den Kaiser und den Vater berührte und ihn in nachdenkliche Traurigkeit versetzte[8].

---

[1] Roland. Patav., V, 10. — [2] Savioli, III, 2, 620, 630. Griffo. Amiani, I, 190. — [3] Von 1240—47 sey Friedrich Statthalter von Tuscien gewesen und 1246 Podesta von Florenz geworden, sagt Lami, Memor., I, 398. Im Jahr 1242 sey Rainald Statthalter geworden, berichtet Camici, 17. — [4] Im Jahre 1243, am 4. September, in depopulazione Vercellarum. Urkunde bei Herrn Morbio in Mailand. — [5] Jon. hist. misc. zu 1242. Johann. de Mussis zu 1243. — [6] Davon werden wir bald nachher im Zusammenhange sprechen. — [7] Matth. Par., 391. Rich. S. Germ., 1084, und der zu berichtigende Roland. Patav. V, 7. Green, II, 41, Todtenfeiern in ganz Apulien angeordnet. — [8] Siehe Band III S. 374 fg.

Papstwahl.

Bald aber trat das Verhältniß zwischen Reich und Kirche, zwi= 1241
schen Kaiser und Papst wieder so bedeutsam und mächtig in den
Vordergrund, daß es alle Einsicht, alle Thätigkeit Friedrichs in An=
spruch nahm. — Was die Papstwahl anfangs verzögerte, ergiebt
sich schon bei einer oberflächlichen Betrachtung. Der Kaiser freute sich,
Gregors, seines hartnäckigen Gegners, entledigt zu seyn, und hatte bei
der Wahl Cölestins gezeigt daß er im Allgemeinen die Besetzung des
päpstlichen Stuhles nicht hindere. Nach dieser offenkundigen Thatsache
schien es ihm aber keineswegs rathsam, mit Eifer für eine zweite
Papstwahl zu wirken; vielmehr glaubte er, von der hauptlosen Kirche
lasse sich eher etwas erstreiten, als von der kräftig durch ein Ober=
haupt vertretenen. Das in ähnlichen Lagen früher so oft geltend
gemachte Mittel, aus eigener Macht einen Papst zu setzen, der des
Kaisers Diener sey, widersprach jetzt so sehr der allgemeinen Ansicht, daß
jeder in dieser Richtung gemachte Versuch nur geschadet, nicht gehol=
fen hätte. — Andererseits fehlte es auch den Kardinälen nicht an
Gründen der Zögerung: sie waren mit Rom, dem gewöhnlichen
Wahlorte, zerfallen; einige von ihnen befanden sich wiederum in des
Kaisers Haft; sie fürchteten sich fast ebenso sehr einen Feind als
einen Freund des Kaisers zu erwählen; endlich trachtete jeder selbst
nach der höchsten Würde in der Christenheit und gönnte sie keinem
anderen.

Hiebei drängt sich die Frage auf: ob nicht über diese wechselseit=
tigen Ansichten und Gründe hinaus noch andere, wenigstens insge=
heim, angeregt wurden? ob Friedrich und die Kardinäle nicht auf
den Gedanken kamen, die Christenheit könne für immer ohne Papst
bestehen? Daß dies dem Kaiser Vortheil gebracht hätte, scheint au=
ßer Zweifel; und wenn der behauptete Grundsatz [1] anerkannt wurde:
nach erledigtem päpstlichen Stuhle gehe Gewalt und Einnahme auf
die Kardinäle über, so hätten diese (selbst bei geringerer Kenntniß
der Geschichte) eine mehrherrische, aristokratische Kirchenregierung wohl
für zulässig halten können. — Dennoch lag diese Ansicht schlechter=
dings nicht in der Zeit; sie war, wenigstens damals, untauglich und
unausführbar. Manche Gefahren, welche aus einer mehrherrischen
Regierung für die Kirche selbst entstehen müssen, kamen zwar
wenig zur Sprache, doch wurde die Bemerkung schon gemacht, je=
des Reich könne alsdann wohl ohne Theilnahme der Kardinäle selbst
für sich sorgen. Und wiederum sah der Kaiser, daß nur ein Papst
ihn genügend von dem drückenden Banne lossprechen und mit der
Kirche versöhnen könne, und daß Alles, was er etwa während der
Erledigung des päpstlichen Stuhles gewinne, immer nur als gewalt=
thätige Anmaßung ohne Rechtstitel betrachtet werde.

Abgesehen aber von solchen zuletzt eigennützigen oder doch nur

---

[1] Matth. Paris, 403.

weltlichen Berechnungen, waren die Kardinäle und nicht minder der
Kaiser aus höheren, damals nicht in Zweifel gezogenen Gründen
fest davon überzeugt, die geistliche und weltliche Macht könne unmöglich in Einer Hand seyn, und eine monarchische Form der Kirche sey
von Christus vorgeschrieben. Der Streit betraf nur die Grenzen und
den Gebrauch oder Mißbrauch jener beiden für nothwendig anerkannten Gewalten.

Bei den ersten über die Verzögerung der Papstwahl laut werdenden Klagen schoben die Kardinäle alle Schuld auf den Kaiser,
weil er ihre zur Wahl berechtigten Mitbrüder gefangen halte; nachdem aber Friedrich nicht allein diese, sondern auch mit vieler Freund-
lichkeit die meisten übrigen Prälaten frei gelassen hatte, verlor dieser
Vorwand alles Gewicht [1]. Dennoch setzten minder Unterrichtete nicht
unnatürlich voraus, daß allein der Kaiser die Wiederbesetzung des
päpstlichen Stuhles hindere, weshalb die englische Geistlichkeit ihm eine
feierliche Gesandtschaft schickte und bat: er möge die Unschuldigen nicht
um eines Schuldigen willen strafen, sondern, des Hasses vergessend,
für Herstellung des Kirchenfriedens Sorge tragen [2]. Friedrich antwortete ihren mündlichen Vorträgen: „Wer hindert den Frieden und
die Wahl? Ich in der That nicht, sondern der unvertilgbare Stolz
der römischen Kirche und ihre unersättliche Habsucht. Wenn ich aber
auch wirklich der englischen Kirche etwas in den Weg
legte, wer könnte sich darüber wundern? Denn diese suchte mich auf
alle Weise vom kaiserlichen Throne herabzustürzen, jene bannt und
schmäht mich und bringt Geld zu meinem Verderben auf." Mit
dieser Antwort kehrte die englische Gesandtschaft, nicht ohne einige
Beschämung, zurück, wogegen die bald nachher eingehende Erklärung
der französischen Geistlichkeit [3] mehr wider die Kardinäle als wider
den Kaiser gerichtet war. Wenn man die Papstwahl (so lautete jene
Erklärung) noch länger aus Nachlässigkeit oder unzureichenden Gründen verzögere, so werde Frankreich, vermöge eines alten, dem heiligen
Dionysius zugestandenen Rechtes, ein eigenes Oberhaupt seiner Kirche
aufstellen. Theils schreckte diese schwer auszuführende Drohung die
Kardinäle nicht, theils rechneten sie nach wie vor darauf, daß der
Kaiser durch die täglich anwachsenden Klagen über die Verwaisung
der Kirche und den Stillstand so vieler höchst bringender Geschäfte
in der Meinung Aller mehr verliere, als ihre selbst während
der Erledigung des päpstlichen Stuhles an innerer Macht zunehmende
Partei.

Da glaubte Friedrich nicht länger zögern zu dürfen, sondern erließ Schreiben von solchem Nachdruck und solcher Bestimmtheit an
die Kardinäle und alle Christen, daß in der That Niemand mehr

---

[1] Martene, Thesaur., III, 1231. — [2] Matth. Paris, 301. — [3] Ibid.
403. Pertz, IV, 339.

glauben konnte, er sey der Urheber jener Zögerung. „Viele mögen
sich wundern", heißt es in diesem Schreiben [1], „weshalb wir so thätigen Eifer für die Erhebung eines neuen Kämpfers zeigen; aber es
ängstet uns das Mitleid über die allgemeine Wehklage, es tröstet
uns die feste Zuversicht daß man einen friedlichen Hirten erheben
werde. Die römische Kirche, welche die Mutter und Lehrerin Aller
seyn soll, an deren überall hinströmenden Bächen die Bäume der
Weisheit gepflanzt sind, mangelt des Trostes eines eigenen Hirten,
und die Allen den Weg zeigen sollte, irrt auf ungebahnten Pfaden
umher und muß gezwungen werden zu lernen, was sie thun und
lehren soll! An euch ergehen diese Worte, ihr Söhne Ephraims,
die ihr schlecht den Bogen spannt, noch schlechter die Pfeile abschießet
und am Tage der Schlacht selge fliehet! An euch ergehen diese
Worte, ihr Kinder Belials, ihr Schafe der Zerstreuung, ihr Thiere
ohne Haupt! An euch ergehen diese Worte, ihr Kardinäle, ihr
verbogenen Angeln [2], auf denen sich die Welt gar schlecht beweget!
An euch ergehen diese Worte durch mich, Namens der ganzen Welt.
Ich sey, wird man einwenden, weltlich und uneben und könne von
solchen Dingen eigentlich nicht reden. Immerhin, so will ich mich
als Theil der Welt nicht von ihr trennen, nicht ihr widersprechen,
sondern euch über einen widerwärtigen Gegenstand, wie es die Welt
verlangt, einen harten Brief schreiben. Jeder glaubt, daß nicht
Jesus Christus, der Erlöser, der Friedensstifter, zu euch aus dem
Himmel herniedersteigt, sondern daß der Satan in eurer Mitte sitzt,
dieser Vater der Lügen und Zwietracht, welcher euch dahin bringt daß
ihr weder an euer Heil, noch an das Heil der Welt denkt, und nicht
nach dem Himmlischen hinauf seht, sondern, wie die Schlange mit
gebücktem Haupte, nur nach dem Irdischen trachtet. Petri Schifflein,
welches auf hohem Meere ohne Ruderer und Steuermann von den
Stürmen fortgerissen wird, macht euch gar keine Sorge; wenn aber
auch jenes Schifflein selbst den Untergang nicht zu fürchten braucht,
so leiden doch während jener Stürme viele Gläubige einen jämmerlichen Schiffbruch. Hättet ihr genau Acht wie die Völker, über
welche ihr zu richten pfleget, jetzt höhnend das Haupt gegen euch
erheben, wahrlich, so würde jeder von euch erblassen und keinen ge-
nügenden Grund finden können, um eine so öffentliche, so verab-
scheuungswürdige Schande von sich abzuwälzen. Während jeder nur
an sich denkt und gierig nach der päpstlichen Krone trachtet, giebt er
dem anderen seine Stimme nicht; mithin wird Niemand erwählt,
die Würde des apostolischen Stuhles verschwindet, der Glaube leidet,
und beim Mangel des Hauptes sind auch alle Glieder mißgestaltet
und alle Sinne entstellt. So ist euer Gesicht verfinstert, euer Gehör vermindert, und der Ton eines Mundes, der sonst wohllautend

---

[1] Petr. Vin., 1, 14, 17, 37. — [2] Cardines.

1242 durch alle Länder erscholl, ist jetzt verstummt oder in ein lächerliches Echo verwandelt. Eure Hände allein sind noch bereit zum Nehmen; aber die Gaben bleiben aus, weil der leitende Stern untergegangen ist und die aus Saba Kommenden den Herrn nicht in der Krippe finden. Wahrlich, selbst die Thiere sind klüger als ihr; denn Vögel fliegen nicht ohne einen Führer, Bienen leben nicht ohne eine Königin; ihr aber gebt schwankend die Kirche allen Zweifeln preis und vergeßt, daß jene ohne Anführer umherschweifenden Israeliten zu der Verrücktheit kamen, ein goldenes Kalb zu bilden und an Gottes Stelle zu verehren. Wird etwa, wenn das Papstthum aufhört, ein anderer Heiliger aller Heiligen erscheinen? Wer sollte das wohl seyn? — Leset eure Anklage in eurem eigenen Gewissen; erkennet, daß ihr dem Schiffbruche nahe seyd, wenn ihr ohne Steuermann segelt; nehmet, zu euch selbst zurückkehrend, Haupt, Sinn und Vernunft wieder an, damit die Kirche, so lange ihres Lichtes beraubt, den rechten Glanz und die frühere würdige Stellung erhalte."

Der sonst so gemäßigte König Ludwig IX von Frankreich warf den Kardinälen fast nicht minder nachdrücklich ihren Eigennutz und sträflichen Zwist vor; andererseits aber versprach er ihnen, sobald sie ihrer Schuldigkeit nachkämen, Schutz und Beistand gegen Jedermann [1]. „Denn", fügte er hinzu, „wir fürchten keineswegs, sollen wir sagen den Haß oder den zeither unerhörten Betrug eines Fürsten, der etwa zu gleicher Zeit König und Priester seyn möchte. Ein solcher müßte ja das Recht zu Beidem nachweisen, was aber ganz unmöglich erscheint, da euer Wahlrecht und der Grundsatz feststeht, daß die weltliche und geistliche Herrschaft nicht in Einer Person vereinigt seyn könne. Es bliebe also nur übrig, so Leeres und Verkehrtes mit Gewalt durchsetzen zu wollen, welche aber gar keine Bedeutung hat, sobald ihr mit Unbestechlichkeit handelt, die Wahrheit ehret, Gott fürchtet und euch nicht vom Bösen unterjochen laßt. Doch wir sagen nicht mehr, damit es nicht scheine, als ob wir anmaßend unsere Stimme gegen den Himmel erhöben. Wählet also einen solchen Papst, der mit Recht Christi Nachfolger genannt werden könne, einen guten Hirten, einen zuverlässigen Erhalter der Kirche, dessen Reinheit und Lehre heller sey als die Sonne und die gesammte Christenheit erleuchte. Auch werde darüber unter euch nicht viel geredet oder lange berathschlagt, sondern durch die Gnade des heiligen Geistes aufgeweckt, erhebe sich der schlafende Löwe von seinem Lager und lasse die Welt erzittern vor seiner Stimme."

Aber alle diese Schreiben, mehre Gesandtschaften, sogar der im

---

[1] Petr. Vin., I, 25. Ob sich gleich gegen die Aechtheit dieses Briefes einige Zweifel erheben, scheinen mir dieselben doch nicht hinlänglich, ihn zu verwerfen.

Innocenz IV.

Sommer 1242 vom Kaiser im Kirchenstaat erhobene Krieg führten dem Ziele nicht näher, und erst als während des Frühjahrs 1243 Rom noch mehr bedroht und vorzugsweise die Güter der zögernden Kardinäle geschädigt wurden [1], baten sie den Kaiser um Frieden und versprachen eine baldige Wahl. Jener zog hierauf sein Heer zurück, und die Kardinäle wählten (nachdem der päpstliche Stuhl etwa ein Jahr und neun Monate erledigt gewesen) am 24. oder 25. Junius 1243 in Anagni den Kardinalpriester Sinibald Fiesko, Grafen von Lavagna aus Genua zum Papst [2].

Das Haus Fiesko leitete, obwohl ohne zureichenden Beweis, seinen Ursprung von baierischen Fürsten her [3]; gewiß gehörte es zu den angesehensten im nordwestlichen Italien. Sinibald, der fünfte Sohn Hugo Fieskos, bildete sich zuerst unter der Leitung seines Oheims, des Bischofs Opizzo, und bezog dann die Universität Bologna, wo er Azzo, Akkursius, Johann von Halberstadt und überhaupt die größten Lehrer des bürgerlichen und kirchlichen Rechtes mit solchem Nutzen hörte, daß er nachmals selbst zu den ausgezeichnetsten Rechtskennern gezählt wurde, die vorhandenen fünf Bücher der Dekretalen erläuterte und mit vielen neuen Gesetzen vermehrte [4]. Doch vernachlässigte er deshalb die Theologie nicht, sondern schrieb Erklärungen mancher biblischen Schriften und war überhaupt ein Freund und Gönner der Gelehrten. Im Jahre 1223 verlieh ihm Honorius III (vielleicht aus Freundschaft für seinen Großoheim, den Kardinal Robert Fiesko) eine Stiftspfründe in Parma [5]; und als der Kardinal Hugolinus, der nachmalige Papst Gregor IX, den Frieden zwischen Pisa und Genua vermitteln sollte, unterstützte ihn Sinibald mit so großer Klugheit und Umsicht, daß er von Honorius zum Vicekanzler der römischen Kirche ernannt wurde. Gregor IX endlich erhob ihn im September 1227 zum Kardinal von S. Lorenzo in Lucina [6] und bediente sich seiner häufig bei den Verhandlungen mit dem Kaiser. Sinibald stand nämlich mit diesem auf freundschaftlichem Fuße; denn die Fieskos rechneten sich zum Reichsadel [7], besaßen viele Reichslehen, und vielleicht die Hälfte ihrer

---

[1] Rich. S. Germ. Dandolo, 355. Muln. ann. Pappenb. Barthol. ann. Ptolem. Luc., XXI, 39. Matth. Paris, 406. Als einen Haupturheber der Verzögerung bezeichnet Friedrich den Kardinal von Porto, welcher jetzt gestorben war. Cod. Vindob. philol., Nr. 305, fol. 131. Ein neuer Krieg gegen die Lombarden wäre in diesem Augenblicke unzeitig und ohne Erfolg gewesen. — [2] Vitae pontiff. 589. Bullar. Rom., 1, 82. Baluz. misc., 1, 206, Sarti, 1, 1, 123. Roffred. Benev., De ordine judiciar. de forma elect. in fine. Roland. Patav., V, 7. Memor. Reg. 1113. Monach. Patav., 680. — [3] Paolo Pansa, Vita Villani, VI, 23. Crescenzi, 1, 96. — [4] Tiraboschi, IV, 285. Martin. Fuld., 1709. Costo, 99. Sarti, 1, 344. Wiener, Inquisitionsprozeß, 85. — [5] Reg. Hon. III, Jahr VIII, Urk. 120. — [6] Nach Ughelli, Ital. sacra, IV, 916, war Innocenz von 1235—38 auch Bischof von Albenga. — [7] Costo, 4.

Familie wohnte in Parma, das bis dahin stets dem Kaiser treu geblieben war.

Dennoch hatten die Kardinäle kirchlich gewählt, und Sinibald deutete seine Gesinnungen schon bestimmt genug an, indem er sich, Innocenz III gedenkend, Innocenz IV nannte. Auch war Friedrich scharfsichtiger als seine Umgebungen, welche laut ihre Freude äußerten, daß nun endlich ein kaiserlich Gesinnter den päpstlichen Stuhl bestiegen habe. Weissagend antwortete jener: „Ich fürchte, daß ich einen Freund unter den Kardinälen verloren habe und einen feindlichen Papst wiederfinde! Kein Papst kann ein Ghibelline seyn[1]!" Oeffentlich ließ er jedoch wegen der glücklichen Wahl ein allgemeines Dankfest halten und schickte den Erzbischof von Palermo, den Großmeister des deutschen Ordens, Gerhard von Malperg, den Admiral Ansald de Mari, die Großrichter Peter von Vinea und Thaddäus von Suessa, mithin die angesehensten Personen seines Reiches, an den Papst ab[2], welche Schreiben überreichten, des Inhalts: er freue sich sehr daß endlich ein erwünschter Papst gewählt sey, und die Kirche, nach Beseitigung stiefmütterlichen Benehmens, sagen werde: Mein Sohn, siehe hier deine Mutter, durch deren Liebe du leben wirst! Und der Sohn wird antworten: Mutter, hier ist dein Sohn, welchen deine Brust ernährte und auf dessen Gehorsam du dich verlassen kannst. — Schon der vom Himmel vorherbestimmte Name Innocentius deute die Bestrafung nur der Schuldigen an, und das Reich könne auf Frieden, Recht und Freundschaft rechnen, nachdem einer aus den Edlen des Reichs auf den päpstlichen Stuhl erhoben worden. Die Gesandten würden des Kaisers Ansichten näher vortragen und bestätigen: daß er sich, seine Güter, seine Reiche mit wahrhaft kindlicher Liebe dem Papste darbiete, und Alles und Jedes, was irgend mit den Rechten und der Ehre des Reichs verträglich sey, ihm und der Kirche bewilligen und übergeben wolle und werde.

Gleichzeitig schickte Innocenz die Bischöfe von Rouen und Modena und den Abt Wilhelm an den Kaiser ab, welche ihn in Welsi fanden und Folgendes vortrugen[3]: „Der Papst und seine Brüder wünschen sehnlichst mit der ganzen Welt und insbesondere mit dem Kaiser in Frieden zu leben. Sie ersuchen ihn deshalb, laut seines früheren Versprechens, alle gefangenen Geistlichen zu entlassen und Vorschläge zu machen, wie er der Kirche Genugthuung leisten wolle. Sollte die Kirche, was nicht glaublich ist, dem Kaiser in einem Punkte Unrecht gethan haben, so ist auch sie zur gebührenden Genugthuung bereit. Läugnet jener alle Schuld, so will der Papst

---

[1] Nullus papa potest esse Ghibellinus. Galv. Flamma, c. 276. Dandolo, 354. Malesp., 132. Villani, VI, 23. — [2] Rich. S. Germ., 1051. Petr. Vin., I, 33. Cod. Vindob., Nr. 305, fol. 131. — [3] Rayn., §. 13. Concil., XIV, 40.

alle Könige, Fürsten und Prälaten an einen sichern Ort berufen 1243
und nach deren Ausspruch Genugthuung geben und nehmen. Solche
Genugthuung, sowie überhaupt der abzuschließende Friede, muß aber
alle und jede Feinde der Kirche in sich begreifen."

Bei dieser wechselseitigen, gewiß aufrichtigen Neigung zum Frieden zweifelten Viele nicht an dem baldigen Abschlusse desselben; sobald man aber aufs Einzelne einging, reichte jene allgemeine Stimmung nicht hin. Aus kleinen Beschwerden entstanden allmählich immer größere, und um mancher aufreizenden Nebenpunkte willen wurde die Unterhandlung über die Hauptpunkte immer schwieriger. So klagte Friedrich, der Papst habe noch immer einen feindlich gegen ihn wirkenden Gesandten in der Lombardei; Salinguerra verbleibe in der Haft, selbst nachdem er seinerseits die gefangenen Geistlichen losgelassen habe; der ihm abgeneigte Erzbischof von Mainz habe größere Vollmachten bekommen. Die Ketzerei nehme, besonders in der Lombardei, überhand; der Zutritt zum Papste sey seinen Gesandten versagt worden [1] u. s. w. — Innocenz antwortete: der römischen Kirche stehe frei, Gesandte zu schicken wohin sie wolle, und es würde sehr tadelnswerth seyn, wenn sie den mit dem Kaiser noch nicht ausgesöhnten Lombarden diesen Trost verweigerte. Salinguerra sey nicht in des Papstes Haft, auch keineswegs ohne Grund in der eigentlich päpstlichen Stadt Ferrara gefangen worden; doch wolle Innocenz, sofern sich ein Vertrag oder Versprechen darüber vorfinde, thun was sich gebühre. Dem angesehenen Erzbischof von Mainz habe man Einiges, ganz ohne Beziehung auf sein Verhältniß zu Friedrich, bewilligt, und gern werde der Papst für ihre Aussöhnung sorgen. Wenn die Ketzerei, gegen welche die Kirche bekanntlich stets mit aller Macht gewirkt habe, dennoch zunehme, so liege dies bloß daran daß der Kaiser alle Mittel und Wege der Einwirkung beschränke und versperre. Das persönliche Gehör sey, einem kirchlichen Herkommen gemäß [2], den Gesandten Friedrichs so lange verweigert worden, als sie noch im Banne gewesen; nach dessen Lösung habe man sie freundlich aufgenommen. — Dieses im September 1243 an die päpstlichen Bevollmächtigten erlassene, mit mancherlei Warnungen und Ermahnungen für Friedrich ausgestattete Schreiben [3] führte aber nicht zum Ziele, weshalb Innocenz am 25. Oktober seinen Gesandten in der Lombardei benachrichtigte, daß die gemachten Friedensanerbietungen wechselseitig verworfen seien, und die Kirche, wenn die Lombarden einig und treu blieben, nie ohne sie Frieden zu schließen gedenke.

Die Schuld jenes Mißlingens aller Friedensbedingungen lehnte der Kaiser von sich ab und behauptete unter Anderem [3]: „Ich ließ die

---

[1] Rayn., 16—22. — [2] Schon Gregor IX schrieb im ersten Jahre seiner Regierung (Regesta, I, 72): Non est consuetudinis, quod pontifex Romanus ad colloquium excommunicatos admittat. — [3] Savioli, III, 2, 631. — [4] Schreiben Friedrichs in Cod. epist. mscr., Nr. 4957, p. 19—24. Concil., XIV, 2.

1243 gefangenen Prälaten frei und entband sie von dem mir geleisteten Eide; ich gab meinem Gesandten Thaddäus von Suessa und Peter von Vinea Vollmacht, dem Papste über Alles und Jedes Rede zu stehen und ihm Genüge zu leisten; dennoch konnten diese, aller angewandten Bemühungen ungeachtet, von ihm keine deutliche und bestimmte Erklärung erhalten! Vielmehr äußerte der Papst: er verlange alles Land zurück und behalte das Uebrige seinem weitern Beschlüssen vor; er wisse für jetzt nicht Alles was offenkundig sey, und Vieles, was er davon wisse, könne er jetzt nicht sagen [1]." Den kaiserlichen Gesandten schien es gefährlich, bei diesen Aeußerungen mit ihren Vorschlägen und Ansichten ohne Rückhalt hervorzutreten; denn leicht könne der Papst, trotz aller Nachgiebigkeit, zuletzt um eines bis dahin verschwiegenen Grundes willen den Bann fortdauern lassen. Sie verlangten, daß sich Innocenz wenigstens über das Offenkundige, die kaiserlichen Anerbietungen, und insbesondere darüber erkläre: nach welcher Genugthuung er gewiß den Bann aufheben wolle. Dies geschah aber, wie es schien, damals nicht. Erst als der mit der Kirche wieder versöhnte Graf Raimund VII von Toulouse sich der kaiserlichen Gesandtschaft zugesellt und der hart bedrängte Kaiser Balduin von Konstantinopel ängstlich um Frieden und Hülfe gebeten hatte, erneuerten sich die Verhandlungen mit vorzüglicher Rücksicht auf die Lombarden. Innocenz verlangte, daß er (sowie einst Gregor IX) unbedingt als Schiedsrichter ihrer Streitigkeiten mit dem Kaiser anerkannt werde. Dieser antwortete aber: „Gregor war damals nicht mein offenbarer Feind und ich selbst nicht im Bann; auch habe ich böse Erfahrungen über solche Schiedsurtheile gemacht. Oder wurde nicht (um nur ein Beispiel anzuführen) die Mannschaft, welche die Lombarden nach Gregors Ausspruch mir zur Hülfe stellen sollten, zuletzt von ihm wider mich gebraucht?" Als Innocenz hierauf erklärte: er habe sein Wort gegeben, nicht ohne die Lombarden Frieden zu schließen, so behauptete der Kaiser: jene müßten vorher den Eid der Treue leisten und Bürgschaft stellen, daß sie im Reichsgerichte und vor ebenbürtigen Richtern (sowie es in allen Ländern herkömmlich und gesetzlich sey) wegen der Besitznahme der Regalien und wegen anderer Klagepunkte Recht nehmen wollten. — Diesem Verlangen stellte Innocenz die Frage entgegen: ob denn die Lombarden wirklich in solcher Art Reichsvasallen wären, daß sie jenen Rechtsgang nicht verwerfen dürften? welche Frage aber die kaiserlichen Gesandten mit dem Bemerken ablehnten: es sey sehr beleidigend und gefährlich für Kaiser, Reich und Fürsten, wenn man dem Papste verstatte solche Fragen aufzuwerfen, oder nachmals gar zu entscheiden. Auch könne der Kaiser unmöglich (wie man ver-

---

[1] Papa terram sibi simpliciter postulabat et alia suo consilio reservabat adjiciensque quod omnia quae manifesta erant, nesciebat ad praesens, et quod multa manifesta sciebat, quae tunc dicere non valebat.

Abfall Viterbos.

lange) ohne Gegenversprechen, ohne Sicherheit und Bürgschaft alle ihm nachtheiligen Bedingungen vollziehen, alle Gefangenen loslassen, alle Macht- und Zwangsmittel aus den Händen geben und dann gutmüthig abwarten, ob und was seine Feinde wohl zu seiner Genugthuung thun würden!

Diese bisher schon so schwierigen Unterhandlungen wurden durch ein neues Ereigniß, durch den Abfall Viterbos von der kaiserlichen Partei noch mehr gestört. Friedrich hatte diese Stadt einige Male gegen die Römer unterstützt und im Frühlinge 1240, unter dem Vorwand eine Zusammenkunft mit Gregor einzuleiten, selber besucht. Bei dieser Gelegenheit versammelte er das ganze Volk [1] und sprach lange mit solcher Würde und Wahrheit über ihre eigenen und die öffentlichen Verhältnisse, daß sich die Parteien der Gatti und Brettoni versöhnten, welche seit 22 Jahren die Stadt zerrüttet hatten. Alle fühlten sich hiedurch verpflichtet; das Volk pries außerdem seine strenge Würde, der Adel sein höfliches, einnehmendes Betragen, und die der Stadt bewilligten inhaltschweren Freibriefe brachten einzelne Abgeneigte ganz zum Schweigen. War doch, und wie es schien im Ernste, davon die Rede, Viterbo an die Stelle des ungetreuen Rom zur Hauptstadt des Reiches zu erheben. Hiefür unterstützten die Viterbienser den Kaiser in seinen Kriegen und umlagerten mit ihm Rom, bis Gregor IX starb. Graf Simon von Theano, welcher als kaiserlicher Statthalter fast dem ganzen Kirchenstaate vorstand, wohnte zu Viterbo in einem neu erbauten kaiserlichen Palaste. — Nach der Wahl Innocenz IV erhoben indeß manche Quellen wiederum ihr Haupt und äußerten [2]: es sey kindisch und thöricht sich darüber zu freuen, daß ein neuer Zwingherr in einem neuen Palaste unter ihnen wohne. Neben dem letzten sey auch schon ein neues Gefängniß gebauet und denke man, welche freie Wohnung man den Bürgern anzuweisen gedenke. Graf Simon, welcher von diesen geheimen Umtrieben Nachricht erhielt, versammelte das Volk am 18. August 1243 und sagte: er wisse, daß Manche vom Kaiser zum Papste abzufallen gedächten; diese werde er aber strafen wie Verbrecher. Die erschreckten Viterbienser entschuldigten und rechtfertigten sich zwar sehr bemühig, nahmen aber doch die harte Drohung übel auf und beschlossen, nach manchem Bedenken; sie wollten unter Darlegung mehrer Willkürlichkeiten des Grafen Simon den Kaiser um einen andern Statthalter bitten. Friedrich empfing ihre Gesandten mit der größten Auszeichnung und ernannte, ihren Wünschen gemäß, den Grafen von Caserta zum Nachfolger des Grafen Simon. Ehe jener aber anlangte, hatten sich in Viterbo alle Verhältnisse geändert. Der Kardinal Rainer Kapocci aus Viterbo [3] hatte den Papst zwar nicht be-

---

[1] Bussi, 125. Pctr. Vin., I, 22. — [2] Nicol. da Tuccia, 291—303. — [3] Rainer wurde 1213 Bischof von Viterbo, legte aber 1244

wegen können, den Krieg offen gegen den Kaiser zu beginnen, wohl aber gab ihm Innocenz eine Summe Geldes und ließ es geschehen, daß Rainer Mannschaft in Rom sammelte und den Viterbiensern zu Hülfe führte. Graf Simon, dem man zur Mehrung des Hasses verleumderisch nachsagte, er wolle ganz Viterbo zerstören, ward am 9. September 1243 geschlagen und mußte sich in die Burg zurückziehen[1]. Sogleich griff man diese mit solchem Nachdrucke an, daß die Kaiserlichen in die allerhöchste Bedrängniß geriethen und Graf Simon dem Grafen von Caserta seine Zögerungen und seinen Mangel an Muth in harten Briefen[2] vorwarf. „Während wir", so schrieb er, „Hunger, Durst und Noth aller Art leiden, sitzt Ihr in Ueberfluß bei den vollen Fleischtöpfen und gedenkt Eures Vergnügens und Eures Bauches, nicht unseres Elendes. Als die Nachricht von Eurer Ankunft eintraf, erschrak das ganze Land; jetzt, da Ihr in kindischem Kleinmuthe die Geistlichen scheut und mit 1500 Mann nicht die paar Hundert des Kardinals anzugreifen wagt, wächst Allen der Muth; sie verlachen Euch, und wir beschuldigen Euch, daß Ihr des Reiches Ehre preisgebet. Zwar wendet Ihr ein, des Kaisers Ankunft sey abzuwarten, aber wir fürchten jenes Sprichwort wird eintreffen: Das Pferd stirbt, während das Gras wächst, und der Hase läuft davon, während der Hund pißt."

Trotz diesem so streng als spitzig gefaßten Schreiben blieb der Graf von Caserta bei Montefiascone stehen; es sey nun daß er dem Grafen Simon persönlich abgeneigt war, oder seinen Soldaten nicht trauen durfte, oder der Mangel des Soldes diese lässig machte, oder daß er wirklich zu schwach war, um Viterbo mit Erfolg angreifen zu können. Weil man indeß der baldigen Ankunft des Kaisers entgegensah, suchte der Kardinal Rainer sich mit Anstrengung und Gewandtheit nach allen Seiten zu sichern und schrieb unter Anderen dem mit Friedrich befreundeten Patriarchen von Antiochien[3], welche Beschwerden wider den Grafen Simon Viterbos Abfall veranlaßt hätten. Der Patriarch antwortete: er werde hierüber mit dem Kaiser sprechen, müsse jedoch bemerken, daß dergleichen Klagen diesem keineswegs unmittelbar zur Last fielen; vielmehr geschehe Manches durch dessen Stellvertreter was er mißbillige und wofür er sie, sobald ihr Unrecht bewiesen werde, an Leib und Gut bestrafe. — Mit diesen Worten war die Ansicht ausgesprochen, daß etwaige Mißgriffe des Grafen Simon den Abfall Viterbos und die Theilnahme des Kardinals in den Augen des Kaisers nicht rechtfertigten, weshalb Rainer sich nun dringender als je vorher an den Papst

---

anderer Geschäfte halber diese Würde nieder. Näheres über ihn hat Ughelli, Italia sacra, I. 141. Er starb 1252.

[1] Böhmer, Reg. 196. — [2] Petr. Vin., II, 53—58. — [3] Petr. Vin., cod. Nr. 951. 43—62.

Belagerung von Viterbo.

wandte. Dieser wollte einerseits noch immer einen offenen Bruch vermeiden, andererseits aber auch den Rückfall Viterbos zur kaiserlichen Partei verhüten; deshalb schickte er am 7. Oktober dem Kardinal 2500 Unzen Goldes, damit er die ungeduldigen Söldner bezahlen könne [1].

Um dieselbe Zeit langte der Kaiser mit Heeresmacht vor Viterbo an und machte den Bürgern sehr günstige Anerbietungen; aber Kardinal Rainer erklärte: es sey damit nur auf Täuschung und Betrug abgesehen, und Friedrichs Haß gehe so weit, daß er gesagt habe: „Und wenn ich schon mit einem Fuß im Paradiese stände, wollte ich ihn zurückziehen, sobald ich mich nur an den Viterbiensern rächen könnte, welche meine Getreuen mißhandelt und ihre Häuser zerstört haben." Dies überzeugte nicht minder die furchtsamen, als die muthigen Guelfen von der Nothwendigkeit des äußersten Widerstandes, und die Ghibellinen wurden abgeschreckt ihre Gesinnungen zu zeigen. — Nach diesem Mißlingen gütlicher Versuche ließ Friedrich am 12. Oktober 1243 die Stadt bestürmen; obgleich er aber vom Pferde absteigend an der Spitze der Fußgänger vordrang, obgleich schon ein Theil des die Stadt schützenden Pfahlwerkes niedergerissen war, mußten die Kaiserlichen dennoch zuletzt vor dem hartnäckigen Widerstande der Belagerten zurückweichen. Hiemit waren indeß die Sorgen des Kardinals nicht gehoben denn die Stadt blieb eingeschlossen, und der Geldmangel zwang ihn harte Steuern und Anleihen auszuschreiben. Er benahm sich aber hiebei so geschickt, daß, als die Guelfen nichts mehr hergeben wollten, selbst manche von seinen Gegnern, durch die Aussicht auf großen Gewinn, zu Zahlungen vermocht wurden.

Mittlerweile bereitete der Kaiser Alles zu einem zweiten Sturme vor [2]. Er ließ bewegliche, vorn gegen Feuer und Wurfzeug geschützte Thürme erbauen, von denen man mittelst eines auf der Höhe angebrachten Ausbaues oder einer Fallbrücke die Mauern betreten konnte. Er ließ Leitern mit Eisen beschlagen und, um sie leichter fortzubringen, mit Rädern versehen; sie reichten aus der Tiefe des Grabens bis an die Spitze des daran stoßenden Pfahlwerkes. Streitwagen, welche über und über mit brennbaren Dingen bedeckt waren, sollten rasch durch jenen Graben zu dem Pfahlwerke vorgeschoben werden und es anzünden; Fackeln, Wurfzeug aller Art und selbst griechisches Feuer hatte man in Menge zur Hand [3]. Nicht minder thätig zeigten sich die Belagerten unter der unermüdlichen Leitung des Kardinals. Sie vertieften die Gräben, erhöhten die Brustwehren, verstärkten alle übrigen Befestigungen und bedrängten die in der Burg des heiligen Laurentius eingeschlossenen Kaiserlichen so sehr, daß diese,

---

[1] Rayn., §. 26. — [2] Lami, Memor., 1, 493. — [3] Ignem vero Graecum in multa jussit confici quantitate. Petr. Vin., cod. 1. 853, p. 59.

sofern sie nicht eiligst befreit wurden, verhungern oder sich ergeben mußten. Deßhalb unternahm Friedrich, nachdem sein Heer aus mehren Theilen Italiens, besonders aus Toskana sehr verstärkt war, am 10. November einen zweiten Sturm. Beide Theile boten gegen einander auf, was nur der größte Muth und die höchste Kunst vermochten. In unglaublicher Schnelligkeit füllten die Kaiserlichen den Graben mit Strauchwerk, Bündeln und ähnlichen Dingen, sobaß Streitwagen, Thürme, Leitern und Wurfzeug am Pfahlwerke und an den Mauern standen, ehe die Belagerten es erwarteten. Gleichzeitig that die Besatzung der Burg einen nachdrücklichen Ausfall; und so von doppelten Gefahren umringt, verloren manche Viterbienser Muth und Besinnung. Da verbreitete sich zur rechten Zeit das Gerücht: Stimmen vom Himmel wären erschollen und hätten Sieg und Unverwundbarkeit versprochen. Unermüdlich kämpften nunmehr Alle aufs neue und löschten das griechische Feuer mit Essig, bliesen durch künstliche Vorrichtungen den Kaiserlichen Flammen ins Angesicht und fanden Unterstützung selbst bei ihren Frauen und Kindern. Ein unbewaffnetes Weib sprang in den Graben, warf einem deutschen Soldaten mit Steinen den Helm vom Haupte und setzte ihn sich selbst auf. Ein neunjähriges Mädchen, welches Steine herbeitrug, wurde mit einem Pfeile durch den Arm geschossen; sie zog ihn mit den Zähnen aus und beharrte bei ihrer Arbeit. Andere trugen Reliquien umher, oder verbanden die Verwundeten, oder vertheilten Speise und Trank.

In diesem Augenblicke des noch ununterbrochen fortdauernden zweifelhaften Kampfes drangen die Belagerten durch unterirdische Gänge aus dem Walle in den Graben und zündeten heimlich die Bündel und das Strauchwerk an. Da entstand plötzlich unter den Füßen der Belagerer ein furchtbares Feuermeer; es war unmöglich dasselbe zu löschen, unmöglich darin auszubauern, unmöglich die Thürme und das Belagerungszeug ohne Verletzung hindurchzuführen. Nur der Kaiser ordnete noch das Nöthige mit Besonnenheit und Nachdruck; als sich aber ein gewaltiger Nordwind von der Stadt her erhob und die durch das Uebermaß des Feuers ebenfalls bedrängten Viterbienser sicherte; als durch die Verwechselung Friedrichs mit einem Ritter das Geschrei entstand: jener sey erschossen [1], — da war der Sieg der Viterbienser vollständig entschieden; und wenn das bei Sutri stehende römische Heer es ernstlich gewollt oder recht verstanden hätte, müßte des Kaisers Unglück noch viel größer geworden seyn. Einen ganzen Tag blieb dieser im Zelte, seinem Schmerze nachhangend und überlegend, was jetzt zu thun sey. — Am folgenden Tage erschien der Kardinal Otto, im Namen des Papstes verlangend, daß Friedrich alle Feindseligkeiten einstelle [2]; und gern gab dieser, unter dem Scheine

---

[1] Matth. Paris, 412. — [2] Petr. Vin., II. 2. Rich. S. Germ., 1052.

Unterhandlungen. 47

großer Achtung der Kirche, in Dingen nach, welche er ohnehin nicht durchsetzen konnte. Doch ward in dem abgeschlossenen Vertrage der Besatzung in der Burg von Viterbo und allen Anhängern des Kaisers freier Abzug und Sicherheit ihrer Güter versprochen. Als diese vertragsmäß unbesorgt hervorgingen, wurden sie aber von den wüthenden Römern und Viterbensern angegriffen, zum Theil niedergehauen, zum Theil ausgeplündert und ins Gefängniß geworfen. Vergeblich suchte der Kardinal Otto dies schändliche Verfahren zu hindern, er gerieth dabei selbst in Lebensgefahr; wogegen sich nirgends findet daß der Kardinal Rainer, dem größerer Einfluß zu Gebote stand, hemmend dazwischengetreten sey [1]. Vielmehr beschuldigt man ihn, er habe viele gefangene Edle in ungebührlicher Haft behalten und angegeben, daß die Anhänger des Kaisers auch noch später in Viterbo und in der benachbarten Gegend befehdet, geplündert und ihre Häuser uebergerissen und verbrannt wurden. Mit Bezug auf diese Frevel und jenen Wortbruch schrieb der Kaiser dem Kardinal Otto [2]: „Saget mir, was soll ich erwarten, hoffen, fürchten, wenn Treue, Scham, Eidschwur und Gewissen nichts mehr gelten? Bei so vollkommener Willkür täuschen alle Berechnungen und alle Maßregeln verlieren Sinn und Bedeutung."

Diese Klagen hatten nicht bloß keinen Erfolg, sondern es entstand aus dem Verluste Viterbos auch noch mancher andere. Die Markgrafen von Montferrat und Malaspina, die Städte Vercelli und Alessandria verließen Friedrichs Partei [3] und schwächten seine Macht im nordwestlichen Italien; Adelasie von Sardinien suchte, unbekümmert um die Ansicht ihres Gemahls Enzius, die Aussöhnung mit der Kirche, und Innocenz ward, aller Gegenbemühungen der Frangipani ungeachtet, am 15. November mit großen Ehren in Rom aufgenommen [4]. Bald nachher kam es zwar zu Unruhen, weil er 40,000 Mark, welche Gregor bei den Kaufleuten geliehen hatte, nicht sogleich bezahlen konnte; die Unzufriedenen wurden jedoch beruhigt und es erwuchs hieraus für ihn keineswegs, wie Manche hofften, eine ernste Gefahr.

Bei diesen Umständen erneuerte Friedrich die Unterhandlungen mit dem Papste, welcher in Bezug auf die Wortbrüchigkeit der Viterbenser nicht einmal angeklagt wurde, in Hinsicht der ihnen von der Kirche bewilligten Unterstützung aber ganz kurz bemerkte [5]: der Kaiser habe gar keinen Grund zu zürnen oder sich zu verwundern, wenn eine Stadt sich ihrem rechtmäßigen Herrn wieder unterwerfe. Der Graf Raimund von Toulouse, Peter von Vinea und Thaddäus

---

[1] Bussi, 131. Nicolai de Tuccia, 302. Den 13. November. Böhmer, 190. — [2] Martene, Coll. amplies., II, 1203. — [3] Rayn. zu 1243, §. 24, 28. — [4] Vitae pont., 592. — [5] Petr. Vin., cod. 953. Palat., p. 64, II, 2. Dumont, I, 185, Urk. 356.

von Suesa begaben sich, mit unumschränkten Vollmachten versehen, nach Rom und erklärten: daß Friedrich wegen Erfüllung der zu verabredenden Punkte nicht bloß einen Eid leisten, sondern dafür auch Fürsten, Barone und Grafen als Bürgen stellen wolle[1]. Nach Deutschland schrieb Friedrich: da der von ihm sehnlich gewünschte Friede bald zu Stande kommen werde, möchten die Fürsten der weitern Rücksprache und Bestätigung halber nach Verona eilen. Den König von England ersuchte er Gesandte zu schicken, weil es sich gebühre daß Verhandlungen wie die vorliegenden nicht ohne Mitwissen und Theilnahme anderer Mächte eingeleitet und abgeschlossen würden.

Unterdeß brachte man in Rom folgenden Entwurf der Friedensbedingungen zu Stande[2]: „Der Kaiser giebt der Kirche und ihren Anhängern Alles zurück, was sie zur Zeit des über ihn ausgesprochenen Bannes besaßen. Er erläßt Schreiben in alle Welt, daß er den Bann Gregors keineswegs aus Verachtung der Kirche oder der geistlichen Macht vernachlässigte, sondern, nach dem Rathe seiner Großen, als nicht vorhanden ansah, weil ihm derselbe nie gehörig bekannt gemacht ward; er gesteht indeß hierin gefehlt zu haben, weil er wohl weiß und fest glaubt, daß der Papst über ihn (wie über alle Christen, Könige und Fürsten, Geistliche und Laien) in geistlichen Dingen die vollkommenste Gewalt besitzt. Zur Genugthuung wird der Kaiser so viel Geld zahlen, als der Papst verlangt; er wird nach dessen Vorschrift Almosen austheilen, Fasten beobachten und dem Banne bis zum Tage der Lossprechung fromm und demüthig Gehorsam leisten. Den auf der Flotte gefangenen Prälaten will er das Ihrige, sofern es an ihn gekommen ist und sich anstinden läßt, wieder herausgeben, das Uebrige nach Anweisung des Papstes (auf dessen Güte er jedoch vertraut) ebenfalls ersetzen und endlich zur Genugthuung für jene Sünde und zu Ehren Gottes Hospitäler und Kirchen (wie viel, wo und wie der Papst es verlangt) erbauen und ausstatten. In Hinsicht aller Beleidigungen, Schäden u. s. w., welche er (nach der Bannung) Kirchen und Geistlichen angethan hat, unterwirft er sich dem Ausspruche des Papstes und dreier Kardinäle; doch ist hierbei von eigentlichen Kriegsschäden nicht die Rede. Besatzungen legt der Kaiser nur in seine eigenen Orte und erlaubt, daß die Edlen von Romagna, der trevisaner Mark und der Markgraf von Montferrat, ihren Lehnspflichten durch Stellvertreter genügen. Zur Entscheidung aller bürgerlichen und peinlichen Streitigkeiten der Guelfen im Kirchenstaate ernennt Friedrich mit Beistimmung des Papstes einen italienischen Prälaten. Alle Gefangenen werden frei gelassen, alle gegen Anhänger der Kirche er-

---

[1] Cod. Vindob. philol., Nr. 61, fol. 76; Nr. 305, fol. 155. Chr. Ital. Dreh., 191. — [2] Matth. Paris, 426.

gangenen Ächts- und Rechtssprüche aufgehoben und ihnen im AU: 1244 gemeinen Friede und Zutritt zu den Gerichten bewilligt. Der Kaiser bleibt unangetastet im Besitz aller Ehren, Rechte und Länder und wird vom Banne durch eine förmliche Lossprechung der Kirche befreit."

Diesen höchst drückenden Frieden beschwuren die Gesandten des Kaisers am grünen Donnerstage, am 31. März 1244 in Gegenwart Balduins von Konstantinopel, der römischen Senatoren, vieler Prälaten und unzähligen Volkes. Friedrich, welcher versprochen hatte, sich Allem zu unterwerfen was seine Gesandten billigen würden, und der einen offenen Beweis seiner großen Nachgiebigkeit geben wollte, scheint wider den Inhalt jener Bedingungen keine Einwendungen gemacht zu haben [1], wogegen zwei sehr wichtige Fragen zur Sprache kamen, die im Frieden gar nicht oder nur ungenügend berührt waren, nämlich: In welcher Ordnung soll jeder Theil die Friedensbedingungen vollziehen? und in welchem Verhältnisse sollen künftig die Lombarden zum Kaiser stehen? Friedrich behauptete wiederholt: er könne ohne irgend eine Gegenbürgschaft und Sicherheit unmöglich zuerst alle lästigen Bedingungen erfüllen, Festungen räumen, Gefangene loslassen u. s. w.; doch wolle er sogleich einen Theil des Kirchenstaates räumen, wenn Innocenz ihn vom Banne löse und zur Beschleunigung des völligen Abschlusses in eine persönliche Zusammenkunft willige. Während nun der Kaiser die baldige Lossprechung nur darum zu wünschen schien, damit er in gebührender Würde und nicht als Sünder vor dem Papste erscheinen könne, fürchtete dieser, Friedrich werde, nach seiner Aufnahme in den Schooß der Kirche, sich wenig um die Erfüllung lästiger Bedingungen kümmern, mithin Streit und Noth von neuem beginnen. Er schlug deshalb einen Mittelweg ein und begab sich, als bereite er die persönliche Zusammenkunft vor, nach Civitacastellana, ließ aber dem Kaiser in Bezug auf jenen zweiten Zweifelspunkt durch den Kardinal Otto sagen: wenn für die verborgene Krankheit, nämlich die Angelegenheit der Lombarden, kein Heilmittel aufgefunden werde, so könne der Friede überall nicht zu Stande kommen [2]. Hierauf bewilligte der Kaiser: Innocenz solle Schiedsrichter aller Streitigkeiten mit den Lombarden

---

[1] Post non multos dies elegit resilire potius, quam parere, sagt Innocenz (Rayn., §. 21.) A forma jurata resilivit. Matth. Par., 427. Doch wird abgesehn ein Eidesbruch hervorgehoben, sondern es handelt sich nach Matth. Par., 431, über die Reihefolge des Vollzuges der Friedensbedingungen und besonders über die Lombarden. Die Erzählung beruht hauptsächlich auf dem höchst wichtigen Schreiben Friedrichs im Cod. epist. Vatic. mscr., Nr. 4057, p. 10—24. Pertz, IV, 346. — [2] Si latenti morbo, videlicet de negotio Lombardorum, medicina non esset opposita, pax omnino procedere non valebat. Cod. ep., l. c. Nicc. de Tuccia 303. Concil., XIV, 49.

1244 seyn, sofern sie nicht später als der letzte Bannspruch eingetreten wären. Doch müsse die Entscheidung klar und bestimmt lauten, und der Papst sich anheischig machen, ihm die Bedingungen auszuwirken welche die Lombarden nach dem Siege von Kortenuova zugestanden, oder wenn dies unmöglich sey, welche sie selbst vor jenem Siege angeboten hätten.

Während dieser scheinbar vorrückenden Unterhandlungen wurden die Gemüther durch mancherlei Nebendinge und durch heftige und übereilte Aeußerungen argwöhnisch gemacht und verstimmt, welche von Einigen in blindem Diensteifer wechselsweise dem Kaiser und dem Papste hinterbracht und wahrscheinlich obenein entstellt wurden [1]. Jener, so hieß es, hege noch immer den Plan, der Kirche unter dem Vorwande ächt christlicher Reinigung alle Gerichtsbarkeit und alle Besitzungen zu nehmen, und dem Papste sagte man nach, er regiere Alles aus eigener Macht, habe den Kardinälen auf ihre Einwendungen erklärt, er wolle sie weder fragen noch hören, und trachte danach — wie seine Vorladungen städtischer Gesandten nach Rom [2] bewiesen — auch alles Weltliche ausschließlich unter seine Gewalt zu bringen. — Ferner ließ Innocenz die geheimen Verhandlungen mit dem Kaiser zusammenschreiben, sodaß sie Jeder am Lateran für sechs Pfennige kaufen konnte; er äußerte: allein für die Gefangennehmung der Prälaten müsse Friedrich 400,000 Mark zahlen und werde ihn dereinst, aber dann gewiß vergeblich bitten, Schiedsrichter zwischen ihm und den Lombarden zu seyn. Ja in Gegenwart der englischen und französischen Gesandten sagte er laut: wenn den Lombarden nicht volles Recht und sicherer Friede zu Theil werde, so wolle er ihnen, selbst nach der Lossprechung des Kaisers, beharrlich Hülfe leisten.

Dieser erklärte hierauf dem Papste: über die Lombarden und gegen den Inhalt des Friedens von Konstanz könne er ohne Beistimmung der deutschen Reichsfürsten nichts entscheiden, sey aber bereit alles das zu genehmigen, was diese eingehen würden. Er wolle alsdann auch der Kirche Jegliches zurückgeben, was sie früher besessen habe, und sich überall mit dem begnügen, was einem gewöhnlichen Schirmvogte gebühre. Der Papst möge nur zwei Kardinäle bevollmächtigen, um mit ihnen vorläufig Alles nach obigen Grundansichten zu verabreden. Diesen Vorschlägen erklärte sich Innocenz nicht bloß geneigt, sondern eilte auch, angeblich um die Verhandlungen noch schneller und bequemer führen zu können, nach Sutri. Da erscholl auf einmal am Morgen des 30. Junius 1244 die Nachricht: der Papst sey fort, sey verschwunden, und tausend Vermuthungen durchkreuzten sich unter seinen überraschten Freunden und Feinden.

---

[1] Monach. Patav., 690. — [2] So lud er am 3. Januar 1244 die Bologneser zur Berathung über öffentliche Angelegenheiten nach Rom. Savioli, III, 2, 032.

Des Papstes Flucht.

Gleich nach seiner Erhebung schrieb Innocenz so freundschaftlich 1244 und zuvorkommend an seine Landsleute, die Genueser, und nahm ihre Stadt so vorsorglich in seinen besonderen Schutz, daß, nach dem Ausdrucke eines Geschichtschreibers, Alte und Junge, Vornehme und Geringe vor Freuden zu den Sternen aufzufliegen schienen [1]. Auch ein minder Scharfsinniger hätte vorhergesehen, welche Vortheile sich aus einer solchen Stimmung der ohnehin dem Kaiser feindlich gesinnten Bürger dereinst wohl ziehen ließen. Als nun die Verhandlungen mit Friedrich eine bedenkliche Wendung nahmen und dessen Uebermacht im Kirchenstaate, trotz dem Verluste von Viterbo, fortdauerte, schickte Innocenz einen Minorken Bojolus nach Genua mit Schreiben, welche vorsichtig nur die Bitte enthielten, den Worten dieses seines Abgesandten vollen Glauben beizumessen. Insgeheim trug nun Bojolus dem Podesta Philipp Vicedomini aus Piacenza vor: der Papst sey von kaiserlichen Kriegsschaaren so umringt, daß er täglich die Gefangennehmung befürchte; deshalb möge eine genuesische Flotte nach Civitavecchia kommen und jenen daselbst abholen und erretten. — Der Podesta, welcher fürchtete, dieser Plan werde bei der geringsten Kundmachung durch geheime Anhänger des Kaisers vereitelt werden [2], schlug den Neffen des Papstes öffentlich die Bitte ab, nach Parma zur Hochzeit einer Verwandtin zu gehen, und erregte hierdurch den Schein, als sey er allen Guelfen durchaus abgeneigt. Gleichzeitig aber betrieb er das Auslaufen der Flotte und steuerte, sobald er die Neffen des Papstes und einige wenige in das Geheimniß eingeweihte Personen aufgenommen hatte, nicht (wie es hieß) nach den provenzalischen oder afrikanischen Küsten wider Anfalb de Marl, sondern gerade nach Civitavecchia. Man landete am 27. Junius und benachrichtigte unverzüglich den Papst: es warteten seiner 22 genuesische Schiffe und drei seiner Neffen, Albert, Jakob und Hugo Fiesko [3]. Ohne den geringsten Aufenthalt begab sich Innocenz am 29. Junius von Civitacastellana nach Sutri, hätte aber hier zu nicht geringem Schrecken, daß 200 kaiserliche Reiter nahten, welchen er die Absicht beimaß, ihn gefangen zu nehmen. Dennoch beharrte er muthig auf seinem Plane, zog unscheinbare Kleider an, bestieg, sobald es dunkel geworden, das schnellste Pferd und ritt ununterbrochen und mit solcher Geschwindigkeit nach Civitavecchia, daß ihm keiner von seinen Begleitern folgen konnte. Erst am nächsten Morgen kamen, in dem Augenblicke wo man schon die Anker lichten wollte, noch sechs Kardinäle an, um Glück wie Unglück ihres Oberhauptes zu theilen [4].

---

[1] Videbantur ad astra volare. Barthol. zu 1243 und 1244. Bullae pont. ap. Hahn., XXII. Viele für Genua günstige Bullen in Genuens. lib. jur. — [2] Paolo Pansa, 10. Villani, VI, 23. Malesp., 132. — [3] Nach Stella, 989, benachrichtigte ein vierter Neffe Mathias den Papst. Bullae pont. ap. Hahn., XXX. — [4] Mehre Kardinäle gingen später ver-

1244 Kaum war aber die Flotte im hohen Meere, so erhob sich ein furchtbarer Sturm; und kaum ließ dieser etwas nach, so mußte man an einer pisanischen Insel landen und das Schicksal der gefangenen Prälaten befürchten. Nur durch die höchsten Anstrengungen erreichte man Porto Venere, wo sich der von der Fahrt sehr mitgenommene Papst einige Tage erholte; am 7. Julius endlich lief die Flotte in den Hafen von Genua ein. Die Bürger, welche erst von Porto Venere aus den ganzen Hergang erfahren hatten, waren darüber so erstaunt als erfreut. Der Erzbischof mit allen Geistlichen, die obrigkeitlichen Personen, die Soldaten, die Frauen, alle zogen reich geschmückt und in zierlicher Ordnung dem Papste und den Kardinälen entgegen, deren Schiffe mit kostbaren Decken von Seide und Goldstoff behangen und vor den übrigen ausgezeichnet waren. Alle Glocken läuteten, und von vielen Instrumenten begleitet sang der eine Halbchor: „Gesegnet ist der da kommt im Namen des Herrn"; worauf die Ankommenden erwiederten: „Unsere Seele ist entronnen, wie ein Vogel aus dem Stricke des Voglers; der Strick ist zerrissen, und wir sind los [1]."

Als der Kaiser in Pisa Nachricht von der Flucht des Papstes bekam, erschrak er sehr und rief aus: „Der Ungerechte ist entflohen und Niemand hat ihn verfolgt!" Er zürnte, daß ihn sowohl die Wachen auf dem festen Lande und in den Häfen, als auch die Flotten hatten entkommen lassen, und befahl, das genuesische Gebiet solle von der See- und Landseite, insbesondere aber jede nach Frankreich führende Straße genau bewacht werden. Gleichzeitig schickte er den Grafen von Toulouse an den Papst, um seine Verwunderung und sein Bedauern über dessen unerwartete Entfernung an den Tag zu legen, ihn zur Rückkehr einzuladen und zu erklären [2]: er werde die vorgeschlagenen Friedensbedingungen gern erfüllen. Innocenz aber antwortete: nach so vielfachen Täuschungen könne er kein Vertrauen fassen und wolle sich nicht von neuem den Gefahren aussetzen, welche seine Person, mithin auch die Kirche und deren Rechte bedroht hätten [3].

Bei einer unparteiischen Prüfung der unter einander abweichenden Zeugnisse ergiebt sich, daß der Kaiser keineswegs den Plan hegte, den Papst gefangen zu nehmen; denn eine solche Gewaltthat würde ihm (wie einst Heinrich V) kaum einen Augenblick lang genützt, wohl aber bei den damaligen Ansichten der christlichen Welt

---

fleibt über Mailand nach Lyon. Galvan. Flamma, 278. Mediol. annal. In Lyon und auch schon früher ernannte Innocenz viele neue Kardinäle. Bonon. hist. misc.
[1] Psalm 124. 7. Canale, II. 124. Varene, I, 370. — [2] Barthol., l. c. — [3] Ebenso wenig führte es zum Ziele, daß der Kaiser einigen Kardinälen schrieb: er übertrage ihnen die Vermittelung und werde sich bei ihrem Spruche beruhigen: si in compositione imperii non minuitur dignitas, nec in satisfactione excellentia propulsetur. Martene, Collect. ampliss., II, 1137.

Der Papst in Lyon.

außerordentlich geschadet haben. Doch ist es allerdings möglich, daß er gleichzeitig mit dem Papste Nachricht von der Ankunft der genuesischen Flotte erhielt und 200 Reiter gen Sutri sandte, um dessen Flucht zu verhindern. Nur waren diese Reiter gewiß nicht die Ursache, weshalb Innocenz, wie er später andeutete, den Plan zur Flucht fassen und nothwendig ausführen mußte. Auf jeden Fall brachte die glückliche Vollführung dieses so klugen als kühnen Planes dem Papste die größten Vortheile. Er stand nun, außerhalb des Bereiches des Kaisers, wieder als selbständige Macht da, während jener, so lange Innocenz in Rom war, unzählige Mittel besaß ihn ohne eigentliche Gewaltthat zu ängstigen, zu beschränken und von der übrigen christlichen Welt abzuschneiden. Dies sah Friedrich ebenfalls sehr wohl ein und sagte[1]: „Wenn ich sonst mit dem Papste Schach spielte, machte ich ihn gewöhnlich matt oder gewann ihm doch einen Thurm ab; jetzt aber haben die Genueser ihre Hände aufs Schachbret gelegt und verursachen, daß ich mein Spiel verliere." Mit Recht hielt sich indeß der Papst auch in Genua noch nicht für vollkommen sicher, und war im Begriffe nach Frankreich abzureisen, als er erkrankte. Deßungeachtet ließ er sich, die engere Einschließung von den Kaiserlichen befürchtend, am 3. Oktober in Betten nach Stella tragen, wodurch aber das Uebel so zunahm, daß die Meisten an frischem Leben verzweifelten. Glückliche Todesfälle sind indessen den Hohenstaufen nicht so gegen die Päpste, wie diesen gegen die Hohenstaufen zu Hülfe gekommen: Innocenz erholte sich und erreichte (trotz aller Gegenanstalten des Kaisers) über Asti, Alessandria, Turin und Susa am 2. December 1244 Lyon[2].

Es war unmöglich eine Stadt zu finden, welche besser für den Aufenthalt des Papstes paßte. Dem Namen nach gehörte sie freilich zum römisch-deutschen Reiche, war aber in Wahrheit gleich unabhängig vom Kaiser, wie vom Könige von Frankreich, und nur in gewissen Dingen ihrem Erzbischof verpflichtet, welcher dem Papste gern eine friedliche Aufnahme gewährte. Leicht und ungehindert trat dieser von hier aus wiederum in Verbindung mit der gesammten Christenheit; von keiner Seite war eine allgemeine Sperrung möglich, und hieher ließ sich, ohne daß die frühere Gefahr der Land- und Seereisen eintreten konnte, eine Kirchenversammlung mit größerer Sicherheit und gewisserem Erfolge berufen.

Am 30. Januar 1245 ergingen daher Ladungen des Papstes: daß alle Könige, Fürsten und Prälaten am nächsten Johannisfeste in Lyon erscheinen möchten, um über die Lage des heiligen Landes, des lateinischen Kaiserthums, die Mongolen und den zwischen Kirche

---

[1] Paolo Panss, 21. — [2] Die Verheirathung Beatricens, der Nichte des Papstes, an den Grafen Thomas von Savoyen fällt wohl erst aufs Jahr 1251. Murat., Ann. zu 1244. Paolo Panss, 20. Matth. Par., 410 Estens. chron. Hist. patriae monum. scriptores, 561.

1245 und Kaiser schwebenden Streit zu berathen! Friedrich sey ebenfalls aufgefordert, sich einzufinden oder Abgeordnete zu senden, damit er die Anklagen vernehme und sich zu einer angemessenen Genugthuung verstehe [1]. Ungeachtet dieser Hinweisung auf ein künftiges Rechtsverfahren sprach der Papst jetzt wiederholt den Bann über Friedrich, eine Maßregel, welche jedoch von Vielen offener oder versteckter mißbilligt wurde. So sagte z. B. ein Pfarrer in Paris bei der ihm aufgetragenen weiteren Verkündigung des Bannspruchs: „Ich weiß, daß Kaiser und Papst sich streiten und verfolgen, nicht aber, wer von beiden der Schuldige ist. Den Schuldigen nun stoße ich aus der Kirchengemeinschaft und ertheile dem Unschuldigen die Lossprechung." Diese im scherzhaften Tone ausgesprochenen ernsthaften Worte kamen dem Kaiser und dem Papste zu Ohren, worauf dieser den kühnen Geistlichen streng zurechtwies, jener aber reichlich belohnte.

Siebzehntes Hauptstück.

Bevor die Geschichte der Kirchenversammlung von Lyon erzählt werden kann, muß von den Mongolen, dem lateinischen Kaiserthume, dem heiligen Lande und den Chowaresmiern die Rede seyn, weil die Angelegenheiten dieser Staaten und Völker ebenfalls mehr oder weniger ein Gegenstand der Berathung wurden.

1243 1. Durch die Schlachten bei Liegnitz und an der Donau waren bis 1244 die Mongolen zwar von Deutschlands Grenzen zurückgewiesen und durch den Tod ihres Großchans Oktai zum Theil auch aus Ungern abgerufen worden, allein noch immer blieben sie den europäischen Christenstaaten gefährlich, trugen zu den Unfällen des heiligen Landes bei und veranlaßten die gerechte Furcht daß man keinen Augenblick vor neuen Ueberfällen ihrer Horden sicher sey. Deßhalb forderte der Kaiser zu ernsten Maßregeln auf, und Innocenz bewilligte jedem wider sie fechtenden Krieger die Vorrechte anderer Kreuzfahrer [2]. Gleichzeitig schickte er Bettelmönche ab, um den Khan zum Christenthume zu bekehren. Statt dessen erklärte dieser: Gott habe ihm und den Seinen aufgetragen, die verderbtesten Völker auszurotten. Der Papst solle kommen und sich ihm, bei Vermeidung des Krieges, als Herrn der Erde unterwerfen; der Kaiser solle seine Länder überantworten und eine Stelle am mongolischen Hofe erhal-

---

[1] Matth. Par , 442. — [2] Petr. Vin., I, 11. Rayn. zu 1243, §. 30; zu 1244, §. 1. Corner, 892. Guil. Nang., 340. Ramous., 276. Donniges, p. 244.

ten. Scherzend sagte Kaiser Friedrich bei dieser Veranlassung: er wolle gut mit Vögeln Bescheid und dasse zum Falkenwärter des Chans.

Das Schicksal jener Bettelmönche war, obgleich sie ihren Zweck nicht erreichten, doch günstiger, als das einiger griechischen und syrischen Mönche, welche mit heiligen Kreuzen, Wachslichtern und Weihwasser ebenfalls zu mongolischen Schaaren gingen und ihnen ähnliche Anträge machten, aber sogleich auf Befehl eines Anführers verbrannt wurden, weil er ihnen, wie er mit frevelhaftem Spotte hinzusagte, keine größere Gnade erzeigen könne, als wenn er sie eiligst ihrem Gott übersende [1].

II. Das lateinische Kaiserthum hatte zwar, durch die breite Niederdonau und das Gebirge Hämus geschützt, nichts von den Anfällen der Mongolen gelitten, befand sich aber dennoch in der jämmerlichsten Lage [2]. Die Schwierigkeit, welche Balduin II im Jahre 1238 fand, Kreuzfahrer nach Konstantinopel zu führen, erhöhte mittelbar die Noth so sehr, daß ohne den Beistand der Venetianer und des Fürsten von Achaia und Morea, Gottfrieds von Villehardouin, das ganze Reich wohl eine Beute des Vatazes und des Bulgaren Asan geworden wäre [3]. Selbst das Kostbarste was man besaß, nämlich einen Theil des heiligen Kreuzes, das Eisen der heiligen Lanze, den Schwamm, der mit Essig war getränkt worden, und die Dornenkrone Jesu Christi verpfändete man jetzt an die Venetianer; und Ludwig IX, welcher viel frömmer war als diese, zahlte ihnen nicht bloß den Pfandschilling zurück, sondern gab außerdem noch große Summen an Kaiser Balduin, um den eigenthümlichen Besitz jener Heiligthümer zu erhalten. Mit den höchsten Feierlichkeiten wurden sie in Paris eingeholt und an geweihten Stellen niedergelegt. Jene Gelder reichten aber so wenig als päpstliche Aufforderungen [4] hin, zahlreiche Mannschaft für die Rettung des lateinischen Kaiserthums in Bewegung zu setzen, ja Viele äußerten, die Meinung, daß man Palästina nicht anders als durch Hülfe jenes Reiches sichern könne, sey falsch, und die dadurch herbeigeführte Zerstreuung der abendländischen Kräfte sey strafwürdig. Erst nachdem Balduin im Frühjahre 1239 manche seiner erblichen und Lehnsbesitzungen verkauft oder verpfändet hatte [5], konnte er eine etwas zahlreichere Begleitung werben und durch Ungern und Bulgarien nach

---

[1] Alber., 507, zu 1238. — [2] Siehe Band III, S. 162—164, 418. — [3] Guil. Nang. zu 1239. Histor. suscept. coronae spineae Jesu Christi, 400. Du Fresne, IV, 11—20. Vie de S. Louis inscr. in Bera, Nr. 101, fol. 7. Mouskes, 30585. — [4] Oder Weisungen daß die Geistlichen in jenem Reiche in tertia parte bonorum suorum imperium subveniant. Reg. Greg., Jahr XI, Urk. 359. — [5] Miraei op. dipl., I, 313, Urk. 99.

Konstantinopel. Palästina.

Konstantinopel ziehen. Er wurde daselbst im December 1239 gekrönt.

Noch mehr als die neuen Ankömmlinge und der Beistand der Kumanen würden dem Kaiser die zwischen Batatzes und den übrigen Komnenen ausgebrochenen Zwistigkeiten genützt haben, wenn nicht in seinem eigenen Reiche gleich verderbliche Fehden zwischen Griechen und Lateinern, zwischen fränkischen Edlen und der römisch-katholischen Geistlichkeit ausgebrochen wären[1]. Dem angeblichen Staate fehlte ein Volk, und bald sah man ihn nochmals so auf die Hauptstadt beschränkt, daß nur die Kühneren sich vor die Thore wagten und die Besorgteren, aus Furcht vor einer Belagerung, davonsegelten! Der Sultan Kaikosru von Ikonium, dessen Beistand Balduin gegen Batatzes suchte, willigte zwar zu großer Freude in ein Angriffs- und Vertheidigungsbündniß[2], konnte sich indeß selbst der Mongolen kaum erwehren und fügte eine Bedingung hinzu, über welche Balduin der Königin Blanka von Frankreich Folgendes schrieb: „Sultan Kaikosru, der Sohn einer christlichen Griechin, verlangt eine unserer Verwandten zur Gemahlin, welche aber ihre Kirche, Priester, Religionsübung u. s. w. ungestört behalten soll. Auch will er nach abgeschlossener Heirath alle Christen seines Reiches dem Patriarchen von Konstantinopel unterwerfen und macht sogar Hoffnung er werde sich selbst bekehren. Wir bitten Euch daher, daß Ihr unsere Schwester Elisabeth und ihren Mann Oto von Montaigu bewegt, eine von ihren Töchtern für den Sultan hieher zu senden." Ehe jedoch dieser ernstliche oder täuschende Vorschlag ausgeführt wurde, mußte Balduin, von der allerhöchsten Noth bedrängt, zu Friedrich II nach Italien eilen, welcher auch durch seinen Einfluß bei Batatzes dem lateinischen Kaiserthume auf ein Jahr lang Frieden verschaffte[3]. Vergeblich suchte der dankbare Balduin hierauf seinerseits den Papst zur Aussöhnung mit Friedrich zu vermögen, und begab sich jetzt nach Lyon, in der Hoffnung daß die Kirchenversammlung etwas Erhebliches für die katholische Kirche in Griechenland, mittelbar also auch für ihn thun werde.

III. Nicht minder bedurfte Palästina der nachdrücklichsten Hülfe. Kaum hatte Kaiser Friedrich jenes Land verlassen, als sich die Barone, wie wir sahen, den Anordnungen seines Statthalters widersetzten und laute Beschwerden bei dem Papste erhoben. Weil dieser jedoch damals mit dem Kaiser in freundlichen Verhältnissen stand, so vermittelte er einen Frieden und wies die Barone zum Gehorsam an. Hiemit waren diese sehr unzufrieden, behaupteten daß ihre Ge-

---

[1] Concil., XIV, 14. Reg. Honor. III, Jahr VI, Urk. 278. Der Fürst von Achaia wurde gebannt, weil er den Rechten der Geistlichkeit zu nahe trat; und so geschah es öfter. — [2] Epist. Bald. in Duchesne, V, 421, zu 1243. Deguign., II, 307. — [3] Rayn. zu 1243, §. 45, 1244 §. 15.

sandten die ihnen ertheilte Vollmacht überschritten hätten, und stellten mancherlei Gründe für ihre abweichende Ansicht auf, welche, gleich den beigefügten Geschenken, wohl weniger Eindruck auf den Papst gemacht hätten, wenn er nicht um diese Zeit mit dem Kaiser aus anderen Gründen in neuen Streit gerathen wäre. Gregors Erklärung, er habe jenem Frieden nur in der Voraussetzung beigestimmt, daß die Vollmacht der Gesandten dafür gelautet habe [1], und seine Weigerung durch Kirchenstrafen Gehorsam herbeizuführen, schloß mittelbar eine Aufhebung des Festgestellten in sich; auch kam es in Palästina sogleich zu neuen Fehden, und der kaiserliche Marschall Richard Filangieri wurde bald außer Stand gesetzt, die Ansprüche seines Herrn mit Nachdruck geltend zu machen [2]. Die Meisten sahen in jeder Ausübung der königlichen Macht nicht bloß etwas Entbehrliches, sondern eine unerträgliche Beschränkung ihrer eigenen Freiheit; und wenn an die Stelle jenes äußeren Mittelpunktes nur innere Einheit getreten wäre, so ließe sich jene Ansicht, wenn auch nicht rechtfertigen, doch entschuldigen. Allein jeder Baron, jeder Orden, jeder Prälat behielt nur seinen eigenen, nie den gemeinsamen Vortheil im Auge; und dieser Mangel an Kraft, Würde und Einheit der Gesinnung zersplitterte und zerstörte die ohnehin schwache Kriegsmacht fast ganz. Die Patriarchen stritten sich über die Grenzen ihrer Sprengel [3], während ihnen ein Theil nach dem anderen durch die Muhamedaner unzugänglich gemacht wurde; die großen Orden verloren durch Wechselneid alle Haltung und durch Sittenlosigkeit und Ueppigkeit der mannichfachsten Art auch die Achtung der christlichen Welt [4]. In Kirchenordnung und Kirchenzucht kehrten sie sich gar nicht mehr, und es wurde Regel, daß Johanniter und Templer zu entgegengesetzten Parteien gehörten, nachdem sie die von beiden gleichmäßig gehaßten deutschen Ritter verdrängt hatten.

Bei diesen Verhältnissen wäre (da Gregors Aufforderungen zu einem neuen Kreuzzuge [5] ohne allen erheblichen Erfolg blieben) das ganze Morgenland schon in diesen Jahren verloren gegangen, wenn nicht auch unter den Nachkommen Saladins und Adels böser Zwist fortgedauert hätte. Und als 1236 David von Aleppo, 1237 Aschraf von Damaskus und im März 1238 Kamel von Aegypten starb [6], schienen sich die auswärtigen Angelegenheiten für die Christen noch günstiger zu gestalten. Insbesondere war Kamel, der treue Freund

---

[1] Guil. Tyr., 715, 716. Sanut., 215. Rayn. zu 1235, §. 42. Matth. Par., 351. Hist. dipl., IV, 2, 772. — [2] Regest. Fr. II, 324. — [3] Reg. Greg. IX, Jahr VII, Urf. 166. — [4] Rayn. zu 1237, §. 31 — 33. Sie nahmen Huren in ihre Wohnungen auf, schützten Diebe und Mörder, zeigten sich als Erbschleicher und verfälschten sogar Testamente. Reg. Greg. IX, Jahr XI, Urf. 449. — [5] Rayn. zu 1235, §. 49. Gregors Aufforderung an 27 deutsche Fürsten bei Schöpfl., Hist. Zar.-Bad. V, 197. — [6] Abulfeda, Marai z. d. J.

Kaiser Friedrichs II, ein Fürst von hohem Sinn und großer Thätigkeit, der Aegypten durch Maßregeln und Verbesserungen aller Art erstaunlich hob und über Staatsangelegenheiten nie der Wissenschaft und der Gelehrten vergaß[1]. Sein unfähiger und unwissender Sohn Abel Abubekr wurde hingegen nach anderthalb Jahren abgesetzt und Salih Eyub, der jüngere Bruder, als Beherrscher Aegyptens anerkannt. Ungeachtet dieser die Saracenen schwächenden Ereignisse glaubten die morgenländischen Christen, sie müßten sich bis zur Ankunft abendländischer Hülfe ruhig verhalten; und hiezu eröffnete sich unerwartet eine günstige Aussicht.

1239 Im August 1239 nahmen das Kreuz der König Theobald von Navarra, die Grafen von Bretagne, Nevers, Bar, Montfort u. A. m.[2]. Bei Lyon, dem allgemeinen Versammlungsorte, empfingen sie aber zu ihrem Erstaunen eine Bulle des Papstes, welche sich auf dessen Zwist mit dem Kaiser gründete und besahl daß Alle in ihr Heimath zurückkehren, oder, bei Verlust aller kirchlichen Vergünstigungen, bis zum nächsten Frühjahre warten sollten. Höflicher schrieb der Kaiser, zeigte warum er jetzt unmöglich selbst am Kreuzzuge Theil nehmen könne, und warnte vor vereinzelten und übereilten Unternehmungen. Die Kreuzfahrer aber sprachen: „Hat uns der Papst nicht seit langer Zeit Jahr und Tag und Ort des Aufbruchs bestimmt? Und jetzt, nachdem wir Waffen, Lebensmittel und alles Nöthige angeschafft, unser Habe und Gut verpfändet oder verkauft, von unseren Freunden Abschied genommen, unsere Ueberkunft verkündigt und einen Theil des Weges schon zurückgelegt haben: jetzt ändert unser angeblicher Führer und Hirt plötzlich seine Sprache und verhindert den heiligen Zug!" Diese Vorwürfe konnten indeß ihre betrübte Lage nicht bessern, oder sie zu einem gemeinsamen Entschlusse bringen. Manche kehrten um, andere zogen nach Marseille, noch andere nach Brundusium oder nach Sicilien. Die letzten unterstützte der Kaiser und erlaubte ihnen Wein, Lebensmittel und andere Bedürfnisse aufzukaufen[3]. Nach ihrer Ankunft in Syrien brachen die Pilger, seiner und der Tempelherren Warnung uneingedenk, den Waffenstillstand und zogen in übermäßigem Selbstvertrauen und in vereinzelten Abtheilungen von Joppe nach Askalon. Hier wurden sie von den durch Kundschafter wohlunterrichteten Türken am 13. November 1239 überfallen, geschlagen, viele getödtet und die Grafen von Bar, von Montfort und mehre Andere gefangen[4]. Die Templer und ein Theil der Pilger ver-

---

[1] Alber., 570. Schreiben des Großmeisters der Tempelherren. Deguign., Oiseil., 500. — [2] Alber., 572. Guil. Tyr., 720. Rich. S. Germ., 1043. Matth. Par., 347. Theobald war auch Graf von Champagne. — [3] Reg. Frid. II, 313, widerlegt die Beschuldigung des Matth. Par., 350: daß der Kaiser ihnen seine Lebensmittel u. vergl. habe verabfolgen lassen. — [4] Guil. Nang., 334. Vie de S. Louis msc. Nr. 191, fol. 8. Reg. Frid. 324. Baluz. misc., I, 229.

bünkelen sich hierauf mit dem Sultan von Damaskus gegen den Sultan von Aegypten¹, die Johanniter und die übrigen Pilger aber mit dem letzten Sultan gegen den ersten. Jerusalem fiel nach eilfjährigem Besitze wieder in die Hände der Aegypter, und nur den Thurm Davids vertheidigten kaiserliche Söldner länger gegen die feindliche Uebermacht. In dieser Noth erneuerte Alisia von Cypern, die Tochter der ehemaligen Königin Isabelle, ihre Ansprüche auf das jerusalemische Reich und heirathete den Grafen Rudolf von Soissons, welchem die Barone auch die Verwaltung, jedoch mit Vorbehalt der Rechte Konrads IV, übertrugen. Aber bald sah der Graf ein, daß er nur ganz nichtige Ansprüche erworben habe und Jeder, unbekümmert um ihn, thue was er wolle²; deßhalb verließ er sein Weib und sein nirgends wirklich vorhandenes Reich und kehrte in seine Heimath zurück.

Ein Jahr nach dem Könige von Navarra, im Herbste 1240, landete Graf Richard von Kornwall, reichlich mit Geld und Mannschaft versehen, in Syrien. Weil es ihm aber unmöglich ward die großen Orden zu versöhnen, so mußte er es für ein Glück halten, daß der von anderen Seiten auch bedrängte Sultan von Aegypten einen Waffenstillstand bewilligte³, wonach Jerusalem und manche andere am Pilgerwege liegende Orte zurückgegeben, die meisten christlichen Gefangenen aus der Haft befreit und dem Grafen Zelt gelassen wurde, Askalon ungestört zu befestigen. Diese Stadt übergab er vor seiner Abreise nicht einem der beiden Orden, sondern den Bevollmächtigten des Kaisers, welche indeß hierdurch wenig gewannen, weil Balian von Ibelyn und Philipp von Montfort sie bald nachher aus Askalon vertrieben. So schwächten sich die Christen unter einander, die alle unerwartet durch eine neue furchtbare Gefahr aufgeschreckt wurden.

IV. Die Chowaresmier⁴, welche nach dem Tode ihres Sultans 1244 Dschelaleddin aufs neue durch die Mongolen bedrängt wurden, zogen mit Weibern, Kindern und Heerden nach dem vorderen Asien und wurden vom ägyptischen Sultan Saleh Eyub, welcher bemerkte, daß die Christen sich immer mehr an seinen Gegner, den Sultan Ismael von Damaskus, anschlossen, durch Geschenke und Versprechungen zum Kriege wider beide vermocht. Unaufgehalten drangen sie, ihren Weg durch die ärgsten Verwüstungen bezeichnend, bis Jerusalem vor⁵,

---

¹ Iperius, 710. Salisb. chr. zu 1239. Fundgruben, V, 152. —
² Dandolo, 352. Guil. Tyr., 724. Sanut., 216. Matth. Par., 307. —
³ Matth. Par., 384, 390. Wikes zu 1240. Alber., 577. Waverl. ann. und Trivet zu 1241. — ⁴ Deguign., II, 613. — ⁵ Memor. Reg., 1113. Guil. Nang. gest., 392, u. chron. zu 1244. Vincent. spec., XXXI, 1. Salisb. chr. zu 1244. Guil. Tyr., 728. Matth. Par., 420, 428. Sanut., 200, 217.

1244 eroberten am 17. September 1244 die Stadt, raubten alle Güter, plünderten die Auferstehungskirche, zerstörten das heilige Grab, öffneten die Königsgräber und warfen die Gebeine ins Feuer[1]. Wer nicht als Sklave oder Sklavin brauchbar erschien, ward ohne Mitleid niedergehauen, wobei die Frevler der Unglücklichen noch spotteten, indem sie sprachen: „Es ist billig, daß das Blut derer vergossen werde, welche hier so oft Wein zu Ehren eines Gottes vergießen, der am Kreuze gehangen hat." — Zu spät vereinigten sich die Christen bei Gaza mit den Sultanen Ismael von Damaskus und Ibrahim von Emesa. Der vorsichtigere Rath, man solle einen Kampf mit den durch die Aegypter verstärkten und der Zahl nach überlegenen Feinden vermeiden, und abwarten daß Hunger sie zum Rückzuge zwinge, wurde verworfen; am 18. Oktober 1244 (um die Zeit, wo Innocenz IV von Genua nach Lyon reiste) kam es zu einer Schlacht, in welcher die Verbündeten gänzlich besiegt und angeblich 312 Templer, 525 Johanniter, ja an 16,000 christliche und muhamedanische Krieger getödtet wurden[2]. Nur 33 Templer, 26 Johanniter und drei deutsche Ritter entkamen; beide Großmeister[3], der Erzbischof von Tyrus, der Bischof von Rama und viele der ausgezeichnetsten Edlen gehörten zu den Erschlagenen. Den Gefangenen, welche nach Aegypten gebracht wurden, warf der Sultan vor sie hätten den Waffenstillstand treulos gebrochen, treulos gehandelt gegen ihren Kaiser, ihre Gelübde übertreten und an dem wechselseitige Liebe gebietenden Evangelium gefrevelt. Nur das Vorwort ihres Herrn, des Kaisers, den er ehre und liebe, könne ihn geneigt machen auf ihre Wünsche Rücksicht zu nehmen. — Ein solches Vorwort mochten und konnten aber die Ritter wohl nicht erhalten[4]; sie mußten wahrscheinlich (gleich den übrigen Gefangenen) schwere Arbeiten verrichten, bei Festungsbauen helfen und sich täglich mit drei kleinen Broten begnügen. Doch erlaubte der Sultan daß Minoriten nach Aegypten kamen, die Unglücklichen so viel als möglich aus abendländischen Beiträgen unterstützten und durch Lehren und Ermahnungen trösteten. Manche zogen indeß den kürzeren Weg, ihre äußere Lage zu verbessern, vor und nahmen den muhamedanischen Glauben an.

Während dies Elend die südlichen Besitzungen der Christen traf, verlangten die auch hieher vorgedrungenen Mongolen von dem Fürsten von Antiochien: er solle alles vorhandene Gold und Silber aushändigen, alle Burgen und die Mauern aller Städte niederreißen und 3000 Jungfrauen abliefern[5]. Ehe aber diese For-

---

[1] Ibn Alatsyr, 550. Die Christen waren damals im Besitze des Tempels. Obrab., 549. — [2] Matth. Paris, 401, 468, 471, 473. Barthol. ann. Petr. Vin., I, 28. Rayn. zu 1244, §. 1. Die Zahlen stimmen in den Berichten nicht überein. — [3] L'art de vérifier les dates, V, 312, 351. — [4] Salimbeni, 341. — [5] Matth. Par., 438.

Stellung des Papstes.

berufungen erfüllt oder mit Nachdruck verweigert werden konnten, kehrten die mit Gewalt von Aegypten abgehaltenen Chowaresmier zurück und verwüsteten nochmals Paläſtina und Syrien, bis ſie durch die Folgen ihrer eigenen Frevel gezwungen wurden ſich aufzulöſen und zu zerſtreuen [1].

Achtzehntes Hauptſtück.

Nachdem Innocenz IV einen ſicheren, vom kaiſerlichen Einfluſſe unabhängigen Aufenthalt gefunden hatte, zeigte ſich bald, daß er die Abſicht hege, die päpſtliche Herrſchaft noch weiter auszubreiten und noch ſiegreicher zu begründen, als irgend einer von ſeinen Vorgängern. Dieſe neue Ausſicht und Wendung ſchloß indeß andererſeits auch größere Gefahren in ſich und mußte über kurz oder lang zu argen Mißbräuchen führen. Anſtatt mit der Beſonnenheit Innocenz III die Wirkſamkeit der Prieſter, Aebte, Biſchöfe, Erzbiſchöfe u. a. m. in ihren natürlichen Kreiſen unangetaſtet zu laſſen und nur als Schlußſteln dieſer wohlgeordneten Pyramide, dieſes ſtarken Gewölbes, die höchſte und würdigſte Stellung zu behaupten; anſtatt nach dem oft wiederholten Gleichniſſe von Haupt und Gliedern die eigenthümlichen Geſchäfte der letzten zum Vortheile des Hauptes zu benutzen, verfielen die Päpſte ſeit Innocenz IV in den Fehler mancher ſpäteren Könige, welche in der Zerſtörung aller ſtändiſchen Verhältniſſe, in der unbedingten Alleinherrſchaft und übermäßigem Regieren einen Gewinn ſahen und ihre feſtgegründete Wohnung unvorſichtig mit dieſem ſchwankenden Luftſchloſſe vertauſchten.

Von nun an zog der Papſt immer mehr Dinge zu ſeiner unmittelbaren Entſcheidung, griff immer häufiger und willkürlicher in alle kirchlichen Kreiſe hinein, hielt ſeinem unbegrenzten Rechte gegenüber jedes fremde Recht nur für ein nach Belieben zu änderndes Gnadengeſchenk, und gleichzeitig ſtiegen die Bedürfniſſe, die Ausgaben, die Forderungen des römiſchen Hofes auf eine bis dahin unerhörte Höhe. Allerdings war es natürlich und billig, daß die chriſtliche Geiſtlichkeit für ihr Oberhaupt zu nöthigen und löblichen Zwecken etwas leiſtete oder zahlte und daſſelbe am wenigſten in Zeiten der Verfolgung ſinken und darben ließ; allein das Uebermaß der neuen Forderungen, die willkürliche Art des Ausſchreibens, die Schlechtigkeit der Hebungsbeamten u. ſ. w. trieben ſogar kirchlich

---

[1] Widerſtand, Hunger, Krankheit u. ſ. w. wirkten ſo, daß ſie allmählich ganz verſchwinden. Unibon, c. 15.

Gesinnte zu der Behauptung: keineswegs sey jede Fehde des Papstes auch eine Fehde der ganzen chriſtlichen Kirche. Hierüber wenig bekümmert, urtheilte Innocenz: da die Milde Honorius III, ſowie die ſtrenge Feſtigkeit Gregors IX nicht zu vollem Siege über den Kaiſer geführet hätten, ſo müſſe er ihn auf ſeinem eigenen Boden angreifen, indem er zu den bisherigen Mitteln auch die Liſt und das Uebergewicht des Geldreichthums geſelle [1].

Selbſt guelfiſche Städte, wie Bologna, wurden ſtreng nach dieſen neuen Grundſätzen behandelt [2]; ſelbſt in Lyon wollte Innocenz ſeine überall bis zur Ungebühr begünſtigten Verwandten mit Pfründen des Hochſtifts begaben. Die Stiftsherren ſchwuren ihm aber ins Angeſicht: ſie würden Jeden der ſich auf ſo ungeſetzmäßige Weiſe eindrängte, unfehlbar in die Rhone werfen. Ohne Rückſicht auf dieſe Einrede ernannte der Papſt, aus eigener Macht und um äußerer Gründe willen, den Grafen von Savoyen zum Erzbiſchof, einen Mann, der mehr als Ritter denn als Geiſtlicher lebte und ſich nie die kirchlichen Weihen geben ließ [3]. Hierüber und über das barfüße, anmaßliche und trotzige Gefolge des Papſtes zürnten die Bürger von Lyon dergeſtalt, daß es bis zu Blutvergießen kam und die Ruhe nur mit Mühe hergeſtellt ward, ohne die Abneigung und den Haß gegen die Fremden zu vertilgen.

Dieſe Verhältniſſe brachten wohl den Papſt dahin, die Könige von Aragonien, Frankreich und England um Aufnahme in ihre Länder zu erſuchen; allein der erſte lehnte das Geſuch ab; Ludwig IX erklärte: er müſſe hierüber mit ſeinen Ständen Raths pflegen, und auch dieſe widerſprachen, nicht ohne Mitwirkung kaiſerlicher Geſandten, dem Antrage. Der König von England endlich, welcher ſich anfangs durch ein wohlgeſetztes Schreiben der Kardinäle über die ihm zugedachte Ehre hatte locken und täuſchen laſſen, wurde von ſeinen Großen dahin zurechtgewieſen [4]: „Die Reinheit Englands iſt durch Wucher, Raub und Pfründenkauf der Italiener und Römer ſchon übermäßig befleckt; jetzt fehlte es nur noch daß der Papſt ſelbſt käme und die Güter der Kirche und des Reichs plünderte und verſchleuderte." Und Matthäus Paris ſetzt hinzu: „Dies hatte der päpſtliche Hof verdient, von dem abſcheulicher Dunſt und Geſtank bis zu den Wolken aufſtieg [5]."

Um dieſelbe Zeit langte Walter von Okra als Geſandter Friedrichs in England an, erläuterte deſſen Schreiben über den bisherigen Gang der Dinge mit großer Geſchicklichkeit, gewann viele Gemüther durch das Erbieten, die letzte Entſcheidung des Streites zwiſchen Reich und Kirche in die Hände Englands zu legen, ſchrekte Manche durch

---

[1] Ditior Innocentio IV — papa nunquam fuit. Mellic. chr. zu 1245. — [2] Savioli, III, 2, 635. — [3] Gallia christ., IV, 142. — [4] Matth. Paris, 424, 434, 440, 444, 445. — [5] Ibid., 443.

die Drohung, der Kaiser werde alles dem Papste gesandte Geld wegnehmen und die Absender als Feinde behandeln, oder gab ihnen doch hiemit einen Vorwand nicht zu zahlen. Diejenigen endlich, welche bei dieser Gelegenheit die schmachvolle Lehnspflichtigkeit Englands vernichten und den römischen Zins ersparen wollten, bewachten die Häfen und Eingänge des Reichs, damit kein päpstlicher Gesandter oder Hebungsbeamter unentdeckt anlange. Als aber König Heinrich die Loslassung der von jenen Ergriffenen bewirkte, glaubte der päpstliche Legat Martin völlig obgesiegt zu haben. Da trat plötzlich ein Ritter Namens Fulco in seine Stube und sagte ihm mit großem Nachdrucke: „Wenn du nebst deinem Anhange nicht binnen drei Tagen das Reich verlässest, so werdet ihr Alle in Stücke gehauen. Dies ist der Beschluß vieler verbündeten Ritter und Barone." Erschreckt lief Martin zum Könige und fragte, ob er diesem Beschlusse seine Beistimmung gegeben habe? „Keineswegs", erwiederte der König, „allein ich kann meine Barone nicht mehr in Zaum halten, oder vermögen daß sie die Maß und Recht übersteigenden Erpressungen länger dulden."

Der Legat erhielt jetzt sicheres Geleit bis zum Meere; aber sein Unterhelfer, Meister Philipp, welcher im Lande blieb, wußte den Furchtsamen um so eher Geld abzupressen, als auf die Hülfe Heinrichs (obgleich er im Zorne den Legaten zum Teufel und zur Hölle wünschte) mit Sicherheit gar nicht zu bauen war. Folgenreicher zeigte sich der Zorn des Papstes. Der Abt von Burg z. B., welcher sich der unrechtmäßigen Vergabung einer Pfründe durch den Legaten widersetzt hatte, wurde später in Lyon angeklagt, zum Palaste hinausgeworfen und so behandelt daß körperlicher und geistiger Schmerz ihn in Krankheit, dann ins Grab stürzte. Mehre Geistliche fanden es daher aus Furcht oder Ehrfurcht gerathen, dem Papste Geschenke darzubringen; und wo jene Triebfedern fehlten, verführte auch wohl die eigennützige Hoffnung, bessere Pfründen zu erhalten, bis zur Vergeudung des Kirchengutes [1]. Selten war ein Patron so wachsam, fromm und mächtig, wie König Ludwig IX, welcher in einem solchen Falle den Abt von S. Denys unter harten Vorwürfen zum Ersatze zwang.

Als um diese Zeit Feuer in der päpstlichen Kleiderkammer auskam [2], sagte man laut: es sey vorsätzlich angelegt, damit Innocenz einen Vorwand erhalte, den zur Kirchenversammlung kommenden Prälaten Geld abzunehmen. Spottbriefe gingen umher folgenden Inhalts [3]: „Pecunia, die Kaiserin der Römer und des ganzen Erdkreises, allen ihren geliebten Söhnen und Bevollmächtigten Heil und Ueberfluß am Thaue des Himmels und am Fette der Erde. Ich

---

[1] Matth. Paris. 447. — [2] Matth. Paris. 445. — [3] Codex epist. Vatic. 4957. S. 44, höchst wahrscheinlich aus dieser Zeit.

Kirchenversammlung in Lyon.

wohne auf allen Höhen, ich lasse meine Stimme hören auf allen Straßen, ich habe den Kreis des Himmels durchgangen, ich allein lasse die Tauben hören und die Stummen reden. Wahrlich ich sage euch, ehe denn Abraham war, war ich, gekleidet in Golde, umgeben von mannichfaltigem Schmucke. — O ihr Alle, die ihr vorübergehet, gebet Acht und sehet ob eine Ehre der meinen gleich sey. Zu mir fliehen alle Könige der Erde und alle Völker, mir dienet der römische Hof. Hier will ich wohnen bis ans Ende der Zeiten, den römischen Hof habe ich mir auserwählet. Welch größere Freude konnte mir widerfahren, als daß alle Kardinäle mit ihren Nacken beugen und dem Geruche meiner Salben und meines Weihrauchs nachlaufen? Mir verschließt die Kirche nie ihren Schooß, mir eröffnet der Papst willig seine Arme. Ich will euch Ueberfluß geben, zu dessen Erhaltung sich dann auch unser süßester Freund gern einfinden wird — der Geiz!"

1245 Bei solchen Umständen und solcher Stimmung konnte Innocenz nicht darauf rechnen, daß ihm alle zur Kirchenversammlung berufenen Prälaten unbedingt gehorchen würden; und noch größeren Widerspruch mußten bei allen Königen und Fürsten die neuen Grundsätze finden, welche er, seine Vorgänger überbietend, in Hinsicht des Verhältnisses der weltlichen und geistlichen Macht hegte. Deßhalb sagte er, mit Bezug auf die abschlägigen Antworten der Könige von England, Aragonien und Frankreich: „Wir müssen uns mit dem Drachen (dem Kaiser) vergleichen, oder ihn zertreten; dann werden wir diese kleinen Schlangen, diese widerspenstigen Königlein[1] leicht bändigen."

Ohne sich durch Absendung eines eigenen Gesandten etwas zu vergeben, ließ er im April des Jahres 1245 dem Kaiser nochmals durch den Patriarchen von Antiochien verkünden: er sey geneigt ihn vom Banne zu lösen, wenn er den Kirchenstaat räume, alle gefangenen Geistlichen freilasse und über die Erfüllung der anderen Forderungen genügende Bürgschaft stelle. Friedrich, der in diesem Anerbieten nur eine wenig verschleierte Unterwerfung oder einen unsicheren Waffenstillstand sah, verlangte, daß wenigstens etwas über den Frieden mit den Lombarden gesagt würde, die im Konstanzer Frieden bestätigten Rechte unangetastet blieben[2] und alle ihm bisher treu anhangenden Laien und Geistlichen gleichfalls, wie es seine Ehre fordere, vom Banne gelöset würden. Hierauf wollte sich aber der Papst um so weniger einlassen, da die Zeit der Kirchenversammlung bereits herangekommen war.

Zu dieser fanden sich in Lyon ein: die Patriarchen von Konstantinopel, Antiochien und Aquileja, Kaiser Balduin von Konstantinopel[3], die Grafen von Provence und Toulouse, die Gesandten der meisten

---

[1] Regulos. Matth. Paris, 446. — [2] So verstehe ich den Ausdruck: excipit pacem Constantiae. Rayn. zu 1245. §. 3. — [3] Guill. de Podio, 47. Am 17. Junius war Kaiser Balduin noch bei Friedrich in Verona. Bazano, 561.

Anfang der Kirchenversammlung.

weltlichen Mächte und an 140 Erzbischöfe und Bischöfe. Für die gesammte Christenheit eine sehr geringe Zahl; allein der Norden war zu entfernt [1], in Ungern hauseten noch die Mongolen, der einzige Bischof von Berytus vertrat die Stelle der sonst so zahlreichen morgenländischen Kirchen [2]; Deutschland war zwiespaltigen Sinnes, und aus allen Staaten Friedrichs hatte sich mit dessen Bestimmung nur der Erzbischof von Palermo eingefunden. An der Spitze der kaiserlichen Gesandtschaft stand, vor Allen ausgezeichnet, Thaddäus von Suessa: ein Mann von durchdringendem Verstande und ergreifender Beredtsamkeit, des Krieges nicht minder kundig als der Gesetze, und so gerecht daß ihm seine Feinde freiwillig die Untersuchung und Entscheidung ihrer Streitigkeiten übertrugen. Zu jenen Anlagen, zu dieser Gesinnung gesellte sich eine solche Gegenwart des Geistes und eine solche Festigkeit des Willens, daß der große Kaiser keinem würdigeren Manne die Vertheidigung seiner Rechte anvertrauen konnte [3].

Am Montage nach Johannis zog der Papst an der Spitze aller Prälaten, Fürsten und Abgeordneten feierlich zur Kirche des heiligen Johannes. In der Mitte saß er selbst auf erhöheter Stelle, rechts von ihm der Kaiser von Konstantinopel, links die Kardinäle und einige Laienfürsten, seitwärts der Kardinal Vicekanzler Martinus mit mehren Schreibern und Notaren. Das Schiff der Kirche füllten in bestimmter Folge die Erzbischöfe, Bischöfe und Aebte, die Abgeordneten der Stifter und der weltlichen Fürsten. An ihrer Spitze, dem Papste gegenüber, standen die Stühle der Patriarchen von Konstantinopel und Antiochien. Gleiche Ehre verlangte der Patriarch von Aquileja aber unter großem Lärme warf man seinen Stuhl um, und er mußte in die zweite Reihe zurücktreten. Nach Beseitigung dieser Ungebührlichkeit wurde das „Komm heiliger Geist" gesungen, gekniet und gebetet. Dann erzählte der Patriarch von Konstantinopel, daß ihm von 30 Sprengelbischöfen nur noch drei geblieben wären und die schon bis zu den Thoren der Hauptstadt vorgedrungenen Griechen das ganze lateinische Kaiserthum zu zerstören drohten. Als der Papst, welcher dem Patriarchen zwar das Wort nicht hatte versagen wollen, jedoch keineswegs geneigt war diese Gegenstände zuerst und vor allen anderen hervorzuheben, nach Beendigung jener Rede schwieg, so brachten englische Bischöfe mit weitläufig frommer Rede die Heiligsprechung des Erzbischofs Edmund von Canterbury in Antrag. Dies führte indeß noch mehr und so weit von den Hauptzwecken hinweg,

---

[1] Doch waren einige dänische Bischöfe gegenwärtig. Münter, Beitr., 1, 109. — [2] Die Hauptquelle für die Geschichte der Kirchenversammlung von Lyon ist Matth. Paris, den wir deshalb im Einzelnen nicht weiter citiren. Rymer, Foed., 1, 1, 153. Append. ad Malaterram zu 1245. Murat., Script., 1, 2, 278. — [3] Noch werden als Bevollmächtigte genannt: der deutsche Ritter Hugo, der Rechtsgelehrte Riberto von Miniato und Walter von Ocra. Malespini, 132. Villani, V, 24. Ghirard., 1, 167.

IV. 5

1245 daß Innocenz erklärte: zu seiner Zeit könne und solle davon auch die Rede seyn, jetzt aber wären wichtigere Angelegenheiten zu berathen.

Demgemäß und seines Rechtes sich bedienend, trat nunmehr Thaddäus von Suessa an der Spitze der kaiserlichen Gesandten hervor, entschuldigte seines Herrn Abwesenheit mit Krankheit, bot aber in dessen Namen Frieden und Freundschaft, Herstellung des lateinischen Kaiserthums, Hülfe gegen die Mongolen, Befreiung des heiligen Landes, Rückgabe der kirchlichen Besitzungen und Genugthuung für etwaige Beleidigungen[1]. „Habt Ihr", fragte hierauf Innocenz, „auch genügende Vollmacht zu solchen Anerbietungen?" Als aber Thaddäus gegen die Erwartung des Papstes die Frage bejahte, eine mit goldener Bulle versehene Urkunde emporhielt, fuhr Innocenz geschickt ausweichend fort: „O wie groß und herrlich sind des Kaisers Versprechungen! aber nie und nirgends werden sie erfüllt. Jetzt, da das Beil der Wurzel nahe ist, möchte er gern die Kirchenversammlung täuschen, auflösen und Zeit gewinnen. Möge er den in seiner Seele beschworenen Vertrag halten, und ich bin zufrieden. Und dennoch, wenn ich ihm Alles bewilligte, wer wird mir bürgen daß sein wandelbarer Sinn sich nicht ändere, wer wird den Weigernden zur Vollziehung anhalten?" — „Die Könige von Frankreich und England", fiel hier Thaddäus von Suessa ein, „mögen bürgen und ihn anhalten zur Erfüllung." — „Die mag ich nicht!", erwiederte Innocenz; „denn wenn der Kaiser, wie ich voraussehe, sein Wort nicht hält, so müßte die Kirche auch die Bürgen strafen: sie hätte statt eines Feindes deren alsdann drei, und ohnehin von solcher Macht daß sich ihnen in der Christenheit Niemand gleichstellen kann."

Mit dem Verwerfen dieses friedlichen Vorschlages schloß die erste Sitzung; vier Tage nachher eröffnete Innocenz die zweite mit noch größerer Pracht und Feierlichkeit. Dem beendigten Gottesdienste folgte eine lange Stille; endlich erhob sich der Papst bitterlich weinend und sprach: „O Ihr, die Ihr vorübergehet, gebet Acht und sehet, ob ein Schmerz gleich sey dem meinigen[2]! So wie Christus mit fünf Wunden durchbohrt wurde, so bin auch ich von fünffachem Schmerze ergriffen. Erstens, daß die Mongolen mit unmenschlicher Grausamkeit christliche Länder verwüsten; zweitens, daß die Griechen den Schooß der Mutterkirche verschmähen, ja sie gleich einer Stiefmutter anfeinden; drittens, daß die Ketzer, besonders in den lombardischen Städten, überhand nehmen und Mißbräuche mannichfacher Art allerwärts emporwachsen; viertens, daß die gottlose Brut der Chowaresmier das heilige Land trübet und Christen und Christenthum daselbst ausrottet; endlich der fünfte Schmerz betrifft — den Kaiser! Dieser, das Haupt aller weltlichen Macht und der angebliche Be-

---

[1] Villani und Malespini, l. c. — [2] Klagelieder Jerem., 1, 12. Matth. Paris, l. c. Concil. collect., XIV, 44.

schützer der Kirche, ist ihr heftigster Widersacher und ein offenbarer
Feind aller Diener Christi geworden. Stets suchte die Kirche den
Frieden, immerdar zeigte sie sich bereit dasjenige wieder gut zu machen,
was sie (obgleich dieß nicht glaublich ist) etwa versehen hätte¹; aber
Friedrich verhärtete sein Gemüth und stürzte sich aus Verbrechen in
Verbrechen. Er ist erweislich ein Meineidiger, ein Friedensbrecher,
ein Kirchenräuber, ein Heiligthumsschänder, ein Ketzer. Er leistete
Innocenz III den Lehnseid für Apulien und Sicilien, versprach jähr=
lichen Zins, bestätigte die Rechte des römischen Stuhles auf Ancona,
Ravenna, Spoleto und andere Orte; er gelobte Honorius III treu=
lichen Schutz; er schwur bei der Aussöhnung mit Gregor IX, den
Befehlen der Kirche nachzukommen, ihre Anhänger nicht zu verfolgen,
ihre Freiheiten nicht zu kränken; er ließ noch im vorigen Jahre alle
diese Versprechungen durch seine Bevollmächtigten eidlich erneuern²:
aber welche von diesen feierlich ausgestellten Urkunden (der Papst hielt
sie bei diesen Worten in die Höhe) ist irgend geachtet, welcher Frie=
densschluß ist von ihm nicht übertreten, welcher Eid nicht gebrochen
worden?

Mit Gewalt nimmt er Kirchengüter und Kirchenschätze in Besitz,
läßt aus Eigennutz und Gottlosigkeit die Bisthümer und Pfarreien
zum Verderben der Seelen unbesetzt, besteuert die Geistlichen und zieht
sie vor weltliche Gerichte, zwingt kirchliche Lehnsmannen ihm zu hul=
digen und beeinträchtigt die für das Christenthum fechtenden Ritter=
orden. Prälaten, die sich der päpstlichen Ladung, mithin ihrer Pflicht
gemäß zu heiligen Berathungen versammeln wollten, hat er gefangen
nehmen und in hartem Gefängnisse schmachten lassen, ja selbst die
Päpste entgingen nicht seiner Schmähung und Verfolgung.

Trotz des Bannes läßt er Gottesdienst halten und behauptet
laut, gegen Jesu Christi unseres Herrn unzweifelhaftes Wort, daß
der Nachfolger des Apostels Petrus kein Recht habe zu binden und
zu lösen. Dennoch hat die Kirche, vermöge ihrer überall versöhnen=
den Natur und Bestimmung, diesem Fürsten oder vielmehr diesem
Heiligthumsschänder angeboten: sie wolle ihm das Mitleid und die
Milde erweisen, welche mit ihrer und Gottes Ehre irgend verträglich
sey; sie wolle sich, sobald er nur die gefangenen Geistlichen freilasse,
über alle anderen Punkte gütlich einigen, oder dieselben zu unparteii=
scher Entscheidung geistlicher Prälaten und weltlicher Fürsten bringen.
Allein je mehr dem Kaiser freiwillig geboten wird, desto mehr steigen
seine anmaßlichen Forderungen, und Niemand verkennt seinen letzten
Zweck, nämlich: die Kirche und allen Gottesdienst auf Erden auszu=
rotten, damit er allein, ein verabscheuungswürdiges Götzenbild, von
dem elenden, verlassenen Geschlecht angebetet werde³!

---

¹ Pipinus, II, 33. Guill. Nang., 343. Corner, 880. — ² Concil.
collect., XIV, 45, 49. Murat. Antiq. Ital., VI, 86. — ³ Codex Vindob.
philol., Nr. 81, fol. 68; Nr. 305, fol. 83.

Thaddäus antwortet.

1245 Dieser Götze ist aber auch ein Götzendiener. In seinem Reiche gründet er nicht fromme Klöster, sondern muhamedanische Städte, überläßt das heilige Land, wie aus seinem Anerbieten baldiger Rücknahme und Rückgabe desselben hervorgeht, zu Spott und Verderben der Christenheit, einem muhamedanischen Fürsten als Lehn; er hält muhamedanische Verschnittene zur Bewachung seines christlichen Weibes, vermählt seine Tochter dem gebannten Ketzer Vataßes, verehrt muhamedanische Sitten und Gebräuche und entblödet sich nicht, er — das Haupt der Christenheit — mit ungläubigen Dirnen vertrauten Umgang zu pflegen!"

Als der Papst seine Rede hiermit geendet hatte, erhob sich Thaddäus von Suessa und sprach mit lauter Stimme und festem Muthe [1]: „Wären diese Beschuldigungen so wahr, als sie schwer sind, wahrlich, übel stände es dann um die Sache des Kaisers, meines Herrn! Hier aber sind die Bullen der Päpste, deren sorgfältige Prüfung Jedem offenbaren wird, wer die Eide brach, die Verträge nicht hielt und den neuen Streit veranlaßte. Wie kann man den Kaiser beschuldigen, er verfolge die Päpste, da ihm aus tausend Gründen mehr am Frieden gelegen ist, als ihnen? Wie darf man ihn einen Kirchenräuber schelten, da er von den Geistlgen nur verlangt was des Kaisers ist, da er die Ungehorsamen nur zur Ordnung anhält, ohne welche jedes Reich zu Grunde geht? Wie darf man ihm verdenken daß er diejenigen, welche sich, berufen von seinem Hauptfeinde, zu seiner Unterdrückung versammeln wollten, als Feinde betrachtete und behandelte? Wer kann ihn tadeln, daß er sich durch einen ungerechten Bann nicht wollte von der beseligenden Gemeinschaft der christlichen Kirche ausschließen lassen? Wer hat ein Recht, das, was Beweis seiner frommen Gesinnung ist, in ein Zeichen gottloser Gesinnung umzudeuten? — Ob mein Herr ein Ketzer sey, das kann Niemand wissen, als er selbst; er allein kann durch sein Bekenntniß darüber entscheiden. Doch spricht augenfällig gegen jene Behauptung, daß er in seinen Reichen keine Wucherer duldet, während der römische Hof bekanntlich sehr arg an diesem Uebel leidet; daß er die ketzerischen Lombarden nicht beschützt, wie zu allgemeinem Anstoße der Papst. Die von Gott eingesetzte weltliche Herrschaft will dieser mit solcher Hülfe zerstören, ihm sind die Ketzer lieber als der Kaiser, das Haupt der Christenheit! — Wie darf er von diesem fordern, er solle die seit undenklicher Zeit in seinen Ländern wohnenden Saracenen grausam ausrotten? Wie kann er ihn, sich selbst widersprechend, zu gleicher Zeit tadeln daß er sich ihrer im gerechten Kriege bedient und hiedurch dem Vergießen von Christenblute vorbeugt? — Die Freundschaft muhamedanischer Fürsten gereicht ihm eher zum Lobe, als zum Vorwurfe; denn sie gründet

---

[1] Thaddaeus pro Friderico elegantissime allegavit, ita ut plurimorum sibi audientiam conquireret et favorem. Alb. Stad. zu 1245. Thaddaeus mult estoit sage home, ne peut si bel repondre. Martino da Canale, 39.

Thaddäus und der Bischof von Katania.

sich auf die freiwillige Anerkenntniß seiner herrlichen Eigenschaften. Wenn hätten die Päpste jene Fürsten für sich und gegen den Kaiser gewonnen; allein selbst Ungläubige fühlten das Unrecht was man ihm anthat, und blieben ihm treu. Abgesehen aber hiervon scheint der Papst vergessen zu haben, wie oft im Morgenlande Bündnisse zwischen Christen und Saracenen geschlossen und selbst von der Kirche gebilligt wurden. — Saracenische Mädchen endlich sind allerdings am kaiserlichen Hofe gewesen, keineswegs aber (wie der Papst, man weiß nicht auf welche Weise ausgespürt haben will) unkeuschen Umganges, sondern ihrer weiblichen Geschicklichkeit halber. Um indeß einem so ängstlichen Sittenrichter, wie Innocenz ist, völlig zu genügen, sind auch diese unwiderruflich entfernt worden. Damit nun aber mein Herr, der Kaiser, mich über alle diese großentheils unerwarteten Vorwürfe mit Vollmacht und Weisung versehe, oder damit er selbst zu vollständiger Rechtfertigung herkomme, bewillige man eine genügende Frist." — „Das sey ferne", fiel in diesem Augenblicke der Papst ein. „Ich fürchte die Schlingen, denen ich kaum entronnen bin; wenn er kommt, so gehe ich. Noch habe ich nicht Lust ein Märtyrer zu werden, oder mich einsperren zu lassen."

Ehe man hierüber zu einem Beschlusse kam, trat, um gegen den Kaiser noch mehr aufzureizen, der Bischof von Katania [1] hervor und behauptete: des Kaisers Lebenslauf sey von Kindheit an verwerflich und schändlich gewesen, und seine Hauptabsicht gehe dahin, die Kirche so arm zu machen, als in ihrer ersten Zeit. Ihm fiel Thaddäus in die Rede und sagte: „Du redest nicht aus Liebe zur Gerechtigkeit, sondern aus Haß und Bosheit, denn dein Vater ist vor Gericht der Verrätherei überführt, durch förmlichen Rechtsspruch zum Tode verurtheilt und aufgehängt worden. Du selbst folgtest dem väterlichen Beispiele und hast dich nur durch die Flucht von der Strafe gerettet. Schweig also, damit deine Schande und deine Lügen nicht noch offenbarer werden!" Der Bischof wagte nicht zu antworten, aber ein spanischer Erzbischof stand auf, ließ sich noch breiter über die Verbrechen des Kaisers vernehmen, schalt ihn (weil er habe Prälaten gefangen nehmen lassen) einen Majestätsverbrecher und forderte den Papst auf, streng gegen ihn zu verfahren. Diesem Spanier trat aber Thaddäus, der mit Darstellungen solcher Art nicht die Unkundigen täuschen möchten, noch kühner und fester entgegen. „Welche Anmaßung", so sprach er, „daß Jemand aus fernen Landen, dem alle Kenntnisse mangeln, über den Gang der Vorfälle aburtheilt! Welche Unwürdigkeit, daß ein Geistlicher, statt zum Frieden, zu kriegerischer Strenge auffordert! Welcher Wahnsinn, den Kaiser (die Quelle aller Majestät) wegen

---

[1] Die Collect. concil. liefert Calmensis oder Calinensis; die Annal. Caesen. Catanensis; Giannone hat Garinola la Terra di Lavoro, wo allerdings ein Bisthum war. Im Schreiben Friedrichs II an Ludwig IX (Mscr. in Paris, Nr. 0581) heißt er Calynensis.

Beſtrafung ſeiner Feinde einen Majeſtätsverbrecher zu nennen!" — Ungeachtet dieſe Zurechtweiſungen manchen Einwurf ganz entkräfteten, machte doch das Andenken an die Unfälle der gefangenen Prälaten ſo großen Eindruck auf die Verſammlung, und es fielen darüber von mehren Seiten ſo bedenkliche Worte, daß Thaddäus nochmals auftrat und ſprach: „Auch meinem Herrn hat dies Ereigniß leid gethan; es geſchah zufällig und gegen ſeinen Willen. Wer konnte aber in jener Verwirrung der Seeſchlacht Freunde von Feinden und würdige Prälaten von boshaften Gegnern unterſcheiden? Gern würde mein Herr, wenn er gegenwärtig geweſen wäre, die Unſchuldigen befreit haben." — „Warum hat er denn", fiel hier der Papſt ein, „die Unſchuldigen nicht freigelaſſen und von den angeblich Schuldigen geſondert?" — „Alle", erwiederte Thaddäus, „waren gewarnt. Keinem war ſicheres Geleit zu einer Kirchenverſammlung bewilligt, welche nur Parteiiſche beſuchen durften, zu welcher man nur offenbare Feinde des Kaiſers geladen hatte. Gott gab ſie in die Hände deſſen, den ſie in ihrem Stolze verachteten. Und dennoch nach kurzem Zorne gedachte er der Milde und wollte alle Prälaten entlaſſen; aber der Kardinalbiſchof von Präneſte und einige andere ſuchten ihm ins Angeſicht und vergaßen jenes heilſamen Rathes, ſich unter die Hand des Mächtigen zu beugen. So verwandelte ſich ihr Aufruhr in Ohnmacht, ihre Ohnmacht in Thorheit und mit Recht blieben Feinde ſolcher Art in der Haft." — „Dein Herr", entgegnete Innocenz, „hätte vorausſetzen ſollen, daß eine Verſammlung ſo vieler trefflicher Männer ihn eher würde losge= ſprochen als verurtheilt haben; aber ſein böſes Gewiſſen verkündete ihm den nothwendigen Ausgang." — „Sein Gewiſſen", antwortete Thaddäus, „war rein, aber wie konnte er hoffen daß diejenigen, welche geſeſſelt ihn noch mit unverſchämtheit bedrohten, frei und unter dem Vorſitze ſeines Hauptfeindes Gerechtigkeit üben würden?" — „Wenn auch einer", ſchloß der Papſt, „durch Ungebühr ſeine Gnade verſcherzt hätte, warum ließ er die Unſchuldigen auf gleiche Weiſe leiden? Für dies und unzähliges Andere verdient er eine ſchmähliche Abſetzung."

Dieſe Aeußerung erſchreckte insbeſondere die engliſchen Geſandten, welche fürchteten, daß auch die Kinder des Kaiſers von der engliſchen Prinzeſſin Iſabelle durch ſolchen Spruch leiden dürften. Gemeinſam mit den franzöſiſchen Geſandten und Thaddäus drangen ſie wieder= holt auf die Bewilligung einer Friſt, damit der bereits in Turin an= gelangte Kaiſer zu perſönlichem Erſcheinen oder zu weiterer Rechtferti= gung aufgefordert werde. Die Templer und Johanniter, die zum Schutze des Papſtes verſammelte Mannſchaft und wenige heftig ge= ſinnte Prälaten widerſprachen jedem Aufſchube; allein Innocenz wußte ſeinen Vortheil geſchickter mit dem Scheine der Mäßigung zu verhül= gen; er bewilligte nämlich eine Friſt, aber nur auf zwölf Tage, welche kaum hinreichten den Kaiſer zu benachrichtigen und Antwort einzuholen.

Als Walter von Ocra, welcher nach Turin eilte, diesen umständ- 1245
lichen Bericht vom Hergange auf der Kirchenversammlung erstattet
hatte, rief Friedrich aus: „So ist es denn klarer als das Tageslicht, daß
der Papst nur damit umgeht mich zu verderben, hauptsächlich weil
ich seine Verwandten, offenbare Reichsfeinde und Seeräuber, gefangen
nehmen ließ." — Ob sich nun aber der Kaiser selbst nach Lyon begeben solle oder nicht, darüber waren zwiefache Meinungen an seinem
Hofe. Diejenigen, welche jene Frage bejahten, führten an, das viele
Hin- und Hersenden, die vielen Rückfragen und Antworten brächten
nicht zum Ziele. Wenn sich hingegen der Kaiser seinem Feinde, dem
Papste, persönlich gegenüber stelle, so werde das Ansehen der Majestät und die Gerechtigkeit der Sache auf jeden Unbefangenen siegreich
wirken und zu dem Frieden führen, welchen die kriegsmüde Welt so
sehnlich herbeiwünsche. — Diesen widersprechend behaupteten Andere,
das Recht des Kaisers könnten auch Bevollmächtigte einleuchtend vortragen, bedenklich aber sey es daß er sich mitten unter seine Feinde
begebe, oder doch der Gefahr aussetze auf eine Weise behandelt zu
werden, welche kaiserlicher Majestät nicht angemessen sey. Auch schließe
das persönliche Erscheinen, um Recht zu nehmen, ein unbedingtes Unterwerfen unter die Kirchenversammlung in sich, als wenn Friedrich nur
durch Gesandte verhandeln lasse. Bei den ohnehin täglich wachsenden
Anmaßungen der Geistlichkeit dürfe man ihnen freiwillig nicht noch
mehr einräumen und die von Gott den weltlichen Fürsten verliehenen
Rechte nicht ganz von ihrer Willkür abhängig machen.

Anfangs war der Kaiser jener ersten Ansicht geneigt und traf
alle Anstalten zur Reise nach Lyon. Vielleicht geschah dies aber nur
um den Papst zu schrecken, oder um Vertrauen zur Kirchenversammlung anzudeuten. Denn eine wiederholte Prüfung führte zu dem
Glauben: Innocenz werde sich durch Friedrichs persönliche Anwesenheit
in Lyon weder einschüchtern, noch die Kirchenversammlung umstimmen
lassen; mithin sey es rathsamer daß Friedrich im oberen Italien
bleibe und dringende Angelegenheiten ordne. Demgemäß ertheilte
er dem Bischofe von Freisingen, dem Großmeister des deutschen Ordens und dem Großrichter Peter von Vinea unbeschränkte Weisung
und Vollmacht, für ihn mit Zuziehung der früheren Gesandten zu
reden und abzuschließen [1].

Währenddessen benutzte Innocenz die bewilligte Frist mit großer
Gewandtheit, um die Mehrzahl der versammelten Prälaten auf seine
Seite zu bringen. Sie wurden aufmerksam gemacht, daß alle ur-
kundlichen Versprechungen des Papstes bedingt, die des Kaisers hingegen unbedingt lauteten, mithin nur bei diesem von Wortbruch die
Rede seyn könne; sie wurden daran erinnert, daß es ihre Pflicht sey
sich ihres Oberhauptes, von welchem Lohn und Strafe ausgehe, treulich anzunehmen und nicht die Kirche der weltlichen Macht preiszu-

[1] Matth. Paris. 472. Cod. mscr. Paris. 6584.

Dritte Sitzung.

1245 geben; sie überzeugten sich leicht von ihrem unzweifelhaften Rechte, über den Kaiser zu sprechen, und von seinem Unrechte gegen ihre Brüder, die gefangenen Prälaten.

Sobald Innocenz dieser Gesinnungen sicher war, erschien es ihm nicht gerathen, die Ankunft Friedrichs oder seiner neuen Gesandten abzuwarten; und obgleich Thaddäus von Suessa gleichwie die Gesandten der Könige von England und Frankreich [1] dringend baten, wenigstens noch drei Tage zu bewilligen, binnen welcher Zeit jene gewiß ankommen würden, hielt er nach Ablauf der zu kurzen Frist am 17. Julius 1245 die dritte Sitzung. Sie begann indeß nach vollendetem Gottesdienste ganz friedlich damit, daß der Papst einige Bestimmungen über die Unterstützung des heiligen Landes und über das Fest der Geburt Marias mittheilte. Hierauf legte er den Prälaten Abschriften der Urkunden über die Rechte und Besitzungen des römischen Stuhles zur Unterschrift vor. Hierin sahen viele Unbefangene gar nichts Bedenkliches, allein Thaddäus von Suessa, welcher mit Recht fürchtete, daß man dies Unterschreiben als Anerkenntniß der Aechtheit und des Inhalts geltend machen und zum größten Nachtheile des Kaisers benutzen werde, widersprach laut und nachdrücklich einem so einseitigen, unredlichen Verfahren. Dennoch beharrte der Papst auf seiner Forderung, und die Prälaten gehorchten. Da rief Thaddäus laut: „Ich appellire von dieser Kirchenversammlung, auf welcher so viele Prälaten und weltliche Abgeordnete fehlen, an eine allgemeinere unparteiische Versammlung; ich appellire von diesem meinem Herrn feindlich gesinnten Papst an den künftigen, milder und christlicher gesinnten Papst [2]." Innocenz antwortete: „Alle

---

[1] Ein Schreiben des Papstes vom 17. Juli zählt alle Beschwerden nochmals auf, die seit 30 Jahren wider den Kaiser erhoben wurden. Alles Wesentliche ist bereits mitgetheilt. Chron. Ital. Bröb., 197. — [2] Die Annal. Caesen. und Concil. collect. erwähnen bestimmt auch der Berufung an den künftigen Papst. Matth. Paris hingegen nur der Berufung an eine andere Kirchenversammlung. Ueberhaupt ist zwischen beiden Hauptquellen (denn die Erzählung in der Concilienfammlung und in den Annal. Caesen. ist dieselbe) manche unvereinbare Abweichung. Nach Matth. Paris war die erste Sitzung im Kloster des heiligen Justus, und es ist undeutlich, ob denn noch zwei oder noch drei Sitzungen folgten. Die Annal. Caesen. sprechen bestimmt nur von drei Sitzungen. Nach Matth. Paris war die erste Sitzung den 26. Junius, die zweite den 29., der Tag der spätern ist nicht genau angegeben. Nach den Annal. Caesen. war die erste Sitzung den 29. Junius, die zweite den 5. Julius, die dritte den 17. Julius. Dafür daß die Bannbulle vom 17. Julius sey, stimmen Raynaldus, Barthol. annal., Dandolo, 356, Dumont, I, 190, Urf. 369. Den 22. Julius hat Vie de S. Louis msc., fol. 17; den 24. Roland. Patav., V, 14; den 25. Alb. Stadens.; den VI Calend. Aug. für den XVI schreiben irrig Simon. Montfort. chr. und Guil. Nang., 342. Corner, 889, hat Montag vor Maria Magdalena. Otwin Gratius, 2, 250, läßt die englische Klagschrift den 13. Mai durch den Bischof von Lincoln, Grosseteste, übergeben. Eine genaue Prüfung aller Abweichungen würde die Grenzen einer Note überschreiten; wir stellten so dar, wie es uns am wahrscheinlichsten dünkte.

Beschwerden der Engländer.

Prälaten sind geladen zur Versammlung, und die fehlenden werden größtentheils durch Friedrichs Tyrannei selbst fern gehalten. Schon zu lange und nicht ohne Aufopferungen mancherlei Art warten Patriarchen, Erzbischöfe, Bischöfe, Fürsten und fürstliche Gesandte vergebens auf dessen demüthige Unterwerfung; sein Stolz, seine Bosheit, seine Betrügereien sollen das verdiente Strafurtheil nicht länger verzögern."

In diesem Augenblicke, wo der Papst zum Aeußersten vorschreiten wollte, erhob sich aber, ihm sehr unerwartet und sehr unbequem, Wilhelm von Povveria als Bevollmächtigter des gesammten Königreichs England, und legte Schreiben vor, in welchen die ungeheuren Bedrückungen des päpstlichen Gesandten Martin und der unzähligen nach England gesandten Italiener mit größtem Nachdrucke geschildert und durch unläugbare Thatsachen erwiesen waren. „Unkundig der Sprache und der Sitten (so hieß es in dem laut verlesenen Schreiben) drängen sich jene Italiener, auf den Grund päpstlicher Empfehlungen oder Befehle, in die Pfründen; unbegnügt mit dem ohnedin schon drückenden Peterspfennig, schleppen sie mehr als 60,000 Pfund aus dem armen Lande hinweg und stellen, ohne Rücksicht auf Rechte, Besitzstand und Herkommen, ihre Willkür als alleiniges heiliges Gesetz auf. Unser König verehrt, als ein rechtgläubiger Fürst, die katholische Kirche und wünscht ihr Heil und ihren Vortheil, jedoch ohne Verkürzung seiner Rechte. Wir aber, die wir in seinen Geschäften die Last und Hitze der Tage tragen müssen, und denen es zugleich mit dem Könige obliegt, über die Erhaltung des Reiches sorgsam zu wachen, wir können und wollen die vor Gott und Menschen verabscheuungswürdigen Erpressungen, die unerträglichen Beschwerden nicht länger ruhig ertragen. Wir glauben und hoffen vielmehr, daß Eure Milde dagegen schnelle und angemessene Mittel anwenden, daß es Eurer Väterlichkeit gefallen werde unsere Bitte zu erhören, damit die Barone und ganz England Euch mit Recht zum Danke verpflichtet bleiben."

Während des ganzen Vortrages hatte der Papst kein Auge aufgeschlagen; er schwieg lange nach beendigter Lesung. Endlich sagte er: die Sache erfordert längere Ueberlegung, und obgleich die Bevollmächtigten hierauf noch mehre Klagen vortrugen und noch ernstlicher auf augenblickliche Hülfe drangen, beharrte er bei seinem Entschlusse und brachte die ungern unterbrochene Berathung über den Kaiser wieder in Gang. Hiebei erzählte er anfangs gar milde, wie er diesen von jeher geliebt habe, wie er ihn noch ehre, wie er auf alle Weise die Aussöhnung mit ihm wünsche, wie ungern er zu harten Maßregeln schreite, sodaß Mehre glaubten, er wolle, nachdem er dem Kaiser die drohende Gefahr gezeigt habe, gemäßigtere Wege einschlagen. Plötzlich aber theilte er der Versammlung eine Bulle mit, deren Inhalt Wenige kannten und Viele wohl kaum ahnten. Sie begann damit: er, Innocenz, habe durch Gottes Rathschluß, obgleich unwürdig, die höchste Würde der Christenheit empfangen, welche ihn verpflichte mit rastloser Wachsamkeit für alle Gläubigen zu sorgen, ihre Thaten und Worte nach innerer unbefangener Prüfung zu beurtheilen, die Würdigen zu erhöhen, die Schuldigen aber mit gerechter Strafe zu belegen. Vor Allem sey die Beendigung der zeitherigen Unruhen und Kriege sein eifrigster Wunsch gewesen, weßhalb er sich zuerst an den größten Urheber derselben, an den damals gebannten Kaiser gewandt habe. Hier folgte nun eine Darstellung aller Verhandlungen, eine Herzählung aller Klagepunkte, sowie wir sie bereits mitgetheilt haben; nur verschmähte der Papst nicht hier anzunehmen, daß der Kaiser, wie man als gewiß versichere, seinen Verwandten, den Herzog von Baiern, durch Meuchelmörder habe umbringen lassen! Am Schlusse hieß es: „Um dieser und vieler anderen verabscheuungs- und verfluchungswürdigen Frevel und Missethaten willen haben wir (nach reiflicher und sorgfältiger Berathung mit unseren Brüdern, den Kardinälen, und der heiligen Kirchenversammlung und vermöge der von Christo, unserem Herrn, den Nachfolgern des heiligen Petrus ertheilten Macht) jenen Fürsten, der sich des Kaiserthums und der Königreiche, der sich aller Würden und Ehren unwürdig gezeigt hat, der seiner Ungerechtigkeit und Verbrechen halber von Gott verworfen ist, — aller seiner Würden und Ehren beraubt und entsetzt[1]! Alle die ihm durch Eide der Treue oder auf irgend eine Weise verbunden und verpflichtet sind, entbinden und befreien wir für immer von diesen Pflichten und Eiden und gebieten aus apostolischer Machtvollkommenheit streng und bestimmt, daß künftig Niemand mehr ihm als König[2] oder Kaiser gehorche. Wer, diesem Befehl verachtend oder umgehend, ihm noch irgend gehorcht oder mit Rath und That beisteht, ist dadurch in den Kirchenbann verfallen. In Deutschland mögen die zur Wahl berechtigten Fürsten einen König erwählen; über das sicilische Reich werden wir mit Rath unserer Brüder, der Kardinäle, das Nöthige festsetzen."

Als Innocenz (ohne vollständige Untersuchung, ohne Umfrage, ohne gemeinsamen Beschluß, ja ohne irgend sichtbare Theilnahme der Kirchenversammlung) einen so harten Beschluß über den großen Kaiser aussprach, erschraken die Meisten gar sehr; vor Allen aber wehklagten die kaiserlichen Gesandten, schlugen sich, ihrem Schmerze nachgebend, vor Haupt und Brust, und Thaddäus von Suessa rief aus: „Dies ist ein Tag des Zornes, des Unglücks und Elends! Nun werden

---

[1] Eigentlich that der Papst, nach einer anderen Quelle, als bestätige er nur einen göttlichen Ausspruch. Merkwürdig ist die Art, wie er sich doch auch als wichtig bezeichnete: Volentes divinam sententiam praeponere sententiae nostrae, denunciamus Fridericum a Deo excommunicatum et depositum ab omni honore imperii et regni. Addentes vero sententiam nostram divinae sententiae, excommunicamus Fridericum et deponimus ab omni honore imperii et regni. Monach. Patav., 681. — [2] Die Lombarden hatten den Papst aufgefordert Friedrich abzusetzen. Chron. Ital. Breb., 193.

sich freuen die Ketzer, herrschen die Chowaresmier, einbrechen das Heer
Gezücht der Mongolen!" — „Das Meine", entgegnete der Papst,
„habe ich gethan; Gott möge das Weitere thun und lenken nach
seinem Willen!" Hierauf begann er das „Herr Gott, dich loben
wir", und die ihm Gleichgesinnten stimmten bei. Nach dessen Beendi‐
gung folgte eine tiefe Stille; dann senkten Innocenz und die Präla‐
ten ihre brennenden Fackeln zur Erde, bis sie verloschen: so sey des
Kaisers Glanz und Glück auf Erden erloschen!

Als dem Kaiser in zahlreicher Versammlung dieser Ausgang hin‐
terbracht wurde, gerieth er in großen Zorn und rief aus: „Mich hat
der Papst und seine Versammlung abgesetzt? mich der Krone beraubt?
Bringt mir her meine Kronen, daß ich sehe, ob sie wirklich verloren
sind!" Und als man sie herbeibrachte, ergriff er die eine, setzte sie
aufs Haupt und fuhr mit erhöhter Stimme fort: „Noch habe ich
meine Kronen, und kein Papst, keine Kirchenversammlung soll sie
mir ohne blutigen Kampf rauben. Welch jämmerlicher Stolz, welche
freche Anmaßung, mich, dem kein Fürst auf Erden gleichsteht, vom
Gipfel kaiserlicher Hoheit mit leeren Worten der Willkür hinabstürzen
zu wollen! Aber wahrlich, mein Loos ist besser geworden, als es
war, denn derjenige, dem ich wo nicht gehorchen, doch Verehrung
bezeigen sollte, hat sich als ein ungerechter Richter, als ein so grau‐
samer Feind gezeigt, daß ich nunmehr aller Liebe und Ehrfurcht ge‐
gen ihn losgesprochen, daß ich zu Fehde und Haß gegen ihn berech‐
tigt bin."

So wie der Papst seinen Spruch in aller Welt verkünden ließ,
schrieb auch der Kaiser an alle Könige, Fürsten und Barone der
Christenheit [1]:

„Ob wir gleich überzeugt sind, daß ihr durch das allgemeine
Gerücht und durch wahrhafte Zeugen von der Gerechtigkeit unserer
Sache überall unterrichtet seyd, so halten wir es doch für nöthig,
selbst über den Hergang an euch zu schreiben und euch unsere Ansicht
mitzutheilen. Hätte doch Christi Stellvertreter dessen Stelle wirklich
vertreten! Wäre der Nachfolger Petri doch dessen Beispiele wirklich
nachgefolgt! Aber vermöge welches Vorbildes und Gesetzes ist der
gegen uns beobachtete Rechtsgang zu entschuldigen? wie das zu be‐
nennen, was ein unbefangter Richter als einen Rechtsspruch darstellt?
Katholischem Glauben gemäß bekennen und gestehen wir laut, daß
dasjenige, was der Papst als Haupt der heiligen Kirche (selbst wenn
er, was ferne sey, ein Sünder wäre) auf Erden bindet und löset,
auch im Himmel gebunden und gelöset seyn solle, niemals aber ist
ihm durch göttliches oder menschliches Recht erlaubt worden, nach
Willkür das Kaiserthum zu geben oder zu nehmen, Könige und Für‐

---

[1] Auch an seine Beamten. Wir sagen das Wichtigste zusammen. Petr.
Vin., 1, 2, 3, 15, 16, 19, 20. Pipin., II, 34, 36. Matth. Paris, 459.

sten über weltliche Dinge zu strafen und ohne Rücksicht auf Lands-, Lehn- und bürgerliches Recht die Unterthanen von ihren geleisteten Eiden zu entbinden. Die Krönung und Salbung des Kaisers steht ihm zwar der Sitte nach zu, allein die Absetzung desselben ebenso wenig als anderen Prälaten, welche etwa Könige salben und krönen. Wenn man ihm aber auch ein solches Recht ob der angeblichen Fülle seiner Macht einräumte, so geht diese doch nicht dahin, daß er mit Verletzung aller Formen, welche jedes Recht weise beschränken und regeln, nur geradehin nach Willkür strafen dürfe.

Weder ein Ankläger hat sich gestellt, noch ist eine Vertheidigung gehört, noch ein Beweis geführt worden. Der Papst war Ankläger, Zeuge und Richter zugleich! Weltkundig nennt er Verbrechen, welche ich läugne; seit wann ist des Kaisers Wort so verächtlich geworden, daß es nichts gilt gegen die Aeußerungen des Priesters? Man erwähne nicht die wenigen Zeugen, welche gegen uns aufgestanden sind. Der Vater, Bruder und Neffe des einen war in Hochverrath gegen uns verwickelt, und die anderen, welche eben aus Spanien ankamen, wollten über italienische Angelegenheiten Auskunft und Urtheil geben! Seit wann gelten solcherlei Menschen für unparteiische, wohlunterrichtete Zeugen?

Wäre aber auch ein Kläger vorhanden, wäre die Aussage der Zeugen gültig, der Richter zum Spruche berechtigt gewesen, so durfte man doch den Beklagten nicht abwesend verurtheilen. Der Vorladung fehlte, anderer Mängel nicht zu gedenken, durchaus die gehörige Form, es fehlte die Bezeichnung einer schließlichen Frist, und unsere Gesandten wurden über die gegründeten Ursachen unseres Außenbleibens nicht einmal gehört, viel weniger ward auf unsere Abwesenheit Rücksicht genommen. Der Papst hätte die Ankunft des Bischofs von Freisingen und unserer übrigen Bevollmächtigten abwarten sollen; und wenn er dies, trotz dem Verlangen vieler Edlen und Prälaten, nicht thun wollte, so durfte er höchstens die gewöhnlichen Strafen, welche das bürgerliche und geistliche Recht für Versäumniß einer Frist vorschreibt, zur Anwendung bringen, nicht aber vor aller Untersuchung den Ungehörten verurtheilen!

Wie unwahr seine gegen uns ausgesprochenen Beschuldigungen sind, zeigen die mit nöthiger Erläuterung beigefügten Urkunden. Keine wahrhafte Beschuldigung könnte aber die ungeheure Thorheit rechtfertigen: den Kaiser, diesen Inhaber der höchsten Majestät, des Majestätsverbrechens schuldig zu erklären; denjenigen lächerlicherweise Gesetzen zu unterwerfen, welcher als Quelle der Gesetze darüber erhaben ist; den in weltliche Strafen zu verurtheilen, welcher in weltlichen Dingen nur einen Oberen hat, nämlich Gott. Geistlichen Bußen unterwerfen wir uns gern und wissen, daß nicht etwa bloß der Papst, sondern jeder Priester sie auflegen darf; aber leider gleichen die Geistlichen unserer Zeit nicht jenen der ersten christlichen Kirche. Damals waren sie den Engeln ein Wohlgefallen, glänzten durch

Friedrichs Rechtfertigungsschrift.

Wunder, heilten Kranke, erweckten Todte und suchten die Fürsten 1245 durch Heiligkeit zu gewinnen, nicht durch die Waffen zu unterwerfen. Immerdar war es unsere Absicht, sie wieder zu jenem apostolischen Leben, zu der Demuth ihres Herrn zurückzuführen; aber sie achten die Lüste der Welt höher als die Furcht Gottes, und in Reichthum und schlechten Genüssen erstirbt ihre Religion. Ihnen die schändlichen Reichthümer, womit sie auf verdammliche Weise belästigt sind, zu entziehen, ist ein Werk der Liebe, und alle Fürsten sollten dahin wirken daß die Geistlichkeit, nach Ablegung alles Ueberflüssigen, mit mäßigem Gute zufrieden seyn und Gott (dem Alles dient) dienen müßte, nicht dem Mammon. Aber ihr schweigt und gehorcht, und seht ruhig zu wie die ganze Welt in den Rachen des Papstes hineingeräth! O daß eure leichtgläubige Einfalt die Heuchelei dieser Pharisäer erkennte, daß ihr die Abscheulichkeit des römischen Hofes (welche Anstand und Scham auszusprechen verbietet) ganz einsehen lerntet! Bei euch bellen die Christen, damit hier Verschwender und Ketzer doch leben können; ihr zerstöret eure Häuser, damit eure Feinde sich hier Städte bauen! Bietet ihr jenen einen Finger, so nehmen sie nicht bloß die Hand, sondern den Arm dazu; und je mehr ihr dann eifrig und doch ungeschickt nach Freiheit strebt, desto fester werdet ihr in die Netze verstrickt und unlöslich gefangen. Wißt ihr nicht, daß man von jeher diejenigen klug und glücklich nannte, welche sich durch fremde Gefahr warnen ließen? Unsere Sache ist aber die Sache aller Könige und Fürsten, ja des Geringsten; denn das Recht soll Jeder vertheidigen nach seinen Kräften. Mit uns wird der Anfang gemacht; wäre aber unsere Macht erst gebrochen, wer von euch hätte Muth und Kraft genug, um zu widerstehen? — Milde findet jetzt keine Anwendung mehr, man muß das Kranke und Krebsartige ausschneiden, damit das Gesunde errettet werde. Und dieses schwere Unternehmen, diesen harten Kampf beginne ich nicht für mich allein, sondern auch zu eurem Besten. Ihr aber kümmert euch nicht um unser Recht und unsere Ehre, sondern bleibt gleichgültig bei allen Ereignissen und schlaft ruhig fort, als würde die Feuersbrunst, deren Flammen über den Erdball zusammenschlagen, euer Häuslein nicht erreichen!

Gott der Herr wird Alles von denen fordern, die solches Unheils Ursache sind. Wollte ich feige und träge meine Rechte aufgeben (was Manchem rathsam scheinen mag), dann wäre ich wirklich der härtesten Strafe werth, und ganz natürlich würden dem scheinbaren Vortheile eines ruhigen Augenblicks die größeren Uebel nachfolgen. Auf jeden Fall bleibt mir bei der Mitwelt und Nachwelt der Ruhm des Widerstandes; diejenigen aber, welche sich meiner nicht annehmen, wird außer der Sklaverei bereinst auch die Schande treffen."

Diese Anklage des Kaisers beantwortete der Papst in Schreiben[1] folgenden Inhalts:

---

[1] Dieses Schreiben hatte ich viele Jahre vor Höfler mitgetheilt.

„Wenn ein Kranker, der milde Arzeneien verschmähte, zuletzt der Heilkunde gemäß geschnitten und gebrannt wird, so klagt er daß der Arzt ihn grausam umbringe; wenn ein Uebelthäter, bei dem Warnungen nichts fruchteten, zuletzt gestraft wird, so klagt er und verleumdet seinen gerechten Richter. Ueberall ist aber vorauszusetzen, daß der Arzt für das Wohl des Kranken sorge und jeder Richter nicht die Person, sondern die Verbrechen verfolge. Der Kaiser aber reicht nach jener verkehrten Weise in allgemein verbreiteten Schriften süßen Wermuth durch Sirenen dar, verführt die Hörer mit trügerischen Worten, verweist einseitig unser von der Kirchenversammlung gebilligtes Verfahren und reizt auf gegen die heilige Kirche. Keineswegs wollen wir in Schmähworten mit ihm wetteifern; denn diese statt gesetzlicher Gründe anzuführen, ist unwürdig und für gute Sitten verderblich: die Wahrheit, nach Christi Beispiel, in aller Demuth dem Unwahren entgegenseßen, genügt um obzusiegen. Der Kaiser bezweifelt und läugnet daß alle Sachen, alle Personen dem römischen Stuhle unterworfen sind. Also der, welcher einst die Engel im Himmel richten wird, der sollte über Irdisches nicht urteln dürfen! Schon im alten Testament entsetzten Priester unwürdige Könige, wie viel mehr ist der Statthalter Christi hiezu gegen den berechtigt, welcher, aus dessen Kirche ketzerisch heraustretend, der Hölle anheim gefallen ist. Diejenigen, welche ungeschickt zur Erforschung der ursprünglichen Verhältnisse sind, sagen irrig: Konstantin habe dem römischen Stuhle zuerst weltliche Gewalt gegeben, da ihm diese doch naturgemäß und unbedingt schon von Christus, dem wahren Könige und Priester in der Ordnung Melchisedeks, verliehen worden. Nicht bloß eine priesterliche, sondern auch eine königliche Herrschaft gründete Christus und gab dem heiligen Petrus zugleich die Zügel des irdischen und des himmlischen Reiches, wie durch die Mehrheit der Schlüssel angemessen und augenfällig angezeigt ist [1]. Die Tyrannei, die gesetz- und haltungslose Regierung, welche früher in der Welt allgemein war, legte Konstantin in die Hände der Kirche nieder und empfing das, was er mit Unrecht besaß und übte, jetzt aus ächten Quellen als eine ehrenvolle Gabe zurück. Auch die Gewalt des Schwertes ist bei der Kirche und stammt von ihr: sie übergiebt es dem Kaiser bei dessen

---

[1] Non solum pontificalem, sed regalem constituit principatum, beato Petro ejusque successoribus terreni simul ac coelestis imperii commissis habenis, quod in pluralitate clavium competenter innuitur. Codex epist. Vatic., Nr. 4937, 40. Codex Vindobon. philolog. Nr. 61, fol. 70; Nr. 3115, fol. 83. Ganz anders dachte Bernhard von Clairvaux, indem er dem Papste Eugen III (De consider., lib. II, c. 6, §. 11.) schrieb: Versuche es einmal Beides mit einander zu verbinden, als Herrscher Nachfolger des Apostels zu seyn, oder als Nachfolger des Apostels herrschen zu wollen. Das Eine oder das Andere mußt du fahren lassen. Wenn du Beides zugleich haben willst, wirst du beides verlieren.

Des Papstes Antwort.

Krönung, damit er davon gesetzlichen Gebrauch mache und sie vertheidige; sie hat das Recht, ihm zu gebieten: Stecke dein Schwert in die Scheide. Wenn aber der Kaiser statt des Unkrautes die treibenden Zweige abhaut, wenn er statt der Unschuldigen die Uebelthäter beschützt und so im Wahnsinne gegen Gott und die Kirche frevelt, so ist es nicht Anmaßung, Unrecht oder Grausamkeit, sondern milde Strenge, ihm das Schwert zu nehmen, womit er thöricht sich und die Welt zu Grunde richtet. Was haben wir nicht gethan, um diesen Sünder auf den rechten Weg zu bringen! Aber Versprechungen und Eide gelten ihm nichts, und mit Recht will deshalb die Kirche sich nicht an unschuldige Geiseln halten, sondern diesen neuen Simson, den dreifache und siebenfache Stricke nicht binden konnten, um durch gewaltigere Mittel fesseln[1].

Mit kräftiger List sucht der Kaiser bei anderen Königen und Fürsten Verdacht und Argwohn zu erwecken, als fänden von Seiten des Papstes ungebührliche Anmaßungen statt, als hätten die Unschuldigen das zu besorgen, was ihn, den Sünder, trifft, als wäre das Verhältniß der übrigen christlichen Erbreiche zum römischen Stuhle dem Verhältnisse des deutschen Wahlreiches und des sicilischen Reiches gleich. Dieses ist ein päpstliches Lehn, jenes aber verbunden mit dem Kaiserthume, welche Würde der Papst vom Morgenlande als Lehn auf das Abendland übertrug[2]. Ihm steht, was Niemand längnet, die Krönung des Kaisers zu, und hiebei verpflichtet sich dieser (wie das Alterthum gelehrt und die Gegenwart bestätigt hat) durch das Band der Treue und der Unterwerfung. Während aber Friedrich so viel Unwahres über die Gefahren der Kirchenherrschaft sagt, warum schweigt er von den Ansprüchen der Kaiser auf unbegrenzte Weltherrschaft? von diesen Ansprüchen, welche allerdings für alle Fürsten sehr bedenklich sind und ihren Rechten unläugbar zu nahe treten.

Seine Klagen über den Mangel an Formen, Vorladungen, Fristen u. s. w. sind unerheblich. Nie ist eine Sache so reiflich überlegt, so genau geprüft worden[3]. Haben wir ihm doch zu den geheimen Berathungen mit unseren Brüdern, den Kardinälen, immer einige als Anwalte zugewiesen, damit alles Erdenkliche zu seiner Entschuldigung vorgebracht und die Wahrheit zu Tage gefördert werde. Ohne Gott, die Kirche und unser Gewissen zu verletzen, konnten wir nicht anders handeln, als geschehen, und sind sammt unseren Brüdern bereit, unser Recht bis zum Tode zu vertheidigen. Den Abwesenden durften wir über weltkundige Dinge richten, sowie Paulus die abwesenden Korinther ohne Vorladung strafte, sowie weltliche Gerichte

---

[1] Codex Palatin. Vatican., Nr. 953, p. 68. Schreiben des Papstes. — [2] In feodum transtulit occidentis. Fidelitatis et subjectionis vinculo se adstringit, sicut antiquitas tradidit et modernitas approbavit. Siehe das vorletzte Citat. — [3] Matth. Paris, 460.

was gegen Hochverräther vorschreiten. Oder ist es nur Hochverrath, sich an den Gliedern des Kaisers zu vergehen, nicht aber an den Geistlichen, diesen Gliedern Christi? Welche lächerliche Anmaßung zu wähnen, er, der Kaiser, sey erhaben über alle Gesetze und deren Anwendung! Wie ein gefangener Vogel sich durch widerstrebende Bewegungen immer tiefer im Netze verstrickt; wie Einer der mit schmutzigen Händen den Mund wischt, immer unreinlicher wird [1]: so Friedrich durch seine Reden und Schriften. Selbst ein Ketzer, wagt er die Geistlichen Pharisäer zu schelten; hämisch bemerkt er daß seine Wunder mehr die Kirche beglaubigen, während diese nur zur Belehrung der Ungläubigen nöthig waren, nicht am Ende der Tage. Und dennoch fehlt es auch jetzt nicht ganz an solchen Zeichen. Keineswegs um den höchst seltenen Mißbrauch zu verhüten, sondern aus Habsucht möchte er der Kirche ihre Güter nehmen, und den Kuß des Friedens bietet er an, nicht um des Friedens willen, sondern um seine Braut, wie ein Wolf, zu ergreifen und zu zermalmen [2]."

Neunzehntes Hauptstück.

Nachdem wir zur besseren Uebersicht die Geschichte der Kirchenversammlung von Lyon in ununterbrochener Folge erzählt und den Inhalt des sich daran reihenden Schriftwechsels mitgetheilt haben, muß die Geschichte der übrigen gleichzeitigen Begebenheiten nachgeholt werden.

Sobald der Kaiser sah, daß der entflohene Papst durch keine Vorstellung nach Italien zurückgebracht werden könne [3], ließ er den Feldhauptmann Vitale von Aversa im Kirchenstaate mit den nöthigen Anweisungen zurück und begab sich selbst in seine Erblande. Hier traf er mehre Anordnungen für die öffentliche Sicherheit, wußte die Saracenen (da manche seiner christlichen Unterthanen ob des Bannes in ihrer Treue wankend wurden) mittelst neuer Begünstigungen in ihrer Anhänglichkeit zu bestärken [4] und eilte, sobald er durch den

---

[1] Sordidis manibus os tergens, labem, quam conatur obducere, superducit. — [2] Des Papstes Schreiber war Richard Posnand; ungewiß ist aber, welche Schriften er entworfen hat. Bonamici, 118 und 310. Auch der Patriarch Konstantin I von Armenien drang in den Papst, sich mit Friedrich II aus christlichen und politischen Gründen zu versöhnen. Wilken, VII, 1, 41. — [3] Nicc. da Tuccia, 304. — [4] Martino da Canale, 41. sagt, daß Friedrich viele Festungen mit Saracenen besetzt. Nur in den Bergen von Sicilien erhoben sie noch einige Male Unruhen. Historia Saracen. Sicula in Murat. Script. I, 2, 278. Appendix ad Malaterram zu 1243—45.

Friedrich in Verona.

Gebrauch der Bäder bei Puzzuoli von einer Krankheit hergestellt war[1], 1245 über Florenz wieder nach der Lombardei. Hier dauerten die alten Uebel fort[2], und aus der Unzahl kleiner unentscheidbarer Kriegsbegebenheiten prägen sich dem Gedächtnisse fast nur einzelne Züge von furchtbarer Grausamkeit ein, welche z. B. so weit ging, daß die Parmenser und Bologneser wechselsweise ihre Gefangenen umbrachten![3]

In Verona, wo der Kaiser Ende Mai 1245, vier Wochen vor Eröffnung der Kirchenversammlung von Lyon, feierlichst eingeholt wurde, hatten sich auf seine Ladung zu ernsten Berathungen eingefunden: der Kaiser Balduin von Konstantinopel[4], die Könige Konrad und Enzius, die Herzöge und Markgrafen von Oesterreich, Steiermark, Kärnthen, Mähren, Brandenburg und mehre andere. Außerdem, so hieß es, habe der Kaiser die Absicht, eine Heirath mit der Nichte des Herzogs von Oesterreich zu verabreden.

Alle Geschäfte (deren allerdings mehr[5] beseitigt wurden) verloren indeß ihre Bedeutung im Vergleich mit der großen Frage über das Verhältniß des Kaisers zum Papste und zu den Reichsständen. Friedrich meinte: er werde überall ungebührlich gehemmt und könne auf der Bahn, welche ihm sein Beruf vorschreibe, fast nirgends mit Freudigkeit und Erfolg vorschreiten. Als ihm der Markgraf Obizzo Malaspina ein ehemals sehr schönes, jetzt aber abgemagertes und elendes Pferd zum Geschenk brachte[6] und Viele hierüber erstaunten, so sagte Friedrich, seine innere Stimmung offenbarend: „Wundert euch nicht; sowie dies Pferd einst schön, stark und von großem Werthe war, aber elend und jämmerlich geworden ist, so das einst herrliche und gewaltige Kaiserthum: denn weder in Deutschland, noch in Italien hat der Kaiser, was des Kaisers ist!" — Ehe man über diese Rechte zu genaueren Untersuchungen und Beschlüssen kam, wurde das gute Verhältniß durch Streitigkeiten zwischen Veronesern und Deutschen gestört, wobei ein edler Lehnsmann des Herzogs von Oesterreich umkam[7]. Einige argwöhnten, ohne Grund, der Kaiser habe das Ganze angestiftet, um zu prüfen ob sein oder Ezelins Ansehen in der Stadt mehr gelte; Andere hingegen behaupteten, Ezelin habe böswillig die Veroneser aufgereizt. Wie dem auch sey, der Herzog von Oesterreich verließ die Stadt, und der Kaiser eilte, als er von dem Eröffnen der Kirchenversammlung hörte, im Julius 1245 nach Turin[8].

---

[1] Nico. da Tuccia, 304. — [2] Griffo. Mutin. annal. Murat., Annal. — [3] Galvan. Flamma, 277—278. Ghirardacci, I, 166. — [4] Zagata, 40. Am 17. Junius war Balduin von Konstantinopel bei Friedrich in Verona. Bozano, 561. Carli, Storia, III, 328. — [5] So belehnte der Kaiser Galineguerra mit Karpineto, Medicina, Argelata und vielen anderen Mathildischen Gütern, welche aber wohl größtentheils andere Besitzer hatten. Tiraboschi, Moden., V, Urk. 627. Malvecio, 914. — [6] Mediolan. annal. — [7] Roland. Patav., V, 13. Wir können nicht näher in das Einzelne eingehen und verweisen auf die Prüfung in Verci, Ecel. II, 231. — [8] Nach Ferrero, II. 174. wäre der Kaiser einen ganzen Monat in Turin gewesen.

Neuer Krieg mit den Mailändern.

1245 Kaum hatte er sich hier mit dem Grafen von Savoyen verständigt[1] und mit dem Markgrafen Bonifaz von Montferrat ausgesöhnt, so traf die Nachricht ein: der Papst habe ihn abgesetzt und ein enges Bündniß mit den Lombarden geschlossen[2], welches jeden einseitigen Frieden untersage. Hiedurch erhielten alle Ansichten und Plane eine neue und gewaltsamere Richtung. Der Kaiser begab sich nach Pavia zurück und begann, in Verbindung mit Cremona, Reggio, Parma, Lodi und Bergamo, den Krieg[3]. Am 11. Oktober lagerte er bei Abbiate[4], hielt es aber nicht für gerathen den Uebergang über den Ticino zu erzwingen, da die Mailänder von Genua aus ansehnlich waren verstärkt worden. Einundzwanzig Tage standen beide Heere einander gegenüber, welche Zeit König Enzius rastlos benutzte, um auf dem linken Ufer der Abda alle kaiserlich Gesinnten zu versammeln. Im Norden von Mailand wollte er sich, dies war der geheime Plan, mit seinem Vater vereinigen und hiedurch eine entscheidende Ueberlegenheit im Felde herbeiführen. Zu dem Zwecke zog Friedrich rasch von Abbiate den Ticino aufwärts nach Buffalora und dann, weil die Mailänder ihm unter Anführung des päpstlichen Gesandten Gregor von Montelongo schnell folgten, noch nördlicher gen Kasteno. Mittlerweile war Enzius unerwartet und zum großen Schrecken der Mailänder auf der entgegengesetzten Seite bei Kassano über die Abda gegangen und bis Gorgonzuola vorgedrungen[5]. Dennoch verzagten jene nicht, sondern hielten den Kaiser mit einem Theile jener Macht noch immer bei Kasteno auf, während sie Simon von Lokarno mit anderer Mannschaft dem Könige entgegenschickten. In dem heftigen, vielleicht schon siegreichen Gefechte ward Enzius durch Panera von Buzano vom Pferde geworfen und gefangen. Zufolge einer Nachricht bestreiten ihn Krieger aus Reggio und Parma; zufolge eines anderen Berichtes ließ man ihn erst los, nachdem er beschworen, er wolle nie das mailändische Gebiet wieder betreten und seinen Vater zu einem ähnlichen Eide bewegen[6]. Auf jeden Fall gab der Krieg keinem Theile das Uebergewicht; der Kaiser entließ am 12. November den größten Theil seines Heeres und brachte den Winter meist zu Grosseto im Toskanischen zu.

Um die Zeit als er noch in der Lombardei stand, traf die Nachricht ein, daß der Graf von Savoyen die von der Kirchenversammlung zurückkehrenden venetianischen Botschafter Renier, Morosini und Johann von Canale angehalten habe. Sie wurden auf des Kaisers Verwendung sogleich frei gelassen, suchten ihn dankbar auf, und Renier

---

[1] Moriondus, I, Urk. 206. Galv. Flamma, 279. — [2] Savioli, III, 2, 636. Auch mit den unzufriedenen Deutschen traten die Mailänder in Verbindung. — [3] Bazano, 581. — [4] Barthol. ann. Mediolan. ann. Böhmer, Reg., 202. — [5] Die Nachricht von dem großen Siege über die Mailänder bei Matth. Paris, 464, ist wie Murat. Annal. schon gezeigt hat, zum Mindesten übertrieben. Man sieht wenigstens keine Folgen desselben. — [6] Die erste Nachricht steht in den Memor. Reg. potest. 1114, die zweite in Mediol. annal.

sprach: „Herr, wir gingen auf Befehl unsers Herzogs zur Kirchenversammlung: aber wir sind zornig und betrübt über das, was dort geschehen ist, wir sehen darin klärlich den Tod und den Untergang der ganzen Christenheit [1]. Venedig will keinen Krieg mit Euch, sondern die Fortdauer des Friedens, und Eure Unterthanen sollen gern und ehrenvoll daselbst aufgenommen werden." Friedrich antwortete: „Da ihr auf der Kirchenversammlung waret, so kennt ihr des Papstes Verfahren. Wie aber durftet ihr mich, dem ohnehin so großes Unrecht geschieht, ohne allen Grund anfallen und mir so viel Schaden zufügen? Ich weiß, daß Venedig durch seinen Handel großen Gewinn aus meinem Reiche zieht; ich weiß aber auch, daß meine Unterthanen nicht weniger von Venedig gewinnen [2]; wollt ihr also das Vernünftige und Allen Heilsame, wollt ihr den Frieden, so bin ich gern bereit mit euch unterhandeln zu lassen." In ähnlichem Sinne wie Renier sprachen jetzt Morosini und Canale. Als dieser indeß gar zu stark versicherte: die Venetianer wüßten sehr wohl, wie ungemein großen Gewinn sie von dem Handel mit den kaiserlichen Staaten hätten, ergriff ihn Renier heimlich bei der Hand, um ihm dadurch einen Wink zu geben, er solle Wahrheiten solcher Art etwas bedachtsamer verbergen. Friedrich, welcher dies bemerkte, sagte jedoch lachend: „Laßt nur, laßt, ich weiß dies Alles sehr gut." Hierauf fuhr Renier fort: „Ja, Herr, wir haben großen Gewinn: aber erinnert Euch auch, daß, als sich während Eurer Jugend diejenigen empörten, welche die Treuesten hätten seyn sollen, Venedig Euch kein Leids that; daß es den Antrag Kaiser Ottos ablehnte mit nach Apulien zu ziehen und Euer Reich zu theilen; daß es die Kirche in ihrem Kriege gegen Euch nicht unterstützte. Deßhalb bitte ich Euch um Gottes willen, einer einzelnen Beleidigung nicht mehr zu gedenken [3]; laßt lieber Friede seyn zwischen Euch und uns." Da sprach der Kaiser: „Bei Gott, so sey es!" und der Friede dauerte, bis ihn später Ezelin und einzelne kriegslustige Venetianer störten.

Nicht überall kam man auf so milde Weise zu einer Verständigung. In Parma z. B. hatten die daselbst wohnenden Verwandten des Papstes einen Aufstand gegen den Kaiser angezettelt. Sie wurden aber nach dem Siege der Ghibellinen aus der Stadt gejagt [4], ihre Häuser niedergerissen, die Einnahmen des Bisthums eingezogen und jedem Verkündiger des päpstlichen Bannspruches der Verlust der Hände angedroht.

Noch unruhiger sah es in Florenz aus. Seitdem sich im Jahre

---

[1] Nous venons aptement la mort et la destruction de toto la creaienti. Martino da Canale, 40, als Hauptquelle. Dandolo sagt: Excusationem coloratas, sed non justas, sagaciter praemiserunt. — [2] Wie viel richtiger als manche neuere Schriftsteller sah der Kaiser in diesen Handelssachen. — [3] Wahrscheinlich bezog sich dies auf die grausamen Verwüstungen in Apulien. Der Hinrichtung Tiepolos erwähnen die Gesandten gar nicht, sey es aus Politik, oder weil die Sache anders war, als man sie gewöhnlich erzählt. — [4] Matth. Paris, 479. Parmens. chron. zu 1246. Ghirard., I, 167, zu 1245.

1228 Philipp Paternon¹ als Bischof an die Spitze der Paterner oder Katharer gestellt hatte, mehrte sich ihre Zahl dergestalt, daß jetzt wohl ein Drittheil der Einwohner und darunter sehr mächtige Männer ihrer Lehre zugethan waren. Diese stimmte im Allgemeinen mit der anderwärts bereits dargelegten²; doch heben wir aus den gerichtlichen Verhandlungen noch folgende Sätze aus: Christus hatte keinen menschlichen Leib, sondern brachte ihn vom Himmel. Wein und Brot sind im Abendmahle nicht sein Leib und Blut, sondern aus den vier Elementen zusammengesetzt und unvergänglich. Die Körper erstehen nicht aus dem Grabe. Fleischessen und Schwüren wurde durch Christus schlechthin verboten. Mann und Weib die sich beschlafen, können nicht selig werden. Das Auflegen der Hände von Gläubigen giebt die erlösende Taufe: aber Christus kam nicht in die Welt um Alle zu erretten. Es ist Sünde vor Gott, Verbrecher körperlich zu strafen. Die römische Kirche ist nicht die Kirche Gottes u. s. w.

Gegen diese Irrlehren traten, in Vollmacht des Papstes, der Bischof Ardingho von Florenz und Roger Kalkagni auf. Sie leiteten die Untersuchungen, begünstigten Angebereien selbst unter den nächsten Verwandten und ließen sich weder durch den Zorn der Männer, noch durch die Standhaftigkeit der Weiber auf ihrem angeblich durch die Pflicht gebotenen Wege zurückhalten. Mit Hülfe einer sogenannten Gesellschaft des Glaubens füllten sie alle Gefängnisse, und Hinrichtungen und Verbrennungen gehörten zur Tagesordnung. Weil nun weder Gewalt noch Widerspruch des fälschlichen Podesta Pandolfo von Fasanella hiegegen schützte, so hielten es die Angeklagten und Verdächtigten für gerathener, sich auf wiederholte Ladungen zu stellen und Besserung zu geloben. Bald aber spürten die Ketzerrichter Rückfälle aus, und die Verfolgungen begannen mit neuem Eifer. Da erklärte der Podesta am 12. August 1245, etwa vier Wochen nach dem lyoner Bannspruche: der Kaiser verbiete feierlich solch Verfahren und fordere die Niederschlagung aller Prozesse. Statt zu gehorchen, vereinten die Ketzerrichter alle Strenggläubigen, und es kam noch in demselben Monate zu zwei höchst blutigen Gefechten, welche sich für die Minderzahl der Angeklagten nachtheilig endigten³. Während Manche des Kaisers Gerechtigkeit und Duldsamkeit laut priesen, weil er jenen Verfolgungen widersprach, sahen Andere in dem Begünstigen von Ketzern und in seiner Behandlung der Geistlichen nur neue Beweise fehlerhaften Unglaubens.

Schon vor seiner Absetzung hatte Friedrich die Geistlichen in Hinsicht auf Steuern, Gerichtsstand und Unterwürfigkeit fast den Laien ganz gleich gestellt und nach jenem Ereignisse blieb ihm noch weniger Grund oder Neigung sie zu schonen. Deshalb wurden die nach sei-

---

¹ Lami, Memorabilie, II, 1203. Lozioci, II, 494—612. — ² Band III, S. 83. — ³ Borghini, IV, 445.

Friedrich und die Geistlichen.

ner Ueberzeugung viel zu zahlreichen Bisthümer und Pfründen im Falle 1245 der Erledigung keineswegs ohne Ausnahme besetzt; wenigstens klagte der Papst, daß an 50 Kathedralen und unzählige Pfarreien, zum Verderben des Volks, leer ständen [1]. Ferner wurde befohlen [2]: „Alle Geistlichen zahlen ein Drittel ihrer Einnahmen, um die Kirche von der päpstlichen Tyrannei zu befreien; alle schwören dem Kaiser und seinem Sohne Konrad einen neuen Huldigungseid. Wer des Papstes Bannspruch verkündet und keine Messe lieset, wird verjagt und verliert seine Güter; wer dem Kaiser gehorcht, bleibt dagegen in seinen Stellen und erhält das Recht von Laien zu erben. Der Kaiser wird sich nie mit dem Papste aussöhnen, ohne für diese Getreuen in jeder Beziehung gesorgt zu haben. Sie allein erhalten die Erlaubniß, ihren Wohnort zu verlassen: sonst steht harte Strafe auf alles eigenmächtige Umherziehen im Lande [3].“ — Nun hatte aber der Papst seinerseits den Bettelmönchen das Umherziehen recht eigentlich zur Pflicht gemacht, damit sie überall gegen den Kaiser wirken, seine Absetzung verkünden, Nachrichten einziehen, Geld sammeln und das niedere Volk aufreizen könnten. Deßhalb erklärte Friedrich: „Da die Bettelmönche, aller günstigen Anerbietungen und aller wiederholten Warnungen ungeachtet, keinen Frieden halten, so können sie auch keinen Frieden verlangen." Sie wurden über die Grenze gebracht, und mit dieser Maßregel war selbst die den Bettelmönchen feindliche Weltgeistlichkeit zufrieden. Einige von jenen verfluchten den Kaiser wegen seiner Strenge, ja bei dem Einzuge in eine Stadt hielt ein Minorit dessen Pferd an und sagte ihm die ärgsten Schimpfreden und Verwünschungen ins Angesicht. Friedrichs Begleiter wollten den Mönch hiefür züchtigen, jener wehrte ihnen aber und sprach [4]: „Laßt den Menschen, er möchte gern ein Märtyrer werden, aber durch mich soll er seinen Zweck gewiß nicht erreichen!" Andre Bettelmönche hingegen äußerten, milder gesinnt: sie dürften über ihre Vertreibung nicht klagen, denn ihre Heimath sey ja überall und nirgends. — Damit keine schon längst verbotenen Geldzahlungen an den Papst stattfinden könnten, wurden Häfen, Küsten und Handelsstraßen genau bewacht, und im Fall sich verdächtige Spuren fanden, selbst die Bücher der Kaufleute und Wechsler eingesehen [5]. Die Ueberführten traf schwere Strafe an Leib und Gut, auf daß ihr Beispiel lehre: gegen den Kaiser zu wirken sey ebenso gefährlich als unrechtmäßig.

Ueber diese Verhältnisse schrieb der Papst an alle Prälaten, Barone, Beamten, Obrigkeiten, ja an alle Einwohner des sicilischen Reichs [6]:

---

[1] Codex Palatin. Vatic., Nr. 953, p. 65, und Cod. epist. Vatic., Nr. 4957, 32. Das Erzbisthum Amalfi war 15 Jahre unbesetzt. Chron. archiep. Amalfit., 170. — [2] Petr. Vin. I, 4, 10. — [3] Ripoll, I, 158. Erfurt. chron. S. Petrin. Chioccarello, Catal., zu 1243. Malespini, 167. Wadding, III, 2. Codex epist. Vatic., Nr. 4957, 18. — [4] Vitoduran., 4. — [5] Matth. Paris, 389, 414. — [6] Rayn., zu 1246, §. 11. Schreiben vom 28. April.

Der Papst. Verschwörung gegen Friedrich.

1245 „Von jeher habe ich den größten Antheil an euren Leiden genommen und eure Geduld kaum damit entschuldigen können, daß ihr euch vor eurem neuen Nero so sehr fürchtet. Jetzt, nachdem meinerseits alles Mögliche gegen diesen gethan ist, muß ich euch bei Gottes Barmherzigkeit anflehen und euch zur Vergebung der Sünden auflegen daß ihr von dem verdammten Menschen, an den ihr durch keinen Eid mehr gebunden seyd, ohne allen Verzug und alle Ausflüchte abfallet und zu meiner und der Kardinäle Freude in den Schooß der römischen Kirche zurückkehret." — Ferner hob der Papst Alles auf, was der Kaiser in Hinsicht der Personen und Güter dem gemeinen Kirchenrechte zuwider verfügt hatte, und nannte ihn dabei einen räuberischen Wächter, vergeudenden Verwalter, verletzenden Beschützer, irrenden Führer, übereilenden Fürsten, einen zerstörenden König [1]. — Zwei Kardinäle, Rainer Kapoccio und Stephan de Romanis [2], erhielten unumschränkte Vollmacht auf alle Weise gegen Friedrich zu wirken, die Ghibellinen umzustimmen und die Guelfen zu nachdrücklichen Maßregeln anzuhalten. In der Lombardei und in Tuscien blieb indeß, aus den erzählten Gründen, der Erfolg unentschieden; in der Mark Ankona wurden die verbündeten Guelfen sogar von Friedrichs Feldherrn, dem Grafen Robert, geschlagen [3], und überhaupt hoffte der Kaiser im nächsten Frühlinge mit verdoppelten Kräften und noch größerem Erfolge gegen alle seine Feinde auftreten zu können. Da entstanden ihm neue dringendere Gefahren von einer Seite her, wo er sie am wenigsten erwartete.

Pandolfo von Fasanella [4], seit 1240 Statthalter in Tuscien und noch vor Kurzem der eifrige Vollstrecker kaiserlicher Befehle, Jakob von Morra, vielgeltend an Friedrichs Hofe, Andreas von Cigala, Oberfeldherr im sicilischen Reiche, die Grafen von S. Severino, Theobald Franzesio und andere apulische Barone verschwuren sich: sie wollten gegen den Kaiser Aufstand erheben, ihn aller Herrschaft berauben, ja ihn ermorden. Beleidigter Ehrgeiz und persönlicher Haß, eigennützige Hoffnungen und päpstliche Darstellungen wirkten so mächtig neben und durch einander, daß jene aller Dankbarkeit und Treue vergaßen und im Hochverrath und Mord ein Verdienst erblicken. Im 1246 Anfange des Jahres 1246, während sich der Kaiser zu Grosseto aufhielt, war Alles reif zur Ausführung jenes Vorhabens, und schon erzählte der Bischof Heinrich von Bamberg, welcher von Lyon zurück-

---

[1] Custos praedans, gubernator dissipans, defensor offendens, dux devians, princeps praecipitans, rex rodens. Schreiben vom 9. December des Jahres VI. Baron., De monarch. Siciliae, 339. Tedeschi, 239. — [2] Baldassini, XVII. Cardella, I, 2, 222. Savioli, III, 2, 617. — [3] Amiani, I, 201. Ughelli, italia sacra, II, 543. — [4] Von 1240—45 war Pandolf Statthalter. Cartepec. di S. Salvatore, Urk. 474. Cod. di Volterra, Urk. 519. Ughelli, Ital. sacra, VII, 468. Camici zu 1240, p. 32. Nicc. de Tuocia, 357. Bartholom. annal. Ein Pandolf Fasanella war 1266 Justitias Karls I in Bari. Pirri Sicil., II. 1199.

Verschwörung gegen Friedrich.

kehrte[1], unterwegs mit lauter Freude: binnen Kurzem werde der Kaiser von seinen eigenen Vasallen ermordet werden. Da bekam die Gräfin von Kaserta[2], Friedrichs würdige und hochgesinnte Freundin, Nachricht von den finstern Planen, und noch einige Andere bestätigten furchtsam, oder reuevoll, oder treu gesinnt die Wahrheit ihrer Anzeige. Mittlerweile hatten die übrigen Verschwornen, überzeugt daß die erste Hälfte ihres Planes in Grosseto gelungen sey, öffentlich in Apulien verkündet: der Kaiser sey todt. Andreas von Cigala besetzte, als Oberfeldherr, ungehindert mehre Burgen für die Empörer; der Kardinal Rainer, welcher von Perugia her mit einem in aller Stille gesammelten Hülfsheere nahte, zweifelte nicht das ganze Reich werde binnen kurzer Frist für den Papst zu willkürlicher Vergabung erobert seyn.

In diesem Augenblicke unbegrenzter Hoffnungen erhielten die apulischen Verschwornen auf einmal die Nachricht: ihre Plane seyen entdeckt, Pandolf Fasanella und Jakob Morra zum Kardinal Rainer entflohen und der Kaiser selbst bereits in Apulien angelangt. Mit solcher Schnelligkeit und solchem Nachdruck ergriff er hier die nöthigen Maßregeln, und mit solchem Eifer unterstützten ihn die den Verrath verabscheuenden Bewohner des ganzen Landes, daß die Empörer kaum Zeit behielten sich in zwei Schlösser, Scala und Capoccio, zu retten. Binnen kurzer Frist wurde das erste eingenommen und der Kardinal Rainer am 31. März 1246 durch den kaiserlichen Feldherrn Marin von Eboli bei Askoli gänzlich geschlagen. Capoccio hingegen widerstand, bis Mauern und Thürme durch die rastlose, Tag und Nacht nicht unterbrochene Thätigkeit der Belagerer niederstürzten und der Mangel an Lebensmitteln und Wasser aufs Höchste stieg[3]. Am 18. Julius ergaben sich Theobald Franzesko, Wilhelm Graf von S. Severino, Gaufredo von Morra, Robert und Richard Fasanella und mehre andere Edle, nebst 150 Mannen und Dienern. Ferner nahm man 20 hieher geflüchtete Mädchen, Frauen und Wittwen gefangen; man fand endlich 40 lombardische Geißeln, welche Theobald hatte befreien wollen.

Der Kaiser (welcher nach seinen Briefen jede Ungebühr im sicilischen Reiche dergestalt empfand, als beträfe sie seinen Augapfel) beschloß den Hochverrath dieser vornehmen oder von ihm äußerst begünstigten Personen und Beamten so streng zu bestrafen, als Herkommen und Gesetze damals vorschrieben. Diese Ansicht legte um so mehr ob, als die Gefangenen behaupteten: sie gehorchten nur den Befehlen des Papstes und führten die Sache der römischen

---

[1] Hofmann, Annal. Bamberg., verglichen mit Petr. Vin., II, 10, und Matth. Par., 479, beweiset, daß vom Bischofe von Bamberg und nicht von Bari die Rede ist. — [2] Diese Gräfin (vielleicht Friedrichs Tochter Violante) nennt die Historia Sicula, 779, und Chron. Imper. Laurent. Vergleiche Petr. Vin., II, 10, 20, 52; III, 61. — [3] Petr. Vin., II, 10, 20.

1246 Kirche¹; weil sie (nach Friedrichs Erzählung) frei und ohne allen Zwang bekannten daß selbst seine Ermordung, unter Beistimmung des Papstes, in ihren Planen gelegen habe! — Die gefangenen Frauen wurden ins Gefängniß nach Palermo gebracht; man hat sie seitdem nie wieder gesehen². Die überführten Hauptverbrecher wollte der Kaiser anfangs, mit der päpstlichen Bulle vor der Stirn, in alle Länder umherführen lassen, zum abschreckenden Beispiele und zum Beweise seines gerechten Hasses gegen den mordlustigen Statthalter Christi; dann zog man vor, die Strafe an den Schuldigeren schnell zu vollziehen. Sie wurden gerädert, nachdem man ihnen vorher die Augen geblendet, die rechte Hand abgehauen und die Nase abgeschnitten hatte.

Um dieselbe Zeit³ hatten die übrigen Glieder der seit längerer Zeit gegen Friedrich meuterischen Familie S. Severino Mannschaft, wahrscheinlich zum Entsatze von Kapoccio, gesammelt, erlitten aber in den kanosischen Feldern eine völlige Niederlage. Von dem ganzen Hause wurde nur ein neunjähriger Knabe, fast durch ein Wunder, gerettet und vom Papste erzogen; er focht später im Heere Karls I gegen Konradin.

Des Kaisers Sieg war also vollkommen, und nur sehr Wenige hielten den Abfall jener Vasallen und Beamten durch weltliche oder kirchliche Gründe für gerechtfertigt; aber mancher Unschuldige wurde wohl mit in das Verderben verwickelt⁴, die Härte der Strafe erzeugte Mitleiden, selbst für die Schuldigeren, und überall erschien es beklagenswerth daß Furcht den sich bekundenden Mangel an Liebe und Vertrauen ersetzen sollte.

Der kaiserlichen Klage über des Papstes Theilnahme und Mitwirkung folgten bald Gegenbeschuldigungen von Seiten des letzten⁵. Zwei Männer wurden in Lyon verhaftet, welche Friedrich zur Ermordung des Papstes hingesandt haben sollte; weil aber genauere Beweise und Nachrichten ausblieben, so hielten Viele das Ganze für erfunden. — Umständlicher lautet eine zweite Erzählung: Rodulf, ein Dienstmann Friedrichs, gab seine Stelle auf, weil ihm der Sold nicht immer zur bestimmten Frist ausgezahlt wurde, und begab sich, in der Hoffnung einer einträglicheren Anstellung, nach Lyon. Hier fand und beredete ihn Walter von Okra durch das Versprechen überschwänglich großer Belohnungen, den Papst, welcher für seine Sünden den Tod vielfach verdient habe, zu ermorden. Ein Gastwirth Namens Reginald ward ins Geheimniß gezogen und übernahm es, da er dem Papst und die Kardinäle kannte, für ähnliche Zusicherungen, Ort und Gelegenheit zur That nachzuweisen und herbeizuführen. Plötzlich erkrankte indeß Reginald und erzählte seinem Beichti-

---

¹ Der Papst begünstigte und beschützte entkommene Verschworene. Cherrier, III, 179; IV, 514. — ² Nunquam postea comparuerunt. Append. ad Malat., 1244. — ³ Tansius, 92. — ⁴ Chronic. imper. Laurent. — ⁵ Matth. Paris, 481, 486, zum Theil zu 1247.

ger das Obige, worauf Rabuli gefangen ward, aber beharrlich läug=
nete, bis ihn die Folter zum Bekenntnisse zwang.

Bald nachher, so lautet eine dritte hieher gehörige Erzählung,
wurden in Lyon zwei Italiener verhaftet, welche gestanden: sie hätten
sich mit 40 Gleichgesinnten verschworen, ohne Furcht vor Hinder=
nissen oder Strafe, den Papst, diesen Verwirrer der ganzen Welt,
diesen Schänder der Kirche, in Stücke zu hauen, und lebten der festen
Ueberzeugung daß eine solche That Gott und Menschen zum Wohlge=
fallen gereiche. Hierüber erschrak Innocenz nicht wenig, stellte überall
Wachen auf und wagte es lange nicht, es sey denn zur Messe, aus
seinem Palaste hervorzugehen; „denn", fügt der Berichterstatter hinzu,
„es ist natürlich daß derjenige Viele fürchtet, welcher von Vielen ge=
fürchtet wird, und der vielfach beunruhigt wird, welcher Viele be=
unruhigt."

Wechselbeschuldigungen wie die vorstehenden zeigen allerdings, bis
zu welcher Höhe Argwohn und Haß damals gestiegen waren;
doch ergiebt eine nähere Prüfung: daß weder Kaiser noch Papst in
dem Maße schuldig waren, wie einer es vielleicht vom anderen, oder
wie die heftig Partei nehmende Welt glaubte. Erstens fehlt es an
hinreichenden Beweisen, daß der Papst Friedrichs Ermordung gewollt
und gebilligt habe. Wenn er diesen aber als Ketzer bezeichnete, dem
Treue und Eid nicht zu halten sey; wenn er ihn als den größten Ver=
brecher darstellte: so mochte heftigeren Gemüthern ein dergestalt Ver=
fluchter auch als todeswürdig erscheinen; es mochten sich Bettelmönche,
diese Ausleger päpstlicher Schreiben, bestimmtere Hinweisungen und
Zustimmungen erlauben, und so den Verschwornen die aufrichtige
Ueberzeugung entstehen, der Papst wolle und billige den Mord [1]. —
Was zweitens die Beschuldigungen gegen den Kaiser anbetrifft, so
steht zuvörderst das Daseyn eines Mordplans noch nicht fest; denn jene
erste Erzählung wird bloß nebenbei erwähnt und als sehr zweifelhaft
behandelt, die zweite hat sehr viel innere Unwahrscheinlichkeit in Hin=
sicht auf Zeit, Ort, Theilnehmer und Aussagen, und nur die zuletzt
erwähnte Verschwörung könnte durch falschen Eifer entstanden und
durch einzelne kaiserliche Beamte, nach Weise der Bettelmönche, beför=
dert sein. Dies Alles würde aber immer nicht genügen, um den Kai=
ser als unmittelbaren Urheber oder Theilnehmer zu bezeichnen; auch
führt Raynald [2], der amtliche Geschichtschreiber der Päpste, nur den
Matthäus Paris und sein päpstliches Schreiben als Quelle und Be=
weis jener Gerüchte an; endlich erklärt sich der Kaiser selbst darüber
auf glaubwürdige Weise [3]: „Trotz des willkürlichen und ungerechten
Verfahrens, welches der Papst gegen uns beobachtete, haben wir, wie
Gott der Allwissende weiß, niemals zu seiner oder der Kardinäle Er=

---

[1] Daß falsche Nachrichten über den Tod des Kaisers vorsätzlich verbreitet
wurden, hat dagegen wohl keinen Zweifel. G. Wolf, Briefe, 40, 55. — [2] Zu
1247, §. 9. — [3] Petr. Vin., II, 10.

1245 mordung unsere Zustimmung gegeben, sondern eine solche Frevelthat
verabscheut, ob wir gleich durch Eiferer für unsere Rechte mehre Male
deßhalb angegangen wurden. Immerdar genügte es uns, wenn wir
Unrecht das uns geschah, durch eine von aller Rache entfernte ge=
rechte Vertheidigung abhalten konnten." — Und ein anderes Mal schrieb
Friedrich dem Könige von Frankreich[1]: „Daß wir selbst oder durch die
Unserigen dem Papste sollten nach dem Leben getrachtet haben, muß
schon um deswillen einem Jeden unglaublich erscheinen, weil es unse=
rer hohen Würde ganz unwürdig und unserer siegreichen Stellung
ganz unangemessen ist. Welcher vernünftige Mensch kann sich einbil=
den, wir hätten den Tod unseres Gegners auf eine Weise bezweckt,
die unseren Streit endlos und unsterblich machen müßte? Und was
hülfe uns überhaupt sein Tod? Sowie die Sachen jetzt stehen, wird
ohne allen Zweifel dieser und jeder künftige Papst unseren Absichten
und Maßregeln zuwider seyn."

In welche zornig bittere Wehmuth aber all diese Ereignisse des
Kaisers Gemüth damals versetzten, zeigt ein merkwürdiger, an seinen
Schwiegersohn Vatatzes gerichteter Brief[2]. „Sonst bestand", so schreibt
er, „das Eigenthümliche der herrlichen Hoheit des Kaisers darin, daß
er mit seinem eigenen Glücke und Schicksale zufrieden war und Nie=
mand beneidete: jetzt aber bringen bisher ungekannte Sorgen störend
auf ihn ein, welche Andere ebenso achtsam betrachten sollten, wie ich sie
erkenne und fühle. Denn wir Könige und Fürsten und Bekenner des
ächten Glaubens werden belastet mit allgemeinem Hasse und gerathen
in Spaltung mit den Bürgern und mit den Geistlichen. Jene näm=
lich trachten nach dem sie reizenden Mißbrauch einer verpestenden Frei=
heit, diese möchten durch heimliche Bemühungen und, wo selbige nicht
ausreichen, durch offenbare Gewalt unsere Ehren, Würden und Güter
verringern! — Solche Uebel drücken aber hauptsächlich nur das Abend=
land, wo der Sitz der Kirche ist. O glückliches Asien! o ihr glückli=
chen Beherrscher der Morgenländer, welche die Waffen ihrer Unterthe=
nen nicht fürchten und von den Erfindungen der Geistlichen und Bi=
schöfe nichts zu besorgen haben!"

So wurde Friedrich durch seine Feinde wenn auch nicht zu einer
dauernden Ueberschätzung der öffentlichen Verhältnisse anderer Welt=
theile, doch zu einer sehr natürlichen Mißstimmung über seine eigene
Stellung hingedrängt. Indeß gingen seine Anklagen immer nur ge=
gen die Form der Kirchenregierung und die einzelnen dabei wirksamen
Personen, nicht gegen das Christenthum überhaupt. Vielmehr ließ
er sich, um die erneute, in den Augen des Volkes sehr anstößige Be=
schuldigung der Ketzerei gründlich zu widerlegen, über alle Punkte und
Geheimnisse des christlichen Glaubens streng prüfen, und der Erzbi=

---

[1] Codex Vindob. philol., Nr. 81, fol. 77; Nr. 305, fol. 70. Koriänt, Mittelalter, I, 505. — [2] Codex Vindob. philol., Nr. 305, fol. 76 und fol. 125.

Friedrichs Rechtgläubigkeit.

schof von Palermo, der Bischof von Pavia, die Aebte von Montekas- 1246 sino, Kava und Kasanova, die Predigermönche Roland und Nikolaus (also Männer von Ansehen und verschiedenartiger Stellung) unterzeichneten eine darüber aufgenommene Urkunde und begaben sich nach Lyon, um des Kaisers Rechtgläubigkeit einstimmig und eidlich zu bezeugen. Anstatt aber, wie sie hofften, für ihre Bemühungen gelobt zu werden, sagte ihnen der Papst: sie verdienten harte Strafe, daß sie sich mit einem Gebannten eingelassen, ohne höheren Auftrag für ihn Geschäfte übernommen, ja ihn dabei sogar als Kaiser behandelt hätten. Hiegegen stellten jene Männer demüthig vor: wenn Friedrich auch in jener Urkunde noch Kaiser oder König genannt werde, so wollten sie doch nur als Rathgeber und Abgeordnete eines bloßen Christen betrachtet seyn; worauf der Papst endlich drei Kardinäle ernannte, um den Inhalt ihrer Botschaft zu hören und zu prüfen. Diese bestätigten nicht allein das Obige, sondern es ergab sich auch: daß der Kaiser bereit sey, sich an passendem Orte und in Gegenwart des Papstes auf genügende Weise von allem Verdachte der Ketzerei zu reinigen. Jetzt mochte Innocenz über die zu ergreifenden Maßregeln doch in einiger Verlegenheit seyn: denn wenn er die Anklage auf Ketzerei zurücknahm, so fiel das wirksamste Mittel die Gemüther aufzubringen plötzlich dahin; um deswillen zog er vor, von der Höhe seiner kirchlichen Stellung herab zu erklären[1]: die ohne seinen Auftrag vorgenommene Untersuchung sey ein Werk tollkühner Anmaßung, und den Urkunden und Briefen, worin Friedrich Kaiser und König genannt werde, nicht der geringste Glaube beizumessen. Aus weitläuftigen Ursachen habe man ihn für einen Ketzer erklärt, auch jetzt dauert seine heillose Freundschaft mit Ungläubigen fort, und seine angebliche Rechtfertigung gehe um so mehr auf arglistige Täuschung hinaus, als die Prüfenden und deren Verwandte zu Friedrichs Hofe gehörten, oder doch seiner furchterweckenden Tyrannei unterworfen wären. Mithin verbleibe es beim Bannspruche: doch wolle Innocenz (obgleich der Kaiser, aus oft erwähnten Gründen, gar kein Gehör verdiene) nicht verweigern, daß er sich, innerhalb einer bestimmten Frist, waffenlos und mit geringer Begleitung stelle, wo er dann über diese Angelegenheit, wenn es Rechtens und wie es Rechtens seyn dürfte, gehört werden solle[2]!

Daß der Kaiser über diese Antwort und Behandlungsweise aufs neue zürnte, ist sehr natürlich, und manche seiner bittersten Anklagen des Papstes wurden vielleicht nach diesem Ereignisse niedergeschrieben. In dem Maße aber als die Hoffnung einer Aussöhnung nochmals verschwand, mußte er auf andere Mittel und Maßregeln bedacht seyn.

---

[1] Schreiben vom 23. Mai 1246 (nach der Absetzung) bei Rayn., §. 20. Das kaiserliche Schreiben, welches §. 20—23 folgt, ist dagegen vom 1. August 1245, also früher. — [2] Ipsum super hoc, si de jure et sicut de jure fuerit, audiamus. Schreiben des Papstes vom 23. Mai 1246, bei Raynald, §. 17—21.

1246 Höfliche, von weltlicher Macht unterstützte Schreiben thaten in mehren Städten, ja selbst in Rom, größere Wirkung, als des Papstes Ermahnungen, der Kirche treu zu bleiben; und andere Orte, wie z. B. Kamerino, wurden durch Erlaß von Steuern und Abgaben gewonnen[1]. Sein unehelicher Sohn, Friedrich von Antiochien, zog, nachdem er alle Widersacher bezwungen hatte, siegreich in Florenz ein und zerstörte die Burgen und Thürme der Guelfen[2].

Nur Viterbo nahm keine Rücksicht auf des Kaisers vortheilhafte Anerbietungen, sondern verjagte alle irgend ghibellinisch Gesinnten. Hiedurch wuchs deren Zahl allmählich so sehr, daß sie sich bei Valenzano sammeln und, von kaiserlicher Mannschaft unterstützt, im Februar 1240 die Stadt umlagern konnten. Obgleich man hier anfangs die härteste Strafe darauf setzte, wenn Jemand mit den Vertriebenen auch nur spräche, so wurde deren Behauptung: ihr Plan gereiche zur Ruhe und zum Frieden der Stadt, dennoch allgemein bekannt, und das von Hunger und Noth hart bedrängte Volk zwang die Konsuln, sich in das Lager zu begeben, wo die Vertriebenen jene Versicherung wiederholten, zugleich aber erklärten: sie würden die kaiserlichen Schreiben nur dem gesammten Volke zeigen und vorlesen. Hierauf wollten die Konsuln, welche einen Uebertritt der Menge befürchteten, nicht eingehen, sondern kehrten ohne Entscheidung nach Viterbo zurück. Aber am nächsten Tage eilten schon Viele, ohne Rücksicht auf Bann und Strafe, ins Lager, um ihre Verwandten und Freunde zu sehen und von ihnen Brot zu kaufen. Am dritten Tage wagten sich die Vertriebenen bis dicht vor die Thore, es kam zu noch häufigeren Gesprächen, und endlich entstand ein so allgemeines und heftiges Geschrei: Friede, Friede! daß man die Thore öffnete und die milden Versprechungen des Kaisers freudig annahm! Nur der Palast des überall leidenschaftlich gegen den Kaiser auftretenden Kardinals Kapocci ward niedergerissen[3].

In der Lombardei wechselte das Kriegsglück und noch öfter die wandelbare Gesinnung mancher Häupter: so traten z. B. die Markgrafen Obizzo und Konrad Malaspina in diesem Jahre auf die Seite des Papstes und dann wiederum auf die Seite des Kaisers[4].

Aus dem Allem ergiebt sich, daß die italienischen Ereignisse zu keiner Entscheidung des großen Kampfes führten, sondern der Ausschlag davon abhing, was die übrigen europäischen Mächte erklären und was die Deutschen unternehmen würden. Wir sprechen zuerst von

---

[1] Sanese chron., 27. Petr. Vin., III, 9 und 49. Camici zu 1246, Urk. I, II, p. 41. Cod. epist. Vatic., 4957, 24. Matth. Par., 479. Litto, 251. — [2] Cod. epistol. Vatic., 4957, 28. Fioravanti, 224. Sanese chr. 27. Camici, Urk. IV, 44. Petr. Vin., III, 9. Es ist ungewiß in welchem Jahre dies geschah. Muratori, Ann., und Reumont, Tavole, entscheiden für 1246. Brunetto Latino hat Sichtmeß 1247. Paris mac. 4, 389. — [3] Bussi, 137. Tuccia, 319. Camici, Urk. VIII, S. 49. — [4] Barthol. annal. zu 1246.

jenen, um dann in einer Folge die deutschen Angelegenheiten erzählen 1245 zu können.

Spanien war, wie gewöhnlich, mit seinen inneren Angelegenheiten und den Kriegen wider die Ungläubigen beschäftigt. — König Sancho II von Portugal hatte, nicht ohne eigene Schuld, den Haß mehrer geistlichen und weltlichen Großen auf sich geladen, ward ihren Bitten zufolge auf der Kirchenversammlung von Lyon abgesetzt und die Regierung seinem Bruder Alfons übertragen [1]. Hieraus entstand innerer Krieg, in welchem nicht Wenige dem abgesetzten Könige so treu blieben, daß Alfons erst nach dessen Tode ganz obsiegte. Der Kaiser unterließ nicht, den päpstlichen Spruch über Sancho als einen ungerechten Eingriff in die weltlichen Rechte der Könige darzustellen. — In den nordischen Reichen wirkten päpstliche Gesandte für die Annahme aller Grundsätze des Kirchenrechts und der Kirchenordnung; und wenngleich Innocenz von dorther keinen eigentlichen Kriegsbeistand erhielt, so fehlte es doch nicht an Geldzahlungen. Auch die polnische Geistlichkeit bewilligte ihm ein Fünftel ihrer Einnahmen auf drei Jahre [2]. — Ungern, welches sich in der Hoffnung auf großen Beistand gegen die Mongolen dem Kaiser lehnspflichtig erklärt hatte [3], wurde durch den Papst von dem geleisteten Eide entbunden. Wichtiger aber als die Verhältnisse zu diesen Reichen waren die zu England und Frankreich.

Auf der Kirchenversammlung in Lyon brachte der Papst die englischen Bischöfe theils durch Furcht, theils durch vorläufige Versprechungen dahin, ihre Siegel sowohl der Bannbulle wider den Kaiser, als auch der Urkunde anzuhängen, welche König Johann wegen des nach Rom zu zahlenden Zinses ausgestellt hatte [4]. Als sie aber zuletzt dennoch nur den Bescheid erhielten: ihre Forderungen und Beschwerden stimmten nicht mit des Papstes Wünschen, so schwuren sie, jeder Anmaßung mit Gewalt entgegenzutreten. Hiezu schwieg Innocenz, wohl wissend daß Widerspruch das Uebel nur verschlimmre, Mangel an Einigkeit aber einen nach dem anderen unterwerfen werde. Um jedoch wenigstens die Patrone der Kirchen in etwas zu beruhigen, setzte er fest: ihre Rechte sollten nicht weiter geschmälert und nicht mehren Italienern nach einander dieselbe Pfründe ertheilt werden. Von diesen und ähnlichen Versprechen ging aber fast nichts in Erfüllung, ja zu den schon unerträglichen alten Lasten kamen täglich neue Forderungen, unter anderen die, daß jeder Prälat zu des Papstes Kriege gegen den Kaiser in der Art Reisige stellen solle, wie etwa Lehnsträger zu den Fehden ihrer Lehnsherren. Hierüber kam es auf einem allgemeinen Reichstage zu wechselseitigen lauten Klagen, und der König, die Bischöfe, die Aebte, die weltlichen Großen, alle stellten gleich gesinnt in

---

[1] Rayn. annal. zu 1245, §. 67—71. — [2] Concil. collect., XIV, 110. — [3] Rayn. zu 1245, §. 81. — [4] Matth. Par., 460, 462.

1246 mehreren besonderen Schreiben dem Papste und den Kardinälen so demüthig als dringend vor: daß, wenn Änderung und gerechte Behandlung länger ausbliebe, schwer zu beseitigende Uebel und Aergernisse einbrechen müßten. Unter den vielen Punkten über welche man sich beschwerte, waren folgende die wichtigsten: erstens, der Papst schreibt (unbegnügt mit dem Peterspfennige) Steuern und Lasten aus, ohne Beistimmung des Königs, wider die Freiheiten und Rechte des Landes und trotz des von den englischen Bevollmächtigten in Lyon eingelegten Widerspruches. — Zweitens werden die Rechte der Patrone, ungeachtet neuer Versprechungen des Papstes, verkürzt und die Pfründen an Italiener gegeben, welche, zum Verderben der Seelen, des Englischen ganz unkundig sind und das Land durch Wegsendung vieler Gelder in Armuth stürzen. Diese Italiener sorgen weder für die Armen, noch für Gastfreundschaft, noch für Kirchenschmuck, noch für Baue, noch für regelmäßiges Halten des Gottesdienstes, sondern lassen Alles, unbekümmert um Kirchenrecht und Landessitte, verfallen und zu Grunde gehen. — Drittens zwingt man Engländer, sich gegen Herkommen, geschriebenes Recht und Verwilligungen früherer Päpste außerhalb Landes unter Feinden vor Gericht zu stellen. — Viertens werden durch häufige Anwendung der nichtswürdigen Formel[1]: ohne Rücksicht u. s. w. gleichmäßig Eide, Eltern, Gewohnheiten, Urkunden, Freibriefe, Rechte, Vergünstigungen u. dergl. auf eine so ungerechte als unerträgliche Weise vernichtet!

Anstatt nun, wie man sehnlichst erwartete, eine Antwort auf diese Beschwerden zu ertheilen, ließ zunächst Schreiben des Papstes an die Cistertienseräbte ein, worin er sie aufforderte: ihm sogleich von den schönen Goldstoffen[2] zu schicken, welche er an den Gewändern englischer Geistlichen gesehen habe. Zugleich erzählte man sich, der Papst habe auf die Bemerkung, daß jene Stoffe in England selbst verfertigt würden, zur Antwort gegeben: „England ist der Garten unseres Vergnügens, ein nicht auszuschöpfender Brunnen; wo aber viel ist, da kann man viel nehmen." Demgemäß verlangte er jetzt, auf bisher unerhörte Weise, die Erbschaften aller ohne Testament sterbenden Geistlichen und binnen Monatsfrist, bei den härtesten Kirchenstrafen, die Einzahlung von 6000 Mark. Hierüber und über die gänzliche Vernachlässigung ihrer Beschwerden zürnten die Meisten aufs Heftigste und brachten den König dahin, alle Zahlungen nach Rom öffentlich zu verbieten. Sobald Innocenz hiervon Nachricht erhielt, wollte er England mit dem strengeren Banne belegen; aber der Kardinal Johannes, ein geborener Engländer, stand auf und sprach: „Herr, um Gottes willen mäßigt euren (wenn es zu sagen erlaubt ist) unangemessenen Zorn, zähmet eure willkürlichen Aufwallungen durch Besonnenheit und

---

[1] Diese Formel non obstante, erklärte nämlich alle bisherigen Rechte, Freibriefe u. dergl. für nichtig, sofern sie einem päpstlichen Befehle entgegenstanden. — [2] Aurifrisiae. Matth. Par., 473, 475, 480.

Frankreich.

bedenket daß die Zeiten gar übel sind: das heilige Land in Gefahr, 1246 Griechenland abgefallen, ungern in die Hände der Mongolen gegeben, Deutschland durch inneren Krieg zerrüttet, Friedrich, der mächtigste Fürst auf Erden, unser Feind, wie Alle vom Sitze der Kirche und aus Italien vertrieben, Spanien so ungehorsam daß man selbst Bischöfen die Zunge ausschneidet, Frankreich durch uns verarmend und voll Unzufriedenheit; England endlich, trotz vieler Beleidigungen zeither gutwillig, fängt nun, durch Sporen und Schläge immer mehr gedrängt, gleich Bileams Eselin, auch an zu reden und zu widersprechen; mithin sind wir, gleich den Ismaeliten, überall verhaßt und zwingen Alle zum Haß!"

Durch diese Vorstellungen wurde aber Innocenz nicht zu Nachgiebigkeit und Mäßigung gestimmt, sondern noch heftiger zur Strafe und Rache aufgereizt; und wenn in diesem Augenblicke nicht neue Botschaft aus England angelangt wäre, dürfte das Reich schwerlich dem Interdikte entgangen seyn. Der König nämlich, zu raschen Aufwallungen so geneigt, als eines beharrlichen Entschlusses unfähig, hatte sich durch Freunde des Papstes und durch Menschen, welche bei der allgemeinen Bedrückung selbst gewannen, zur Nachgiebigkeit bereden lassen, welches beiden kläglicher Feigheit den Papst sogleich dergestalt ermuthigte, daß er nunmehr ein Drittel der Einnahmen von allen Pfründen und die Hälfte der Einnahmen von denjenigen Pfründen verlangte, deren Inhaber abwesend waren, oder, wie man sich ausdrückte, nicht Residenz hielten. Diese Forderung führte allerdings zu neuen Widersprüchen, aber nicht zu einem vollen Bruche. Ueberhaupt war der Mittelpunkt alles Zwistes hier nur das Geld; allgemeinere höhere Ideen über das Wesen und das Verhältniß der geistlichen und weltlichen Macht, wie sie sich in dem Streite mit dem Kaiser aussprachen, kamen, gutentheils durch die bedeutungslose Mittelmäßigkeit König Heinrichs III, gar nicht zum Vorschein. Aller Widersprüche ungeachtet zog der Papst beträchtliche Summen aus England, während der Kaiser von seinem Schwager kaum einige mündliche oder schriftliche Verwendungen erpressen konnte, auf welche Innocenz aber nicht die mindeste Rücksicht nahm.

Fast noch wichtiger als die Verhältnisse zu England waren die 1245 zu dem näheren Frankreich. Um die Zeit als Innocenz IV nach Lyon kam, erkrankte König Ludwig IX in Pontoise so heftig daß man ihn schon für todt hielt und er nur durch ein Wunder gerettet zu seyn schien. Dankbar nahm er das Kreuz und fand es, bei seinem großen Eifer für den Zug nach dem Morgenlande, höchst unangenehm und unrecht daß der Streit zwischen dem Papste und dem Kaiser dieses Unternehmen so vielfach hinderte. Von dieser Stimmung wohl unterrichtet, schickte der legat Peter von Vinea und Walter von Ofra als Gesandte an ihn ab, welche mündlich und schriftlich vorstellten [1]: der

---

[1] Vie de S. Louis mscr., p. 14, 10. Du Fresne zu Joinville, 56. Petr. Vin., I, 16. Guil. Nang, 341. Rayn. zu 1245, §. 78, 79.

1245 König möge sich den Anmaßungen des Papstes widersetzen und ihn zur Rücknahme des Bannspruches bewegen; er möge nicht dulden daß in Frankreich, auf eine höchst anstößige Weise, das Kreuz gegen den Kaiser, statt wider die Ungläubigen gepredigt werde. Vielmehr sey dieser bereit, nach Herstellung des Friedens mit dem Papst und den Lombarden, selbst das Kreuz zu nehmen, oder seinen Sohn Konrad mit dem Könige nach Asien zu senden, damit das ganze heilige Land wieder erobert werde. Und selbst für den Fall, daß der Zwist mit dem römischen Stuhle fortdauere und kein Friede zu Stande komme, wolle er den König mit Schiffen, Mannschaft und Lebensmitteln unterstützen und habe deshalb bereits an alle Obrigkeiten die nöthigen Verfügungen erlassen. — Dies Alles erfreute und bewegte den König so sehr, daß er am 30. November 1245 mit dem Papste in Clugny zusammenkam; aber siebentägiges Berathen führte nicht zur Aussöhnung mit dem Kaiser, sondern nur zur Verabredung einer zweiten Zusammenkunft auf Ostern 1246 [1]. Ludwig versprach bis dahin nähere Vorschläge von Seiten Friedrichs beizubringen, oder ihn zu vermögen daß er sich persönlich einfinde. Das Letzte fand Hindernisse, wogegen der Kaiser gern die Vermittelung des Königs annahm und sich zu Allem bereit erklärte, was irgend mit seiner Ehre und den Rechten des Reiches verträglich sey; ja laut einer freilich durch gar keine Urkunde bestätigten Nachricht bei Matthäus Paris [2] erbot er sich sogar seine abendländischen Reiche an König Konrad abzutreten, selbst aber im Morgenlande lebenslänglich für die Christenheit gegen die Ungläubigen zu fechten.

1246 Auf jeden Fall erschienen diese oder ähnliche Anerbieten Friedrichs dem Könige genügend; anstatt aber darauf einzugehen, sagte Innocenz: „Herr König, geliebtester Sohn! Ich führe nicht meine Sache, sondern die der ganzen Christenheit. Eure Herrlichkeit möge sich erinnern und überlegen, wie oft der Kaiser seine Eide und Versprechungen brach, wie er die heilige Kirchenversammlung verschmähte, wie er, einem Proteus gleich, sich verwandelte und in keiner Hinsicht irgend Glauben verdient." Der König erwiederte: „Herr Papst! steht nicht im Evangelium geschrieben: du sollst dem reuig Bittenden siebenundsiebzig mal vergeben? Bedenket, wie schlimm die Zeiten sind: das heilige Land in höchster Noth, seine Rettung nächst Gott am meisten abhängig vom Kaiser, durch dessen Staaten man ziehen, dessen Häfen man berühren muß und ohne dessen Freundschaft man kein Meer mit Sicherheit befahren kann. Er verspricht sehr viel; weshalb ich bitte und bittend rathe, Ihr wollet (um meinet- und um so viel Tausend Kreuzfahrer willen, ja zum Besten der gesammten Kirche und Christenheit) solche Demüthigungen eines so großen Fürsten annehmen, Christi Beispiel

---

[1] Matth. Par., 461. Guil. Nang., 345. Chron. Cluniac. bei Marrier, 1666. — [2] Seite 408. Petr. Vin., I, 16.

Frankreich.

nachfolgend, der sich ja selbst erniedrigte bis zum Kreuze." Ungeachtet 1246 dieser billigen Vorstellungen des edeln Königs blieb der Papst unbewegt und schrieb in alle Welt: „Ich habe es zwar erlaubt, daß Gesandte des Kaisers zum Könige von Frankreich gingen, diesem aber zugleich erklärt, ich würde Friedrichs und Konrads Absetzung niemals zurücknehmen². " Ueber dies Benehmen des Papstes zürnte Ludwig gar sehr und ließ dem Papste umständliche und bringende Beschwerden der französischen Kirche überreichen²; aber es lag nicht in seinem Charakter, einen Streit mit der Kirche aus Grundsätzen bis auf die Spitze zu treiben; auch zeigte sich Innocenz in allen anderen Dingen so gefällig gegen ihn als möglich und setzte z. B. fest: daß kein Prälat ohne päpstliche Genehmigung in seinen Staaten Bann oder Interdikt aussprechen dürfe³.

Minder geduldig gegen kirchliche Anmaßungen waren viele der französischen Großen. Die zunehmende Sittenlosigkeit und Habsucht der Geistlichen, die drückende Nähe des Papstes, Friedrichs Darstellungen und sein beharrlicher Widerstand reizten zu ähnlichen Klagen und ähnlichen Befreiungsversuchen. Der Adel that sich zusammen und schloß einen feierlichen Bund, an dessen Spitze der Herzog von Burgund und die Grafen von Bretagne, Angoulème und S. Paul standen⁴. Man verbot bei den strengsten Strafen, daß sich irgend Jemand vor geistlichen Gerichten stelle, es sey denn wegen Ketzerei, Wucher oder Ehesachen. Man übertrug jenen Häuptern die Entscheidung: ob Forderungen, Bann oder Interdikt der Geistlichen zu achten seyen oder nicht. Alle endlich gelobten sich unter einander nach Maßgabe der Bedrängniß mit Rath oder mit Geldbeiträgen, ja selbst mit dem Schwerte beizustehen. Als der Papst von diesem ernsten Bunde hörte, erschrak er sehr, wußte aber (als Ermahnungen und Kirchenstrafen nicht halfen) manche Einzelne mit Geschenken, Ablaß und Pfründen so geschickt zu beschenken, daß sie, um ihres Vortheils willen, das Allgemeine vergaßen und aus angeblicher Demuth jene Pläne fallen ließen.

Bei diesem Streite mit dem Adel erkannten die Geistlichen zwar einerseits, wie vortheilhaft ihnen der Beistand des Papstes gewesen sey; sie wurden aber andererseits von diesem gleichzeitig so bedrückt daß sie Hülfe bei dem Könige suchten, welcher auch alle Zahlungen an die neuen Steuereinnehmer des Papstes, die Bettelmönche, mit größtem Ernste verbot, weshalb sie ohne alle Ausbeute das Reich verlassen mußten und noch obenein verlacht wurden. Ungeachtet dieser kräftigen Maßregel blieben aber, wie gesagt, Ludwigs Ansichten über Christenthum und Kirchenherrschaft so verschieden von denen des Kaisers, daß dieser auf seinen Beistand nach seinem eigenen Sinne, wohl aber In-

---

¹ Cod. Vindob. philol., Nr. 305, f. 52; Nr. 380, f. 12. — ² Wahrscheinlich gehören hieher, welche Gieseler, II, 2, 242, mittheilt. — ³ Epist. ad reges Francor., 21. — ⁴ Matth. Paris, 483, 485.

96   Deutschland.

wenn darauf rechnen konnte: seine Herrschaft werde (sobald er nur im Einzelnen nachgebe) von Frankreich aus nicht untergraben, ja sein Aufenthalt in Lyon nicht einmal gestört werden. Ob aber Deutschland, das bei dem ganzen Streite am meisten betheiligte Reich, sein weltliches Oberhaupt kräftig unterstützen, oder auf die Seite des Kirchenfürsten treten werde? diese wichtigste Frage wird sich jetzt, nach gegebener Uebersicht der europäischen Verhältnisse, mit größerer Klarheit und Vollständigkeit entwickeln und beantworten lassen.

Zwanzigstes Hauptstück.

Während der ersten Hälfte des 13. Jahrhunderts fehlte es in Deutschland an einem das gesammte Volk zusammenhaltenden Gemeinsinn, sowie an der entscheidenden Oberleitung eines mächtigen Königs. Das Entgegengesetzteste trat nicht selten mit gleichen Ansprüchen hervor, so daß Prälaten, Fürsten und Städte sich selbst überlassen nach eigener Einsicht oder bloßer Willkür handeln durften. In dem Maße als die volksthümliche Richtung unbestimmter und schwankender ward, schien jeder Einzelne ein eigenthümlicheres Leben zu beginnen, und was der Selbstständigkeit des Ganzen fehlte, hielt Jeder durch die in seinem engeren Kreise wachsende Freiheit für mehr als ersetzt. Deutschland war eigentlich nicht mehr ein Staat, sondern bestand aus vielen einzelnen, in Fehde oder Freundschaft lebenden Staaten, wodurch sich die Mannichfaltigkeit der Verhältnisse und Ereignisse außerordentlich mehrte und die körperlichen wie die geistigen Kräfte in größere und vielseitigere Bewegung kamen. Allein andererseits sinken jene Ereignisse und Verhältnisse zu einer untergeordneten Bedeutung hinab und erscheinen (fast wie in Italien) von dem höheren politischen Standpunkte aus nur als eine böse, heillose Verwirrung. Wenigstens mußte Deutschland dem Kaiser so erscheinen, und jeder Versuch einer Geschichte der einzelnen Landschaften drängt zu derselben Ansicht hin; sie bedarf jedoch im Allgemeinen einer erheblichen Berichtigung. Die Entwickelung des dichterischen Lebens, der Wunderbau von Kirchen und Thürmen, die Regsamkeit der Tüchtigkeit der Bürger, der wachsende Betrieb aller Gewerbe und des Handels, die Zunahme der Bevölkerung u. s. w. beweisen, daß man die staatsrechtlichen Mängel nicht der Ermattung und Altersschwäche, sondern nur dem Mißbrauche oder dem einseitigen Gebrauche der vorhandenen sehr großen Lebenskräfte zuschreiben darf. Diese höchst merkwürdige innere Entwickelung Deutschlands soll in den Alterthümern jener Zeit genauer nachgewiesen werden: hier würden wir uns (ohne viele kleine Fehden ermüdend zu

Albert Beham.

erwähnen¹) sogleich wieder zu dem wichtigsten Verhältnisse zwischen Staat und Kirche, Papst und Kaiser.

Wie Albert Beham im südlichen Deutschland für den Papst mit Verletzung aller bürgerlichen und kirchlichen Ordnung bis zum Jahre 1241 wirkte, ist bereits oben erzählt worden². Seitdem mehrte sich der Haß gegen ihn: denn er befahl den christlichen Kämpfern, vielmehr den Kaiser als die Mongolen zu bekriegen; er bannte und lösete vom Banne für Geld, er suchte überall wo ihm die Bischöfe nicht gehorchten, mit Hülfe eigennütziger und unruhiger Stiftsherren, neue Wahlen durchzusetzen³ und schrieb über seinen großen Beschützer, den Herzog Otto von Baiern, bedenkliche, ja verleumderische Dinge an den Papst. Diese letzte Uebereilung stürzte ihn ins Verderben. Jene Briefe wurden nämlich aufgefangen, in Regensburg auf einer Tagsatzung öffentlich vorgelesen und die Acht über ihn und seine Anhänger ausgesprochen. Deßungeachtet kehrte er nach Baiern zurück und erregte neue Unruhen, ward aber dann in dem Schlosse Konrads von Wasserburg belagert und gefangen. Ob ihn Herzog Otto mit schmählichem Tode bestrafen ließ, oder ob er nach Lyon entkam, darüber

---

¹ Rome, Zeitschrift, 3, 59. Böhmer, Reg., LXIII. 9. B. im Sommer 1242 u. 1243 Fehde König Konrads gegen den Erzbischof von Mainz, mit Hülfe des Bischofs und der Bürger von Worms. Bodmann, I, 106, 186, aus einer alten Chronik. — ² Siehe oben S. 16. Dieser Beham, dessen Briefe und Berichte jetzt als eine preiswürdige und wahrhafte Geschichtsquelle laut gerühmt werden (Höfler, Albert Beham, 61—79) schreibt unter Anderem: Friedrich ist Fürst der Tyrannei, Umstürzer der Kirchenlehre und des Gottesdienstes, Verdreher des Glaubens, Meister der Grausamkeit, Umgestalter der Zeit (seculi), Hammer der ganzen Erde, Zerstreuer (dissipator) der Welt. Er schwärzet die Sterne (nigrescit), bedeckt die Sonne mit einer Wolke, der Mond giebt kein Licht mehr und alle Früchte seines Landes trauern. Mischet ihm den Kelch der Bitterkeit, nähret ihn mit Wermuth, reicht ihm Wasser der Galle, werft ihn hinaus aus dem Heiligthum des Herrn. Züchtigt den Mächtigen, mit dem Blute so vieler heiligen Befudelten aus dem Hintern (porcussum in posteriora?) und übergebt ihn der ewigen Schande. Er ließ zur Zeit des Streites mit Gregor IX Priester und Mönche hängen, ersäufen, an den Schwanz der Pferde binden u. s. w. Drei seiner Frauen ließ er in Gefängnissen so schmachten, daß ihnen Leben als Pein, Tod als Gewinn erscheinen mußte. Auch sind sie nicht natürlichen Todes gestorben, sondern durch Hülfe des Kochs, wie die gemeine Meinung aussagt!! So viel zur Probe der Auffassung und Darstellung. Albert schrieb dem Bischofe von Passau: die Bestimmung daß Niemand mehr als eine Pfründe haben solle, sey durch die Gnade Gottes und der römischen Kirche ganz aufgehoben; und so hatte er sich deren allmählich 18 zu verschaffen gewußt (100, 108, 152). Wiederholt ermahnt er die Bischöfe, dem Papste und den Kardinälen Geschenke in Geld, Dosen, Ringen u. dergl. zu senden, weil dies allgemein Gebrauch sey. So hatte der Bischof von Worms damals für sich und sein Stift eine Anleihe von 30,000 Mark machen müssen, und wenn der Erzbischof von Salzburg Geld schicke, werde ihn der Papst vom Banne lossprechen (112, 117). — ³ Aventin, VII, 5, 17, 37. Excerpta ex Albert, 800. Gemeiner, Chronik. Bischoff, I, 400. Hansitz, I, 394. Aventini excerpta, 787. Gassarus, 1440. Salisburg. chron. zu 1241 über mancherlei Fehden.

7*

1244 lauten die Nachrichten verschieden¹; auf jeden Fall hatte seine Wirksamkeit ein Ende, und man hoffte um so mehr auf bessere Zeiten und allgemeinen Frieden, da sich der Herzog von Oesterreich und der König von Böhmen versöhnten und nebst Otto von Baiern und den Bischöfen von Salzburg, Passau, Regensburg, Eichstädt, Freisingen u. A. auf die Seite des Kaisers traten. Thüringen und Sachsen blieben, wo nicht gleich freundlich, doch ruhig gesinnt, und den rheinischen Bischöfen hielten die weltlichen Fürsten jener Gegenden das Gleichgewicht². Wenigstens nannte der Kaiser die Herzöge von Brabant und Lothringen, die Grafen von Geldern und Lüttich u. A. Lichter seiner Krone und versprach sie dereinst beim Papste zu vertreten³.

Als nun aber Innocenz den Kaiser in Lyon absetzte und laut erklärte daß er Krieg, nicht Frieden wolle, da wurden die kaum in etwas beruhigten Gemüther von neuem aufs Heftigste bewegt⁴, und ehe König Konrad (welcher sogleich aus Verona nach Deutschland eilte) 1245 im Stande war kräftige Maßregeln zu ergreifen, waren die päpstlichen Schreiben und Bannbullen bereits angelangt und von mehren Bischöfen aus Furcht, von anderen mit Freuden bekannt gemacht. Alle (heißt es in denselben) welche dem abgesetzten Kaiser anhangen, verlieren Rechte, Ehren, Aemter, Besitzungen, Lehen. Sie dürfen kein Zeugniß ablegen, nicht erben, nicht letztwillig verfügen und werden (damit sie durch die Strafe ihre Sünde besser einsehen lernen) auf alle Zeiten für ehrlos erklärt⁵. Das Hauptziel des Papstes, eine neue Königswahl, sollte sein Gesandter, der Bischof Philipp von Ferrara, betreiben⁶. Philipp, geboren in Pistoja von armen und geringen Aeltern, hatte sich durch großen Verstand und kühne Gewandtheit emporgearbeitet. In seinem jetzigen Wirkungskreise waren ihm heftige, ja grausame Maßregeln am willkommensten, und seine finstere Gemüthsart trat immer gewaltsamer heraus. Sagt doch selbst ein päpstlich gesinnter Geschichtschreiber: „Philipp war sehr melancholisch, verdrießlich, wüthig und ein Sohn Belials. Er galt für einen großen Trinker, und wenn er beim Beten auf- und abging, stand guter Wein in kaltem Wasser immer neben ihm⁷."

Unter den Prälaten fand Philipp Anhang, ja die Erzbischöfe von

---

¹ Nach allen passauischen Quellen ward Albert gefangen und geschunden. Adlzreiter, 635. Zuletzt wird er 1250 als Dombechant von Passau erwähnt, und ein gewaltsamer Tod steht nicht fest. Alb. Beham, 222. — ² Lünig, Cod. dipl., II, 1100, Urk. 45, schon zu 1241. — ³ Doch folgte hieraus nicht, daß sie für den Kaiser viel thun und opfern wollten; vielmehr entband er sie von der Pflicht, nach Italien zu ziehen, und König Konrad zahlte dem Herzoge Heinrich 3000 Mark für geleistete Dienste. Ibid., II, 1102, Urk. 47 zu 1242. Im Oktober 1241 verpfändete Friedrich II die Stadt Düren dem Grafen Wilhelm von Jülich für 10,000 Mark Silber. Kremer, III, Urk. 63. — ⁴ Monach. Patav., 682. — ⁵ Höfler, 381. — ⁶ Estense chron. Bonon. hist. misc. zu 1244. — ⁷ Multas crudelitates exercuit. Melancholicus et tristis et furiosus et filius Belial. Magnus potator etc. Salimbeni, 374, 377, 399. Malespini, 133.

Mainz und Köln sollen auf Friedrichs Absetzung gedrungen und eine 1246 neue Königswahl versprochen haben[1]; von den mächtigeren weltlichen Fürsten wollte aber keiner auf diese Maar eingehen. Die Tüchtigsten zürnten, daß der Papst sich herausnehme ihren König nach eigener Willkür und ohne Rückfrage und Beistimmung zu entsetzen; die Ehr- und Habsüchtigen hielten die Macht der Hohenstaufen noch für zu groß, als daß man sie leicht stürzen könne. Weil aber der angesehene Herzog von Baiern so lange ein Gegner des Kaisers gewesen war, richteten die jetzt zur päpstlichen Partei übergetretenen Bischöfe von Salzburg, Freisingen, Regensburg u. s. w. zunächst ihre Augen auf ihn und verlangten, er solle, bei Strafe des Bannes, ihrem Beispiele folgen. Er aber antwortete: „Als ich auf des Papstes Seite stand, nannten ihr diesen den Antichrist und bewieset mir, daß alles Unheil und aller Frevel von ihm ausgehe. Da wandte ich mich, eurem Rathe folgend, zum Kaiser; und nun schildert ihr diesen als den größten Frevler. Was heute Recht war, ist euch morgen Unrecht, und ohne Rücksicht auf Grundsätze und auf Treue bestimmt Eigennutz allein eure Handlungsweise. Ich dagegen will fest an dem halten, was ich gesagt und versprochen habe, und mich nicht von jedem Winde bald dahin, bald dorthin treiben lassen[2]."

Aus denselben oder ähnlichen Gründen fanden die geistlichen Vorschläge kein Gehör bei dem Könige von Böhmen, den Herzögen von Oesterreich, Braunschweig, Brabant und Sachsen, bei den Markgrafen von Meißen und Brandenburg. Das Uebermaß geistlicher Ansprüche schien die sonst so oft uneinigen weltlichen Fürsten unerwartet zur Eintracht zu zwingen, und kaum wußten die Prälaten, an welchen irgend bedeutenden Fürsten sie sich noch mit Erfolg wenden sollten: da verfielen sie endlich auf Heinrich Raspe, den Landgrafen von Thüringen[3]. Heinrich war der Sohn Landgraf Hermanns, der Enkel einer Schwester Kaiser Friedrichs I[4]. Nach dem unerwartet frühen Tode seines älteren Bruders Ludwig behandelte er seine Schwägerin, die heilige Elisabeth, und deren Kinder keineswegs als ein zärtlicher Verwandter oder gerechter Vormund[5], welches gemüthlose habsüchtige Verfahren, selbst nach seiner Besserung, so im Angedenken der Menschen blieb, daß Viele argwöhnten, er habe seinen Neffen Hermann (der 1241 im siebzehnten Jahre seines Alters plötzlich starb) aus Herrschsucht vergiftet[6], und es für eine gerechte Strafe des Him-

---

[1] Wormat. ann., 189. — [2] Aventin. ann., VII, 0, 1. Otton fournit toujours à Conrad son gendre des secours en hommes et en argent, sans s'effrayer de la colère du pape. Cherrier, 3, 195. — [3] Raspe von einer Burg, Raspenberg in Thüringen. Wenzel, III, 301. Corner, 891. Raspe heißt so viel als der Rauhe, Tapfere und war ein Beiname mehrer Landgrafen von Thüringen. Schmidt, Geschichte von Hessen, I, 131. Vergl. Rommel, Geschichte von Hessen, I, Anmerk. 200. — [4] Bünau, 347. — [5] Siehe Band III, S. 357. fg. — [6] Das Verbrechen ist nicht erwiesen. Kohle, 1733. Monum. Landgrav. Thuringiae, 827.

1246 mels hielten, daß er mit drei Frauen keine Kinder erzielt hatte. Im Uebrigen wird Heinrich als ein tapferer und kluger Mann geschildert [1], welchen Kaiser Friedrich deßhalb zu einem seiner Stellvertreter in Deutschland ernannte [2]. Die größte Tüchtigkeit schien er endlich zu beweisen, als er den einseitigen Antrag, die deutsche Krone zu übernehmen, ablehnte. Bald aber offenbarte sich daß ihn hiezu weder Dankbarkeit gegen den Kaiser, seinen Wohlthäter, antrieb, noch die Erinnerung an alte Verwandtschaft, noch das Gefühl der dem Kaiserthume und dem deutschen Volke angethanen Schmach, noch die Ueberzeugung daß sicherer Ruhe mit Gerechtigkeit verbunden mehr werth sey, als größeres Ansehen aus Ungerechtigkeit hervorgehend: sondern Heinrich Raspe lehnte den Vorschlag ab, weil ihm der Erfolg bei seiner geringen Macht und der kleinen Zahl abtrünniger Fürsten ungewiß erschien. Sobald ihn aber der Papst wiederholt anwies, um Gottes und der Christenheit willen die Krone anzunehmen, sobald er ihm große Geldsummen bot, ließ Heinrich die Vorwände der Kinderlosigkeit und zu hohen Alters, wie es scheint, gerne fahren und sprach mit scheinbar heldenmüthiger, der Wahrheit nach unwürdiger Ergebung: „So will ich gehorchen, und wüßte ich auch, daß ich kein Jahr mehr lebte?!"

Erst jetzt, nachdem der Landgraf und der Papst Handels einig geworden, gedachte man auch der zur deutschen Königswahl Berechtigten, und Innocenz schrieb am 21. April 1246 an die Erzbischöfe, edlen Männer und andere deutsche Fürsten, welche die Macht haben, einen deutschen König zu erwählen: „Bei eurem Glauben, eurer Frömmigkeit und eurer Verpflichtung für die Ehre der Kirche und des Reiches zu wirken, werdet ihr, wie wir glauben, hoffen, erwarten und verlangen, allem von uns gut Befundenem [4] doppelt gern und schnell gehorchen. Deßhalb bitten, erinnern und ermahnen wir euch, wir weisen euch ernstlich an und legen euch zur Vergebung der Sünden auf, den Landgrafen Heinrich von Thüringen einstimmig und ohne allen Verzug zum König zu erwählen [5]." — Auf die weltlichen

---

[1] Contin. Mart. Poloni, 1419. — [2] Sacri Imperii per Germaniam procurator. Weiße, I, 209, und Sagittarii Bericht über Heinrich. — [3] Rohie, 1735. Matth. Par., 464. Ursinus, 1291. Reg. Innoc. IV, III, 4—6; IV, 3. Cherrier, III, 180. — [4] Bene placitis. Raynald zu 1240, §. 2. — [5] Damals schrieb Reinmar von Zweter (Hagen, Minnesinger, II, 204, Nr. 148):

Daz riche hast des keisers niht,
Er ist sin pfleger unt sin voget; ir vürsten sehet ir iht
An im so schuldehaftes, davon er sule des riches abe gesten,
So nemt iu einen, der iu zeme.
Unt ouch dem riche daz, dan er, unt warten alle dienst:
Sit ir dem keiser gram, die rache lat niht über daz riche gen.
Ir sult des riches wol von rehte schonen,
Swenne ir dem keiser an genurnt die vrouen:

Heinrich Raspe.

Fürsten machten weder diese allgemeinen Schreiben, noch andere Eins 1246 drück, welche an die einzelnen gerichtet wurden; mehr wirkten 25,000, oder wie Andere wollen, 50,000 Mark [1], welche Innocenz besonders in England auf die schon erzählte Weise beigetrieben hatte und jetzt über Venedig durch Anweisungen oder Wechsel nach Deutschland sandte. Hiemit bezahlte und gewann der Landgraf manchen Edlen, während sich die Prälaten (aus natürlichem Widerspruche gegen die Laienfürsten und um der Kirchenherrschaft ganz unbeschränkte Rechte zu verschaffen) den päpstlichen Weisungen gern unterwarfen. Die Erzbischöfe von Mainz, Trier, Köln und Bremen, die Bischöfe von Würzburg, Naumburg, Metz, Speier und Straßburg [2] wählten am Dienstag nach Himmelfahrt [3] des Jahres 1246 zu Hochheim bei Würzburg den Landgrafen Heinrich zum deutschen Könige. Von den größeren weltlichen Fürsten hatten sich nur Heinrich von Brabant und Albrecht von Sachsen eingefunden [4]; die meisten hingegen zürnten so sehr über das anmaßliche, einseitige Verfahren der Prälaten, daß der Landgraf den Spottnamen des Pfaffenkönigs erhielt. Desto erfreuter war der Papst über diesen Fortschritt seiner Plane und schrieb dankbar an den Erzbischof von Mainz, welcher ihm die erste Nachricht von der glücklich vollzogenen Wahl gegeben hatte. Durch Kreuzpredigten,

---

Swelh turnei si dan uf gesezzet,
Der sol daz riche wol enthaben,
Beidiu, von unrehte unt von schaben:
So werden wir des keisers wol ergezzet.
Bestimmter erklärt sich der Hardegger für Konrad (Hagen, II, 136, Nr. 9) und sagt:
Hilf dem künic Chuonrat also,
Daz er mit rehte ein vogt ze Rome werde,
Unt des die armen werden vro:
Ez lebt nu herren niht uf Tiutscher erde,
Noch bi den walhen, der uns an ze herren daz gezeme.
We dem, der herren habe die wal, ob der wär in deheinen swachen neme!
Ferner sagt Meister Sigeher (Hagen, II, 361, Nr. 2):
Als der tollen spilt der Walch mit Tiutschen vürsten:
Er sezzet si uf, er sezzet si abe,
Nach der habe
Wirfet er sie hin unt her, als einen bal.

[1] Rohte, 1735. Ursinus, 1201. Matth. Paris, 473, 490. Erfurt. chron. S. Petrin. zu 1245. Veterocell. chron. zu 1244. Sifridi epitome, 1041. Geschichte Friedrichs II, 342. — [2] Northof, Catal. archiep. Colon, und Grembachius, Belgic. chron. magn., 259. Gassarus, 1446. Unter den Genannten stimmten noch einige, keineswegs aber alle Bischöfe bei. — [3] Gudeni cod., I, 539, hat den 22. Mai. Drei Tage oder vielmehr Dienstag nach Himmelfahrt (22. Mai), sagen Litterae princip. ap. Hahn., 27. Aventin. annal. Boj., VII, 5, 33. Martin. Fuld., 1709. Andere nennen den Himmelfahrtstag, den 17. Mai. Rehm, Mittelalter, I, 450. Burckhardt, 23. — [4] Graf Hermann von Henneberg, der Neffe Heinrichs, war mit in Hochheim und unterschrieb die Wahlurkunde. Schultes, Gesch. von Henneberg, I, 116. Ueber andere weltliche Anhänger Heinrichs: Rommel, I, Anm. 250. Böhmer, Reg., 265.

104 Krieg in Deutschland.

1246 großen Ablaß und harte Kirchenstrafen reizten die Prälaten (an ihrer Spitze der mit den größten Vollmachten versehene Legat) zur Fehde gegen die Hohenstaufen und schreckten viele ihrer Freunde [1]. Nicht minder thätig zeigten sich, der Aufforderung des Papstes folgend, die Bettelmönche: sie brachten bald Geld, bald Ermahnungs-, bald Trostbriefe und warben überall Soldaten [2], als sey ein Krieg gegen den Kaiser einem Kreuzzuge gegen die Ungläubigen ganz gleich zu stellen! — Ja der Papst verbot Kreuzpredigten für das heilige Land und verwandte das Geld was für Lösung der Pilgergelübde einging, zum Kriege wider den Kaiser [3]. Um diesem Feinde zu erwecken gebrauchte Innocenz Mittel aller Art; z. B. Dispensationen wegen verbotener Grade, unehelicher Geburt, von Gelübden, von Zinszahlungen an Freunde des Kaisers, von Simonie, Häufung der Pfründen u. s. w. [4].

Von seinen Anhängern umgeben, zog Heinrich Raspe gegen Ende des Julius nach Frankfurt am Main, um daselbst einen Reichstag zu halten, während die Hohenstaufen am 16. Junius den Herzog Friedrich von Oesterreich, einen ihrer mächtigsten und treuesten Freunde, verloren [5]. Doch brachte König Konrad ein Heer zusammen, und es kam am 5. August 1246 vor den Thoren Frankfurts zu einer Schlacht, welche Konrad fast gewonnen hatte, als zwei schwäbische Grafen (höchst wahrscheinlich die Grafen Ulrich von Wirtemberg und Hartmann von Grüningen [6]) plötzlich mit 2000 Mann umwandten und schändlich entflohen. Sie hatten vom Papste 6000 Mark und das Versprechen erhalten, das Herzogthum Schwaben solle zum Lohn ihres Abfalles unter beide vertheilt werden. Mit 1000 Getreuen setzte Konrad indeß den Kampf muthig fort, bis unerwartet noch eine Schaar, zwar ungeordneter, aber zahlreicher Feinde [7] hervorbrach: da mußte auch er mit Zurücklassung des Gepäcks und der Zelte und nach Verlust vieler Mannschaft [8] entfliehen.

Diese Niederlage that den Hohenstaufen sehr großen Schaden. Mailand und die Lombarden, welche schon früher Gesandte an Heinrich geschickt und Hülfe gesucht und versprochen hatten, faßten nach

---

[1] Salisburg. chron. Corner, 891. Raynald, §. 5—7. Guil. Nang. chron. — [2] Wadding, III, 145. Matth. Par., 474. — [3] Innocenz IV schreibt seinem Legaten: ne stant conciones pro cruciata terrae sanctae, sed contra Fridericum; voluntas autem ut ista secreto teneas, nulli penitus revelanda. Reg. Innoc., Jahr IV, ep. 19. Ueber die Lösung vom Pilgergelübde, Jahr VI. ep. 277. — [4] Höfler, 270—274. — [5] Das Nähere hieven im folgenden Hauptstücke. — [6] Matth. Paris, 473 und 479. Heyd, Geschichte der Grafen von Grüningen, S. 75. Ursins, 1291. Gudeni cod., I, 593. Ensdorf. ann. Auctor incert. ap. Urstis. Spirens. annal., 156. Maurimonast. ann., p. 9. Notae hist. Argentin., p. 114. Stälin, II, 482, 105. — [7] Ein Hark gewerbes Volkes. Rohte, 1735. Andreas et Chrast, Chron., 2085. — [8] Nach dem Schreiben Walters von Ocra bei Matth. Par., 479, verlor Konrad nur 200, nach Heinrichs Schreiben (Litterae princ. ap. Hahn., 29—30) nahm dieser 024 Mann gefangen.

Empfang dieser Nachrichten neuen Muth¹. Auch antwortete Heinrich 1246 schon ganz auf königliche Weise, wies dem Erzbischof Theodorich von Ravenna an Vertriebene in die Städte zurückzuführen, und schloß damit: er werde ihm nächstens seine weiteren Beschlüsse über die Lombarden melden. — Viel unmittelbarer waren aber die nachtheiligen Wirkungen jener Niederlage in Deutschland: Markgraf Rudolf von Baden trat öffentlich auf Heinrichs Seite², mehre schwäbische Bischöfe und Klöster wurden wankelmüthig, der Bischof von Straßburg, Heinrich von Stahleck, setzte sich in den Besitz hohenstaufischer Orte, und jeder Prälat, jeder Edle glaubte zuletzt: es sey am klügsten, vortheilhafte Freibriefe vom Papste und verschwenderische Vergabungen des Reichsgutes von dem schwachen Heinrich anzunehmen³; während Kaiser Friedrich und König Konrad auf solche Weise weder verfahren konnten, noch wollten. Vergebens klagte der Kaiser laut daß der Erzbischof Konrad von Köln, ob er gleich bei der Freilassung aus der Haft (in welche er bei der Reise zur Kirchenversammlung gefallen war) geschworen habe, nie etwas gegen ihn zu unternehmen, aufs Feindlichste verfahre; daß Heinrich Raspe, uneingedenk der Verwandtschaft und Dankbarkeit, den päpstlichen Lockungen Gehör gebe⁴. — Ohne Hinderniß hielt dieser Reichstage in Frankfurt und Nürnberg und drang vor bis zur Donau. Da fand Konrad, dessen Untergang schon unvermeidlich zu seyn schien, doppelten Beistand; zuvörderst bei dem Herzoge von Baiern. Mochte dieser unzufrieden seyn daß man den Landgrafen ihm vorgezogen habe, oder war es Ueberdruß an den päpstlichen Umtrieben, oder Gefühl des Rechtes und der Ehre, oder dies Alles zusammen genommen: genug, er unterstützte Konrad auf alle Weise⁵ und gab ihm sogar, zur Bürgschaft treuer Anhänglichkeit, im Herbste 1246 seine Tochter Elisabeth zum Weibe⁶.

Noch größere Hülfe gewährten dem Könige Konrad die jetzt zum ersten Male mit großem Nachdruck in die öffentlichen Verhältnisse eingreifenden deutschen Städte und Bürgerschaften. Ihre Macht beweiset, daß des Kaisers Gesetze sie nicht zu Grunde gerichtet hatten, und ihre unwandelbare Treue gegen die Hohenstaufen zeigt, daß sie diesen nicht einmal feindliche Absichten beimaßen. Vielmehr hegten sie die Meinung: Friedrich habe ihnen gern alle irgend mit der allgemeinen Ordnung verträglichen Freiheiten bewilligen wollen und sey ihr ächter Schutzherr, während sie bei weiterem Sinken der kaiserlichen Macht in die Hände

---

¹ Litterae princ., l. c. Bartholom. ann. zu 1246. Matth. Par., 464. Rubeus, Ravenna, 420. — ² Schöpfl. histor. Zaringo-Badensia, II, 2. — ³ Beweise im Archive zu Stuttgart. — ⁴ Matth. Par., 394. Cod. Vindob. philol. Nr. 383, fol. 25; Nr. 65, 77; Nr. 305, 70. — ⁵ Bonon. histor. misc. u. 1244. Auctor incert. ap. Ursis. Salisburg. chron. Monach. Patav., 682. Gemeiner, Chron., 344. Monach. Bavar. Lang. Jahrbücher zu 1246. — ⁶ Isabelle von Frankreich, welche Konrad früher heirathen wollte, hatte, gegen den Rath ihres Bruders, König Ludwigs IX, und ihrer Mutter, den Eintritt in ein Kloster vorgezogen. Velly, 303. Helyot, V, 26, 230.

1246 der Prälaten und Fürsten gerathen müßten. Daher unterstützten sie den Kaiser, ohne Rücksicht auf den Bann Albert Behams, bereits in seinem Kriege gegen Gregor IX und die Lombarden [1]; daher verweigerten die Bürger von Worms beharrlich die Leistung eines Eides, welcher die unbedingte Treue gegen den Kaiser in zweifelhaftes Licht zu stellen schien [2], und Frankfurt hielt, sobald es von fremdem Einflusse frei ward, so treu an den Hohenstaufen, daß sich sogar Geistliche daselbst lieber ihre Pfründen absprechen ließen, als daß sie jenen abgesagt hätten [3]. Nicht minder beharrlich stellte sich Erfurt dem Erzbischof Siegfried von Mainz [4], Straßburg dem Bischof Heinrich [5], Metz dem Bischof Jakob, Regensburg dem Bischofe Siegfried entgegen. Als der Letzte hierauf mehre Bürger gefangen setzte, ward er nebst seinem Anhange, mit Hülfe König Konrads und Herzog Ottos, bezwungen, gestraft und vom Kaiser jeder Ansprach vernichtet, welchen der Bischof aus den Gesetzen des Jahres 1232 auf die Stadt und deren innere Einrichtungen herzuleiten suchte [6]. Er starb in so großer Verachtung, daß Rath und Bürgerschaft ihn nicht einmal wollen an-
1247 ständig begraben lassen. Aehnliche Erscheinungen wiederholten sich in mehren Gegenden Deutschlands, und wenn Bann und Interdikt vom ängstlichen oder gewissenhaften Geistlichen streng gehalten wurde, so baute man wohl, wie in Luzern, neue Kirchen, um wenigstens diese von allen Beschränkungen frei zu haben und zu behalten [7].

An einer schwäbischen Stadt scheiterte zuerst Heinrich Raspes Glück [8]. Reutlingen, welches Friedrich II begünstigt und mit Mauern umgeben hatte, antwortete den Gesandten des Landgrafen: „Der dem Kaiser geschworene Eid bleibt uns, trotz päpstlicher Lösung desselben, ein heiliger, und wir gelobten der Jungfrau Maria eine Kirche zu erbauen, wenn wir durch sie aus den Händen des angeblichen Königs befreit würden." Dieser konnte den tapferen Bürgern nichts abgewinnen, hob die Belagerung auf und wandte sich nach Ulm. Hier fand er aber nicht allein denselben Widerstand, sondern ward auch, nachdem sein Heer schon durch Hunger und Kälte gelitten hatte, von Konrad entweder in der Nähe dieser Stadt, oder in der Gegend von Achen überrascht und geschlagen. Verwundet eilte Heinrich bis in seine Heimath, bis zur Wartburg zurück [9]; ein Fall vom Pferde ver-

---

[1] Aventin. ann. Bojor., VII, 5, 1. — [2] Sie wurden dafür sehr vom Kaiser gelobt. Cod. philol. Vindob., Nr. 305, fol. 155. — [3] Kirchner, I, 135. — [4] Erfuriens. antiquit. zu 1247. Lünig, Reichsarchiv, Contin. J., von Hause- und Municipalständen, von Erfurt, Url. 16. Die Stadt ward in besondern Reichsschutz genommen. — [5] Auctor incert. ap. Urstis. Colmar. chron. Königshofen, 116. Gallia christ., XIII, 700. Pfister, Gesch. von Schwaben, II, 307. — [6] Lünig, Reichsarchiv, Spic. eccl. von Regensburg, Urk. 13, 14; von Straßburg, 13—15. Ried., Cod. diplom., I, 421, 421, 453. Gemeiner, Chronik, 353. — [7] Luzerner Ehren., 129, 142. Ueberhaupt beharrten viele freie Landleute, so in Schwyz, Graubünden u. s. w., auf Friedrichs Seite. Eichhorn, Episc. Curiens., 41. — [8] Staats- und Erbbeschreibung des schwäbischen Kreises, II, 525. — [9] Die Nachricht bei Matth.

mehrte das Uebel, und als endlich ein böser Durchfall hinzutrat, starb 1247 er, machtlos und ruhmlos, am 17. Februar 1247 [1]. Hiemit war das Uebergewicht der Hohenstaufen in Deutschland wiederum entschieden, überall traten ihre Freunde hervor, und Mancher, der früher ängstlich geschwiegen und den Erfolg abgewartet hatte, suchte nun durch verdoppelten Eifer die Zweideutigkeit seines Benehmens zu verdecken. Am meisten litten Geistliche und Klöster [2]; selbst dem päpstlichen Abgesandten Philipp verging der Muth und er fürchtete daß ihn die Bürger der Stadt, wo er sich eben aufhielt [3], mißhandeln möchten. Deshalb versteckte er sich zuerst in einem Minoritenkloster, wollte aber dann, weil man ihn hier leicht suchen und finden könnte, um jeden Preis die Stadt verlassen. Heimlich brachte ihn der Guardian bis zum Thore, fand dies aber gegen die Erwartung verschlossen, und schon waren Alle im Begriff ins Kloster zurückzukehren, als der Legat ein Loch in der Mauer erblickte, durch welches ein großer Hund hindurchkroch. Aller erhobenen Bedenken ungeachtet beschloß er diesem zu folgen, blieb aber, seiner gewaltigen Dicke wegen, in der Mitte stecken, sodaß er weder vorwärts noch rückwärts konnte. Endlich setzte ihm der Guardian, in solcher Angst aller Ehrfurcht vergessend, den Fuß auf das Gesäß und trat so lange zu, bis Philipp hindurch war [4].

Obgleich der Papst über diesen Wechsel der Ereignisse und darüber sehr betrübt war, daß so viele Anstrengungen und Ausgaben verloren schienen, beharrte er dennoch, jede Rechtfertigung und Aussöhnung verschmähend, auf seinem Plane und schrieb Briefe und schickte Bevollmächtigte in alle Lande, welche zuerst trösten und dann zu verdoppelter Thätigkeit auffordern mußten [5]. Er selbst vergab Lehen in Sicilien und Apulien, als sey er im Besitze dieser Reiche, und warb und sammelte bei Lyon viele Mannschaft, welche unter Anführung des Kardinals Octavian den Mailändern zu Hülfe eilen sollte. Niemand zweifelte, Graf Amadeus von Savoyen, seither ein gefälliger

---

Paris, 487, daß die Schlacht kurz vor der bezweckten Krönung und in der Nähe der Krönungsstadt vorgefallen sey, hat einige Wahrscheinlichkeit: weil Konrad im December 1246 eine Urkunde in Aachen vollzieht (Böhmer, Reg., 700). Daß aber Heinrich von Ulm ohne Kriegsunglück sogleich bis Thüringen zurückgegangen seyn würde, erscheint nicht glaublich. Näheres in Gruneri opusc., 1, 38. Burchardi, 27. [1] Monum. Landgrav. Thur., 827. Lindner, Onomast., 1404. Vitodur., 3. Gudeni codex, 1, 593. Staindel zu 1247 erwähnt des Falles vom Pferde. Gassarus, 1447. Erfurt. chron. S Petr. Corner, 891. Weise, Gesch. von Sachsen, I, 271. Schminklus, De epocha electionis et mortis Henrici Raspouis. — [2] Die Mönche des Klosters Kappel z. B. retirten sich vor den Verfolgungen der Freunde des Kaisers nach Zürich. Archiv des Finanzrathes in Zürich. Urk. von Kappel, 247. — [3] Die Stadt wo dies geschah, wird nicht genannt. — [4] Guardianus posuit pedem supra nates ipsius et calcavit etc. Salimbeni, 376. — [5] Raynald., §. 17. Barthol. annal. Petr. Vin., II, 37. Bullae pontif. ap. Uebn., 33.

1247 Freund des Papstes, werde gern den Zug durch die Engpässe der Alpen bewilligen und den nöthigen Beistand leisten. Amadeus erhob indeß, so geschickt als unerwartet, bald diese, bald jene Schwierigkeit, bis die päpstlichen Anführer in Geldmangel geriethen und ihre Soldaten auseinanderliefen. Des Grafen Benehmen entstand aber daher daß, nach gepflogenen Unterhandlungen, am 21. April 1247 ein Heirathsvertrag [1] zwischen Manfred, einem Sohne des Kaisers, und Beatrix, der Tochter des Grafen, zu Stande kam, vermöge dessen das Land zwischen Genua, Pavia und den Alpen der Neuvermählten zugesprochen und die Aussicht auf Belehnung mit dem ganzen arelatischen Reiche eröffnet wurde [2]. Gleichzeitig zog Friedrich mit ansehnlicher Heeresmacht über Pisa nach der Lombardei, was (zusammengenommen mit dem Tode Heinrich Raspes und der Zerstreuung des päpstlichen Heeres) selbst die Mailänder zum Frieden, oder doch zu Unterhandlungen geneigt machte [3]. Und noch aufrichtiger erklärte wohl der Kaiser: er sey aller Fehden müde und wolle sich auf billige Bedingungen mit seinen Feinden aussöhnen. Ungeachtet dieser milden Aeußerungen gerieth aber Innocenz in große Sorge [4], als Friedrich (dem auch der Dauphin von Wienne jetzt befreundet war) mit Mannschaft in Turin anlangte und bekannt machte: er werde zuvörderst nach Lyon kommen und sich rechtfertigen, dann aber nach Deutschland gehen, um Ordnung und Gehorsam wiederherzustellen. — Nur auf Täuschung und Gewalt, erklärte Innocenz, sey es hiebei abgesehen; der König von Frankreich möge die Zerstörung der Kirche nicht dulden und wohl überlegen was für sein eigenes Reich zu besorgen sey, wenn der Kaiser in Lyon herrsche und Deutschland und Italien auf dieser Seite in seine Gewalt bekomme [5]. Ludwig erklärte sich geneigt den Papst zu schützen, und sammelte ein Heer um nach Lyon, ja, wie Innocenz schreibt, selbst nach Italien gegen den Kaiser zu ziehen. Wenn der Papst aber seiner Danksagung sogleich die Forderung hinzufügt: der König möge ohne päpstliche Weisung nicht vorrücken, so müssen wir vermuthen daß er das Gerücht von dessen Eifer vergrößerte, um den Kaiser zu schrecken; oder daß er dem höchst gerechten Ludwig so wenig überwiegende Gewalt gönnte, als dem feindlichen Kaiser. Auch trat (und dies war vielleicht der entscheidende Grund jener Forderung) um dieselbe Zeit, wohl nicht ohne Mitwirkung des Papstes, ein Ereigniß ein, welches den Kaiser nach Italien zurückrief und seine Pläne auf Lyon und Deutschland vereitelte.

König Enzius belagerte damals Quinzano, eine Burg der Brescianer; Friedrich von Antiochien verheerte Perugia [6]; nirgends hatten

---

[1] Dumont, I, 195. Urk. 374. Guichenon, Hist. de Savoye, preuv. 71. — [2] Dandolo, 350. Hist. patriae monum. scriptores, 567. Böhmer, Reg., 278. Cibrario, Hist. di Savoia, II, 34. — [3] Zu einem völligen Frieden, wie Matth. Par., 486, erzählt, kam es indeß nicht. — [4] Raya, §. 11. Estense chron. — [5] Petr. Vin., II, 49. Martene, Coll. ampliss., II, 1136, 1139. — [6] Dandolo, 356. Patavin. chron. Lami, Memor., I, 490.

die guelfischen Lombarden ein erhebliches Heer im Felde, vielmehr 1247
breitete sich die kaiserliche Macht allmählich immer weiter aus. Aber
eben diese Verbreitung machte es unmöglich, alles Gewonnene gleichmäßig und genügend zu decken, und hierauf gründeten die aus Parma
vertriebenen Verwandten und Anhänger des Papstes den Plan, diese
Stadt in ihre Gewalt zu bringen. Sie erfuhren von ihren Mitver-
schworenen, daß Maria, die Tochter des kaiserlichen Feldhauptmanns
Bartholomäus Tavernieri, am 13. Junius 1247 in Parma mit einem
Edlen aus Brescia vermählt wurde, und hofften an diesem Freuden-
und Festtage die Stadt durch Ueberfall einzunehmen. Von Piacenza
aus zogen die Vertriebenen in tiefer Stille nach Noceto und erwählten hier Hugo Sanvitale, einen Neffen des Papstes, zu ihrem Anführer. Die wenigen Menschen, welche sich auf der Landstraße befanden,
wurden entweder gefangen, oder durch Bitten und eindringliche Vorstellungen über die Gerechtigkeit des Vorhabens gewonnen. Erst als
Alle ungestört in der Nähe von Parma angelangt waren, drang das
Gerücht von der bevorstehenden Gefahr zu den Häuptern, wie zu dem
Volke. Alle hatten sich heute sorglos der Freude hingegeben, und
Vielen, denen die Besinnung nicht schon durch den Wein verloren
gegangen war, raubte sie der Schreck. Doch vergaßen Tavernieri und
der Podesta Heinrich Testa ihrer Pflicht nicht, sondern eilten, ob sie
gleich die Masse der Bürger und Handwerker (denen ein Krieg zwischen den kaiserlich und päpstlich Gesinnten fast gleichgültig war) nicht
zu eifrigem Widerstande bewegen konnten, mit ihren Getreuen den
Guelfen entgegen. Weil aber der Podesta sogleich beim Anfange des
Gefechtes getödtet und Tavernieri schwer verwundet wurde, so
geriethen die Uebrigen in Unordnung, und die deutschen Söldner ließen von diesem Augenblicke ruhig Alles geschehen, ohne sich weiter zu
widersetzen. Daher siegten die Vertriebenen völlig ob. Albert Sanvitale [1], des Papstes Neffe, trat wieder als Bischof auf, und der
Guelfe Gerhard von Correggio [2], ein starker und gewaltiger Mann,
ward Podesta der Stadt.

Mit diesem anfänglichen Glücke war allerdings sehr viel, aber
doch nicht Alles gewonnen: denn König Enzius, Ezelin, Friedrich von
Antiochien und alle zeitherigen Freunde des Kaisers setzten sich in
Bewegung, um Parma wieder zu erobern. Noch schneller sorgten in-
deß die Guelfen für eine Hülfsmacht, welche theils der Graf von
S. Bonifazio, theils der päpstliche Legat Gregor von Montelongo aus
Piacenza und Mailand nach Parma führte. Dieser Gregor verstand
mehr von Krieg und Kriegslisten als von geistlichen Dingen und

---

[1] Er war Sohn einer Schwester Innocenz IV und seit 1243 Bischof.
Ughelli, Ital. sacra, II, 178. Salimbeni, 247, 320. Chr. Ital. Brév., 210.
— [2] Ueber die Familie der Correggio: Tiraboschi, Moden., V, 1. Bonon.
hist. miscella zu 1246—47.

110   Friedrich vor Parma.

1247 hielt sich — während man dieß Friedrich II bitter vorwarf — unbekümmert um sein Gelübde, mehre Beischläferinnen [1].

Sobald die Botschaft von diesen Ereignissen dem Kaiser hinterbracht wurde, erließ er allgemeine Schreiben, welche zuvörderst Klagen über Undank und Wortbruch, dann Warnungen und Drohungen, endlich aber auch bestimmte Vorschriften enthielten daß und wie Jeder thätig seyn und zur Wiedereroberung Parmas wirken solle [2]. So wichtig war es dem Kaiser, diesen Vorgang zu bestrafen und die zu großem Nachtheil unterbrochene Verbindung zwischen den ghibellinischen Städten herzustellen, daß er, wahrscheinlich sehr ungern, seinen Plan nach Lyon und Deutschland zu ziehen, aufgab und schon am 2. August mit Heeresmacht abendlich vor Parma an der alten Klaudischen Straße nahe dem Taro lagerte [3]. Zu ihm gesellten sich Ezelin, König Enzius, Friedrich von Antiochien, Graf Lancia, Markgraf Palavicini, Thaddäus von Suessa, Peter von Vinea [4].

In dieser bedenklichen Zeit offenbarte sich, ob und inwieweit Mancher dem Kaiser treu war. Daß Bernardo Rossi, ein Schwager des Papstes, ungeachtet aller ihm von Friedrich erwiesenen Ehre, zu seinen Feinden übertrat, konnte Niemand wundern. Desto seltsamer erscheint aber freilich der dafür angegebene Vorwand. Als Bernardo, so erzählt der Franziskaner Salimbeni [5], eines Tages mit dem Kaiser spazieren ritt, strauchelte sein Pferd, und dieser sagte: „Herr Bernardo, ich verspreche Euch binnen wenig Tagen ein besser Pferd zu geben, welches nicht straucheln wird." Das deutete Bernardo sinnbildlich — auf den Galgen; und der dem Kaiser abgeneigte Berichterstatter beweiset aus diesem lächerlich erfundenen Vorwande oder diesem furchtbar übertriebenen Argwohne, daß der Kaiser seinen Freund zu erhalten verstanden habe! Durch eine zweite Erzählung führt indeß Salimbeni sogleich den Gegenbeweis seiner Behauptung. Hugo Boaterio nämlich, der Podesta von Pavia, war der Sohn einer Schwester Innocenz IV, welche er mehr liebte als seine übrigen Schwestern zusammengenommen [6]. Mit Bitten, Versprechungen, Geschenken und auf alle nur erstinnliche Weise suchte der Papst seinen Neffen zum Abfalle vom Kaiser zu bewegen, aber sie blieb ihm unwandelbar treu, und auf die ergangene Ladung daß die ghibellinischen Städte Hülfe nach Parma senden sollten, zog er zuerst und vor allen Anderen mit den Paviensern in Friedrichs Lager ein. Züge dieser Art mußten den

---

[1] Er meinte: al non caste, tum caute. Salimbeni. — [2] Petr. Vin., II, 5, 37, 40, 41, 42, 44, 49, 58, 50; III, 80, 87; V, 117, 118. Ueber die Geschenke, welche der Kaiser den Parmesern gemacht, und die großen Rechte, die er ihnen bewilligt hatte, siehe Affò, Stor. di Parma, 391—395. — [3] Ussi, 408. Affò, Guastalla, 201, und nach mündlichen Belehrungen des Baron Sanlobi in Parma. — [4] Camici zum August 1247, Urk. VIII, 51. Patavin. chron. Mongitor, Bullae, 106. — [5] Salimbeni, 293. — [6] Ibid., 291. Ghirardacci, I, 170. Pansa, 52, 69.

Parma.

Kaiser über so viele bittere Erfahrungen trösten, und auch der Geschichtschreiber freut sich ihrer, da sie ein milderes Licht in eine Zeit werfen, die sich immer trüber gestaltet, weil der Furchtsame wie der Kühne, der Schwache wie der Mächtige sich immer weiter von allem Rechten und Gemäßigten entfernen und nur in den gewaltsamsten und zerstörendsten Maßregeln Hülfe zu finden wähnen. So gerieth die ganze Umgegend von Parma um diese Zeit in die äußerste Noth, und aus der Noth sproßte wiederum so viel Sittenlosigkeit hervor, daß man die wechselseitigen Anstrengungen der Belagerer und Belagerten nur mit halber Freude oder Theilnahme betrachten kann. Ohne kriegerische Bedeckung durfte sich kein Landmann aufs Feld wagen, und Bewachungen dieser Art störten wiederum die Thätigkeit der Bürger in allen benachbarten Städten[1]. Die Zahl der wilden Thiere, besonders der Wölfe, nahm so überhand daß sie in die Wohnungen eindrangen und selbst Kinder ergriffen und würgten. Noch ärger hausten die sich gleichmäßig vermehrenden Räuber: sie nahmen nicht bloß alles Vorgefundene, sondern knebelten auch die Menschen, oder zogen ihnen die Zähne aus, oder marterten sie auf andere Weise bis sie sich mit großen Summen lösten! — Ringsum war Krieg, zwischen Bologna und Modena, Genua und den von ihm abhangenden Städten, Verona und Mantua u. a. m., und alle diese Fehden wirkten mehr oder weniger auf die Belagerung von Parma.

Des Kaisers Hoffnung, die weder durch starke Mauern noch tiefe Gräben geschützte Stadt bald zu erobern, schlug durch die Thätigkeit der Bürger fehl; weil aber in der zwischen dem Abfall und der Umlagerung verflossenen kurzen Frist nicht hinreichende Vorräthe von Lebensmitteln eingebracht waren, entstand so großer Mangel daß man Brot aus Leinsamen buk und schon an Unterhandlungen mit dem Kaiser dachte[2]. Als dieser indeß entweder eine unbedingte Uebergabe verlangte, oder doch die höchste Furcht dadurch erweckte, daß er Gefangene vor Gericht stellen und als Hochverräther hinrichten ließ, so entschloß man sich aufs Neue zum äußersten Widerstande, hielt feierliche Betstunden und opferte der heiligen Maria (der Retterin) die Stadt Parma in Silber so dargestellt, daß man die Hauptgebäude deutlich unterscheiden konnte. Dennoch wurde die aus Mantua zum Entsatze der Stadt herbeiziehende Hülfsmannschaft vom Könige Enzius völlig geschlagen[3], und fast gleichzeitig, am 8. September 1247,

---

[1] Salimbeni, 290. — [2] Parmense chron. Daß es zu förmlichen Unterhandlungen gekommen sey und der Kaiser sich dabei hart geäußert habe, wie Matth. Par., 403, 493, erzählt, ist bei dem Schweigen der Uebrigen unwahrscheinlich; auch spricht Friedrich (Petr. Vin., II, 37) nur von aufgefangenen Briefen, welche die Noth darstellten und verdeckt auf mögliche Unterhandlungen hinwiesen. Der Papst trieb Alle an, Parma zu unterstützen. Cod. Vindob. philol., Nr. 61, fol. 68; Nr. 305, fol. 63. — [3] Salimbeni, 291, 292. Daß auch ein naher Verwandter des Papstes von Enzius gefangen und aufgehängt worden, wie Matth. Par., 488, erzählt, ist nicht wahrscheinlich, da alle übrigen Schriftsteller, selbst Salimbeni, schweigen.

112 Kardinal Oktavian. Parma. Vittoria.

1247 mißglückte ein ähnliches Unternehmen der Guelfen wider Florenz durch die Thätigkeit der Ghibellinen und Friedrichs von Antiochien [1].

Während sich das Glück auf diese Weise für den Kaiser zu erklären schien, war der Kardinal Oktavian Ubaldini (aus Mugello bei Florenz gebürtig), nachdem er mit Heeresmacht die savoyschen Alpen nicht hatte übersteigen können, auf Umwegen und mit sehr wenigen Begleitern nach Mailand gekommen, um hier für Parmas Rettung zu wirken. Manche aber meinten, es sey ihm, als einem heimlichen Anhänger des Kaisers, damit keineswegs ein rechter Ernst; ja bei einem feierlichen Aufzuge schrie Jemand laut: „Macht Platz für den Mann, welcher den römischen Hof verräth!" Oktavian, welcher die schwache Seite solcher Volksredner kannte, ließ ihn nicht strafen, trotzdem er erst Bedeutung erhalten hätte, sondern gab ihm Geld, und nun stieg derselbe Mensch auf eine Anhöhe, pries die Eigenschaften des Kardinals und sagte: Niemand sey würdiger des päpstlichen Stuhles [2]. Zunächst zeigte Oktavian sich wenigstens tüchtig für die erhaltenen Aufträge; denn er sammelte Mannschaft und erneute den Muth der Bürger von Mantua und Ferrara dergestalt, daß sie die Brücke und das Pfahlwerk bei Brescello am Po erstürmten und trotz alles Widerstandes der überraschten Gegner große Vorräthe von Lebensmitteln nach Parma brächten. Die Bürger hofften daß der Kaiser nach diesem Ereignisse und weil üble Nachrichten aus Deutschland einliefen, bald die Belagerung aufheben werde, allein er meinte, jeder Wechsel der Pläne schwäche nur die Macht, und ließ zum Beweise seiner Beharrlichkeit und seines festen Entschlusses Parma zu bezwingen (im Oktober 1247 [3]) abendlich von der Stadt, nach der Seite von Borgo S. Donnino hin, Straßen abstecken, Häuser erbauen, Mühlen anlegen, Mauern errichten und tiefe Gräben ziehen. Mit unglaublicher Schnelligkeit und durch die höchste Anstrengung erhob sich hier, nach des Kaisers Willen, eine neue Stadt, welche auf Parmas Trümmern zu ungeahnter Größe hinanwachsen sollte. So sicher hielt man sich des Erfolges, daß man die neue Stadt Vittoria und die hier geschlagenen Münzen Vittorinen nannte [4]. Im Winter (denn alle wechselseitigen Anstrengungen hatten bis dahin keine Entscheidung herbeigeführt) begaben sich mehre Bundesgenossen der Parmenser wie des Kaisers zu einstweiliger Erholung in ihre Heimath; er selbst blieb in Vittoria und zeigte hier so viel Eifer und Thätigkeit, wie der päpstliche Abgeordnete Gregor von Montelongo in Parma. Wenn andere Mittel fruchtlos blieben, suchte dieser auch durch List für

---

[1] Petr. Vin., II, 40, verglichen mit Villani, VI, 23, und Malespini, 137, zeigt, daß diese Unruhen in Florenz auf den Herbst 1247 fallen. Der Tag S. Maria Candelaja ist wohl N. F. Frauen Paternalag, d. h. nach Hellwig: Mariä Geburt. — [2] Salimbeni, 371. Malvecio, 915. Cardella, I, 2, 273. Cereta. — [3] Chr. ital. Bréh., 213. — [4] Bonon. hist. misc. zu 1247.

Belagerung von Parma.

seine Zwecke zu wirken. So ließ er z. B. heimlich durch Bettel= 1247
mönche Briefe voll guter Nachrichten schreiben und in zahlreicher Tisch=
gesellschaft von staubigen Boten überreichen, was die Aengstlichen nicht
wenig ermuthigte und die etwa kaiserlich Gesinnten schreckte [1]. —
Gerhard von Kanale, ein angesehener Ritter aus Parma, diente im
Heere des Kaisers; die Parmenser rissen jedoch seine Häuser und
Thürme nicht nieder, entweder weil er mit ihnen im Einverständnisse
war, oder sie ihn verdächtig machen wollten. Da sagte Friedrich zu
ihm: „Herr Gerhard, die Parmenser lieben uns sehr, denn während
sie die Gebäude der Stadt zerstören, verschonen sie die Thürme meiner
Freunde und meinen Palast auf dem großen Platze." Gerhard ant=
wortete so, wie er glaubte, daß es dem Kaiser angenehm sey. Bald
nachher kam der Franziskaner Salimbeni, welcher überall für die
Guelfen wirkte, heimlich zu Gerhard, und nun rühmte sich dieser, wie
nützlich er stets den Parmensern gewesen sey. Salimbeni antwortete
aber: „Seyd entweder ganz für den Kaiser oder ganz für uns; das
Hinken nach zwei Seiten wird Euch nicht frommen.". Und so ge=
schah es: dieser Ereignisse, Besuche, Reden und wahrscheinlich noch un=
getreuerer Thaten halber wurde Gerhard bald nachher als ein Ver=
räther verurtheilt und mit einem Mühlsteine am Halse ins Wasser
geworfen.

Während der ersten sechs Wochen des Jahrs 1248 geschah nichts 1248
Erhebliches, denn die Parmenser waren, auch durch Hungersnoth ge=
schwächt [2], außer Stande angriffsweise zu verfahren, und eine schwere
Krankheit Friedrichs lähmte alle Thätigkeit im kaiserlichen Heere.
Erst am 18. Februar war er so weit hergestellt, daß er sich mit
zahlreicher Begleitung in die etwa drei Miglien von Vittoria entfernten
Niederungen des Taro begeben und durch Falkenjagd erholen konnte.
Aber auch die in Vittoria Zurückbleibenden hielten diesen Tag für
einen Festtag und überließen sich sorglos manchen Zerstreuungen [3].
Das mochte nach Parma heimlich berichtet seyn; wenigstens gelang es
Balkaluvo (einem im Dienste der Stadt stehenden Mailänder), den
Legaten, die Obrigkeiten und die Einwohner zu einem allgemeinen
Ausfalle zu bereden, obgleich ein Theil der besten Mannschaft gen
Borsello gesandt war. Die heilige Jungfrau, das Feldzeichen ihrer
Fahnen, möge sich, so flehten Alle in brünstigem Gebete, der Un=
terdrückten annehmen und sie aus den Händen des wüthenden Drachen
befreien, der sie zu verschlingen drohe. Fast unbemerkt erreichten
die Parmenser Vittoria, und als man sie endlich gewahrte, soll
Thaddäus von Suessa (welcher an des Kaisers Stelle befehligte) in
zu großem Vertrauen, oder um der Mannschaft Muth zu machen,
gesagt haben [4]: „So sind also die Mäuse aus ihren Löchern hervor=

---

[1] Salimbeni, 202, 372, 373. — Chron. Ital. Drth., 216. — [2] Villani,
VI, 34. — [4] Matth. Par., 400.

IV.   B

1248 gekommen." Ehe sich aber die Kaiserlichen waffnen und ordnen konnten, wurden sie mit der größten Heftigkeit angegriffen, und sogar Weiber (welche sich dem Zuge beigesellt hatten) zogen mit Wollkämmen und Sicheln, die an Stangen befestigt waren, Ritter von den Pferden herab. In demselben Augenblicke verbreitete sich aus einigen angezündeten, wahrscheinlich hölzernen Häusern Vittorias eine furchtbare Feuersbrunst mit solcher Schnelligkeit nach allen Seiten, daß man den Tod durch die Flammen noch mehr fürchten mußte, als durch das Schwert. Thaddäus von Suessa, welcher muthig vorkämpfte und verständig ordnete, stürzte schwer verwundet darnieder und kein Anderer konnte ihn ersetzen. Von Ordnung und Widerstand war seitdem nicht mehr die Rede, und weil Jeder nur daran dachte sich selbst zu retten, geriethen fast Alle ins Verderben.

Von diesen schrecklichen Unfällen hatte der Kaiser keine Kunde, keine Ahnung, bis er in der Gegend von Vittoria einen gewaltigen Rauch erblickte [1]. So schnell er aber jetzt auch zurückeilte, er fand die Stadt bereits niedergebrannt und das Heer geschlagen. In Cremona sammelte er die geringen Ueberreste desselben. An 1500 sollen getödtet, an 3000, unter ihnen die gesammten Hofbeamten und Kämmerer des Kaisers, gefangen worden seyn [2].

Die Beute war über alle Erwartung groß und bestand nicht bloß in Waffen, Zugthieren, Zelten, Gepäck und ähnlichen Dingen, sondern man nahm auch den Fahnenwagen der Cremoneser, die kaiserlichen Stirnbinden, das Reichssiegel, den Zepter und die Krone [3]. Diese, von Golde, mit Greifsteinen besetzt und durch die schönsten getriebenen, halberhabenen Kunstarbeiten geschmückt, ward von einem kleinen Manne gefunden, den man seiner lächerlichen Gestalt wegen gewöhnlich Kurzbein nannte [4]. Er setzte die Kaiserkrone auf seinen Kopf, Andere hoben ihn auf ihre Schultern, und so zog man unter lauter Verspottung Friedrichs in Parma ein. Die Stadt kaufte jene Krone für 200 Pfund und ließ die gefundenen Bilder und Reliquien in der Sakristei der Hauptkirche niederlegen. Jeder lieferte die eine Hälfte seiner Beute in die öffentliche Kasse ab, wobei es (ein Beweis der großen Freude und der guten Gesinnung) zu gar keinem Streite kam. Ueberhaupt vergaßen die Parmenser in ihrem Glücke der Demuth nicht, sondern schrieben an ihre Verbündeten: nur Gott gebühre die Ehre des Sieges. Sie ließen für die Hauptkirche ein Gemälde fertigen, welches die heilige Jungfrau, den heiligen Hilarius

---

[1] Joh. Judicis chr. Chron. Ital. Brëh., 215. — [2] Roland. Patav., V, 22. Barthol. annal. Galvan. Flamma ju 1248, c. 282. Ueber die Zahl der Gefangenen und Getödteten finden sich Abweichungen. Memor. Regiens., 1115. Ghirard., I, 170. Lateinische Gerichte über den Sieg der Parmenser. Alb. Behem, 123. Monach. Patav. Johann. de Nussia. Mediolan. ann. Cereta. Ricobaldi hist. Imper., 131. Sanesc chron., 27. Bazano, 583. Ricciardi vita, 131. — [3] Savioli, III 644. 2. — [4] Salimbeni, 294.

und Johannes den Täufer vorstellte und die Inschrift trug ¹: „Die Feinde fliehen, denn die Jungfrau schützt Parma." — Des Papstes Freude ² war so groß als des Kaisers Schmerz; ja dieser litt nicht bloß als Kaiser, sondern fühlte sich noch tiefer verwundet als Mensch. Sein edelster Diener, sein treuester Freund, sein muthigster Vertheidiger, Thaddäus von Suessa, war, durch Blutverlust dem Tode nahe, von den Parmensern gefangen worden ³. Er sey, so glaubten Mehre, der Ueheber aller strengen Maßregeln gegen die Stadt; seine honigsüße Beredtsamkeit, so warnten böswillig Andere, verführe auch die Besonnensten. Daß er bereits beide Hände verloren hatte, erweckte kein Mitleid, man hieb ihn in Stücken.

Einundzwanzigstes Hauptstück.

Wenn in Zeiten großer, von außen andringender Gefahr einem Volke auch die regelmäßige Führung mangelt, so kann es dennoch durch seine nach einer fast unverfehlbaren Richtung allgewaltig wirkenden Kräfte das Preiswürdigste vollbringen und nachher zu Maß und Ordnung zurückkehren; wenn ein Volk durch Ideen, die sich von innen heraus allmählich entwickelten und reisten, in Parteien zerfällt, so kann das Natürliche und Rechte auf beiden Seiten vertheilt liegen, und obgleich der höhere Vereinigungspunkt nur Wenigen sichtbar bleibt, noch Haltung, Gesetz, Regel und Ziel im Grunde verborgen übrig bleiben. Wenn aber um eines niederen Zweckes willen alle höheren unwandelbaren Grundsätze wankend gemacht, alle ursprünglichen und heiligen Gefühle hinweggeschwatzt werden, wenn jedes Mittel erlaubt scheint, wenn Furcht und Haß, Eigennutz, Ehrgeiz und Bestechung, Bann, Kirche und Religion in widerlicher Mischung mit teuflischer Geschicklichkeit auf Hohe und Geringe zur Auflösung aller

---

¹ Florillo, II, 338. — ² Innocenz sagte: Ad laudem Christi Victoria victa fuisti. Matth. Par., 490. Pansa, 42. Cod. Vindob. philol. Nr. 61, fol. 32. — ³ Die Nachrichten über Thaddäus lauten sehr verschieden. In dem Schreiben der Parmenser an die Mailänder (Matth. Paris, Addit. 107) heißt es: interfecimus Thaddaeum. Das Chron. Parm. sagt: In captura Parmensium remansit semivivus cum manibus amputatis. Matth. Par., 495, 499, erzählt von Thaddäus strengen Rathschlägen, der süßen Beredtsamkeit ꝛc. und schließt: Ipsum in frusta conciderunt. Alle Quellen, auch Barthol. annal, Bazano, 503, Tommaso de Masi, 102, Granata, Ragguaglio, setzen seinen Tod hieher, sodaß Spinellis Bericht, S. 1067, wonach er im August 1250 noch lebte, ganz unglaublich wird. Wahrscheinlich ist aber die Anekdote, wobei Thaddäus erwähnt wird, auf das Jahr 1244 zu legen. De Luynes Ausgabe des Spinelli (oder Matteo di Giovinazzi), S. 76.

Innocenz und Deutschland.

1247 erhaltenden Bande angewandt werden: so ist es weniger die Wirkung volksthümlicher Züchtigkeit, als der Barmherzigkeit Gottes, wenn nicht das vielseitigste Verderben einbricht und Alle rettungslos in den Abgrund verächtlicher Schwäche und boshafter Ruchlosigkeit hineingezogen werden. In solcher entsetzlichen Gefahr befand sich damals Deutschland, und weder Volk, noch Fürsten, noch Kaiser, noch Papst können von der Schuld, diesen Zustand herbeigeführt zu haben, ganz freigesprochen werden. Anstatt den Weg übertriebener Strenge und Härte [1], welchen Friedrich in seinem Zorne betrat, zu verschmähen, erließ Innocenz, ihn noch überbietend, Befehle, welche seines heiligen Berufes unwürdig und ohne Haß, Aufruhr und Blutvergießen nicht durchzusetzen waren!

Schon am 15. März 1247, vier Wochen nach dem Tode Heinrich Raspes, schickte er den Kardinal Peter Kapoccio mit einer Vollmacht nach Deutschland, worin es heißt [2]: er komme wie ein Engel des Friedens, damit er, je nachdem es ihm gut dünke, pflanze und erbaue, ausreute und zerstöre, zerstreue und vernichte! Ueberall wo sich nur Volk versammele, müsse man Geistliche (das hieß vor allen Bettelmönche) hinsenden und der Hohenstaufen nichtswürdige Abscheulichkeit schrecklich abmalen, ihre Anhänger zu allen öffentlichen Handlungen, Verträgen, Zeugnissen u. dergl. unfähig erklären, sie von allem Handel und Verkehr nicht minder als von der Kirchengemeinschaft ausschließen, mithin an Leib und Seele verderben. Wenn nun das Haupt der Kirche so verfuhr, war es ein Wunder, daß in untergeordneten Kreisen ganz Unglaubliches erlogen und dennoch geglaubt wurde, z. B.: Friedrich habe in einer Kirche unter dem Bilde der Madonna einer Jungfrau Gewalt angethan [3]; er lasse in unterirdischen Höhlen Mörder förmlich erziehen; er nähre Jungfrauen mit Gift, damit sie seine Feinde, an welche er sie verheirathe, vergiften möchten!!

Alle diejenigen Unbilden, welche sich Laien sonst gegen die Kirche erlaubten und denen größere Päpste mit Nachdruck entgegenwirkten, gingen jetzt von Innocenz selbst aus. Er billigte, ja befahl übertriebene Beschatzung des Kirchengutes, um Geldmittel für seine Kriege zu bekommen; er erlaubte, unbekümmert um das Seelenheil der Gemeinen, das (an dem Kaiser so laut getadelte) Nichtbesetzen der Pfarreien und entband (für Geld) schuldige Priester und Mönche von der verdienten Strafe. Er vergab die Bisthümer und Stiftsstellen ohne

---

[1] So scheint, wie viel man auch an der guelfischen Nachricht bei Mauh. Par., 510, abrechnen mag, die Behandlung des in einer Schlacht gefangenen Bischofs von Arezzo übermäßig streng gewesen zu seyn, und es empörte wenigstens alle kirchlich Gesinnten, daß ein Bischof wie ein Hochverräther behandelt wurde. Dasselbe gilt für die Nachrichten bei Malespini, 139, über die Blendung florentinischer Gefangenen. — [2] Rayn., §. 1—4. Cardella, I, 2, 276. — [3] Histor. Sicula, 790. Leobiense chron., 823.

Rücksicht auf Wahlrecht, Herkommen und Gesetz[1]; er genehmigte ungeachtet der trostlosen Lage des heiligen Landes, daß Pilger statt des ursprünglichen Gelübdes einen Feldzug gegen Friedrich und Konrad übernahmen, oder eine Summe unmittelbar in die päpstliche Kasse zahlten[2]. — Als Innocenz dem Erzbischof von Mainz die Einkünfte erledigter Pfründen auf fünf Jahre zusprach und ein Fünftel aller geistlichen Einnahmen zum Kriege wider die Hohenstaufen einfordern ließ[3], erklärte der Kaiser, dies sey gegen die Freiheiten der deutschen Kirche und gegen alles Recht. Der Papst nahm hierauf nicht die geringste Rücksicht, tröstete und beruhigte indeß die, welche wegen ihrer Eidbrüchigkeit gegen Friedrich Gewissensbisse fühlten[4], und erklärte ganz im Allgemeinen: daß Jeder rechtmäßig alle Güter Friedrichs und aller seiner Anhänger nehmen und behalten könne[5]! Zu welcher unerhörten Auflösung aller Treue und Ordnung, zu welcher rücksichtslosen Habsucht mußte dies führen! Und selbst die, welche sich von den äußersten Freveln frei hielten, wußten nicht, welche unter vielen entgegengesetzten Ansichten zu erwählen und festzuhalten sey[6]. Einige nämlich wünschten, daß der Kaiser und das Kaiserthum in Italien bleibe, damit Deutschland nicht durch dies Verhältniß in Streit mit dem Papste verwickelt werde; Andere schalten gleichmäßig auf Friedrich und Innocenz und hofften daß Beide durch Verlängerung des Zwistes ihre Kräfte erschöpfen würden; noch Andere schwanken zweideutig hin und her und hielten es scheinbar bald mit Beiden, bald mit Keinem, je nachdem sich der meiste Vortheil bei diesem oder jenem Verfahren zeigte. Achtung vor der Heiligkeit der Kirche und der Majestät des Reichs war viel öfter Vorwand als wahrer Beweggrund der Beschlüsse. Nicht selten wandten sich Fürsten und Prälaten (ohne alle höheren Rücksichten) bloß deshalb zur zweiten Partei, weil sich ein anderer Fürst oder Prälat, mit dem sie in untergeordnete Händel gerathen waren, zur ersten gesellte. Böhmen z. B. ward kaiserlich, als Mainz sich für den Papst erklärte, und Thüringen päpstlich, weil Baiern sich mit Friedrich verband.

So mannichfache Gestalten die Dinge aber auch in den höheren Kreisen annahmen, für das Volk trat nur eine und dieselbe Wirkung ein: es ward in Hinsicht der Personen und des Guts willkürlich zu willkürlichen Zwecken behandelt; und die Kirche (diese frühere Stütze der Niederen) verlor ihre Wirksamkeit durch leidenschaftliche Bann-

---

[1] Meermann, V, Urk. 139, 145, 148. Salisburg. chron. Canis., 483. Cherrier, 3, 201. — [2] Baluzii miscell., I, 209. Meermann, V, Urk. 37. [3] Codex Vindob. philol., Nr. 305, fol. 150. Erfurt. chron. S. Petrin. Gudeni cod., I, 662, 666. Wo sollte auch sonst das Geld herkommen, da der Krieg dem Papste 200,000 Mark Silber kostete. Pfister, Gesch. von Schwaben, II, 309. — [4] So die Straßburger, welche einen Waffenstillstand mit den Anhängern Friedrichs unrichtig gebrochen hatten. Schöpflin, Alsat. diplom., I, Urk. 527. — [5] Camiei zu 1249, Urk. XIII, 58. — [6] Aventin. excerpta ex Alberti, 800, und annal. zu diesen Jahren.

118 Ketzer. Thüringische Erbschaft.

1246: Sprüche, oder zerstörte durch andere unchristliche Maßregeln den Glauben an ihre fleckenlose Reinheit. Daher entstanden nun in dem sonst so zweifelsfreien Deutschland Secten, welche laut lehrten: „Der Papst, die Bischöfe und die Geistlichen leben in Lastern und Todsünden, sind Ketzer und Pfründenverkäufer und haben keine Kraft zu lösen und zu binden. Die Predigermönche und Franziskaner verwirren die Kirche durch falsche Predigten und führen, gleich allen übrigen Mönchen, ein schlechtes und ungerechtes Leben. Deßhalb sind die verschlossenen Kirchen wieder zu öffnen und durch die neuen Bekenner der reineren Lehre alle geistlichen Handlungen zu verrichten. Den Kaiser und den König Konrad soll man nicht verfluchen, sondern für sie beten, weil sie sich immerdar als gerechte und twistliche Männer gezeigt haben¹."

Zu all diesen Uebeln gesellten sich schwere Fehden über das Erbe zweier der mächtigsten Fürsten, Heinrichs von Thüringen nämlich und Friedrichs von Oesterreich².

Heinrich Raspe war kinderlos gestorben und auf seine Länder machten jetzt Ansprüche³: erstens Heinrich der Erlauchte, Markgraf von Meißen, der Sohn von Julia, der ältesten Schwester des Erblassers; zweitens Graf Hermann von Henneberg, der Sohn derselben Julia von ihrem zweiten Gemahle Poppo von Henneberg; drittens Sophie, die Tochter Ludwigs IV, des älteren Bruders von Heinrich Raspe, und der heiligen Elisabeth, für Heinrich, ihrem und des Herzogs von Brabant Sohn; viertens die Nachkommen der jüngeren Schwester Heinrich Raspes, Irmingard, welche an den Fürsten Heinrich I von Anhalt vermählt war.

Die zuletzt erwähnten Ansprüche scheint man nicht sehr in Betrachtung gezogen und den Grafen von Henneberg wahrscheinlich mit Schmalkalden und einem benachbarten Landstriche abgefunden zu haben;

---

¹ Größere Vortheile würde König Konrad von diesen Ketzern gehabt haben, wenn sie das Gute und Wahre ihrer Ansicht nicht durch übertriebene Heftigkeit, ja durch Frevel verunreinigt hätten und die Menge nicht gegen sie aufgetreten wäre. Albert. Stad. zu 1248. — ² Im Jahre 1248 kam der dritte Streit über das Erbe des Herzogs von Meran hinzu; davon im achten Buche. — ³ Folgende Tafel erläutert die Verwandtschaft:

Hermann von Thüringen † 1216

Julia † 1235	Ludwig IV † 1227	Heinrich Raspe † 1247	Konrad † 1240	Irmingard Fürst Heinrich I v. Anhalt
1. Dietrich von Meißen † 1720	Elisabeth			
2. Poppo von Henneberg				Heinrich II Bernhard Siegfried
1. Heinrich der Erlauchte	Hermann II † 1242	Sophie Gemahl Heinrich von Brabant		
2. Hermann von Henneberg		Heinrich von Hessen, das Kind † 1308		

• Schultes, Geschichte von Henneberg, I, 121. Umständlich und gründlich handelt von dem Erbfolgestreite Rommel, II, 9—32.

Heinrich der Erlauchte und Sophie.

wichtiger blieb der Zwist zwischen dem näher berechtigten Heinrich dem 1247 Erlauchten und Sophie von Brabant. Jener führte an: schon im Junius 1242 habe er, auf den Fall des kinderlosen Todes seines Oheims Heinrich Raspe, vom Kaiser (für seine und seiner Vorfahren Verdienste) die Anwartschaft auf Thüringen und die Pfalzgrafschaft Sachsen erhalten [1]. Ferner gebühre das Erbe eher ihm, dem Neffen des Erblassers, als einem Kinde von dessen Nichte, welches offenbar um einen Grad weiter abstehe. Hiegegen behauptete Sophie: „Will man auch über die kaiserliche Anwartschaft keine weiteren Zweifel erheben, so geht sie doch höchstens auf das Lehn, aber nicht auf das Allod. Ferner kommt es hiebei weder auf die Nähe des Grabes der Verwandtschaft noch auf den letzten Erblasser, sondern darauf an [2], daß Heinrich der Erlauchte nur von einer Tochter Landgraf Hermanns, einer Schwester Heinrich Raspes, ich aber von einem Sohne Landgraf Hermanns, einem Bruder Heinrich Raspes, abstamme. Diese männliche Linie geht unläugbar der weiblichen vor, weshalb keinesweges Heinrich Raspe, sondern mein Vater, Landgraf Ludwig, als eigentlicher Erblasser zu betrachten ist." Beide Theile wiesen vermittelnde Vorschläge zurück, und die Abtheilgen sahen den Streit gar gern, damit sie wichtiger und unabhängiger würden. Von ihren täglich sich mehrenden Schlössern herab begingen sie arge Frevel, bis ein Theil der besser Gesinnten, welche von einem Nachkommen der heiligen Elisabeth beherrscht seyn wollten, sich an Sophie, Andere aber an Heinrich von Meißen wandten, dessen Recht ihnen gegründeter schien. Von einer höheren Entscheidung durch den Kaiser oder König war in diesen Zeiten nicht die Rede, und erst nach erfolglosen Versuchen das ganze Erbe zu erobern, verglichen sich Heinrich und Sophie im Jahre 1250 dahin [3]: daß jener vorläufig und bis zu einer letzten Entscheidung durch einen allgemein anerkannten König Thüringen und selbst Niederhessen für ihren Sohn zu treuen Handen verwalten solle [4]. Ungeachtet dieses Vergleichs hörten aber die Fehden nicht auf, sondern führten allmählich, wie wir später sehen werden, zu allgemeineren Kriegen in diesem Theile Deutschlands.

Aehnlich und unähnlich ist während dieser Jahre die Geschichte der österreichischen Länder. Unähnlich zuvörderst bei einer Vergleichung Heinrich Raspes und Friedrichs von Oesterreich. Dieser, ein gewalti-

---

[1] Comitivam palatii Saxoniae. Dumont, 1, 180, Urk. 349. Urk. in Spieß, Nebenarbeiten, I, 147. Weber, De Henrici illustris successione. Historie der Pfalzgrafen zu Sachsen, 155. Tittmann, II, 183. — [2] Weiße, Gesch. von Sachsen, I, 273. — [3] Chronik der Landgrafen von Thüringen, 720. Suntheim, 631. Rohte, 1742. Nach König, Reichsarchiv, cont. II, Abth. 4, Abschn. 2, von Sachsen, Urk. I, erkannten die Herren in Thüringen den Markgrafen Heinrich im Julius 1248 als ihren Herrn an; aber dies Jahr ist nicht die siebente, sondern die sechste Indiction. — [4] Erfurt. chron. S. Petrin., 1248, 1252. Hist. Landgr. Thur., c. 54. Erfurt. chron. Schann., 103. Tittmann, II, 204.

ger Kriegsfürst mit allen sich daran reihenden guten und bösen Eigenschaften, hatte nicht unverdient des Kaisers Strenge erfahren und
dennoch die Hand zur Aussöhnung geboten [1], während Rasp, der
Verwandtschaft und mancher Wohlthaten uneingedenk, sich an die Spitze
der Feinde seines Herrn und Königs stellte. Im Junius 1245 war
Herzog Friedrich in Verona und erhielt nicht allein die Bestätigung
aller früheren Freibriefe, sondern auch eine Erlaubniß, das kaiserliche
Kreuz seinem Fürstenhute anzuheften [2], und ein Versprechen, alle
künftige Belehnung ohne weitere Kosten und Abgaben zu empfangen;
ja es war die Rede davon, die Königswürde solle auf Oesterreich
übertragen werden [3]. Dies unterblieb jedoch, entweder weil der Gedanke überhaupt nie ernstlich war, oder weil einige Mißverständnisse
zwischen dem Kaiser und dem Herzoge eintraten. Jener nämlich, so
heißt es, wollte des letzten Nichte Gertrud heirathen [4], welche Ehre
man aber ablehnte, es sey nun, daß die Fürstin bereits mit Wladis-
law von Mähren verlobt war, oder daß man die Verblutung mit dem
gebannten Kaiser scheute. Die letzte Angabe ist jedoch die unwahr-
scheinlichere, ja die ganze Erzählung von den Mißverständnissen verliert alle Wichtigkeit, da Herzog Friedrich selbst nach der Kirchenversammlung von Lyon, ohne Rücksicht auf Versprechungen und Drohungen, dem Kaiser unwandelbar treu blieb und anderen Fürsten
wenigstens hierin ein musterhaftes Beispiel gab. Großen Beistand
konnte er aber den Hohenstaufen desungeachtet nicht leisten, da er fast
immer mit seinen Nachbarn, den Böhmen, Mähren und Ungern, in
Krieg verwickelt war [5].

Ein solcher brach im Jahre 1246 zwischen dem Herzoge und
König Bela IV aus, mögen nun (denn die Berichte stimmen nicht
überein) neue Beleidigungen ungarischer Herolde oder der alte Zorn
über des Herzogs Benehmen während der mongolischen Einfälle jenen
König zum Angriffe bestimmt haben. Die Ungern gingen über die
Leitha, und Viele riethen dem Herzog, er möge den Kampf bis zur
Ankunft größerer Macht verschieben; er erwiederte aber: „Es ziemt
sich nicht, daß sich ein Fürst von dem Angesichte seiner Feinde hin-
wegwende [6]."

Am 15. Junius 1246 kam es zur Schlacht. Schon war der
Sieg durch die heldenmüthige Tapferkeit des Herzogs und seiner Ritter
entschieden, als jener, zu rasch nachsetzend, mit dem durch einen Pfeil
verwundeten Pferde niederstürzte. Ehe er sich erheben, ehe seine Getreuen zur Rettung herbeieilen konnten, traf ihn ein Anführer der

---

[1] Siehe oben S. 15. — ² Lünig, Reichsarchiv, para spec., von Oesterreich, Urk. G. Kurz, Gesch. von Oesterreich, II. 504—510. Schrötter, II,
503. — ³ Das Schreiben bei Petr. Vin., VI, 28, ist ein bloßer Kanzleient-
wurf. v. Hormayr, Beitr. zur Gesch. v. Oesterreich, I, 81. Böhmer, Reg.
190. — ⁴ Meiller, 190. — ⁵ Pappenheim. Rinddagsbus. chron. Leibn.
— ⁶ Haselbach, 723. Chron. aur. in Hormayrs Archiv, 1827, Nr. 72.

Oesterreich.

Feinde mit dem Schwerte tödtlich ins Auge[1]. So endete der letzte des alten Stammes der Babenberger, an seinem fünfunddreißigsten Geburtstage, kinderlos; acht Tage nach ihm starb seine Mutter vor Schmerz. Jener Anführer, der den Herzog tödtete, war aus dem italienischen Hause der Frangipani; durch den Verrath eines Frangipani fällt 22 Jahre nachher auch der letzte Hohenstaufe und mit ihm der letzte Nebenzweig der Babenberger.

Ueber die Ansprüche dieser Nebenzweige bemerken wir Folgendes[2]. Männliche Nachkommen Herzog Leopolds VII, welcher im Jahre 1230 starb, waren nach dem Tode seines Sohnes, Friedrichs des Streitbaren, gar nicht mehr vorhanden. Margarethe, die älteste Schwester Friedrichs und Wittwe König Heinrichs VII, lebte im Katharinenkloster zu Trier, hatte aber den Schleier wohl nicht feierlich genommen[3]; ihre beiden Söhne Friedrich und Heinrich befanden sich in Apulien bei dem Kaiser, ihrem Großvater. Gertrud, die Nichte Herzog Friedrichs, von seinem älteren Bruder Heinrich, war an den Markgrafen Wladislav von Mähren vermählt. Endlich lebten noch zwei Kinder, welche die im Jahre 1243 verstorbene jüngere Schwester Herzog Friedrichs, Konstanze, ihrem Gemahl, dem Markgrafen Heinrich dem Erlauchten von Meißen, geboren hatte. Mithin war, sofern man bloß auf Verwandtschaft Rücksicht nahm, die Frage: ob die älteste Schwester des Erblassers und ihre Söhne, oder die Tochter des älteren Bruders, oder die Söhne der jüngeren Schwester das nächste Recht auf das Erbe hätten, oder ob eine Theilung desselben gesetzlich und rathsam sey? Alle diese Fragen wies aber der Kaiser von der Hand, und mit Recht. Laut

---

[1] Bohem. chron., 71. Mellic. chron. Neuburg. chron. Die Gerüchte, daß die Herren von Pottendorf, Verwandte der von ihm beleidigten Brunhild, ihn umgebracht hätten, sind ganz zurückgewiesen. Hasselbach, 720. Salisburg. chron. Staindel. Erfurt. chron. S. Petrin. Austriac chron. ap. Pezium, I, 580. Kurz, II, 517. Chronik des Johann von Viktring in den Wien. Jahrb., XXXIX, 28. Hormayr. Taschenbuch, 1822, S. 31. Schrötter, II, 518. Ulrich von Lichtenstein bei Hagen, Minnes., IV, 370. — [2] Tafel der Erbberechtigten:

Leopold VII, † 1230.			
Margarethe 1. König Heinrich VII 2. Ouvlar von Böhmen	Heinrich † 1228 | Gertrud	Friedrich der Streitbare † 1246	Konstanze † 1243 Gemahlin Heinrichs des Erlauchten
Friedrich Heinrich (Heinrich VII Söhne)	1. Wladislav † 1247 2. Herman von Baden † 1250		Albrecht Dietrich
	Friedrich Agnes		

[3] Vielleicht gab man dies nur vor, als sie politisches Werkzeug werden sollte. Hormayr, Archiv, 1828, S. 291. Friedrich II hatte sie 1245 mit Geschenken nach Deutschland entlassen. Wiener Jahrbücher, LIX, 28. Böhmer, Reg., LIX.

des großen österreichischen Freibriefes von 1156 ging die Erbschaft zuvörderst auf die Söhne und nach deren Abgang auf die Töchter des letzten Erblassers, oder, sofern beide fehlten, auf den von diesem ernannten Erben. Nun hatte aber Herzog Friedrich weder Söhne noch Töchter hinterlassen, noch einen Erben ernannt [1]; mithin war sein Erbe ohne Zweifel dem Reiche eröffnet, und nur das Allod gebührte den Seitenverwandten [2]. Demgemäß ließ der Kaiser dasselbe unter die drei oben genannten Zweige gleichmäßig vertheilen, Oesterreich und Steiermark aber durch den Grafen Otto von Eberstein für sich und das Reich ohne Widerstand in Besitz nehmen [3]. Zwar versuchte Markgraf Wladislav von Mähren die Ansprüche seiner Gemahlin Gertrud geltend zu machen; da er aber schon am 10. Januar 1247 kinderlos starb, so blieben seine Bemühungen ohne allen Erfolg und die Hohenstaufen in ungestörtem Besitze.

Niemanden schmerzte dieser große Zuwachs an Macht mehr als den Papst, und weil er bei keinem einzelnen Gegenmittel bestimmten Erfolg voraussah, suchte er gleichzeitig oder abwechselnd mancherlei anzuwenden, unbekümmert daß eines dem anderen offenbar widersprach. Margarethe hielt er durch scharfe Vorstellungen ab, den Schleier zu nehmen, und versprach ihre Ansprüche zu unterstützen; er machte den Freiwerber für sie und für Gertrud; er reizte die Könige von Ungern und Böhmen zu Angriffen und drückte sich dabei so aus, als ständen ihnen ein Recht auf Oesterreich zu [4]. Aber Alle waren anderweit beschäftigt, oder scheuten die Macht der Hohenstaufen, oder mißbilligten auch wohl des Papstes übereifrige Einmischung in Reichs-, ja in Heirathsangelegenheiten.

Noch mehr als diese österreichische Sache lag dem Papste nach dem Tode Heinrich Raspes eine neue Königswahl am Herzen; die erste Krone der Welt ward ausgeboten und verschmäht wie schlechte Waare! Denn wenn sie auch Mancher unbedenklich ohne Recht genommen hätte, dann doch nicht ohne Rechte und ohne Macht!

---

[1] Aus einer im passauer Archive befindlichen von Hormayr (Wiener Jahrbücher LXIV, Anzeigeblatt 22) mitgetheilten Urkunde vom 14. Junius 1246 geht mittelbar hervor, daß Herzog Friedrich durch ein geheimes Testament mehre Erben ernannt hatte. Der Papst sollte dasselbe bestätigen und Land und Leute subjecimus apostolicae dilectioni (?). Da solch ein Testament aber nie bekannt geworden und man sich nie darauf bezogen hat, so bleibt jene merkwürdige Angabe wo nicht zweifelhaft, doch ohne Folgen. Monum. Boica. XXIX, 2, 301. Meiller, 183. — [2] Schrötter, Geschichte von Oesterreich, III, 0, 19. König Richard erkannte daß Oesterreich und Steiermark dem Reiche anheimgefallen sey. Ebenso Rudolf von Habsburg, der gesammte Fürstenrath und mehre Reichstage, weil nämlich nur Schwestern und Nichten, aber seine Töchter vorhanden waren. In diese Zeiten fällt nach Hormayr die Verfälschung des österreichischen Freiheitsbriefes, wo man, statt filia, faemilia schrieb. Hormayr, Archiv, 1827, S. 693. Wiener Jahrbücher, XXXIX, Anzeigeblatt 22—27; LIX, 98. — [3] Lambacher, Interregnum, Urk. 3. — [4] Kurz, III, 13.

Neue Königswahl. Wilhelm von Holland.

Graf Heinrich von Geldern, Graf Richard von Kornwall, König Hakon von Norwegen, Herzog Heinrich von Brabant wurden der Reihe nach von Innocenz und dessen Gesandten durch den Glanz der Krone geködert[1], aber vergeblich. Sie wollten des Papstes Fehden nicht auf eigene Unkosten ausfechten, und Heinrich Raspes Schicksal schreckte selbst die Begehrlichen zurück. Da kamen Einige auf den Gedanken: ob man nicht König Konrad, nach dem Vorgange seines Bruders, zum Abfalle vom Kaiser und zu unbedingtem Gehorsam gegen die Kirche bewegen könne[2]; aber Konrad antwortete: „Wahrlich, um euch Verräthern zu gefallen, werde ich meinem Vater und mir selbst nicht untreu werden!" — In solcher Noth mußte es dem Papste gar sehr willkommen seyn, daß ihm Herzog Heinrich II von Brabant seinen Neffen, den Grafen Wilhelm von Holland[3], zum Könige vorschlug. Dieser, der Sohn Floris IV und Mathildens von Brabant, war im Jahre 1228 geboren, stand von 1235 — 4] unter der Vormundschaft seines Oheims, des Bischofs von Utrecht, und meinte mit jugendlicher Kühnheit, weil er seine Grafschaft ohne große Mühe beherrsche, werde ihm auch der Beruf eines Königs nicht zu schwer seyn. Die Pflichten, dem Kaiser treu zu bleiben und dem Papste zu gehorchen, mochten für ihn ursprünglich gleiche Stärke haben, und jetzt neigte sich das Uebergewicht ganz natürlich auf die Seite dessen, der nicht forderte, sondern gab. Einige sahen in jenem Vorschlage des Herzogs einen Beweis der uneigennützigsten Freundschaft gegen seinen durch Muth und Gewandtheit ausgezeichneten Neffen; Andere meinten, er habe den Ehrsüchtigen in der Ferne beschäftigen wollen, um in der Nähe desto größeren Einfluß zu bekommen. Wenn man auch diese heimtückische Absicht läugnet, so ist jene erste Meinung dadurch noch nicht zugegeben; denn der Herzog würdigte die dargebotene Gabe richtiger als sein Neffe und hielt einen freien Herzog wohl für mehr als einen von der Mehrheit seines Volkes verworfenen, dem Papste unterthänigen König.

Den dringenden Aufforderungen des Kardinals Kapoccio und wohl noch anderen unwürdigeren Ueberredungsmitteln nachgebend, kamen die drei rheinischen Erzbischöfe, einige andere Prälaten, der Herzog von Brabant und wenige unbedeutende Reichsmannen in Neuß bei Düsseldorf[4] (oder in Woringen bei Köln[5]) zusammen und wählten am 3. (4.) Oktober 1247 den Grafen Wilhelm zum König von Teutschland[6]. Hierauf wurde der neue König unter großen Feierlichkeiten zum Ritter geschlagen, es folgten Gastereien, der Kardinal

---

[1] So berichtet Matth. Paris, 540. — [2] Ibid., 496. — [3] Delgde. chr. maga., 260. — [4] Böhmer, Reg., J. Stoke, 4, B. 814, hat den Michaelistag. — [5] Burchardi, 29. — [6] Meermanns Geschiedenis van Graaf Willem van Holland. Staindel. Albert. Stadens. Matth. Par., 493. Monach. Patav., 684. Gudeni cod., I, 600. Herm. Altahens. Corner, 894. Miraei op. diplom., I, 429, III. 92. Rehm, Geschichte des Mittelalters, I, 453. Wilhelm ungefähr so alt wie Konrad. Böhmer, Reg., 267.

Wilhelm von Holland.

1247 theilte päpstliche Glückwünschungs= und Ermahnungsschreiben aus, man ließ zum Aufbruche nach Achen blasen, damit die Krönung bald vollzogen werde, und was der Aeußerlichkeiten, aus denen nichts folgte, mehr waren.

Das wahre Uebergewicht blieb in diesem Augenblicke noch immer auf der Seite der Hohenstaufen. In Schwaben, Franken, dem Elsaß, Oesterreich und Steiermark herrschten sie oder ihre Bevollmächtigten; Otto, Herzog von Baiern und Pfalzgraf am Rhein, war ihnen zugethan; die Herzöge von Sachsen, die Markgrafen von Brandenburg und Meißen, die Erzbischöfe und Bischöfe von Magdeburg, Passau und Freisingen [1], der Sohn des Königs von Böhmen und dessen Anhang u. A. widersprachen sämmtlich der neuen Königswahl. Von den Reichsstädten konnten nur sehr wenige gewonnen werden, und Achen insbesondere verschloß Wilhelm die Thore. Allmählich traten zwar noch einige Prälaten und Fürsten, besonders um der päpstlichen Weisungen willen, zu ihm über, anderertheils aber starb sein Beschützer, 1248 Herzog Heinrich von Brabant, am 1. Februar 1248, und mit seiner Nachbarin, der Gräfin Margarethe von Flandern, deren Macht der seinigen ganz gleich kam, gerieth er in solche Mißverhältnisse, daß er ihr mehr bewilligen mußte, als dem Könige ziemte. Hier opferte er indeß nur eigene Ansprüche auf: um aber der drückenden Geldnoth abzuhelfen, unsichere Anhänger zu befestigen und neue zu gewinnen, verpfändete, verschenkte und veräußerte Wilhelm unwürdiger Weise Reichsrechte, Reichsgut und Reichsmannen, Reichszölle und Reichsstädte [2] und freute sich, wenn der Papst diese Vergeudungen, als höchster Oberer, bestätigte [3]. Nachdem man die deutsche Krone ausgeboten hatte, kam nur zu folgerecht die Reihe an alles Einzelne, und Mancher mochte es noch großmüthig nennen, wenn er sich zu der großen Versteigerung durch den neuen König einfand: denn man könne ja ungestraft, wie nach herrenlosem Gute eines Geächteten oder Verschollenen, zugreifen! In den Zeiten ihrer größten Macht hatten die Hohenstaufen kein reichsunmittelbares Kloster einem Fürsten untergeben dürfen; jetzt wurde rücksichtslos sogar der Stand von Reichsstädten, wie Nimwegen, auf solche Weise geändert. Aber aus der Willkür geht nie Freiheit, nicht einmal Reichthum hervor; deßhalb blieb König Wilhelm immer in kläglicher Dürftigkeit, und erst als ihm der Papst die von der deutschen Kirche erpreßten Gelder zustellen ließ, besserten sich seine Umstände [4]. Anderer Summen, welche aus Italien für ihn abgesandt

---

[1] Meichelbeck, Histor. Frising. II, 1, 30. Lünig, Reichsarchiv, XIX, 686, Urk. 2; 836, Urk. 4. — [2] Beispiele: Colon. chartul., Urk. 5. Böhmer, Reg., 6—37. Lünig, Codex, II, 1751, Urk. 13; 1962, Urk. 52. und bei Meermann. — [3] Urkunden im Archivio della camera zu Turin. — [4] Matth. Paris. 490, 502. Im April 1248 erhielt Matthäus von Lothringen vom Legaten 4000 Mark für seinen Uebertritt zu Wilhelm. Calmet, Hist. de Lorr., II, preuv. 463.

Achen. Krönung Wilhelms.

wurden, bemächtigte sich der Graf von Savoyen zu großem Verdrusse 1248 des Papstes.

Dieser fand indeß ein Mittel, das Heer seines Schützlings auf eine wohlfeilere Weise als durch Geld und Sold zu verstärken. Bei den großen und ernsten Vorbereitungen Ludwigs des Heiligen zu einem Kreuzzuge war der alte Eifer in vielen Einwohnern von Niederdeutschland noch einmal geweckt worden. Später fanden jedoch Manche das gethane Gelübde schwer und bedenklich, und als nun der Papst das Kreuz nicht mehr gegen die Türken und Mongolen, sondern gegen Friedrich von Hohenstaufen (so nannte man verächtlich den Kaiser) predigen und verkünden ließ [1]: wer dem Könige Wilhelm das der Kirche ungehorsame Achen erobern helfe, brauche nicht nach Jerusalem oder Kairo zu ziehen, sondern sey des früheren Gelübdes ledig und erhalte obenein Segnungen und Ablaß in Ueberfluß — da fanden sich der Leichtsinnigen und Bequemen, der Verführten und der angeblich fromm Gehorsamen so viele, daß das seither unbedeutende Belagerungsheer König Wilhelms zu einer unerwarteten Größe anwuchs. Dennoch beharrten die Bürger von Achen auf ihrem Sinne: dem Kaiser hätten sie Treue geschworen, und diesen Eid wollten sie nicht hinwegdeuteln, sondern halten. Mit bewundernswürdiger Anstrengung vertheidigten sie ihre Stadt, und erst als der Mangel an Lebensmitteln aufs Höchste stieg, als die Wasserfluthen durch einen neu gezogenen Damm so anstauten, daß man auf Kähnen durch die Straßen fuhr und Viele sich in das obere Stockwerk ihrer Häuser retten mußten, als alle Hoffnung auf Entsatz verschwand und die täuschende Nachricht einlief, der Kaiser sey gestorben: da erst sandten sie Bevollmächtigte an Wilhelm, schlossen einen Vertrag und übergaben die Stadt am 15. Oktober 1248, ein Jahr und 20 Tage nach dem Anfange der Umlagerung [2]. Achen war verarmt und halb zu Grunde gerichtet, die abgezehrten Bürger sahen bleichen Schatten ähnlich; aber der Ruhm ihres treuen Muthes überglänzte ihr Elend, ja den Ruhm der Sieger, wenn anders der Sieg einer solchen Uebermacht für eine solche Sache ein Sieg zu nennen ist. Zu stolz und zu fest Befehle oder Gnadenbezeigungen anzunehmen, verließen Viele Hab und Gut, Freunde und Verwandte, um das Recht Konrads, ihres Königs, überall und gegen Jedermann zu verfechten.

Am Tage aller Heiligen, am 1. November 1248, wurde Wilhelm in Achen vom Erzbischof von Mainz gesalbt, vom Erzbischof von

---

[1] Menconis chron., 147. — [2] Stoke, 4, D. 614. Trudonens. gesta, 390. Menconis chron., 147. Wikes, Chron. Matth. Paris, 496, 500. Wiarda, Gesch. von Ostfriesland, 208. Die Friesen hatten die Wasserbaue gegen Achen geleitet. Contin. Martini Poloni, 1410. Northof, 188. Salisburg. chron. Der Tag des Einzugs ist ungewiß. Auct. incert. ap. Urstis. Böhmer, Reg., 0 entscheidet für den 15. Oktober. Burckhardt, 31, macht es wahrscheinlich, daß die ernste, ununterbrochene Belagerung erst im Junius 1248 begann.

von Trier eingesegnet[1] und vom Erzbischof von Köln gekrönt. „Hiemit", so sprachen Viele, „ist er nun unzweifelhaft rechter König geworden", während Andere — abgesehen von inneren Gründen — entgegneten: „Der Ort allein entscheidet nicht; oder man kann auf ähnliche Weise die ganze Handlung für nichtig erklären, weil ihr euch dabei keineswegs der alten und ächten, sondern eilig neu gefertigter Reichskleinode bedient habt. Die Beistimmung von drei Erzbischöfen entscheidet nichts, da die gleichberechtigten Laienfürsten sämmtlich fehlten. Einen päpstlichen, einen Pfaffenkönig habt ihr wieder gemacht, keinen deutschen König für Deutsche!"

1249 Nach der Eroberung Achens zertheilte sich das Heer Wilhelms, weshalb er so wenig am Oberrhein, als König Konrad am Niederrhein entscheidend einwirken konnte[2]. Um indeß das Uebergewicht auf die Seite des Ersten zu bringen, stellten die Erzbischöfe und Bischöfe von Salzburg, Regensburg und Freisingen dem Herzoge Otto II von Baiern nochmals vor: es sey das höchste Unrecht, den Forderungen des Papstes zu widersprechen. Otto beharrte aber bei seiner früheren Antwort, warf jenen ihre Unbeständigkeit vor und fügte hinzu[3]: „Euren Wilhelm, Grafen von Holland, habe ich weder gewählt, noch gebilligt, noch trachte ich nach seiner Freundschaft, noch bedarf ich ihrer. Der Kirche bin ich nicht feindlich gesinnt: aber was haben diese Fehden und Umtriebe mit dem rechten Glauben zu schaffen?" Die Drohung, ihn, wenn er sich bis zu Himmelfahrt 1249 nicht mit der Kirche aussöhne, zu bannen, blieb um so mehr ohne Wirkung, da manche Geistliche aus Furcht vor des Herzogs strengen Maßregeln, andere aus eigener Ueberzeugung nach wie vor Messe lasen, tauften, trauten und begruben. Ja, so wie früher der Papst durch die an Albert Beham übertragenen Rechte alle kirchlichen Abstufungen und Ordnungen aufhob, so brachte jetzt die ebenmäßig zum Aeußersten vorschreitende Gegenpartei Aehnliches zur Anwendung[4]. Heinrich, ein kaiserlich gesinnter Stiftsherr zu Speier, hob z. B. das über Baiern gesprochene Interdikt auf und sprach den Bann über alle guelfisch gesinnten Bischöfe. Sogleich befahl Innocenz diese Verfügung zu vernichten und ihn lebenslänglich einzusperren; es ist aber um so ungewisser, inwieweit dieser Befehl zur Vollziehung kam, da Heinrichs nächster Vorgesetzter, der Erzbischof Siegfried II von Mainz, am 9. März 1249 in Bingen starb.

Kein deutscher Prälat hat vielleicht den Gedanken, alles Weltliche

---

[1] Belgic. chron. magn., 269. Nach Dontus, 312, krönte Kaporcio den König. Albert. Stadens. Meermann zu diesem Jahre. Burckhardt, 49. — [2] Nur Moth. Par., 502 und 516, berichtet unwahrscheinlich von großen Gefechten und wechselseitigen Siegen. Auch dafür, daß Konrad um diese Zeit einmal zum Kaiser nach Italien gereiset oder vielmehr geflohen sey, habe ich keine weiteren Beweise. Muratori in den Annalen bezweifelt Beides. — [3] Salisb. chron. Canis., 483. Harzheim, III, 579. — [4] Meichelb., Hist. Frising., II, 1, 34. Reg. Innoc. IV, Jahr VI, ep. 341.

Die Erzbischöfe von Mainz. Italien.

in jeder Beziehung dem Geistlichen und Kirchlichen zu unterwerfen, was so festgehalten und verfolgt als Siegfried, und sehr bedeutend ist er auf seinem Grabesdenkmal abgebildet: zwischen Heinrich Raspe und Wilhelm von Holland stehend und mit seinen Händen deren Kronen berührend[1]. Der Erzbischof Konrad von Köln führte einstweilen die Verwaltung und ward, ob er sich gleich hiebei sehr viel böse Erpressungen erlaubte, einstimmig von den Stiftsherren zu Siegfrieds Nachfolger erwählt. Der Papst aber, den Verein zweier Erzbisthümer und das Entstehen eines deutschen Patriarchats fürchtend, verwarf Konrad, überließ ihm aber zur Entschädigung eine reiche Abtei und ernannte ihn zu seinem Bevollmächtigten[2]. Nunmehr traf die Wahl Christian, den Propst der mainzer Kirche, welcher, die Zukunft voraussehend, das beschwerliche Amt, obgleich vergebens, ablehnte. Es fehlte ihm nicht an Kenntnissen und an milden Vorzügen, aber ein Erzbischof nach dem Sinne des Papstes, ein Kriegsfürst zu seyn und mit harten Mitteln für eine unsicher und zweideutig auftretende Partei zu wirken, widersprach seiner Natur und Ueberzeugung. Ehe wir indeß die weiteren, leider noch lange fortdauernden Verwirrungen Deutschlands erzählen können, muß die Geschichte Italiens bis zu einem wichtigeren Endpunkte nachgeholt werden.

Sobald der Papst von der Niederlage Friedrichs vor Parma hörte, 1248 ermahnte er alle lombardischen Städte: sie sollten nicht voreilig oder lässig auf den unerwartet gewonnenen Lorbeern ruhen, sondern diesen höchst günstigen Augenblick mit rastloser Anstrengung benutzen, damit die Macht des Kaisers und aller Kirchenfeinde völlig gebrochen werde. Seinerseits werde er nie ohne Rücksicht auf die Städte einen besonderen Frieden schließen und überhaupt den Krieg bis zu völligem Siege fortsetzen[3]. Solcher Aufforderungen zu fortdauerndem Hasse bedurften die ohnedies höchst leidenschaftlichen Bürger wahrlich nicht; und es thut weh wenn der Statthalter Christi den Bolognesern ein eidliches Versprechen abfordert[4]: sie wollten künftig die Güter aller Anhänger Friedrichs und aller derer, die irgend mit ihm verkehrten, einziehen. Ebenso wenig kann sich das Gemüth — was auch dafür angeführt werden möge — mit den leidenschaftlichen Aufträgen versöhnen, welche die in ganz anderem Sinne gestifteten, auf ganz andere Mittel und Zwecke angewiesenen Bettelmönche jetzt wiederum mit verdoppeltem Eifer nach dem Befehle des Papstes übernahmen[5]: nämlich die Unterthanen des mit Schimpfnamen belegten Friedrich in Apulien und Sicilien zum Aufruhr anzureizen! Natürlich ließ dieser gegen die Ertappten mit Strenge verfahren; nicht selten griffen

---

[1] Gudenus, II, 820. Werner, 1, 317. Müller, Kunstgeschichte, I, 21. — [2] Lünig, Reichsarch., Th. XIX, Abtheil. 3, S. 254, Urk. 4. Baluzii miscell., I, 226. Math. Par., 513. Lerch, Niederrhein. Jahrb., 121. — [3] Bullae pontif. ap. Hahn, 34—39. — [4] Savioli, III, 2, 645. — [5] Salimbeni, 342. Cherrier, III, 240.

Italienische Fehden.

aber die Bischöfe, Aebte und das kaiserlich gesinnte Volk den Richtern schon vor, nahmen den Bettelmönchen die Kapuzen, verschnitten ihnen die Kleider und jagten sie unter Spott und Mißhandlungen über die Grenzen [1].

Im Felde wechselte gleichzeitig Gewinn und Verlust. Fünf Tage nach dem Untergange Victorias griff Enzius die, wie es scheint, unbesorgten Mantuaner und Parmenser in ihrer Stellung am Po an [2], zerstörte ihnen an 100 Fahrzeuge und machte 300 Gefangene. In einem anderen glücklichen Gefechte wurde der Schwestersohn des Papstes Bernardo Rossi zur Freude der Kaiserlichen erschlagen, welche ihn wegen seiner Thätigkeit fürchteten und wegen seines Abfalles haßten. Nicht minderen Erfolg hatten Ezelins Waffen in dem nordöstlichen Theile der Lombardei. Er nahm allmählich Feltri, Belluno, Monselice und durch Verrath sogar Este ein [3] und kümmerte sich wenig um den Bann, welchen Innocenz für seinen fortdauernden Ungehorsam, seine Ketzereien und Grausamkeiten endlich über ihn aussprach.

Andrerseits gelang es dem Kardinal Ubaldini [4], mit Hülfe der Bolognesen und vieler vertriebenen Guelfen mehre Städte für die Kirche zu gewinnen: so Ravenna, Forli, Cervia, Imola, Forlimpopoli, Cesena und nach vierzehntägiger Belagerung auch Faenza. Beide Theile, die Guelfen wie die Ghibellinen, litten an Geld Mangel, und während Friedrich von Antiochien 5000 Mark [5] unter harten Bedingungen von sienischen Kaufleuten lieh, mußte das unbedeutende Iesi im Jahre 1248 5200 Pfund für die päpstlichen Söldner bezahlen [6]; wie denn überhaupt die Abhängigkeit von der Kirche den Städten damals ebenso theuer zu stehen kam, als die vom Kaiser [7].

Dieser war, nachdem er seinen Söhnen Enzius und Friedrich den Oberbefehl anvertraut, den Grafen Thomas von Savoyen zum Statthalter in der Lombardei [8] ernannt und Kapraja, das Hauptschloß der Guelfen in Tuscien, erobert hatte, im Sommer 1249 nach Apulien zurückgekehrt. Von hier aus sandte er dem Könige von Frankreich Pferde und Lebensmittel zur Unterstützung seines Kreuzzuges und äußerte: wie gern er an demselben Theil nehmen würde, wenn ihn nicht vor Allem sein Streit mit dem Papste daran verhinderte [9]. Ludwig

---

[1] Wadding, III, 108, zu 1249. — [2] Petr. Vin., II, 41. 42. Sallmbeni, 343. Friedrich II scheint im Sommer 1248 nochmals vor Parma gelagert zu haben. Vergleiche Reposati, I, 404. Kettenhoven, 103. — [3] Roland. Patav., V, 23. Monach. Patav., 684. Cereta. Memor. Regiens., 1117. Concil. collect., XIV, 14. — [4] Im Jahre 1248 und 1249. Tonduzzi, 283. Fabri, Effemer. Savioli, III, 2, 647—649. Bonon. hist. miscella. — [5] Camici, Urf. XI, 53, zum Julius 1249. — [6] Baldassini, XIX und XLVI. — [7] Cariepec. di S. Salvat., Urf. 520, Malvecius, 013. Malespini, 139. — [8] Im Junius 1249. Archiv in Turin. Cibrario, Hist. di Savoia, II, 59. — [9] Barthol. ann. Matth. Par. Petr. Vin., III, 23, und die Kritik der verschiedenen Nachrichten in Murat., Ann. Schon früher erlaubte Friedrich, daß apulische und andere Kaufleute den Kreuzfahrern Lebensmittel zuführten. Michaud, IV, 183.

Kreuzzug. Bologna und Modena.

versprach dem Kaiser zuvörderst, er werde seinen Rechten im Morgenlande nie zu nahe treten und nirgends seine Feinde begünstigen[1]; dann verwandte er sich, nebst seiner Mutter Blanka, nochmals für ihn beim Papste und bemerkte wiederholt, daß er durch seine Land- und noch mehr durch seine Seemacht den Kreuzfahrern unglaublich viel Schaden thun könne; aber Innocenz blieb unbewegt, theils weil ihm sein Vertilgungskrieg gegen die Hohenstaufen über alle morgenländischen Zwecke ging, theils weil er meinte: Friedrich werde, selbst nach einer Aussöhnung mit der Kirche, nicht viel für den Kreuzzug thun, und er dürfe (auch ohne eine solche Versöhnung) um seines Vortheils und Rufes willen die Pilger nicht feindlich behandeln.

Unterdeß hatten die Bologneser versucht, das ghibellinische Modena umzustimmen, oder wenigstens vortheilhafte Verträge mit demselben abzuschließen[2]. Weil Beides mißlang, gab Filippo Ugone aus Brescia, der zeitige Podesta von Bologna, den dringenden Aufforderungen des Kardinals Oktavian Gehör und begann, während der Kaiser abwesend und König Enzius anderwärts beschäftigt war, den Krieg wider jene Stadt. In dem Augenblicke aber, wo die Bologneser an der Stultenna eintrafen und die Herstellung der alten Brücke des heiligen Ambrosius begannen, um auf das linke Ufer jenes Flusses überzusetzen, langte auch König Enzius (schneller als man es für möglich gehalten hatte) mit Deutschen und Ghibellinen in Modena an. Pferden und Menschen keine Rast gestattend, zog er sogleich vorwärts bis Fossalta, etwa eine Miglie von jener Brücke, und beschloß, da die Bologneser vorsichtig auf dem rechten Ufer der Stultenna blieben, mit einem Theile seiner Mannschaft unbemerkt durch eine seitwärts gelegene Fuhrt zu gehen und ihnen in den Rücken zu kommen. Allein der Podesta Filippo erhielt Kunde von diesem Plane, und nach einem heftigen unentscheidenden Kampfe kehrten beide Theile in ihre alten Stellungen zurück. — Unmittelbar darauf langte Antonio Lambertazzi mit 2000 neuen Hülfsmannen an und überbrachte den Befehl des Rathes von Bologna: es solle am anderen Morgen, am 26. Mai[3], geschlagen werden. Filippo theilte deshalb sein Heer unverzüglich in drei Theile und befahl, daß der dritte überall den Bedrängten zu Hülfe eilen solle. König Enzius, von dem Allem unterrichtet, stellte den Bolog-

---

[1] Martene, Collect. ampliss., I, 1301. — [2] Matth. Par., 513, 520. Cereta zu 1240. Contin. Mart. Poloni, 1417. Dandolo, 358. Caes. ann., 1101. Ricobaldi hist. imper., 131. Murat, Annal. — [3] Es ist nicht deutlich, ob das erste Gefecht an der Fuhrt und die Schlacht auf zwei verschiedene Tage fallen. Unter den verschiedenen Angaben des Tages der Schlacht ist der 26. Mai (Oto exeunte Majo) am wahrscheinlichsten. Ravenn. hist. spicil., 579. Patav. chron., 1138. Chron. Ital. Bréh., 219. Daniele, 86. Griffo. Mutin. annal. Johann. de Mussis Vedriani, II, 191. Tiraboschi, Stor. de Modena, II, 70, erzählt nach einer alten Chronik einiges Abweichende über die Stellungen, die Brücken u. s. w.

Schlacht bei Fossalta. Enzius gefangen.

unsern die Deutschen und die tüchtigsten Italiener in zwei Schaaren gegenüber und bestimmte die dritte (aus Modenesern gebildete) ebenfalls dazu, unerwartete Gefahren abzuwenden und den Ausschlag zu geben.

In der Schlacht selbst, welche Enzius mit jugendlichem Feuer und großer Tapferkeit begann, ging es aber keineswegs regelrecht und nach entworfenem Plane zu, sondern Jeder focht wo und wie er konnte, und man sandte Hülfe bald dahin, bald dorthin. Bis gegen Abend hatte kein Theil entscheidende Vortheile gewonnen. Da gerieth Enzius in einen Zweikampf mit Antonio Lambertazzi und stürzte, weil dieser sein Pferd tödtete, zu Boden. Deutsche aber drängten sich muthig herzu, befreiten und setzten ihn auf ein anderes Pferd. Der Fall des Königs schreckte indeß die den Bolognesern nur mit Mühe widerstehenden Modeneser; sie begaben sich auf die Flucht und brachten hierdurch das ganze Heer in Verwirrung. Enzius, Marinus von Eboli und Boso Doaria suchten vergeblich die Ordnung herzustellen: sie wurden umringt und mit etwa 200 Anderen gefangen [1].

Als die Sieger feierlich in Bologna einzogen, erweckte Enzius die meiste Aufmerksamkeit und Theilnahme. Der Sohn eines Kaisers, in der Blüthe der Jugend, vom Throne ins Gefängniß geführt: wie streng erinnerte Alles an den Wechsel menschlicher Schicksale! Und dies Gefühl wurde durch die Persönlichkeit des Königs noch sehr erhöht. Er war, nach dem Zeugnisse seiner Feinde [2], der trefflichste unter den Söhnen des Kaisers, der Tapferste im Streite und der Heiterste und Liebenswürdigste im Umgang; er war fähig zu den größten und ernstesten Geschäften und wiederum, wenn es die Verhältnisse erlaubten, Dichter und Sänger. Der Adel seiner Gestalt und seine Schönheit übertraf die aller Anderen, und seine Haare ringelten sich in blonden goldenen Locken hinab bis auf den Gürtel. Lucia Wiadagola, die schönste der Töchter Bolognas, fühlte sich durch den Besiegten besiegt [3]; aber der Rath der Stadt faßte, bei aller scheinbaren äußeren Milde, den Beschluß: König Enzius, jetzt erst 24 Jahre alt, solle bis zu seinem Tode im Gefängnisse bleiben!

Als Kaiser Friedrich von diesem bitteren Unfalle hörte, ließ er den Bolognesern schreiben [4]: sie möchten sich des leicht wechselnden Glückes nicht zu sehr überheben und die Macht des Reiches nicht für immer vernichtet halten. Habe doch Friedrich I einst das mächtige Mailand gegen alle Erwartung zerstören können. Er befehle ihnen, bei Verlust seiner Gnade, sogleich den König Enzius und alle gefangenen Modeneser frei zu lassen, dann wolle er ihre Stadt über alle anderen erheben, im Weigerungsfalle sie aber mit unzählbarer Heeresmacht

---

[1] Höhere Zahlen hat Chr. Iul. Drėh., 219. — [2] Salimbeni, 344, 406, Tiraboschi, Stor. lett. IV, 381. — [3] Ghirard., I, 173—175. — [4] Ghirard., I, 170. Savioli, III, 2, 657, 659.

überziehen und zum Gespötte der Welt machen. — Die Bolognefer 1249 antworteten ¹: „Unſere Feinde, die mehr ihrer Macht als der Weisheit und dem Rechte vertrauten, ſind zu Boden geſtürzt, und dennoch ſo ſtolz als könnten Drohungen und leere Worte uns ſchrecken! Wir ſind nicht gleich dem Rohre des Sumpfes welches der Wind bewegt, oder dem Reife welchen die Sonne ſchmilzt; deshalb melden wir Euch, daß König Enzius unſer Gefangener iſt und auch künftig bleiben wird, gleich einer Sache die uns von Rechts wegen gehört. Wolltet Ihr Euch dafür rächen, es wird Euch an Macht fehlen, oder unſere Macht wird ſich der Euren entgegenſtellen und ſie überwinden. Der Pfeil trifft nicht immer den, welchen er bedroht; der Wolf raubt nicht immer die Schafe, nach denen er trachtet, und laut des alten Sprich: wortes wird ein wilder und ſchäumender Eber wohl durch einen klei: nen Hund feſtgehalten.“ Mildere Unterhandlungen Friedrichs ſchlugen ebenfalls fehl, ja ſogar das Erbieten des jungen Königs, für ſeine Löſung einen ſilbernen Ring zu geben, der um ganz Bologna herum gehe, wurde zurückgewieſen ². — Die Modeneſer, welche vom Kaiſer Troſt: und Ermahnungsſchreiben, aber keinen Kriegsbeiſtand erhielten, ſahen ſich nach tüchtigem Widerſtande genöthigt, am 15. December mit Bologna einen Vertrag ³ einzugehen, wonach ſie zur kirchlichen Partei übertraten, ihre Vertriebenen wieder aufnahmen und ſich noch anderen läſtigen Bedingungen unterwarfen.

Abgeſehen von des Königs Gefangenſchaft, ließ es ſich als Erſatz dieſes Verluſtes betrachten, daß Faenza und Ravenna und im näch: 1250 ſten Jahre auch Lodi und Piacenza ghibelliniſch wurden, daß Ezelins Macht ſich erhöhte und endlich Markgraf Oberius Palavicini, der neue Podeſta von Cremona, den Parmenſern eine ſchwere Niederlage beibrachte und deren Fahnenwagen eroberte ⁴. Aber dieſe Wechſelfälle und Niederlagen führten weder zu äußerlichem Uebergewichte, noch zu der dringend nothwendigen Ruhe; und das, was ſcheinbar dem Kai: ſer Vortheil brachte, geſchah in jenen Gegenden eigentlich weder durch ihn, noch für ihn. Doch trat er, wenn auch nicht mit der friſchen heiteren Kühnheit ſeiner Jugend, doch mit unwandelbarer männlicher Feſtigkeit, durch Worte, Thaten und abſchreckende Strafen allem dem entgegen, was ſeine Rechte verletzte und ſeine Anſichten und Beſtre: bungen als unheilbringend bezeichnete. Seines Sohnes Gefangenneh: mung traf aber freilich nicht bloß ſeine Macht, ſondern auch ſein Herz; und noch bitterer ergriff ihn gleichzeitig ein anderes Ereigniß ⁵, über

---

¹ Bonon. hist. misc. Der Notar Rolandinus Paſſagerius hatte dieſe Antwort entworfen. Sarti, I, 1, 424. — ² Petr. Vin., III, 47. — ³ Murat., Annali. Savioli, III, 2, 600. Monach. Patav., 684. Memor. Regiens., 1110. — ⁴ Savioli, III, 2, 654—655. Mon. Patav., 685. Dandolo, 359. Tonduzzi, 285. G. Wolff, Briefe, 12, 29. Im J. 1249 beſchloß Friedrich von Antiochien Agobbio, Nocera, Gualdo. Ciatti, 342. — ⁵ Im Junius 1249 nennt Friedrich Petrus ſchon einem proditor. Daniele, 86.

1249 deſſen wahren Zuſammenhang die Geſchichte nur ein halbes Licht zu verbreiten im Stande iſt.

Peter von Vinea wurde durch den Kaiſer aus den beſchränkteſten Lebensverhältniſſen zu der größten Höhe erhoben, welche einem Privatmanne irgend erreichbar iſt. Er bekleidete die angeſehenſten Würden im Staate, wurde gebraucht zu den wichtigſten Geſandtſchaften und erwarb ſich ein für jene Zeiten ungemein großes Vermögen. So ſehr achtete Friedrich Peters Einſicht und richtigen Blick, daß er nicht ſelten deſſen Meinung vor ſeiner eigenen den Vorzug gab und ihn als Ritter und Dichter, als erſte Zierde des Hofes wie des Rathes neben ſich ſtellte. Dieſe Bedeutung Peters erkannten Hohe und Niedere [1]: der König von England bat ihn ſeine Angelegenheiten beim Kaiſer zu unterſtützen, ja der Papſt verſchmähte es nicht mit ihm in unmittelbaren Briefwechſel zu treten. Wenn dies die Häupter der Welt thaten, ſo konnte es in den unteren Kreiſen nicht an gemeiner Schmeichelei fehlen, und Verführung von der feinſten bis zur geringſten Art nahte ſich Petern, wie jedem mächtigen Günſtlinge eines gewaltigen Herrſchers. Aus gleichen Gründen fanden ſich aber in der Stille auch Neider, Feinde und Verleumder. — „Peter", ſo ſagten dieſe, „verfährt unſchicklich gegen den Kaiſer, indem er alles Gute und Kluge was geſchieht, als aus ſeinem eigenen Kopfe hervorgehend darſtellt; er handelt fehlerhaft, indem er nicht ſelten das Gegentheil von dem thut, was Friedrich befiehlt und worüber dieſer aus zu großer Gutmüthigkeit oder aus Unwiſſenheit ſchweigt. Reichthümer häuft er auf Reichthümer und ſeine Verwandten ſind noch unerſättlicher als er. Und für all dieſe Freundſchaft, dieſe Wohlthaten, dieſe Nachſicht iſt er ſeinem Herrn nicht einmal treu, ſondern hat ſich ſchon zur Zeit der lyoner Kirchenverſammlung mit dem Papſte in ungebührliche Verbindungen eingelaſſen, welche ſeitdem gewiß noch gefährlicher geworden ſind."

Gegen äußeren Beſitz war Peter keineswegs gleichgültig, und es geſchieht bedenkliche Erwähnung von ſeinen Schätzen [2] und von plötzlich reich gewordenen Verwandten. Ferner wird erzählt, daß er ſich ſeiner Stellung bisweilen überhob und des Kaiſers Maßregeln eigenmächtig nach ſeiner vermeintlich richtigeren Ueberzeugung änderte [3]; unerwieſen hingegen bleibt das verrätheriſche Verhältniß zum Papſte. Wenigſtens kam Peter, nach den wahrſcheinlichſten Berichten, entweder gar nicht oder erſt dann nach Lyon, als der Papſt den Bann ſchon beſchloſſen hatte; oder wenn er dort als Geſandter wirklich neben Thaddäus von Sueſſa gegenwärtig war, ſo muß dem Kaiſer ſein zurückgezogenes Benehmen nicht aufgefallen ſeyn, da er noch drei Jahre

---

[1] Rymer, Foed., I, 1, 145. — [2] Diodati, 33, nach Bonati, De astron. tract. 5, consid. 141. — [3] Multa retractabat et infringebat de his quae faciebat imperator. Bonati, l. c.

Peter von Vinea.

nachher in Gunst blieb [1]. — Zu diesen ungenügenden und bis dahin erfolglosen Erzählungen und Anklagen tritt nun aber plötzlich eine neue.

Friedrich erkrankte, und Peters geschickter Arzt verschrieb und bereitete ihm Arznei. Da sagte der Kaiser, heimlich gewarnt: „Freunde, meine Seele vertrauet auf euch. Ich bitte, nehmet euch in Acht, daß ihr mir nicht Gift statt der Arzenei geben möget." — Hierauf antwortete Peter: „O Herr, wie oft hat Euch nicht mein Arzt heilsame Arzenei gereicht! Warum fürchtet Ihr jetzt?" Friedrich aber, finsterer blickend, sagte zum Arzte: „Trink und gieb mir die andere Hälfte." Dieser, des Frevels sich bewußt, that als stoße er mit dem Fuße an, fiel nieder und vergoß das Getränk. Nur ein Weniges blieb übrig, aber auch dies Wenige tödtete noch Verbrecher, welchen man es zu trinken gab. — Als dem Kaiser so der Verrath klar geworden, ergriff ihn ein unermeßlicher, untröstbarer Schmerz, und es war herzzerreißend, als er, auf Erden so hoch gestellt, so hoch bejahrt und sonst so unerschüttert, bitterlich weinte und die Hände ringend ausrief: „Wehe mir! wenn die Nächsten so gegen mich wüthen, wem darf ich noch vertrauen? Wie kann ich irgendwo sicher, wie kann ich jemals wieder froh seyn?" Peter aber, der ungeheuren Schuld sich bewußt, oder verzweifelnd daß es ihm an Mitteln fehle seine Unschuld zu beweisen, rannte, als man ihn im Gefängnisse allein ließ, mit dem Kopfe gegen die Mauer, daß er starb.

Diese Erzählung, so weit sie die Vergiftung betrifft, findet sich nur im Matthäus Paris und ist von Manchem deßhalb ganz verworfen, Peter für ganz unschuldig gehalten, und sein Fall lediglich Hofränken und Verleumdungen beigemessen worden. Allein auf bloßes, seit Jahren schon nicht ungewöhnliches Geschwätz hätte der Kaiser gewiß seinen nächsten Freund nicht mißhandelt; vielmehr muß ein bestimmtes Ereigniß hinzugetreten seyn, weßhalb er ihn öffentlich für einen Verräther erklärte, seine Güter einzog und, wie Einige behaupten, ihn blenden ließ. Allerdings gewährt jener Bericht keine volle Ueberzeugung, aber ganz ohne denselben geräth man auf völlig leere Vermuthungen, z. B. von etwaigen Eifersüchteleien, welche an sich unerwiesen sind und in diesen späteren Zeiten nicht als neue Gründe solchen Gewichts hervortreten konnten [2].

Wie aber, wenn man, gleichsam in die Mitte tretend, annähme, daß Peter sich allerdings einzelne Mißgriffe zu Schulden kommen ließ, daß der Papst sich eifrig bemühte ihn günstig zu stimmen und seinem Ehrgeize eine kirchliche Richtung zu geben, daß endlich dem Kaiser

---

[1] Im Mai 1249 war Peter noch als Protonotar beim Kaiser vor Parma und im December mit ihm in Cereelli. Bonazzi, 317. Reposati, 1, 404. Schon früher gerieth Peter einmal beim Kaiser in Verdacht, rechtfertigte sich aber und verlangte mit seinen Anklägern zusammengestellt zu werden. Petr. Vin., III, 2. — [2] Siehe die erste Beilage über Peter von Vinea.

134 Friedrichs Krankheit.

1249 von Allem durch Verleumder einseitige und übertriebene Nachrichten zusamen? Dazu konnten sich, in jenen Tagen vielfacher Verschwörungen, wohlgemeinte oder böswillige Warnungen vor Mordanschlägen gesellen, es konnte jene Vergütungösern vorfallen und dennoch Peter daran unschuldig und nur der Arzt schuldig seyn. — Wenigstens kehrt uns, nach vielfacher Erwägung all der mannichfaltigen widersprechenden und ungenügenden Nachrichten, immer der Glaube zurück: daß Peter keineswegs ohne alle Schuld, aber doch kein Gistmischer war. Ein unglückliches Zusammentreffen von Umständen lieferte indeß dem Richter eine Menge von schweren Anzeigen in die Hände, welche jener zu widerlegen sich außer Stande sah, und die den Kaiser veranlaßten das ihn schmerzende Urtheil, um der Gerechtigkeit und des Beispiels willen, zu bestätigen. — Die gewöhnliche Ansicht, wonach man kurzweg entweder den Kaiser einen ungerechten Tyrannen, oder Peter einen schändlichen Verbrecher nennt, ist innerlich unwahrscheinlicher und unnatürlicher als unsere Darstellung, welche alle Quellen und Umstände berücksichtigt, die Begebenheit zu tragischer Höhe erhebt und jene beiden großen Männer ihrer selbst würdig, jedoch in einer solchen Verwickelung von Verhältnissen darstellt, daß sie herzliche Theilnahme gestattet und zu demüthiger Anerkenntniß menschlicher Schwäche auffordert, nicht aber die menschliche Natur in satanischer, rettungsloser Verderbniß zeigt.

Des Kaisers durch Alter, Anstrengung und Unglück ohnehin schon geschwächte Gesundheit wurde von diesen Leiden sehr angegriffen[1], und eine Krankheit an den Füßen, das heilige Feuer genannt, hemmte eine Zeit lang seine Thätigkeit fast ganz. Kaum aber war 1250 er einigermaßen hergestellt, so sammelte er von allen Seiten neue Heeresmacht, und nicht bloß aus seinen Staaten und dem ghibellinischen Italien[2], sondern sogar aus Afrika langten Schaaren von Saracenen an, mit deren Beistand ein Theil des Kirchenstaates, zum Verdrusse frommer Seelen, besetzt wurde. Gleichzeitig ereigneten sich die schon erwähnten günstigen Begebenheiten im oberen Italien, das arelatische Reich zeigte sich zu einer engeren Verbindung mit dem Kaiser geneigt, und in Deutschland erhielt Konrad ohne Vergleich mehr Gewalt als Wilhelm. Des Papstes war man dagegen in Lyon so überdrüssig, daß er sehr gern einen freundlicheren Aufenthalt gesucht hätte: Alle diese einzelnen Erscheinungen konnten jedoch den Kaiser nach so vielen Erfahrungen und Lebensmühen wohl schwerlich mit der neuen Hoffnung eines völligen Sieges erfüllen; auch lief um diese Zeit die traurige Nachricht ein: König Ludwig der Heilige sey am 5. April 1250 in Aegypten geschlagen und mit Unzähligen gefangen worden.

---

[1] Matth. Paris, 513. — [2] Marinus von Eboli zog nach Tuscien, um ein neues Heer gegen die Feinde des Kaisers zu sammeln. Camici, Urk. XVIII, 63. Spinelli, 1000 — 67 zu 1249 und 1250. In der letzten Stelle muß sommalato statt innamorato gelesen werden.

Friedrichs Tod.

Obgleich des Kaisers mitleidige Theilnahme hiebei sehr aufrichtig war 1250 und er sich bringend für die Freilassung des Königs bei dem Sultan verwandte, so maßen ihm die Anhänger des Papstes dennoch einen Theil der Schuld bei und behaupteten — ohne allen inneren Grund und äußeren Beweis — daß ihm der Untergang der Christen willkommen sey!

Nicht lange aber sollte der an Schmähung und Verkennung Gewöhnte diese neuesten Verdammungsurtheile tragen: am 29. November ward er in Firenzuola, sieben Miglien von Lucera, von einer ruhrartigen Krankheit befallen. Als das Uebel sich mehrte, machte er am 7. December[1] sein Testament, beichtete seine Sünden und ward hierauf durch den Erzbischof von Palermo in die Gemeinschaft der Kirche aufgenommen und nach Empfang des heiligen Abendmahls losgesprochen. Am 12. des Abends aß er eine Birne mit Zucker[2] und hatte noch einige Hoffnung der Besserung; aber am 13. gegen Morgen starb er in den Armen seines jüngsten und geliebtesten Sohnes Manfred, nachdem er gelebt 56 Jahre weniger 13 Tage, und auf dem kaiserlichen Throne gesessen 30 Jahre weniger drei Wochen. Die

---

[1] Daß er ohne Beichte und Beobachtung christlicher Gebräuche gestorben, ist falsch. Daniele, 89—94. Manfr. epist. ad Conrad. IV. Baluz. misc., I, 193, 475. Auch spricht das Vermächtniß an die Kirche von Palermo für des Erzbischofs Theilnahme und Lossprechung. Ueber den Tag, an welchem das Testament gemacht sey, finden sich Varianten, welche mit dem angegebenen Wochentage nicht stimmen (Pertz, IV, 357). Durch Emendation (z. B. die sabati, feria septima decimo mens. Dec., Schrötter, Oesterr. Gesch., III, 66; Raccolta, V, 49) ließe sich indessen eine Uebereinstimmung wohl herbeiführen. Gewiß ist das Testament vor dem Tode des Kaisers gemacht worden, und dafür, daß dieser den 13. December starb, sprechen überwiegende Gründe und Zeugnisse, denen auch Muratori beitritt. Der Tag der heiligen Lucia wird zu allgemein genannt, und die Verwechselung desselben mit einem anderen ist weniger anzunehmen, als ein Irrthum in den Ziffern. Vergleiche: Matth. Par., 538. Wikes zu 1250. Guil Tyr. cont., 734. Sanut., 220. Malespini, 143. Litt. princ. ap. Uchn., 32. Griffo. Bonon. hist. misc. Estense chron. Maurimonast. ann., p. 9. Chron. Ital. Bréh., 228. Luynes, Comment. de Matteo, 80. Das Todtenbuch von Klosterneuburg setzt Tod und Todtenfeier auf den 13. December. Fischer, Urkundenbuch, S. 114. Friedrich starb Idib. Decembr. scilicet in die beatae Luciae. Wiener Jahrb., XXXIX, Anzeigbl., S. 20, nach Johann Abt von Viktring. In festo beatae Luciae. Päpstlicher Brief in einer turiner Handschrift, S. 61, von Dönniges excerpirt. Descenditque ad inferos, nihil secum deferens nisi sacculum peccatorum. Monach. Patav., 685. Superatus a divina potentia, quem gentes humanae non poterant superare. Barthol. annal. Beigesetzt in Palermo am 25. Februar 1251. Amato, 448. Die Nachricht, daß Manfred seinen Vater mit einem Kissen erstickt habe, ist in sich unverständig, schlecht begläubigt, nur von Entfernten als unsichere Sage erzählt, nie aber amtlich gegen Manfred ausgesprochen. Sie wird von Daniele, S. 100, und in der Nuova raccolta, Th. V. vom Abte Johann von Montelassino so vollständig widerlegt, daß es unnöthig wäre, darüber noch ein Wort zu verlieren. — [2] Spinelli, 1007. Den 16. empfing man schon Manfreds Briefe über den Tod Friedrichs.

Friedrichs Grabmal.

Leiche wurde nach Sicilien hinübergebracht: sechs Schaaren Ritter, die saracenische Leibwache, die Edlen und Beamten aller Gegenden und theilnehmendes Volk in großer Zahl folgten in tiefster Trauer dem feierlichen Zuge [1].

Manfred ließ von einem deutschen Künstler Lapo [2] oder Jakob den Entwurf zu einem prachtvollen Grabmal anfertigen; allein spätere Unruhen verursachten, daß man sich mit dem begnügte, was noch jetzt in Palermo vorhanden und nicht ohne Vorzüge ist. Sechs Säulen, welche drei Stufen über dem Boden erhaben stehen, stützen das Dach. Unter demselben steht der Sarg, getragen von zwei an jedem Ende befindlichen Löwen, deren Schwänze sich in einander schlingen und die zwischen den Vorderfüßen einen Besiegten festhalten. Greifen und Adler zieren die Decke des Sarges. Die Säulen, das Gebälke, der Sarg, kurz das ganze Denkmal ist von Porphyr und mit großer Geschicklichkeit bearbeitet und geglättet.

Gleich nach seinem Tode oder doch bald darauf setzte man ihm eine doppelte Grabschrift [3]:

Wenn ein erhabnes Gemüth, der Güter und Tugenden Fülle,
Ruhm und Glanz des Geschlechts die Macht des Todes bezwängen:
Friedrich schlummerte nicht in dem Grab hier, das ihn umschließet.

Und:

Stolze Paläste, was sind sie? was irdische Hoheit und Würde?
Hat vor dem Tode mich doch keines zu schützen vermocht.

Als man im Jahre 1783 die königlichen Gräber in Palermo öffnete, fand man Friedrichs Leiche wohl erhalten und in kaiserlichem Gewande [4]. Untheilnehmende Nachkommen hatten ihm indeß seine Ruhestätte nicht allein gegönnt, sondern — so ärmlich als gemein — noch zwei Leichname in den Sarg gelegt, von denen der eine ganz unerkannt blieb und der andere aus einigen Gründen für Peter II von Aragonien gehalten wurde.

---

[1] Il dolore fu comune ai nobili, ed ai plebei; ai grandi ed ai piccoli, alle matrone e alle donzelle, e a ogni genere di persone che il mostrarono negli abiti, nell' aspetto e nelle voci. Lanza, II, 397. — [2] Daniele, 99—100. Tirab., Lett., IV, 448 sq. Cicogn., I, 314. Vasari, I, 243, ed. Florent. Ueber den Zug nach Sicilien: Spinelli, 1009. — [3] Malespini, 143. Villani, VI, 41. Dandolo, 99. Onsorg, 302. Andr. et Chron., 2184. — [4] Also war er nicht im Cistertienserkleide begraben und nicht vor dem Tode schon bei lebendigem Leibe verfault, wie Parteiische berichten. Ueber die Grabmale: Daniele, Sepolcri, und Gregorio, Discorsi, II, I. Riddagshus. chr., 356. Salimbeni, 354. Bitoburaeus erwähnt einer Sage: daß Friedrich, den Weissagungen von kommenden Unfällen Gehör gebend, Europa verlassen habe und mit getreuen Dienern in fremden Welttheilen glücklicher lebe. Ueber die Prophezeiung, Friedrich werde in Firenze sterben, weshalb er als nach Florenz oder Faruja gekommen sey, s. Malespini, 143. Villani, VI, 41. Ueber Tile Kolup, der sich für Friedrich II ausgab und zuletzt auf Befehl König Rudolfs verbrannt ward, Stoke, Rijmcronijk, 3, B. 773. Die Maurimon. ann., p. 10, nennen ihn Dietrich Holzschuh. Trachsers Chronik zu 1283 in Westphal. monum. und v. Schirlitz in Ledeburs Neuem Archiv, I, 291. Ueber einen falschen Friedrich in Sicilien: Ferrera, Storia di Catania, 50.

Friedrichs Testament.

Das Testament des Kaisers[1] setzte fest:

1. König Konrad ist Haupterbe. Ihm folgt, wenn er ohne Kinder stirbt, Heinrich, der Sohn Isabellens; Heinrich folgt, wenn er ohne Kinder stirbt, Manfred.

2. Dieser soll während der jedesmaligen Abwesenheit Konrads Statthalter Italiens, insbesondere des sicilischen Reiches seyn, sodaß er, mit Ausnahme der Vergabung aller Reichsgüter, zu allen übrigen Regierungs- und Verwaltungsmaßregeln berechtigt ist.

3. Als Eigenthum erhält Manfred, unter Konrads Oberhoheit, das Fürstenthum Tarent und mehre andere Grafschaften und Güter[2].

4. Heinrich, Isabellens Sohn[3], bekommt 100,000 Unzen baar und, nach Konrads Entscheidung, das arelatische oder jerusalemische Reich.

5. Friedrich, des Kaisers Enkel, König Heinrichs VII Sohn, wird Herzog von Oesterreich und Steiermark und empfängt 10,000 Unzen Goldes.

6. 100,000 Unzen werden, nach der näheren Anweisung Konrads, zur Eroberung des heiligen Landes bestimmt.

7. Der heiligen römischen Kirche, unserer Mutter, sollen alle ihre Rechte zurückgegeben werden, jedoch unbeschadet aller Rechte und Ehren unserer Reiche, Erben und Getreuen, und unter der Voraussetzung, daß auch sie alle Rechte des Reiches zurückgebe.

8. Etwa zerstörte Kirchen soll man herstellen, den Tempelherren die in Beschlag genommenen Güter aushändigen und alle Reichsschulden bezahlen.

9. Alle Gefangenen, nur mit Ausnahme der wegen Hochverrath Verhafteten, erhalten ihre Freiheit.

10. Alle Lehnsmannen und Unterthanen werden künftig in Hinsicht auf Rechte, Einnahmen und Abgaben so behandelt, wie zur Zeit König Wilhelms II.

11. Mehre Kirchen, Freunde und Diener empfangen besondere Vermächtnisse[4].

Des Königs Enzius, Friedrichs von Antiochien und der sonst vorhandenen unehelichen Kinder des Kaisers geschieht im Testamente keine Erwähnung, wodurch die Nachricht überwiegende Wahrscheinlichkeit gewinnt, daß dieser die wunderschöne Blanka Lancia, Manfreds Mut-

---

[1] Alle Parteien führen das Testament als ächt an, und die Abweichungen betreffen keine Hauptsachen. Matth. Par., 544. Pipinus, II, 41. Lünig, Cod. diplom., II, 660. Ghirard., I, 180. Capecelatro, I, 400. Nuova raccolta, V, 50. Würdtw, Nov. subs., XI, 25. Pertz, IV, 357. — [2] So Monteacrosso, Tricarico, Gravina u. s. w. — [3] Von diesem, der erst 1253 starb, ist die Rede; nicht von dem bereits verstorbenen König Heinrich, auch nicht von Enzius. — [4] J. B. die Kirche von Palermo 500 Unzen Gold, wofür Manfred ihr später Schlösser anwies und ihre Steuerfreiheit bestätigte. Mongitor, Bullae, 113.

ter, noch auf seinem oder ihrem Krankenbette heirathete[1] und ihm dadurch die Rechte ehelich Geborener verschaffte, obgleich er den Söhnen ebenbürtiger Kaiserinnen nachgesetzt blieb.

Nach so umständlicher Erzählung seines Lebens eine Charakterschilderung des Kaisers anzuhängen, oder mit wenig Worten in Lob und Tadel Gericht über ihn zu halten, erscheint überflüssig. Wer es nicht verschmähte, und in die mannichfaltigen Richtungen und Irrgänge dieser verwickelten Geschichten zu begleiten, wessen Geist durch den Wechsel der Ereignisse und die scharfe Entgegensetzung der Ansichten und Gesinnungen tief aufgeregt und lebhaft angezogen wurde, wer in Liebe und Ehrfurcht, in Bangigkeit und Zweifel, in Zorn und Abscheu die reiche Zeit von Friedrichs Leben mit durchlebte, der bedarf keiner weitern Erläuterung. Wem hingegen dies Alles fremd blieb, dem dürfte ein einzelnes Urtheil, je deutlicher und bestimmter es lautete, um so mehr zum Räthsel oder zur Veranlassung werden, über das Größte und Bedeutsamste, dem man nur in Ernst und Demuth nahen soll, mit eitler Anmaßung abzusprechen[2].

---

[1] Desponsavit eam in obitu. Salimbeni, 355. Raccolta d'autori siciliani, V, 40. Huillard, 114. — [2] Auch ist von des Kaisers Persönlichkeit umständlich gesprochen worden III, 284. Vgl. Johann. Victor., 283.

Achtes Buch.

Vom Tode Kaiser Friedrichs II bis zum Tode Konradins und Ludwigs des Heiligen.

(Vom Jahre 1250 bis 1270.)

Erstes Hauptstück.

Die Geschichte Kaiser Friedrichs II ist an sich so reich und entwickelt sich ohne Ruhepunkt in so genauem Zusammenhange, daß es nicht rathsam erschien, ohne dringende Veranlassung von anderen Staaten zu reden. Darum haben wir unsere Darstellung ununterbrochen bis zu des Kaisers Tode hinabgeführt und die große Begebenheit kaum erwähnt, welche nach sehr freudigen Hoffnungen der Christenheit vielfachen Kummer verursachte. Jetzt aber muß der Kreuzzug Ludwigs IX erzählt und von diesem Könige überhaupt mehr gesagt werden, als das strenge Verhältniß unseres Werkes zu erfordern scheint. Denn wir erhalten dadurch einen neuen und sehr gewichtigen Beweis von dem Reichthume jener Zeit an großen Männern und eigenthümlichen Entwickelungen. Wäre es nicht über allen Zweifel gewiß, vermuthen oder errathen würde schwerlich Jemand, daß Friedrich II und Ludwig IX in demselben Jahrhunderte lebten: so vollkommene Gegensätze zeigen sie fast in jeder Beziehung, so ganz verschiedenen Zeitaltern und Bildungsweisen scheinen sie anzugehören, so von einander abweichende Weltansichten liegen ihrem gesammten Thun zum Grunde. Dennoch sollen wir keinen um des anderen willen verdammen oder übermäßig erheben: in Beiden offenbaren sich mit ihrem Innersten verwachsene Mängel und Schwächen; in Beiden erkennt man aber auch einen ehrenwerthen Zusammenhang und eine löbliche Einheit ihrer Ansichten, Be-

Strebungen und Thaten. Jeder schien zu besitzen was dem Anderen fehlte, und man möchte dem Gedanken nachhangen, daß die guten Eigenschaften Beider vereint das höchste Ideal menschlicher Vollkommenheit erzeugt hätten: wenn es nicht bedenklich wäre selbstgeschaffene Schattenbilder solcher Art wahrhaft lebendigen Personen überall voranzustellen. Auch dürften sich jene beiden Männer in ihrer wesentlichen Tüchtigkeit zuletzt doch näher stehen, als die entgegengesetzte Richtung anfangs ahnen läßt. Seiner Zeit war der Kaiser um Jahrhunderte vorausgeeilt, sie verstand ihn selten; unserer Zeit ist der König fremdartiger, und es bedarf recht bestimmter Hinweisungen auf seine großen Eigenschaften, wenn das Urtheil über ihn nicht zu streng ausfallen soll.

Ludwig IX, geboren am 25. April 1215 (also 21 Jahre jünger als Kaiser Friedrich II), war der Sohn König Ludwigs VIII und Blankas von Kastilien [1]. Jener starb im Jahre 1226 während eines Feldzuges gegen die Albigenser, worauf diese die Vormundschaft für ihren eilfjährigen Sohn übernahm, nicht ohne Unzufriedenheit mancher Großen, welche dem ausländischen Weibe solchen Einfluß nicht zugestehen wollten. Blanka aber beendete siegreich alle Unruhen: denn sie war, wie die Schriftsteller einstimmig bezeugen, nicht bloß die schönste, sondern auch die klügste Frau ihrer Zeit [2] und besaß außerdem eine so große Thätigkeit und Willenskraft, daß Manchem dieser königliche Sinn zu königlich und gewaltig erschien und erzählt wurde: sie leite ihren Sohn selbst nach der Großjährigkeit, ja sie behandele ihn und seine Gemahlin, Margarethe von Provence, mitunter hart und willkürlich [3]. Wie dem auch sey, als Regentin des Reiches und als Erzieherin ihres Sohnes hatte sie große Verdienste.

Im vierzehnten Jahre erhielt dieser einen eigenen Lehrer, damit er in wissenschaftlichen Kenntnissen und guten Sitten Fortschritte mache. Als dennoch das Gerücht entstand, Ludwig stelle einigen Mädchen nach, schwur Blanka: sie wolle lieber daß er sterbe, denn solche Todsünde begehe [4]. Jenes Gerücht war aber ungegründet, und eher verdient das entgegengesetzte Glauben: er würde, wenn man ihn nicht früh verheirathet hätte, nach dem Verdienste einer steten Keuschheit gestrebt haben [5]. Wenigstens suchte er diese oder doch die Herrschaft über den mächtigsten aller Triebe mit dem Ehestande zu verbinden und enthielt sich des Umganges seiner Frau im Advent und in der Fastenzeit, an hohen Festtagen und bestimmten Wochentagen. Wenn er, so er-

---

[1] Joinville, 14. Du Fresno ad Joinv., 43. — [2] Blanca omnium mulierum sui temporis prudentissima. Guil. Nang, 329. Strenue, juste, potenter, industrie regnum administravit. Belloloc., 415. Du Fresne ju Joinv., 98, erzählt: daß Blanka Sohn oder Schwiegertochter wohl zur Thür hinauswies, oder ihnen untersagte sich zu sehen, zu besuchen u. s. w. — [3] Bonifacii bulla canonis., 487. — [4] Belloloc., 415. — [5] Nisi ei nexus accessisset uxorius, candore virgineo rutilasset. Bonifac., l. c. Er heirathete im Jahre 1234. Guil. Nang., 331.

zählen die Geschichtschreiber, an solchen Tagen zur Königin kam und durch ihre Nähe, nach menschlicher Schwachheit, Begierden rege wurden, so stand er aus dem Bette auf und ging in der Stube hin und her, bis der Aufruhr des Fleisches sich legte [1].

Ludwigs Gesicht war äußerst einnehmend [2], sein Körper aber nicht allzu kräftig, sondern fein und schlank, sodaß eine regelmäßige Lebensart zur längern Erhaltung seiner Gesundheit nothwendig seyn mochte. Bisweilen übertrieb er es mit selbstaufgelegten Entbehrungen und Fasten, bis ihn die Beichtiger davon entbanden, oder eine mildere Weise vorschlugen.

So trug er lange in bestimmten heiligen Zeiten ein härenes Kleid auf bloßem Leibe und wollte sich, gleich einem hochgerühmten Mönche, des Essens aller Früchte enthalten und nur ein einziges Mal im Jahre, zum Zeichen des Dankes gegen Gott, davon kosten. Nach dem Rathe der Beichtiger ward jedoch, da der König durch diese Lebensweise zu sehr litt, das härene Kleid abgelegt und nur beim ersten Reifen der jährigen Früchte einmal gekostet, dann aber unbedenklich gegessen.

Ebenso blieben die Fleischspeisen nur am vierten und sechsten Wochentage und in gewissen heiligen Zeiten, nicht aber am Montage verboten. Doch glaube man deshalb ja nicht, daß der König nur den Schein einer angeblich verdienstlichen Strenge zu erwerben gesucht, bösische Beichtväter ihn aber sogleich davon entbunden hätten. — Wöchentlich ging er zum Abendmahl, und wöchentlich gab ihm der Geistliche die Geißelung (Disciplin) mit zusammengebundenen eisernen Ketten, welche der König in einer elfenbeinernen Büchse am Gürtel trug. Solche Ketten und Büchsen schenkte er seinen Kindern und Freunden zu ähnlichem Gebrauche. Inwieweit diese seinem Beispiele folgten, wird nicht berichtet, wohl aber, daß ihn einer von seinen Beichtigern jedesmal auf fast unerträgliche Weise schlug. Doch schwieg Ludwig bis zum Tode des strengen Mannes und wagte es erst seinem Nachfolger gleichsam im Scherze zu verstehen zu geben, wie übel es ihm ergangen sey.

Täglich hörte er zwei, ja zuweilen drei bis vier Messen und besuchte außerdem geistliche Uebungs- und Betstunden; täglich pflegte er ein Todtenamt zu halten, oder, wenn er daran gehindert wurde, selbst zu Pferde, die vorgeschriebenen heiligen Worte herzusagen. Außerdem las er sehr fleißig in einer lateinischen, mit Erläuterungen versehenen

---

[1] Cum ex vicinitate uxoris pro humana fragilitate quandoque motus carnis inordinatos sentiret, surgebat de lecto, per cameram deambulans, donec carnis rebellio quievisset. Guil. Nang., 368—369. Que il fut refroidi, et cette rebellion de char, se tenoit en pais. Vie de S. Louis, mscr., 45. — [2] Ludovicus erat subtilis et gracilis, macilentus, convenienter et longus, habens vultum angelicum et faciem gratiosam. Salimbeni, 302.

142 Ludwig IX.

Bibel und überſetzte ſeinen der Sprache unkundigen Dienern oft die wichtigſten Stellen zur Erbauung ins Franzöſiſche.

Die Schriften der Kirchenväter [1], beſonders des heiligen Auguſtinus, kannte er genauer als viele Geiſtliche, wogegen er an weltlichen Büchern wenig Gefallen fand. Täglich unterhielt er ſich mit gelehrten Männern über Gott und göttliche Dinge, das Leben der Heiligen und ähnliche Gegenſtände. Heiteren Geſprächen, denen er keineswegs abgeneigt war, ſuchte er gewöhnlich eine lehrreiche Wendung zu geben; müßige oder gar unzüchtige Reden durften hingegen in ſeiner Geſellſchaft gar nicht geführt werden, und ebenſo wenig fanden weltliche Geſänge, Muſik und Darſtellungen der Schauſpieler oder Gaukler (welche damals den Adel ſo ſehr erfreuten und beſchäftigten) Gnade vor ſeinen Augen und Ohren [2].

Deſto größer war ſeine gläubige Verehrung heiliger Reliquien. Er löſete, wie wir bereits anderwärts erzählt haben, von Kaiſer Balduin für große Summen einen Theil des heiligen Kreuzes, des Schwammes und der Krone Chriſti ein [3] und ließ ſie, unter feierlichen Geſängen und Aufzügen, nach Paris bringen. Alle Donnerstage pflegte er barfuß ihrethalben die Kirche zu beſuchen, auf den Knien bis zum heiligen Kreuze hinaufzurutſchen und es, ſelbſt in Geſtalt eines Kreuzes auf den Boden ausgeſtreckt [4], zu küſſen. In Hinſicht der Beobachtung ſolcher äußeren Formen war er überhaupt ſo ängſtlich genau, daß er aus eigener Macht mehre, z. B. Kniebeugungen, Neigen des Hauptes u. dgl., bei dem Gottesdienſte in ſeiner Kapelle einführte.

Die größte Sorgfalt zeigte er für Arme und Kranke. Sehr oft lud er jene zu Tiſche, wartete ihnen auf, wuſch ihnen die Füße und küßte ſie. Ja er ließ ſich Tadel gefallen, wenn er das Fußwaſchen den Bettlern nicht ganz zu Danke machte [5]. Als er einſt in Compiegne zur Austheilung von Almoſen in den Kirchen barfuß umherging, bat ihn ein Ausſätziger jenſeit der moraſtigen Straße um eine Gabe; der König ging hinüber, erfüllte ſein Verlangen und küßte ihm die Hand. In den Krankenhäuſern übernahm er mehre Male die perſönliche Pflege und ließ ſich nicht ſtören, wenn ihm die Hände aus Mund und Naſe der Leidenden verunreinigt wurden.

---

[1] Belloloc., 400. Gesta Ludov. IX, 385. — [2] Cantilenas varias saecularium et inanes fabulas histrionum abominans et detestans, et instrumentorum musicorum oblectamenta recusans, in quibus delectari solent plerique nobiles. Vita Ludov. IX, 407. Joinville, 6. — [3] Vie de S. Louis, macr., fol. 7. Alber. zu 1230. Für 10,000 librarum argenti. Medardi chron. zu 1240. Als ein ſehr großes und heilig zu haltendes Geſchenk überließ er einem Minoritenkloſter einen Dorn aus Chriſti Krone. Martene, Coll. ampliss., I, 1348. — [4] Ad modum crucis extensus. Gesta Ludov. IX, 402. — [5] Ein Armer (der den König nicht gekannt haben ſoll) verlangte, er ſolle ihn gehörig zwiſchen den Zehen reinigen, und Ludwig that es. Vita Ludov., 472. Bonif. bulla canon., IX, 490.

In Hinsicht der Bettelmönche soll Ludwig gesagt haben: er liebe und ehre beide Orden so sehr und so gleich, daß, wenn er sich in zwei Theile theilen könnte, er jedem einen Theil geben würde[1]. Ja Einige wollten wissen: ohne den wohlbegründeten Widerspruch seiner Frau dürfte er wohl selbst Franziskaner oder Dominikaner geworden seyn.

Wie viel nun aber auch von all dem Erzählten vollkommen wahr, wie viel in wohlmeinender Absicht übertrieben seyn mag: auf jeden Fall nahmen Manche einen Anstoß an dieser Sinnes- und Handlungsweise des Königs. Deshalb widersprachen seine Räthe, als er in Clairvaux den Mönchen die Füße waschen wollte: denn mancher stolze, eben nicht günstig gesinnte Baron dürfte dies gar übel aufnehmen und deuten. Ja selbst ein Dominikaner predigte einst vor Ludwig: er solle es mit der äußerlichen Demuth nicht zu weit treiben, nicht den ganzen Vormittag mit Beten und in der Kirche zubringen, täglich nur eine Messe hören und überall seiner königlichen Würde gemäß auftreten[2]. Wer ihm anders rathe, sey ein Thor und begehe eine Todsünde. Auf solchen Tadel erwiederte Ludwig[3]: „Wenn ich doppelt so viel Zeit auf Würfelspiel und Vogelfang wendete, so würde Niemand darüber sprechen!" Diese Antwort enthält indeß mehr einen Vorwurf gegen Andere, als eine Rechtfertigung seiner selbst; weshalb jetzt, nachdem wir mit Vorsatz zuvörderst von dem mehr Aeußerlichen gesprochen haben, zu untersuchen bleibt: wie dies mit Wichtigerem und Wesentlichem in Zusammenhang trat und darauf wirkte.

Ludwig war höflich gegen Vornehme, wie gegen Geringe, und redete Jeden in der Mehrzahl an[4]. Nie übermannte ihn der Zorn. Gern hörte er Rath und die Wahrheit, selbst in strenger Form; wo es aber darauf ankam eilig zu handeln, fehlte es ihm auch nicht an eigener Kraft des Entschlusses. Bei aller Mäßigkeit seiner Lebensweise hielt er einen anständigen Hofstaat; bei aller Milde strafte er schlechte Beamte mit gebührendem Ernste. Unnöthiges, häufiges Schelten war ihm dagegen verhaßt. Als ihm einer von seinen Dienern ein brennendes Wachslicht auf seinen verwundeten Fuß fallen ließ, sagte er bloß: „Ihr solltet doch daran denken, daß mein Großvater Euch aus viel geringeren Ursachen wegjagte[5]." Nie fluchte oder schwur

---

[1] Belloloc., 418 sq. Salimbeni, 302. — [2] Notices et extraits, IX, 406. Als Heinrich III in Paris war, kam er jedesmal zu spät in die Berathungen, weil er seine Kirche unbesucht ließ die er auf dem Hinwege offen fand. Als Ludwig IX sie deshalb an diesen Stunden zu schließen befahl, fragte Heinrich erschreckt: ob ein Interdikt ausgesprochen sey, und sagte, nachdem ihm der Zusammenhang erklärt worden: Ludwig höre ja so viel Predigten über seinen Schöpfer; ob es nun nicht süßer und heilsamer sey, ihn so oft zu sehen. Man beschloß: in Abwesenheit der beiden frommen Könige möchten die Räthe nur weiter verhandeln und ihnen nachher Bericht erstatten. Coll. Rym., T. I. Nr. 32. copies de Brequigny in Paris. — [3] Belloloc., 434. — [4] Loquens cuilibet in plurali. Gesta Ludov. IX, 395. — [5] Velly, V, 46.

er, sondern betheuerte etwas höchstens „bei seinem Namen", und als ein frommer Mann diese Formel bedenklich fand, bediente er sich derselben auch nicht mehr. Diese Aengstlichkeit erhält einen großartigen Charakter, wenn die Geschichtschreiber versichern und alle Thatsachen beweisen, daß der König nie log[1], sondern überall, selbst gegen seine Feinde, als ein durchaus redlicher, wahrhafter Mann handelte. Daher ward ihm ein Triumph zu Theil, größer als über Besiegte: man erkor ihn zum Schiedsrichter zwischen den englischen Baronen und König Heinrich III; und Ludwig kam dem ehrenvollen, freiwilligen Auftrage so verständig und unparteiisch nach, daß beider Theile Wohl und Recht vollkommen berücksichtigt wurde. Weit entfernt die Unruhen des so lange feindlichen Nachbarstaates eroberungssüchtig zu benutzen, wollte er durch Gerechtigkeit und Milde den Grund zu einer tieferen Einigkeit, zu einem recht natürlichen und besto dauerhafteren Frieden legen. Seinen Räthen, welche, eigennützig gesinnt, einer billigen Abtretung an den König von England widersprachen, weil diesem die Macht fehle das Angesprochene zu erobern, gab Ludwig zur Antwort[2]: „Unsere Weiber sind Schwestern, unsere Kinder sind Vettern, der Lehnseid verbindet uns zu wechselseitiger Liebe und Treue, und ich sollte Frieden und Billigkeit verschmähen, weil auf meiner Seite die größere Macht ist? Das sey ferne!"

Ein ander Mal sagte man ihm: eine wichtige Verleihungsurkunde sey ungültig und beweise nichts, weil das der Form nach unentbehrliche Siegel zerbrochen worden: aber Ludwig entschied, die Form sey gleichgültig, sobald die Wahrheit nicht bezweifelt werden könne.

Den Charfreitag, an welchem Ludwig den ganzen Psalter durchzulesen pflegte, wählten die Verwandten eines vornehmen Verbrechers, um für ihn Gnade zu erbitten. Der König hielt mit Lesen inne, legte den Finger auf den zu beginnenden Vers und antwortete günstig. Dann sah er wieder ins Buch und fand den Spruch[3]: „Selig sind die, welche die Gerechtigkeit bewahren und sie üben an jeglichem Tage." Hiedurch gewarnt, berief er den Oberrichter (prevôt) von Paris, hörte von ihm wie arg der Gefangene gefrevelt habe, und ließ ihn dann, ohne Rücksicht auf den heiligen Tag, jenem heiligen Spruche gemäß strafen. Den zeither gebräuchlichen Verkauf jener oberrichterlichen Stelle untersagte Ludwig und gab sie an Stephan Boileau, welcher ihm als der gerechteste Richter in Frankreich gepriesen worden. Durch ihn nahmen Raub und Uebelthaten in und um Paris fast ganz ein Ende[4].

Obgleich der König gegen die Großen nicht besonders freigebig war, ob er es gleich verschmähte sie durch Schmeicheleien anzulocken, ehrten sie ihn doch, weil er ihre Rechte nie eigenmächtig zu verkürzen

---

[1] Joinville, 4, 130. — [2] Ibid., 14. — [3] Notices, II, 217. — [4] Joinville, 124.

suchte; sie fürchteten ihn, weil er den Mißbrauch ihrer Gewalt gegen Niedere nachdrücklich rügte. An Sitte und Tugend, darauf drang er, müsse der Vornehme dem Geringen vorangehen; deßhalb sollten jene ihre Beischläferinnen abschaffen, schlechte Zerstreuungen vermeiden und keineswegs ihre Größe in Unterdrückung des Volkes suchen[1]. Zwar konnte Ludwig nicht alles das in den Besitzungen der Barone durchsetzen, was er Heilsames in den königlichen Landschaften einführte; doch brachte er es dahin, daß jeder Unterthan vor dem königlichen Gerichte gegen seinen nächsten Herrn Recht suchen durfte, mithin der fast recht- und hülflose Zustand der letzten Klasse des Volkes aufhörte. Und unter einem so uneigennützigen, gegen seine Beamten so strengen[2], in ihrer Wahl so vorsichtigen Könige dachte man nicht sehr an entfernte mögliche Folgen dieser Maßregel; man fand bei dem königlichen Gerichte vielmehr eine Bestätigung der unbezweifelten Vorrechte und eine doppelt strenge Bestrafung unnüß Klagender.

Daß Ludwig sich endlich den Geistlichen nicht so willenlos hingab, als man nach Obigem wohl vermuthen sollte, ergiebt sich aus vielen Zeugnissen. So verbot er z. B. einem päpstlichen Legaten über städtische Angelegenheiten, Regalien und weltliche Gerichtsbarkeit Untersuchungen anzustellen, oder in irgend einer Weise zu entscheiden, da er bereit sey jedem Klagenden volle Gerechtigkeit angedeihen zu lassen[3]. Einst kamen (um ein zweites Beispiel, aber ein schlagendes anzuführen) viele französische Prälaten zu ihm, und der Bischof Guido von Auxerre hob feierlich an: „Wisset, Herr, alle hier Gegenwärtigen lassen Euch durch mich sagen, daß Ihr die Christenheit zu Grunde gehen laßt, daß sie unter Eurem Händen zu Grunde geht." Erstaunt machte der gute König das Zeichen des Kreuzes und sprach: „Bischof, saget mir denn, wie dies geschieht und aus welchen Gründen?"

„Weil man", antwortete dieser, „keine Achtung mehr hat vor dem Banne. Mancher stirbt jetzt lieber, als daß er sich daraus löse und der Kirche Genugthuung gebe. Deßhalb, Herr, verlangen wir einstimmig um Gottes willen, Ihr möget, Eurer Pflicht gemäß, alle Eure Beamten anweisen die Güter eines Jeden einzuziehen, der sich binnen Jahresfrist nicht aus dem Banne löset."

Der König erwiederte: er wolle dies gern in Hinsicht Solcher thun, welche erweislich an der Kirche und ihren Nebenmenschen gefrevelt hätten[4], worauf aber der Bischof erklärte: der Geistlichkeit allein stehe es zu, in allen Sachen zu urtheilen, welche sie beträfen. Lebhafter sagte jetzt Ludwig: „Ich will und werde nicht anders handeln; denn es wäre wider Gott und die gesunde Vernunft, wenn ich diejenigen zwänge sich loszusprechen zu lassen, gegen welche die Geistlichen Unrecht haben und die mit ihrem guten Rechte nicht gehört worden

---

[1] Vita Ludov., 471. — [2] Genaue Vorschriften über Macht, Pflichten, Sicherheit der Beamten: Ordonnances, I, 66, 77. — [3] Archives de Reims, I, 2, 605. — [4] Joinville, 13.

sind. Unterlag nicht der Graf von Bretagne sieben Jahre dem Banne, führte aber zuletzt seine Sache so wohl, daß ihn der heilige Vater lossprach und die Prälaten verurtheilte? Wenn ich nun im ersten Jahre, wie Ihr verlangt, weltliche Zwangsmittel angeordnet hätte, welch ein Frevel gegen Gott und meinen getreuen Lehnsmann!" — Nach einer so bestimmten Antwort des Königs wagten die Prälaten nicht, diese Sache wieder zu berühren.

Daß auch er gegen Juden und sogenannte Ketzer unduldsam war, läßt sich nicht läugnen [1]; überhaupt aber konnte er bei seiner Natur und Sinnesart nie in ein der Kirchenverfassung und den Päpsten durchaus feindliches Verhältniß gerathen, oder Kaiser Friedrich II zu dessen durchgreifenden Plänen die Hand bieten; daß er aber, besonders in späteren Jahren, bei gemehrter Erfahrung, übertriebenen Anmaßungen der Kirche mit Besonnenheit entgegentrat, beweiset vor Allem sein Gesetz vom Jahre 1268, dessen Aechtheit mit ungenügenden Gründen angefochten wird. Die Unmittelbarkeit des Reichs, die Freiheit der geistlichen Wahlen, die herkömmlichen Rechte der Stifter und Kirchen werden aufs Bestimmteste bestätigt und gegen alle Angriffe in Schutz genommen. Jede Besteuerung von Seiten des Papstes ohne königliche Genehmigung wird hingegen als ungültig und diese nur für höchst dringende Fälle als ertheilbar bezeichnet [2].

Ludwigs gemäßigter Widerstand gegen kirchliche Eingriffe führte eher zum Ziele, als des Kaisers Kampf auf Tod und Leben; doch darf man nicht vergessen, daß in Italien unzählige Veranlassungen zu diesem Kampfe reizten, während sich die Päpste, trotz mancher einzelnen Uneinigkeit, sehr hüteten jemals mit dem Könige völlig zu brechen und dadurch Friedrichs Partei zu verstärken. Sie ließen ihm stillschweigend manches Recht, worüber sie mit Anderen haderten, und der König übte dasselbe auf tadellose Weise. So vergab er nie eine geistliche Stelle ohne vorhergegangene genaue Prüfung der Personen, erlaubte keine Häufung mehrer Pfründen in einer Hand, ertheilte keine Anwartschaften auf unerledigte Stifter u. dgl.

Heilsame Einwirkung auf die Sitten des Volkes galt ihm für eine Hauptpflicht der Geistlichen, auf die Sitten der Kinder für eine Hauptpflicht der Aeltern. In diesem Sinne handelnd, versammelte er am Abende, wenn wissenschaftliche, ritterliche und kirchliche Uebungen beendet waren, seine Kinder um sich, ermahnte sie zum Guten, erzählte ihnen geschichtliche Beispiele von Tugenden und Lastern, guten und schlechten Fürsten, Belohnungen und Strafen des Himmels [3] u. s. w.

---

[1] Lavallée, I. 467. — [2] Ordonn., 1, 98. Leibnitz, Mantissa, 157. Velly, VI, zu 1268. Das Gesetz enthielt eben nichts Neues, aber die Juristen hatten seitdem schärfer Acht auf Mißbräuche, und es entstanden daraus die appels comme d'Abus. Näheres im sechsten Bande. — [3] Joinville 131, 4, 8. Vie de S. Louis, mscr., 72.

Albigenser.

„Ich will lieber (sagte er seinem Erstgeborenen), daß ein Schotte oder irgend ein Fremder herkomme und Frankreich gut regiere, als daß du es bereinst schlecht regiereft"; und ein ander Mal hielt er ihm, ungeachtet seiner eigenen Neigung zu den Bettelmönchen, ernstlich vor: wie sehr er irre, wenn er glaube, Gaben an dieselben befreiten von Sündenschuld.

Daß ein solcher König den Kampf gegen die Ungläubigen als eine heilige Pflicht ansehen mußte, versteht sich von selbst; ehe wir jedoch von der näheren Veranlassung seines ersten Kreuzzuges reden, sey es verstattet, mit wenig Worten nochmals an die Lage der Albigenser zu erinnern.

Bei dem Ausspruche der lateranischen Kirchenversammlung von 1215[1] hatte sich Graf Raimund VI von Toulouse nicht beruhigt, und noch weniger dessen Sohn und Nachfolger Raimund VII. In dem wiederausbrechenden grausamen Kriege wurde Graf Simon von Montfort den 25. Junius 1218 durch einen Steinwurf vor Toulouse[2] erschlagen und sein Sohn und Nachfolger Amalrich so sehr bedrängt, daß er alle seine Ansprüche an König Ludwig VIII abtrat. Dessen größere Macht fürchtend, wandte sich Raimund VII an den Papst, und es kam, nach der Weisung des milden Honorius III, im Jahr 1224 eine Aussöhnung mit der Kirche zu Stande[3]. Theils aber ward es dem Grafen schwer, alle Bedingungen derselben genau zu erfüllen, theils schien den sündigen Eiferern nicht genug für die völlige Ausrottung aller Ketzer gethan zu seyn[4], theils wollte der König von Frankreich aus den Abtretungen Amalrichs Vortheil ziehen: daher erneuten sich die Fehden[5], in welchen Avignon, nach tapferer Vertheidigung, der französischen Uebermacht erlag[6] und Ludwig VIII bis in die Gegend von Toulouse vordrang. Sein Tod (er fällt auf den 8. November 1226) unterbrach die Fortschritte; aber nach zwei Jahren wechselseitiger Verfolgung sah sich Raimund nebst den Seinen wiederum so bedrängt und war der fast zwanzigjährigen Leiden so überdrüssig, daß er sich entschloß im Jahre 1229 mit Ludwig IX und Blanka und, was noch schwerer schien, auch mit päpstlichen Bevoll-

---

[1] Band III, S. 104. Raimund VI starb 1222. — [2] La pierre vient tout droit ou il fallait. Hist. de la croisade, 571. Barrau, II, 219. Mouskes, 22445. — [3] Gesta Ludov. VIII, 285. Ricard. mon., 63. Guil. Nang. zu 1223. — [4] Um diese Zeit: le cardinal de Rome a preché que la mort et le glaive doivent marcher devant les croisés, de telle sorte qu'à Toulouse, ni dans ses attenances, il ne reste rien de vivant, ni homme, ni donzelle, ni dame, ni femme enceinte, ni enfant à la mamelle, ni nulle autre créature, que tous reçoivent le martyre dans les flammes ardentes. Histoire de la croisade, 643. — [5] Nicolaus de Brain ad h. a. Comer, 861. Vitae pontif., 570. Alber., 514. Concil., XIII, 1097, 1099. Notices, VII, 11. Regest. Greg., Jahr I, S. 432. Raynald zu allen diesen Jahren. — [6] Avignon ward im Herbst 1226 erobert. Flassan, I 116. Ueber die grausame Behandlung Avignons: Iperius, 706. Chron Sim. Mnml. zu 1226. Mouskes, 25945, 27083.

mächtigsten Frieden zu schließen¹. Bis auf die Besitzungen in den Bisthümern Toulouse, Cahors und Agen verlor Raimund, nach tapferer Vertheidigung, alle seine Länder. Was auf dem linken Ufer der Rhone lag, nahm der Legat, was auf dem rechten, der König. Johanna, des Grafen Tochter, heirathete Alfons, den Bruder Ludwigs, und ihren Kindern wurde die Erbfolge in jenen erstgenannten Landschaften zugesichert. Ueber die Entschädigung der Geistlichen, die Rechte der Kirche, die Bestrafung und Vertilgung der Ketzer lauteten die Bedingungen, sowie die späteren Gesetze äußerst streng und veranlaßten, wenn auch keinen größeren Krieg, doch noch manche Unruhen², Erpressungen und gräuliche Verfolgungen.

Raimunds Hoffnung, Beatrix, die Erbtochter des Grafen von Provence, zu ehelichen, schlug durch den Widerspruch ihrer Schwester fehl. Karl von Anjou, der Bruder König Ludwigs, trug ihre Hand davon, ein Ereigniß, das in seinen mittelbaren Folgen uns noch öfter beschäftigen wird. Nie wäre Raimund, wie Karl, ein eigennützig grausamer Vollstrecker päpstlicher Befehle geworden!³ Kinderlos starb er im Jahre 1249, kinderlos seine Tochter Johanna; das ganze Land fiel nunmehr an Frankreich.

Innerhalb der Staaten König Ludwigs ward auf diese verwerfliche, aber für heilsam geachtete Weise angebliche Ketzerei und Unglauben allmählich vertilgt; daß Ludwig aber seine Blicke nicht sogleich nach dem Morgenlande richtete, verhinderten manche andere Ereignisse und das Gefühl der Pflicht, seinen nächsten Beruf nicht über einem entfernten zurückzusetzen. Gerade um die Zeit, wo die Chowaresmier das heilige Land furchtbar verwüsteten⁴ und die Christen besiegten, erkrankte Ludwig so heftig in Pontisere, daß man fast allgemein die Hoffnung seiner Herstellung aufgab. In ganz Frankreich ertönten die aufrichtigsten Wehklagen: durch Ausstellen und Umhertragen heiliger Reliquien, durch öffentliche Gebete hoffte man die Gnade des Himmels zu erlangen; und siehe, in dem Augenblicke, wo, nach Entfernung der durch Schmerz erschöpften Königinnen Blanka und Margarethe, eine Wärterin ihn schon als einen Gestorbenen mit einem Tuche zudecken wollte, schlug er die Augen auf und sagte: „Das Licht des Orients hat sich durch die Gnade des Herrn vom Himmel herab über mich verbreitet und mich von den Todten zurückgerufen!" Zu gleicher Zeit ließ er den Bischof von Paris kommen, und verlangte daß er ihn mit dem Kreuze bezeichne⁵. Vergebens erinnerte ihn dieser an die

---

¹ Guil. de Podio, 40—51. Duchesne, V, 810—817. Mscr. de comi-
tib. Tolosanis, 286ᵇ. Flassan, I, 113. Vally, IV, 135. Alber, 528. —
² Ordonnances, I, 61. Mouskes, 25415. Capefigue, Hist. de France, I,
217. Mary-Lafon, III, 21—25. — ³ Raimund starb, als er eben nach dem
Morgenlande aufbrechen wollte. Baluzii miscell. I, 206. Rutebeuf, I, 370.
— ⁴ Siehe oben S. 59. — ⁵ Kurz vor Weihnachten 1244 nahm Ludwig das
Kreuz. Simon Monf. chron. Iperius, 727. Guil. Tyr., 730. Sanut.,
17. Guil. Nang., 341. Guiart, 139. Gründe für und gegen den Kreuz=

Ludwig nimmt das Kreuz.   149

Gefahren eines so schweren Gelübdes, vergebens baten ihn Frau, 1744
Mutter und Brüder: er möge seine gänzliche Herstellung abwarten
und dann thun, was nach einer ernsten Prüfung rathsam erscheine. — Ludwig beharrte auf seinem Willen. Als nun aber vielfache Hindernisse im Innern des Reiches entstanden, als die auswärtigen Angelegenheiten sich nicht minder bedenklich zeigten, erneuern
Blanka und mehre Bischöfe und Barone ihre Vorstellungen gegen den
Kreuzzug; denn unverträglich sey er mit einer aufmerksamen Regierung, unsicheren Erfolgs im Morgenlande, zweifelsohne unheilbringend
für Frankreich. Das Gelübde könne übrigens nicht binden, denn es
sey gethan worden in einem Zustande mangelhafter Besinnung, ohne
vorhergegangene Prüfung und wahrhafte Entschließung. Ludwig hörte
aufmerksam zu und schien bewegt; er nahm das Kreuz von der Schul-
ter, überreichte es dem Bischofe von Paris und sagte: „Da Ihr also
meint, ich sey in dem Augenblicke wo Gott mich vom Tode errettete,
nicht im Stande gewesen mit voller Besinnung zu seinen Ehren ein
dankbares Gelübde auszusprechen, so gebe ich Euch hier das Kreuz zurück. Jetzt aber, wo Ihr nicht läugnen könnt daß ich bei vollem Verstande sey, fordere ich daß ihr mir nochmals dies heilige Zeichen er-
theilet, damit ich zum Kampfe wider die Ungläubigen ziehe. Wenn
Ihr meine Freunde seyd und ich irgend etwas über Euch vermag[1], so
fördert das Unternehmen, statt ihm ferner zu widersprechen: denn
wahrlich, ich werde nicht eher einen Bissen Speise genießen, bis Ihr
mich für einen Krieger des Herrn anerkannt habt." — Der König
setzte seinen Willen durch, und zu dieser Beharrlichkeit vermochten ihn
(neben der Ueberzeugung daß er eine heilige Pflicht erfülle) auch
wohl manche inzwischen über die Lage des heiligen Landes einge-
gangene Nachrichten, sowie die Beschlüsse der Kirchenversammlung
von Lyon.

Die letzten wiederholten, was schon öfter über den Ablaß und die
Rechtswohlthaten der Pilger, über den Handel mit Ungläubigen u. s. w.
festgesetzt worden[2]. Sie bestimmten: „Binnen vier Jahren soll innerhalb der Christenheit kein Krieg erhoben, kein Turnier gehalten, sondern jede Kraft zur Vertilgung der Ungläubigen aufgespart werden.
Binnen drei Jahren soll Niemand vereinzelt nach Palästina pilgern,
sondern Alles zu einem gemeinsamen Hauptzuge vorbereitet werden.
Der Papst und die Kardinäle geben drei Jahre lang ein Zehntel[3],

---

zug: Rutebœuf, I, 124. 420. Doch bezieht sich das Gedicht wohl auf den
zweiten Kreuzzug Ludwigs.

[1] Velly, IV, 330. — [2] Concil. coll. XIV, 58. — [3] Rymer, I, 1, 155.
Matth. Paris, 454—458. Raynald zu 1245. §. 51. Auch Ludwig schrieb einen
Beitrag von einem Zehntel der Einnahmen, wahrscheinlich aller Laien, aus; aber
schwerlich konnte er etwas von den Mächtigeren beitreiben. Von Abtreien zog
er 40—1500 Pfund, doch unter der Bedingung, daß er wirklich den Kreuzzug antrete und andere Auflagen von Seiten des Papstes darauf abgerechnet
würden. Cod. reg. Christ., Nr. 189, S. 16.

die übrigen Geistlichen ein Zwanzigstel ihrer Einnahmen." — So nothwendig diese Bestimmungen zur Herbeischaffung des erforderlichen Geldes auch seyn mochten, erregten sie doch großes Mißvergnügen; vor Allem aber beleidigte der Zusatz, daß päpstliche Abgeordnete die Beiträge einsammeln sollten. Uneigennütziger, hieß es mit Recht, habe sich Innocenz III bewiesen; jetzt sey man nur des Verlustes, nicht aber der Verwendung zu dem vorgesteckten Ziele gewiß.

Ebenso wenig Neigung als zum Zahlen zeigte sich zum Pilgern. Der Norden Europas und Spanien blieben aus den alten Ursachen, Deutschland und Italien der bereits erzählten Fehden halber unthätig; der König von England entschuldigte sich mit seinen unsicheren Verhältnissen zu Schotland und Wales, und selbst in Frankreich fand Ludwigs IX Eifer nur wenig Beifall. Da bediente er sich einer List. Es war herkömmlich, daß der König den am Weihnachtsfeste um ihn versammelten Großen und Rittern eine Art Mantel schenkte. Solcher Mäntel ließ er weit mehr als gewöhnlich verfertigen, und traf Maßregeln daß sich auch mehr Männer als gewöhnlich einfanden. Vor Sonnenaufgang begann man aus dem königlichen Palaste den Zug zur Kirche, und Jeder empfing in diesem Augenblicke den für ihn bestimmten Mantel. Während der Messe entdeckte beim Anbruche des Tages Einer nach dem Anderen, daß seinem Mantel das Zeichen des Kreuzes, nach Ludwigs heimlicher Anordnung, aufgeheftet war. Manche erschraken und zürnten, Andere sahen darin einen Finger Gottes, Alle schämten sich das Kreuz wiederum abzulegen und nannten den König einen Menschenfischer.

In größerem Maßstabe und mit größerem Ernste ward über den Kreuzzug auf der Reichsversammlung verhandelt[1], welche der König im Oktober des Jahres 1245 zu Paris hielt. Seine und des Kardinalgesandten Otto[2] belegende Vorstellungen fanden hier so viel Eingang, daß das Gelübde ablegten: die Brüder des Königs, Karl von Anjou, Robert von Artois und Alfons von Poitou, die Erzbischöfe von Rheims und Bourges, die Bischöfe von Beauvais, Laon und Orleans, der Herzog von Bourgogne, die Grafen von Bretagne, Flandern, St. Paul, Bar, Marche, Montfort, Dreux, Soissons, Vendome, die Herren von Bourbon, Courtenai, Coucy u. v. A., unter denen Johann von Joinville noch eine namentliche Erwähnung verdient, weil er die Geschichte dieses Kreuzzuges mit einfacher Treue und einer Geschicklichkeit erzählt hat, welche die bloße Kunst weder zu erzeugen, noch zu ersetzen vermag.

Schon im Sommer 1246 wurden Verhandlungen mit Genua angeknüpft[3] und 16 Schiffe zur Ueberfahrt nach Asien ausbedungen;

---

[1] Guil. Nang., 345. — [2] Kardinal Otto ging als Legat mit; auch ein Neffe des Papstes, Jakob Fiesko, als französischer Marschall. Ob aber bei dem ersten oder zweiten Kreuzzuge Ludwigs, sagt Costa, 58, nicht. — [3] Barthol. annal. zu 1246 und 1248. Böhmer, Reg., 204.

Ludwigs Aufbruch und Ankunft in Cypern.

der Antritt des Zuges verzögerte sich indeß aus manchen Gründen. Kaiser Friedrich versprach z. B. daran Theil zu nehmen, oder wenigstens die Unternehmung aufs Nachdrücklichste zu fördern, wenn Ludwig seine Lossprechung beim Papste auswirke, und glaubte, als dies mißlang, zwar nicht gegen den frommen König und die wirklichen Kreuzfahrer, wohl aber gegen die theilnehmenden, seinem Reiche feindlichen Genueser Sicherheitsmaßregeln ergreifen zu müssen.

Da es ferner noch unentschieden war, welche Gegend des Morgenlandes man eigentlich angreifen wolle, so schrieb der Papst an den Sultan Eyub von Aegypten über die Bedingungen, unter welchen der Friede mit ihm könne erneut werden. Eyub antwortete: „Den Frieden habe ich immer gewünscht, mag aber darüber nichts ohne den Rath des Kaisers beschließen, welcher meines Vaters Kamel Freund war und auch noch der meine ist. Sobald ich Eure Vorschläge mit ihm geprüft habe, mögen weitere Unterhandlungen eingeleitet werden." Dieser Vermittler mißfiel dem Papste aber so sehr, daß von einer friedlichen Verständigung nicht weiter die Rede war.

Nachdem Ludwig das Nöthige über die Regierung des Reiches angeordnet und seine Mutter an die Spitze gestellt hatte, brach er am 12. Junius 1248 von Paris auf und ging nach Lyon, um sich beim Papste zu beurlauben. Von diesem Augenblicke an trug er keine hellfarbigen, bunten oder prächtigen Kleider mehr, sondern nur einfache und dunkle; den Armen aber, welche sonst seine abgelegten Kleider erhielten, ließ er für den Ausfall und Minderwerth eine baare Summe auszahlen. Von einer Burg an der Rhone überfiel und schatzte Roger von Klorege die Wallfahrer; er wurde gebührend bestraft. Von dem böswilligen Sinne der Bürger in Avignon und Marseille nahm aber Ludwig keine Kenntniß, damit der heilige Zug nicht durch unheilige Rache gestört werde. Am 27. August schiffte er sich in Alguesmortes ein und landete am 28. September in Cypern[1]. Alle Barone des Landes huldigten ihm; viele nahmen das Kreuz. Weil aber die europäischen Pilger noch nicht beisammen waren, es auch an Lastschiffen und Kriegswerkzeugen fehlte, so beschloß man, den Winter über in Cypern zu bleiben und während der Zeit alle irgend nöthigen Vorbereitungen zu treffen.

Hieher kamen Gesandte des Mongolen Erkalthal, der in Ostpersien mächtig, jedoch von dem obersten Chan Batu abhängig war. Sie meldeten, daß ihr Herr mit dem größten Theile seiner Untergebenen ein Christ geworden sey[2] und Freundschaft suche wie anbiete. Mit Freuden ging man auf seine Vorschläge ein und schickte auch ihm

---

[1] Es finden sich Abweichungen über die Tage. Epitome bell. sacror., 439. Chron. S. Steph. Cadom., 1121. Alfons von Poitou folgte mit seiner Gemahlin später. Dandolo, 357. Guil. de Podio, 48. Lyrense chron. zu 1248. Waverleiens. annal. — [2] Dies gaben sie wohl nur vor, um desto freundlicher aufgenommen zu werden. Michaud, IV, 221.

152   Die Sultane. Ludwig in Cypern.

1248 Gesandte und Geschenke, unter denen sich ein Zelt befand, worin die Leidensgeschichte Jesu gestickt war. Zugleich bezeigte ihm der päpstliche Legat Otto seinen Beifall, daß er die bösen Irrlehren verlassen habe[1]; nur möge er auch keine Ketzereien dulden, sich dem Statthalter Christi unterwerfen und an die vier allgemeinen Kirchenversammlungen glauben. — Weit duldsamer hatte Erkalthal geäußert: sowie er unter Christen und Nichtchristen keinen Unterschied mache, Alle gleich besteure, Allen freien Gottesdienst verstatte, so möchten auch die Franken verfahren, weil vor Gott kein Unterschied der Person stattfinde.

Wichtiger als das Verhältniß zu so entfernten Stämmen war das zu den Sultanen Nobschmeddin Eyub von Aegypten und Joseph von Aleppo. Beide lebten seither in Zwist; jener eilte aber, die von den Christen drohende Gefahr richtig würdigend, nach Damaskus, um sich mit diesem zu versöhnen und ihn für eine gemeinsame Wertheilvigung zu stimmen. Ungeachtet der überwiegenden, in die Augen fallenden Gründe und der Ermahnungen des Alten vom Berge und des Chalifen von Bagdad beharrte der Sultan von Aleppo in seiner Feindschaft gegen den Aegypter, welcher Chamela belagerte, bis ihn Krankheit und ungünstige Witterung zum Rückzuge nach Gaza zwangen. Nicht ohne Grund fürchteten die Ritterorden, daß jene Abziehenden im Vorbeigehen etwa Joppe oder Cäsarea einnehmen möchten, und ließen sich (die europäische Hülfe gering achtend) gern in neue Unterhandlungen ein, welche die Fortdauer des Friedens bezweckten. Ludwig nahm aber dies einseitige Vorschreiten sehr übel; die zum Angriffe hinreichend starken Pilger wären nicht gekommen um des Friedens, sondern um des Krieges willen, und er suchte am wenigsten einen Vorwand oder eine Gelegenheit wieder heimzuziehen. Sonst fehlte es leider nicht an Gründen, der Rückkehr zu gedenken. Viele Streitigkeiten unter den Christen selbst, so z. B. zwischen dem Fürsten von Antiochien und dem Könige von Armenien, konnte Ludwig nur mit höchster Mühe beseitigen; eine durch die Anwesenheit so vieler Fremden in Cypern entstehende Hungersnoth wäre ohne die schnelle Hülfe Kaiser Friedrichs und der Venetianer höchst verderblich geworden; endlich brachen ansteckende Krankheiten aus, woran, die Geringeren ungerechnet, 240 Ritter, Edle und Prälaten starben und gegen welche man kein Mittel wußte[2]. Zu spät erkannte Ludwig: er habe sogleich nach dem gesunderen, fruchtbareren Aegypten segeln und den Sultan überraschen sollen[3]. Bei seinem jetzigen Bemühen Fracht-

---

[1] Dachery, Spic., III 625. — [2] Manche Geistliche sahen eine Art von Ersatz darin, daß sich die Einwohner Cyperns dem römischen Stuhle unterwerfen und viele saracenische Gefangene taufen ließen. Guil. Nang., 346. Guil. de Podio, 48. Simon Monf. chron. Guil. Nang. chron. zu 1248. Vincent. specul., XXXI, 95. — [3] Einige arabische Schriftsteller erzählen: der Kaiser habe dem Sultan insgeheim von dem bevorstehenden Kreuzzuge Nachricht gegeben. Reinaud, Extraits, 449.

Ludwig in Aegypten.

Schiffe zu miethen, fand er unerwartet neue Schwierigkeiten; denn die Venetianer, Genueser und Pisaner, sonst in stetem Zwiste, waren darin einig, daß sie übertrieben hohe Forderungen machten[1]; auch hatten alle wohl nur wenig Vertrauen zu dem ganzen Unternehmen und befürchteten eine bloß nachtheilige Störung ihres Handels nach Aegypten.

Endlich, in der Mitte des Mai 1249, waren 1500 oder, wie Andere berichten, gar 1800 größere und kleinere Schiffe versammelt, und man ging bei Limisso unter Segel. Ein Sturm warf aber die Flotte gen Paphos zurück, und als den 23. Mai, nach Sammlung der Zerstreuten, die Fahrt zum zweiten Male begonnen wurde, fehlten 150 Schiffe. Am fünften Tage[2] rief ein der Gegenden kundiger Späher vom Mastkorbe herab: er sehe Damiette, und bald darauf erblickte man vier wohlbemannte ägyptische Galeeren, welche, die fränkischen Feldzeichen aufspähend, der Flotte nahten.

Drei derselben wurden versenkt, und vom Ertrinken gerettete Aegypter sagten aus: Damiette sey, weil man den Angriff in Alexandrien erwartet habe, ganz von Vertheidigern entblößt. Da diese Aussage indeß nicht sehr zuverlässig erschien, auch noch Menschen und Schiffe am Ufer gesehen wurden, so wandte sich die christliche Flotte seitwärts nach einer anscheinend gegen feindliche Angriffe mehr gesicherten Stelle[3]. Hier konnten aber die größeren Schiffe des flachen Wassers halber nicht bis zum Ufer gelangen, und die kleineren genügten nicht zur schnellen Ausschiffung. Da sprangen Viele auf des Königs Wink ins Wasser und schwammen zum Lande, während er selbst mit seinen Brüdern und dem Kardinalgesandten, unter Vortragung des heiligen Kreuzes und der Fahne des heiligen Dionysius, hinanschiffte. Zu spät und mit ganz unzureichenden Mitteln wollten die Aegypter jetzt die Landung verhindern; sie wurden ohne Mühe geschlagen, und wenn die Pilger nicht Hinterhalt und Verrath befürchtet hätten, so wären sie beim Nachsetzen wohl bis in die Stadt gedrungen. Der nächste Tag verfloß ohne Kampf unter mannichfachen Vorbereitungen; dann versammelte der König die Pilger und sprach zu ihnen: „Meine Freunde und meine Getreuen! Unüberwindlich werden wir seyn in den Schlachten, wenn wir untrennlich sind in der Liebe[4]. Mit uns ist der Beistand des Herrn; denn wir fechten ja für seine Sache und die Sache seines Sohnes, zu seiner Ehre und nicht zu eigenem Ruhme. Darum werden wir siegen, die ganze Christenheit durch unsere Thaten

---

[1] Guil. Nang., 352. Guil. Tyr., 733. — [2] Nach Anderen erst den 4. Junius. Siehe Sismondi, Hist. de France, VII, 398. Ueber die Stärke des Heeres finden sich Abweichungen von 50,000 bis 139,500. Wilken, VII, 1. 04. — [3] Abulf. zu 1249. Sanut., 218. Matth. Par., 515. Vergleichungen mit der jetzigen Oertlichkeit bei Tott, Denkwürdigkeiten, III, 160. Nach Sperius, 725, sprang Ludwig selbst ins Wasser und eilte voran. — [4] Insuperabiles, si inseparabiles.

1249 erfreuen und den Abtrünnigen Rettung bringen durch die Lehre Christi, in welcher allein alles Heil ruht. Der Entschluß, das Kreuz zu nehmen, ist in uns durch Gottes Einwirkung entstanden, und durch seine wunderbare Fügung sind wir hier gelandet, und nicht da, wo wir früher wollten und große Gefahren unser warteten. Sollte aber auch Unglück eintreffen, so bleibt dennoch unser Schicksal glorreich und herrlich: wir werden als Märtorer aufgenommen unter die Heiligen des Herrn und können in solcher Hoffnung und Ueberzeugung mit erhöhter Kraft und verdoppeltem Muthe den Kampf beginnen. Ich bin nicht mehr als einer von euch, und was mir auch widerführe, es beträfe ja nur einen einzelnen Mann und könnte das unwandelbare Ziel nicht verrücken, das ihr allein im Auge und im Sinne behalten sollt."

Muthig erwartete das Heer den nächsten Morgen; dann wurden, unter Leitung entflohener Christensklaven, die Ufer und festen Plätze vorsichtig besetzt und jeder geheime Eingang in die Stadt erforscht. Von weiterem Vorbringen hielt griechisches Feuer ab, und die Ermordung aller in Damiette wohnenden Christensklaven ließ auf den Vorsatz einer äußerst hartnäckigen Vertheidigung schließen. Am vierten Tage nach der Landung erschienen aber zwei Ueberläufer im christlichen Lager und erzählten, daß die Saracenen sämmtlich aus der so stark befestigten und mit so großen Vorräthen versehenen Stadt entflohen wären. Obgleich dieser Bericht unglaublich schien, zog man doch sogleich vorwärts, stellte eine in der Eile nur zum geringen Theil zerstörte Schiffbrücke wieder her, und siehe — die Ueberläufer hatten durchaus die Wahrheit geredet! Mit bloßen Füßen zog Ludwig, begleitet vom Kardinalgesandten, dem Könige von Cypern und allen Prälaten, Fürsten und Pilgern, in die Stadt und zur Hauptmoschee. Sie ward sogleich gereinigt, zur Marienkirche geweiht, Messe gelesen und die erforderliche Zahl von Stiftsherren ernannt. Alle priesen Gott, daß er durch seine Gnade die Stadt auf so wundervolle Weise [1] habe einnehmen lassen; aber der durch Krankheit noch immer von größerer Thätigkeit zurückgehaltene Sultan hatte wohl ganz Recht, wenn er die Befehlshaber Damiettes wegen dieses Wunders verantwortlich machte und sie als Feige oder als Verräther betrachtete und bestrafte [2].

Dem Könige ließ Foub hierauf antragen: den Krieg an einem bestimmten Tage und bestimmten Orte durch eine Schlacht zu entschei-

---

[1] Operante divina potentia, dei largitate, dei dono, miraculose etc. Vergleiche bei Abulfar., 170, eine ähnliche Einnahme der Stadt durch die Griechen im Jahre 852. Vincent. spec., XXXI, 97. Waverl. annal. Bosann, 79. Joinville, 30. Das Feuer, was die Abziehenden angezündet hatten, wurde leicht gelöscht. Sperius, 725. Einnahme den 5. Junius, nach der Epitome bell. sacror., 439. — [2] Abulfar., 323. Bonon. hist. miscella. Michaud, VI, 720.

Aufenthalt in Damiette.

ben. Ludwig aber antwortete: „Nicht an einem Tage, nicht an einem Orte will ich kämpfen, sondern täglich und überall, bis der Sultan sich zum Herrn bekennt, welcher Alle erretten will und Allen den Schooß seiner Gnade eröffnet." — Weiter ließ der Sultan spöttisch fragen: warum denn die Franken Pflüge und Ackergeräth mitgebracht hätten? Er wolle sie für die kurze Zeit ihres Aufenthalts in Aegypten recht gern mit Getreide versehen. Ludwig erwiederte: „Ich habe geschworen hieher zu ziehen, ich habe aber nicht geschworen zurückzukehren; deshalb sind jene Werkzeuge mitgenommen worden."

Ernste, vortheilhafte Friedensvorschläge, welche allerdings neben dem Erzählten hergingen, wies man hauptsächlich auf den Betrieb des Grafen von Artois zurück; anstatt aber den über die Saracenen gekommenen Schrecken rasch zu benutzen, verlor man die kostbare Zeit und legte zu großes Gewicht auf die nach der Eroberung Damiettes eintretenden Hindernisse [1].

Zuvörderst ergaben sich viele Pilger einem üppigen Wohlleben [2], sodaß Ludwig kaum die gehörige Ordnung herzustellen vermochte; ferner erwartete er seinen Bruder Alfons von Poitou, welcher, nach einer sehr gefährlichen Ueberfahrt, erst am 28. Oktober mit neuer Mannschaft landete; endlich machte die gewaltig heiße Jahreszeit und das sommerliche Anschwellen des Nils ein früheres Vordringen in das Innere des Landes unmöglich [3]. Einzelne zwar wagten sich hinein, verloren aber gewöhnlich ihr Leben, da der Sultan für jeden abgelieferten Christenkopf ein Goldstück auszahlen ließ.

Dieser Verlust an Menschen ward jedoch mehr als ersetzt durch die Ankunft vieler Templer und Johanniter und durch die unerwartete Landung einer großen Zahl von englischen Pilgern. König Heinrich III hatte nämlich beim Papste um das Verbot nachgesucht, daß Niemand ohne ihn den Kreuzzug antreten solle, und Innocenz hatte es ihm in der Ueberzeugung bewilligt, er werde sich an die Spitze stellen. Die wahre Absicht des Königs ging aber nur dahin, unter diesem Vorwande Geld zu erpressen und dem Könige von Frankreich alle außerordentliche Unterstützung zu entziehen, weshalb sich die Ungeduldigeren und Eifrigeren (unbekümmert um päpstliche und königliche Befehle) einschifften und glücklich Aegypten erreichten. Hier geriethen sie aber sogleich in großen Streit mit den Franzosen. Ludwigs milde Ermahnungen zur Einigkeit blieben ohne Erfolg, und strenge Mittel wollte er, aus Furcht das Uebel zu vermehren, nicht anwenden, sodaß, als endlich der Anführer der Engländer, Graf Wilhelm Langspeer von Salisbury [4], mit ihnen nach Akkon absegelte, kaum zu sagen war, ob mehr durch das Aufhören des Streites gewonnen, oder an Macht verloren sey. Daß man bis auf genuesischen

---

[1] Napoleon tadelte den König wegen dieses Zeitverlustes. Sismondi. VII, 405. — [2] Joinville, 32. Gull. Nang, 354. — [3] Joinville, 33. — [4] Trivet zu 1240.

Schiffen ankommenden Gelder und Lebensmittel nicht unter eine noch größere Zahl vertheilen müsse, erschien den Empfängern als ein erheblicher Vortheil; dennoch reichte Gelbes nicht aus, und überhaupt verführte die täglich wachsende Noth zur Abtrünnigkeit, oder zur Rückkehr, oder doch zu lautem Tadel des unnützen Verweilens in Damiette.

Der Graf Peter von Bretagne schlug also vor, gen Alexandrien, der Graf Robert von Artois, gen Kairo zu ziehen[1], und des Letzten Meinung behielt, wahrscheinlich aus folgenden Gründen, die Oberhand. Die vom Sultan befohlene Hinrichtung des seligen Befehlshabers von Damiette bewog dessen Bruder, den Statthalter von Kairo, zu heimlichem Abfall[2]. In seinem Namen versprachen freigelassene christliche Ritter dem Könige die Uebergabe der Stadt und aller Schätze Thubs. So erfreut auch Ludwig über diese glänzende Aussicht war, wollte er doch einen so entfernten Zug nicht ohne Theilnahme der Britten antreten, sondern schrieb an den Grafen von Sallsbury: er möge schnell mit den Seinen wiederkehren und Theil nehmen an vollständiger Genugthuung, an höchst erwünschten Dingen, an längst ersehnten Erfolge. Nach Empfang dieser geheimnißvoll befeuernden Worte zögerte Wilhelm keinen Augenblick; er erfuhr nach seiner Ankunft die Lage der Dinge, und am 20. November 1249 brach man von Damiette auf gen Kairo.

Der Sultan erstaunte über diese Kühnheit und bot nochmals für Damiette und die saracenischen Gefangenen die Rückgabe Palästinas und der christlichen Gefangenen. Man wies indeß, um jener übertriebenen Hoffnungen und der heftigen Widersprüche des Kardinalgesandten willen, diese billigen Anträge zurück. Mittlerweile äußerten mehre des Geheimnisses Kundige zu unvorsichtig ihre Freude, es verbreiteten sich Gerüchte, als sey schon beendet, was man erst unternehmen wollte: da entdeckten die aufmerksam gemachten Kundschafter des Sultans den Verrath, der Statthalter ward überrascht und gefangen genommen.

Von diesem Ereignisse, welches alle Pläne hätte verändern müssen, erhielten die Franken keine Nachricht, vielmehr traf zur Erhöhung ihrer Hoffnungen die Botschaft ein: der Sultan sey am 22. November 1249 gestorben und sein Sohn und Nachfolger Moattam noch in Asien abwesend[3]. Sie rückten deßhalb vor und lagerten sich zwischen zwei Armen des Nils, wovon der kleinere nach Tanis floß[4]. So gesichert diese Stellung aber auch gegen Angriffe erschien, so wenig geeignet war sie, von dort aus angriffsweise zu

---

[1] Matth. Paris, 519—525. Dandolo, 359. Joinville, 35. — [2] Matth. Paris, 527. Ludov. regis epist., 1190. — [3] Iperius, 725. Du Fresne zu Joinville, 62. Safardin führte bis zur Ankunft des neuen Sultans den Oberbefehl. Guiart, 143. — [4] Sieben Meilen von Damiette. Vitriac. hist. orient., 714.

Gefecht bei Mansura.

verfahren. Alle Versuche mit großem Aufwande von Kräften und Gelde eine Brücke über den nach Tanis fließenden Nilarm zu schlagen, blieben ohne Erfolg; denn die Saracenen zerstörten leicht alle begonnenen Arbeiten mit griechischem Feuer. Endlich zeigte ihnen am 23. Januar 1250 ein Beduine für 500 Byzantiner eine Furth; leider aber war sie tiefer als man glaubte, oder ward von dem Durchwaten schnell so vertieft, daß selbst die Pferde den Grund verloren und man nur unter großen Gefahren das jenseitige Ufer erreichte. Doch überraschte man hiedurch die Saracenen so sehr, daß sie sich auf die Flucht begaben und erst in Mansura sicher glaubten[1].

Ohne des Königs Befehl zu erwarten, oder seine Erlaubniß zu erbitten, setzte ihnen der Graf von Artois in Begleitung Wilhelms von Salisbury, mehrer Templer und etwa eines Drittels vom Heere nach. Seit dem letzten glücklichen Gefechte hielt Graf Robert nichts für unmöglich und wünschte ehrgeizig, das Schwerste ohne Theilnahme seines Bruders zu vollbringen. Der Großmeister der Templer hingegen rieth ernstlich zum Rückzuge; denn Pferde und Reiter wären durch Kampf, Hunger und Durst erschöpft, und bei weiterem Vorrücken müsse man immer stärkeren Widerstand und endliches Abschneiden vom Hauptheere befürchten, während ein Angriff mit der ganzen ungetheilten Macht den günstigsten Erfolg verspreche. Heftig erwiderte der Graf: es bestätige sich die alte Klage, daß Templer und Johanniter im Morgenlande stets jeden entscheidenden Erfolg verhinderten, damit kein wohlgegründetes christliches Reich ihrer Habsucht und Willkür beschränken könne. Vergeblich bemühte sich Wilhelm von Salisbury den Grafen von Artois zu beruhigen und dem weiseren Rathe des Großmeisters das Uebergewicht zu verschaffen; auch ihn trafen dafür Schmähungen ohne Maß. Um nun nicht, außer dem Scheine des Ungehorsams, auch den schwereren der Feigheit auf sich zu laden, folgten Alle dem kriegslustigen Anführer; allein nach einigem Erfolge war, der größten Tapferkeit ungeachtet, der Ausgang des Gefechtes noch trauriger, als man befürchtet hatte; Wilhelm von Salisbury ward kämpfend erschlagen und den Grafen von Artois nie wiedergesehen[2], es sey nun, daß er auf der Flucht mit seiner schweren Rüstung im Nile untersank, oder seine Leiche von den Saracenen (in der Meinung, es sey die des Königs) hinweggebracht wurde. Von allen Rittern entkamen nur zwei Templer und ein Johanniter, und einige gemeine Soldaten, welche nackt durch den Nil schwammen, brach-

---

[1] Simon Montf. chron. zu 1250. Mansura hat noch jetzt das Ansehen eines ziemlich beträchtlichen Fleckens. Verschiedene Beys besitzen daselbst Lusthäuser. Vinos Reise, III. — [2] Robertus perditus nec inventus. Guil. de Podio, 40. Simon Montf. chron. Chron. Normann., 1009. Vitae pontif., 501. Meon, Fabliaux, II, 226. Nach Barthol. ann. zu 1249 und Ibn Alatsyr, 556, ward Mansura genommen, worauf sich aber die Christen unvorsichtig zerstreuten, angegriffen und besiegt wurden. Matth. Par., 529. Ludov. reg. epist., 1197. Michaud, Corresp. d'Orient, VI, 366.

158   Gefechte.   Noth.   Gefangennehmung der Pilger.

1250 In dem übrigen Heere die erste Nachricht von diesem großen Unfalle. Weinend hob Ludwig die Hände gen Himmel und sprach: „Des Herrn Wille ist geschehen, der Name des Herrn sey gelobet." Dann berief er alle Vornehmen zur Berathung, und man beschloß: die Schwächeren und Unbewaffneten sollten zu Schiffe nach Damiette gebracht werden, alle Uebrigen aber einen Angriff wagen, oder Angriffen nachdrücklich widerstehen.

Die Saracenen ließen ihre Gegner so ungestört vordringen, daß diese wiederum Hoffnung faßten und kühne Pläne entwarfen; als sie aber bei jenem Schlachtfelde ankamen, erneute und verdoppelte sich ihr Jammer. Keiner war im Heere, der nicht den Tod eines Freundes oder Verwandten zu beklagen hatte, der nicht wünschte diesen wo möglich wiederzuerkennen und ihm die letzte Pflicht zu erzeigen! Aber viele Leichname waren schon von den Siegern in den Nil geworfen worden; alle anderen fand man unkenntlich und, um der Belohnung willen, welche die Saracenen für jedes christliche Haupt und jede abgehauene Hand erhielten, auf schreckliche Weise verstümmelt. Die Franken zerrissen ihre Kleider und stürzten vor Wehmuth zur Erde nieder; aber das Maß ihres Unglücks war noch nicht voll.

Botschaft traf ein, daß die mit den Kranken, Schwachen und Unbewaffneten nach Damiette hinabfahrenden Schiffe von einer feindlichen Flotte waren angegriffen und besiegt worden; wen die Geschosse nicht trafen, den ergriff griechisches Feuer; wer diesem entrinnen wollte, ertrank im Flusse. Von nun an war den Pilgern die so dringend nöthige Zufuhr gänzlich abgeschnitten, und zu dem Hunger gesellten sich ansteckende Krankheiten [1], welche nach schmerzhaften und schrecklichen Erscheinungen dem Leben binnen wenig Tagen ein Ende machten. Neue Unterhandlungen zerschlugen sich, weil man es für unwürdig hielt (dem Verlangen des Sultans zufolge) den König selbst als Bürgen oder Geißel zu überantworten. Wer hätte jetzt noch an Eroberung gedacht! Damiette glücklich zu erreichen, war der höchste und dennoch zu kühne Wunsch. Kaum traten nämlich die Pilger den Rückzug an, so wurden sie auf allen Seiten von den Saracenen angegriffen. Tapferer Widerstand gegen solche Uebermacht brachte Ehre, aber keine Rettung [2], und die Gewässer, welche aus durchstochenen Dämmen des Nils herzudrangen, drohten mit einer für Ritter und Kämpfer ganz unwürdigen Todesart. Es blieb nichts übrig, als sich zu ergeben: von 2300 Rittern und 15,000 Pilgern entkamen nur wenige durch die Flucht; alle anderen wurden niedergehauen oder am 5. April 1250 gefangen [3]. Der König und seine Brüder, die Grafen Alfons

---

[1] Dolor maxillarum et dentium, tibiarum tumor. Simon Montf. chron. Nach Joinville, 57, schwarze Flecken auf der Haut, Zusammentrocknen der Beine, Mundfäule, Nasenbluten und darauf gewisser Tod. — [2] Villani, VI, 30. — [3] Bei Minia Ben Abdalleh, vermuthlich am östlichen Nilufer, vielleicht Minlat — es — schiuib. Posaune, 79. Vincent. spec., XXXI, 100. Vie de S. Louis, mscr., 31.

Unterhandlungen.

von Poitou und Karl von Anjou theilten das letzte Schicksal. Jener war, obgleich vom Schmerze tief gebeugt, doch durch den Glauben an Gott und Christus gegen Verzagtheit oder wilde Verzweiflung so geschützt und beruhigt, daß Mancher darin Geistesschwäche oder Gleichgültigkeit erblickte[1]. Auch bedurfte er um so mehr eines solchen höheren Trostes, da er schwer erkrankte und täglich sehen mußte, wie grausam die Saracenen ihren Sieg mißbrauchten, und wie bitter und unanständig sie alles den Christen Heilige verspotteten und verhöhnten.

Endlich ward ihm sogar erzählt: der Sultan wolle ihn zur Schmach durch alle Lande des Orients umherführen und den Völkern zeigen lassen. Es ist ungewiß, ob man diesen Vorsatz je ernstlich gefaßt hatte, oder ob man ihn aufgab, weil Ludwig entschlossen schien lieber zu sterben, als den Ungläubigen solchen Triumph zu bereiten. Daß der Sultan dem Könige seine Aerzte sandte, welche, mit den ägyptischen Krankheiten besser bekannt[2], ihn bald herstellten, würde man edelmüthig nennen und darin eine Widerlegung des Obigen finden können, wenn nicht die spätere harte Behandlung Ludwigs auch hier versteckten Eigennutz vermuthen ließe.

Die Saracenen hofften nämlich, sich in dem ersten Schrecken über ihren vollständigen Sieg auch Damiettas in Güte oder mit Gewalt zu bemächtigen. Dies mißlang; denn obgleich die hochschwangere Königin fast die Besinnung verlor und vorzeitig einen Sohn gebar, welchen man, den Jammer andeutend, Tristan nannte, so ließen sich doch der Herzog Hugo IV von Bourgogne, der päpstliche Gesandte und mehre angesehene Männer nicht einschüchtern, sondern beschlossen die wichtige Stadt bis auf das Aeußerste zu behaupten, überzeugt, daß dies für den Abschluß eines irgend billigen Friedens höchst nothwendig sey. — Der Sultan verlangte von den Gefangenen für ihre Befreiung die Uebergabe aller christlichen Besitzungen in Syrien, erhielt aber zur Antwort: theils gehörten sie dem Kaiser, theils den Orden; über jene habe man kein Recht zu schalten, und diese dürften nach den Gesetzen nie für Lösung von Gefangenen weggegeben werden.

Vergeblich bedrohte man den König mit der Folter und die Uebrigen mit dem Tode: sie blieben bei ihrer Rede. Ein neuer Vorschlag des Sultans ging nunmehr dahin: die Franken sollten Damiette räumen und für die Lösung der Gefangenen 500,000 Pfund (Livres) zahlen. Ludwig antwortete: „Gott ist mein Zeuge, daß ich nicht hieher gekommen bin, um zu erobern und Schätze zu erbeuten; denn ich besitze (obgleich ein Unwürdiger und Sünder) schöne, reiche und gesunde Länder. Nur um des Heils eurer Seelen willen habe ich den mühseligen Zug unternommen und so Vieles erduldet. Auch möge

---

[1] Ludwig habe gebetet, als sey das nöthiger, quam fugae et evasionis praesidium praeparare. Guil. Naog., 156. Er war sehr betrübt, daß er sein Gebetbuch verloren hatte. Guiart, 144. — [2] Belloloc., 436.

160   Vertrag.

1220 das Unglück genügen, welches Christus mir zürnend sendet; nimmer aber werde ich Damiette zurückgeben, das durch ein göttliches Wunder in unsere Hände gefallen ist." — Als ein anderer Versuch mißlang Damiette durch Saracenen, welche sich als Christen verkleidet hatten, einzunehmen, so erneuen sich die Drohungen gegen den König und die Anstalten zu einer ernsten Belagerung, deren Erfolg zuletzt für die Christen nachtheilig ausfallen mußte.

Weil indeß der Sultan seinerseits auch Gründe genug hatte, lieber das Billige vertragsweise anzunehmen, als das Aeußerste mit kriegsmüder Mannschaft zu erzwingen, so einigte man sich endlich über folgende Bedingungen:

1. Es soll Waffenstillstand seyn auf zehn Jahre und den Christen Alles verbleiben, was sie in Syrien bei der Ankunft König Ludwigs besaßen.

2. Alle Gefangenen, welche seit dem zwischen Sultan Kamel und Kaiser Friedrich geschlossenen Frieden gemacht wurden, werden ausgewechselt und die Christen mit ihrer beweglichen Habe sicher bis zu einer christlichen Stadt geleitet¹.

3. Für die Freilassung aus der Haft giebt König Ludwig Damiette zurück und zahlt 800,000 Byzantiner².

Von der anfänglichen Forderung einer Million Byzantiner hatte der Sultan, auf Ludwigs Erklärung daß sich handeln und dingen für ihn nicht schicke, freiwillig 200,000 erlassen.

Sobald die Königin und die Befehlshaber in Damiette gesichert waren daß dem Könige keine Nachstellung drohe, stimmten sie dem Vertrage bei; in dem Augenblick aber, wo er zur Vollziehung kommen sollte, trat ein schreckliches Ereigniß hemmend dazwischen.

Moattam³, der neue, erst fünfundzwanzigjährige Sultan, hatte aus seiner asiatischen Statthalterschaft viele Freunde und Anhänger mitgebracht und ihnen, unter Zurücksetzung der alten Beamten, nicht wenig bürgerliche und Kriegsstellen eingeräumt. Er war bei den Verhandlungen mit Ludwig nur seiner Ansicht gefolgt, unbekümmert um strengere Vorschläge und gleichgültig gegen den Tadel, daß er mehr den Gewinn schnöden Geldes, als den Ruhm und die Ehre des Islam im Auge behalte. Endlich fürchteten die zahlreichen, von Moattam nicht ohne Mißtrauen behandelten Mameluden, er werde sie nach völliger Beendigung des Krieges mit den Franken plötzlich entlassen oder allmählich beseitigen. So erhebliche Uebel müsse man vertilgen, so großen Gefahren zuvorkommen — durch Mord! Deßhalb überfielen die Ver-

---
¹ Viele gefangne Christen wurden allmählich grausamer Weise umgebracht. Reinaud, Extraits, 463. — ²Diese Summe hat Joinville; Einige lesen 8000 oder 80,000. Guil. Nang., 356. Vinc. specul., XXXI, 101. Wikea zu 1250. Le Blanc, 177, berechnet die Lösungssumme auf 3,879,000 Livres. — ³ Joinville, 56. Abulfar., 324. Abulfeda. Haithon, c. 52. Ibn Alatyr, 563. Er ließ viele Gefangene hinrichten. Mackrizi in Michaud, VII, 729.

schworenen am 2. Mai Nachmittags den Sultan[1], und Bibars, der nachmalige Mamelukensultan, brachte ihm die erste Wunde bei: doch gelang es dem jungen tapferen Manne, ihnen zu widerstehen und sich in die von Holz erbaute Burg Faretkur zu retten. Aber die Flammen des von den Meuterern angelegten Feuers trieben ihn wieder hervor, und ehe er im raschen Laufe den Nil erreichen und ein Fahrzeug besteigen konnte, trafen ihn zum zweiten Male türkische Pfeile. Aller anderen Mittel beraubt, sprang er jetzt in den Strom, um sich durch Schwimmen zu retten; aber rastlos in ihrer Wuth eilten Mehre nach, tödteten ihn im Wasser, schleppten seinen Leichnam aufs Ufer und rissen ihm das Herz aus dem Leibe! — Mit noch blutigen Händen und Schwertern eilten die Missethäter zu Ludwig, und einer sprach: „Was giebst du mir dafür daß ich deinen Feind tödtete, der dich, bei längerem Leben, gewiß umgebracht hätte?" Der König antwortete keine Silbe, und jener fuhr fort: „Ich werde dich aus den Gefahren befreien, schlage mich aber mit diesem Schwerte zum Ritter." — „Nur wenn du Christ wirst", entgegnete Ludwig, „will ich dich zum Ritter schlagen, mitnehmen und dir Lehn geben." — Gleichzeitig drang ein anderer Haufe zu den übrigen Gefangenen und rathschlagte, ob man nicht am besten thue, Alle umzubringen; endlich aber siegte die Scham oder der Eigennutz, und der alte Vertrag ward mit einigen Zusätzen nochmals bestätigt.

Unerwartet fand sich jedoch ein neues Hinderniß. Die Amirn verlangten nämlich (vielleicht nach dem Rathe einiger abtrünnigen Christen) daß Ludwig zu desto größerer Beglaubigung des Vertrags schwöre: „Wenn ich das Versprochene nicht halte, soll man mich betrachten als einen Meineidigen, als einen Christen welcher Gott, dessen Gesetz und seine Taufe verläugnet, welcher zur Verachtung Gottes das Kreuz bespuckt und es mit Füßen tritt." Ihrerseits wollten die Amirn dann auch beschwören[2], daß sie, im Fall der Wortbrüchigkeit, Muhamed und dessen Gesetze entsagen. Als dem Könige jene Formel vorgelegt wurde, erklärte er: „Nie werde ich nach derselben einen Eid leisten." Hierauf stellten seine Brüder und manche Andere, selbst Geistliche vor: dadurch entstehe Verdacht gegen die Aufrichtigkeit seiner Gesinnung und Gefahr für so viele ihm theuere Personen; er könne, da er ja fest entschlossen sey den Vertrag zu erfüllen, auch jedwede Bekräftigung desselben annehmen und aussprechen. Ludwig antwortete: „Ich liebe euch Alle wie meine Brüder, aber ich hasse nicht minder die Sünde. Was auch daraus entstehen möge, bei Gott, nie sollen

---

[1] Wiener Jahrbücher, LX, 209. — [2] Vie de S. Louis, mscr., 30—40. Joinville, 70. Guil. Nang., 357. Am dreiundzwanzigsten Tage sollte Ludwig frei gelassen werden, da ward der Sultan ermordet, und 127 Amirn erwählten einen Türken zum Anführer. So erzählt Guil. de Tripolis, c. 15. — [3] Gesta Ludov., IX, 404. Bonif. bulla canonis., 488. Vita Ludov., 460. Vie de S. Louis, mscr., 33.

1250 Worte solcher Art aus dem Munde eines Königs von Frankreich kommen." Als ihm nunmehr der saracenische Befehlshaber ganz deutlich zu verstehen gab: es könne ob dieser Weigerung wohl dahin kommen, daß man ihm den Kopf abschlage und seine Gefährten kreuzige, so erwiederte er: "Geh hin und sage deinen Herren, sie können verfahren nach Belieben; ich aber wolle weit lieber sterben wie ein guter Christ, denn leben in Feindschaft mit Gott, seiner Mutter und seinen Heiligen." Hievon benachrichtigt kamen mehre Emiern mit gezogenem Schwerte in sein Zelt und sprachen: "Du bist unser Gefangener, und verfähret als wären wir die deinen; du mußt schwören oder sterben!" Ludwig antwortete ruhig: "Gott hat euch zu Herren meines Leibes gemacht, aber ihr vermöget nichts über meine Seele; sie ist in seinen Händen." — Jetzt wandten jene ihren Zorn gegen den achtzigjährigen Patriarchen Guido von Jerusalem, in der Meinung daß er den König in seiner Ansicht bestärke, und banden ihm die Hände so fest auf den Rücken, daß sie anschwollen und Blut aus den Fingerspitzen hervordrang[1]. "Ach Herr", rief der von Schmerzen geängstigte Greis, "da Ihr aufrichtig Euer Versprechen erfüllen wollt, so schwöret immerhin; ich nehme die Sünde auf mich und meine Seele." So sehr aber auch dem milden Könige dies Leiden zu Herzen ging, er blieb standhaft; denn er wollte, bei der Möglichkeit daß trotz des besten Willens ein Hinderniß gegen die Vollziehung des Vertrages einträte, weder die Seele eines Anderen um seinetwillen ins Verderben stürzen, noch überhaupt um eines zeitlichen Zweckes willen eine unwürdige Gotteslästerung aussprechen und sich von seinem Heilande lösen. — Und zuletzt siegte Ludwig ob; denn die Saracenen entsagten jener Eidesformel, ja mehre von ihnen sollen, seine Fassung und Standhaftigkeit bewundernd, gemeint haben: er sey der Mann, den sie zu ihrem Sultane machen müßten. "Glaubst du", sagte später einmal Ludwig zu seinem treuen Leidensgefährten Joinville, "daß ich den ägyptischen Thron angenommen hätte, wenn er mir wäre angeboten worden?" — "Keineswegs", antwortete Joinville, "denn wie durftet Ihr, ohne die größte Thorheit, den Mördern ihres rechtmäßigen Herrn vertrauen!" — "Und dennoch", fuhr Ludwig fort, "hätte ich die Krone angenommen." So sehr wünschte und hoffte er, die Ungläubigen zu bekehren; so sehr hielt er es für Pflicht, keine dafür sich bietende Gelegenheit von der Hand zu weisen.

Man schiffte jetzt den Nil hinab, und Damiette ward am 7. Mai 1250 übergeben. Es fand sich aber daß das gemeine Volk, in zügellosem Zorne über den Verlust der Stadt, alle Lebensmittel verderbt und alle Wein- und Oelfässer zerschlagen hatte. Ihrerseits begingen nun die Saracenen noch ärgere Gewaltthaten: sie vernichteten das Kriegszeug, zündeten Häuser an und brachten viele christliche Kranke

---

[1] Du Fresne zu Joinville, 62.

Zahlungen. Einschiffung Ludwigs.

ums Leben [1]; ja selbst die Anführer begannen neue höchst gefährliche Berathungen. Einige sagten: „Wir sind im Besitz von Damiette, laßt uns jetzt alle Christen umbringen, dann haben wir Ruhe, wenigstens auf vierzig Jahre." Andere widersprachen: „Es würde Schande bringen über uns und unser Land, wenn wir erst unsern Sultan und nun auch den Frankenkönig gegen unser Wort umbrächten." Die Ersten aber fuhren fort: „Jenes freilich war Sünde, dies hingegen ist den Befehlen Muhameds gemäß;" und sie befahlen die Anker zu lichten und mit allen Christen wieder stromaufwärts gen Kairo zu fahren. Da entstand unermeßlicher Jammer! Am Abend aber gewannen die redlicher gesinnten Emire die Oberhand und setzten den Beschluß durch: der Vertrag solle gehalten werden.

Die Zahlung des ersten Theiles der Lösungssumme begann, und die damit Beauftragten erzählten dem Könige freudig, wie es ihnen gelungen, die Saracenen beim Zuwiegen des Geldes um 10,000 Livres zu übervortheilen. Hierüber zürnte Ludwig sehr und befahl, man solle aufs Gewissenhafteste verfahren. Nun aber welche, wie jene vielleicht vorausgesehen hatten, das Geld nicht, weshalb der Vorschlag geschah, man solle es bei den damit noch reichlich versehenen Tempelherren leihen. Eigennützig behaupteten diese: ihr Eid verbiete ihnen Geld auszuleihen; allein der edle Seneschall Joinville ging mit Erlaubniß des Königs hin und nahm die fehlende Summe, ohne Rücksicht auf weitere Einreden, zu allgemeiner Freude aus ihren Kisten.

Endlich schiffte Ludwig sich ein [2] und zwar, neue Gefahren fürchtend, mit solcher Eile daß es an manchem Nöthigen fehlte, wie er denn z. B. nur zwei Kleider besaß, welche ihm der Sultan hatte machen lassen. Die Fahrt gen Akkon war glücklich; doch blieb der König betrübt und niedergeschlagen über all das Unglück und den Tod seines Bruders Robert von Artois. Karl von Anjou hingegen kümmerte sich wenig um den todten und um den lebenden Bruder, sondern vertrieb sich die Zeit durch Würfelspiel mit Wilhelm von Nemours. Ueber solche Gleichgültigkeit, Vernachlässigung und eitle Sinnesart zürnend, ging der König in Karls Gemach und warf, unter nachdrücklichen Zurechtweisungen, Tisch, Würfel und Geld ins Meer. In Akkon hofften Ernstere wie Leichtsinnige das Ende ihrer Leiden zu finden, allein die Pest wüthete daselbst dergestalt, daß man vor Joinvilles Wohnung täglich wohl zwanzig Leichen vorbeitrug und Mancher der dem Schwerte entgangen war, hier unerwartet seinen Tod fand.

Während die Pilger in Afrika und Asien so von Unglücksfällen aller Art heimgesucht wurden, glaubte man in Frankreich, sie wären nicht bloß im Besitz von Damiette, sondern auch von Alexandrien und

---

[1] Joinville, 74. — [2] Joinville, 79.

1250 Kairo. Die Ersten welche, ohne weitere Beweise als ihr Wort, Nachricht von den großen Niederlagen überbrachten, hielt man für boshafte Lügner und strafte sie, einigen Berichten zufolge [1], sogar am Leben. Bald aber gingen der Bestätigungen nur zu viele ein, und nun entstand in dem ganzen Abendlande eine allgemeine Wehklage; Jeder nahm den herzlichsten Antheil an Ereignissen, welche die gesammte Christenheit betrafen. Der Papst erließ Trostschreiben an Ludwig und ermahnte ihn [2]: er möge ausharren und die unerforschlichen Rathschlüsse Gottes in Demuth verehren; er forderte die Königin Blanka auf, nicht wegen ihres für göttliche Zwecke abwesenden Sohnes zu verzweifeln; er befahl, man solle in allen französischen Kirchen Gottes Gnade für die Gefangenen erflehen, und rief dabei aus: „O betrügerisches Morgenland, o unselig verfinstertes Aegypten! O Jerusalem, Jerusalem, für dessen Befreiung so Unzählige umgekommen sind! wann wirst du der heiligen Kirche, statt herber Trübsal, endlich die ersehnte Freudigkeit zu Theil werden lassen!" — Gleichzeitig ergingen in alle Reiche, selbst nach Norwegen, päpstliche Aufforderungen, dem Morgenlande persönlich oder auf andere freigebige Weise Hülfe zu leisten [3]. Diese Maßregeln erschienen aber Vielen unzureichend, und als die Brüder des Königs, Karl und Alfons, aus Akkon in Frankreich anlamen, traten sie den lauten Anklagen gegen Innocenz bei: er habe das Verderben der Pilger herbeigeführt durch Geiz, Unterschlagung oder anderweite Verwendung der eingegangenen Gelder, durch freventliches Entbinden von dem Gelübde und vor Allem durch seine Halsstarrigkeit und unchristliche Feindschaft gegen Kaiser Friedrich II.

Von solchen Klagen und Vorwürfen kam es zu der Drohung: Lyon solle für den Papst nicht lange mehr ein sicherer Aufenthalt seyn. Deshalb ersuchte dieser den König von England, ihn in Bordeaur aufzunehmen [4], welche Bitte Heinrich in große Verlegenheit setzte; denn wenn er sie abschlug, so ernannte der Papst (größerer Besorgnisse nicht zu gedenken) den Bruder des Königs nicht, wie er es doch sehnlich wünschte, zum Bischof von Winton; nahm er sie bewilligte, so entstand unfehlbar allgemeine Unzufriedenheit der Prälaten und Barone und offene Feindschaft mit dem Kaiser, welcher den Engländern, im Fall eines noch viel besprochenen Kreuzzuges, nicht erlaubt haben würde, seine Länder zu berühren.

Von Anfang an hatte Friedrich II große Theilnahme an dem Kreuzzuge des frommen Königs gezeigt [5], zugleich aber, seiner Erfahrung und Unbefangenheit gemäß, auf die Verhältnisse hingewiesen, welche einen glücklichen Ausgang zweifelhaft machen mußten.

---

[1] Matth. Paris, 534. Belloloc., 457. Corner, 900. — [2] Concil. collect., XIV, 30—33. Innoc. IV epist., 412—416. — [3] Wadding, III, 498. — [4] Matth. Par., 534—538. — [5] Petr. Vin., III, 22—24.

Zustand Frankreichs. Frevelnde Kreuzfahrer.

Er versprach, sobald nur Italien irgend beruhigt und der Papst 1250 zur Mäßigung und Besonnenheit zurückgekehrt sey, thätigen Beistand und gab dem Grafen Alfons von Poitou bei seiner Fahrt nach Aegypten, ungeachtet der Mißärnten im apulischen Reiche, 1000 Salm Getreide und 50 Streitrosse¹. Hiefür dankte Blanka und schrieb (obwohl vergeblich) an den Papst: er solle einen für das Heil der Christenheit so thätigen Monarchen nicht länger verfolgen. Jetzt, nach der Gefangennehmung Ludwigs, schickte der Kaiser diesem sogleich ansehnliche Geldsummen und verwandte sich bei dem Sultan, welchen er noch am Leben glaubte, in eigenen Schreiben dringend für die Loslassung aller Pilger². Aber sowie ihm seine Feinde selbst das Wohlgemeinteste mißdeuteten, so äußerten sie auch hier: er möge der Wahrheit nach wohl nur eine härtere Haft gewünscht und bezweckt haben, eine Meinung, wofür sich nicht der geringste wahrscheinliche oder vernünftige Grund anführen läßt.

Am betrübtesten, zugleich aber auch am thätigsten war die Königin Blanka; doch zeigte sich im Volke ebenfalls ein so lebendiger Eifer, daß man an die Zeiten des ersten Kreuzzuges erinnert wurde und sich gern der Hoffnung eines ähnlichen Erfolges hingab. Sogar Peter der Einsiedler schien in einem Haupturheber dieser Bewegungen, Namens Jakob, wiederzukehren: einem Manne von etwa 60 Jahren, mit langem herabhangenden Barte, bleichem Angesichte, tiefliegenden, aber feurigen Augen und einer Beredsamkeit, die bald zum Zorne befeuerte, bald zu Thränen rührte. Das niedere Volk, hiedurch und durch den Schein großer Demuth angezogen, folgte ihm schaarenweise nach; bald aber ergab sich, daß er ein verrückter Schwärmer, oder ein boshafter Betrüger, oder Beides in einer doppelt verderblichen Mischung war. Die Engel, ja die heilige Jungfrau selbst (dies gab er vor) seyen ihm erschienen und hätten ihm aufgetragen das Kreuz zu predigen; aber nur den Geringen, weil Gott den Adel und die Geistlichkeit wegen ihres Stolzes und ihrer Sünden verworfen habe. Und nun sammelten sich um den angeblichen Seher, der, wie man später fand, aus einem Cistertienserkloster entsprungen war, nicht bloß Bauern, Hirten und Kinder, sondern auch Diebe, Landläufer, Huren, kurz, Gesindel aller und jeder Art. Anfangs glaubte man in diesen Bewegungen den Finger Gottes zu erkennen und wollte sie keineswegs hemmen, ja nicht einmal regeln; bald aber wuchs der Haufe auf viele Tausende, und von ungebührlichen Worten fand sich leicht der Uebergang zu sträflichen Thaten. Als in Orleans ein Priester den argen Lehren Jakobs, welcher sich jetzt den Meister aus Ungarn nannte, laut und pflichtmäßig wi-

---

¹ Du Fresne zu Joinville, 55. — ² S. oben S. 135. Joinville selbst ward als Gefangener besser gehalten, weil er behauptete, er sey mütterlicherseits mit dem Kaiser verwandt. Joinville, 64, 84.

versprach, spaltete ihm einer von dessen Anhängern den Kopf, und die übrigen plünderten hierauf die Häuser aller Geistlichen, ermordeten mehre, warfen einige in die Loire und ermordeten an 25. Bald fanden sich Vorwände, auch die Laien zu berauben und zu mißhandeln; wider die Juden und deren Gesetzbücher ebenso zu verfahren, nannte man gerecht und verdienstlich! Solch Uebermaß von Freveln enttäuschte endlich auch die Abergläubigsten: das Volk stand unter tüchtigen Führern und obrigkeitlichen Personen gegen die Rotten auf, welche sich aus Mangel an Lebensmitteln zerstreuten; Jakob ward in der Gegend von Bourges erschlagen, andere Häupter wurden gefangen und die Uebrigen so auseinandergesprengt, daß binnen Kurzem gar keine Spur mehr von ihnen zu finden war¹. Manche glaubten, die ganze Sache sey von den Saracenen angestiftet, um viele Christen ins Verderben zu stürzen und ihnen jeden Kreuzzug zu verleiden; und arabische Briefe, welche man bei einigen Theilnehmern entdeckt haben wollte, galten für eine Bestätigung jener Annahme.

Unterdessen hatte die Königin Blanka ihren Sohn dringend aufgefordert, nach Frankreich zurückzukehren; denn Gefahren von außen her und bedenkliche Anzeichen im Innern machten es nöthig, daß ein Mann, ein König an der Spitze der Regierung stehe. Ludwig berief seine damals noch im Morgenlande anwesenden Brüder und alle Barone, trug ihnen, ohne selbst eine Meinung zu äußern, die Lage der Dinge vor und verlangte binnen acht Tagen ihren Rath. In dieser zweiten Versammlung trat Guido von Mauvoisin hervor und sprach: „Herr, Eure Brüder und sämmtliche Häupter Eures Heeres sind der Meinung, daß Eure Ehre und das Wohl Frankreichs einen längeren Aufenthalt in Syrien nicht erlauben. Von 2800 Rittern, die Ihr übers Meer führtet, blieben Euch kaum 100, und diese sind größtentheils krank, ohne Rüstung und ohne Geld. Ihr selbst seyd hier in Akkon wie in einer gemietheten Wohnung, und ohne Heer und Festungen. Was könnt Ihr der Würde eines großen Königs Angemessenes unternehmen? Mithin scheint es am besten, Ihr kehrt nach Europa zurück und bereitet daselbst Alles vor, um bald an den Feinden Gottes und seines Gesetzes Rache üben zu können."

Sehr Wenige, unter ihnen Joinville², waren entgegengesetzter Meinung; es sey unschicklich, daß man besiegt und ohne die Lösung der Gefangenen von den wortbrüchigen Aegyptern erzwungen zu haben, der Rückkehr gedenke. Noch fehle es dem Könige nicht an Gelde, wofür man leicht Soldaten werben könne. Zwist unter den Feinden erhöhe jetzt die Hoffnung des Erfolges, wogegen bis zur

---

¹ Guill. Nang., 358. Sim. Montf. chron. zu 1250. Erfurt. chr. S. Petrin. Vie de S. Louis, mscr., 34. Velly, V, 7. — ² Joinville, 81.

Ludwig in Syrien.

Zeit einer ganz neuen Unternehmung, und schon um einer solchen willen, Ordnung und Einigkeit unter ihnen hergestellt seyn dürfte.

Diese und ähnliche Gründe bewogen keinen der Barone von seiner ersten Meinung abzugehen, ja sie überhäuften Joinville mit Spott und Vorwürfen, bis der König in einer neuen Versammlung erklärte: er sey überzeugt, daß Jeder nach Pflicht und Gewissen gestimmt habe, trete aber den Gründen derjenigen bei, welche seine längere Anwesenheit in Palästina für nothwendig hielten. Denn die Königin Blanka könne die Regierung, sowie bisher, mit Verstand und Kraft führen, und es fehle ihr nicht an Menschen und Gelde, um sich den Reichsfeinden nachdrücklich zu widersetzen. Jetzt das heilige Land in schlechteren und gefährlicheren Umständen zu verlassen, als er es gefunden, streite mit seiner Ehre und seinem Gelübde; doch wolle er diese Ansicht Niemandem aufbringen, sondern stelle es in die Willkür eines Jeden, zu bleiben oder nach Frankreich zurückzukehren. Manche hielten es nach dieser unerwarteten Erklärung des Königs für ritterlicher und großmüthiger, bei ihm auszuharren; Andere hingegen schifften sich ein, denn er habe es ja erlaubt, und dringendere Pflichten lägen ihnen in der Heimath ob.

Der König ließ nunmehr mit großem Aufwande einige Städte in Syrien [1], insbesondere Cäsarea, Joppe und Sidon befestigen und wäre sehr gern nach Jerusalem gepilgert. Seine Räthe aber wandten ein: die von den Saracenen dargebotene Sicherheit sey ungenügend; auch dürfe sich kein christlicher König in so dürftigen Umständen daselbst sehen lassen und Anderen hiedurch den Vorwand verschaffen, als löse ein solches Erscheinen in der Gottesstadt von dem Gelübde, sie aus den Händen der Ungläubigen zu befreien [2]. Daß er sich diese Freude, diesen Trost versagen sollte, schmerzte ihn gewiß nicht weniger, als ehemals den König Richard Löwenherz, ob er sich gleich weniger heftig darüber äußerte. — In härenem Kleide und beinahe immer fastend [3], pilgerte Ludwig wenigstens bis Nazareth und ließ daselbst feierlichen Gottesdienst halten.

Um diese Zeit langte ein Gesandter des Alten vom Berge an und fragte den König: „Du kennst doch meinen Herrn?" Ludwig gab zur Antwort [4]: „Nein, denn ich habe ihn nicht gesehen." — „Du hast", fuhr jener fort, „aber doch von ihm gehört?" — „Allerdings." — „Warum suchst du seine Freundschaft nicht, wie einst Kaiser Friedrich, der König von Ungern, der Sultan von Babylon? Dein Leben, das weißt du, steht in seiner Hand; indeß will er deinen Tod nicht, sondern ist zufrieden, wenn du den Erlaß

---

[1] Monach. Patav., 684. Bonon. hist. misc. Iperius, 729. —
[2] Joinville, 104. — [3] Belloloc., 450. — [4] Joinville 86.

des Zinses bewirkest, welchen er an die Templer und Johanniter zahlt. Auch deren Großmeister könnte er leicht tödten lassen; da aber ihre Stellen durch den Ersten Besten leicht wieder besetzt werden, mag er seine treuen Diener ihretwegen nicht so oft in Gefahr bringen." — Ludwig war in Zweifel, was er auf diese bedenkliche Eröffnung antworten solle; aber die Großmeister, welche jene Einnahme nicht verlieren wollten und das Sinken der Macht des Alten vom Berge kannten, sagten dem Gesandten harte Dinge und drohten ihn sogar ins Wasser zu werfen. Wenn sein Herr sich nicht binnen vierzehn Tagen für einen Freund des Königs erkläre, werde man ihn zu strafen wissen. Der Alte gab nach, schickte und erhielt Geschenke. Seine Herrschaft hatte die ehemalige Furchtbarkeit verloren; denn wo die Tugend ganz fehlt, giebt es keine Bürgschaft für die Dauer der Macht.

Wichtiger blieben die Verhältnisse Ludwigs zu Aegypten und zu dem Sultan Nasr Joseph von Aleppo. Dieser, höchst aufgebracht über die Ermordung des Sultans, seines Vetters[1], erklärte sich feindlich gegen die verschiedenen Parteien, welche jetzt in Aegypten auftraten, und suchte des Königs Freundschaft. Aber die Bedingungen, welche Nasrs Gegner diesem anboten, erschienen noch günstiger: Friede auf 15 Jahre, Rückgabe Palästinas bis an den Jordan, Erlaß des noch schuldigen Theils der Lösungssumme und Befreiung aller Gefangenen. Indeß kamen nur die letzten, nicht die ersten Versprechungen zur Vollziehung; denn der Sultan von Aleppo war mächtiger durch den Beistand der Turkomannen, als die Aegypter durch ihr Bündniß mit den Christen; und als ihnen endlich im Frieden von 1253 das Land westlich vom Jordan verblieb, fanden sie nicht mehr für gut, den ohnmächtigen Franken etwas abzutreten[2]. — Verwerflicher noch als dies Benehmen der Muhamedaner erscheint es, daß Pisaner und Genueser die syrischen Häfen bewachten, um alle herbeieilenden Franzosen zu fangen und zu plündern. Die schnelle Rückgabe der ihnen so wichtigen Handelsstadt Damiette und die frühere Weigerung Ludwigs, einige Tausend ihrer Mitbürger und Unterthanen unter seinem Schutze mit nach dem Morgenlande zu nehmen, war der Vorwand für dies feindselige Betragen.

Erfahrungen solcher Art und die täglich steigenden Kosten des Kreuzzuges[3] mußten dem Könige jeden längeren Aufenthalt in Syrien verleiden; doch ging der endliche Beschluß, nach Frankreich zurückzukehren, nicht aus einer bloß verdrießlichen Stimmung, sondern

---

[1] Matth. Paris. 541, 552; Addenda, 119. Ludov. reg. epist., 1198. — [2] Abulfeda z. d. Jahre. Joinville, 101. Guil. Naug., 357. — [3] Michaud, IV, 381, theilt eine Nachweisung mit, wonach sie sich auf 1,053,476 Livres damaligen Geldes beliefen.

aus ernstem Pflichtgefühle hervor. Blanka, die Königin nämlich, war am 1. December 1252 gestorben und Niemand vorhanden, der Ihre Stelle mit gleicher Geschicklichkeit und gleicher Kraft einnehmen konnte. Die erste Nachricht von jenem Unfalle erhielt der Kardinalgesandte. Sogleich begab er sich zu dem Könige, führte ihn von einem Zimmer in das andere bis in seine Kapelle, ließ die Thüren hinter sich schließen und setzte sich mit ihm auf die Stufen des Altars. Hier begann er gar weise und andächtig über all das Gute zu sprechen, was Gott dem Könige seit seiner Kindheit erwiesen, wie ihn seine Mutter so fromm und sorgsam erzogen und jetzt sein Reich so klug verwaltet habe. Nun aber konnte der Kardinal sich nicht länger halten, sondern fing an zu weinen und sagte: „Herr, Eure Mutter ist gestorben!" Als der König diese Worte hörte, schrie er laut auf und warf sich vor dem Altare nieder [1]. Dann ermannte er sich wieder und sprach betend: „Mein Herr und mein Gott! ich danke dir, daß du mir meine liebe Mutter so lange gelassen hast. Ich liebte sie mehr als alle Kreaturen der Welt; du aber hast sie abgefordert in dein Reich, dein Wille sey gepriesen!" — Was die heiligen Gebräuche der Kirche für Verstorbene vorschrieben und billigten, wurde zunächst angeordnet; dann mit allen Baronen Rath gepflogen und beschlossen, aus Besorgniß vor inneren Unruhen und äußerem Feinden nach Frankreich zurückzukehren. Hierüber erschraken nicht mit Unrecht alle syrischen Christen; doch blieb der Kardinal mit einiger Mannschaft im Morgenlande, und die neubefestigten Städte gewährten mehr Sicherheit als vor Ludwigs Ankunft.

Auf dem Schiffe, welches dieser am 25. April 1254 bestieg, wurde regelmäßig Gottesdienst gehalten; und als ein Matrose die Messe nicht besuchte und sich gegen Ludwig damit entschuldigte, daß erst der Schiffsdienst zu besorgen sey, erbot sich dieser, einstweilen für ihn zu arbeiten. Durch ein solches Vorbild aufgeregt und beschämt [2], beichteten Manche die es seit Jahren nicht gethan; ja als bei Cypern das Schiff auf einen Felsen stieß und die größte Gefahr entstand, glaubten Viele: nur Ludwigs Gebet habe den Untergang abgewendet.

Am 10. Julius erreichte man die hierischen Inseln, und über Beaucaire, Nismes und Clermont kam der König nach Paris. Aller Orten zeigte sich die größte Theilnahme, die höchste Freude über seine Rückkunft. Und zu dieser Freude hatte man einen doppelten Grund: da Ludwig mit Nachdruck für die äußere Sicherheit und mit großem Erfolge für Erlassung tüchtiger Gesetze und Handhabung der Gerechtigkeit im Inneren sorgte [3]; da es ihm gelang, Zucht,

---

[1] Vie de S. Louis, mscr., 35—37. Guil. Nang., 360. — [2] Belloc., 457. Epit. bellor. sacror., 430. — [3] Seine Gesetze bezweckten vor Allem Abstellung aller Privatkriege, Zweikämpfe und Gottesurtheile so

Ordnung und Frieden zu erhalten, während anderer Reiche, insbesondere Deutschland und Italien, den ärgsten Zerrüttungen aller Art preisgegeben waren.

Zweites Hauptstück.

Als, zweitausend Jahre nach Roms Erbauung, die glanzreiche Hoheit des erneuten römischen Kaiserthums mit dem Tode Friedrichs II niedersank, lagen die Verhältnisse der übrigen europäischen Reiche also:

Rußland war, nur mit Ausnahme des kleinen nordwestlichen Theiles, von den Mongolen unterjocht; selbst der kühne Alexander Newski mußte die Bestätigung des Chans einholen und in seine Hauptstadt Wladimir einen Gesandten aufnehmen, dessen Rathschläge nicht selten Befehle waren.

Ungern durfte sich, trotz der entsetzlichsten Verwüstungen, doch insofern glücklich schätzen, als die Mongolen das Land verlassen hatten, und der König Bela IV zu friedlichen Verbesserungen und kriegerischen Vorbereitungen so viel Muße erhielt, daß er ihre neuen Anfälle zurückschlagen konnte. Von dem, was er und sein Sohn Stephan auf der deutschen Seite zu erwerben suchten, wird weiter unten die Rede seyn.

In Polen gesellte sich zu den traurigen Folgen mongolischer Einfälle noch innerlicher Krieg der Fürsten über ihre Anrechte und die Grenzen ihrer Herrschaft.

Mit Erich dem Lispelnden starb 1250 das Geschlecht Erichs des Heiligen in Schweden aus; es folgten Könige aus dem Geschlechte der Folkunger. Die Geistlichen hatten in den letzten Zeiten mehr gewonnen als die übrigen Einwohner, waren in mancher Beziehung aber auch abhängiger von Rom als vorher. In Finnland verbreitete man das Christenthum nicht minder durch das Schwert, als durch sanftere Mittel.

---

wie strenge Bestrafung aller Verbrechen. Niemand sollte künftig in seiner eigenen Sache Richter seyn, und das königliche Gericht eingreifen, wo von den Rechten und dem Ansehen des Königs die Rede wäre. Obgleich bei Anfertigung mancher Gesetze auch Bürgerliche befragt und gehört wurden, finden sich doch noch wesentliche Unterschiede zwischen der Gesetzgebung für den Adel und den dritten Stand, z. B. über Großjährigkeit, Vormundschaft, Mitgabe, Erbrecht u. s. w. Ordonn. de St. Louis. Guil. Nang., 362. Sismondi, VIII, c. 11. Die Etablissements de St. Louis waren kein eigentliches Gesetzbuch, sie suchten aber das römische Recht und das droit coutumier zu verschmelzen und bereiteten weitere Entwicklungen vor. Bernardi, 329. Warnkönig, II, 47.

Norwegen. Dänemark.

In ähnlicher Lage befand sich Norwegen. Doch mußte König Hakon V (welchen Alexander IV später zu einem Kreuzzuge gegen Manfred aufforderte) Feinde des Papstes bereits von Feinden der Kirche und des Christenthums zu unterscheiden. Der Kardinalbischof von Sabina, welcher in diesen Jahren hier und in Schweden sehr eifrig für die Kirchenherrschaft wirkte, krönte den König, schützte die Bauern gegen die Gewalt der Geistlichen, diese gegen die Willkür ihrer Obern, Alle gegen Eingriffe weltlicher Gewalt. Er drang auf Abschaffung der Feuerprobe, auf Einführung der Ehelosigkeit unter den Priestern, nahm aber an 15,000 Mark mit aus dem Lande, so daß der Krieg gegen die Hohenstaufen in Neapel gutentheils mit norwegischem Gelde bestritten wurde.

Waldemar II konnte, nach seiner Befreiung aus der Haft, die dänische Herrschaft über die südlichen Küstenländer der Ostsee nicht wieder gewinnen, und die Grafen von Ratzeburg und Holstein, die Herren von Rostock und Werle machten sich unabhängig. Nicht minder ging manches Gute im Innern zu Grunde, als Waldemar am 28. März 1241 starb und seinen nachgebornen Söhnen so viel vermachte, daß es zwischen ihnen zu Kriegen kam[1]. Erich IV, der ältere (Pflugpfennig), ward im Jahre 1250 auf Veranlassung seines Bruders Abel, dieser zwei Jahre nachher von widerspenstigen Nordfriesen erschlagen, und der dritte Bruder, Christoph I, welcher im Jahre 1252 mit Zurücksetzung der Söhne Abels den Thron bestieg, hatte zu kämpfen mit der Rachsucht gedrückter Bauern, der Anmaßung des Adels, dem Ungehorsam seiner Neffen, vor Allem aber mit dem Erzbischof Jakob Erlandsson von Lund[2]. Erzogen in der Schule Innocenz IV (er war dessen Kapellan), hatte er den festen Vorsatz, die höchsten Anforderungen der Kirche in seinem Kreise geltend zu machen. Klugheit, Weltkenntniß und Beharrlichkeit, unerläßliche Eigenschaften, um jenes Unternehmen durchzusetzen, fehlten ihm so wenig, als Vorwände und Veranlassungen. Des Adels Gesetzlosigkeit, der Geistlichen Geringschätzung, ja deren nicht seltene Mißhandlung sprachen für die Nothwendigkeit, den Umfang der Kirchengerichte auszudehnen. Und gab man einmal zu, das Kirchenrecht sey höheren Ursprungs als jedes weltliche Gesetz, so kann es kaum auffallen, daß der Erzbischof alle mit jenem in Widerspruch stehenden Punkte des schonischen Landrechtes für nichtig erklärte und sich weigerte, seine Bestätigung bei dem Könige nachzusuchen[3]. Er gab aus eigener Macht eine ganze Reihe von Gesetzen, welche den bisherigen geradehin widersprachen, und verordnete: wenn ein Bischof auf Befehl oder auch nur mit Wissen des Königs von irgend Jemand innerhalb der

---

[1] Danicum chronicon, 498, 499. Lappenberg, Annalen, 47. — [2] Processus litis inter Christophorum I et Jacobum Erlandi. Langebek, V, 582. — [3] Dahlmann, I, 410.

Reichsgrenzen gefangen wird, soll man mit einem Male alle Kirchen im Reiche schließen und alle gottesdienstlichen Handlungen einstellen. Geschieht Aehnliches außerhalb des Reiches, so wird zwar zunächst der Gottesdienst nur in dem Sprengel des gefangenen Bischofs eingestellt, wenn aber der König nicht binnen einem Monate für dessen Befreiung sorgt, der Bann auf das ganze Reich ausgedehnt. Unterhandlungen und gelinde Mittel konnten den Erzbischof um so weniger von dem eingeschlagenen Verfahren abbringen, da er es für rechtlich und nützlich hielt und bei dem Papste und den Söhnen König Abels geistliche und weltliche Unterstützung fand. Hierauf ließ Christoph den Erzbischof gefangen setzen, zwang mehre Bischöfe, ungeachtet des Bannes Gottesdienst zu halten, zog die Stiftsgüter ein und ließ sich von den Stiftsleuten huldigen.

Mitten in diesen Bemühungen, die Unabhängigkeit vom geistlichen Einflusse zu behaupten, kam der König am 29. Mai 1259 vielleicht durch Gift[1] ums Leben und der Erzbischof beharrte auf seinen Forderungen, bis der Bann endlich nach vielen Jahren gegen Abtretung eines sechsjährigen Zehnten an die päpstliche Kammer aufgehoben und der Kirche von Erich V (Glipping), wenn auch nicht jedes Verlangte, doch weit mehr Recht eingeräumt ward, als sie früher besaß.

In England dauerte Heinrichs III unsichere Herrschaft noch immer fort; wir werden bald sehen, in welch näherem Verhältniß er zum apulischen, sein Bruder Richard zum deutschen Reiche trat.

Nach dem Tode des von Innocenz IV abgesetzten Königs Sancho II[2] herrschte Alfons III ohne Widerspruch in Portugal, konnte aber nicht alle Streitigkeiten mit den Päpsten vermeiden und gerieth wegen des von ihm glücklich eroberten Algarbiens in einige Abhängigkeit von Kastilien. Dieses Reiches König war seit 1217 Ferdinand III. Er gewann nicht nur das christliche Königreich Leon unter Beistimmung der Stände, sondern machte auch der unabhängigen Herrschaft der Muhamedaner eigentlich ein Ende durch die Eroberung von Estremadura, Murcia, Jaen, Sevilla und Kadir. Selbst Granada wurde lehnbar, und hätte man Ferdinands Gesetze über die Untheilbarkeit des Reiches und das Erbrecht des Erstgeborenen ohne Widerspruch angewandt, hätten seine Nachfolger gleiches Regierungsgeschick besessen, viel schneller wäre Spanien zu einer christlichen Herrschaft vereint worden. Beatrix, die Tochter König Philipps von Schwaben, war Ferdinands Gemahlin; Alfons X, der Gelehrte, ihr Sohn, folgte dem Vater im Jahre 1252.

Jakob I, 63 Jahr lang, von 1213 — 76, König von Aragonien, eroberte Valencia und die balearischen Inseln und sorgte,

---

[1] Der Abt Arnofaß war der Giftmischerei beschuldigt. Langebek, V 611. Dahlmann, I, 415. — [2] Sancho starb 1248.

gleichwie Ferdinand von Kastilien, für die innere Gesetzgebung. Hingegen schwächte er sein Reich durch die Theilung desselben unter seine Söhne Jakob und Peter. Dieser heirathete, wie wir später sehen werden, Konstanze, die Tochter Manfreds, die Enkelin Kaiser Friedrichs II.

Dies genüge, um die Lage der großen europäischen Reiche und die Verhältnisse anzudeuten, durch welche sie mit den Hohenstaufen oder mit den Feinden derselben näher verbunden waren. Was Deutschland anbetrifft, so richtete es die Aristokratie der Fürsten und Prälaten nicht minder zu Grunde, als Alles, was den Hohenstaufen zur Last gelegt ward. Ohne Achtung vor Ordnung und Einheit wechselten die Parteistellungen nach Willkür und Eigennutz, und der scheinbar einzige und allgemeine Zweck war der, keine hinreichend mächtige Königsgewalt anzuerkennen und aufkommen zu lassen. Dagegen half die Anwesenheit eines Königs nur wenig, und seine Abwesenheit brachte das Uebel keineswegs allein hervor. Gewiß wäre ein königliches Erbrecht heilsamer gewesen, als kirchliche Absetzungen und parteiische Doppelwahlen. Wenn wir dies und Verwandtes durch die Geschichte jedes einzelnen deutschen Staates näher erweisen wollten, es würde mehr ermüden und zerstreuen, als nützen und belehren; deshalb beschränken wir uns auf die Erzählung der denkwürdigsten und folgenreichsten Ereignisse.

Otto II, Herzog von Meran, wegen seiner Abtrünnigkeit vom Kaiser seit einiger Zeit geächtet, starb am 19. Junius 1248 kinderlos [1] und hinterließ eine Wittwe, die Tochter Alberts von Tirol, und fünf Schwestern: Agnes, Herzogin von Kärnthen, Beatrix, Gräfin von Orlamünde, Margarethe, Gräfin von Truhendingen, Elisabeth, Burggräfin von Nürnberg, Adelheid, Gräfin von Chalons. Die meisten seiner vom Fichtelgebirge bis zum adriatischen Meere zerstreuten Besitzungen wurden unter die Schwäger und den Schwiegervater getheilt. Manche innerhalb der Grenzen seines Gebietes liegende Güter zog aber Herzog Otto von Baiern mit Kaiser Friedrichs Genehmigung ein; Anderes nahmen die Bischöfe von Bamberg und Brixen als eröffnetes Lehn in Beschlag, und selbst die Venetianer dehnten bei dieser Gelegenheit ihre Herrschaft über einige ihnen nahe liegende Orte aus [2]. So kamen durch das Aussterben des meranschen Hauses die früher in einer Hand vereinigten Besitzungen in die Hände mehrer Personen, welche, ungeachtet ihrer geringeren Macht, durch die Zeitumstände begünstigt, Unabhängigkeit gewannen.

---

[1] Lang, Reg., II, 396. Vereinigung des baierschen Staats, II, 42. Spieß, Aufklärungen, 29, 92. Ketterathover, 164. v. Hormayr (Werke, 374—395) und Lang entwickeln dies Alles genauer und vollständiger. — [2] Sprenger, Geschichte von Banz, 250. Monum. Boica, VIII, 305, 306. Schultes, Koburgische Geschichte, 17, 37, 39. Das Nähere in Langs Jahrbüchern zu 1249. v. Hormayr, Werke, I, 361.

Der thüringische Erbstreit [1] war in diesen Jahren seiner letzten Entscheidung nicht näher gekommen, sondern der einstweilige Vergleich zwischen Heinrich von Meißen und Sophie von Brabant im Ganzen aufrecht erhalten worden.

Lebhaftere Bewegungen erregte das Erbe Herzog Friedrichs des Streitbaren. Des Kaisers Statthalter waren außer Stande, in Oesterreich und Steiermark die Ordnung aufrecht zu erhalten [2]; auch wäre ein eigener Fürst unter der Leitung des Reichsoberhauptes den Landständen, nach deutscher Sitte [3], lieber gewesen als eine Verwaltung durch bloße Beamte. Daher gingen im Frühjahre 1248 Abgeordnete an den Kaiser, um Friedrich, seinen Enkel von König Heinrich und Margarethe von Oesterreich, zum Herzog zu erbitten. Allein die Jugend des Knaben oder andere Gründe verursachten, daß der Kaiser in diesem Augenblicke vorzog dem Grafen Meinhart von Görz die Statthalterschaft von Steiermark und dem Herzoge Otto von Baiern die von Oesterreich anzuvertrauen [4]. Jener, dessen Benehmen gerühmt wird [5], kam in den vollen Besitz des Landes; nicht so der Herzog: entweder weil er anderwärts sehr beschäftigt war, oder weil er sein Verhältniß zur Kirche nicht durch neue Beleidigungen ganz verderben mochte, oder weil er den Wünschen des Schwestersohnes seiner Gemahlin, des Markgrafen Hermann VI von Baden, nicht zuwider sein wollte. Dieser nämlich heirathete im Herbste 1248 Gertraud, die Nichte Friedrichs des Streitbaren, und erhielt vom Papste die vollste Bestätigung aller auf Oesterreich gemachten Ansprüche. Vorher aber hatte Hermann dem Kaiser und dem Könige Konrad absagen [6] und versprechen müssen, das Kreuz gegen sie zu nehmen. So gern aber auch die Oesterreichischen Stände einen eigenen Fürsten gehabt hätten, mißbilligte doch Mancher diesen Abfall nicht bloß vom nächsten Erbrechte, sondern auch vom alten Reichsverbande, und da sich Herzog Otto von Baiern durchaus nicht auf jene Weise wider die Hohenstaufen erklären wollte, konnte der Markgraf nicht einmal Herr von Oesterreich, viel weniger von Steiermark werden. Noch hatte er indeß nicht alle Hoffnung des Obsiegens verloren [7], als er im Oktober 1250,

---

[1] Siehe oben Seite 118. — [2] Der Graf von Eberstein nil profecit, sed a studiis malignorum adversari nesciens, ad dominum suum revertitur. Garstense chr. zu 1247—49 und Neoburg. chr. — [3] Siehe oben Seite 119 sg. — [4] Salisburg. chron. Hagen. Chron., 1071. Kurz, Oesterreich unter Ottokar I, 5. — [5] Wiener Jahrbücher, XXXIX, Anzeigeblatt 20. Joh. Victoriens, 277. — [6] Batuz. miscell., I, 207, 217. Pappenheim. Neuburg. chron. In dem Schreiben des Papstes vom 14. September 1248 wird von Gertrauds Erbrecht gesprochen, als siehe es unbezweifelt fest, durch Herkommen, Gesetze, königliche und päpstliche Bestätigung. Wiener Jahrb., XXXIX, Anzeigebl. 25. — [7] Schöpflin, Hist. Zaring. Bad., I, 324; V, 215, 219. Chron. Udalr. August. Lambacher, Interregnum, 37. Wiener Jahrbücher, LIX, 100. Sancruc. chron., 642.

Deutschland.

mit Zurücklassung zweier kleiner Kinder, Friedrich und Agnes, starb. Wenige Wochen nachher setzte der Kaiser seinen Enkel Friedrich zum Erben ein, wodurch das Schicksal dieses arg verwüsteten Landes von neuem an das Schicksal der Hohenstaufen geknüpft zu seyn schien. — So werden wir, nach allem von der Zeitfolge erzwungenen Blicken auf ferner liegende Begebenheiten, immer wieder zu diesem Mittelpunkte des Ganzen hingedrängt.

Als Papst Innocenz von dem Tode des Kaisers Nachricht erhielt, war seine Freude sehr groß, ja ungemäßigt, und in den untergeordneten Kreisen der Kardinäle[1], Erzbischöfe u. s. w. mochte die Würde und der Anstand noch weniger in Wort und Ausdruck beobachtet werden, da selbst das Oberhaupt der Kirche nach Sicilien schrieb[2]: „Freuen sollen sich die Himmel, und die Erde soll hüpfen daß der Sturm schrecklichen Ungewitters, womit der wunderbare und furchtbare Gott während ausgedehnter Zeiträume euch gar heftig betrüben ließ, jetzt durch seine unaussprechliche Barmherzigkeit in einen sanften Thauwind verwandelt zu seyn scheint, nachdem derjenige hinweggenommen ist, welcher aus der Zahl der Gläubigen vorzüglich euch mit dem Hammer der Verfolgung zermalmt hat" u. s. w. — Mit diesen schwülstigen Glückwünschungen waren bestimmte Aufforderungen verbunden, weiterhin nur den Papst und keinen Hohenstaufen als Herrn anzuerkennen. Gleichzeitig forderte Innocenz Herzöge und Herzoginnen, Fürsten und Fürstinnen, Städte, Flecken und Dörfer in Deutschland, bei den härtesten Kirchenstrafen, zum Abfall vom Könige Konrad auf[3]; er verlangte, daß der Markgraf von Meißen die früher verabredete Heirath seines Sohnes mit einer Tochter Kaiser Friedrichs als ungebührlich verwerfe, oder wenn sie bereits vollzogen sey, sich dadurch nicht abhalten lasse auf König Wilhelms Seite zu treten[4]. Bischöfe, welche nicht sogleich gehorchten, wurden abgesetzt[5], und Bettelmönche ausgesandt[6], um überall das Kreuz gegen Konrad zu predigen. Jeder sollte den Hohenstaufen abschwören, ehe er ein Zeugniß ablegen oder das Abendmahl nehmen dürfte, und die Heftigsten drangen nicht ohne Erfolg darauf[7], daß die Güter der kaiserlich Gesinnten, nach italienischer Weise, eingezogen würden. Konnte man ihrer nicht Herr werden, oder entfernten sie sich auf erhaltene Weisung nicht aus den Kirchen, so wurde feierlich verkündet, für sie erwachse kein Heil aus dem Christenthume. Ja an manchen Orten erklärte man sie nicht minder aller bürgerlichen, wie aller geistlichen

---

[1] Siehe die Schreiben der Kardinäle in Litter. princip. ap. Hahn., 32, und Savioli, III, 2, 666. — [2] Raynald zu 1251, §. 3. Tedeschi, 121. — [3] Meermann, V. Urk. 15, 68, 80, 81. — [4] Ibid. V, Urk. 76. Cod. Vindob. philol., Nr. 305, f. 77. — [5] So der Bischof Rüdiger von Passau. Chron. Udalr. August. — [6] Wadding, III, 315. Ripoll, IV, 225. Cod. Vindob. philol. Nr. 61, f. 31; Nr. 305, f. 64. — [7] Wormat. chron., 121, 123.

Deutschland.

1250 Rechte verlustig¹ und verbot ihnen auf dem Krankenbette Beistand zu leisten und sie zu trösten!

Schon jetzt war Deutschland eigentlich hauptlos; denn wenn sich auch Viele nicht wider den rechtmäßig erwählten und anerkannten König Konrad erklärten, so hatten sie doch keine Lust oder keinen Muth, für ihn und des gesammten Vaterlandes Unabhängigkeit nachdrücklich zu wirken. Mancher achtete, Mancher fürchtete die Kirche, und noch Andere erheuchelten Frömmigkeit. Die Meisten endlich waren, unbekümmert um Schwächung oder Zerbröckelung des Ganzen², nur auf ihren nächsten Vortheil bedacht³ und verkauften ihre sogenannte Anhänglichkeit und Treue dem Meistbietenden. Mithin erregte des Pabstes Erklärung: er werde Konrad, wie der Krone, so nun auch aller Güter und Rechte in Schwaben berauben, keineswegs einmüthigen Zorn und Widerstand, sondern in der Hoffnung von der Beute ein gutes Theil zu bekommen, ging eine feierliche Gesandtschaft schwäbischer Edlen nach Lyon⁴, um sich mit Innocenz darüber zu verständigen. Andere waren noch eiliger und setzten sich kurzweg in den Besitz des Reichsgutes, oder führten neue Zölle ein⁵, gleich unbekümmert um Wilhelms, wie um Konrads Einspruch.

Diese allmählige Lösung von aller großartigen bürgerlichen Ordnung und Gesinnung führte endlich bis zu gemeinem Verrath und nichtswürdigem Verbrechen. Die Bürger von Regensburg waren, als kaiserlich Gesinnte, seit fünf Jahren in einer bis dahin unerhört strengen Weise gebannt und im Streite mit ihrem Bischofe Albert und dem Abte von S. Emeran⁶. Beide wurden, auf Bitte der hart befehdeten Bürger, vom Könige Konrad und dem Herzoge von Baiern dergestalt bedrängt, daß sie um einen Waffenstillstand flehten und nach Bewilligung desselben zu völliger Aussöhnung in die Stadt kamen. Als aber der Bischof sah, wie übel hier Konrads Mannen mit dem Seinigen gehauset hatten, gerieth er aufs neue in solchen Zorn, daß ein vielleicht schon älterer Gedanke jetzt in festen Vorsatz

---

¹ Binterim, Concilien, V, 12. Wir müssen Einiges von dem, was schon beim Leben Friedrichs II befohlen, jetzt aber mit Steigerungen erneut wurde, nochmals anführen. — ² Imperii res, quas quilibet dominorum poluit, confiscavit, von Rudolf von Habsburg. Colmar. chr., II, 29. Kremer, 3, Urk. S. 82. Bulkens, 1, 84. Borthollet, IV, preuv. 70. — ³ Raynald, §. 11. — ⁴ An ihrer Spitze ein Graf von Gurtenberg. Meermann, V, Urk. 00, ohne Zweifel Graf Ulrich von Würtemberg. Hayd, Geschichte der Grafen von Gröningen, S. 77. — ⁵ Horneck, 18. — ⁶ Hund, Metrop., I, 258. Chron. episc. Pataviens., ibid., I, 260. Chron. Udalr. August. Andreas et Christ chron., 2083. Hochwart, 201. Hofmann, Episc. Ratisb., 357. Gemeiner, Chron., 358. Ganz stimmen diese Quellen nicht überein. Innocenz befahl: Niemand solle mit den Regensburgern Handel treiben oder ihren Schulden bezahlen. Cherrier, III, 235.

Verschwörung gegen Konrad.

überging. Der König, so meinte dieser geistliche Hirt und der ihm beistimmende Akt von S. Emeran, müsse als Feind der Kirche zur Ehre Gottes — ermordet werden! Konrad von Hohenfels, ein Dienstmann des Bischofs, stand an der Spitze der Mörder. Sie drangen zum Hause, in welchem, ihren Erkundigungen nach, der König mit nur vier Anderen schlief, und schlugen die Thür, als man nicht öffnete, mit Aexten ein. Der erste Diener, welcher sich widersetzte, ward niedergestoßen, drei gefangen und (so rühmten sich die Verschwornen gegen den vor der Thür des Ausganges harrenden Bischof) der König in seinem Bette ermordet! Der Wahrheit nach war ihnen aber ihr höchst verbrecherischer Anschlag in der Hauptsache mißglückt. Nicht vier Männer, wie die Mörder glaubten, sondern noch ein fünfter, Friedrich von Obershelm [1], hatte sich nämlich eingefunden, es sey aus Zufall, oder um den König zu warnen. Wenigstens blieb diesem so viel Zeit, daß er sich unter einer Treppe verstecken konnte, währenddessen der getreue Friedrich sich an seiner Statt in das Bette legte. Ihn also fanden und ermordeten die Verschwornen. Als König Konrad, nachdem es rings umher still geworden, aus seinem Schlupfwinkel hervortrat und den Opfertod seines Freundes gewahrte, ergriff ihn gleichmäßig Schmerz und Zorn [2]. Der Bischof entfloh und wurde für seine Theilnahme am Mordplane nicht bestraft, sondern erst später vom Papste um anderer Missethaten willen zum Mönche erniedrigt. Den Abt hingegen nahm man gefangen, legte der Abtei, nach Verlust aller Rechte, eine große Strafe auf und riß das Haus, wo der Frevel geschehen war, nieder, damit das Blut derer, welche hier für den König starben, nicht länger um Rache schreie.

An derselben Städte ward eine Kapelle gebaut und die Königskapelle benannt, in welcher ein Mönch, zum Angedenken des Frevels und (nächst Gottes Ehren) zu Ehren der Hohenstaufen, geistlichen Uebungen obliegen sollte. Auf das Flehen der Mönche entging das Kloster S. Emeran zwar einer gänzlichen Zerstörung, allein die Bürger und die Leute des Königs erlaubten sich aus eigener Macht nicht wenig Unbilden gegen Mönche und Geistliche; denn wenn sie auch nicht alle am Frevel Theil genommen, so wären sie doch alle schuldig, weil sie ihn gewünscht und gebilligt hätten. — Jener Mordversuch geschah in der Nacht vom 28. auf den 29. December 1250, und funfzehn Tage vorher, am 13. December 1250, war Kaiser Friedrich II gestorben. So nahe kam schon damals das Haus der Hohenstaufen seinem völligen Untergange!

---

[1] So nennt ihn Hochwart a. a. O. Pfister, II, 310, nach einer Handschrift, Graf von Oberstein. Oder nach einer anderen Handschrift de Wysheim. Korium, Geschichte des Mittelalters, 1, 512. — [2] Meermann, II, 15.

Zweifelhaft mochte König Konrad seyn, ob er, der väterlichen Hülfe beraubt und überall von offenen oder heimlichen Feinden umringt, sich auf Deutschland beschränken und hier nach Erweiterung seiner Macht streben, oder ob er vor Allem nach Italien eilen und den Besitz des apulischen Reiches sichern solle. Freilich, wenn das Erste gelang, konnte das Zweite kaum mißlingen; und der Wunsch, beide Zwecke zu erreichen, war so rechtlich als natürlich. Darum zog Konrad im Frühlinge 1251 über Speier den Rhein hinab. Seine Macht ward aber geschwächt, weil sich der Herzog von Baiern gegen die auf Anreizung des vertriebenen Bischofs von Regensburg hervorbrechenden Böhmen [1] wenden mußte, wogegen die Macht König Wilhelms durch eine ansehnliche Schaar gestärkt wurde, welche ihm der Bischof von Metz zuführte. Deßhalb zog sich Konrad von Oppenheim zurück, und Wilhelm hielt sich jetzt für so gesichert, daß er in Gesellschaft des Erzbischofs von Trier um Ostern 1251 nach Lyon reisete [2], mit dem Papste über alle Reichsangelegenheiten Rücksprache nahm und sich der ihm hiebei erwiesenen Ehre freute. Innocenz wußte, daß derjenige welcher in solchen Lagen Ehre erweiset, höher steht als der Empfangende; auch hätte kein hohenstaufischer König der Deutschen, seiner Stellung und Würde uneingedenk, das Weltliche so ganz von der kirchlichen Seite her entscheiden lassen. — Bei Gelegenheit dieser Reise verpfändete überdies der geldbedürftige Wilhelm Arles, Besançon, Lausanne und die dazu gehörigen Reichsrechte für 10,000 Mark Silber an den Herzog Hugo von Burgund.

Gleich zweideutiger Art war ein anderer Gewinn, den Wilhelm nach seiner Rückkehr davontrug. Der milde Erzbischof Christian von Mainz wurde vor dem Kardinal Hugo, mit Beistimmung des Königs, angeklagt, daß er diesem zu den Kriegszügen nicht die gebührende Hülfe leiste, also auch für die Kirche ganz unnütz sey. In seiner Vertheidigung sagte der Erzbischof: „Diese Fehden werden geführt auf eine unwürdige und grausame Weise, man hört nur von Morden und Brennen, von Ausreißen der Weinstöcke und Verwüsten der Kornfelder; solcherlei Dinge ziemen keinem Diener des Evangeliums. Zu Allem, was hingegen durch das Schwert des Geistes, durch Gottes Wort kann ausgerichtet werden, bin ich bereit mit allen Kräften zu wirken." Hierauf fragte man ihn: ob denn die früheren Erzbischöfe nicht Krieg geführt hätten? ob er sich schäme in deren Fußtapfen zu treten? Er antwortete: „Es steht geschrieben: Stecke dein Schwert in die Scheide." Mit dieser Berufung auf das Evangelium hielt man seine Schuld für erwiesen; der päpstliche Ge-

---

[1] Meermann, II, 16. Chron. episc. Metens., 223. Böhmer, Reg., 17. — [2] Meermann, V, Urk. 115. Udalr. chron. August. Gesta Trev. Marten., 233. Gallia christ., VI, 485. Böhmer, Reg., 360.

Innocenz verläſſet Lyon. 179

ſandte entſetzte den erſten geiſtlichen Fürſten Deutſchlands [1] und ließ 1251 den Grafen Gerhard von Eppenſtein wählen, nachdem dieſer ihm Geld gezahlt und willigeren Gehorſam verſprochen hatte.

Unterdeß hatte Konrad alle Verſuche einer ernſteren Einwirkung auf die deutſchen Angelegenheiten nothgedrungen bei Seite geſetzt und ſeine Hoffnungen vorzugsweiſe auf Italien richtend, viele Beſitzungen verpfändet [2], um Geld und Krieger zu gewinnen. Ehe er aber die nöthigen Vorbereitungen beendigen konnte, war ihm der Papſt mit noch größerer Schnelligkeit zuvorgekommen. In beſonderen Schreiben dankte Innocenz den Einwohnern von Lyon für die gute Aufnahme [3], und der Kardinal Hugo hielt zu gleichem Zwecke eine Anrede an das verſammelte Volk. Dem Lobe und den höflichen Worten folgten Ermahnungen zu Ordnung und Zucht und endlich die für alle Theile gleich beleidigende Aeußerung: "Meine Freunde! Groß iſt, ſeitdem wir in dieſe Stadt einzogen, unſere Nutzbarkeit und Mildthätigkeit geweſen. Denn bei der Ankunft fanden wir drei oder vier Hurenhäuſer, jetzt hingegen hinterlaſſen wir nur eines; aber dies eine reicht vom öſtlichen Thore der Stadt bis zum weſtlichen!" Ueber dieſen Vorwurf zürnten vor Allen die in großer Zahl gegenwärtigen Frauen; und auch wir müßten, wenn die Worte bei dieſer Gelegenheit und in dieſer Art ausgeſprochen wurden, darin mehr übermüthigen Hohn, als Ehrfurcht vor der Sitte und Hinweiſung zur Beſſerung erkennen. Wahrſcheinlicher iſt es (ungeachtet jener beſtimmten Erzählung des Geſchichtſchreibers), daß der Kardinal jene Worte an anderer Stelle und in anderem Kreiſe ausſprach, daß ſie aber nach und nach weiter verbreitet, ja ſtadt- und landkundig wurden [4].

Gleich nach Oſtern, welches im Jahre 1251 auf den 16. April fiel, verließ der Papſt Lyon [5] und erreichte Genua in der Mitte des Mai [6]. Hier ward er mit großen Feſtlichkeiten empfangen und fand Abgeordnete der meiſten kirchlich geſinnten Städte, mit denen er über die weiter zu ergreifenden Maßregeln das Nöthige verabredete [7]. Den Grafen Thomas von Savoyen, welcher es nach Friedrichs II Tode gerathen fand, die kaiſerliche Partei zu verlaſſen [8], löſete er

---

[1] Conradi chron. Mogunt., 771. Gudeni cod., I, 618. Chriſtian erhielt zur Entſchädigung einige Pfründen, ſtarb aber bald nachher. Gerhard war Minorit und ein Anhänger Wilhelms. Wadding, III, 248. Roynald, §. 12. Binterim, Concilien, V, 11. — [2] Salisburg. chron. Ludwig, Reliq., II, 227. Kaltenhover, 177. Pfiſter, II, 312. — [3] Raynald, §. 15 — 17. — [4] Matth. Paris, 548. — [5] Er reiſete über Marſeille und die Küſten entlang. Barthol. annal. — [6] Hist. patriae monum. script., 583. — [7] Philipp Fontana, Erzbiſchof von Ravenna, war als päpſtlicher Legat vorausgegangen und hatte ſchon am 1. Februar 1251 eine Verſammlung ſtädtiſcher Abgeordneten in Geſena gehalten. Tonduzzi, 285. Ughelli, Italia sacra, II, 341. — [8] Matth. Paris, 548, 552. Monach. Patav., 685. Annal. Mediol. Montfort. chron.

1251 vom Kirchenbanne, gab ihm seine Nichte zum Weibe, und (was vielleicht am meisten lockte) 20,000 Mark Silber als Heiraths= gut. Ebenso ehrenvoll als in Genua ward Innocenz Anfang Julius[1] in Mailand aufgenommen; doch vergaßen die Bürger um deswillen ihren Vortheil nicht, sondern stellten so kläglich als nach= drücklich vor, daß sie den Ersatz vieler zu seinem Besten gemachten Auslagen mit Recht verlangen könnten und müßten. Der Papst ent= schuldigte seine Zahlungsweigerung mit der zeitherigen Bedrängniß der Kirche, versprach viel für die Zukunft und eilte, noch heftigere Forderungen voraussehend, über Ferrara nach Bologna[2]. Auf seine Bitten entließ diese Stadt den mit König Enzius gefangenen Bojo von Doaria wogegen sie den Antrag, Modicina, Argelato und andere während dieser unruhigen Zeiten in Besitz genommene Oer= ter herauszugeben, zum Verdrusse des Papstes sehr bestimmt ab= lehnte. Ueberhaupt mußte Innocenz bald bemerken, daß die Städte ihm nur zu Willen waren, so weit ihr Vortheil mit dem seinen zusammenstimmte, daß die Begünstigung der einen allemal die Ver= kürzung der andern in sich schloß und jene selten so eifrig in der Freundschaft, als diese heftig in der Feindschaft ward. Insbesondere drückten die Römer zwar den Wunsch aus, das Oberhaupt der Kirche in ihren Mauern zu sehen; allein da Innocenz wohl wußte, daß sie keiner Partei mit aufrichtiger Gesinnung zugethan waren, und erfuhr, wie sie darauf ausgingen von ihm gar viel Geld zu erpressen, keineswegs aber ihre republikanischen Einrichtungen aufzu= geben, so lehnte er ihre Einladung ab und hielt sich abwechselnd in Perugia und Anagni auf[3]. Von hier aus konnte er am besten auf Apulien und Sicilien wirken, welche Länder noch mehr als bis= her ein Gegenstand seiner Aufmerksamkeit und Thätigkeit wurden. Ihre in diesem Buche noch nicht berührte Geschichte tritt jetzt in den Vordergrund, hauptsächlich durch die Persönlichkeit Manfreds, des Fürsten von Tarent.

Kaiser Friedrich II hinterließ, außer dem Könige Konrad IV, noch mehre geschichtlich wichtige Kinder und Nachkommen: 1) Hein= rich, den Sohn der englischen Isabelle, welcher das arelatische oder jerusalemische Reich erhalten sollte; 2) zwei Enkel, die Söhne des abgesetzten deutschen Königs Heinrich, von denen der eine, Friedrich, nach dem Testamente des Großvaters, zum Herrn von Oesterreich be= stimmt war; 3) die unehelichen Söhne Enzius und Friedrich von Antiochien,[4]; 4) Manfred, den Fürsten von Tarent. Blanka, dessen Mutter, die wunderschöne Tochter des Grafen Bonifazius

---

[1] Chron. ital. Bréh., 234. — [2] Griffo. Bonon. histor. misc. — [3] Matth. Paris, 542. Memor. Regiens., 1118. Alessis de Mag., 20. Sigonius, Historia Italiae a. h. a. — [4] Von den übrigen unehelichen Kindern des Kaisers siehe die zweite Beilage.

Lancia [1], war dem Kaiser durch den Erzbischof Berard von Palermo

---

[1] Nach den Untersuchungen Cèsare's (I, 18) wäre Bonifaz, Herr von Anglano, der Vater Blankas, ihre Mutter aber wahrscheinlich vorher mit einem Lancia verheirathet gewesen, und ihr und ihren Halbbrüdern vielleicht deshalb dieser angesehene Name gegeben worden. Bei widersprechenden oder doch unklaren Zeugnissen ist es schwer die unzweifelhafte Wahrheit festzustellen; man kann durch Kritik nur das Wahrscheinlichste aufzufinden suchen. Für dies Geschäft vertraue ich mehr meinem verehrten, scharfsinnigen Freunde Ranke, als mir selbst. Sein mir gütigst mitgetheiltes kritisches Urtheil möge deshalb hier Platz finden. Er schreibt: „Die Behauptung Cèsare's, Manfreds Mutter sey eine Tochter von Bonifazio Gutuario, Signore d'Anglano, gewesen, macht auf mich wenig Eindruck. Cèsare stützt sich hauptsächlich auf den sogenannten Anonymus Italus, einen Autor aus der zweiten Hälfte des 14. Jahrhunderts, der für die zweite Hälfte des 13. natürlich nichts beweisen kann. Noch viel weniger können das Spätere. Die sagenhaften Erzählungen dieser Autoren sind wohl nur das Erzeugniß localer Ruhmredigkeit.

Mehr Aufmerksamkeit würde die Angabe Capacelatro's, in dem neapolitanischen Archiv erscheine die Mutter Manfreds als eine Schwester Goffredo Malettas, verdienen, wäre nur die archivalische Nachricht wirklich beigebracht. Jetzt können wir nichts weiter daraus entnehmen, als daß Goffredo Maletta auch irgendwo in einer Urkunde des Archivs als Oheim Manfreds bezeichnet wird, was wir auch sonst schon wissen.

Auch ich komme daher auf die gewöhnliche, in der Geschichte der Hohenstaufen schon angenommene Meinung zurück, daß die Mutter Manfreds Bianca Lancia hieß.

Dafür sprechen nicht allein die conftante Behauptungen der späteren aragonischen Verwandten, sondern wir haben dafür auch das ausdrückliche Zeugniß eines gleichzeitigen sicilianischen Schriftstellers, des Bartholomäus de Neocastro, der um 1280—90 geschrieben hat. Autori huic, sagt der erste Herausgeber, fidem conciliant quam maximam aetas, locus, munia quae gessit. Die Irrthümer, die ihm vorgeworfen werden, beziehen sich auf frühere Zeiten oder entlegene Gegenstände, die er allerdings wenig kannte.

Dieser Autor nun zählt unter den Gemahlinnen Friedrichs II als die fünfte Bianca Lancia auf.

Quinta vero fuit, sagt er, nobilis domina Bianca de domo illorum nobilium de Lancea de Lombardia, (qua) suscepit fuerunt inclytus Manfredus et domina Constantia.

Die Frage erhebt sich freilich: war Bianca wirklich eine Gemahlin Friedrichs? Es ist wahr, die neapolitanischen Schriftsteller betrachten Manfred als legitim, nicht aber die Päpste. Martin IV behauptet, Konrad IV habe Manfred eben darum nicht anerkannt, dieser sey aus einer verdammungswürdigen Verbindung entsprungen. Manfredus successionis participium perdidit, quia ipsum partus legitimus non agnovit, utpote de damnabili commixtione conceptum (bei Raynaldus, CXIV, 13).

Verliert nicht etwa hiedurch unser Bartholomäus seine Glaubwürdigkeit in diesem Punkte?

Lesen wir weiter, so finden wir, daß er Einwendungen dieser Art kannte und nicht einmal entschieden verwirft. Licet, fügt er hinzu, nonnulli suspectum dicunt matrimonium ipsum, eo quod durante praecedente matrimonio sibi eam post partus habitas copulavit.

Es ist in der That sehr wahrscheinlich, daß jene Verbindung anfangs angetraut worden [1], und als sie in der letzten Krankheit ihres Ge‌mahls die größte Theilnahme und grenzenlosen Schmerz zeigte, ver‌sprach er ihr, sie im Fall seiner Wiederherstellung zur Kaiserin zu erheben [2]. Die genauesten Untersuchungen zeigen [3], daß Manfred ehelich geboren oder doch durch die nachfolgende Ehe geächtigt ward, aber weil seine Mutter nicht königlichen Geblütes war, auf volle Ebenbür‌tigkeit keinen unbezweifelten Anspruch hatte. Auch kam seine höchste Ebenbürtigkeit durch ihn selbst, und wenn irgend einer, so war er ein ächter Sohn seines großen Vaters und von ihm deshalb zärt‌licher geliebt als die übrigen. Freilich behaupteten seine Gegner, er habe den Lüsten noch ärger nachgehangen als Friedrich II, habe Mädchen und Dichter noch mehr geliebt, um Gott hingegen sich noch weniger bekümmert als dieser [4]; aber seine Freunde widerlegten diese Anschuldigungen und sagten: wenn er unbilligen Wünschen der ihm abgeneigten oder ungehorsamen Geistlichen nicht immer nachgab, so handelte er dadurch keineswegs wider Gottes Willen; seine Zunei‌gung zu schönen Frauen artete nie in Ungebühr aus, vielmehr lebte er, so lange seine Ehe dauerte, wie es einem Ehemanne ziemt. Ob er gleich mit Dichtern und Sängern manche Stunde verbrachte, oder Amtsgeschäfte nicht immer mit der feierlichen Wichtigkeit behandelte und in dem Augenblicke vornahm, wo peinliche Geschäftsleute es wünschten, so zeigt doch sein ganzes Leben daß er im höheren Sinne zu regieren verstand. Wesentliches nie über jene planvollen Ergötzun‌gen versäumte und sich nie, gleichwie mancher Andere, bloß geist‌losen Neigungen hingab. Einstimmig bezeugen endlich selbst Wider‌sacher [5]: er war der Schönste an Gestalt, der Klügste an Geist, der Tüchtigste an Muth, mildthätig gegen Hülfsbedürftige, freigebig in Belohnung des Verdienstes, stets heiter und einnehmend, Jedem zu‌gänglich, liebenswürdig und von Allen geliebt [6]. Ein Anderer fügt

---

ungesetzlich, später auf eine oder die andere Weise legalisirt wurde. Auch Salimbeni betrachtet Bianca als Gemahlin; in einigen Abschriften des Jam‌silla findet sich eine Stelle, nach welcher Bianca bei ihrer Vermählung das Schloß chor del monte S. Angelo empfing; das Alles kann wahr seyn, und doch kann der Papst sehr Recht haben, wenn er die Verbindung, aus welcher Manfred entsprang, vom kirchlichen Standpunkt aus verdammlich findet."

[1] Die Trauung sey erfolgt in castro Agliano (Anton. Astens., 1018) durch den Erzbischof Berard (Opuscoli, IV, 200). Blanca de domina‌bus do Agliano de Aquasana. Benven. S. Georg., 352. Murat., Antiq. Ital., 1, 624. Salimbeni, 205. Matth. Paris, 626. Morso, Storia di Novara, 1, 84, nennt (ich weiß nicht, auf welche Autorität) die Mutter Manfreds, Agnes Torisell aus Novara. — [2] In consortem imperii to assumam. Chron. imperat. Laurent. — [3] Nuova raccolta, V, 50. Ab‌handlung des Abtes Johann von Montecassino. Sarti, I, 230. Blasi, II, 395. — [4] Malespini, 148. Villani, VI, 40. Riccio, Studii. — [5] Chron. imperat. Laurent. — [6] Saba Malaspina, 1, 1. Guil. Tyr., 741.

hinzu: er machte in allen freien Künsten große, in den Wissenschaf=
ten unvergleichliche Fortschritte und bildete durch stete Aufmerksamkeit
auf sich selbst seine Sitten. Ein Araber, Jbn Vasel, der an Man=
freds Hof kam, sagt [1]: „Ich fand einen Mann von ausgezeichneten
Anlagen, einen Liebhaber und Kenner höherer Wissenschaften, was
schon daraus hervorgeht, daß er die zehn Bücher des Euklides genau
inne hatte." — Bereits in früher Jugend gab er Beweise von
Geistesgegenwart und Gewandtheit. Als fünfjähriger Knabe ward er
zwischen Ravenna und Cremona von Räubern gefangen [2] und an
den Markgrafen von Este ausgeliefert, welcher seinem Blutsverwandten, einem Grafen Berardus, der vom Kaiser entflohen war, die
Aufsicht übertrug. Diesen aber brachte Manfred durch geschickte Vor=
stellungen dahin, daß er des Markgrafen Vortheil hintansetzte und
ihm (Verzeihung des Kaisers für frühere Vergehen erwartend und
erhaltend) die Freiheit wiedergab.

Jetzt, nach seines Vaters Tode, war Manfred zwar nur Eigen-
thümer des Fürstenthumes Tarent, aber bei Konrads Abwesenheit
ruhte die ganze Last der einstweiligen Reichsverwaltung auf ihm, dem
etwa achtzehnjährigen Jünglinge [3]. Anfangs entstand jedoch nicht die
geringste Bewegung, keine Spur von Aufruhr oder Gefahr; so sehr
hatte Friedrich II die Gemüther gefesselt, und so klug benahm sich
Manfred. Statt überall zu neuern, blieb er (denn seines Vaters
Lehren und Ansichten hatten sich seinem jungen Gemüthe tief einge=
prägt) ganz auf dessen Wege, behielt alle älteren Räthe bei und
wußte ihre Bedachtsamkeit mit der lebendigen Beweglichkeit seines ei=
genen Wesens zu verbinden [4], ohne ein Spielwerk fremder Ansichten
zu werden.

Bald aber änderte sich dieser heitere Zustand, diese ruhige Ordnung, und zwar durch des Papstes Schuld, wie seine Ankläger behaupten, vermöge seines höheren, ächteren Rechtes, wie seine Vertheidiger zu erweisen versuchen. Er hob alle Gesetze und Einrichtun=
gen des Kaisers auf [5], welche dem Kirchenrechte widersprachen; denn
kein Laie dürfe von seinem niederen Standpunkte aus das Gesetz
Gottes antasten oder meistern. Er verlangte — so schreibe es das
Lehnrecht vor — die Verwaltung des durch Friedrichs Untreue erledigten Reiches, bis er ihm aus eigener Macht einen Nachfolger er-
nenne. Er schickte den Kardinal Raporcio, als höchsten Bevollmächtigten, und sehr viele Bettelmönche aus [6], damit in größeren und
kleineren Kreisen, öffentlich und insgeheim, gegen Manfred und die

---

[1] Abulfeda zu 1207. Er habe Hebräisch und Arabisch verstanden. Huillard, 108, 114. — [2] Chron. imper. Laurent. — [3] Burigny, IV, 175.
Manfred nennt sich ballus Conradi. Monum. Dolce, XI, 232. — [4] Jamsilla, 499. — [5] Schon in Lyon. Cod. Vindob. philol., Nr. 61, fol.
62; Nr. 305, fol. 60. Cherrier, III, 206. — [6] Raynald, §. 3. Costa,
II. Ripoll, I, 191.

1251 Hohenstaufen gewirkt und Jeder gebannt werde, der ihnen treu bleibe, Jeder belohnt, der von ihnen eidbrüchig abfalle. — Indeß theilten keineswegs alle Geistlichen diese Ansichten, sondern schieden päpstliches Recht von allgemeinem Kirchenrechte [1], und manche Barone hielten das gegen Friedrich beobachtete angebliche Lehnsverfahren um so mehr für ungerecht, da sie, wenn man mit einem Kaiser dergestalt umging, für sich selbst das Aergste fürchten mußten. Andererseits neigten sich Viele zum Papste aus innerer Ueberzeugung, oder weil sie eine minder kräftige Regierung wünschten, oder aus Angst über den Bann, oder aus Eigennutz, oder aus Lust an Veränderungen überhaupt. Anfangs theilte man sich diese trotz aller Verschiedenheit gleichmäßig zu Ungehorsam gegen Manfred führenden Gründe und Ansichten nur in der Stille mit, bald aber wurden die Bewegungen und Widersprüche lauter und anmaßlicher. Auf dem Wege von Montefoskolo gen Neapel erhielt Manfred hievon bestimmtere Nachricht und schickte den Grafen von Caserta nach der letzten Stadt und nach Capua, um die Gesinnungen zu erforschen [2]. Uns verhohlen ward ihm erklärt: man sey überdrüssig länger im Banne zu leben; nur derjenige werde Gehorsam finden, welcher mit des Papstes Belehnung und Segen versehen herbeiziehe. Diesem Beispiele folgten mehre Städte und Barone, wofür ihnen Innocenz große Lobeserhebungen und Vorrechte ertheilte und nebenbei Friedrich II einen Pharao, Herodes und Nero nannte [3].

In so gefährlicher Lage verschmähte Manfred nicht, mit dem Papste wegen einer Verständigung und Aussöhnung Unterhandlungen anzuknüpfen [4]. Zu gleicher Zeit forderte er aber alle Vornehmen und Geringen auf, dem wahren Nachfolger Friedrichs, dem Könige Konrad treu zu seyn, und lud diesen in ehrfurchtsvollen Ausdrücken nochmals ein: er möge nach Apulien kommen, vor Allem aber die Freibriefe der Städte und Barone, die letzten Befehle seines Vaters, sowie diejenigen Maßregeln bestätigen, welche man in seiner Abwesenheit habe ergreifen müssen. Ehe aber vom Papste und vom Könige beruhigende Antworten einlaufen konnten, mußte sich Manfred in offener Fehde gegen seine Feinde vertheidigen. Die ihm getreuen Saracenen vertheilte er [5], um Gegenden unsicheren Gehorsams in Ordnung zu halten; deutsche Söldner, welche sich früher in kaiserlichem Dienste ausgezeichnet hatten, legte er unter ihrem tüchtigen Anführer nach Troja; er selbst wandte sich nach Foggia, um ein neues Heer zu sammeln. Kaum hatte er daselbst wenige Tage verweilt, als die Nachricht eintraf: die Deutschen aus Troja ständen in Schlachtordnung

---

[1] Innocenz ertheilte hierüber Verweise an die Erzbischöfe von Palermo und Salerno. Raynald, §. 5. — [2] Spinelli, 1060, zum Februar 1251. — [3] Sicil. chron., c. 26. Barthol. a Neocastro, c. 1. Rayn., §. 38. — [4] Italus. miscell., I, 193. Martene, Coll. ampliss., II, 1161. — [5] Spinelli, 1069. Jamsilla, 499, 503.

vor den Thoren und verlangten laut ihren Sold. Sie wußten, daß 1254 der Fürst ihn jetzt nicht bezahlen könne, und wollten im Weigerungsfalle Foggia plündern. Ohne ängstliche Vorkehrungen zu treffen, oder Spuren von Furcht zu zeigen, ließ ihnen aber Manfred sagen: „Warum seyd ihr bewaffnet gegen mich angerückt? Habt ihr vergessen, daß ich des Kaisers Sohn bin? Bei längerem Ungehorsam werde ich euch strafen, härter als ihr glaubt. Kommt ihr, um Sold zu fordern, so sendet vier Unbewaffnete, wie es sich schickt, und ich werde euch antworten was sich gebührt." — Da merkten die Anführer daß der junge Fürst nicht, wie sie geglaubt, mit Drohungen oder Gewalt zu beugen sey; sie ehrten seine Tüchtigkeit, bereuten ihre vorschnelle That und erhielten nach anständiger Bitte so viel Sold, als die Bedräugniß der Zeit erlaubte.

Gleichzeitig waren auch bei Andria allerhand Frevel und Ungebühr vorgefallen, deren Größe und Urheber zu erkunden Manfred mit Heeresmacht aufbrach. Diese Macht fürchtend und ihrer Schuld eingedenk, flohen die Bewohner und ließen nur Weiber und Kinder zurück. Der Fürst aber, wohl wissend, daß er durch grausame Strafen Haß und Verzweiflung erzeuge und das Reich zu Grunde richte, berief alle Entflohenen zurück und legte den Schuldigeren nur eine Ordnungsstrafe in Gelde auf.

Bald nach dem Abzuge Manfreds von Foggia hatten sich die Bürger vereinigt und zu bedenklichen Zwecken die Umwallung und Befestigung ihrer Stadt unternommen. Wie erstaunten sie aber, als gegen alle Erwartung beim Anbruch eines Morgens das in der Nacht herangerückte Heer Manfreds vor den Thoren stand. In schneller Unterwerfung war allein Rettung zu finden; den Bevollmächtigten, den Weibern, welche sich mit aufgelösetem Haare dem Fürsten zu Füßen warfen, bewilligte er den Erlaß aller Strafe; nur mußte die begonnene Umwallung zerstört und eine Summe Geldes erlegt werden, deren man zu unerläßlichen Ausgaben dringend bedurfte. Ernster gestaltete sich das Verhältniß zu Baroli [1]. Die Bürger hatten, mit Zurücksetzung aller bisherigen, vom Kaiser ernannten oder bestätigten Obrigkeiten, neue Rathmänner und Richter erwählt und ihnen die Regierung und Rechtspflege übertragen, angeblich unbeschadet der Treue und des Gehorsams gegen den König. Manfred entbot zu näherer Erforschung der eigentlichen Gesinnungen Abgeordnete der Stadt zu sich, erinnerte sie an ihren geleisteten Eid, an ihre alte Verpflichtung zum Schutze des Reiches mitzuwirken, und verlangte ihren Beistand gegen Neapel und Capua, welche im Aufstande begriffen wären. Die Abgeordneten versprachen des Fürsten Worte getreulich den Bürgern mitzutheilen, fanden aber, als sie deren Antwort zurückbrachten, nicht ohne einiges Erstaunen, daß er während

---

[1] Baroli oder Barletta.

[1251] dessen mit seiner Mannschaft rasch vorgerückt und nur noch sechs Miglien von Baroli entfernt war. Die Antwort welche sie jetzt, dem gefaßten Beschlusse gemäß, vorlegten, lautete den Worten nach ganz demüthig, sonst aber so leer und unbestimmt, daß man die zweideutige Gesinnung und den Wunsch erkannte für die Befestigung der Stadt Zeit zu gewinnen. Manfred sandte also die Boten zurück und verlangte eine deutliche bestimmte Erklärung; allein im Vertrauen auf den zwischen mehren Städten Apuliens geschlossenen Verein würdigte man ihn keiner zweiten Antwort.

Als Manfred, um solch böses ansteckendes Uebel in der Geburt zu vertilgen, selbst nach Baroli eilte, fand er die Thore verschlossen, und die Bürger beantworteten friedliche Aufforderungen sie zu öffnen, nur mit Pfeilen und Steinwürfen. Bei dem hierauf vom Fürsten anbefohlenen Sturme wichen die Seinen vor der Menge der Geschoffe, und Einige mochten zu ihrer Entschuldigung äußern: es sey gar leicht, daß ein im Wohlleben erzogener junger Mensch Andere in Gefahren aussende, während er selbst zurückbleibe. Allein in demselben Augenblicke sprang der heldenmüthige Jüngling bereits vom Pferde, eilte, Alle befeuernd, Allen voraus und war unter den Vordersten, die siegreich in die Stadt eindrangen. Die persönliche Tapferkeit, welche Manfred hier zum ersten Male glänzend zeigte, das Niederreißen der Mauern Barolis und die gleichzeitige Einnahme Abellinos durch den Markgrafen von Hohenburg [1] schreckten die meisten apulischen Städte; nur Kapua und Neapel beharrten, unter den größeren, im Aufruhr und suchten das zwischen ihnen gelegene, zeither dem Fürsten getreue Aversa zu verführen. Von diesen Ränken unterrichtet drang Manfred plötzlich herzu, verjagte die Unruhstifter, besetzte Nola und verwüstete die Gegend Kapuas bis zu den Stadtmauern. Selbst Neapel ward eingeschlossen und angegriffen; die Bürger ließen sich aber zu keinen Ausfällen verleiten, sondern blieben, nur auf Erhaltung bedacht, ruhig hinter ihren starken Mauern. Um diese Zeit gingen die Antworten des Papstes auf Manfreds Vorschläge ein [2]: er solle der Kirche Treue schwören und die Belehnung von Tarent empfangen, alle übrigen Städte und Landschaften räumen und päpstlichen Bevollmächtigten übergeben. Dies Verlangen erschien, nach solchem Erfolge im Felde, unzeitig und übertrieben, ja Manfred, welcher das Reich seinem Bruder erhalten sollte, konnte unmöglich, ohne sich der Schande preiszugeben, darauf eingehen. Auch schrieb Konrad nach Apulien [3]: er habe Otto, dem Herzoge von Baiern und Pfalzgrafen am Rheine, die Leitung der

---

[1] Die Markgrafen Bertold und Diephold von Hohenburg aus Baiern, waren im Jahre 1237 kaiserliche Pagen und besaßen Amberg, Sulzbach, Flos, Weide u. s. w. Lang, Jahrbücher, 14, 44, 83, 90, 146. — [2] Reynald, S. 38. — [3] Pipin, III, 3.

Conrad in Italien.

teutschen Angelegenheiten übertragen und werde binnen Kurzem selbst nach Italien kommen.

Des Kaisers Tod hatte in dem nördlichen und mittleren Theile dieses Landes nichts weniger als Einigkeit erzeugt: Genua z. B. unterwarf sich durch Kriegsgewalt Albenga, Savona und mehre andere Orte, die zeither mit Hülfe Friedrichs II widerstanden hatten [1]. Florenz und Mailand schwächten sich durch heftige Verfolgung der unterliegenden Parteien [2]; Venedig gedachte, ungeachtet päpstlicher Aufforderungen, nur des Morgenlandes und seines Handels [3]; Ezelin, dessen Einfluß sich von den Lagunen bis Mailand erstreckte, und Markgraf Palavicini, der die Herrschaft in Piacenza und einigen anderen Städten gewonnen hatte, waren nicht sowohl aufrichtige Freunde der Hohenstaufen, als um ihrer selbst willen Feinde der Guelfen [4]. Deshalb enthielt sich König Conrad, als er im November 1251 in Verona anlangte, jeder Einmischung in die Lombardischen Fehden [5], ja er wollte, um alle etwaigen Hindernisse zu vermeiden, nicht einmal den Landweg durch das mittlere Italien einschlagen. Denn Bologna war feindlich und Rom zweideutig gesinnt [6]; Viterbo hatte sich (weil ja, wunderbarerweise, die nur zehnjährige heilige Rosa [7] wider den Kaiser und sein Haus predigte!) aufs neue zur Kirche gewandt und unter Leitung des Kardinals Capoccio Friedrichs schönen Palast zerstört; ein Bund endlich, geschlossen zwischen Pesaro, Fano, Fossombrone, Jesi und Ankona [8], lautete zwar nicht gegen den König, mußte ihm aber doch mehr Besorgniß erwecken als dem Papste, welcher noch immer ungestört in Perugia wohnte [9].

Nachdem sich Conrad im Schlosse Goito mit den ghibellinischen Häuptern mehrer Städte besprochen hatte, erreichte er über Vicenza und Padua das Meer, setzte auf venetianischen Schiffen nach Pola hinüber [10], fand hier apulische Abgeordnete, sowie auch Schiffe,

---

[1] Barthol. ann. zu 1252. — [2] Malespini, 144. Villani, VI, 30—42. Ammirato, I, 90. Grifeo zu 1250. Manetti, 1007 Villani, VI, 52—59. Malespini, 150—152. Ughelli, Ital. sacra, III, 124. — [3] Fantuzzi, III, Urk. 59—60. — [4] Cercia. Memor. Regiens, 1118. Estense chron. Joh. de Mussis. Dandolo, 360. Monach. Patav., 685. — [5] Petr. Vin., III, 77, 78. Chron. Ital. Bréh., 235. — [6] Höfliche Erklärungen der Römer mußten dem Könige, ob er gleich höfliche Antworten gab, doch nicht genügend erscheinen. Kaluz. miscell., I, 193. — [7] Bussi, 137—140. — [8] Baldassini, 160. — [9] Herm. Altah. Chron. Udalr. Aug. Ricciardi vita, 132. — [10] Ueber Conrads Seefahrt finden sich viele Abweichungen. Die Nachricht, daß ihn pisanische Schiffe hinübergeführt hätten (Pisana monum., 079), wird widerlegt bei Magri et Santelli, III, 174. Venetianischer Schiffe, Istriens und Dalmatiens thun Erwähnung Dandolo, 360, Malespini, 140, Barthol. ann. Dieser, Wormat. dipl., 228, und der Codex Vindob. philol., Nr. 61. fol. 63; Nr. 305, fol. 77; Nr. 383, fol. 12, reden von apulischen in Pola vorgefun-

welche ihm Markgraf Bertold von Hohenburg entgegengeschickt hatte, und landete, nach glücklicher Fahrt, erst bei Veslara, dann am 8. Januar 1252 bei Siponto in Apulien. Hieher war Manfred dem Könige entgegen gereist und hatte Jegliches zum ehrenvollsten Empfange desselben vorbereitet. Er selbst hielt ihm den Steigbügel und vermied überhaupt Alles, was auch nur einen Vorwand zu Zwistigkeiten und Vorwürfen hätte geben können¹. Konrad hingegen war sehr erfreut, daß er den größten Theil des Reiches durch Manfreds kluge Führung beruhigt fand, ließ ihn neben sich unter dem Baldachin einhergehen und zeigte überall, daß er seinem Throne und Herzen am nächsten stehe. Unter Manfreds Beistand bezwang er, das Land durchziehend, alle kleineren, etwa noch abgeneigten oder widerspenstigen Orte. Schwieriger war die Unterhandlung mit dem Grafen Thomas von Aquino und dem Grafen Richard von Caserta, welche zwei uneheliche Töchter Friedrichs II, Anna² und Violante, geheirathet hatten und auf größere Theilnahme an der Regierung Anspruch machen, oder gar einer Theilung des Reiches gedenken mochten. Beide aber mußten sich unterwerfen, woraus auch die Uebergabe des wichtigen Capua folgte, sodaß nur noch Neapel im Ungehorsame verblieb.

Gefährlicher als der Widerstand dieser vereinzelten und, wie man hoffte, bald zu bezwingenden Stadt war die fortdauernde Feindschaft des Papstes, welcher auf das Anerbieten Konrads, der Kirche alle Rechte einzuräumen, die sie je besessen habe, gar keine Rücksicht nahm, sondern ihn, um der Vergehen seines Vaters willen, als mit abgesetzt und sich als Herrn des Landes betrachtete, Aemter besetzte, Lehen verlieh³ und endlich, bei den bedenklichen Fortschritten

---

deren Schiffen. Spinelli, 1071, läßt ihn von der venetianischen Flotte begleiten und bei Veslara, Jamsilla bei Siponto landen. Nach Append. ad Malat. am 8. Januar und zwar ohne Zweifel 1252. Auch der Ort der Einschiffung ist ungewiß. Estens. chron. nennt irrig Gesena; Sigonius aus einer Urkunde und Cereta ebenso bedenklich Portus Naonis (Vorbenone?) im Innern des Landes; Palav. chron., 1139, portus Litesanae (Latisanae?); das würde zum Ausflusse des Tagliamento hinweisen. Petr. Vin., III, 77, portus Pirauli in der Nähe von Triest. Wir haben im Text das Wahrscheinlichste zusammenzufassen gesucht.

¹ Jamsilla, 503—505. Saba Malasp., I, 4. — ² Rochus, Chron., 50. Pirri Sicil., I, XXX. Petr. Vin., III, 79. Successan. chron. Aldimari, 11, macht diese Anna zu Manfreds Schwester, was aber nicht mit der Nachricht stimmt, daß sie noch vor der Mannbarkeit an Galases verheirathet worden. Sie war nur Halbschwester. Gibbon, XI, 123. Du Fresne, Hist. Const., V, 6. Spinelli, 1071. — ³ So gab er Tarent den Franzipanis. Raynald zu 1252, §. 2. Onuphr. Panvin., 108. Murat., Annal. (Er versprach den mit ihm verbündeten Venetianern, sie in den etwa mit Manfred zu schließenden Frieden aufzunehmen. Archiv der Deutschen Gesellschaft, III, 620.

Konrads, die sicilische Krone dem Grafen Karl von Anjou anbot. 1253 Diesmal kam aber der Handel noch nicht zu Stande¹; denn die von Innocenz vorgelegten Bedingungen der Vergabung lauteten gar zu schwer, und in Frankreich erhob sich allgemeiner Widerspruch, daß ein französischer Prinz auf Eroberungen so zweideutiger Art ausgehen wolle, während sein Bruder und König noch in fernen Landen hülflos verweile. Noch lauter erklärte man sich gegen den Papst ²: er veranlasse in der Christenheit Krieg auf Krieg, wende die Kreuzfahrer vom Morgenlande ab und gebrauche sie zu seinen Zwecken. „Wer dem Papste dient", sagte Blanka, die königliche Königin, „den mag der Papst ernähren", und zog die Güter derjenigen ein, welche, ihres Königs vergessend, sich nach Deutschland oder Italien wandten. Die Großen des Reichs folgten ihrem Beispiele.

Nunmehr bot Innocenz die apulische Krone dem reichen Bruder König Heinrichs III von England, dem Grafen Richard von Cornwall an. Dieser jedoch (weniger die Ungerechtigkeit, denn die Schwierigkeiten der ganzen Unternehmung ins Auge fassend) verlangte, daß der Papst ihm Geißeln stelle, feste Plätze einräume und einen Theil der Ausgaben übernehme. Als ihm Meister Albert, der päpstliche Unterhändler, erwiederte: schwerlich werde man so lästige Forderungen zugestehen, rief der Graf aus: „Dann ist Euer Anerbieten von der Art, als wenn mir Jemand sagte: ich schenke dir den Mond, steig hinauf und hole ihn dir herunter ³!" Von diesen Worten benachrichtigt äußerte Innocenz: er wolle mit dem Grafen nichts mehr zu thun haben, und überlegte, ob es nicht rathsam sey daß er Heinrich, den Sohn des Kaisers und der englischen Isabelle, mit einer von seinen Nichten vermähle und ihm, als Wahlkind der Kirche, das apulische Reich überlasse ⁴. Allein der erst eilfjährige Knabe hatte weder Neigung noch Macht, einen Bruderkrieg zu erregen, die Barone hielten eine Ehe jener Art keineswegs für ebenbürtig, und es ließ sich nicht erwarten, daß der König von England so viel für seinen Neffen als für seinen Sohn thun werde. Deßhalb bot Innocenz jene Krone zum dritten Male aus und König Heinrich, immer leichtgläubig und zu eigenem Schaden übereilt, nahm sie für seinen zweiten Sohn Edmund an. Anstatt seiner Würde und seiner Kräfte eingedenk zu seyn und die Verletzung eines anderen

---

¹ Raynald, §. 2. Schreiben vom 19. Junius 1253. Innocenz schrieb dem Grafen von Poitiers, er solle Karl ermahnen die Anträge anzunehmen, denn er werde erwartet: veluti filius dextrae, pacis princeps et matutinus lucifer. Dupuy, mscr., Nr. 783 in Paris, fol. 15. — ² Matth. Paris, 553. Baronius, De monarch. Siciliae, 349. — ³ Matth. Paris, 599. Inveg., Ann. 643. Trivet zu 1252. Murat., Antiq. Ital., VI, 103. — ⁴ Matth. Paris, 556. Dieser Gedanke mag wohl vor den Unterhandlungen mit Karl und Richard hergegangen, aber auch immer wieder von neuem geprüft worden seyn.

190 Belagerung und Einnahme von Neapel.

1253 ihm nahe verwandten Königs zu schützen, gab er mit Worten, Lachen und körperlichen Bewegungen eine kindische Freude über jene täuschende Unglücksgabe zu erkennen, und nannte sein Söhnlein König jener Reiche, als sey der Besitz schon gewonnen[1]! Was er an Gelde im Schatze vorräthig hatte, was er von seinem Bruder und Anderen leihen, von Juden erpressen, durch Richter ungerecht zusammenrauben konnte, schickte er (deßhalb laut getadelt) dem Papste, um König Konrad damit zu bekriegen.

Dieser klagte also mit Recht, Heinrich lasse sich vom römischen Hofe umstricken und verführen, und schrieb den Kardinälen über sein Verhältniß zur Kirche[2]: „Ich bin ein rechtgläubiger Christ und wünsche den ärgerlichen Streit mit dem Papste zu enden. Dieser aber soll nicht glauben, daß er Alles darf was ihm gefällt; sonst berufe ich mich auf Gott, den künftigen Papst, eine allgemeine Kirchenversammlung, die deutschen Fürsten, auf alle Könige und Herrscher der Welt, ja auf alle Christen." — Zur Beseitigung dieses Hauptzwistes wurden einige Male Unterhandlungen angeknüpft[3], allein immer wieder abgebrochen, sobald dem Papste irgend neue Hoffnung eines vollständigen Sieges aufging. So erwartete er z. B., Konrad werde sein Heer aus Geldmangel auflösen müssen, während dieser (weil sich allerdings die Bedürfnisse nicht aus den gewöhnlichen Einnahmen bestreiten ließen) von sienesischen Kaufleuten so große Summen geliehen hatte[4], daß er, nach der Bezwingung Capuas (zu Ende des Jahres 1252), die Belagerung von Neapel unternehmen konnte. Zwar schlugen die vom Papste mit großen Vorrechten begabten Bürger glücklich die ersten Stürme ab; nachdem ihnen aber auch die See und der Landweg durch die Grotte von Puzzuoli gesperrt war, stieg der Mangel an Lebensmitteln auf eine so unerträgliche Weise, daß sich die Stadt am 10. Oktober 1253 ergeben mußte[5]. Konrad sorgte daß die einziehenden Soldaten die strengste Ordnung beobachten mußten; nach seinem und der gesetzten Richter Spruch wurden jedoch die Mauern und Thürme der empörerischen Stadt niedergerissen, wahrscheinlich Allen eine Steuer auferlegt und die Schuldigsten mit Verweisung, ja mit dem Tode bestraft. Die Geistlichen behandelte der König hiebei nicht milder als die Laien[6] und verfuhr überhaupt in Bezug auf alle kirchlichen Angelegenheiten, als sei kein Papst in der Welt.

---

[1] So Matth. Paris, 599. Pauli, III, 715. — [2] Baluz. misc., I, 194. — [3] Matth. Paris, 562. — [4] Malavolti, II, 1, 12. — [5] Chron. Cavense, 927. Saba Malasp., I, 3. Spinelli, 1070. Die Nachricht, daß Konrad ein schönes ehrenes Pferd von Bronze in Neapel sinnbildlich habe zaumen lassen, wird erst von späteren Schriftstellern erzählt. Capecelatro, II, 9. Cherrier, III, 323. — [6] Malesp., 146. Villani, VI, 44. Barthol. de Neocastro, 1. Sicil. chron., c. 22. Salisburg. chron. Raymo, Annal.

Gleichzeitig wurde dieser noch von einer andern Seite her bedrängt. 1253
Die Römer nämlich erklärten ihm[1]: ihre Stadt leide in jeder Beziehung so sehr durch seine Abwesenheit, daß sie ihn bringend bäten sogleich zurückzukehren. Im Weigerungsfalle würden sie die während des Krieges mit Kaiser Friedrich für die Kirche ausgegebenen Gelder von ihm beizutreiben wissen und jede Stadt welche ihn aufnehme, feindlich behandeln. Nichts hätte diese ungünstige Lage des Papstes schneller und gründlicher verbessert, als eine Aussöhnung mit Konrad; er beharrte aber um so mehr auf feindseligen Plänen, da der König unerwartet mit seinen nächsten Freunden in Zwist zu gerathen schien.

Konrad ehrte nach seiner Ankunft in Apulien Manfred nicht 1251 allein auf jede Weise[2], sondern bestätigte auch das ihm von Friedrich II beigelegte Erbtheil. Aehnliche königliche Schenkungen mochten an Andere stattgefunden und Manfred, aus eigener Macht oder gezwungen, nicht weniger vergabt haben. Diese große Verringerung des Reichsgutes, diese zur Zeit der Unordnung oder Unkenntniß ergriffenen Maßregeln erschienen jetzt dem Könige sehr verderblich und er verlangte: Manfred solle mit gutem Beispiele vorangehen und allen späteren Schenkungen entsagen. Es geschah ohne Widerrede. Hierauf schritt der König (die allgemeinen Gesetze im Auge behaltend und jede Ausnahme verwerfend) weiter vor, besteuerte das Fürstenthum Tarent ebenso wie die übrigen Landschaften, setzte daselbst, dem Verfahren Kaiser Friedrichs II gemäß, einen peinlichen Richter und ließ den fürstlichen Richtern nur die Entscheidung bürgerlicher Streitigkeiten. Auch dies ertrug Manfred ruhig; es sey, weil sich Manches für eine solche Gleichförmigkeit der Behandlung sagen ließ, oder weil er Ungehorsam für so verwerflich als thöricht hielt; er unterstützte den König unausgesetzt bei besten Unternehmungen mit allen ihm zu Gebote stehenden Mitteln. Keineswegs benahmen sich aber seine Anhänger und Verwandten gleich besonnen und gemäßigt; auch fehlte es wie nirgends, so auch hier nicht an Personen, welche Feindseliges ahnten und mit Vorsatz Argwohn erzeugten.

Zu solchen Gegnern Manfreds gehörte vor Allen Petrus Rufus[3], ein Mann, welcher sich aus geringer und dürftiger Lage am Hofe Friedrichs II bis zu dem größten Einflusse und den höchsten Aemtern emporgeschwungen hatte. Bei des Kaisers Tode war er Marschall über ganz Sicilien und sollte, in Gemeinschaft mit dem jüngeren Heinrich, unter Manfreds Oberleitung dem Lande auch fernerhin

---

[1] Sigon., Historia Ital., 81. Monum. riguard. S. Russo, 260. — [2] Jamsilla, 497. Ebenso hatte er die Besitzungen Friedrichs von Antiochien bestätigt und gemehrt. Camici, Urk. IX, S. 61, und Petr. Vin., VI, 8. Doch könnte diese Urkunde auch von Manfred seyn. — [3] Jamsilla, 547.

1252 vorstehen. Allein der Knabe Heinrich konnte den gereisten Mann nicht beschränken, und mit Manfred gerieth Petrus in offenen Zwist, weil er sich weigerte deſſen mütterlichen Verwandten, Friedrich und Galvan Lancia, diejenigen Beſitzungen einzuräumen, welche ihnen der Fürſt theils als frühere Geſchenke ſeines Vaters, theils aus eigener Macht zuſprach. Auch ſchickte Petrus keine Hülfe gegen die Aufrührer und Niemand wagte in Sicilien ohne deſſen Beiſtimmung die Befehle Manfreds zu befolgen. Ebenſo wenig begab er ſich zu mündlicher Rückſprache mit dem Fürſten nach Apulien und wußte den zu ſeinem einſtweiligen Stellvertreter in Sicilien ernannten Galvan Lancia durch einen vorſätzlich angeſtifteten Volksauflauf in Meſſina ſo einzuſchrecken, daß er eilig die Inſel verließ.

Wohl wiſſend, daß bei Konrads Ankunft Klagen über ſeine Anmaßung und ſeinen Ungehorſam nicht ausbleiben würden, ſtellte er ſich ſogleich perſönlich, erklärte: ganz Sicilien ſchwöre dem Könige Treue[1], und überbrachte ihm im Namen Palermos eine große Summe als freiwilliges Geſchenk. Nach ſo wichtigen Beweiſen von Anhänglichkeit fanden ſeine Entſchuldigungen leicht Eingang. „Ich brauchte", ſo ſprach er, „die Mannſchaft ſelbſt zur Erhaltung der Ruhe in Sicilien; den Anſprüchen der Lancias, welche der Kaiſer ſchon früher mißbilligte und die man auf Unkoſten des Königs noch weiter ausdehnen wollte, mußte ich meiner Pflicht gemäß bis zu deſſen eigener Entſcheidung widerſprechen." — Indem Rufus auf ſolche und ähnliche Weiſe ſeine Treue und Klugheit in das hellſte Licht ſtellte, gewann er des Königs Vertrauen dergeſtalt, daß dieſer, weit entfernt ſein Benehmen zu ſtrafen oder auch nur zu tadeln, ihn unter großen Loberhebungen zum Grafen von Katanzaro ernannte[2]. Hierüber zürnten die Verwandten Manfreds aufs Höchſte, und während er ſelbſt ſchwieg, äußerten jene nebſt anderen Anhängern des Fürſten bei einer Krankheit Konrads[3]: „O daß doch der König dieſer Krankheit unterläge! Wie weit lieber wollten wir Manfred krönen als ihn; wie viel würdiger als er iſt Manfred, dieſer freigebigſte und gewandteſte aller Nachkommen des Kaiſers, der durch ſeine großen Anlagen die ganze Welt gewinnen würde!" Solche aus Schmeichelei oder Ueberzeugung geſprochene Worte kamen zu Manfreds wie zu Konrads Ohren. Wer mag ſich wundern, daß jener nicht mit harten Vorwürfen oder Strafen gegen ſeine Freunde vorſchritt, und dieſer überlegte, was gegen einen Halbbruder zu thun ſey, welcher ringsum alle Herzen eroberte und deſſen ganze Natur augenſcheinlich nicht zum Gehorchen, ſondern zum Herrſchen beſtimmt ſchien, der aber durch Worte und Thaten noch nicht die geringſte Urſache zu Vorwürfen gegeben hatte. Zuletzt ſchien es

---

[1] Petr. Vin. I, 130. — [2] Amico, II, 77. Capecel., Orig. di Napoli, 58. — [3] Saba Malaspina, 700.

dem König am gerathensten seine weitere Strafe über ihn zu verhängen, ja nicht einmal Argwohn zu zeigen, wohl aber seine mütterlichen Verwandten, gefährliche Rathgeber des jungen Fürsten, aus dessen Nähe zu entfernen. Ja, als die Zurückgesetzten hierüber laut und anmaßlich Klage erhoben [1] und Markgraf Manfred Lancia den Markgrafen von Monferrat, trotz des Königs Verbot, in der Lombardei bekriegte, schärfte dieser den früheren Beschluß und verbannte alle Lancias mit Weibern und Kindern aus dem apulischen Reiche. Sie begaben sich zu Manfreds Schwester Anna, der Gemahlin des Fürsten Walaßes; allein der König, welchem diese Nähe bedenklich erschien, oder der von Furcht und Haß zu weit fortgerissen wurde, ließ durch den Markgrafen Bertold von Hohenburg dem Walaßes die Aufnahme jener Verwandten, wo nicht verbieten, doch als Beweis feindlicher Gesinnung bezeichnen.

Allerdings machten diese Maßregeln Manfred wehe thun, doch gehorchte er seinem königlichen Bruder nach wie vor; auch wurden Beide durch Todesfälle naher Verwandten zu Liebe und Eintracht hingewiesen. Um das Ende des Jahres 1252 starb nämlich der eine Sohn König Heinrichs VII, Namens Friedrich; ihm folgte im December 1253 Heinrich, der Sohn des Kaisers und der englischen Isabelle.

Sogleich erhob sich das Gerücht, Beide wären durch Gift umgekommen; denn es konnte damals (so sagt ein großer Kenner jener Jahrhunderte) Niemand frühzeitig sterben, den man nicht für vergiftet gehalten hätte [2]. Obgleich eine Widerlegung von Gerüchten, welche keinen anderen Grund haben als die Leichtgläubigkeit des Pöbels, eigentlich ganz überflüssig ist, so mag doch Folgendes zur Würdigung solcher Beschuldigungen beispielsweise hier seine Stelle finden.

Malespini [3], ein guelfischer Schriftsteller, erzählt zum Jahre 1238, Manfred habe beide Söhne König Heinrichs vergiften lassen; eine andere Chronik behauptet dagegen gleich irrig, Margarethe, ihre Mutter, habe sie im Jahre 1251 zu sich geschickt und sie wären dann durch Gift umgekommen. Von beiden Nachrichten abweichend, griff der Papst das Gerücht auf [4], König Konrad sey der Urheber des Frevels, womit ein anderer gleichzeitiger Geschichtschreiber an einer Stelle übereinstimmt [5], an einer zweiten aber jene Anklage ganz vergißt und Manfred dieser Giftmischerei beschuldigt! Abgesehen von der Nichtswürdigkeit der That selbst, hatten Konrad wie Manfred (auch wenn sie die ärgsten Frevler gewesen wären) nicht

---

[1] Iricus ju 1253, S. 93. — [2] Tiraboschi, Storia letter., IV, 121. — [3] Malespin ju 1237, c. 131. Leobiense chron., 820. — [4] Matth. Par., Addend., 125. — [5] Chron. imper. et pontif. Laurentian., mscr.

aus den geringsten Grund, nicht die entfernteste Veranlassung zu solch einer That!

Dasselbe gilt für den jüngeren Heinrich, den Sohn Friedrichs II und Isabellens. Bald soll derselbe auf Konrads Befehl von Johannes Morus erdrosselt, bald durch Petrus Rufus vergiftet worden seyn [1]; und jener Geschichtschreiber, welcher dort zwei unter sich nicht einmal einige Männer derselben Giftmischereien beschuldigt, giebt hier die geheimen Gründe des neuen Frevels folgendergestalt an: Der Knabe Heinrich ward vom Könige, weil er einen Falken nicht den Regeln der Kunst gemäß trug, lebhaft zurechtgewiesen und antwortete nun, den Falken zur Erde werfend: er sey eines Kaisers Sohn und verdiene eine bessere Behandlung. Hiedurch sey der König veranlaßt worden, seinen Bruder ebenso wie seine beiden Neffen vergiften zu lassen! Nach diesen Quellen vergiftete also: 1) Manfred einen Neffen; 2) vergiftete Konrad denselben Neffen; 3) vergiftete Manfred beide; 4) vergiftete Konrad beide; 5) endlich lebte einer unläugbar viel länger als Konrad [2]!! Der ungeheuchelte Schmerz, welchen dieser über den Tod seines Bruders in dem Schreiben an dessen Oheim, den König von England, ausdrückt, das Schweigen des trefflichen Geschichtschreibers Jamsilla [3], das ausdrücklich lossprechende Zeugniß von Matthäus Paris würden (wenn es nöthig wäre), mehr als genügen, auch die zweite so unbegründete, boshafte und auf unbestimmtes Hörensagen niedergeschriebene Anklage in ihrer ganzen Nichtigkeit darzustellen.

Unterdeß waren die Verhandlungen mit Innocenz erneuert und in einer großen Versammlung päpstlicherseits folgende Anklagepunkte aufgezählt, königlicherseits folgende Antworten entgegengestellt worden.

Erste Beschuldigung. Während des über das Reich und den König ausgesprochenen Bannes hat dieser (die Schlüssel der Kirche verachtend) vor sich Gottesdienst halten lassen und die Geistlichen zu heiligen Verrichtungen gezwungen. Dies ist eine so entschiedene Anzeige ketzerischer Verderbtheit, daß darüber nähere Untersuchung nöthig erscheint. — Antwort. Dem Könige ist der Bann nie gehörig verkündet, er ist nicht gehört, ja nicht einmal vorgeladen worden. Gegen frühere Anschuldigungen seiner Feinde hat er in Deutschland und Apulien öffentlich appellirt, und was seitdem ohne ihn und wider ihn geschah, kann er nicht als gesetzlich anerkennen. Nie mischte er sich in geistliche Dinge, nie zwang er Geistliche zur

---

[1] Barthol. de Neocastro, I, und Matth. Paris, 507, reden in zweifelhaften Ausdrücken. Salimbeni, 406. — [2] Mihi tradendi arguendique rumoris causa fuit, ut, claro sub exemplo, falsas auditiones depellerem, peterenque ab iis, quorum in manus cura nostra venerit, ne divulgata atque incredibilia, avide accepta, veris, neque in miraculum corruptis, antehaberent. Tacitus, Annal., IV, 11. — [3] Bulæi misc., I, 194. Burigny, IV, 124.

Verhandlungen mit dem Papste.

Fortsetzung ihrer Geschäfte. Vom Verdachte der Ketzerei kann er sich leicht durch ein rechtgläubiges Glaubensbekenntniß reinigen. Gottesdienst besuchte er nicht aus Verachtung des römischen Stuhles, sondern im Bewußtseyn seiner Unschuld und nach dem Rechte und der Pflicht eines frommen Christen.

Zweite Beschuldigung. Unter den Anhängern Konrads wird in der Lombardei öffentlich ketzerische Lehre gepredigt. — Antwort. Wahrhaft irrigen Lehren hat sich der König in Deutschland immerdar widersetzt, und er ist bereit dasselbe in der Lombardei zu thun, sobald ihm dazu Macht und Gelegenheit wird. Doch kann er (unbeschadet aller Ehrfurcht vor dem Papste) nicht unbemerkt lassen, was die ganze Welt weiß: daß man nämlich in Mailand, Brescia, Mantua und anderen Städten, welche die liebsten Kinder der Kirche heißen, öffentlich Ketzereien lehrt.

Dritte Beschuldigung. Der König hat seinen Neffen Friedrich vergiften lassen. — Antwort. Obgleich es nicht nothwendig erscheint, auf eine so nichtswürdige und offenbar grundfalsche Beschuldigung irgend etwas zu erwiedern, so ist doch der König bereit (um der Dummen und des gemeinen Volkes willen, welches leichtgläubig oft das Thörichste nachspricht und annimmt), alles dasjenige, was ihm in dieser Beziehung irgend vorgeworfen wird, in strengster Form zu widerlegen und dessen Lügenhaftigkeit vollständig zu erweisen.

Vierte Beschuldigung. Der König hält seinen Bruder Heinrich gefangen. — Antwort. Der König hat ihn nie gefangen gehalten, sondern stets geehrt und geliebt, sowie er ihn noch ehren und lieben würde, wenn ihn Gott nicht von dieser Erde abgefordert hätte.

Fünfte Beschuldigung. Der König hat viele Güter von Kirchen und Orden eingezogen, besetzt eigenmächtig geistliche Stellen und hindert die rechtmäßig Erwählten zu ihren Pfründen zu gelangen. — Antwort. Der König läugnet diese Beschuldigung und ist bereit Jedem, der den Beweis einer ungebührlichen Verletzung führt, sein Recht zukommen zu lassen. Nur von dem alten unzweifelhaften Herkommen, wonach der König erledigte Pfründen bis zur Wiederbesetzung in Verwaltung nimmt, hat er Gebrauch gemacht, ist aber bereit dieser Begünstigung zu entsagen und sich mit den Rechten zu begnügen, welche die Könige von England und Frankreich in dieser Hinsicht ausüben.

Sechste Beschuldigung. Der König hat im apulischen Reiche, welches vom römischen Stuhle zu Lehn geht, so viel gegen diesen gethan und so viel Gräuel verübt, daß es ihm genommen werden muß. Er hat nicht minder Vieles gegen die Würde des römischen Kaiserreiches unternommen. — Antwort. Keineswegs hat der König in seinem ererbten, angestammten Reiche etwas gegen die römische Kirche unternommen oder gar gegen seine Unterthanen gefrevelt, sondern in aller Gerechtigkeit regieret. Ebenso wenig ist er je der Würde des römischen Reiches uneingedenk gewesen, sondern behauptet dieselbe, als rechtmäßig erwählter Herrscher, gegen Jedermann.

Im Allgemeinen endlich läugnet der König, daß der Papst ihn über vorstehende Punkte zur Untersuchung ziehen dürfe, und daß, bei seinem überall anerkannten guten Rufe, das Geschrei einzelner Verleumder hinreichenden Grund zu einer Anklage abgebe. Die Erfahrung, wie leicht sich Engel der Finsterniß scheinbar in Engel des Lichts verwandeln und unter dieser angenommenen Gestalt Ungebührliches vollbringen, hält ihn mit Recht ab, ohne weitere Sicherheit und Bürgschaft seine Rechte und sein Schicksal unbekannten Händen zur Entscheidung anzuvertrauen.

Bei so entgegengesetzten Ansichten, Forderungen und Vorwürfen, und da der Papst überhaupt entschlossen war nie einen Hohenstaufen als König anzuerkennen [1], konnte man zu keinem Vergleiche kommen; doch bewilligte Innocenz, auf Bitten der Grafen von Savoyen und Montfort, dem Könige eine neue Frist [2] bis zum 19. März 1254. Aber schon im Herbste des Jahres 1253 hatte diesen ein Fieber ergriffen, welches sich der Jahreszeit und des Klimas wegen in die Länge zog und nach scheinbarer Hebung immer wieder zurückkehrte. An diesem Fieber starb Konrad, trotz aller gebrauchten Vorsicht, den 21. Mai [3] 1254, im sechsundzwanzigsten Jahre seines Alters. Sogleich traten wiederum Gerüchte hervor, auch dieser Todesfall sey nicht natürlich, und während ein Schriftsteller [4] andeutet, daß Konrad den Papst in Verdacht gehabt habe, werfen andere die Schuld auf Manfred. Ebenso uneinig sind sie darüber, ob klein gestoßene, ins Getränk gethane Diamanten, oder ob ein vergifteter Klystier den Tod herbeigeführt habe [5], ja einer erwähnt (wahrscheinlich Friedrich II und Konrad IV verwechselnd) noch einmal des Erstickens durch Kissen. Um endlich den Ruf eines anderen, den Freunden der Hohenstaufen verhaßten Mannes bei dieser Gelegenheit auch noch zu beflecken, wird angeführt, daß der heldenmüthige Johann von Procida Manfreds Helfershelfer bei der Giftmischerei gewesen sey! Eine genaue Vergleichung all dieser Nachrichten ergibt deutlich, daß unbestimmte Sagen und Vermuthungen allmählich bestimmter nachge-

---

[1] Cherrier, III, 325. — [2] Raynald, §. 41. — [3] Böhmer, Reg., 274, zieht den 20. Mai vor. — [4] Matth. Par., 600. — [5] Durch Getränk vergiftet, nach der Hist. Sicula, 780; durch Klystier, Villani, VI, 44, Malespini, 140, Memor. Regions., 1118. Siehe noch App. ad Malaterr. Guil. Tyr., 735. Chron. Udalr. August. Auct. Incert. ap. Urstis. Simon. Montf. chron. zu 1251. Monach. Patav., 680. Barthol. ann. Estense chron. Patav. chron., 1130. Ricobaldi, Hist. Imper., 132. Saba Malasp., 790. Jamsilla, der gewiß am besten unterrichtet war, sagt S. 507 nichts von einem gewaltsamen Tode.

sprochen worden [1], bis man sie für Gewißheit hielt; und bei eini= 1254
gen Zusätzen, wie in Bezug auf Johann von Procida, kann selbst
der den Hohenstaufen durchaus feindlich gesinnte Saliubeni das fortur,
„man sagt", nicht unterdrücken. Gleich darauf erzählt er aber wie=
der sehr zuversichtlich, Konrads Leiche sey von den Bürgern Messi=
nas ins Meer geworfen worden, da sie doch der Wahrheit nach da=
selbst feierlich beigesetzt ward und das errichtete Denkmal erst fünf
Jahre später [2] mit der ganzen Kirche bei einer zufällig ausgebro=
chenen Feuersbrunst verbrannte. Andere Forscher haben zur Genüge
auch diese Vergiftungsgeschichte geprüft und widerlegt [3]; wir müssen
jedoch eine seither unbekannt gebliebene Nachricht um so mehr mit=
theilen, da sie unsere Ansicht zu schwächen scheint.

Derselbe mehrfach genannte Geschichtschreiber, welcher (wie wir oben sa=
hen) an einer Stelle Konrad, an der andern Manfred als Urhe=
ber des Todes ihrer Neffen bezeichnet und die Geschichte von Hein=
rich und den Falken erzählt [4], fährt fort: Manfred und der Mark=
graf von Brandenburg schrieben dem Könige von England, daß Kon=
rad dessen Neffen umgebracht habe, und sie in Gefahr ständen ein
gleiches Schicksal zu erleiden. Sie wollten daher Jenes Tod rächen
und sich nöthigenfalls mit Gewalt sichern. Der König möge hier=
über seine Gesinnungen darlegen und wissen lassen, ob er ihnen
im Falle des Mißlingens eine Zuflucht gewähren wolle. Diese
Schreiben kamen aber, weil der Bote in Verona erkrankte und starb,
in die Hände des Markgrafen Palavicini, welcher sie dem Könige
Konrad mittheilte. Ohne sich weiter zu äußern, entfernte dieser hier=
auf Manfreds bisherige Freunde und umgab ihn mit Personen,
welche ihn unter dem Scheine der Theilnahme bewachten. Ahnend,
daß sein Geheimniß verrathen sey, beschloß Manfred hierauf, seinen
Bruder umzubringen. Das Vorstehende, so erzählt der Chronist,
habe er von den Boten, die jene Briefe an Konrad brachten, selbst
gehört; außerdem werde aber noch berichtet: daß Manfred und der
Markgraf von Brandenburg nach dem Erkranken Konrads dem Arzte
riethen, er möge dessen Tod beschleunigen. Hierauf habe der Arzt
geantwortet: „Fürchtet euch nicht, er kann nicht länger leben, und
alle ärztliche Hülfe ist an ihm verloren." Ob er nun aber er=
stickt, oder vergiftet, oder mit einem Kloster getödtet worden, sey
ungewiß.

Zur Würdigung dieser Nachrichten erinnern wir nur an Folgen=
des: Niemand glaubte in England, daß Konrad seinen Neffen habe
umbringen lassen; die Freunde Manfreds wurden bereits vor dem
Tode des jüngeren Heinrich von ihm entfernt; Palavicini herrschte

---

[1] Salimbeni, 407, 413. — [2] Gaetani, I, 1, 46. Capacelatro, II,
12. Mongitore, Sicilia, I, 183. — [3] Nuova raccolta, V, 50—84. —
[4] Chron. imper. et pontif. Laurent.

1254 nicht in Verona; die Boten waren gewiß nicht von dem geheimen und geheim bleibenden Inhalte der Briefe unterrichtet; sein Markgraf von Brandenburg hielt sich damals in Italien auf [1]; die Antwort des Arztes bezieht sich bloß auf eine natürliche Gefahr, — und der Chronist gesteht zuletzt selbst: er wisse nicht, ob der König unnatürlichen Todes gestorben sey [2]. Wenn indeß diese leicht weiter auszuführenden Andeutungen bei Manchem den Glauben an vorgefallene Frevel nicht vertilgen können, so sehen wir darin nur jene in der Geschichte der Hohenstaufen [3] öfter wiederkehrende Schickung, daß bedeutende Ereignisse dem Zweifler nicht bis zu voller Schuld oder voller Lossprechung erwiesen zu seyn scheinen, wodurch die Theilnahme um so lebendiger, das Gefühl um so schmerzlicher, die Entwickelung um so tragischer wird. Aber auch abgesehen von dieser zufälligen oder künstlichen Steigerung, sind denn die Todesfälle Heinrichs VI, Philipps und Konrads in der Blüthe ihrer Jahre nicht voll tiefer Bedeutung? Und beruht nicht auf diesem vielfachen Zerreißen und Zernichten ihrer Bahnen die Gestaltung einer halben Welt? Sowie nach dem Tode Philipps von dem reichen Geschlechte der Hohenstaufen allein noch der Knabe Friedrich II lebte, so war jetzt unter den Ebenbürtigen allein der zweijährige Sohn König Konrads übrig: Konrad der jüngere, von den Italienern Konradin genannt.

Drittes Hauptstück.

Der unerwartete Tod König Konrads erschreckte seine Freunde und Anhänger aufs Höchste und zog in mehren Ländern denkwürdige Veränderungen nach sich; um aber den Faden der Erzählung nicht zu unterbrechen, wollen wir die Geschichte Apuliens und Siciliens für die nächsten Jahre hier sogleich anreihen.

Markgraf Bertold von Hohenburg auf dem Nordgau [4], ein

---

[1] Markgraf Otto war im Julius 1252 in Salzwedel, Markgraf Johann im Julius 1253 in Spandau, und keiner ging nach Italien. Gercken, Cod., V, 78; VI, 563. Wenn man auch (wozu ich geneigt wäre) Markgraf von Hohenburg statt Markgraf von Brandenburg lieset, wird die Erzählung doch im Wesentlichen nicht wahrscheinlicher. — [2] An geflossenem Diamanten stirbt keiner, und ein Klostier cum pulvere dyagridii (Saba Malasp. 700), giebt man ohne Schaden noch jetzt; also mögen gewöhnliche Mittel, da sie nicht halfen, wohl mißbraucht seyn. Siehe die zweite Rede des folgenden Hauptstücks. — [3] Z. B. bei der Empörung Heinrichs VII, dem Falle Peters von Vinea u. s. w. — [4] Jamsilla, 507. Pfeffinger ad Vitriac., II, 662. Consanguineus uxoris Conradi, sagt Saba Malasp., I, 4. Della

Blutsverwandter der Gemahlin König Konrads und bei ihm in gro- 1254
ßem Ansehen stehend, erkannte sehr wohl daß nach dessen Tode entweder ihm, als dem sehr geliebten Anführer aller deutschen Krieger,
oder dem Fürsten Maufred, als Oheim Konradins, die Reichsverwaltung zufallen müsse. Während der letzten Krankheit des Kö-
nigs¹ kam jener deshalb zum Fürsten und fragte ihn (als wenn
die Entscheidung von ihm abhänge): ob er nicht geneigt sey die Re-
gentschaft anzunehmen. Manfred aber, die geheimen Absichten wohl
erkennend und die Macht der Deutschen fürchtend, gab klüglich zur
Antwort: nur ein Mann von der Erfahrung und der Weisheit des
Markgrafen sey dieser schweren Aufgabe gewachsen. So kamen das
Heer, die Einnahmen, die Schätze, kurz die ganze Regierung in
Bertolds Hände; indessen trat nach Beseitigung der etwa von Manfred drohenden Gefahr die größere von Seiten des römischen Stuhles hervor.

Wenn die Macht des Papstes allein auf weltlichen Grundlagen
beruht hätte, so wäre er damals nichts weniger als furchtbar gewesen. Die Römer nämlich und ihr im Jahre 1252 auf drei Jahre
erwählter Senator, Brankaleo aus Bologna, steigerten ihre Bitten
bis zu Drohungen und schrieben zuletzt an Innocenz: sie müßten
sich sehr wundern, daß er, unstät und flüchtig, bald dahin, bald
dorthin ziehe und unbekümmert um Rom und den heiligen Stuhl
nur dem Gelde nachtrachte², während seine Heerde, von welcher er
Gott die strengste Rechenschaft schuldig sey, ein Raub der Wölfe
werde. Er sey der römische Papst, nicht der Papst von Lyon, von
Perugia, von Anagni oder Assisi, und möge jetzt gleich nach Rom
zurückkehren, oder nie. — Noch stärkeren Eindruck als auf Innocenz mochten Drohungen ähnlicher Art auf die Bürgerschaften dieser
Städte machen; darum kehrte jener endlich nach Rom zurück und
ward anfangs mit größten Ehren empfangen, dann aber durch steigende Forderungen des Volkes so geängstet, daß er zum zweiten Male
entwich und sich nach Assisi begab. Um die Zeit wo König Konrad
starb, eroberten und zerstörten die Römer Tivoli³ gegen des Pap-

---

casa Baviera, sagt Costanzo, 14. Lang, Vereinigung, II, 103. Höchst wahrscheinlich sind die Lieder in der Sammlung der Minnesänger (Bogen, IV, 68;
I, B) von diesem Markgrafen von Hohenburg. Ried giebt folgende Tafel:

Friedrich von Hohenburg
Mathilde von Andechs; deren zweiter Gemahl
Diephold von Bohburg.

Bertold   Otto   Ludwig   Diephold.
Isolde

¹ Das Gift müßte also wenigstens nicht schnell gewirkt haben und damals noch kein Verdacht auf Manfred gefallen seyn. Jamsilla, 547. —
² Matth. Par., 579, 580, 591. — ³ Vitale, I, 121.

ires Willen und umlagerten gleich nachher Terracina[1], zu dessen Unterstützung er alle benachbarten Städte und Barone dringend aufforderte.

In solchen Bedrängnissen war dem Papste des Königs Tod doppelt willkommen, da er ihm plötzlich die Aussicht eröffnete, das apulische Reich ohne Mühe von einem verwaiseten Kinde und von eifersüchtigen Vormündern zu gewinnen. Als daher Bertolds Gesandte bei ihm anlangten und Konradin, nach des Königs letztem Befehle, dringend seinem Schutze anempfohlen, so erklärte er[2]: Reich und Herrschaft gebühre ihm; dem Kinde aber wolle er, sofern es zu Jahren komme, in Hinsicht des Unrechtes auf Apulien (wenn ihm ein solches etwa zustehe) Gnade zukommen lassen. Und in einem spätern, hierüber an alle Christen gerichteten Schreiben heißt es, nach einer Einleitung über die große Milde und Versöhnlichkeit der Kirche: der Papst wolle, nach genommener Rücksprache mit seinen Brüdern, den Kardinälen, erlauben, daß das jerusalemische Reich und das Herzogthum Schwaben dem Kinde verbleibe, und daß die der Kirche im apulischen Reiche Treue Schwörenden hinzusetzen dürften: unbeschadet der Rechte Konradins.

Diesen Erklärungen und geheimen wie öffentlichen Bemühungen des Papstes zufolge neigten sich manche apulische Städte und Barone zur Kirche hin, und Markgraf Bertold fühlte, er sey als Deutscher im Lande verhaßt und außer Stande irgend eine erhebliche Maßregel durchzusetzen. Wenn nun gar, wie die Rede ging, ein päpstliches Heer in das Reich einbrechen sollte, so war vorauszusehen daß nicht bloß sein Einfluß völlig ein Ende nehmen, sondern daß man auch Konradins Ansprüche ganz bei Seite setzen würde. In dieser Lage erschien eine aufrichtige Aussöhnung mit dem unter den Einwohnern des Landes so beliebten Manfred höchst rathsam, und Bertolds Gemahlin, welche des Fürsten Verwandte genannt wird[3], mag zu solchem die Kräfte Beider stärkenden Auswege möglichst hingewirkt haben. Einstimmig mit vielen Grafen, Baronen und anderen Edeln bat er: Maufred möge die ihm zu schwer werdende Last der Reichsverwaltung übernehmen. Der Fürst antwortete: Bertold sey vom Könige Konrad im Testamente zum Reichsverweser ernannt worden und dürfe also die Würde weder niederlegen, noch einem Andern übertragen. Ihm bleibe Schuld und Gefahr, wenn das Land in eine Lage gekommen sey, aus der es menschliche Weisheit kaum zu retten vermöge, und er, der Fürst, müsse jenen Antrag um so mehr ablehnen, da man ihn bei eintretenden Unglücksfällen gewiß als Urheber bezeichnen, oder doch sein anmaßliches Hervordrängen bitter ta-

---

[1] Contatore, 52. Böhmer, Reg., LXV. — [2] Jamsilla, 507. Raynald, §. 40. — [3] Tochter des Markgrafen Lancia, soror omnium von Manfred, sagt Tansius, 83; siehe jedoch die fünfte Beilage.

bin werde. — Die Barone erwiederten: wenn Manfred nicht die Reichsverwaltung gleich anfangs zurückgewiesen hätte, würde sich Bertold nie mit derselben befaßt haben. Jetzt sey aber gar nicht davon die Rede, ob sie Bertold mit Recht oder Unrecht angenommen oder niedergelegt habe, sondern ob es Recht und Pflicht erfordere daß Manfred dem angetragenen, obgleich lästigen Amte (zu eigenen Ehren, zum Schutze des Reiches und zur Errettung seines sonst hülflosen Neffen) mit demjenigen Geist und mit der Kraft vorstehe, die ihm Gott verliehen habe. Bei keinem Anderen könne man Hülfe finden, denn der Papst wolle offenbar das zeither selbständige Reich unterjochen. Diese große Gefahr dürfe aber nicht abschrecken, sondern müsse einen tüchtigen Mann nur desto mehr zu rühmlichen Anstrengungen und Thaten befeuern. Oder wolle Manfred, wenn Konradin sterbe (oder gar, wie Mehre behaupteten, schon gestorben sey) seine Ansprüche auf den Thron, welche die nächsten wären, feige dem ersten besten Thronbewerber preisgeben?

Diese und ähnliche Vorstellungen bewogen den Fürsten zur Nachgiebigkeit[1]. Alle schwuren Treue dem Könige Konradin und dem Statthalter Manfred, ja im Fall der Erste kinderlos sterben sollte, erkannten sie endlich des Letzten Recht auf den Thron an. Markgraf Bertold versprach, ihn aus allen Kräften zu unterstützen und ihm die überkommenen Gelder, Schätze, Kleinode u. dgl. auszuhändigen.

Sobald Innocenz hiervon Nachricht erhielt, setzte er[2] dem Fürsten und dem Markgrafen eine letzte Frist bis zu Mariä Himmelfahrt, dem 15. August 1254, und bannte sie, als beide ausblieben, mit allen ihren Anhängern. Selbst dasjenige, was diese etwa in Deutschland besitzen möchten, sollte ihnen, nach des Papstes Befehl, durch König Wilhelm genommen werden.

Bald darauf, am 5. September, ertheilte er seinem Verwandten, dem Kardinal Wilhelm Fiesko, eine fast unbeschränkte Vollmacht zur Leitung der apulischen Angelegenheiten: er durfte Geld aufnehmen, Steuern ausschreiben, die Einkünfte nicht bloß erledigter, sondern auch besetzter Pfründen (wenn deren Inhaber sie nicht freiwillig hergäben) zum Besten der Kirche verwenden, Reichsgüter einziehen und verleihen, Abgesetzte verjagen, Wenige zu Gnaden aufnehmen u. A. m. — Gleichzeitig trat Innocenz mit Peter Rufus, dem Statthalter von Sicilien, in Unterhandlung und gewann nicht Wenige, indem er ihnen für den Fall eines glücklichen Ausganges große Geschenke und Lehngüter versprach.

Während sich die Gefahren für Manfred hiedurch mehrten, erfüllte Bertold keinen Punkt des geschlossenen Vertrages; es sey nun daß er es von Anfang an nicht ehrlich meinte, oder daß er sich

---

[1] Dandolo, 360. — [2] Raynald, §. 45—55.

durch den Bann schrecken ließ und eine leichtere Aussöhnung mit der Kirche vorbereiten wollte. Eine Zeit lang glückte es dem Fürsten durch schnelles Hin- und Herziehen die Unruhigen zu überraschen und zu schrecken; als aber die von Bertold versprochenen Summen ausblieben und der Verkauf alles Geldeswerthen, selbst der silbernen Geräthschaften Manfreds, nicht ausreichende Mittel gab die Deutschen zu besolden, so zeigten sich diese angeblichen Vertheidiger fast so gefährlich wie die offenbaren Gegner. Hiezu kam daß Richard von Montenegro, dessen Besitzungen an den Grenzen des Kirchenstaates lagen, dem sich sammelnden päpstlichen Heere den Durchgang bewilligte und eine Verschwörung entdeckt ward, welche bezweckte den Fürsten lebendig oder todt zu fangen, sobald jenes Heer in das apulische Reich einrücke. In dieser allseitigen Bedrängniß glaubte Manfred in Güte und mit Anstand das bewilligen zu müssen, was er mit Gewalt nicht abwehren könne; er beschloß sich mit Innocenz auszusöhnen und ihn selbst in das Reich einzuführen. Am 27. September 1254 (nur 19 Tage nach dem von neuem ausgesprochenen Banne) kam, ohne alle Rücksicht auf des Papstes Vergabung an Heinrich III, durch Vermittelung von Manfreds Oheim, Galvan Lancia, folgender Vortrag zu Stande:

„Da das ganze sicilische Reich schlechthin dem apostolischen Stuhle gehört [1] und dessen Herrschaft gänzlich dem Papste zugefallen ist, so überträgt dieser dem Fürsten, aus eigener Macht und Gnade, nicht allein die ihm früher von Friedrich II (mit Unrecht [2]) zugesicherten Besitzungen, sondern außerdem noch die Grafschaft Andria als ein unmittelbares Kirchenlehn, wogegen Manfred, im Falle des Bedürfnisses, 50 wohlgerüstete Ritter mit Zubehör auf 40 Tage zum Dienst innerhalb der Reichsgrenzen stellt. Der Kirchenbann wird aufgehoben und dem Fürsten, unter unmittelbarer Leitung des Papstes, die Statthalterschaft diesseit der Meerenge, jedoch mit Ausnahme der Landschaft Abruzzo, eingeräumt. Für diese Würde soll der Fürst, nach Abzug aller eigentlichen Reichsausgaben, für sich jährlich 8000 Unzen Goldes beziehen."

Die Entschuldigung des Fürsten, daß er die Verwaltung früher nur zum Schutze seines unmündigen Neffen angetreten habe [3], nahm Innocenz stillschweigend als genügend an und erklärte sich über den Vorbehalt der Rechte Konradins zur Zufriedenheit Manfreds. Hierauf ging dieser dem Papste bis an die Reichsgrenze entgegen und führte demüthig dessen Pferd von Ceperano bis zur Brücke über den Garigliano. Uebele Anzeige aber begleitete seinen Eintritt: denn das

---

[1] Raynald, §. 58—60. Tutini discorsi. Innoc. reg., XII, ep. ohne Nummer. — [2] Während des Bannes habe der Kaiser nichts vergeben können. Saba Malasp., 1, 4. — [3] Jamsilla, 512. Nach Spinelli, 1077, gab Manfred nach, weil er sah daß der Papst bald sterben werde.

Kreuz, welches ihm als Stellvertreter Christi auf langer Stange vor- 1254
getragen wurde, riß aus den Banden und fiel zur Erde nieder. In
Capua bestätigte er die Freiheitsbriefe mehrer Orte, hob, um sich beliebt zu machen, die von Friedrich II und Konrad IV ausgeschriebenen
neuen Steuern auf und begab sich um das Ende Oktobers 1254
(ohne Manfred) nach Neapel. Von hier aus schrieb er an Petrus
Rufus [1], welcher Statthalter Siciliens geblieben war, und sah der
Unterwerfung desselben auf die ihm vorgelegten Bedingungen um so
bestimmter entgegen [2], da sich auch Bertold von Hohenburg im An-
fange des Novembers mit der Kirche aussöhnte. Für die unbedingte
Anerkenntniß der alleinigen Hoheitsrechte der römischen Kirche und das
treulge Versprechen künftigen untrüglichen Gehorsams löste ihn der
Papst vom Banne, bestätigte alle vom Könige Konrad ihm gemachten
Schenkungen und bewilligte ihm, unter Verleihung der Würde eines
Großseneschalls von Neapel und Sicilien, eine bedeutende jährliche
Rente und freien standesmäßigen Unterhalt am päpstlichen Hofe.
Außerdem wurden seinen Verwandten mehre Ländereien als Lehn
überlassen.

So schien Innocenz in jeder Beziehung obgesiegt zu haben: in
der Hauptstadt seines Erbfeindes herrschte er mit unumschränkter Gewalt, alle Edlen kamen und beugten sich vor seiner neuen Herrschaft,
und die Abgeneigten waren entweder füglich gewonnen, oder so ein-
geschreckt daß sie keines Widerstandes mehr gedachten. Aber in diesem
Augenblicke einer beispiellos großen weltlichen Herrschaft, eines glänzenden Sieges entstand dem Papste unerwartet neue Gefahr, und die
Unbeständigkeit alles dessen, was mit Härte und Ungerechtigkeit erstrebt
wird, zeigte sich jetzt so an der kirchlichen, wie früher oft an der
kaiserlichen Herrschaft.

Manfred gewahrte bald, daß seine Nachgiebigkeit weder seinem
Neffen Konradin, noch ihm den erwarteten Vortheil bringen, daß
man ihn nicht als Sohn und Erben eines Kaisers behandeln, vielmehr dem übrigen Haufen päpstlicher Diener gleichstellen werde.
Ja seine alten Gegner (welche dem Papste minder gefährlich schienen,
als ein Hohenstaufe) gewannen größere Rechte und größeren Einfluß.
Gleichzeitig mochten die Verhandlungen mit England bekannt werden,
welche den Papst in den Augen des Fürsten höchst zweideutig erscheinen
ließen. Schon im Frühjahr 1254, gerade um die Zeit der lebhafte-
sten Bemühungen König Konrads wegen einer Aussöhnung mit der
Kirche [3], hatte Innocenz heimlich das apulische Reich an Edmund,
den Sohn König Heinrichs III von England, vergeben und diesen aufgefordert, unter Zurücksetzung aller anderen Zwecke, Mannschaft und
Geld zur Eroberung und Behauptung desselben zu übersenden. Nach

---
[1] Append. ad Malaterr. Jamsilla, 518. Tedeschi. 129—131. —
[2] Url. vom 3. November 1254. Rymer, 1, 1, 199. — [3] Ibid. I, 1, 178,
181—190. Pauli, III, 690.

1254 König Konrads Tode schrieb ihm der Papst ferner: er könne zwar, bei so veränderten Umständen, das frühere Anerbieten zurücknehmen, wolle es aber, wenn Heinrich sich thätig bezeige, dabei lassen, ja sogar ansehnliche Summen zur Bestreitung der etwa entstehenden Kriegskosten hergeben. Hierauf eingehend, schickte jener den Erzbischof von York und den Bischof von Hereford mit offenen Briefen ab, um die Regierung des Landes anzutreten, und schenkte seinerseits die Stadt Kapua nebst Zubehör an den Grafen Thomas von Savoyen. Wahrscheinlich hätte Innocenz diese eilfertigen Schritte nicht bestätigt, sondern streng getadelt [1], wenn er des Königs weniger bedurft hätte. Jetzt schrieb er ihm am 17. November aus Neapel: obgleich die Waffen der Kirche Glück gehabt hätten, so dürfte sie doch bei ihrer Milde das Reich ohne andere Unterstützung kaum behaupten können, weshalb er hiezu die schleunigsten Anstalten treffen, oder erwarten müsse daß die Belehnung eines Anderen erfolge. — Zunächst schien der Papst indessen mehr an Befestigung seiner unmittelbaren Macht, als an eine Theilung derselben und ernste Berufung eines Anderen zu denken. Auch benahm sich der Legat Wilhelm Fiesko, als habe er (zugleich Kardinal und Verwandter des Papstes) das nächste Recht einem Kirchenlehn unter Kirchenhoheit vorzustehen [2]. Von allen Baronen, selbst von Manfred verlangte er, gleichwie sonst der König, den Eid völliger Unterwerfung. Hiegegen erinnerte der Fürst: in den zwischen ihm und dem Papste geschlossenen Verträgen [3] wären Konradins und seine Rechte ausdrücklich vorbehalten, und versprochen worden bis zur Großjährigkeit des Königs im Reiche nichts zu neuern. Der Kardinal blieb bei seinem Verfahren und freute sich sehr, als der jenen Eid beharrlich verweigernde, mit allen übrigen gleich behandelte Fürst allmählich so an Achtung verlor, daß Viele etwas darein setzten vor ihm nicht einmal den Hut abzuziehen [4]!

In dem Augenblicke dieser aus so vielen Gründen wachsenden Spannung trieb ein zufälliges Ereigniß das Uebel auf die Spitze. Burello, Herr von Anglone, welchem Kaiser Friedrich mit Recht Lehen abgesprochen und der sich schon zu Konrads Zeit über Manfreds Herkunft und körperliche Eigenschaften beleidigend ausgelassen hatte, erhielt von diesem großmüthig Verzeihung und Ersatz der verlornen Güter. Deßungeachtet trat er auf die Seite des Papstes und empfing dafür, noch vor dessen Einzug in das Königreich, mehre Besitzungen. Als sich aber Manfred mit Innocenz aussöhnte, wurden diese Besitzungen wiederum dem Fürsten zugerichtet, und er verlangte nun daß Burello entweder ganz davon abstehe, oder sie doch von ihm als einem höher Gestellten zu Lehn nehme. Statt dessen gab jener trotzig die Antwort: Manfred sey seines Gleichen und der Papst ihr ge-

---

[1] Bestätigung des Papstes vom 31. Mai des 11. Jahres aus Assisi. Archivio della camera in Turin. — [2] Cardella, I, 2, 280. — [3] Jamsilla, 513. — [4] Spinelli, 1077.

meinsamer Herr. Bei diesem beschwerte sich der Fürst, seinen Zorn nur beherrschend, erhielt aber nur die doppelsinnige Antwort: Innocenz habe dem Burello sein Recht Manfreds übertragen. Auch die Hinweisung auf künftige rechtliche Untersuchung mißfiel, und ein angesehener Mann aus Manfreds Gefolge, welchem dessen Würde hiedurch verletzt schien, äußerte: besser sey es, der Fürst verfahre so daß ein Anderer über ihn, als daß er hülfsbedürftig über Andere klage. — Um dieselbe Zeit wollte Manfred dem aus Apulien nach Theano zum Papste eilenden Markgrafen Bertold mit mehren Begleitern entgegenreiten, fand aber einen Engpaß besetzt, und zwar, wie sich bei näherem Zuschauen ergab, durch Burello und dessen Leute. Dieses neue, allem Anscheine nach feindliche Beginnen erzürnte Manfred und seine Freunde; Thilius, ein Neffe des Papstes, der sich zu ihm gesellt hatte, warnte indeß vor einem gewaltsamen, Innocenz ohne Zweifel mißfälligen Verfahren. Mittlerweile hatten sich die Begleiter des Fürsten genähert und dem Engpasse genähert. Sobald Burello diese Zeichen des Ernstes sah, begab er sich auf die Flucht und wurde mit einer Lanze im Rücken, jedoch nicht gefährlich, verwundet. Einige seiner Leute, welche man hiebei einfing, baten Manfred um die Rückgabe der ihnen genommenen Pferde, worauf dieser, ihre Bitte bewilligend, sagte[1]: „Gehet hin und warnet euern Herrn, er möge künftig nicht so thöricht und unverschämt seyn wie bisher, denn nur aus Ehrfurcht vor dem Papste, und weil unsere Würde durch ihn kaum leiden kann, kümmern wir uns nicht weiter um seine Ungebührlichkeiten." Inzwischen war Burello auf der Flucht bis Theano gekommen. Als sich hier aber das bei dem Charakter des Verwegenen nicht unwahrscheinliche Gerücht erhob, er habe Manfred erschlagen, so ward er von den Einwohnern des Ortes, welche den Fürsten liebten und verehrten, getödtet, ohne daß dieser davon wußte, oder Veranlassung dazu gegeben hatte[2].

Sobald Manfred von dem unerwarteten Ereigniß Kunde erhielt, wandte er sich zu Thilius und äußerte: „In Rücksicht der dem Papste zu erweisenden Ehrfurcht schmerzt mich Burellos Tod; er schmerzt mich nicht, sofern ihn, obgleich gegen meinen Willen, das widerfahren ist was er für seine Unverschämtheit wohl verdiente." Thilius übernahm es, den Papst zu überzeugen daß Manfred an dem Unfalle nicht schuld sey, und dieser eilte weiter dem Markgrafen Bertold entgegen. Sein Weg führte über Kapua, wo die Kardinäle und das päpstliche Heer verweilten und Innocenz erwarteten. In der Meinung daß dieser nahe, zogen sie aus der Stadt, wandten sich aber vom Wege ab, als sie Manfred und seine Schaar erkannten; denn es war ihnen schon ein unbestimmtes Gerücht über Burellos

---

[1] Rymer, 1, 1, 193. Jamsilla, 514—516. Descript. victor. Caroli, 826. — [2] Den 19. October. Böhmer, Reg., 303.

Tod zugekommen, und sie überlegten, ob sie den Fürsten nicht sollten umringen und fangen lassen. Manfred ahnte ihre Pläne und gerieth in noch größere Besorgniß, als sich die Stadtthore nochmals öffneten und Reiter und Volk ihm entgegenzogen; er beschloß sich bei einem Angriffe aufs Aeußerste zu vertheidigen. Plötzlich ertönte aber Musik und Freudengeschrei, denn ihm zu Ehren nahten die Einwohner, worauf er den Kardinälen ermuthigt auf ihrem Seitenwege folgte und sich bei ihnen für seine Reise zu Markgraf Bertold beurlaubte. So theilnehmend sie sich indeß auch stellten, so bemerkte Manfred doch die alte Freundschaft sey verschwunden, und fürchtete daß man in der Stille die päpstliche Macht gegen ihn sammele oder ordne. Deßhalb wollte er möglichst schnell durch Kapua hindurcheilen. Hier aber empfingen ihn die Bewohner aufs neue und zogen mit Trompeten und Pfeifen, mit Sang und Klang, in langsam feierlichem Schritte vor ihm her, bis zu der Wohnung wo er gewöhnlich abzutreten pflegte. Es war ihm unmöglich vorbeizueilen; er mußte, von Furcht und Hoffnung gleichmäßig bewegt, ruhig ausharren, und erst nach langem Aufenthalte konnte er seinen freundlichen Dank für die erzeigte Ehre anbringen und das Freie erreichen. Noch war er indeß nicht zwei Miglien von Kapua entfernt, als die Nachricht eintraf daß sein Gepäck genommen sey und mehre Reiter ihm in feindlicher Absicht folgten. Um diese aufzuhalten, ließ er etwa 20 Begleiter am Wege zurück; bald aber kam einer derselben in gewaltiger Eile angesprengt und rief aus: „Alle sind gefangen worden!" „Wie ist das unmöglich", fragte der Fürst, „da du doch frei vor mir stehst?" Mit gleicher Ruhe sorgte er, daß bei einer engen Brücke über ein reißendes Bergwasser kein ängstliches Gedränge entstehe, folgte selbst als der Letzte und erreichte Acerra, ehe seine Feinde ihn angreifen, oder sich zu einem unausbleiblich harten Kampfe entschließen konnten [1]. Der Graf von Acerra, sein Verwandter, nahm ihn freundlich auf.

Als Markgraf Bertold, welcher gleichzeitig im Schlosse Argentium (Arinjo [2]), etwa drei Miglien von Acerra, angekommen war, von dem Vorgefallenen hörte, äußerte er: der Fürst habe gehandelt, wie es dem Sohne eines Kaisers gebühre, und die Unverschämtheit des Narren, welcher mit ihm nicht einmal unterhandeln wollen, nach langer Geduld verdientermaßen bestraft. Aeußerungen so günstiger Art gaben einigen Freunden Manfreds den Muth, Bertold zu bitten, er möge jenen in Acerra aufsuchen und sprechen; der Markgraf wies jedoch diesen Antrag unter dem Vorwande zurück, er werde alsdann dem Fürsten nicht mehr beim Papste nützen können. Von dem Allem sogleich unterrichtet, ließ Manfred jetzt seinerseits durch besondere Abgeordnete um eine Zusammenkunft nachsuchen. Bertold aber wiederholte zuvörderst jenen Ablehnungsgrund und fügte dann, als man

---

[1] Tansius, 83. — [2] Cesare, I, 50.

Manfred und Bertold.

ihn widerlegte, beschwerend hinzu: der Fürst habe bei den Verhand- 1254
lungen mit dem Papste nur an sich und seine Verwandten gedacht,
auf ihn dagegen gar keine Rücksicht genommen. Hierauf antwortete
ihm einer der Abgeordneten, Gottfried von Kosenza, nicht ohne Bewegung:

„Dir, o Markgraf, hat der sterbende Kaiser seinen Sohn übergeben, damit du, vom Vater her sein Blutsfreund und durch die
Mutter ihm verschwägert [1], Vater- und Mutterstelle bei ihm vertretest.
Sein Ruhm gereicht dir zur Ehre, sein Unglück zur Schande, und
wenn du ihn jetzo verlässest, so geräth nicht allein er in die höchste
Gefahr, sondern das ganze Kaiserhaus, auf dessen Größe dein Glück
und dein Ansehen allein gegründet ist. Wie darfst du ihm das Geringe, eine Stunde Gespräch und Gehör verweigern, da es wohl
lohnte, viele Tagereisen weit herbeizueilen, um sich im Andenken
an alte Pflicht und Treue mit ihm gegen Feinde aller Art auf Tod
und Leben zu verbinden! Deine überfeine Klugheit verwandelt sich
in Thorheit; denn während du dich wegen alter Zwistigkeiten an
dem Fürsten zu rächen gedenkst, übst du der Wahrheit nach mehr
Rache gegen dich, als gegen ihn, und wirst durch den Fall des Unschuldigen unfehlbar, als der Schuldige, mit zu Boden gestürzt
werden."

Durch diese und ähnliche Vorstellungen wirklich oder scheinbar
überzeugt, erklärte Bertold: Manfred solle ihn mit Anbruche des
Tages in dem Walde zwischen Aversa und Capua gleichsam zufällig
treffen, auf daß der von ihrer Zusammenkunft etwa benachrichtigte
Papst nicht Argwohn schöpfe.

Als jedoch Manfred zur verabredeten Stunde und am gehörigen
Orte erschien, fand er nicht den Markgrafen, sondern nur die Nachricht,
jener sey durch Eilboten zum Papste berufen und habe, einen anderen
Weg einschlagend, ihn nicht erwarten können. Gern wolle er indeß
die Abgeordneten, welche der Fürst sogleich nach Capua senden möge,
bei ihren Unterhandlungen mit dem Papste in Rath und That unterstützen.

Diese Abgeordneten, Galvan Lancia und Richard Filangieri, fanden aber, als sie sich zuerst in Capua an den Markgrafen wandten,
keineswegs die gewünschte Aufnahme, vielmehr haderte er über die
schon erwähnten Punkte und wurde nur mit Mühe durch ähnliche
Gründe zu dem Versprechen gebracht, sich bei dem Papste (von dem
er jetzt mancherlei Bewilligungen hoffen durfte) für den Fürsten zu
verwenden. Gleich nachdem Bertold jenem gesprochen hatte, wurden
Manfreds Gesandte vorgelassen, entschuldigten den Tod Barellos und erklärten: der Fürst sey bereit, sich behufs einer genauen und vollständi-

---

[1] Tu, qui consanguinitatis ex parte patris et affinitatis ex parte
matris et ex proximitate contunctus. Jamsilla, 518.

gen Untersuchung zu stellen, sobald man ihm für seine Person schriftlich oder auch nur mündlich Sicherheit versprechen und nach feststehenden Gesetzen verfahren wolle. Hierüber konnten aber die Gesandten, trotz erneuter Bitten und umständlicher Vorstellungen, keine andere Antwort erhalten, als: dem Fürsten solle Recht widerfahren. Diese Aeußerung erschien aus mehren Gründen bedenklich. Erstens hatte Innocenz früher den Unfall mit Burello minder schwer genommen und erklärt: wenn Manfred auch nicht ganz ohne Schuld sey, so gereiche doch Veranlassung, Ort und Zeit u. s. w. zu großer Entschuldigung[1]; jetzt aber, dies erfuhr man, wirkten die mächtigen Verwandten Burellos so lebhaft als erfolgreich gegen den Fürsten. Zweitens verlautete: Markgraf Bertold habe dem Papste gerathen, er solle seine Macht bei dieser Gelegenheit aufs Strengste geltend machen, Manfred, wenn er sich einfinde, festnehmen und dadurch alle Unruhen im Reiche schnell beendigen, oder aber, wenn er ausbleibe, ihn mit Heeresmacht verjagen.

Dies Alles berichteten die Gesandten dem Fürsten, fügten aber dennoch den Rath hinzu: er möge sich lieber einfinden, als ausbleiben, weil es nicht wahrscheinlich sey, daß der Papst alle Grundsätze der Gerechtigkeit bei Seite stellen und zu Erweckung allgemeiner Unzufriedenheit gegen Manfreds Person Gewalt brauchen werde. Dieser gab zur Antwort: In Kapua habe man sein Besitzthum geraubt und sich bis jetzt zu keiner Rückgabe verstanden; in Kapua hätten sich viele von seinen und seines Vaters Feinden versammelt; darum erscheine ihm diese Stadt verdächtig. Wohl aber sey er bereit sich in Aversa einzufinden, wohin der Papst binnen Kurzem zu reisen gedenke. Hierauf entgegnete Innocenz: er wolle nicht, daß der Fürst zu ihm komme, sondern daß er sich vor seinem Gesandten stelle. Diese Strenge, Aengstlichkeit oder Verachtung schreckte und beleidigte zugleich, sodaß Galvan Lancia seinem Neffen heimlich den Rath gab: er möge sich vor dem Eintritte größerer Gefahren entfernen. Diesem Rathe und seiner eigenen Neigung folgend, entwarf Manfred weitere Pläne, aber Niemand ahnte sie, am wenigsten der Papst; denn Galvan selbst blieb ruhig in Kapua und ein Theil der Leute des Fürsten war schon nach Arcria aufgebrochen, um Alles für den Empfang desselben vorzubereiten.

Johannes der Mohr, einer schwarzen Magd Kind und ungestalt, hatte sich (weil Kaiser Friedrich II nicht auf Herkunft, sondern auf innere Tüchtigkeit Rücksicht nahm) allmählich durch seine Anlagen und seine Thätigkeit zu wichtigen Aemtern emporgeschwungen und von Konrad IV den Oberbefehl in Luceria erhalten, wo er jetzt mehr als unumschränkter Herr denn als Bevollmächtigter eines Anderen herrschte. An diesen alten begünstigten Diener wandte sich Manfred

---

[1] Saba Malespina, I, 5. Suessan. chron.

in seiner Noth, und Johannes versprach so viel Gutes und Liebes, 1254 als man irgend erwarten konnte. Aber während der Fürst dem ihm vom Papste drohenden Uebel entfloh, warteten seiner auf dem weiten Wege von Acerra nach Luceria andere, kaum geringere Gefahren.

Gegen Mitternacht brach er mit seinem Gefolge von Acerra auf, geführt durch zwei der Gegend kundige Edle, Martin und Conrad Kapece, deren Familie sich seit dieser Zeit durch feste Anhänglichkeit an die Hohenstaufen ehrenvoll auszeichnete. Nach wenigen Stunden kam man, der Landstraße folgend, an das Schloß Monteforte welches Ludwig, der Bruder des Markgrafen Bertold, vermöge einer Schenkung König Konrads besaß. Nach dem offenbaren Abfalle Bertolds wollte sich Manfred jenem nicht anvertrauen; man suchte vom Wege ablenkend über hohe Berge einen Steg, gerieth aber hiebei an Abgründe, welche im blassen Mondscheine doppelt gefährlich erschienen. „Oft ist man (so beschreibt ein neuer Beobachter[1] diese Gegenden) von Bergen rings eingeschlossen und in völliger Einsamkeit, und wird doch fast betäubt durch das Rauschen der hinabstürzenden Bäche, das Geheul der durch die Engthäler ziehenden Winde, das Geschrei der Raubvögel und das Brausen der Baumgipfel." — Endlich erreichten Alle, die Pferde einzeln an den Bergen hinauf- und hinabführend, mit Tagesanbruch die Burg Mercogliano[2] und gaben auf Befragen zur Antwort: sie gehörten zu den Leuten Markgraf Bertolds. Dennoch schlossen die Einwohner ihre Thore, und es blieb nur an den Mauern entlang ein Steg offen, fast so mühsam und gefährlich als der in der Nacht betretene. Hiezu kam, daß in der Stadt Zweifel gegen die Richtigkeit jener Angabe entstanden und Viele verlangten: man solle die Vorbeiziehenden anhalten, und genau untersuchen wer sie seyen. Während der hierüber entstandenen Berathungen war aber der Fürst (das von Bertolds Mannen besetzte Avellino seitwärts lassend) bereits in Atripalda, einem Schlosse der Kapece, angelangt, wo ihn die edlen und schönen Frauen seiner Führer mit großen Ehren und Freuden empfingen. Die Rast durfte jedoch nur kurz seyn, und erst in Ausko, welches der Grafen von Acerra gehörte, hielt man sich vor der Verfolgung der Päpstlichen sicher. Auch erklärte sich Vinium (Bovino) und Bisaccia am folgenden Tage gern für Manfred; Melfi hingegen antwortete: es könne dem Innocenz bereits geschworenen Eide nicht untreu werden; und in Quartia erfuhr man, der Kardinalgesandte werde am folgenden Tage daselbst mit Heeresmacht aus Ariano anlangen, sofern die Bewohner sich nicht sogleich für den Papst erklärten. Bei diesen Umständen blieb nur der Weg nach Ascoli offen; dahin gesandte Eilboten brachten aber die Nachricht zurück: man habe die Schreiben des Fürsten nicht abgeben können, weil die Stadt in vollem Aufruhr und der Stadthauptmann bereits

---

[1] Castellan, Lettres sur l'Italie, I, 221—224. — [2] Cesare, I, 87.

1254 erschlagen sey. Dessen Neffe, welcher mit jenem Boten ankam, forderte den Fürsten auf, sich der Stadt während dieser Verwirrungen zu bemächtigen; und noch eifriger als Manfred ergriffen mehre seiner Begleiter den Gedanken, durch eine kühne Waffenthat Macht und Ruhm zu erwerben. Als aber jener Jüngling zu gleicher Zeit sehr laut vom Untergange der Empörer und von Plünderung der Stadt reden hörte, erschrak er, bezwang seine Rachsucht und wollte nicht um einiger Schuldigen willen viele Unschuldige verderben. Angeblich um die Sicherheit des Weges zu erkunden, eilte er voraus und kam bald darauf mit der (vermuthlich ganz von ihm erfundenen, aber an sich nicht unwahrscheinlichen) Botschaft zurück: Otto, der zweite Bruder des Markgrafen Bertold, sey mit 500 Reitern bei Kerneto, nur eine Miglie von Askoli, angelangt.

Leicht wäre Manfred, wenn er sich bei diesen Umständen nach Askoli begeben hätte, von seinen Feinden ganz eingeschlossen und gefangen worden; darum wandte er sich seitwärts und ward (ein Trost unter so vielen Gefahren) erst in Lavello und dann in Venosa als Herr und Fürst aufgenommen. Bald nachher langten hier aber Bevollmächtigte an und forderten daß die Bürger einen Bund mit Melfi schließen sollen. Man konnte den Antrag dieser mächtigeren Stadt nicht ablehnen, und obgleich Manfreds Rechte hiebei vorbehalten wurden, so mußte ihm doch sein Aufenthalt in dieser Gegend bedenklich, ja gefährlich erscheinen, da er sich, durch die Verhältnisse gezwungen, gar weit von seinem Hauptziele, Luceria, entfernt hatte. Hiezu kam daß Johannes der Mohr nach Kapua gereiset war, der Angabe nach um für Manfred zu wirken, der Wahrheit nach um Luceria als unabhängige Herrschaft aus den Händen des Papstes zu empfangen. Marchisio, welcher einstweilen daselbst für ihn befehligte, hatte geschworen: er werde Niemand während des Mohren Abwesenheit, auch den Fürsten nicht in die Stadt einlassen. Mit offener Gewalt war hiegegen nichts auszurichten, und ebenso wenig mit lauter Klage, oder auch nur mit Argwohn erregenden Fragen; wohl aber wußte Manfred, daß die Oberherrschaft des Papstes den Saracenen in Luceria sehr unwillkommen seyn müsse. Deßhalb schickte er einige treue Diener in die Stadt, welche unentdeckt viele angesehene Einwohner erforschten, überall eine erwünschte Stimmung fanden und, als sie sich näher kund gaben, die Antwort erhielten: der Fürst möge nur nach Luceria kommen, an Beistand mit Gut und Blut solle es ihm nicht fehlen. Ob aber Manfred mit aller ihm zu Gebote stehenden Mannschaft oder mit sehr wenigen Begleitern dahin eilen solle, darüber waren anfangs die Meinungen getheilt. Endlich schien das Letzte gerathener; denn der Weg führte zwischen dem empörerischen Askoli und dem von Otto von Hohenburg besetzten Foggia hindurch, und wenn Manfreds Macht für eine offene Fehde nicht stark genug war, so war sie doch ohne Zweifel zu stark, um unbemerkt bis Luceria vorrücken zu können.

Manfreds Züge.

Am Abende des 1. November 1254 ritt der Fürst (nachdem er für den folgenden Tag Alles zum Aufbruche gen Spinazzola angeordnet hatte) mit drei Begleitern vor das Thor, als beabsichtige er nur einen Spazierritt. Hier gesellten sich unerwartet einige, vom Geheimnisse nicht unterrichtete Männer zu ihm, und um dies nicht durch ihre Rücksendung zu verrathen oder doch anzudeuten, hieß er auch diese folgen. So lange noch Tag und Dämmerung dauerte, fand man sich glücklich auf den Nebenpfaden weiter, welche man zur Vermeidung jener Städte einschlagen mußte; nun aber brach eine Nacht ein, wie man sie freilich nicht erwartet hatte. Der Regen fiel in Strömen herab, und die Finsterniß war so groß daß man schlechterdings nichts sehen und nur durch Zurufen ein völliges Vereinzeln hindern konnte. Selbst Avenulf, der Jägermeister Kaiser Friedrichs II, welchen Manfred als Führer mitgenommen hatte und der sonst die kleinste Stelle dieser Gegenden genau kannte, wußte durchaus nicht mehr, wo man sich befinde. So dem Zufalle preisgegeben ritten Alle weiter, bis Avenulf endlich an einem fernen weißen Schimmer ein kaiserliches Jagdhaus zu entdecken glaubte; aber die Sorge war fast größer als die Freude, aus Furcht daß es, unter mehren ähnlichen Häusern, vielleicht das nahe bei Foggia erbaute sey. Es war glücklicher Weise das bei S. Agapito belegene, und nach der Besorgniß überkühn, zündeten jetzt die Ermatteten, Durchnäßten, fast Erfrorenen ein gewaltiges Feuer an, ohne daß sie anfangs daran dachten, wie dies den benachbarten Orten auffallen müsse und neue Gefahren herbeiführen könne. Noch vor Anbruch des Tages ritten sie deshalb weiter und kamen bis in die Gegend von Luceria. Damit die Zahl seiner Begleiter hier nicht Verdacht errege, ließ sie Manfred bis auf drei nach dem Schlosse Biblano reiten, wo sich Alle, sofern die Unternehmung mißglücke, wieder zusammenfinden wollten.

Aber das Thor von Luceria, — so schien es die gefährliche Zeit zu verlangen — war verschlossen und von innen durch mehre Hüter besetzt. Deshalb sandte Manfred einen seiner Diener, welcher Arabisch verstand, voraus und ließ (man mußte es schon wagen) jenen Männern zurufen: „Sehet, der Herr euer Fürst, der Sohn eures Kaiser kommt zu euch! Oeffnet ihm die Thore und nehmet ihn in eure Stadt auf, wie ihr vor Kurzem unter großen Arbeitungen versprachet." Die Wächter glaubten aber diesen Worten nicht, sodaß dem Fürsten kein anderes Mittel blieb, als kühn bis ans Thor vorzureiten, wo ihn dann auch Einige erkannten und hinschicken wollten, um die Thorschlüssel von Marchino, welcher sie verwahrte, abzufordern.

Einer von ihnen aber sprach: „Marchino wird die Schlüssel nicht hergeben, da ihm der Mohr verbot Jemand in die Stadt einzulassen; darum muß der Fürst auf irgend eine andere Weise hereinzukommen suchen. Gelingt dies, so ist es leicht alles Uebrige nach Wunsch zu

1254 orbnen." — Obgleich diese Bemerkung sehr richtig erschien, so wußte doch Keiner, wie man zum Zwecke kommen könne, bis derselbe getreue Wächter sagte: „Unter dem Thore ist ein Loch zur Abführung des Wassers der Rinnsteine; der Fürst mag hindurchkriechen, denn die Hauptsache ist, daß er, nicht wie er in die Stadt komme." Schon sprang Manfred vom Pferde und wollte sich gern dieser Erniedrigung unterwerfen, welche er als den Anfang seiner Erhöhung betrachten, als die übrigen Saracenen laut riefen: „Wir können nicht zugeben, daß unser Fürst auf solche schlechte Weise in die Stadt komme; laßt uns die Thore erbrechen, damit er einziehe, wie es sich gebührt." Und so geschah es mit größter Eile und Gewalt: sie hoben ihn auf ihre Schultern und trugen ihn, wie im Siegeszuge, durch die Straßen, und alles Volk strömte jubelnd herzu und drängte sich mit so ungezügeltem Eifer, ihn zu sehen, zu sprechen, zu berühren, daß er aus Liebe und Theilnahme fast wäre erdrückt worden!

Endlich hörte auch Marchisio den Lärm, begriff nicht wie Manfred habe in die Stadt kommen können, während er alle Schlüssel der Stadtthore verwahre, waffnete sich und zog ihm entgegen, keineswegs in freundlicher Absicht. Aber das Volk erhob ein solches Geschrei und verlangte so heftig, Marchisio solle absteigen und sich vor dem Fürsten zur Erde werfen, daß jener erschreckt den Forderungen nachgab. — Um dieselbe Zeit (so viel kam diesmal auf einen Tag, ja auf eine Stunde an) erschien vor den Thoren von einer Seite Markgraf Otto mit Mannschaft aus Foggia, von der andern die zurückgelassenen Begleiter Manfreds aus Biblano; diese voller Besorgniß, jener ohne Ahnung eines widrigen Ereignisses. Als nun beide Theile vom Geschehenen hörten, suchten die Fürstlichen den Kampf, während ihn Otto vermied und sich durch die Schnelligkeit seiner noch nicht ermüdeten Pferde rettete.

Gleichzeitig hatte Manfred von einem Fenster des kaiserlichen Palastes aus mit eindringlicher Beredtsamkeit zu dem versammelten Volke gesprochen über Burellos aufrührerisches Benehmen und des Papstes Anmaßung; wie er nur die Absicht habe, seine und seines Neffen unläugbare Rechte zu vertheidigen und die alten Freiheiten des Reiches, der Stände und Städte zu erhalten. Der höchste Beifall ward ihm zu Theil, und Alle schwuren ihm Treue gegen Jedermann. Damit war viel, mehr aber noch dadurch gewonnen, daß Manfred in Luceria große Vorräthe an Geld, Waffen und anderen Kriegsbedürfnissen fand, welche nach einander dem Kaiser, dem Könige Konrad, dem Markgrafen und dem Mohren Johannes gehört hatten. Nunmehr konnte er Söldner werben und seine Anhänger reichlich belohnen, weshalb sich schnell von allen Seiten, angezogen durch den Ruf seines königlichen Wesens und seiner Großmuth, Kriegsleute bei ihm einfanden, ja aus dem Heere seiner Gegner zu ihm übergingen. Zwar behielt der Papst in Terra di Lavoro unbedingt die Oberhand, und die von Natur schwachen und wankenden Apulier schreckte der

Manfreds Kämpfe.

Kardinal[1]; aber Markgraf Bertold, welcher an dem Tage wo sein 1254 Bruder Otto von Luceria verjagt ward, nach Foggia kam, hatte allerdings Grund über den plötzlichen Wechsel der Verhältnisse und vorzüglich darüber zu erstaunen, daß der Fürst, dessen Bitten er noch vor wenig Tagen mit verkehrtem Stolze zurückwies, jetzt kühn seine Leute selbst nach Foggia sandte, um Lieferungen und Zahlungen anzusagen. Der Markgraf sorgte mit scheinbar großer Aufmerksamkeit für die Herbeischaffung des Verlangten und fügte den Rath hinzu: Manfred möge keineswegs an einer billigen Aussöhnung mit der Kirche verzweifeln, und nichts thun was neue Hindernisse in den Weg legen dürfte. Dieser, vielleicht nicht einmal aufrichtige Rath Bertolds konnte indeß den Fürsten nicht abhalten seine Macht auf alle Weise zu verstärken, und er war mit Recht überzeugt, daß er so gestellt bessere Bedingungen erhalten, ja erzwingen könne, als wenn er hülfsbedürftig und unwürdig zugleich sein Recht als eine Gnade vom Papste erflehe. Neu angeknüpfte Unterhandlungen führten zwar nicht zum Ziele, doch ward Manfred hiebei von dem Markgrafen und selbst von dem Kardinalgesandten wie ein unabhängiger Fürst betrachtet und behandelt; auch gelang es seinen Gesandten bei dieser Gelegenheit eine Abtheilung Deutscher, welche sich im päpstlichen Heere befanden, zu gewinnen. Bei solcher Lage hätte der Kardinal rasch gen Luceria vorrücken und wo nicht die Stadt erobern, doch Manfred von dem übrigen Lande und den ihm täglich zuströmenden Hülfsmitteln abschneiden sollen[2]; statt dessen ließ er Kreuzpredigten wider ihn halten und versäumte aus Mangel aller Kriegskunde, oder aus Feigheit, oder aus beiden Gründen zugleich die günstigen Augenblicke. Der kleinere Theil seiner Macht stand unter Markgraf Otto in Foggia, der größere unter seinen Befehlen bei Troja. Während man aber meinte, durch solche Stellung sey Manfred eigentlich umlagert, beschloß dieser seinerseits, und zwar zuerst gegen Foggia, angriffsweise zu verfahren, ehe dessen unternommene Befestigung weiter vorrücke[3]. So große Kühnheit nicht erwartend, zog Markgraf Otto am 2. December 1254 mit einem Theile seiner Leute unbesorgt aus der Stadt hervor, gerieth in einen geschickt von Manfred gelegten Hinterhalt und ward dergestalt geschlagen, daß er sich nur nach Kanosa retten konnte. Kaum hatte man in Foggia hiervon Nachricht erhalten, als Manfreds Schaaren bereits vor den Thoren ankamen und den Sturm begannen. Die Hoffnung sie abhalten zu können, erschien jedoch nicht grundlos, als auf einmal das Geschrei erscholl: die Stadt sey genommen; und in der That war eine Abtheilung, welche Manfred klüglich nach der Nordseite geschickt hatte, wo man keinen Angriff

---

[1] Sunt imbecillia corda omnium Apulorum. Saba Malesp., I, 5. —
[2] Saba Malespina, I, 5, verglichen mit Raynald und Murat, Ann., zu 1255. — [3] Petr. Vin., II, 45.

erwartete, ungehindert eingedrungen. Nur die Burg widerstand noch oder ward vielmehr nicht angegriffen, weil Manfred fürchtete daß mehre Geistliche, welche sich hineingeflüchtet hatten, dabei möchten erschlagen und ihm dies als schwere Schuld angerechnet werden. Auch war, trotz dieses glücklichen Erfolges, das Größere noch zu thun und die Besorgniß sehr natürlich, der Kardinal werde von Troja heranrücken und den Fürsten von Lucerta abschneiden. Deshalb ging dieser spät Abends mit der Hauptmacht dahin zurück und ordnete Alles für die wahrscheinlichen Kämpfe des folgenden Tages. Denn es stand nichts Geringeres zur Entscheidung als: ob des Papstes Neffe oder des Kaisers Sohn der Tüchtigere sey, und wer von ihnen mehr verdiene das Reich zu beherrschen.

Mit dem Anbruche des Morgens, als man in Lucerta schon zur Schlacht rüstete, langten aber unerwartet zwei Bürger aus Troja an und erzählten zu allgemeinem Erstaunen: sobald das aus Tusciern, Kampanern und untauglichen Kreuzbrüdern bunt zusammengesetzte päpstliche Heer von Manfreds Siege bei Foggia Kunde erhalten habe, sey es und nicht minder der Kardinal in grenzenlose Furcht gerathen. Anstatt dem Fürsten entgegenzuziehen, habe man schon in der Nacht den Rückzug angetreten, und zwar in so beispielloser Eile und Verwirrung [1], daß viele Reuter auf ungesattelten Pferden davon geritten oder gar zu Fuße davon gelaufen wären; daß Andere ihr Gepäck zurückgelassen oder, um schneller zu entkommen, in der Nacht weggeworfen hätten! Die Stadt und selbst Roger von Parisio, der päpstliche Befehlshaber in der dasigen Burg, habe sich bereits für Manfred erklärt.

Die Meisten, besonders früher mit Hohn aus Troja vertriebene Deutsche, verlangten, der Fürst solle sie zugleich dahin führen; dieser aber, rachsüchtige Absichten erkennend und üble Folgen voraussehend, erklärte: zuerst müsse die Burg in Foggia erobert werden. Noch hatte man diese Stadt nicht erreicht, als schon die Botschaft ankam: alle Feinde des Fürsten, welche sich in jener Burg gesammelt hätten, wären in der Nacht entflohen, und zwar mit solcher Schnelligkeit daß die eiligst in allen Richtungen Nachsetzenden Niemand einzuholen vermöchten. Erst später fand man abseits der Wege viel weggeworfene Sachen; so Manche, welche versucht hatten sich über die Berge hinweg zu retten, waren hülflos im Schnee umgekommen.

Als Innocenz, welchem bis dahin Alles so über Erwartung gelungen war daß er sich am Ziele seiner Wünsche glaubte, und Schmeichler oder versteckt Spottende von ihm sagten, sein Haupt erhebe sich über die Wolken; als Innocenz von diesen großen Unfällen hörte, erschrak er so sehr daß er heftig erkrankte, oder doch eine ihn schon

---

[1] Sie fahen turpiter et effoeminate. Monach. Patav. 689. Manfreds Schreiben über den Hergang bei Cesare, 1, 95.

Innocenz erkrankt und stirbt. Sein Denkmal.

früher heimsuchende Krankheit schnell überhand nahm. Zeichen der Demuth und Ausbrüche des Zornes sollen auf seinem Krankenlager gewechselt haben. „Herr! (seufzte er nach Einigen) meiner Ungerechtigkeit halber haft du mich so gezüchtigt [1]"; nach Anderen hingegen richtete er sich noch im Todeskampfe auf und rief seinen überlaut klagenden Verwandten zu: „Was schreiet ihr Elenden? Hinterlasse ich euch nicht Alle recht? Was wollt ihr mehr?" — Wenn die letzte Nachricht wahr ist, so beweiset sie nicht minder gegen den Papst als gegen seine Angehörigen; in jenem ersten Ausrufe möchten wir aber mehr erblicken, als eine nur zufällig oder gar heuchlerisch und ohne ernste innere Beziehung nachgesprochene Schriftstelle [2]. Schwerlich konnte Innocenz mit der Sicherheit, der Ueberzeugung und dem Vertrauen auf seine Bahn zurücksehen, wie mancher größere, in diesem Werke geschilderte Papst. Er hatte sich über Würdigkeit, Gerechtigkeit und Heiligkeit seiner Mittel und Zwecke wohl schon in gesunden Tagen nicht ganz verblendet; und jetzt, in unerwartetem Unglück, auf dem Todtenbette, mögen schwerere Zweifel, ja Gewissensbisse nicht ausgeblieben seyn. Auch sahen gewiß Manche darin eine bedeutende, zu ernsten Betrachtungen aufregende Fügung Gottes, daß er am vierten Jahrestage des Todes Kaiser Friedrichs II, am 13. December [3] 1254 starb. Auf dem in der Hauptkirche von Neapel errichteten Denkmale liegt Innocenz als Todter dargestellt, und selbst in diesem Marmorbilde erkennt man noch den strengen Ernst und die finstere Kraft, welche sein Gesicht (als ein nicht täuschender Abdruck seines Wesens) im Leben [4] immerdar gezeigt haben soll. Dies Zusammenstimmen der Nachrichten und der Bildsäule erhöht den Glauben an die sprechende Aehnlichkeit derselben. — Vom Volke ist die dankbare

---

[1] Mon. Patav., 699. Matth. Paris, 602. — [2] Vergleiche Gregors VII letzte Worte, Band I, S. 19. — [3] Ueber den Todestag finden sich mehre Abweichungen. Den 10. December hat Patav. chron., 1140, (irrig; den 7. Calend. December. Cod. Vindob. philol., Nr. 61, fol. 33, wahrscheinlich für den 7. Idus. Zwischen dem 7. und 13. December bleiben allein erheblicher Zweifel. Für jenen sprechen Chron. Udalr. Aug.; Hahn. bullae pontif., 46; Matth. Paris, 602; Chron. Cavense, 937; Schreiben Alexanders IV an König Heinrich von England bei Rymer, I, 1, 191; für den 13. December hingegen Jamsilla, 541; Bullar. Roman., I, 82; Bonon. hist. misc.; Simon. Monf. chron.; Vitae pontif., 592. Die letzte Angabe wird dadurch viel wahrscheinlicher, daß Nebre (Stella, 1030; Amalric. vitae pontif., 404; Guil. de Podio, 40; Raluz. misc., I, 200) nicht die leicht verschriebene Ziffer, sondern den Tag der heiligen Lucia angeben, welches der 13. December ist, und wobei nicht leicht ein Irrthum stattfinden konnte. Auch die Inschrift des Denkmals in Neapel nennt den Tag der heiligen Lucia. Gewöhnlich nimmt man an, Innocenz habe die Nachricht von der am 2. December erlittenen Niederlage nicht mehr erfahren; dies ist aber, selbst wenn er den 7. gestorben wäre, sehr unwahrscheinlich und, wenn er den 13. starb, fast unglaublich. Auch weisen jene Ausrufungen bestimmt auf die Kenntniß des Unfalles hin, und ebenso die Aeußerung in Amalr. vitae pontif., 404, daß er unter großen Tribulationen gestorben sey. — [4] Panse, 100.

Erinnerung an Friedrich II noch jetzt nicht gewichen, und viele der Gebildeten sehen auf seine Regierung als auf den Lichtpunkt der neapolitanischen Geschichte zurück; des Papstes wird seltener gedacht, und die schlechten Verse jenes Denkmals, welche den Kaiser als Drachen bezeichnen[1], sind den Meisten unverständlich, Anderen gleichgültig, Wenigen ein Gegenstand des Tadels und Zornes.

Die Kardinäle, erschreckt durch den Tod des Papstes, die Niederlagen und den Anblick der jetzt mit dem Legaten Fiesko einziehenden kläglichen Ueberreste des kirchlichen Heeres, wollten eiligst das Reich verlassen und alle zeitherigen Plane aufgeben; aber Tavernarius, der Podesta von Neapel, ließ die Thore schließen, und ermuthigt durch die Vorstellungen des Markgrafen Bertold, wählten sie am 25. December den Kardinalbischof Raynald zum Nachfolger von Innozenz[2]. Alexander IV, so nannte sich der neue Papst, war aus der Familie der Grafen von Signia, ein Neffe Gregors IX. Die Kraft des Charakters und die Festigkeit jenes Papstes fehlte ihm allerdings[3], und er soll das Geld zu sehr geliebt, sowie Schmeichlern zu viel nachgegeben haben; hingegen rühmte Mancher seine Heiterkeit, Umgänglichkeit und Milde, sowie seine Kenntnisse, besonders der theologischen Wissenschaften.

In Hinsicht auf Manfred billigte Alexander IV die Plane seines Vorgängers, ob er gleich außer Stand gesetzt ward sie rasch und mit Vortheil zu verfolgen. Jener hatte nämlich nach den Siegen bei Foggia keinen Augenblick verloren: mehre Städte ergaben sich ihm freiwillig, andere nahm er mit Gewalt. Johannes der Mohr, welcher auf dem Rückwege vom Papste zu seinem großen Erstaunen den Verlust Lucerias erfahren, und dem der Fürst statt sicheren Geleites nur ein rechtliches Gehör bewilligt hatte, ward in Acerenza von den ihm zürnenden Saracenen erschlagen und sein Haupt, als das eines undankbaren Verräthers, zum warnenden Zeichen über einem Thore Lucerias aufgesteckt. Mehre Schlösser und nicht unbeträchtliche Besitzthümer anderer Art kamen durch des Mohren Tod in Manfreds Hände[4]. — Galvan Lancia, welcher unter dem Scheine der Unzufriedenheit mit dem Benehmen seines Neffen noch immer in Neapel verweilte und sich mit höchster Klugheit benommen hatte, entkam um diese Zeit zu großer Freude Manfreds und bewies seine Tüchtigkeit sogleich von neuem durch die Einnahme einiger Städte. Apulien, nur mit Ausnahme der Gegend von Otranto, gehorchte jetzt dem Fürsten.

---

[1] Stravit inimicum Christi, colubrum Fridericum etc. — [2] Bullarium roman., I, 106. Malespini, 148. Dandolo, 362. Matth. Paris, 603. Epist. pontiff. ap. Habn., 46, 47. Concil. collect, XIV, 147. Die Nachrichten über den Wahltag stimmen nicht überein. Die Kardinäle konnten per voces nicht einig werden, daher Wahl per compromissum. Affò, Parma, III, 243. — [3] Salimbeni, 399. Iperius, 732. Matth. Paris, 603. Theuil zu 1231. — [4] Petr. Vin., II, 46.

Manfred und Alexander IV.

Einige Wochen nach dem Tode Papst Innocenz IV kamen Manfreds Freunde, der Graf Thomas von Acerra und Richard Filangieri, zu ihm, im Auftrage einiger Kardinäle vorstellend: er möge doch, der Sitte gemäß, dem Papste zu seiner Erhebung Glück wünschen und bei dieser Gelegenheit Unterhandlungen anknüpfen lassen. Manfred aber antwortete: er fürchte, daß man ihm dies als Schwäche und Kleinmuth auslegen werde; auch sey nur die Größe des künftig an die Kirche zu zahlenden Zinses ein Gegenstand der Unterhandlung, von dem Verlangen, daß Konradin das Reich und er die Vormundschaft behalte, werde er dagegen niemals abgehen. Nachdem dies in Neapel mochte bekannt geworden seyn, ließ ihn der Papst feierlich auf den 2. Februar 1255 vorladen, damit er sich wegen des Mordes von Burello und der Vertreibung des päpstlichen Heeres vertheidige. In höflichen Schreiben führte Manfred sein Recht und die Gründe seines Verfahrens aus, ohne sich indeß selbst einzufinden, oder auch nur Gesandte zu schicken. Erst als der ihm geneigte Schreiber des Papstes, Meister Jordanus von Terracina, erschien, und vorstellte daß und warum neue Unterhandlungen nur vortheilhaft seyn könnten, bevollmächtigte er Gervasius von Martirta und Gottfried von Kosenza zu diesem Zwecke. Dennoch blieben bei der Unterhandlung wichtige Punkte streitig, weshalb die Gesandten vorschlugen: einer von den Kardinälen möge, zur Abkürzung, unmittelbar mit dem Fürsten verhandeln; aber dies dünkte jenen (weil Manfred nicht selbst ausdrücklich darum gebeten habe) unter ihrer Würde. — Hiezu kam, daß der Fürst unerwartet zu dieser Zeit Guardia einnahm und auf des Papstes laute Klagen, wie er während der Unterhandlungen mit Feindseligkeiten fortfahren könne, zur Antwort gab, Guardia sey ein Theil der ihm eigens übertragenen Grafschaft Andria, in deren Besitz er sich setzen könne, ohne die Kirche im Mindesten zu beleidigen. Der Papst und die Kardinäle fürchteten jedoch so sehr, Manfred werde nach Neapel vorgehen, daß sie Schiffe bereit hielten um übers Meer zu entfliehen, und aufs Bestimmteste erklärten, es könne vom Frieden erst wieder die Rede seyn, wenn der Fürst seine Macht von Guardia hinwegführe. Die Gesandten meldeten ihm dies Alles und fügten hinzu: wenn er jetzt nach Terra di Lavoro vordringe, so werde er ohne Mühe seine Feinde aus dem Reiche verjagen. Schon überlegte Manfred, ob er hiernach trotz der verschneiten Wege die Fehde erneuern und seine Stellung zur Kirche auf die äußerste Spitze treiben solle, als die Nachricht eintraf daß Manfred Lancia, den er zum Befehlshaber der Gegend von Otranto ernannt hatte, durch die Einwohner Brumbusiums besiegt sey. Nun beschloß der Fürst von Guardia hinwegzuziehen, scheinbar um des Papstes Wünsche zu erfüllen, in der That aber um in Apulien weiteren Unfällen vorzubeugen." Auch gelang dies im Ganzen, obgleich Brundusium und Oria, trotz großer Anstrengungen, jetzt noch nicht konnten erobert werden.

Gleichzeitig mit dem Erzählten ereigneten sich Begebenheiten in nas Sicilien, welche die Aufmerksamkeit Manfreds wie des Papstes erregten und verdienten. Nach König Konrads Tode war Petrus Rufus, Graf von Katanzaro, mit Bertolds Beistimmung Statthalter der Insel geblieben. Ihm ließ daher Innocenz durch Gesandte Bedingungen vorlegen, unter denen er die Herrschaft der Kirche anerkennen solle. Allein weder Petrus, noch die wichtigsten Städte waren mit diesen Vorschlägen zufrieden, sondern leiteten weitere Verhandlungen ein, welche noch nicht beendet waren, als nach der Einnahme von Luceria Gesandte Manfreds bei Petrus Rufus eintrafen und ihm in des Fürsten Namen sagten: jetzt sey es Zeit, daß er seine Treu zeige und sich mit ihm zur Vertheidigung und Erhaltung der Rechte Konradins verbinde. Zu einer solchen Verbindung bot Petrus die Hand, von einer Unterordnung mit dem Fürsten wollte er hingegen nichts hören, und dieser mußte es damals schon als großen Gewinn betrachten, wenn Petrus sich nicht seinen Feinden zugesellte. Sonst verfuhr dieser freilich in Allem nach eigener Willkür und ließ z. B. das Geld auf Konradins Namen umprägen, wobei Wenige großen Vortheil zogen und sehr Viele Schaden litten. Hierüber (und vielleicht noch mehr, weil jeder Ort daran dachte sich ganz unabhängig zu machen) entstanden Unruhen, anfangs in kleinern Städten, wo Petrus leicht obsiegte, dann in Messina selbst, wo er, um nur sein Leben zu retten, den Bürgern viele von ihm besetzte Schlösser einräumen und nach seinen Besitzungen in Kalabrien hinübersegeln mußte.

Für den ersten Augenblick verlor Manfred fast mehr durch dies Ereigniß, als er gewann; denn Sicilien konnte er nicht unter seine Vormäßigkeit bringen, und in Kalabrien trat Petrus insofern feindlich gegen ihn auf, als er nicht bloß mehre Orte in Konradius Namen besetzte, ohne des Fürsten zu erwähnen, sondern auch dessen Befehlshaber verjagte und neue anstellte; ja er begann, um seine Lage zu verbessern, sogar Unterhandlungen mit dem Papste, welche darauf hinausliefen, er wolle Kalabrien gewinnen und der Kirche übergeben. Diese große Gefahr zwang den Fürsten seine Macht vor Oria zu schwächen und zwei Brüder, Konrad und Bernhard Truch, mit Mannschaft gegen Petrus und dessen Neffen Jordanus abzusenden. Durch Schnelligkeit, Tapferkeit und Beistand der Einwohner siegten jene völlig, nahmen Jordanus gefangen und zwangen Petrus, sich hülflos auf einigen geringen Schiffen nach Neapel zu flüchten. In diesem Augenblicke, wo die Sieger an keinen Feind mehr dachten, brachen unerwartet die Messineser (welche einen Freistaat zu gründen und Kalabrien zu erobern hofften) mit Heeresmacht ein; aber auch sie wurden geschlagen, und im Anfange des Monates April 1255 gehorchte das ganze Land bis Reggio dem Fürsten.

Nicht geringere Thätigkeit hatte unterdeß der Papst bewiesen und (da er eine völlige Aussöhnung mit Manfred kaum wollte, viel weniger ihm traute) für Kriegsmittel und Bundesgenossen gleichmäßig gesorgt.

Alexander und Konradin.

Schon im Januar 1255 bestätigte er seines Vorgängers Schenkungen [1] an Bertold von Hohenburg, dehnte das Vererbungsrecht selbst auf die Seitenverwandten aus und fügte überdies noch das Herzogthum Amalfi hinzu. Weiter versprach er, sofern sich Manfred der Kirche unterwerfe, auch den Markgrafen ohne Verlust mit ihm auszusöhnen. Als sich aber die Hoffnung eines Vergleiches minderte und die Gefahr vergrößerte, sah sich der Papst genöthigt, den jeden Umstand für ihren Vortheil benutzenden Hohenburgern bis 8000 Unzen Goldes zu verschreiben und ihnen Gravina und Volenza einzuräumen, um sich aus den Einnahmen dieser Orte und Landschaften allmählich bezahlt zu machen.

Während Alexander so mit Manfred und den Hohenburgern verhandelte, schickte er den Bischof von Chiemsee an die Großmutter [2], die Oheime und die Mutter Konradins und versicherte in feierlichen Schreiben vom 23. Januar 1255: er wolle den Knaben mit väterlicher Güte und gebührender Ehre empfangen, ihn pflegen und seine Rechte nicht bloß unverletzt erhalten, sondern noch vermehren. Sie möchten deshalb einen Bevollmächtigten ernennen, wozu er Bertold von Hohenburg als tüchtig in Vorschlag bringe. — Zu gleicher Zeit dauerten all dieser Maßregeln ungeachtet die Unterhandlungen mit dem Könige von England wegen des sicilischen Reiches fort. Hievon mochten Konradin und seine Verwandten wohl unterrichtet seyn und nach so vielen Erfahrungen den Glauben hegen, man könne immer noch eher dem Hohenstaufen Manfred, als einem Papste vertrauen. Durch eine Urkunde [3] vom 20. April 1255 übertrug Konradin jenem die Statthalterschaft im sicilischen Reiche. In derselben heißt es: „Nach gehöriger Berathung und sorgfältiger Ueberlegung mit unseren geliebten Oheimen, den Herzogen von Baiern, unseren übrigen Blutsverwandten und unserer Mutter ernennen wir Manfred, den edlen Fürsten von Tarent, unseren geliebten Ohm (von dessen Klugheit und Tauglichkeit wir vollkommen überzeugt sind) bis zu unserer Großjährigkeit zum Statthalter unseres Reiches, welche Würde ihm überdies von Rechtswegen zukommt. Sollten wir binnen dieser Zeit unser Reich selbst betreten, so übertragen wir ihm auch die Vormundschaft über unsere Person. Wir ertheilen ihm freie und allgemeine Vollmacht der Verwaltung über Domainen, Grafschaften, Baronien, Verleihung von Burgen und Lehen, Abschließung von Verträgen und über Alles und Jedes was wir nur selbst vornehmen könnten. Wir genehmigen dasselbe und wollen daß es unwandelbar gehalten werde."

Während Manfred hiedurch eine festere Stellung erhielt, verdoppelte Papst Alexander seine Thätigkeit. Des Kirchengutes und Kir-

---

[1] Rymer, I, 1. 103—104. — [2] Long, Jahrbücher zu 1255, III, 54. Sicil. chron. c. 34. Wiener Jahrb. XL, 151. — [3] Im September 1257 sendet Manfred eine authentische Abschrift dieser Urkunde nach Venedig, welche sich im dasigen Archive befindet.

Des Papstes Vertrag mit England.

1255 hentwohles wenig eingedenk, hatte schon Innocenz befohlen, daß die englischen Geistlichen[1] ihre Ländereien verpfänden sollten, um Geld und Darlehen für Edmunds Unternehmen herbeizuschaffen. Wer diesen Befehle, mit Bezug auf Gesetze und Herkommen (welche hiermit aufgehoben würden), Gehorsam zu leisten verweigere, solle abgesetzt und nach Rom geschickt werden. Gelübde zum Kreuzzuge nach dem Morgenlande wären (dies setzte Alexander IV fest) gelöset, sobald man nach Sicilien ziehen oder Geld zum dortigen Kriege zahlen wolle; und diese Vortheile und Einnahmen sollten vor Allem dem Könige selbst zu Gute kommen. Solcher Reizmittel bedurfte, wie wir sahen, König Heinrich nicht um für des Papstes Plane gestimmt zu werden; wohl aber bedurfte er solcher Begünstigungen, um dessen Geldforderungen nur einigermaßen genügen zu können. Am 9. April 1255 schloß Alexander (Konradins und Manfreds nicht weiter gedenkend!) folgenden Hauptvertrag mit den Bevollmächtigten des Königs ab[2]:

Erstens: „Das ganze apulische Reich (Benevent allein ausgenommen) wird gegen Leistung des Lehnseides, ungetheilt und untheilbar, Edmund, dem Sohne des Königs, übergeben.

Zweitens: Jährlich erhält der römische Hof einen Zins von 2000 Unzen Goldes. Ferner stellt Edmund auf Verlangen dem Papste unentgeltlich und drei Monate lang 300 schwer bewaffnete Reiter, deren Dienstzeit von dem Augenblick an gerechnet wird, wo sie die Grenzen des Reiches verlassen.

Drittens: Der Papst schaltet nach Belieben über Geistliche, Kirchen und Kirchengut; der König übt bloß das Patronatsrecht, sofern es ihm bisher zustand und Kirchengesetze dasselbe nicht beschränken.

Viertens: Der König von Apulien und Sicilien darf nie Kaiser werden, sondern muß, im Fall er gewählt wird, bei Strafe des Bannes entweder dieser Würde oder jenem Reiche entsagen.

Fünftens: Die Schenkungen und Verordnungen Innocenz IV bleiben gültig.

Sechstens: König Heinrich zahlt bis Michaelis künftigen Jahres 135,541 Mark Sterling[3], sendet nächstdem Heerführer und Mannschaft nach Sicilien und entschädigt den Papst wegen aller Kosten und Auslagen.

Siebentes: Werden diese Bedingungen nicht genau gehalten, so trifft der Bann den König und sein Reich.

Achtens: Edmund erhält bei seiner Ankunft dasjenige, was nach Abzug der Ausgaben von den Einnahmen des Reiches übrig geblieben ist; doch darf er keine Rechnungsablegung verlangen, sondern erkennt des Papstes Auslagen und Anerbieten als richtig an."

---

[1] Rymer, I, 1. 195—199; I, 2, 9. — [2] Rymer, Foed., I, 2, 7 und 128. Im März fanden noch Unterhandlungen Manfreds mit dem Papste statt. Murat., Antiq. Ital., VI, 89. — [3] Wahrscheinlich entstand diese Summe durch Berechnungen des Münzwerthes.

Krieg.

Dieser Vertrag verschaffte zwar dem Papste im ersten Augenblicke 1255 noch kein Geld, aber doch Vertrauen[1]; und nicht bloß Kaufleute, sondern auch Bischöfe streckten ihm, gegen Anweisungen auf König Heinrich, bedeutende Summen vor. Auch gedachte Alexander von dem Augenblicke wo sich Brundusium und Oria öffentlich wider Manfred erklärten, nur auf dessen Bezwingung durch Krieg. Nochmals ward das Kreuz gegen ihn gepredigt und Hülfe von allen italienischen Städten verlangt. Der Kardinal Oktavian sollte mit einem Heere nach Apulien ziehen, ein zweites unter dem Erzpriester von Padua in Kalabrien einbrechen und ein drittes unter dem Erzbischofe von Kosenza und Petrus Rufus übers Meer gesandt werden, um sich mit dem zweiten zu vereinen.

Unterdessen war Oria nicht bloß von Manfred sehr bedrängt worden, sondern auch daselbst Unzufriedenheit unter den nicht gehörig bezahlten Söldnern entstanden. Daher baten die Bürger den Fürsten: er möge ihnen erlauben Gesandte nach Brundusium zu schicken, um diese Stadt wo möglich für ihn zu gewinnen, oder doch durch Vorstellung ihrer Noth zu bewirken, daß man sie von den Verpflichtungen des gemeinsamen Bündnisses lossprecke. Manfred willigte, so scheinbaren Worten vertrauend, in dies Begehren; allein nach der Rückkunft ihrer Gesandten spotteten die Orienser des Fürsten: den Sold für die Mannschaft habe man nur holen wollen und werde jetzt mit doppeltem Eifer die Vertheidigung führen. Auch mußte Manfred um das Ende des Monats April 1255 über Melfi und Lucería dem Kardinal Oktavian entgegeneilen. Ehe dieser die Bergketten überstiegen hatte, welche den Weg aus dem Principato nach Apulien eröffnen, erscholl die Nachricht von der Annäherung des fürstlichen Heeres, woranf er, statt mit seiner größern Macht rasch und angriffsweise zu verfahren, ein festes Lager bei Frigento bezog und dem Erzpriester von Padua befahl, ihm zu Hülfe und nicht nach Kalabrien zu ziehen.

Hier lebten die Anhänger Manfreds um diese Zeit in der größten Besorgniß, denn es verbreitete sich das Gerücht: außer den Heeren des Erzbischofs und des Erzpriesters nahe ein drittes unter Markgraf Bertold, eine brundusische Flotte sey in feindlicher Absicht vor Kotrone erschienen, Gervasius, des Fürsten Feldherr, bereits von den Päpstlichen geschlagen und dieser selbst bei Guardia umringt und eingeschlossen. Petrus Rufus, welcher diese Nachrichten, wo nicht verbreitete, doch benutzte und zum Theil selbst glaubte, zog, nachdem er bei S. Lucido gelandet war, rasch nebst dem Erzbischofe gen Kosenza und ward Herr der Stadt, ehe die erschreckte Bürgerschaft Vertheidigungsmaßregeln ergreifen oder Gervasius Hülfe leisten konnte. In der Letzte

---

[1] 4000 Unzen lieh z. B. der Bischof von Bologna dar. Rymer, I, 1, 195; I, 2, 9.

nus war um so weniger im Stande, mit seiner geringen Macht zu widerstehen, da die Kreuzprediger, der gebotenen Belohnungen halber, solchem Fortgang gewannen daß es beim Austheilen der Kreuze unter den sich Herandrängenden über den Vorrang bis zu Blutvergießen kam! — In dieser übeln Lage nahmen die Freunde Manfreds zu denselben Mitteln ihre Zuflucht, welche dem Petrus so viel genützt hatten. Sie ließen von gewandten Männern das Gerücht verbreiten: es nahe ein neues fürstliches Heer, welches die Päpstlichen vom Meere abzuschneiden und Rufus Frau in S. Lucido aufzuheben gedenke. Hierüber erschrak diese so sehr daß sie dringend um Beistand bat, und während ihr Mann mit dem Erzbischof überlegte was zu thun sev, zeigten ihm scheinbar Wohlgesinnte an: Robert von Arko nahe von der einen, Gervasius von der anderen Seite, und in Kosenza selbst werde eine Verschwörung gegen ihn angezettelt. Dennoch ließ Petrus seine Bestürzung nicht merken und erklärte: er wolle ein nahe gelegenes Schloß Roberts von Arko nehmen, Mittags aber schon wieder in Kosenja essen. Statt dessen wandte er sich plötzlich — Freunden wie Feinden gleich unerwartet — fliehend gen S. Lucido, und ehe Gervasius ihm dahin folgen konnte, hatte er sich (vielleicht auf erhaltene Nachricht, daß der Erzpriester von Padua zum Kardinal Oktavian berufen sev) mit den Seinen bereits eingeschifft. Weder in Tropea noch in Messina verstatteten ihm die Einwohner zu landen, sodaß eine Hungersnoth mit seinen Schiffen ausbrach und Alle dem Himmel dankten, als sie endlich wieder Neapel erreichten. Nicht bloß der nächste Zweck der Unternehmung war hiemit ganz verfehlt, sondern Kalabrien so für Manfred gewonnen, daß päpstliche Heere seitdem wohl ein Gegenstand des Spottes, nicht aber der Furcht oder der Hoffnung blieben.

Während dieser Ereignisse hatte der Kardinal Oktavian, obgleich seine Macht nach der Vereinigung mit dem Erzpriester von Padua der Macht des Fürsten weit überlegen war, keinen Angriff gewagt, sondern beide Heere standen zwischen Frigento und Guardia noch immer in fester Stellung einander gegenüber. Da langte ein Marschall an, gesandt von Elisabeth, der Mutter, und von Herzog Ludwig von Baiern, dem Oheim Konradins, um im Einverständnisse mit Manfred neue Verhandlungen am päpstlichen Hofe einzuleiten. Der Kardinal und Markgraf Bertold boten hiezu die Hand, nicht sowohl aus Friedensliebe, als aus anderen Gründen, welche sich erst später offenbarten. Ein Waffenstillstand wurde zwischen den Heeren abgeschlossen und feierlich beschworen: daß, wenn die beiderseitigen Abgeordneten keinen Frieden am päpstlichen Hofe zu Stande brächten, die Feindseligkeiten doch erst fünf Tage nach ihrer Rückkunft wieder anfangen sollten. Im Vertrauen auf diesen Vertrag eilte Manfred zur Anordnung vieler wichtigen Dinge nach Apulien; denn binnen fünf Tagen konnte er vom Ausgange der Verhandlungen benachrichtigt und wieder in seiner alten Stellung sevn. Unerwartet aber gab der Papst den Gesandten zur

Antwort: der Kardinal sey bereits bevollmächtigt, über den Frieden zu unterhandeln, vom Waffenstillstande und dessen Dauer schweige aber sein Bericht, mithin könne seinerseits keine Bestätigung der Bedingungen eintreten. Ob Oktavian dies vorsätzlich oder zufällig vergessen habe, mag zweifelhaft seyn: gewiß ist daß er, unbekümmert um Wort und Eid, nach der Rückkehr der Gesandten sogleich die Feindseligkeiten begann, sich, über die jetzt unbesetzten Berge eilend, der wichtigen Stadt Foggia bemächtigte und voller Selbstvertrauen seine Schreiben schon unterzeichnete: „Im Lager vor Lucerra."

Anfangs wollte Manfred gar nicht glauben, daß der Kardinal ihn so getäuscht habe; als er aber nicht mehr daran zweifeln konnte, zog er eiligst, obgleich die Päpstlichen jeden Paß besetzt hatten, von Trani aus, neben Foggia hinweg, nach Lucerra. Kaum aber hatte er jene östlicheren Gegenden verlassen, so folgte ihm Markgraf Bertold auf dem Fuße nach und eroberte Trani[1], Barolt und mehre andere Städte. Dennoch verlor Manfred den Muth nicht: er verstärkte durch alle ihm zu Gebote stehenden Mittel sein Heer dergestalt, daß er den Kardinal (welcher lässig, furchtsam oder unverständig den Augenblick versäumt hatte Lucerra anzugreifen) in Foggia einschloß, wo bald großer Mangel an Lebensmitteln, Arzneien und anderen Bedürfnissen entstand. In dieser Lage versuchte Markgraf Bertold (weil ihm der letzte Ausgang zweifelhaft erschien) durch sein Weib Isolde, die Verwandte Manfreds, Unterhandlungen mit diesem anzuknüpfen, um sich nach beiden Seiten sicher zu stellen. Gern gieng Manfred hierauf ein; als aber Bertold daran kühner ward und forderte: man solle ihn ungehindert nach Foggia ziehen lassen, wofür er Ehrenvolles und Nützliches beim Kardinal für den Fürsten auswirken wolle, erkannte dieser, wie es nur darauf abgesehen sey, ihn ein zweites Mal zu täuschen, und verwarf jenen Antrag unbedingt. Bertold, welcher sich unterdeß nach Siponto begeben hatte, erklärte jetzt: da sein Plan dem Fürsten nicht willkommen scheine, habe er ihn gänzlich aufgegeben; gleichzeitig aber bereitete er Alles vor, um mit zahlreicher Mannschaft, großen Vorräthen an Lebensmitteln, Kriegsbedürfnissen und Arzneien unbemerkt Foggia zu erreichen. Schon waren die Seinen in einer mondhellen Nacht bis in die Nähe der Stadt gekommen und zweifelten nicht im Mindesten an dem glücklichen Ausgange ihres Unternehmens, als sie plötzlich von deutschen und saracenischen Reitern angegriffen wurden, welche Manfred in einen Hinterhalt gelegt hatte. So groß war der Schrecken, so ungünstig die Nacht für die Ueberfallenen, daß sie von der an Zahl weit geringeren Mannschaft des Fürsten völlig besiegt und zerstreut und alle Vorräthe genommen wurden.

Hierdurch schwand für Foggia die letzte Hoffnung eines Entsatzes,

---

[1] Malaspini, 148. Villani, VI, 46.

1125 Während die Hungersnoth auf den höchsten Gipfel stieg, die Zahl der Kranken täglich zunahm und das ansteckende Uebel sogar den Kardinal ergriff. Aus diesen Gründen suchte er eine Aussöhnung mit dem Fürsten, und nach mancherlei Unterhandlungen kam ein Vertrag zu Stande, folgenden Inhalts: „Manfred regiert das Reich in seinem und Konradins Namen, nur Terra di Lavoro verbleibt der Kirche. Niemand wird wegen seines bisherigen Thuns und Lassens in weiteren Anspruch genommen. Im Falle der Papst den Vertrag nicht genehmigt, so steht dem Fürsten das Recht zu, auch Terra di Lavoro mit den Waffen anzugreifen."

Dieser Einigung zufolge verließ die päpstliche Macht Foggia und, bis auf jene Landschaft, auch alle Theile des Reiches. Alexander aber verwarf, den Ereignissen in Sicilien und dem englischen Beistande vertrauend, die eingegangenen Bedingungen. — Jene Insel war durch den Erzbischof von Messina [1], Johann Kolonna, und den Franziskaner Rufinus fast ganz für die Kirche gestimmt worden; und was hatte König Heinrich von England nicht zu leisten versprochen, mit welchem Eifer war er nicht auf diesen Plan eingegangen! Wales unterwerfen, den Deutschen einen König geben [2], ganz Italien gewinnen, Frankreich von diesem Lande und den altenglischen Besitzungen her angreifen und erobern: dies und noch mehr erschien dem Könige gar leicht, während es ihm zur Vollführung so ungeheurer Plane an allen äußeren Mitteln und an ächter Geistes- und Willenskraft fehlte.

Als er zur Herbeischaffung der für die sicilische Unternehmung erforderlichen Gelder strenge Maßregeln ergriff und Rustan, den habsüchtigen Bevollmächtigten des Papstes, in seinen Plünderungen der Kirchen und Geistlichen auf alle Weise unterstützte, entstand die größte Unzufriedenheit, ja der Bischof von London ließ öffentlich ausrufen, daß Rustans Befehle und Schreiben nicht befolgt werden sollten. Hingegen bedrohte dieser jeden Säumigen mit dem Banne und wies jedem Unverständigen Wucherer zu, die für ungeheure Zinsen Geld vorzustrecken bereit waren. — „Wie kannst du mir", sagte der König einem Cistertlenserabte, „die Geldhülfe verweigern? Bin ich nicht Schutzherr deines Klosters?" — „Dafür", antwortete dieser, „wollen wir Gott bitten, euch in allen Dingen zu segnen." — „Ich verlange", fuhr Heinrich fort, „die Gebete und das Geld." — „Nimmst du", sprach hierauf der Abt, „das letzte, so werden die ersten nicht sehr aufrichtig und eifrig seyn können." — Die geistlichen Güter, wandte man ferner ein, gehören dem Könige [3]: aber nur daß er sie schütze, nicht daß er sie nütze; daß er sie vertheidige, nicht daß er sie vergeude. — Diese und ähnliche Thaten und Worte halfen indeß nur wenig,

---

[1] Histor. Saracen. Sicula, 278. Append. ad Malaterram. In Sicilia relinquit Papa Legem ad Beneplacitum. Wadding, III, 536. — [2] Matth. Paris, 613—615. — [3] Tuitione, non fruitione, defensione, non dispersione. Matth. Par., 616—622.

Manfreds Fortschritte und Siege.

weil nicht (wie wohl ehemals) der König gegen die übertriebenen Ansprüche des Papstes und der Papst gegen die des Königs schützte, sondern beide über Mittel und Zwecke ganz einverstanden waren[1]. Die Einkünfte erledigter Pfründen und abwesender Prälaten, die Erbschaften der ohne Testament Sterbenden, den Zehnten aller kirchlichen und geistlichen Güter nach wahrhafter Schätzung sprach Alexander dem Könige zu, welcher in seiner kurzsichtigen Freude nicht bemerkte, daß er nur der Vorwürfe, nicht aber des Gewinnes theilhaft wurde. Denn alle Einnahmen flossen mittelbar in die päpstliche Schatzkammer, ja sie reichten nicht einmal zur Befriedigung der päpstlichen Ansprüche hin, sodaß Heinrich außerdem borgen[2] und verpfänden und dennoch zuletzt Alexanders Vorwürfe über seine Lässigkeit und Säumniß ertragen mußte. „Das Heer des Kardinals", schrieb ihm jener am 18. September 1253[3], „ist durch Verrath, Aufruhr und Hindernisse aller Art zum Rückzuge gezwungen worden. Wenn du nicht eiligst Geld, Feldherren und Mannschaft sendest, geht das ganze Reich verloren; denn meine Schätze habe ich verwandt und so viel Schulden gemacht, daß mir Niemand mehr borgen will."

Glücklicher als der Papst war Manfred. Er hielt im Februar 1256 eine Reichsversammlung in Barletta, wo seine Freunde belohnt, Peter von Katanzaro gerichtet und die gefangen genommenen Markgrafen von Hohenburg als Verräther zum Tode verurtheilt wurden. Doch kam dieser Spruch nicht zur Vollziehung: es genügte dem Fürsten, daß ihre Schuld erwiesen sey und fortdauernde Gefängnißstrafe sie unschädlich mache. — Mit verstärkter Macht brach er jetzt — da der Papst den Frieden nicht bestätigt hatte — gen Terra di Lavoro auf[4]. Einige Orte widerstanden, die meisten und größten Städte hingegen (so Neapel, Kapua, Brundusium, Oria und Hydrunt) sahen, daß auf die kirchliche Kriegsmacht kein Verlaß sey, und unterwarfen sich allmählich dem Fürsten. Gleichzeitig hatte Friedrich Lancia in Sicilien neue Verbindungen angeknüpft und ein Heer gebildet, welches das kirchliche schlug[5], den päpstlichen Bevollmächtigten Rufinus in Palermo gefangen nahm, Messina halb in Güte, halb mit Gewalt zum Gehorsam brachte und allmählich auch die festesten Bergschlösser eroberte. — Seitdem war von dem Papste und seinen Ansprüchen gar nicht mehr die Rede[6]; der Fürst herrschte unumschränkt im ganzen Reiche.

Da sprachen Viele: „Manfred ist unseres großen Kaisers geliebtester Sohn, ehelich geboren, denn seine Mutter wurde seinem Vater ange-

---

[1] Rymer, Foed., I, 2, 17. — [2] Er borgte bei seinem Bruder Richard und verpfändete ihm die Judensteuer. Matth. Par., 606. — [3] Rymer, Foed., I, 2, 4 u. 10, 12. — [4] Schon im November 1256 hatte Manfred Terra di Lavoro gewonnen. Rymer, Foed., I, 2, 22. Nerit. chron. zu 1256. — [5] Histor. Sarac. Sicula, 278. Append. ad Malat. zu 1254. Rochus, Chronic. zu 1256—58. Amico, II, 78. — [6] Patavin. chron., 1140.

traut, kein Fremder, sondern erzogen und einheimisch unter uns; das ist sein Erbrecht. Er hat, ein jugendlicher Held, das Reich errettet von fremder Gewalt und Willkür und sich von der größten Erniedrigung emporgeschwungen zum Fürsten: das ist sein eigenes Recht. Ju Noth und Bedrängnissen soll das Vaterland nicht zweifelhaften Aussichten preisgegeben, sondern, wie ehemals so jetzt, durch Barone und Prälaten der Tüchtigste an die Spitze gestellt werden: das ist unser Wahlrecht. Manfred sey unser König, nach Erbrecht, nach eigenem Rechte und nach Wahlrecht!" Einige erinnerten zwar bedenklich an Konradin: aber wie Wenige mochten sich in der Siegesfreude für den Unbekannten, im fernen Deutschland fast hülflos Lebenden begeistern; wie Wenige konnten für den Fall neuen Unglücks ihre Hoffnungen auf den sechsjährigen Knaben gründen! Ueberdies entstand um diese Zeit, man weiß nicht woher, das allgemeine Gerücht: Konradin sey in Deutschland gestorben [1]; nud nun baten die Barone, die Prälaten und die Abgeordneten der angesehneren Städte einstimmig den Fürsten: er möge, als Erbe und neuer Begründer des Reiches, den Thron besteigen! Diesem allgemeinen Wunsche nachgebend, seiner Kraft vertrauend, sein Recht kaum bezweifelnd, ließ sich Manfred am 11. August 1258 [2] in der Hauptkirche Palermos, unter Beobachtung aller herkömmlichen Feierlichkeiten, zum Könige krönen! [3]

Viertes Hauptstück.

Nachdem wir die Begebenheiten des südlichen Italien in ungetrenntem Zusammenhange bis auf die Krönung Manfreds erzählt haben, muß zuvörderst die Geschichte Deutschlands nachgeholt werden.

Seitdem hier die Ueberzeugung von der Unentbehrlichkeit des Königs aus den Köpfen, von seiner Heiligkeit aus den Herzen geschwunden, und fast alles Reichsgut vertheilt war, gab das Königthum keine Macht mehr. Jeder stand für sich allein und zählte für sich allein, nach Maßgabe seiner Kriegsmannen und Einnahmen. Statt des all-

---

[1] Laut Konradins protestatio hätte Manfred selbst diese Nachricht verbreiten helfen. Doceniges, 247. — [2] Davanzati, 6—8. Luynes, Commentaire, 135. Hier schließt leider die Geschichte Jamsillas, seit dem Tode Friedrichs II bei Weitem die beste Quelle, welche wir im Einzelnen anzuführen nicht für nöthig hielten. Nach Pirri Sicil. sacra, I, 705 schalt der Erzbischof von Agrigent, nach Lello, Vita, S. 10, der Erzbischof von Monreale. — [3] Im Julius 1258 schloß Manfred einen Freundschafts= und Handelsvertrag mit Venedig, dessen Inhalt ich im fünften Bande bei Uebersicht der Handelsverhältnisse mittheile.

König Wilhelms Heirath.

gemeinen Lehns= und Reichsverbandes entstandnen Sonderungen und Einigungen, so wie sie der Zufall der Verwandtschaft, oder persönliche Meinung, oder gemeiner Eigennutz herbeiführte. — Obgleich also König Konrad aus Deutschland nach Italien zog, galt König Wilhelm, weil ihm Erbmacht und große Verbindungen gleichmäßig fehlten, doch eben nicht viel mehr als vorhin. Solche Verbindungen, besonders durch Heirath, zu schließen, ward daher sein und seines Schutzherrn, des Papstes, Hauptbemühen. Nach einander kamen die östreichischen Erbtöchter, die Tochter Herzog Alberts von Sachsen, ja, wie es scheint, sogar eine dänische Prinzessin in Vorschlag [1]; aber trotz der päpstlichen Empfehlungen mißlangen alle diese Plane, und erst Herzog Otto von Braunschweig, der Vater mehrer Töchter, scheute sich nicht dem Gegenkönige die eine zuzusagen und hiedurch nach langem Frieden, der alten Weise seines Hauses gemäß, wiederum als Feind der Hohenstaufen aufzutreten. Am 25. Januar 1252 wurde das Beilager Wilhelms und 1252 Elisabeths mit möglichster Pracht und Feierlichkeit in Braunschweig gehalten [2] und die Neuvermählten gingen fröhlich zu Bette. Durch den Fall eines nicht gehörig beobachteten Lichtes entzündeten sich aber die Vorhänge des Brautbettes, und der Brand nahm mit so furchtbarer Schnelligkeit überhand, daß sich der König und die Königin fast nackt flüchten mußten und einige Diener, welche mit Verfertigen von Prachtkleidern beschäftigt waren, ums Leben kamen. Dies Unglück galt schon an sich für ein übles Anzeichen, und noch bedenklicher erschien es, daß auch die Königskrone und mehre dazu gehörige Kleinode ein Raub der Flammen geworden waren.

Sonst hatte diese Heirath nur gute Folgen für Wilhelm: denn Herzog Otto bewog seine Schwäger, die Markgrafen Johann und Otto von Brandenburg, und seinen anderen Schwiegersohn, den Herzog Albert von Sachsen, im März 1252 auf die Seite ihres neuen Verwandten zu treten; und diesem Beispiele folgten der Erzbischof von Magdeburg, der Markgraf von Meißen [3], die Fürsten von Anhalt, die Grafen von Aschersleben u. A., sodaß Wilhelms Macht in ganz Niederdeutschland gegründet schien, wenn überhaupt damals bei solchem Uebertritte die Fürsten und Stände nicht mehr gefordert, als dargeboten und geleistet hätten. Auf jeden Fall war der augenblickliche Gewinn Wilhelms mit dauerndem Verluste für das Reich verbunden: wie denn seine umständlichere Geschichte [4] fast aus nichts besteht und bestehen kann, als aus einem unangenehmen Aneinanderreihen unzähliger, die Königsrechte preisgebender Freibriefe und Ver-

---

[1] Heirathsversuche von 1248—52: Meermann, V. Urk. 26, 27, 69, 70, 71. Cod. Vindob. phUol., Nr. 306, fol. 53. — [2] Bordevic. chron. fr., 218. Corner, 895. Guden. cod. dipl., I, 621. Albert Stad. Origin. Guelf., IV, 72. Böhmer, Font. II, 156. — [3] Meermann, II, 60. — [4] Erste Meermanns Werk. Lünig, Cod. diplom., II, 3459, 2403, Urk. 5—7. Gudenus, II, 103. Joannis spicil., 151. Kremer, Gambrid. Urk., S. 251.

15 *

Pfändungen. Jeder freute sich von dem uralten, blätter-, blüthen- und fruchtreichen Baume ein Blättchen für sich nach Hause zu tragen, und wähnte thöricht, darunter allein besser Schutz und Schatten zu finden, als vorher mit Allen nach streng bestimmter Ordnung, unter jenem herrlichen Baume! Besonders legte die Kirche, welche ihn zu schützen[1], welche einen Gesandten über den anderen zu seiner Pflege auszusenden vorgab, recht eigentlich die Art an die Wurzel; und König Wilhelm leistete dabei hülfreichere Hand, als selbst der viel verlangende Papst erwarten mochte!

Am 1. Julius 1252 hielt jener einen großen Reichstag vor den Thoren Frankfurts[2], wo man den König Konrad des Herzogthums Schwaben, seine Anhänger ihrer Lehen verlustig erklärte[3] und Jeden mit der gleichen Strafe bedrohte, welcher die seinen nicht binnen Jahresfrist von neuem muthe; und diese Schlüsse, welche Kaiser und Reich für sich unbedenklich fassen und vollstrecken durften, schickte Wilhelm mit Eilboten an den Papst — zur Bestätigung! Aber freilich, der rechtswidrig gewählte König und seine Genossen stellten nicht den mächtigen Kaiser und das ehrwürdige Reich dar, sondern erschienen als Eidbrüchige und Aufrührer, sobald ihrem Treiben von der geistlichen Seite her keine angeblich höhere Grundlage gegeben wurde. Nur durch den Papst konnte der Graf von Holland den rechtmäßigen König seiner angestammten Lande verlustig erklären; auch war jener sehr bereit, Wilhelms Wünsche, welche die Reichsrechte dem Willen des römischen Hofes unterwarfen, zu erfüllen. „Es gebühret sich", sagt Innocenz in seiner gezierten Antwort, „daß die Sprüche, welche feierlich durch ein königliches Orakel bekannt gemacht werden, des väterlichen Schutzes, apostolischer Bestätigung nicht ermangeln, auf daß sie unverletzlich bleiben." Diese Minderung seiner Würde, welche Wilhelm nicht fühlte oder, seiner unglücklichen Stellung wegen, nicht fühlen durfte, ließen sich Geringere in ihren Kreisen nicht so gutwillig gefallen. Die Bischöfe von Schwerin und Ratzeburg, welche er, nach seiner eilig oberflächlichen Weise, dem Herzoge von Sachsen untergeordnet hatte, beschwerten sich laut[4] auf jenem Reichstage: wie man sie, unmittelbare Fürsten des Reiches, ungehört und ohne ihre Zustimmung einem Gleichgestellten unterwerfen, ihren Glauben mindern, die Reichsunmittelbarkeit ihnen rauben dürfe?

Widersprüche solcher an der Reichsgrenze liegenden ohnmächtigen Bischöfe hatten indeß wenig Gewicht, oder verloren es durch die Fürsten,

---

[1] Legaten waren: Otto Grillo (Panas, 103); Peter Capoccio (Cardella, I, 2, 276; Mirsei op. diplom., I, 425, Urk. 92); Hugo von S. Ebers aus der Dauphiné (Cardella, I, 2, 270, 278); der Archidiakonus von Spoleto (Codex philol. Vindob., Nr. 305, fol. 151). — [2] Weil die Bürger die Thore schlossen. Böhmer, Reg., 22. — [3] Meermann, V, Urk. 113. Raynald zu 1252, §. 17. Dipl. miscell., Urk. 8. Gudeni cod. diplom., I, 024. Man wollte auch den Herzog von Baiern ächten, aber dies wurde von Einigen noch hintertrieben. — [4] Meermann, II, 91.

Wilhelm und die Prälaten. Flandern.

gegen welche sie fast noch mehr als gegen den König gerichtet waren; als aber Wilhelm mit den großen rheinischen Erzbischöfen und Bischöfen in Zwist gerieth, verschlimmerte sich seine Lage gar sehr. Diese Prälaten (die Urheber seiner Wahl und Gründer seiner Macht) fanden daß er sich dafür nicht dankbar genug bezeige; sie klagten, daß die Mannschaft des fast immer Geldbedürftigen größtentheils in ihren Besitzungen verweile und zehre, daß ihnen solch ein armer Kirchenkönig mehr zur Last falle, als früher die begüterten Reichskönige aus dem Hause der Hohenstaufen. So strafte sich ihr Thun auf sehr natürliche Weise; aber sie wollten lieber ihr eigenes Werk zerstören, oder auch wohl ganz ohne König leben, als länger auf ihre Unkosten einen Schattenkönig erhalten. Erzbischof Gerhard von Mainz war ganz mit ihm zerfallen; Erzbischof Arnold von Trier ließ bei Koblenz mehr seiner Leute erschlagen oder in den Rhein werfen [1]; Erzbischof Konrad von Köln ließ zu Nuys das Haus anzünden, worin der König wohnte, um ihn zu verbrennen! Und wo die Vornehmsten mit solchem Beispiele vorangingen, blieben die Geringeren nicht zurück [2]. In der utrechter Hauptkirche kam es zu so argem Aufruhre, daß man dem Könige einen Stein an den Kopf warf; und als seine Gemahlin von Trifels nach Worms reisen wollte [3], nahm sie der Raubritter Hermann von Rüsberg bei Oberheim gefangen und ließ sie erst frei, als sie ihm alle ihre Kleinode einhändigte [4]. Des Papstes Ermahnungsschreiben halfen gegen solche Uebel nur wenig [5]; und es ist mehr als wahrscheinlich daß Wilhelm bisweilen (im Gefühle der Ohnmacht, der Scham und des Unrechtes) daran dachte, die von Keinem geachtete Krone niederzulegen [6].

Mit etwas mehr Erfolg konnte er, bei der Nachbarschaft seiner Stammgüter, in den flandrischen Händeln auftreten.

Kaiser Balduin von Konstantinopel, vorher Graf von Flandern, Hennegau und Namur, hinterließ zwei Töchter, Johanne und Margarethe. Jene war zuerst vermählt an Ferdinand von Portugal, dann an Thomas von Savoyen, starb aber kinderlos im Jahre 1244. Margarethe hatte sich mit ihrem schönen und geistig gebildeten Vormunde Burkard von Avesnes heimlich verbunden und ihm zwei Kinder, Johann und Balduin, geboren, was ihre ältere Schwester um so lauter mißbilligte [7], da Burkard mehre Pfründen besaß und, wie allmählich kund ward, die Stelle eines geistlichen Stiftsherrn angenom-

---

[1] Meermann, II, 102. Raynald zu 1252, §. 18. Albert Stad. zu 1254. — [2] Belgic. chronic. magnum, 270. — [3] Waldec. chron., 813. Origin. Guelf., IV, 73. Wormat. chron., 126. Es geschah im December 1251. — [4] Oder durch Umlagerung seiner Burg später dazu gezwungen. Böhmer, Reg., 35. — [5] Gudeni cod. dipl., I, 613. — [6] Matth. Paris, 556. — [7] Nach einer Quelle in Bouquet, XVIII, 589, wußte Margarethe nicht, daß Burkard früher in aller Stille Subdiakonus geworden war, und man hielt überhaupt die Ehe für gültig. Alles umständlich erzählt in Clay, II, 71 u. fg.

nien hatte. Die Hoffnung, in Rom vom Papste die Erlaubniß zu einer feierlichen Ehe zu erhalten, schlug fehl; noch mehr aber erstaunte Burkard, als er auf dem Rückwege nach der Heimath erfuhr: Margarethe habe während seiner Abwesenheit Wilhelm von Dampierre geheirathet. Auf laut erhobene Klage ward er spöttisch von ihr an seine geistlichen Gerichte verwiesen. Margarethe gebar ihrem zweiten Manne ebenfalls drei Söhne und zwei Töchter und erhielt, nach dem Tode ihrer Schwester und ihrer beiden Ehemänner, die Herrschaft von Flandern und Hennegau. Wie aber diese Länder dereinst unter ihre Kinder zu vertheilen wären, darüber entstanden wichtige Bedenken, und schiedsrichterliche Urtheile des Königs von Frankreich beruhigten keinen Theil [1]. Erst als Kaiser Friedrich die Söhne Burkards für ebenbürtig, als Innocenz IV nach einer neuen Untersuchung dessen Ehe für gültig erklärte, erhielten jene ohne Zweifel ein gleiches, ja als die Erstgeborenen sogar ein vorzüglicheres Erbrecht. Um dieselbe Zeit entspann sich aber die größte Feindschaft zwischen ihnen und ihrer die nachgeborenen Söhne auf alle Weise begünstigenden Mutter. Um sich zu verstärken, heirathete Johann von Avesnes Adelheid, die Schwester König Wilhelms, und dieser forderte, daß Margarethe ihre Besitzungen von ihm zu Lehn nehme und sein Recht anerkenne, über die Vererbung derselben als Lehnsherr zu entscheiden. Die Gräfin aber (welche meinte daß die Oberhoheit des deutschen Reiches keineswegs feststehe, und die Rechtmäßigkeit von Wilhelms Königthum obenein in Zweifel zog) lehnte nicht allein die Forderung ab, sondern verlangte nunmehr: Wilhelm solle, wegen mancher von Flandern und Hennegau abhängigen Besitzungen, ihr den Lehnseid leisten. Zornig gab dieser zur Antwort [2]: „Soll ich ein Lehnsmann meiner Vasallin, ein Knecht meiner Dienstmagd werden? Soll ich, der Oberherr von Deutschland, wegen Reichsgütern einem Anderen Treue schwören? Solche Schande sey ferne von mir!" — Der Gräfin wurden im Julius 1252 alle Reichslehen, dem Könige alle flandrischen Lehen abgesprochen; beide Theile rüsteten sich nach solchen Beschlüssen zu offenem Kriege. Doch kam es durch das Bemühen des Herzogs von Brabant noch einmal zu Unterhandlungen, welche aber die Gräfin arglistig in die Länge zog, um unterdeß einen Einfall in Walcheren vorzubereiten und ihre Gegner zu überraschen. Wilhelm erhielt aber hievon glücklicher Weise noch so früh Nachricht, daß er Mannschaft zum Widerstande sammeln konnte. Daher wurden die Flandrer, als sie etwa zur Hälfte gelan-

---

[1] Mirnei oper. diplom., 1, 205, Urf. 67—89. Martene, Thesaur., 1, 1021. Leibnitz. cod., Urf. 13. Notices et extraits, 11, 220. Matth. Par., 494. Innoc III epist. libr. XIV, append. libr. XVI, 852. Wilhelm. Egmond., 505. Smets. Chroniques, 1, 157. Mouskes, 733(n). Mieris, Charterboek, I, 217, 217. — [2] Meermann, II, 121, 150, 155, 259. Erfurt. chron. S. Petrio. zu 1251. Kluit. II, 2, 612. Barnkönig, 1, 171. Stolé, 420. Reiffenberg, Monum., 1, 355.

bei waren, am 4. Julius 1253 bei Westkappel unerwartet überfallen, und gänzlich geschlagen und zwei der jüngeren Söhne Margarethens von dem ältesten gefangen. Sie suchte den Frieden, fand aber die allen anderen Punkten vorangestellte Bedingung, persönlich um Verzeihung zu bitten, so hart, daß sie nochmals des Krieges gedachte. Als Johann von Avesnes dies hörte, ließ er seiner Mutter sagen: wenn sie auch nicht um seinetwillen einen billigen Frieden eingehen wolle, so möge sie doch um ihrer von ihm gefangenen Lieblingssöhne willen sich nachgiebiger beweisen. Sie aber gab mit einem aller Würde vergessenden Zorne angeblich zur Antwort[1]: „Um meiner Söhne, deiner Brüder willen, werde ich nicht nachgeben. Schlachte sie, grausamer Henkersknecht! Koche und siede den einen mit Pfeffer, brate den anderen mit Knoblauch und verschlinge sie!"

Um sich zu rächen, bot Margarethe für ihr Lebenszeit dem Grafen Karl von Anjou das ihrem Sohne Johann von Avesnes zugewiesene Hennegau an, und jener, solchen Antrag (gegen den Willen seines Bruders, König Ludwigs IX) mit seiner gewöhnlichen Habgier ergreifend, setzte sich im Frühlinge des Jahres 1254 in den Besitz des 1254 Landes. Johanns Gemahlin dagegen suchte Hülfe bei ihrem Bruder König Wilhelm, und dieser machte Karl in höflichen Schreiben auf die Lehnsverhältnisse Hennegaus zu Deutschland und die Ungerechtigkeit seines Beginnens aufmerksam, bot ihm jedoch, im Fall er davon abstehe, seine Freundschaft an. Karl antwortete: Hennegau werde er nicht räumen, seine Freundschaft möge Wilhelm Anderen anbieten, welche danach begierig wären: ihm liege nichts daran. Lieb solle es ihm seyn, wenn er den Wasserkönig aufs feste Land locken und seinen Muth an ihm kühlen könne. Wilhelm schrieb hierauf zurück: „Nur die Weiber schimpfen; ein tapferer Mann hingegen gebraucht mehr seinen Arm als seine Zunge. Trachtest du danach dich mit mir zu messen, so finde dich auf der Haide von Asche bei Mastricht ein, wo ohne Hinterhalt und Kunstmittel die Tapferkeit allein entscheiden wird." Es kam aber weder zu einem Zweikampfe, noch zu einer allgemeinen Schlacht[2]; und unter französischer, deutscher und päpstlicher Einwirkung wechselte Krieg und Waffenstillstand, bis erst in späterer Zeit Hennegau bleibend an die Avesnes, Flandern an die Dampierres kam.

Unterdeß langte im Sommer des Jahres 1254 die Botschaft vom Tode König Konrads IV in Deutschland an. Seine alten Freunde und Anhänger erschraken hierüber sehr und hätten gern Konradin oder doch einen anderen Gleichgesinnten auf den Thron erhoben; aber die Umstände erschwerten ihre Pläne ungemein[3], und der Papst ver-

---

[1] Matth. Par., 505. Salisburg. chron. zu 1253. Guil. Tyr., 740. — [2] Cod. Vindob. philol., Nr. 61, fol. 33; Nr. 305, fol. 04. Cod. epist., 4957, p. 39. Matth. Par. add., 146. Albert. Stadens. Guil. Nang., 361, 362. Stoke, Rijmkr., 3, 1236 —1345. — [3] Leibnitz, Prodromus, Urk. 13. Chron. Udalr. August. Cod. Vindob. philol., Nr. 305, fol. 149, 151.

bot jede neue Wahl aufs Strengste. Jetzt erst, und das war sein Hauptgewinn, erschien Wilhelm von Holland als ein rechtmäßiger König, und der niederdrückende Vorwurf der Empörung und des Eidbruches verschwand. Außer dieser innerlichen Reinigung und Beruhigung trat hingegen fast kein äußerer Gewinn ein, und seine ungünstigen Machtverhältnisse blieben im Ganzen unverändert. Zwar lud ihn der Papst schriftlich und durch den Kardinal Capoccio zum Römerzuge ein[1], allein es fehlte Wilhelm an Zeit, Geld und Kriegsmannschaft; und wenn er dies Alles, etwa wie einst Friedrich I, in reichem Maße besessen hätte, wäre der Papst, vieler abschreckenden Erfahrungen eingedenk, wohl nicht so zuvorkommend mit seiner Einladung gewesen.

Minder wichtige Geschäfte, die flaubrischen Händel und Zwistigkeiten mit den Friesen, beschäftigten Wilhelm im Jahre 1255; und zu Anfang des nächstfolgenden bereitete er einen neuen Heereszug gegen jenen freiheitsliebenden, aller Beschränkungen abgeneigten Stamm. Was Wilhelm von den Friesen verlangte, nannte er Zucht, Ordnung, Gehorsam: sie nannten es Sklaverei. Schon war jener mit zwei Kriegsschaaren weit in das Land der Westfriesen eingedrungen, als er am 28. Januar 1256 in der Gegend des Merkmeers den Uebrigen auf dem Eise weit zuvoreilte, aber zum Theil seiner schweren Rüstung wegen durchbrach und, ehe man diese Gefahr bemerkte, von den aus einem Versteck herbeieilenden Friesen, ohne Rücksicht auf das Anerbieten einer großen Lösungssumme, erschlagen wurde[2]. Sie trugen seine Leiche hinweg, erschraken aber sehr als sie hörten, der unbekannte, von ihnen getödtete Ritter sey der König gewesen. Jeder Theilnehmer schwieg aus Furcht vor der Strafe; und erst später wurde der Ort seiner Beerdigung entdeckt und für ein angemessenes Grabmal gesorgt.

Ehe wir von den Folgen dieses Todesfalles für ganz Deutschland sprechen, müssen wir, da ja in diesen Zeiten so Vieles ohne den König geschah, nachträglich einiger anderen Begebenheiten erwähnen, welche an sich oder durch ihre Rückwirkung auf das Ganze denkwürdig sind.

Schon am 9. Julius 1252 war Herzog Otto von Braunschweig[3], der Schwiegervater König Wilhelms, gestorben und hatte seine Länder (mit Uebergehung der dem geistlichen Stande sich widmenden Söhne) so getheilt, daß Albert, der ältere, Braunschweig, Johann, der jüngere, Lüneburg bekam. Trotz dieser Schwächung der Macht an den nördlichen Grenzen Deutschlands waren die Dänen nicht im Stande

---

[1] Mirael opera diplom., I, 425, Urk. 92. Cod. Vindob. philol., Nr. 61, fol. 32—35; Nr. 305, fol. 70. — [2] Belgic. chron. magn., 270. Math. Par., 621. Colmar. chron., I. Albert. Sudens. Origin. Guelf., IV, 75. Chron. Udalrici August. Mencouis chron., 157. Wilh. Egmond, 514. Stoke, 432. — [3] Corner, 853. Orig. Guelf., IV, 73.

Mongolen. Oesterreich.

Fortschritte zu machen. Vielmehr hatten die Lübecker, als Erich IV ihre Schiffe in seinen Staaten anhalten ließ[1] und einem Versuch machte Nordalbingien zu erobern, im Jahre 1248 mit einer Flotte Kopenhagen geplündert und Stralsund, nebst den benachbarten dänischen Ansiedelungen, verbrannt[2]. Ebenso wurden spätere dänische Anfälle durch Herzog Albert von Braunschweig und die Grafen von Holstein mit Erfolg zurückgeschlagen.

Im Herzogthume Sachsen regierte Albert, der Enkel Albrechts des Bären; in der Mark Brandenburg die Brüder Johann und Otto, dessen Abkömmlinge im dritten Gliede. — Die Fehden über die thüringische Erbschaft dauerten mit geringen Unterbrechungen noch immer fort. Weil ein mächtiger König, welcher einstimmig mit den Fürsten darüber entschieden hätte, leider fehlte, und im Wege des Rechtes nichts zu erlangen war, so blieb nur der Weg der Gewalt offen.

An den östlichen Grenzen des Reiches, besonders in Mähren, zeigten sich zu großem Schrecken von neuem die Mongolen. Weil aber ihre Macht schon zertheilt und ihre Thätigkeit mehr nach Asien gewendet war[3], so ging diese Gefahr bald vorüber. Erheblicher sind die Verhältnisse Oesterreichs und die sich daran reihenden Fehden mit den Böhmen und Ungern.

Gertrud, Herzog Friedrichs des Streitbaren Nichte, erst Ladislavs von Mähren, dann Markgraf Hermanns VI von Baiern Wittwe, fand im Lande wenig Anhang[4], weil man ihr Erbrecht nicht für das beste hielt und ihr kleiner Sohn Friedrich zum Herrschen noch ganz unfähig war. Sie heirathete später einen russischen Fürsten, Romanus[5], der sie aber, als seine auf weltliche Herrschaft gerichteten Hoffnungen nicht in Erfüllung gingen, böslich verließ. Ein meißnisches Kloster gewährte der durch dreifachen Wittwenstand gebeugten Fürstin wenigstens äußere Ruhe, bis das Schicksal ihres Sohnes ihr noch weit bitterere Leiden bereitete.

Friedrich, Margarethens und König Heinrichs VII Sohn, unter den genannten Bewerbern unstreitig der nächste Erbe von Oesterreich, war unterdeß in Apulien gestorben und hiedurch des Kaisers, seines Großvaters, letztwillige Bestimmung vereitelt; König Konrad, welcher nun von Rechts wegen das Schicksal des dem Reiche anheimgefallenen Landes hätte entscheiden sollen, besaß dazu keine hinreichende Macht; ebenso wenig war Herzog Otto von Baiern geneigt, gefahrvolle Ver-

---

[1] Sartorius, Gesch. der Hansa, I, 141. — [2] Lerbecke, 513. — [3] Bohem. chron. Menck. und in Ludwig, Reliq., XI, 295 zu 1254; doch glaubt Hormayr (Wien. Jahrb., XL, 75), es walte hier eine Verwechslung mit den Jahren 1241—42 ob. — [4] Contin. Mart. Polon., 1410. Schöpflin, hist. Zaring. Badens., I, 324. Chron. aur. in Hormayrs Archiv, 1827, Nr. 79. — [5] Ein Enkel König Belas von Ungern. Kurz, Oesterreich unter Ottokar, I, 12.

suche einer Eroberung des ganzen Landes zu machen[1], und Graf Meinhard von Görz, der kaiserliche Statthalter, kehrte in seine Heimath zurück, weil er nicht glaubte sich behaupten zu können. Margarethe endlich, die Schwester Herzog Friedrichs, schien als Weib zur Regierung unfähig, und eine neue Heirath derselben hätte immer nur einen fremden Fürsten herbeigeführt. Daher beschlossen die in Trübensee versammelten Stände Oesterreichs, Bevollmächtigte an Markgraf Heinrich den Erlauchten von Meißen zu schicken und ihm für einen seiner mit Konstanze[2] (der vorletzten Schwester Herzog Friedrichs) erzeugten Söhne die Herrschaft von Oesterreich anzubieten. Auf ihrer Reise nach Meißen wurden die Gesandten, an ihrer Spitze Heinrich von Lichtenstein[3], durch den König Wenzel III von Böhmen, scheinbar aus bloßer Gastfreundlichkeit, eingeladen nach Prag zu kommen. Kaum aber waren sie daselbst angelangt, als der schon früher von den Verhältnissen unterrichtete König ihnen aufs Nachdrücklichste vorstellte: es sey thöricht, bei der Wahl eines neuen Landesherrn ausschließend ein zweifelhaftes Erbrecht zu berücksichtigen und Kinder zu berufen, deren Unfähigkeit zum Herrschen außer allem Zweifel sey. Ottokar dagegen, sein Sohn, habe sich bereits als ein Mann gezeigt, und besitze an ihm eine ganz andere Stütze, als jene Knaben an ihrem mit der Kirche überdies zerfallenen Vater. Gelte ihnen Verwandtschaft mehr als Mannhaftigkeit, nun so sey ja Gertrud mit seinem ältesten Sohne Ladislav vermählt gewesen, und Ottokar werde nicht abgeneigt seyn, der verwittweten Margarethe seine Hand anzutragen. Hiedurch erwachse in diesen Gegenden ein Reich, mächtig genug um Ungern und Mongolen zurückzuschlagen, und die Bedenken, welche etwa über die Erhaltung örtlicher und landschaftlicher Rechte entstehen möchten, ließen sich leicht durch sichernde Bedingungen heben. Weise man seinen Vorschlag trotz all dieser Gründe von der Hand, so dürfte es an anderen Vorwänden nicht fehlen, Oesterreich mit Krieg zu überziehen, und statt eines treuen Freundes würden sie an ihm einen gefährlichen Gegner finden. Durch diese erheblichen Vorstellungen, sowie durch Drohungen, Versprechungen, Kunst- und Geldmittel wurden die Gesandten eingeschüchtert, oder ganz gewonnen; sie kehrten nach Oesterreich zurück und sprachen auf dem neu berufenen Landtage sehr bestimmt für Ottokar, während dieser sich an der Spitze einer nicht unbedeutenden Macht der Grenze nahte. Mit entschiedener Stimmenmehrheit ward er als Fürst anerkannt, kam ums Ende des Jahres 1251 in den Besitz fast des ganzen Landes und heirathete, ungern und nur um seine Herrschaft zu befestigen, im April 1252,

---

[1] Doch hatte er sich im Lande ob der Ens festgesetzt. Rauchs Geschichte von Oesterr., III, 81. — [2] Konstanze war bereits gestorben. Ludw., Reliq., VIII, 217. Friedrich, ihr ältester Sohn, war jetzt 11 Jahre alt. Kurz, Oesterreich unter Ottokar, 9. — [3] Hormayr, Taschenb. für 1822, S. 51. Archiv, 1827, Nr. 91. Wiener Jahrbücher, XXXIX, S. 29, Anzeigeblatt.

Steiermark.

22 Jahre alt, die 46jährige Margarethe¹. Der Papst, welcher im September 1248 Gertruds Recht für das beste erklärte und sechs Monate später dem römischen Könige befahl sie mit Oesterreich zu belehnen, weil ihr Gemahl, Hermann von Baden, sich gehorsam zeigte, behauptete um dieselbe Zeit, es sey kein gesetzlicher Erbe vorhanden, und bestätigte wiederum im Julius 1253 Margarethens Erbrecht², Heirath und Herrschaft, sofern sie nebst ihrem Gemahle schwöre, der Kirche und dem Könige Wilhelm beizustehen³. Ob Innocenz hiezu ein Recht habe, oder auch nur folgerecht verfahre, durfte man kaum fragen, da er sich in jener Urkunde nennt: den Stellvertreter des wahren Gottes auf Erden, den Präsidenten der allgemeinen Republik, den Ordner Roms und der Welt⁴!

Mit der Erwerbung Oesterreichs, so meinte Ottokar, sey ihm auch Steiermark anheim gefallen, wogegen die Stände dieses Landes, auf alte Rechte und Freibriefe gestützt, ihre Unabhängigkeit und ihr Wahlrecht behaupteten. Pfalzgraf Heinrich, der Sohn Ottos von Baiern, welchen sie zu ihrem Herzoge beriefen, glaubte sich nur mit Hülfe seines Schwiegervaters, König Belas IV von Ungern, erhalten zu können. Allein dieser wirkte eigennützig für sich selbst und bediente sich eine Zeit lang der damals noch nicht von ihrem letzten Gemahle verlassenen Gertrud, um einen scheinbaren Rechtstitel oder doch Kriegsvorwand zu bekommen. In den hierauf sogleich ausbrechenden Kriegen wurden die Länder wechselseitig durch Deutsche⁵, Böhmen, Ungern und Mongolen auf die entsetzlichste Art verwüstet, Klöster und Kirchen nicht verschont, die Einwohner gefangen hinweggeführt und eine furchtbare Hungersnoth veranlaßt. Endlich, am 3. April 1254, schlossen Ottokar und Bela Frieden, wonach jener Oesterreich, dieser Steiermark behielt⁶.

---

¹ Chron. Udalr. August. zu 1230 u. 1240. Bidacher bei Oefeleurscher., II, 98. Dobneri monum., II, 306, Nr. XVIII. Wadding, III, 513. Bohem. chron. Ludwig., 204. Lambacher, Urk. 7, 8, 12, 17, 18. Beitr. zur Gesch. von Oesterr., I, 180. Schrötter, III, 43, 107. Wien. Jahrbücher, LIX, 111. — ² Würdtw., Nova subsid., IX, 30. Alb. Beham, 102. — ³ Kurz, Oesterreich unter Ottokar, I, 14; II, 8. Im September 1253 trat Ottokar auf Wilhelms Seite. Palacky, Reise, 33, 34. — ⁴ Veri dei in his terris vicem gerens et universali reipublicae praesidens. Lang, Jahrb. zu 1253. Urbis et orbis moderator. Wiener Jahrb., XXXIX, S. 24, Anzeigeblatt. — ⁵ Neuburg. chron. Salisburg. chron. zu 1252—54. Zwettense chron. recent., 532. Bohem. chron., 72. Pappenheim, Unresch. Kärnthische Ehrenöl, 494. Haselbach, 720. Mellic. chron. Aventin. annal., VII, 8, 10. Contin. Martini Poloni, 1421. Ulrich von Lichtenstein (Hagen, Minnesänger, IV, 380). Wien. Jahrb., XXXIX, Anzeigeblatt 31. Hormayr, Archiv, 1827, Nr. 155. Joh. Victor. 286. — ⁶ Das Nähere bei Rauch, III, 152. König Wenzel von Böhmen starb den 20. September 1253, und Ottokar zog im Jahre 1253 mit dem Markgrafen von Brandenburg gegen die heidnischen Preußen. Murat. Antiq. Ital., VI, 89. Neplachonis chr. zu 1257. Kurz, Oesterreich unter Ottokar, II, 171.

Baiern. Königswahl.

Nicht minder wichtige Veränderungen traten während dieser Zeit in Baiern ein. Herzog Otto, ohne Rücksicht auf päpstliche Bannsprüche der treueste Freund der Hohenstaufen, starb[1] am 29. November 1253, und seine beiden Söhne Ludwig und Heinrich regierten (weil damals kein ausschließendes Recht der Erstgeburt stattfand) gemeinschaftlich das väterliche Erbe bis zum Jahre 1255. Dann theilten sie dasselbe, um Streit zu vermeiden, wobei Ludwig die Pfalz am Rhein[2] und Oberbaiern mit München und Ingolstadt erhielt, Heinrich dagegen Niederbaiern, nebst Landshut, Oetting, Straubingen, Reichenhall, Sulzbach und die Besitzungen bis an den böhmer Wald[3]. Papst Alexander ermahnte nochmals beide Fürsten[4], der Kirche und dem Könige Wilhelm anzuhangen, worauf sie sich zu ihrem eigenen Vortheile mit den Bischöfen versöhnten, um den König aber nicht im Mindesten bekümmerten.

Durch den Tod dieses ohnmächtigen Herrschers verlor das Reich zwar nicht viel, aber desto wichtiger war die Frage: wie Deutschland durch eine neue Königswahl aus der seitherigen Bedrängniß errettet werden könnte. Selbst in den Zeiten hohenstaufischer Uebermacht hatte der Gedanke an ein Erbrecht dieses Hauses keinen Eingang gefunden; wie viel weniger jetzt, wo dem Knaben Konradin die Macht fehlte, und Papst Alexander IV im Voraus Jeden mit dem Banne bedrohte[5], welcher dessen Erhebung in Vorschlag zu bringen wage: denn er sey zur Regierung unfähig und aus einer der Kirche immerdar feindlichen, heillosen Familie entsprossen. Nun hätten aber die deutschen Fürsten doch auf jeden Fall eilig den Tüchtigsten und Mächtigsten aus ihrer Mitte erwählen und nicht hinter dem für die Kirche so folgerechten und preiswürdigen Verfahren der Kardinäle bei den Papstwahlen zurückbleiben sollen. Allein zu der falschen, leider

---

[1] Bavaric. chron. ap. Pez., II, 77. Pappenh. Aventin. ann., VII, 6, 11. Zschokke, I, 503. Erst 12 Jahre später erlaubte Papst Klemens IV, daß, nach vorhergegangener Genugthuung, der Leichnam Herzog Ottos in geweihter Erde begraben werde. Monumenta Boica, X, 473. — [2] Herzog Ludwig I ward 1214 mit der Pfalz belehen und sein Sohn Otto heirathete Agnes, die Tochter des jüngern Pfalzgrafen Heinrich. Böhmer, Reg., 370. — [3] Andreas et Chron. Chron., 985. Bavaric. chron., 389. Udalr. Aug. Bavaric. chr. ap. Pez., II, 77. Zschokke, II, 5. Mansri, 1, 243. Ueber die Theilung der Aurechte auf Regensburg: Gemeiner, Chronik, 411; vergl. Aventin. annal., VII, 7, 3. — [4] Cod. Vindob. philol., Nr. 305, fol. 151. Chron. Udalr. Aug. zu 1253 u. 1255. — [5] Raynald zu 1256, §. 3. Kreisschreiben an die Erzbischöfe. Lünig, Reichsarchiv. Spicil. ecclesiast. von Mainz, Urk. 35. Leibnitz, Prodrom, lief. 13. Nach damaliger Rhetorik sagt der Papst: Hic vehementer vigilandum est, hic perspicacitor invendum, hic considerandum prudenter, hic mature deliberandum, hic provide praecavendum, hic aperiendi sunt oculi, hic habendae sunt aures intente, hic mens esse debet non rudis et torpida, sed diligens, pervigil et consulta etc. Bullar. Romanum, I, 111. Ebenso widersprach später Urban IV jeder Wahl Konradins. Urbani Reg. in Paris, Jahr I, ep. 102, 103.

Königswahl.

schon als Grundsatz aufgestellten Ansicht, daß ein schwacher König der beste sey, gesellte sich eine neue, nicht geringere Verkehrtheit, nämlich: keineswegs einen Deutschen zum König der Deutschen erwählen zu wollen, sondern einen Ausländer, einen Fremden [1]! Nur ein solcher (so hieß es) sey unparteiisch und dankbar, bringe Macht und Reichthum mit sich ohne Gefahr für die Freiheit, vermöge am wenigsten das Wahlrecht in ein Erbrecht zu verwandeln, dürfe seine Verwandten nicht auf Kosten der Fürsten erhöhen u. s. w. Ja Einzelne meinten gewiß [2]: man könne des Königs wohl ganz entbehren, und wenn der Fremde sich oft in seine alte Heimath begebe, oder auch gar nicht nach Deutschland komme [3], so biete dies den besten Uebergang, um die so verdrießliche Oberleitung ganz los zu werden. Leider konnte aber auch der Unbefangenste, Wohlmeinendste darüber in Verlegenheit gerathen, wer vor Allen der Krone würdig sey? Und die, welche aus Neid keinem Gleichgestellten künftig den Vorrang lassen wollten, suchten vorhandene Schwierigkeiten eher zu vermehren als zu beseitigen. Die Welfen und Wittelsbacher waren durch Theilungen geschwächt und Herzog Ludwig von Baiern außerdem wegen seiner überlebenen Strenge keineswegs beliebt, Oesterreich herrenlos oder in Fehden erschöpft, Sachsen und Brandenburg seitwärts gelegen und durch das Königthum wenig gereizt, die Erhebung eines Schwächeren aber, wenigstens Manchem, bedenklich, seitdem man erlebt hatte daß Niemand dem Könige als solchem mehr gehorchen wollte. Doch war die Rede davon, ob der Markgraf Otto von Brandenburg, oder der König Ottokar von Böhmen, oder der reiche Graf Hermann von Henneberg zu erwählen sey [4]; dort aber blieb es beim Reden und dem letzten Bewerber stellte sich bald ein Reicherer gegenüber. Außer jenen Irrthümern und Verkehrtheiten zeigte sich nämlich bei diesen Wahlge-

---

[1] Mit Recht sagt zürnend der Meißner (Hagen, Minnesinger, III, 102, Nr. 2):
 Daz so lange gestanden hat ane keiser Römisch riche.
 Daz ist von diner girikeit, Diutsche zunge, sicherliche,
 Von dir ist Römisch riche gar verweiset.
 Dir solte dienen al diu werlt: nu willu dich eigen machen;
 Berilluset Diutschiu zunge ir reht, daz wirt sie an eren swachen;
 O we, diu girikeit daz riche reizet (zerstört)!
 Gib niht din erbe in vremdiu lant, daz dir din schepfer hat an geerbet.

[2] Den (Slowsen) gab man schult, daz riche hetz von in ungenade vil:
 Wa ist nu hin der pfaffen bezzer tåmil? nu stht man wol, daz ir beleiner wil.

Der Hellevoir in Hagens Minnesinger, III, 34. — [3] Auch Friedrichs II lange Abwesenheit war ihnen willkommen, obgleich sie zuweilen darüber klagten. — [4] Gebauer, Leben Richards, S. 85. Schultes, Geschichte von Henneberg, I, 110. Gruner, Opusc., II, 160. Ein Schreiben mehrer Fürsten an die zu Würzburg versammelten Städte über den Plan, Otto zu erwählen, in Böhmer, Cod. Francol., p. 110. Pertz, IV, 379. Der König von Böhmen habe die Wahl, Zwist fürchtend, abgelehnt, bezeugt verzingelt Contin. Mart. Pol., 1422.

schäften, bei diesem Versteigern der ersten Würde auf Erden auch arger Eigennutz, welcher an das polnische Verfahren in den schlechtesten Zeiten dieses Staates erinnert[1]. Von so schlechten, verdammlichen Bestimmungsgründen hätten sich die drei rheinischen Erzbischöfe am meisten frei halten sollen, aber gerade diese gingen mit bösem Beispiele voran.

Erzbischof Gerhard von Mainz war nebst seinem Oheim, einem Grafen von Eberstein, auf ungebührliche Weise in das Land des Herzogs Albert von Braunschweig eingefallen und gefangen worden. Den Grafen ließ der Sieger bei den Beinen aufhängen[2]; vom Erzbischofe forderte er ein Lösegeld, das dieser nicht aus eigenen Mitteln herbeischaffen konnte, sondern durch den Verkauf seiner Stimme bei der Königswahl zu erwerben hoffte.

Diese Gefangenschaft Gerhards gab dem Erzbischofe von Köln, Konrad von Hochstaden, desto freiere Hände. Sowie bei den Wahlen Heinrich Raspes und Wilhelms, zeigte er sich auch diesmal vor Allen thätig und gedachte zuerst daran, dem Grafen Richard von Cornwall und Poitou die deutsche Königskrone zuzuwenden. Dieser, ein Sohn König Johanns und der Gräfin von Angouleme, zählte bereits 47 Jahre und hatte sich in den Fehden mit Frankreich oft ausgezeichnet; oft war er aber auch mit seinem Bruder, dem schwankenden, übereilt hitzigen König Heinrich III von England in Zwist gerathen. Im Jahre 1240 unternahm er einen Kreuzzug und ward (in Erinnerung an seinen Oheim Richard Löwenherz) von den morgenländischen Christen mit großem Vertrauen und großer Theilnahme empfangen; die Verhältnisse lagen jedoch so ungünstig, daß er nur Askalon befestigen und einen Waffenstillstand abschließen konnte. Auf dem Rückwege ward Richard von seinem Schwager, dem Kaiser Friedrich II, ehrenvoll aufgenommen, konnte aber dessen Streit mit Gregor IX durch seine Vermittelung nicht zu Ende bringen[3]. Seitdem hatte er meist in England gelebt und durch Sparsamkeit, Geschenke des Königs, Handelsvorrechte, Bergwerke und Mittel aller Art sein ursprünglich schon bedeutendes Vermögen so vergrößert, daß er damals wohl mit Recht für den reichsten Fürsten in Europa galt. Dies war der Hauptgrund, warum Erzbischof Konrad von Köln vor Allen auf ihn sein Augenmerk richtete; außerdem ward noch angeführt: ein deutscher Fürst sey nicht da; einen Hunnen, Ungern, Slaven oder Franzosen könne und wolle man nicht wählen; ebenso wenig zeige der Norden einen tüchtigen Bewerber. Richard dagegen sey zwar ein Ausländer, aber mit vielen deutschen Fürsten, auch mit den Hohenstaufen verwandt, dem Papste befreundet und des Kreuzzuges halber

---

[1] Mit Recht sagt der Hellevilr (Hagen, Minnesinger, III, 34); Der Fürsten unrecht für und mittelsen hat die rechte für gar überwunden. Römisch riche, wie in gram! — [2] Gebauer, 83. Werner, Mainzer Dom, II, 15. — [3] Abbas S. Petri in Sparke zu 1708. Siehe oben S. 26.

Alfons von Kastilien. Doppelwahl.

ehrenwerth. Als nun Erzbischof Konrad vertraute nach England 1256 sandte und dem Grafen gegen Zahlung gewisser Summen an die Hauptwahlfürsten die Krone anbieten ließ, übereilte sich dieser nicht, eingedenk des bösen Schicksals der bisherigen Gegenkönige[1], und ging erst näher auf den Vorschlag ein, als ihm (freilich unwahr) berichtet ward, er dürfe auf allgemeinere Beistimmung des Volkes und der Fürsten rechnen. Richards nach Deutschland abgesandte Bevollmächtigte wurden nun dahin Handels eins, daß jener zahle: dem Erzbischofe von Köln 12,000 Mark[2], dem Erzbischofe von Mainz 8000 (wovon jedoch Herzog Albert 5000 als Lösungssumme erhielt), den beiden Herzögen von Baiern 18,000, jedem der übrigen Fürsten 8000 Mark[3]. Viele glaubten, mit diesen so freigebigen Anerbietungen und Versprechungen wären alle Schwierigkeiten beseitigt; allein gerade hieraus entstanden guten Theils die neuen Bedenken und Widersprüche.

Arnold von Isenburg, Erzbischof von Trier, welcher bei der Wahl Wilhelms von Holland überall den Ausschlag gegeben hatte, nahm es übel daß der Erzbischof von Köln dergestalt an die Spitze trete, für seinen Kopf Verhandlungen beginne, Verträge schließe und sich selbst eine Summe von 12,000 Mark ausbedinge, während mehre ihm gleichgestellte Fürsten und Prälaten mit 8000 Mark sollten abgefunden werden. Wenn man übrigens einmal einen Ausländer wählen wolle, so sey nicht der Graf Richard der würdigste Bewerber, sondern der gepriesenste König in Europa, der Enkel König Philipps von Schwaben, Alfons der Weise von Kastilien.

Erzbischof Arnold und Herzog Albert von Sachsen (welcher ebenfalls für seinen Verwandten, den Markgrafen von Brandenburg, bevollmächtigt war) hatten sich früher als ihre Gegner in dem Wahlorte Frankfurt eingefunden, und auch ein böhmischer Abgeordneter schloß sich ihnen an. Konrad von Köln (welcher zugleich des Erzbischofs von Mainz Stimme vertrat) und Herzog Ludwig von Baiern zogen zwar später, allein mit so zahlreicher Mannschaft herzu, daß jene ängstlich die Thore schlossen und erklärten: nur mit geringer Begleitung könne man sie in die Stadt aufnehmen. Ueber solche Beschränkung ungeduldig, erwählten Konrad und Ludwig in ihrem und des Erzbischofs von Mainz Namen und nach genommener Rücksprache mit den sonst gegenwärtigen Fürsten und Prälaten, zwar außerhalb Frankfurts, aber doch auf fränkischer Erde, den Grafen Richard von Kornwall am 13. Januar 1257 zum Könige der Deutschen. Erzbischof 1257 Konrad und einige andere Fürsten und Prälaten eilten selbst nach

---

[1] Matth. Par., 633. Erfurt. chron. S. Petrin. Salisburg. chron. zu 1257. Lamberti addit. zu 1256. Erfurt. antiquil. — [2] Genauere Berechnungen: Meyer, Zeitschrift, V, 129. — [3] So sagt Wikes Chronik; doch ist hier wohl nur von den Fürsten die Rede, welche jetzt vorzugsweise als Wähler auftraten. Lacomblet, II, 232.

240 Doppelwahl. Alfons und Richard.

England, huldigten ihrem neuen Herrn, und wurden von ihm reichlich beschenkt.

Durch diese raschen Schritte ließ sich Erzbischof Arnold von Trier keineswegs von seinen Plänen zurückschrecken, sondern versprach jedem seiner Mitwahlfürsten in Alfons Namen[1] 20,000 Mark Silber und ernannte am 1. April 1257 für sich, Sachsen, Brandenburg und Böhmen[2] den König Alfons X von Kastilien zum Könige von Deutschland. Die Bischöfe von Speier und Konstanz und der Abt von S Gallen überbrachten ihm die Nachricht von seiner Erhebung und nahmen Abrede mit ihm über die weiter zu treffenden Maßregeln[3] — Den Franzosen war diese Wahl, da man einmal keinen der Ihrigen wollte, willkommener als die Wahl Richards, ihre Unterstützung aber keineswegs von der Art, daß sie den Ausschlag geben konnte[4]. Vielmehr hatte Richard mit größter Eile alle Vorbereitungen getroffen, um nach Deutschland überzusetzen, landete in Dordrecht und ward am 17. Mai 1257 in Achen gekrönt. Nichts empfahl ihn mehr als das Gerücht: sein Schatz sey (laufende Einnahmen ungerechnet) so reich, daß er, ohne ihn zu erschöpfen, zehn Jahre lang täglich 100 Mark ausgeben könne[5], daß ihn 32 achtspännige Wagen begleiteten, jeder mit einer Tonne beladen, so groß als ein Weinfaß von drei Ohm[6], und diese 32 Tonnen wären ganz voll Geld. Hiemit gewann er viele Freunde (so z. B. wahrscheinlich schon im Februar dieses Jahres den König Ottokar von Böhmen[7]); Andere hingegen waren nicht feil, oder glaubten ihm aus inneren Gründen widerstehen zu müssen; endlich wurden selbst diese großen Schätze erschöpft, worauf Mehre sich von ihm lossagten und ohne Rückhalt äußerten: sie hätten ihn geliebt nicht seiner Person, sondern seines Reichthums halber[8]!

Beide Könige suchten aufs Eifrigste die Bestätigung des Papstes, welcher auch, mit Bezug auf frühere Erklärungen, behauptete daß ihm bei zwistigen Wahlen die Entscheidung zustehe. Weil er jedoch besorgte: die Kirche könne durch einen solchen Ausspruch in Gefahr gerathen, und ihm der heillose Zwist welcher Deutschland in Ohnmacht stürzte, für seine italienischen Plane sehr willkommen war[9], so ver-

---

[1] Ungewiß, ob aus eigener Macht, oder ob Alfons in der Zwischenzeit befragt war und wirklich eingewilligt hatte. Chron. Udalr. August. — [2] Es scheint nicht, daß andere Wahlfürsten gegenwärtig waren oder irgend entscheidend einwirkten. — [3] Arx, Gesch. von S. Gallen, I, 366. Gallia christ. VI, 730. — [4] Matth. Paris, 645. Rymer, Foed., I, 2, 11. Wikes chron. — [5] Matth. Paris, 634. Doch schossen die englischen Juden auch Geld vor. Rymer, Foed., I. 2, 20. — [6] Corner, 902. — [7] Rymer, Foed., I, 2, 24. Ueber Ottokars Schwanken: Böhmer, Reg., 38, 39. — [8] Dicentes, quod eum non dilexerunt propter personam, sed ratione substantiae, et dederunt ei libellum repudii. Auct. incert. ap. Urstis. Ebenso Closeners Chronik, S. 25. Bibl. des lit. Vereins, I. — [9] Monach. Patav. 697. Leibnitz, Prodrom., Urk. 14. Dumont, I, 216, Urk. 416. Umständliche Darlegung der Gründe und Gegengründe über die Doppelwahl in dem Schreiben Urbans in Rymer, Foed., I, 2, 77.

schob er (unter dem scheinbaren Vorwande, daß die Zweifel über die 1257 Rechtmäßigkeit der Wahlen noch nicht gehörig geprüft wären) seinen letzten Ausspruch [1]. Beide Könige übten Reichshandlungen jeder Art, und wenn eine große Zahl von Urkunden Beweis ächter Regierungs‐ thätigkeit und wahrhafter Fortschritte gäbe, so hätte Deutschland da‐ mals eine schöne Zeit gehabt. Alfons, welcher den Beinamen des Weisen als König keineswegs verdiente, kam indeß gar nicht nach Deutschland, sodaß Richard allerdings mehr Einfluß hatte als er; doch kümmerten sich Viele so wenig um ihn als um den Kastilianer, und seine häufige Abwesenheit in England war ihrem Streben nach völliger Unabhängigkeit ganz erwünscht. Richards Verschwendung eng‐ lischer Gelder für deutsche Angelegenheiten, die mit Erlaubniß König Heinrichs erhöhte Besteuerung seiner Güter [2], der eigennützige Betrieb des ihm ausschließlich überwiesenen Wechselhandels u. s. w. erzeugten in England große Unzufriedenheit; und wenn es daselbst auch nicht aus diesen, sondern aus andern Gründen zum Kriege mit den eng‐ lischen Baronen kam, so trafen doch die Folgen Richard sehr schwer: er ward im Jahre 1264 in der Schlacht bei Lewes gefangen und erst nach 15 Monaten wieder entlassen. „Das wenige Oel (dies äußer‐ ten Manche), was ihm in Achen auf den Kopf gegossen ward, hätte er zu Hause wohlfeiler haben können. Thörichtes England, das sich freiwillig so vielen Geldes beraubte! Thörichte Fürsten Deutschlands, welche ihr edles Recht für Geld verkauften [3]!"

In dieser Zeit, wo das Königthum und der Reichsverband für die Sicherheit bürgerlicher Verhältnisse keine hinreichende Gewähr lei‐ stete, suchte man auf andern Wegen einen Ersatz derselben. Die deutschen Städte, deren Ursprung in verschiedene Zeiten fällt, deren rascherе Entwickelung aber mit der Regierung Kaiser Friedrichs I be‐ ginnt, hatten öfter Schutz als Widerstand bei den Hohenstaufen ge‐ funden, denn beide bedurften einander oft gegen die Macht der Für‐ sten und Prälaten. Als nun aber nach dem Tode Friedrichs II das Ansehen der Könige ganz dahinschwand, standen die einzelnen deut‐ schen Städte nicht bloß den Herzögen und Fürsten, den Erzbischöfen und Bischöfen gegenüber fast ohnmächtig und hülflos da, sondern selbst einzelne Adlige und Raubritter durften den handeltreibenden Bürgern von ihren festen Schlössern aus das ärgste Uebel anthun, ohne daß Mittel und Wege vorhanden waren, sich an ihnen zu rächen oder sie zu bestrafen. Was früher im Einzelnen und ungenügend geschah [4], das trieben die Verwirrungen, welche unter König Wilhelms

---

[1] Daher sagt Stolle:
  Wa is nu daz recht, daz man von Rome uns solte geben?
  Daz sie nu nicht ne richten über die mit valsche leben,
  Und uns in der Kristenheit
  Den grozen jamer also vaste meren. Hagen, Minnes., III, 8.
[2] Rymer, Foed., I, 9, 42, 73, 118. Maith. Paris. 639. — [3] Annal. Albiani bei Langebek, I, 210. — [4] Sartorius, Geschichte der Hanse, I, 53.

nichtiger Regierung aufs Höchste fliegen, in umfassenderem Maße hervor[1]. Mainz, Worms und Oppenheim gedachten, wohl nicht ohne Erinnerung an den Vorgang der Lombarden, zuerst an einen größeren Städtebund, und der Gedanke fand bei seiner Natürlichkeit und Nützlichkeit den allgemeinsten Beifall. Achen, Andernach, Aschaffenburg, Bacharach, Basel, Bingen, Bonn, Boppard, Breisach, Frankfurt, Freiburg, Fulda, Hagenau, Heidelberg, Köln, Mainz, Marburg, Münster, Nürnberg, Regensburg, Speier, Straßburg, Weißenburg, Wesel, Wetzlar, über 60 meist rheinische Städte, traten in den neuen Bund[2]. Sie entwarfen und beschwuren in den Jahren 1253—56 folgende Gesetze ihres Vereins[3]:

„Es soll Friede seyn auf zehn Jahre, für Hohe und Niedere, Geistliche und Laien, die Juden nicht ausgenommen. Alle durch Reichsgesetze unbestätigten Zölle sind rechtswidrig und hören auf. Raubschlösser werden durch gemeinsame Anstrengungen unter erwählten Anführern zerstört; den Rechten der Kirchen, Klöster, Fürsten und Adligen wird man aber in keiner Weise zu nahe treten[4]. Gegen Feinde und Friedensbrecher leisten sich Alle Beistand. Ohne gemeinsamen Beschluß soll indeß kein Krieg erhoben, viel weniger einem erklärten Feinde heimliche Hülfe von Bundesgliedern geleistet werden. Wer mit Friedbrüchigen in irgend eine Gemeinschaft tritt, ihnen beisteht, oder Beute von ihnen kauft, wird hart bestraft und aus den Städten verwiesen. Der Bund wird die Bauern und armen Landleute schützen[5], wenn sie den Frieden halten, bekriegen und strafen, wenn sie an Fehden und Unbilden Theil nehmen. Rechtsfragen und Streitigkeiten unter Bundesgliedern entscheiden erwählte Geschworene und in gewissen wichtigen Fällen der ganze Bund. Worms ist Haupt- und Mittelpunkt für die oberen, Mainz für die unteren Städte; jährlich werden vier allgemeine Versammlungen in Köln, Mainz, Worms und Straßburg gehalten. Die oberen Städte von Basel bis zur Mosel stellen 100, die unteren Städte 500 Kriegsschiffe und eine verhältnißmäßige Anzahl Matrosen und Landsoldaten. Gewisse Geldbeträge werden von den Geschworenen nach dem Vermögen erhoben und berechnet. Jedes Bundesglied kann von seinen Nachbarn eine Erklärung verlangen, ob sie dem Frieden beitreten wollen; wenn nicht, so werden sie als fremd

---

[1] Wormat. chron. in Ludwig, Reliq., II, 126. — [2] Chron. Udalr. August. ja 1247. Gundlach, Chronol., 377. — [3] Urkunden vom 13. Julius 1253 und 29. September 1254. (Wir nehmen hier nur die Hauptpunkte auf.) Zusätze im Jahre 1255 und 1256. Leibnitz, Mantissa, VIII, 93. Böhmer, Cod. Francof., 98 u. fg. Pertz, IV, 374—376. Wormat annal., 189. Arnold Walpoden, ein mainzer Bürger, habe hauptsächlich die Sache betrieben. Werner, II, 8. Schunk, Codex, p. 19. — [4] Placet etiam et gratum est nobis, ut nobiles et domini terrae libere gaudeant suis juribus, sicut debent. Böhmer, 98. — [5] Quorum tutores esse volumus et defendere contra injurias, si pacem nobiscum servaverint. Böhmer, Cod. Francof., 105.

betrachtet und haben keinen Theil an den Vortheilen desselben. Der Bund verpflichtet sich, das Reichsgut auf alle Weise zu erhalten und zu vertheidigen. Demjenigen, welchen die Fürsten einstimmig zum Könige wählen, wird der Bund sogleich gehorchen; wählen sie dagegen zwiespaltig mehre, so wird er keinem beistehen, noch in eine Stadt aufnehmen, noch Geld leihen, noch irgend einen Dienst thun, und zwar bei Strafe des Meineides, Friedensbruches und der gänzlichen Zerstörung[1]."

Als diese Beschlüsse bekannt wurden, mißfielen sie manchem Fürsten und erregten insbesondere den größten Zorn der Raubritter. „Sollen", so sprachen diese, „Bürger, Kaufleute und Krämer uns Gesetze vorschreiben und unsere Herren werden[2]?" Hingegen fühlten die besonnen und besser Gesinnten, daß die Umstände solchen Bund erforderten, daß er auf richtigen Grundsätzen beruhe, und es gerathener sey sich ihm anzuschließen, als ihm zu widerstreben. Aus diesen und anderen Gründen traten allmählich bei: die Erzbischöfe von Mainz, Trier und Köln, die Bischöfe von Worms, Straßburg, Basel und Metz, der Abt von Fulda, der Pfalzgraf Ludwig, der Herzog Heinrich von Baiern, die Landgräfin Sophie von Thüringen, die Grafen von Leiningen, Katzenellenbogen u. s. w. Einzelne minder mächtige Adle wurden auch wohl gezwungen[3], am Bunde Theil zu nehmen. Hiedurch dehnte sich die Grundlage desselben einerseits allerdings auf eine erfreuliche Weise aus, andererseits aber minderte sich der innere Zusammenhang und die Gleichheit der Bestrebungen und Zwecke. Es mußte entweder von hier aus zu einer allgemeinen, erneuerten besseren Reichsverfassung kommen, oder die Gefahr einer baldigen Auflösung des Bundes eintreten.

Jene erste Gesetzgebung des deutschen Bundes erscheint gemäßigter, umfassender, gründlicher, bestimmter, als was die Lombarden jemals in mehren Versuchen zu Stande brachten oder zu Stande bringen wollten; aber die größere Macht der Prälaten und Fürsten hinderte (selbst während dieser Zeit geschwächten königlichen Ansehens) in Deutschland die Begründung einer ausschließlichen städtischen Herrschaft; auch hätte diese, nach italienischer Weise, bald zu inneren bösen Fehden geführt. Wir mögen also, sofern der Bund nur wenige Jahre lang den Frieden erhielt, dessen Auflösung beklagen, müssen uns aber freuen, daß die Elemente des mannichfachsten geselligen Lebens sich damals weder in bloßes Kirchenthum, noch in bloßes Bürgerthum, noch in bloße Einherrschaft aufgelöset und damit den Tod des wesentlich Deutschen herbeigeführt haben. Während hier Manches dahinstarb, entwickelte sich Anderes mit frischer Lebenskraft; wie sich dagegen der

---

[1] An diesem Beschlusse hielten Lüber die Städte später nicht fest. — [2] Albert. Studensis, Staindel. — [3] Cogunt in foedus. Herm. Altah.

244   Untergang des Chalifats.

1258 wahre, gänzliche Tod eines Reiches gestaltet, das zeigt in eben diesen Jahren der Untergang des Chalifats.

Mit beispielloser Schnelligkeit hatte sich die Herrschaft des Islam durch das Schwert verbreitet, über alle Länder von den Säulen des Herkules bis nach Indien und von Aethiopien bis in die Wüsten des nördlichen Asien. Aus gezwungenen Bekennern wurden die Besiegten nach und nach überzeugte Anhänger der neuen Lehre, und die rohen, bloß des Krieges kundigen Sieger verwandelten sich allmählich in Freunde des Friedens und der Wissenschaft. Bagdad, angelegt vom zweiten abbasidischen Chalifen Mansur (um die Zeit der Gründung karolingischer Herrschaft im Abendlande), ward der Sitz des Handels, der Gelehrsamkeit, der feinen Sitten. Neben dem Unterricht in angeblich mehr als hundert Wissenschaften fand auch die Dichtkunst ihre Stelle, neben griechischer, dahin zu neuem Leben geflüchteter Weisheit alle Künste asiatischen Aufwandes. Hunderttausende pilgerten zu diesem Sitze geistlicher wie weltlicher Herrschaft, geistlicher wie weltlicher Wissenschaft. Allein je reicher und bewundernswürdiger sich hier alle Verhältnisse gestalteten, je mehr Leben und Bewegung sich in dem Mittelpunkte, dem Herzen des ungeheuren Reiches zeigte, desto mehr starben die äußeren Glieder ab. Bald wurde dort Alles nur auf Genuß gestellt und hingewendet, und was sich für kräftige Thätigkeit ausgab, war fast nur zur Auflösung führende Empörung. Man verstand weder das Ganze in strengem Gehorsam beisammenzuhalten, noch eine höhere Form freiwilligen Vereins aufzufinden, noch es auf eine Leben erhaltende Weise zu theilen. Die ganze Geschichte des Chalifats löset sich allmählich auf in die Geschichte innerer Frevel und fremder zerstörender Angriffe. Es giebt fast keinen rohen Volksstamm von der Westküste Afrikas bis in das innerste unbekannte Asien, der nicht mehr oder weniger Theile jenes Reiches erobert, verwüstet, freiwillig verlassen oder gezwungen wiederum anderen Ueberzüglern eingeräumt hätte.

Und in Bagdad lagen eigentlich, trotz äußeren Scheines, die Dinge am übelsten: Stolz und Anmaßung bei gänzlichem Mangel an weltlicher Macht, Prahlerei mit der Wissenschaft bei geistloser Behandlung und Nachbeterei, frevelhaft leidenschaftliche Religionsstreitigkeiten nach dem Verschwinden von Zwang und Gehorsam. Die Chalifen waren seit langer Zeit ein Spielball der Emirn aus anderen Geschlechtern und Völkern, oder noch öfter Sklaven unwürdiger Günstlinge und ihrer eigenen Sündhaftigkeit. So auch Mostasem, der siebenunddreißigste aus dem Hause der Abbasiden, der sechsundfünfzigste seit Abubekr. An seinem Hofe verfolgten sich (ohne daß er Ordnung zu erhalten vermochte) die Parteien der Sunniten und Raseditten auf frevelhaft grausame Weise, und ein von ihm vertriebener Gelehrter Nasireddin arbeitete, gleich seinem Vezier Alkami, an dem Untergange des ohnehin todkranken Reiches. Jener reizte als Ankläger des Chalifen die Mongolen zu feindlichen Angriffen, dieser lockte sie fast noch

Untergang des Chalifats.

mehr durch unzeitige Schmeicheleien, und auf Anderer Anstiften wurden sie daneben durch übermüthige Antworten oder vorsätzlich unbedeutende Geschenke beleidigt. Hiefür beschloß Hulaku[1], der Enkel Dschingischans und ein Frevler gleich ihm, Bagdad anzugreifen. Ob man nachgeben, ob man widerstehen solle, darüber stritten sich die Häupter noch jetzt, und dem elenden Chalifen schien es selbst in diesem Augenblicke rathsamer, Geld zu sparen, als es zur Rüstung eines Heeres oder zur Befestigung der Stadt zu verwenden! Leicht wurde seine schlecht angeführte, unbedeutende Mannschaft geschlagen und die Belagerung begann[2]. Der Mongole Hulaku verstand aber, nog seiner Rohheit, neben dem Kriege auch die Künste der Arglist und Treulosigkeit. Er versprach dem Chalifen Sicherheit, ungestörten Besig und seine Tochter dessen Sohne Abubekr zum Weibe, worauf sich Mostasem mit allen Reichen und Edlen zu jenem ins Lager begab, sehr freundlich empfangen und zu dem Befehle bewogen wurde: alle Einwohner sollten sich, behufs einer Zählung, unbewaffnet vor den Thoren einfinden. Kaum aber war dies geschehen, als Hulaku sein Wort, daß ihnen kein Uebel widerfahren solle, brach: er ließ die Gräben füllen, die Mauern schleifen, die Stadt plündern und die Einwohner niedermegeln. Vierzig Tage lang dauerte die Plünderung, an 200,000 Menschen kamen ums Leben! Von allen herrlichen Gebäuden, frommen Denkmälern, unzähligen Moscheen, unersetzlichen Schätzen arabischer und persischer Kunst und Wissenschaft wurde fast nichts gerettet. Dem Chalifen, welcher noch große Geldsummen überliefert hatte, fragte Hulaku höhnisch und verächtlich: „Warum hast du sie nicht verwandt, um dich zu vertheidigen?" Er ließ ihn in einen Thurm sperren, ihm Schüsseln mit Golde gefüllt vorseßen und ihn verhungern[3]! So endete der leßte jener einst die halbe Welt beherrschenden Chalifen, 1258 Jahre nach Christi Geburt, 656 Jahre nach der Flucht Muhameds. Bagdad verschwand zwar nicht ganz von der Erde, wie Ninive, Babylon, Egbatana, Ktesiphon, Seleucia (an deren Stelle jetzt[4] Löwen und Schakale, höchstens Räuberhorden hausen); aber es konnte sich von diesem furchtbaren Unglücke nie wieder erholen, ward nie wieder Mittelpunkt einer achtungswerthen weltlichen oder geistlichen Macht, nie mit seinen Umgebungen wiederum ein Gegenstand ächter, inhaltsreicher Geschichte.

---

[1] Hulaku zerstörte 1256 auch den Raubstaat der Assassinen, und was davon noch übrig blieb, erlag später dem mamelukischen Sultan Bibars. — [2] Anfang Februar 1258. Siehe nähere Berichte in Rehms Geschichte des Mittelalters, I, 2, 18. Hammer, Goldene Horde, 157. — [3] So erzählt Marco Pulo bei Ramusio, 5. Abulfeda zu 1258. Abulfar., 339. Hammer, Geschichte der Assassinen, Buch 7. Deguignes, III, 140. Abel Rémusat, Nouv. mélanges, I, 179. Prüfung der verschiedenen Nachrichten über des Chalifen Tod, bei Wilken, VII, 1, 403. — [4] Rüter, Erdbeschreibung, II, 141.

Fünftes Hauptstück.

Die deutschen Könige hatten während der letzten Jahre fast gar keinen Einfluß jenseit der Alpen; ihren Gesandten bewies man kaum äusserliche Ehre, und ihre Freibriefe wurden nur geachtet wenn sie mit den eigenen Wünschen übereinstimmten. Einzelne hofften jedoch, an frühere Zeiten zurückdenkend, bei veränderten Umständen durch sie einen mächtigen Stützpunkt gewinnen zu können, und Mehren diente ihr Name und Wort als Vorwand und Rechtfertigung für eigene Absichten und Zwecke. Umgekehrt war den Königen auch das Unbedeutende und bloß Scheinbar willkommen, denn es bezeugte die ehemalige Macht und berechtigte zur Anwendung einer künftigen. Wahren Vortheil hatten aber weder Deutsche noch Italiener von dieser schwankenden, haltungslosen Lage der Dinge.

König Wilhelm ernannte [1] einen Grafen von Romaniola und den Bischof von Spoleto zu seinen Stellvertretern in Italien, er verlieh dem Grafen Thomas von Savoyen Turin, Bastia und andere Besitzungen mit großen Rechten [2], er entschied über Ezelin von Romano; aber man nahm auf jene Bevollmächtigten und auf diese Verleihungen und Entscheidungen fast gar keine Rücksicht.

Später meldete König Richard feierlich seine baldige Ankunft in Italien [3], aber er kam nicht. Dagegen schickten die Pisaner ihrerseits eine Gesandtschaft an Alfons von Kastilien und erkannten ihn aus eigener Macht als deutschen König und künftigen Kaiser an, für welches zuvorkommende Parteinehmen er ihre alten Rechte bestätigte, ihnen neue Handelsfreiheiten bewilligte und Hülfe versprach [4], sobald Lucca, Florenz und Genua billige Friedensbedingungen zurückweisen sollten. Aber auch diese guelfisch gesinnten Städte wandten sich an Alfons und luden ihn ein, nach Italien zu kommen, was indessen durch spätere Ereignisse und durch die inneren Verhältnisse Kastiliens unmöglich gemacht wurde [5].

In Rom hatte um diese Zeit weder ein König, noch der Papst entscheidenden Einfluß, sondern Brankaleo von Andalo aus Bologna. Als die Römer diesen durch Geschlecht, Reichthum, Größe des Geistes und Strenge der Sitten gleich ausgezeichneten Mann im Jahre 1252 zu ihrem Senator erwählten, sah er ein, binnen Jahresfrist könne unter so vielen Abgeneigten nichts Tüchtiges durchgesetzt werden; darnach

---

[1] Litterae princip. apud Habn., 31. Lünig, Reichsarchiv, cont. II, Abtheil. 4, Absatz 12 von Savoyen, Urk. 6. — [2] Archiv von Turin. Dasselbe that später König Richard. — [3] Savioli, III, 2, Urk. 715. — [4] Ughelli, ital. sacra, III, 435. Lünig, Codex diplom. ital., I, 1062. Ristretto cronolog., IV, 11. — [5] Florenz schickte den berühmten Brunetto Latini nach Kastilien. Die Schlacht bei Montaperto änderte die Lage der Dinge. Villani, VI, 74. Malespini, 162.

verlangte er, daß man ihn auf drei Jahre[1] in jener Würde bestätige und Geißeln aus angesehenen römischen Familien zu seiner Sicherheit nach Bologna sende. Beides wurde bewilligt und war, wie die Ereignisse bald zeigten, keine unnütze Vorsicht. Denn die Einladung, daß der Papst nach Rom kommen möge (welche Brankaleo hauptsächlich betrieben hatte), betrachtete jener um so mehr als Zwang und Zeichen anmaßlicher Gesinnung, da man ihm auf die Angelegenheiten der Stadt fast gar keinen Einfluß verstattete. Für noch mehr beleidigt hielten sich die hochadligen Familien der Annibaldeschi, Kolonna u. s. w., deren willkürlicher Herrschaft Brankaleo mit großem Nachdruck entgegentrat; endlich erschien dieses einige Male zu übertriebener Strenge sich hinneigende Verfahren selbst Manchem aus dem an Unordnung gewohnten Volke gefährlich und lästig. Bei solchen Verhältnissen gelang es einer Partei, unter Anführung mehrer Kardinäle, den Senator gefangen zu nehmen; ja man würde ihn getödtet haben, wenn nicht seine Frau nach Bologna geeilt und die Verhaftung der römischen Geißeln bewirkt hätte. Zwar ließ sich der Papst durch die Römer zwingen, deren Loslassung anzubefehlen, allein die Bologneser erduldeten lieber den Bann, als daß sie ihren ehrenwerthen Mitbürger feige preisgegeben hätten; ja im nächsten Jahre nahmen sie sogar zwei Verwandte des Papstes gefangen und erzwangen hierdurch Brankaleos Entlassung; doch mußte dieser vorher seinem Amte und allen Ansprüchen auf Schadenersatz entsagen[2]. Weil aber die vom römischen Kanzler gegen ihn geführte Untersuchung[3] seine Unschuld dargethan hatte und seine Feinde ihre neu gewonnene Macht arg mißbrauchten, so entstand ein gewaltiger Aufstand des Volkes, welcher damit endete, daß Brankaleo wieder an die Spitze aller öffentlichen Angelegenheiten kam. Er wandte jetzt seine Thätigkeit vor Allem gegen die ihm feindlich gesinnten Edlen, ließ deren feste Thürme niederreißen und zwei Annibaldeschi[4], vielleicht Verwandte des Papstes, welche ihm die Schuldigsten zu seyn schienen, sogar aufhängen. Nicht milder streng zeigte er sich gegen die Geistlichen und andere mit der weltlichen Herrschaft unzufriedene Anhänger der Kirche[5], worüber der Papst sehr zürnte, erfolglos bannte und zuletzt in solche Verachtung gerieth, daß er, heftigere Ausbrüche des Zornes befürchtend, nach Viterbo entwich. Kaum konnte er, keineswegs durch Drohungen und Bann, sondern durch dringendes Flehen, seine Vaterstadt Anagni vor der Rache der Römer und des Senators retten, welche während dieser Zeit gewöhnlich in Uebereinstimmung mit Manfred verfuhren. Bran-

---

[1] Savioli zu diesen Jahren. Ghirardacci, I, 183. Guil. Nang., 361. Matth. Paris, 576, 590. Bonon. hist. misc. zu 1252. — [2] Nach Vitale, I, 117, ging Brankaleo in der Zwischenzeit nach Florenz; nach Matth. Paris, 621, ward er aus dem Gefängniß wieder erhoben. Wir folgen den Nachrichten bei Savioli. — [3] Vitale, I, 122. — [4] Benigni, I, 130. — [5] Matth. Paris, 440, 459.

248 Rom. Kirchenstaat. Toskana.

1258 falros im Jahre 1258 erfolgter Tod, das hoffte der Papst, werde eine ihm günstige Aenderung der Umstände herbeiführen [1]; aber die Römer verlachten sein Gebot eigenmächtig keinen neuen Senator zu erwählen, und Kastellano von Andalo, Brankaleos Oheim und Nachfolger, be-
1259 harrte durchaus auf dessen Bahn. Im nächsten Jahre erlag er zwar einem Aufstande der Vornehmen; die Rücksicht auf die römischen Geißeln in Bologna befreite ihn jedoch, wie früher seinen Neffen, aus der Haft; und diese Verwirrungen, dieser haltungslose Wechsel dauerte
1261 noch Jahre lang [2], indem 1261 eine Partei den König Manfred und die andere Richard von Kornwall zum Senator erwählte.

Nicht minder unsicher und unterbrochen als in Rom war der Einfluß des Papstes im Kirchenstaate. Sein zum Statthalter [3] desselben oder vielmehr zum Fürsten der Mark Ankona ernannter Neffe, Hannibal Annibaldeschi, konnte weder im Wege der Güte noch der Gewalt das Uebergewicht gewinnen, besonders seitdem König Manfreds Einfluß vom Süden her wuchs und die Städte, trotz päpstlicher Verbote, nach lombardischer Weise in engere Bündnisse traten [4].

Zwischen den Städten Toskanas wechselte Krieg und Friede. Im Ganzen zeigte sich das guelfische Florenz am mächtigsten und zwang
1256 die Pisaner im Jahre 1256 zu einem Frieden [5], welcher durch seine auf den Handel Bezug habenden Bedingungen merkwürdig erscheint. Florenz sollte fernerhin für seine Waaren von allen Eingangs- und Ausgangszöllen frei seyn und dessen Maß, Gewicht und Münze auch in Pisa gelten. Man verlangte die Uebergabe des Hafens von Plombino oder der Burg Ripafatta, und Pisa entging jener großen Gefahr eines nebenbuhlerischen Seehandels nur durch die List, daß es gegen die Abtretung der Burg größte Schwierigkeiten erhob und dadurch die Florentiner bewog, dieselbe, mit Zurücksetzung Piombinos, zu fordern. Dieser Vertrag mit Pisa hielt aber nicht lange, und selbst der innere Friede litt in Florenz neue Unterbrechungen. Vornehme Ghibellinen wurden daselbst gefangen und hingerichtet [6], noch mehre vertrieben und aus den Steinen ihrer niedergerissenen Thürme und Paläste die Stadtmauer aufgeführt oder verstärkt. Den unschuldigen Abt Tesauro Beccheria von Vallombrosa zwang man durch die Folter, Verbindungen mit vertriebenen Ghibellinen einzugestehen, und weil das Volk unter wildem Geschrei seinen Tod verlangte, so ward er mit Verletzung aller Formen und ohne Rücksicht auf Stand und

---

[1] Guil. Nang., 370. Ghirard., I, 198. Savioli, III, 2, 719. Vie de S. Louis, mscr., 49. — [2] Ghirard., I, 201. Vitale, I, 129. Matth. Paris, 604. — [3] Wenn anders principatus dies heißt. Benigni, I, 130. — [4] Näheres davon bei der Erzählung der neuen Fehde zwischen dem Papste und Manfred. — [5] So wurden z. B. die Sienenser von den Florentinern im Jahre 1252 geschlagen. Sanese, Chron., 28. Camici zu 1250, Urk. V, S. 83. Villani, VI, 59, 63. Malespini, 155. — [6] Villani, VI, 65. Malespini, 159.

Fehden in Italien.

wurde[1] hingerichtet. Hiefür bannte der Papst die Florentiner, welche aber des Abtes Schuld behaupteten und seine Hinrichtung damit entschuldigten, daß sie im raschen Auflaufe geschehen sey. Ihrerseits klagten sie ferner: der Kardinal Oktavian habe sich durch eine Verschwörung in den Besitz ihrer Stadt setzen wollen, und rissen Burgen nieder, welche er anlegte, woraus neue Mißverhältnisse zum päpstlichen Hofe hervorgingen[2].

Noch übler als in Florenz gestalteten sich die Fehden in einigen anderen Städten[3]. In Kortona zum Beispiel kam es zwischen Guelfen und Ghibellinen zu argen Gewaltthaten, worauf jene Hülfe bei Arezzo suchten. In der Nacht vom 31. Januar auf den 1. Februar 1258 langte diese auch an und fand beide Theile in heftigem Kampfe. Statt aber dem einen oder dem anderen beizustehen, mordeten, plünderten, brannten die Aretiner ohne Unterschied und schwächten beide Parteien so sehr, daß sie auf mehre Jahre die Herrschaft in ihrer eigenen Vaterstadt verloren. — Die Cremoneser zogen parmensischen Gefangenen die Zähne aus, steckten ihnen Kröten in den Mund[4], oder hingen sie bei den Beinen auf, sodaß von 1575 nur 318 lebendig in ihre Heimath zurückkamen. Bologna (von minder bedeutenden Städten umgeben als Florenz) übte über dieselben eine bestimmtere und strengere Herrschaft aus[5]. Veränderungen seiner Verfassung führten in diesen Jahren zu einem schädlichen Uebergewichte des Volkes und zu inneren Unruhen, wogegen der Loskauf aller Leibeigenen ungetheilten Beifall verdient. Hievon sowie von der gleich merkwürdigen Entwickelung der staatsrechtlichen Verhältnisse in Genua und Venedig ist in den Alterthümern umständlich die Rede. Die letztgenannten beiden Städte geriethen über wechselseitige Beleidigungen von Einzelnen und aus Handelsneid in einen schweren Krieg[6], wobei Pisa und König Manfred bald die eine, bald die andere Partei unterstützten, je nachdem hier oder dort Gefahr oder Vortheil überwog[7]. Ein vom Papste Alexander im Jahre 1258 vermittelter Friede dauerte nur kurze Zeit.

Markgraf Bonifaz III von Montferrat starb im Jahre 1254[8] und sein Sohn Wilhelm V stand anfangs unter der Vormundschaft seiner

---

[1] Bei Camici, Urk. VI, 87, zu 1258, heißt er sogar Kardinal. Entschuldigungen der Florentiner: Codex epistol. Vatic., Nr. 4957, p. 70—81. — [2] Cod. epist. 4957, 77—79. Matth. Paris, 659 zu 1258. — [3] Sauro zu 1258. — [4] Affò, Parma, III, 229. — [5] Faenza, Forlì, fast ganz Romagna schwur den Bolognesern zu gehorchen. Griffò, Ghirard. zu 1254—58. Bei Gelegenheit des Bannes über Brankalco und Kastellano hob der Papst auch die Universität auf; dies hatte aber keine großen Folgen. Bonon. histor. misc., 1258—61. — [6] Wir müssen der Kürze halber die Erzählung der einzelnen Ereignisse übergehen. Siehe Dandolo und Bartholom. annal. zu diesen Jahren. Sanuto, 559. Martino da Canale, 53, 61. — [7] Herren, Ueber die Kreuzzüge, 368. Murat., Antiq. Ital., IV, 403. — [8] Iricus, 95. Moriondus, II, 28.

Mutter Margarethe von Savoyen. Später, im Jahre 1261, schloß er einen Bund mit dem Könige Manfred.

Die durch eigene Geschicklichkeit und durch kaiserliche und königliche Verleihungen anwachsende Macht der Grafen von Savoyen erlitt einen harten Stoß, als Graf Thomas II wegen seiner zu strengen Regierung mit mehren von ihm abhängigen Städten, insbesondere mit Asti und Turin in offenen Krieg gerieth und am 22. November 1255 gefangen wurde. Vergeblich bedräugten seine Brüder die Widerspenstigen, vergebens bannte sie Papst Alexander IV[1]: der Kardinal Ottobuono, der Neffe Innocenz IV, mußte es für ein Glück halten, als es ihm gelang, wenigstens die Kinder seiner Schwester Beatrix und des Grafen Thomas aus den Händen der Bürger von Asti zu befreien.

Von Kaisern und Königen hatten die Lombarden in diesen Zeiten nichts zu besorgen; gefährlicher aber als die im Ganzen doch geordnete Herrschaft jener erschien nunmehr die Willkür der in ihrer Nähe aufwachsenden Zwingherren, so des Palavicini[2], vor Allem aber Ezelins von Romano. Um deswillen bemühte sich der Kardinal Ottavian eine auch für die Kirche sehr vortheilhafte Erneuung des lombardischen Bundes zu Stande zu bringen, und nach Beseitigung mancher Schwierigkeiten unterschrieben im März des Jahres 1252 den neuen Bundesvertrag[3]: Mailand, Alessandria, Novara, Bologna, Ferrara, Modena, Brescia, der Markgraf Azzo VII von Este, Alberich von Romano und der Graf von Verona. Die von Jedem zu stellenden Reisigen und zu gebenden Geldbeiträge wurden genau bestimmt und von dem römischen Stuhle bei Weitem der größte Antheil übernommen, der päpstliche Bevollmächtigte aber auch zum Oberanführer ernannt. Doch reichten alle Mittel nicht hin, das Uebergewicht in diesen Gegenden zu bekommen[4], oder auch nur eine solche Macht zu versammeln, wie sie Mailand im 12. Jahrhundert allein aufstellte.

Diese Stadt war damals, während des furchtbaren Andranges äußerer Gefahr, durch Muth und Anstrengung auf den Gipfel unerwarteter Größe gehoben worden; jetzt aber, nach dem Verschwinden jener Gefahren, brachen die inneren Uebel täglich ärger hervor. Um die Zeit als Kaiser Friedrich II starb, stand Guido della Torre an der Spitze der Guelfen, welche ihre Uebermacht ohne Billigkeit gegen die ghibellinisch gesinnten Edlen geltend machten, Jungfrauen raubten und nicht wenige Männer ohne Beobachtung rechtlicher Formen hinrichten ließen[5]. Noch heftiger wurde der Streit im Jahre 1252, wo das

---

[1] Matth. Paris, 620, 624. Corner, 904. Guil. Nang., 361. Vie de S. Louis, mscr., 39. Costo, 103—116. — [2] Erst gewöhnlich Pelavicini (pelo i vicini) genannt, die Vier endenmit, sich von Nachbarn Gut zu bereichern; später Palavicini. Affò, Parma, III, 196. — [3] Murat. Antiq. Ital., IV, 487. — [4] Savioli, III, 2, 675—679. — [5] Azarii chron., 300. Mediol. annal. Galvan. Flamma, 290. Der Erzbischof Otto starb 1257 in der Verbannung. Murat., Script., I, 2, 231.

Volk den Adligen diejenigen Vorzüge nicht mehr zugestehen wollte, 1227
welche auf Herkommen und urkundlichem Recht beruhten. Der Erzbi=
schof und die Edlen wurden vertrieben, ihre Güter in Beschlag genom=
men, ihre Häuser geplündert. Aber nicht das Volk herrschte, sondern
die Torre[1], bis die Adligen einmal ihrerseits die Oberhand gewan=
nen und den Markgrafen Pancla an die Spitze der Geschäfte stellten.
Abwechselnd kam es auch zu Wahlen doppelter Obrigkeiten, wodurch
die Stadt in zwei haltungslose Hälften, eine adlige und eine bürger=
liche, aus einander fiel. Endlich im Jahre 1258 (nachdem Martinus 1258
della Torre sogar einem Podesta hatte hinrichten lassen) bewirkten
Wohlgesinnte einen Vertrag, wonach jener die Schwester des Mächtig=
sten unter den Adligen, Pauls von Sorrsina, heirathete und Rechte
und Stellen zwischen den Vornehmen und der Bürgerschaft gleich ge=
theilt seyn sollten. Wenige Monate darauf wurden aber die Edlen
schon wieder verjagt, woraus nicht Friede, sondern Streit unter den
Siegern selbst entstand. Die Credenza oder der engere Rath wollte
nämlich Martin Torre von den Geschäften entfernen, das Volk hin=
gegen ihm seine Macht verlängern; und es drang durch, nachdem Azoll=
nus, der angesehenste unter Martins Gegnern, war ermordet worden.
Eine neue Aussöhnung, welche der päpstliche Gesandte, Erzbischof Phi=
lipp von Ravenna, vermittelte, dauerte nur sehr kurze Zeit; dann
vertrieb Martin alle ihm irgend Mißfälligen, welche Hülfe bei Eze=
lin suchten, während die Volkspartei sich an Hubertus Palavicini
wandte[2].

Dieser lebte anfangs als Bürger in Parma und besaß so gerin= 1252
ges Vermögen, daß er auf einem jämmerlichen Pferde einherritt.
Ebenso wenig diente ihm sein Aeußeres zur Empfehlung: er war
schwächlich, mager und verunstaltet[3]; denn ein Hahn hatte ihm, da
er noch als Kind in der Wiege lag, das eine Auge ausgehackt. Hin=
gegen zeichnete er sich durch Klugheit und ehrgeizige Gewandtheit der=
gestalt aus, daß er erst vermöge freier Wahl in mehren Städten Po=
desta ward und sich dann, selbst gegen den Willen mancher Bürger,
in denselben als Herr erhielt. Und wenn man ihn auch einmal aus
der einen vertrieb, so wußte er sie entweder nach kurzer Frist[4] wie=
der zu gewinnen, oder sich in einer anderen Stadt mit wachsender
Ueberlegenheit anzusiedeln. Er war Ghibelline durch seine Stellung
und seine Zwecke, weshalb ihn König Konrad im Jahre 1253 zu 1253
seinem Stellvertreter in der Lombardei ernannte[5], eine Würde, die
zwar damals an sich keine große Macht, wohl aber einem schon Mäch=

---

[1] Bis zum Jahre 1255. — [2] Galvan. Flamma, 292. — [3] Salimbeni,
333: gracilis, debilis et monoculus. — [4] Im J. 1252 ward er zum Podesta von
Piacenza gewählt, 1254 heißt er schon dominus perpetuus, 1257 verjagt,
geht nach Cremona, 1261 feierlich wieder aufgenommen u. s. w. Placent.
chron. mscr. Johann. de Mussis und Bartholom. annal. zu 1261. — [5] Pog-
giali, V, 242. Petr. Vin., III, 70.

tigen Gelegenheit und Vorwand gab, nach mehren Seiten zuversichtlicher und vorwurfsfreier einzugreifen. Mit der Macht hatte sich auch der Reichthum eingefunden, sodaß, Brot und Wein ungerechnet, täglich 25 Pfund Silber in seiner Haushaltung ausgegeben wurden. Seine erste Frau, die Tochter des Grafen Rainer von Pisa, entließ er als unfruchtbar und nahm eine zweite, welche ihm zwei Söhne und drei sehr schöne Töchter gebar. Seine Schwester Johanne heirathete den tuscischen Grafen Guido, und ihre Söhne waren Guido novello und Simone[1]. — Der Vorwurf, daß Palavicini in allen von ihm abhängigen Städten, z. B. in Piacenza, Cremona, Tortona u. a., keine Ketzerverfolger geduldet, sondern Jeden bei seinem Glauben geschützt habe[2], ist später mit Recht als Lob erschienen, wie er denn überhaupt Mäßigung und Milde niemals so aus den Augen setzte wie der noch mächtigere Ezelin von Romano, anfangs sein Freund, dann sein Nebenbuhler, endlich sein offenbarer Feind.

Ezelin IV, ein Sohn Ezelins des Mönches und der Gräfin Moralaide von Mangona[3], wurde geboren am 26. April 1194, mithin acht Monate früher als Kaiser Friedrich II. Von der ersten Jugend bis zum Tode zeigte er sich tapfer, im Kriege sowohl als gegen Gefahren anderer Art. Auch Milde, Vorsicht, Treue werden an ihm für die erste Hälfte seines Lebens und mit Recht gerühmt. Der Kaiser, welcher diese Eigenschaften erkannte, gab ihm seine natürliche Tochter zum Weibe und schrieb ihm heitere, selbst scherzhafte Briefe[4]; ein Beweis, daß Ezelins Gemüth damals noch nicht so versteinert war als in späterer Zeit. Er hegte einen löblichen Haß gegen Diebe, Räuber, liederliche Dirnen, überhaupt gegen Verbrecher aller Art; anstatt aber diesen Haß durch eigene Tugenden wahrhaft zu begründen und durch Demuth zu heiligen, äußerte er mit einer an den heidnischen Dschinghischan erinnernden Kühnheit[5]: „Die Sünden der Völker erfordern eine strafende Hand; wir sind der Welt gegeben, um für

---

[1]
        Guido Guerra vecchio
               |
        Guido
        Johanna
Guido novello   Simone

Federigo Manfredi. Excerpta Magliab., XLIII, 38. Mittarelli, III, 230. Lunni, Memorab., I, 490. — [2] Ripoll. IV, 401. — [3] Siehe die Stammtafel. Ueber Sordello, den Gemahl einer Schwester Ezelins, und dessen romanhafte Geschichte: Aliprandi chron. in Mural., Antiq. ital., V, 1113. Maffei, Annal. di Mantova, 573. Tiraboschi, Stor. lett., lib. 3. Millot, Provenc., 1, 452; II, 79. — [4] Petr. Vin., III, 8 und 82. Galvan. Flamma, 705. Laurentius, 137. Godi, 90. Chr. ital. Brèh., 215. Eine Vergleichung Ezelins und Friedrichs zeigt sehr deutlich, wie Unrecht Manche dem Ersten thun, wenn sie ihn kurzweg einen Tyrannen, ja den ärgsten nennen. — [5] Cortusior. histor., 703.

die Verbrechen Rache zu üben." Und so kam er von dem anfangs tadelsfreien Vorsatz, das Böse zu strafen, bald dahin, Alles für böse zu halten was seinen willkürlichen Zwecken und seinen Leidenschaften widersprach, bis er mit Bewußtseyn das Frevelhafteste billigte und den Teufel austreiben wollte durch Beelzebub, den obersten der Teufel.

Allmählich hatte sich Ezelin Padua, Vicenza, Verona, Feltre, Bassano, Belluno, kurz die ganze nordöstliche Gegend Italiens, nur mit Ausnahme Venedigs, unterworfen; aber in dem Maße der Ausbreitung seiner Macht wuchs auch ihr Mißbrauch, und die Bürger, welche früher dem Kaiser das Billigste abschlugen, weil ihm gar nichts gebühre, erfuhren daß Ezelin (nach Friedrichs Tode von aller Furcht und Scham befreit) sie wie die elendesten Sklaven behandelte. Daher, und weil zu einer großartigeren Befreiung Geschicklichkeit, Ausdauer und Mittel fehlten, entstanden unzählige Verschwörungen und Versuche, sich der Zwingherrschaft auf irgend eine andere Weise zu entledigen. So wollte z. B. die Familie der Bonici Ezelin bei einem Gastmahle ermorden; allein der Plan mißlang, und von den Theilnehmern ward nur einem das Leben gelassen[1], weil seine Mutter, mit welcher der Tyrann Umgang gehabt hatte, wahr oder unwahr behauptete, er sey dessen eigener Sohn. Im nächsten Jahre, 1247, verlangte der Schwestersohn Ezelins, Heinrich von Egna, daß Johann Skanarola ihm, als Podesta von Verona, den Zusammenhang einer neuen Verschwörung bekenne. Jener sprang aber, weil man ihm keine Verzeihung hiefür zusichern wollte, wüthend hervor und verwundete den Podesta mit einem früher versteckten Messer so stark, daß er wenige Tage nachher starb. Statt sich durch solche Ereignisse zu vorsichtiger Milde hinleiten zu lassen, wurden Ezelin und sein zweiter Schwestersohn, Ansedisio von Guicciolis, nur in ihren tyrannischen Neigungen bestärkt. Ansedisio war im Aeußeren gar höflich und sehr bereit zu freundlichen Versprechungen, aber unerschöpflich gewandt in Ausreden, um sein Wort nicht zu halten, höchst erfinderisch in Erpressungen aller Art und in Verleumdung aller Gutgesinnten, langsam bei Vergeben, schnell und hart beim Bestrafen. Das unselige Wechselverhältniß Ezelins und Ansedisios trieb ihre Verderbtheit und Grausamkeit auf eine fast unglaubliche Höhe. Aeußerungen der Unzufriedenheit in Worten wurden, als Hinweisungen auf Thaten, mit dem Tode bestraft; und nur zu oft erfuhren die Tyrannen bedenkliche Reden, da alle Herzen ihnen abgeneigt und heimliche Aufpasser in solcher Zahl und von solcher Schlauheit angestellt waren, daß man sich gar nicht genug vor ihnen hüten konnte und wechselseitiger Argwohn zuletzt selbst die nächsten und heiligsten Bande auflösete.

---

[1] Rolandin. Patav., V, 19—21. Monach. Paduan., 692. Podest. Regens. catal. zu 1250.

Als Jemand beim Anblick eines Raubvogels einige Verse sagte, welche das Schicksal der Tauben bezeichneten, die den Habicht gegen die Weihe zum König gewählt hatten, so gab dies Veranlassung nicht bloß zum Nachforschen, sondern auch zu Verhaftungen und Hinrichtungen. „Ich bin", sagte Ezelin zornig, „kein Habicht, der seine Tauben tödten will, sondern ein Vater, der sein Haus einigen muß von Schlangen, Scorpionen und anderem Ungeziefer." Manche, die ihn durch Schmeicheleien zu gewinnen hofften, bestärkten nur seine Menschenverachtung und erduldeten dann, außer der Strafe, auch noch höhnende Vorwürfe. Alte und Junge, Männer und Weiber, Soldaten und Priester, Kaufleute und Mönche, Alle ohne Unterschied wurden in den gleichen Untergang verwickelt. Wer schnellen und einfachen Todes starb, galt für glücklich: Viele erduldeten vorher noch furchtbare Martern, Blenden, Verschneiden, Verstümmeln; und es geschah daß Angeklagte sich die Zunge abbissen, um nicht aus Schmerz Unschuldige zu nennen! Ezelin saß in höchster Ruhe, mit unverändertem, furchtbarem Angesichte, und ordnete alle Martern und Hinrichtungen, während das Geschrei der Unglücklichen selbst die dicksten Mauern durchdrang und in fernen Straßen Entsetzen erregte. Nur wer den Tod wünschte, ward am Leben gelassen. Schon das Leiden in den Gefängnissen ging über alles denkbare Maß hinaus. Dumpfe und ungesunde Luft, überfüllt daß man nicht sitzen oder liegen konnte, unerträgliche Hitze, Durst und Hunger so groß, daß Urin getrunken und das Widerwärtigste gegessen wurde [1]! Qualen solcher Art raubten nicht Wenigen ihr Leben. Niemand ward verstattet über sein Vermögen zu schalten, Kinder oder Freunde zu sprechen, oder sich durch Geistliche und die heiligen Sakramente zu trösten und zu stärken. Keiner durfte begraben werden ohne Ezelins ausdrückliche Erlaubniß; nicht selten zerstückelte man lieber die Leichname und warf die zusammengelesenen Theile zuletzt ins Feuer. Nie war von eigentlicher und förmlicher Vertheidigung die Rede; jede theilnehmende Klage galt für Eingeständniß der Mitschuld. — Solche Grausamkeit und Ungerechtigkeit trieb zu neuen Mordanschlägen. Ein auf Ezelins Befehl Geblendeter bat um Gehör und verwundete zwei Diener, indem er hoffte ihn zu treffen; ein anderes Mal riß ein Angeklagter den Tyrannen wirklich zu Boden und zerfleischte ihn, beim Mangel anderer Waffen, mit Nägeln und Zähnen, bis jener losgerissen und getödtet ward.

Vielfache Warnungen und höchst gerechte Vorwürfe des Papstes machten auf Ezelin keinen Eindruck, und der endlich im Jahre 1252[2] ausgesprochene Bann gab ihm nur neue Veranlassung, die Kirche zu plündern und ihre Diener zu verjagen. Bei ihm war es nicht auf

---

[1] Roland. Patav., VII, 8. Galv. Flamma, 295. Monach. Patav., 686. Estense chron. Malvecius, 917, 930. Ventura, c. 2. — [2] Von 1239—56 besetzte Ezelin das Bisthum Padua nicht. Gennari zu 1256. Ripoll, I, 193.

billigen Schutz angeblicher Ketzer abgesehen, sondern auf eine Vertilgung alles äußeren Christenthums[1], wie er das Innere längst in sich vertilgt hatte. Selbst sein eigener Bruder Alberich sagte sich los von ihm[2] und erhielt von Innocenz IV und König Wilhelm die Belehnung mit dessen Gütern; theils aber fehlte ihm die Macht, sich in den Besitz zu setzen, theils fürchteten Viele, die Feindschaft beider Brüder sey erheuchelt[3], um ihre Gegner kennen zu lernen und in die Falle zu locken. Auch lautete nur der Vorwand zu ihren Strafen verschieden nach der Partei, für welche sie sich erklärten: Alberich nämlich sagte, er treffe die Verräther der Kirche[4]; Ezelin, er verfolge die Verräther der Krone und des Kaisers. Ein im Jahre 1252 zwischen mehren lombardischen Städten und dem Markgrafen Azzo von Este unter Genehmigung des Pabstes gegen Ezelin geschlossener Bund führte nicht zum erwünschten Ziele; vielmehr wuchs seine Macht immer mehr, bis er im Jahre 1256 auch Mantua angriff und aufs Härteste bedrängte. Vor dessen Fall, das glaubten Beherzte und Aengstliche, müsse man gegen ihn auftreten, oder aller Hoffnung jemaliger Befreiung entsagen. An die Spitze dieses neuen Gegenbundes trat der päpstliche Bevollmächtigte, Phillipp Fontana, Erzbischof von Ravenna. Von dem Augenblick an, wo sich die klugen und vorsichtigen Venetianer (jene auch sie bedrohende Gefahr richtig würdigend) für Philipps Plan erklärten, wuchs das Vertrauen aller minder Mächtigen. Kreuzpredigten blieben nicht ohne Erfolg[5], und aus den Städten Vertriebene oder Entflohene gesellten sich zu dem kirchlichen Heere. Ezelin hob, obgleich hievon benachrichtigt, die Belagerung Mantuas nicht auf, sondern hoffte es zu erobern, ehe der Erzbischof gegen die wohl versorgten und befestigten Städte und gegen Ansedisio von Padua etwas ausrichten könne. Anfangs wollte dieser im offenen Felde kämpfen; weil aber Viele zu den Feinden übergingen und des Heeres Treue täglich zweifelhafter ward, so beschloß er, sich hinter den Mauern Paduas zu vertheidigen, und traf für die Befestigung und Bewachung der Stadt alle nur irgend zweckmäßigen Vorkehrungen. Dem versammelten Volke sagte er: das Heer der Kreuzfahrer bestehe aus Leuten, die man ihrer Verderbtheit wegen aus den Städten vertrieben habe, oder aus armem, beutesüchtigem Gesindel. Der Feldherr verstehe nur Messe zu lesen, nicht Krieg zu führen. Entweder zwinge Mangel an Lebensmitteln zu baldigem Rückzuge, oder die länger Verweilenden würden zwischen der Stadt und Ezelins siegreichem Heere eingeschlossen und gänzlich vernichtet. Diese Gefahren blieben dem

---

[1] Auch Graf Meinhard von Görz, Ezelins Verbündeter, verlangte, nach den Lehren Arnolds von Brescia, alles geistliche Gut für sich. Bonelli, Notiz. II, 142. — [2] Verci, III, Urk. 213, 216. Meermann, V, Urk. 147, 157, 169. — [3] Roland. Patav., IX, 5. Smeregus p. 1242. Laurent. 147. — [4] Martino da Canale, 48. — [5] Laurentius, 148. Dandolo, 361. Cereta. Monach. Patav., 692.

1256 Erzbischof nicht verborgen, weshalb er die Kreuzfahrer zweckmäßig an die Dreiwürdigkeit ihres Unternehmens und die Frevel ihrer Gegner erinnerte[1] und dann Alles zum Bestürmen Paduas anordnete, in der Hoffnung, die Bürger würden bei der Vertheidigung lässig, ja vielleicht den Angreifenden hülfreich seyn. Mönche aller Art, Franziskaner, Dominikaner, Benediktiner, nahmen unmittelbaren Theil an den Gefechten; aber nicht eher ließen die Bürger in der tapferen Vertheidigung nach, als bis ein Thor, welches man gegen Belagerungswerkzeuge mit Feuer schützen wollte, selbst in Brand gerieth und einen Eingang in die Stadt zu eröffnen drohte. „Herr", sagte Mino Maniotti, ein wohlgesinnter Bürger, in diesem Augenblicke zu Ansedisio, „laßt uns mit dem Erzbischofe Verhandlungen einleiten, damit wir wenigstens Menschen und Güter vor Plünderung und Gewalt schützen." Statt aller Antwort durchbohrte ihn Ansedisio mit dem Schwerte, floh aber dann, selbst überall an aller Rettung verzweifelnd, durch das westliche Thor des heiligen Johannes aus der Stadt. Niemand gedachte nunmehr noch des Widerstandes, Jeder glaubte, als das Heer der Kreuzfahrer am 20. Junius 1256 in die Stadt einzog[2] und der Erzbischof die Gefangenen befreite, alle Leiden Paduas hätten ein Ende. Aber die Kreuzfahrer waren allerdings, wie Ansedisio gesagt hatte, zum großen Theil hungriges, beutelustiges Gesindel, welches, unbekümmert um den Befehl seiner Vorgesetzten oder die Bitten der Bürger, acht Tage lang die Stadt dergestalt ausplünderte, daß selbst die Reichen arm wurden und man kaum zu sagen wußte, ob Ezelin oder die angeblichen Befreier von seiner Tyrannei am ärgsten hauseten. Auf jeden Fall zeigte der Erzbischof weder die Ueberlegenheit eines Geistlichen noch eines Feldherrn, indem er dem Uebel während so langer Zeit nicht steuern konnte.

Unterdeß war Ezelin von Mantua aufgebrochen, um Padua zu entsetzen. Auf dem Wege nach Verona traf ihn ein Eilbote, und er fragte: „Was bringst du Neues?" — „Uebles, Herr", antwortete dieser, „denn du hast Padua verloren." Ezelin, das Unglück an dem Schuldlosen rächend und erzürnt über eine so unvorsichtige öffentliche Verkündigung, ließ den Boten aufhängen. Gewarnt durch dessen Schicksal, antwortete der zweite Bote auf die gleiche Frage Ezellus: er werde es ihm insgeheim vortragen. Ein solches Ereigniß konnte aber unmöglich lange verborgen bleiben; auch war der Erzbischof bereits aufgebrochen, um sich Vicenzas ebenfalls zu bemächtigen.

Viele aus seinem Heere, welche ihre Beutelust gestillt hatten, liefen jedoch nach Hause, und noch Mehre entflohen, sobald sie hörten: es nahe der furchtbare Kriegsheld Ezelin. Anstatt also weiter

---

[1] Die einzelnen Kriegsbegebenheiten, welche vorhergegangen, siehe bei Roland. Patav., VIII, 9—11. — [2] Bonon. hist. misc. Paduan. regim. catal. Cortusior. histor., 769. Thomassinus Giustiniani führte die Venetianer. Martino da Canale, 48.

Krieg wider Ezelin.

angriffsweise zu verfahren, mußte der Erzbischof an die Vertheidigung 1256 Padua's denken, welches Ezelin am 30. August aufs Heftigste angriff. Die Bürger, wohl wissend, welch neues Leiden ein zweiter Wechsel der Herrschaft über sie bringen müsse, vertheidigten aber ihre Stadt mit solchem Muthe daß jener die Belagerung wieder aufhob. Doch entgingen sie dem Unglücke dadurch keineswegs ganz, denn Ezelin hatte alle Einwohner von Padua und dessen Gebiet, die in seinem Heere dienten oder deren er sonst habhaft werden konnte, auf die Nachricht vom Verluste der Stadt eingekerkert; jetzt ließ er (der Angabe nach) mehre Tausende derselben martern, verstümmeln und hinrichten [1]. Dies war, nach der langen Tyrannei und der unmäßigen Plünderung durch das Heer des Erzbischofs, für Padua der dritte, größte, unersetzlichste Unfall. So wenig als die Paduaner fand Ansedisio Gnade vor den Augen seines Oheims Ezelin: auch er ward zur Strafe seiner feigen Flucht hingerichtet [2].

Ungeachtet dieser Ereignisse und Uebelthaten gewann Ezelin neue Verbündete. Palavicini und Boso von Doaria (nächst ihm die beiden mächtigsten Männer in der Lombardei) erfuhren, bald daß die Einnahme Padua's den Muth der Guelfen sehr erhöhe und der Verlust ihrer Herrschaft ihnen ohne Anwendung tüchtiger Gegenmittel ebenfalls bevorstehe. Alberich, Ezelins Bruder und seit Jahren sein heftigster Feind, ward ferner, weil man (wahrscheinlich ohne allen Grund) seiner Treue mißtraute, von den übermüthigen Siegern auf eine beschimpfende Weise behandelt und versöhnte sich deshalb mit jenem. Dennoch gelang es den Guelfen, sich in den Besitz des wichtigen Brescia zu setzen, ehe Ezelin und die genannten Verbündeten den dasigen Ghibellinen zu Hülfe eilen konnten. Hierdurch überführt, suchte der Erzbischof Philipp gegen den Rath von Kriegskundigen eine offene Schlacht und ward am 1. September [3] 1258 bei Torrezella gänzlich geschlagen, gefangen und das eroberte Brescia zwischen Ezelin, Palavicini und Boso getheilt. Den Erzbischof behandelte Ezelin sehr ehrenvoll, doch konnte er die bitter spottende Bemerkung nicht unterdrücken, daß jener sich einen friedebringenden, milden Feldherrn der mütterlich sorgenden Kirche genannt und gleichwohl die entsetzliche Plünderung Padua's gebuldet habe [4]. Philipp antwortete: auch er mißbillige das Geschehene, sey aber außer Stande gewesen es zu hindern.

Kaum war Ezelins Macht auf diese Weise höher gestiegen denn je zuvor, als er seiner Härte gegen Untergebene von neuem freien

---

[1] Gewiß ist Vieles in den Berichten über Ezelin und auch hier übertrieben, daß von 11,000 nur 200 wieder zum Vorschein gekommen wären; dennoch bleibt das nicht zu Bezweifelnde arg genug. Roland. Patav., IX, 6. Sanuto, Vito, 556. Smeregnus zu 1256. Laurentius, 149. Monach. Patav., 695. — [2] Smeregnus, l. c. — [3] Ueber unbedeutende Abweichungen und den Tag der Schlacht siehe Verci, II, 371. Bonon. hist. misc. Malvec., 925. Monach. Patav., 700. Cortus. histor., 772. — [4] Erst nach Ezelins Tode entkam Philipp aus der Haft, indem ihr Gerhard de Capsvalbus an einem Stricke die Mauer hinabließ. Salimbeni, 377.

Lauf ließ und zwischen seinen Verbündeten Boso und Palavicini arglistig Streit zu erregen suchte. Beide verständigten sich indeß und
schlossen (weil Ezelin sie nun mit Gewalt aus ihrem Antheile von
1259 Brescia vertrieb) gegen ihn einen Bund mit dem Markgrafen von
Este und den Städten Padua, Ferrara u. a.[1]. Obgleich Ezelin das
Ueble seiner Lage keineswegs verkannte, so hoffte er doch alle Plane
seiner Feinde durch eine größere geheime Unternehmung gänzlich zu
Schanden zu machen.

Die mächtige, vom Volke gehaßte Partei des Theis in Mailand
hatte sich nämlich um Hülfe an ihn gewendet und als Beweis aufrichtiger Gesinnungen selbst ihre Kinder zu Geißeln übergeben. Gelang es mit deren Hülfe Mailand einzunehmen, so war Ezelins
Herrschaft in Oberitalien fest gegründet. Ehe er indeß hiefür entscheidende Schritte thun konnte, begannen die Verbündeten den Krieg.
Palavicini und Boso stellten sich ihm bei Soncino am Oglio entgegen; der Markgraf von Este stand weiter stromabwärts bei Marcaria
und drohte ihn von seinen abendlichern Besitzungen abzuschneiden;
Martin della Torre endlich zog nach Kassano an der Adda, von wo
aus er nöthigenfalls den Uebrigen zu Hülfe eilen konnte und nicht
minder Mailand gegen Angriffe deckte. Diese Plane und Berechnungen wollte Ezelin durch eine kühne Maßregel vereiteln: er ging, ohne
daß es Boso und Palavicini merkten, eiligst bei Pallazuolo über den
Oglio, ohne daß Torre es ahnte, über die Adda und würde vor
diesem Mailand erreicht haben, wenn nicht Bergamenser den Zug
verrathen hätten. Jetzt traf Torre so ernste Vorkehrungen zum
Schutze der Stadt, daß Ezelin, statt des wichtigen Mailand, nur
Monza und dann Trezzo angreifen konnte. Beide Angriffe mißlangen
aber, ja, was noch nachtheiliger war, die Verbündeten hatten ihm
unterdeß durch Besetzung der Brücke bei Kassano den Rückzug abgeschnitten und sich der Lebensmittel bemächtigt, welche dem Heere folgten. Ungebeugt und ungeschreckt durch diese Ereignisse, stellte sich der
fünfundsechzigjährige Ezelin an die Spitze seiner Mannen, und schon
war die Brücke bei Kassano erstürmt, als er am Fuße verwundet und
gezwungen wurde, sich nach Vilmerkato zurücktragen zu lassen. Während der hiedurch entstehenden Verwirrung setzten sich die Feinde wieder
in den Besitz der Brücke. Allein am anderen Morgen, den 27. September 1259, nachdem die Wunde verbunden worden, eilte Ezelin
nochmals zur Adda, obgleich Mehre ihn abriethen über den Fluß zu
gehen. „Ich glaube", antwortete er[2], „daß euer Rath der beste ist,
aber ich will vorwärts und nicht zurück." Der Angriff auf die
Brücke von Kassano mißlang zum zweiten Male, und schon freuten
sich die Verbündeten, daß ihr Gegner von seinen Besitzungen rettungs-

---

[1] Johann. de Mussis. Roland. Patav. Monach. Patav., 701. Dandolo, 367. Bonon. hist. misc. zu 1259. — [2] Salimbeni, 330. Chr.
Ital Bréh., 245.

Ezelins Gefangennehmung und Tod.

los abgeschnitten sey, als sie vernahmen, er habe sich seitwärts gewandt und sein Heer durch eine unbeachtete Furt auf das linke Ufer der Abda geführt. Man folgte ihm schnell, aber mit ebenso großem Feldherrngeschick, als er jenen Uebergang bewerkstelligte, hatte er jetzt Alles zur Schlacht geordnet und würde wohl auch diesmal Sieger geblieben seyn, wenn nicht die Brescianer in so entscheidendem Augenblicke abgefallen und zu den Feinden übergetreten wären. Dies änderte nicht bloß die Machtverhältnisse, sondern erhöhte auch den Muth der Verbündeten, während Ezelins Schaaren nunmehr überall Verrath befürchteten. Nur Ezelin focht als er sah daß ein ruhiger Rückzug gen Bergamo unmöglich werde, mit dem größten Muthe Allen voraus und befeuerte durch sein Beispiel selbst die Aengstlichen[1]: da traf ihn Magold von Lavelongo mit einer Keule so schwer am Haupte, daß er weiteren Kämpfen entsagen mußte. Kaum gewahrten dies die Verbündeten, als sie mit verdoppeltem Eifer vordrangen, mit ihrer weit überlegenen Anzahl Ezelins Heer fast ganz umringten und ihn selbst gefangen nahmen. Das Volk drängte sich herzu, seiner zu spotten und ihn zu schmähen, aber die Markgrafen Palavicini und von Este hinderten dies und sorgten für Aerzte und Pflege. Während der ersten Nacht nach seiner Gefangennehmung läutete man, vielleicht aus Freude über die Ereignisse, in einer benachbarten Kapelle und störte ihn sehr; da rief er zornig: „Geht und stecht dem Priester nieder, welcher mit den Glocken so stürmt." — „Herr", antwortete der Wächter, „Ihr seyd im Gefängniß!" — „Wo ward ich gefangen?" fuhr Ezelin fort. — „Bei Kassano." — „Kassano und Bassano ist kein großer Unterschied: bei Bassano zu sterben ward mir gewissagt[2]." — Unzählige Male wiederholte er jetzt in zornigem Schmerze das Wort Kassano. Minoriten und Predigermönche begaben sich zu ihm, rathend und bittend, daß er seine Sünden bekenne und Buße thue. „Ich habe", gab er zur Antwort, „keine Sünde zu bereuen, als daß ich an meinen Feinden nicht genügende Rache nahm, mein Heer schlecht anführte und mich täuschen und betrügen ließ[3]. Dadurch und dafür bin ich in die Haft gerathen." — Seitdem saß er schweigend und finster vor sich auf den Boden blickend, verschmähte Arznei und Nahrung und riß, als dies zu langsam dem Tode entgegenführte (welchen er jenen Weissagungen zufolge für unvermeidlich hielt), die Binden von seinen Wunden[4]. Am Morgen des eilften Tages

---

[1] Malvecius, 933. Smeregus, Monach. Patav., 703. Roland. Patav., XII, 7—9. Cereta, 1259. Godi, 80. Bonon. hist. miscella. Cortus. hist., 773. Galv. Flamma, c. 294. — [2] Jacobus von Aqui bei Moriondus, II, 157. Ezelins Ehrenteuer, Gerhard von Sabloneta, gab selbst Rathschläge über Kriegsführung. Verci, Eccl., III, Urk. 189—199. — [3] Martino da Canale, mscr., 51. — [4] Juliani chron. Forojul. Ventura, c. 2. Zagata, 48. Burchelati, 581. Smeregus giebt folgende Verse zur Grabschrift:

Terra Sunzini tumulus ceula est Ecelini,
Quem lacerant manes tartareique canes.

Alberich von Romano.

1259 nach seiner Gefangennehmung fand man ihn umgesunken und todt in seinem Gefängnisse. Feierlich ward er in Soncino begraben. — Mit dem die ganze Lombardei erfreuenden Falle des Tyrannen schien, wie so oft, wiederum ein zur Gründung wahrer Freiheit sehr günstiger Augenblick eingetreten zu seyn [1]. Ob aber die Tugenden, welche allein dazu führen konnten, ob Mäßigung und Besonnenheit, ob Demuth und christliche Liebe vorhanden waren, ergiebt sich aus dem weitern Benehmen der Städte gegen das Haus Romano.

1260 Alberich hatte seinem Bruder seit ihrer Aussöhnung treuen Beistand geleistet, war aber durch diese neuen Verhältnisse mehre Male dahin gebracht worden, auf eine grausame Weise vorzuschreiten, und selbst nach Ezelins Fall vermied er Fehden gegen Abgeneigte keineswegs so sorgfältig, als es die Klugheit wohl angerathen hätte. Daher verbanden sich Verona, Vicenza, Padua, Mantua und mehre andere Städte [2] und belagerten ihn nebst den Seinen in dem zwischen Bassano und Asolo belegenen Schlosse S. Zeno. Lange jedoch ohne Erfolg, denn Alberich hatte das Schloß mit allen Bedürfnissen reichlich versehen, und es lag auf einem unersteiglichen Felsen. Endlich aber ließ sich Mesa von Vorrilla von den Belagerern durch Geld gewinnen, verführte mehre deutsche Söldner, und so gelang dem Verrathe, was in offener Fehde unmöglich erschien. Alberich rettete sich mit seiner Familie und wenigen Getreuen in einen festen Thurm; allein nach drei Tagen nahm der Hunger und noch mehr der Durst (es war im Monate August) so furchtbar überhand, daß Alberich Alle um sich versammelte und zuerst seinen Kindern sagte: „Ezelins Kraft und Weisheit ist auf unwürdige Weise daniedergeschlagen worden, und auch ich bin von Verräthern hart umdrängt. So stürzt jetzt das Haus Romano zu Boden; euch aber, lieben Kinder, möge der allmächtige Gott langes Leben, Weisheit, Beständigkeit, treue Freunde und Sieg und Rache über verrätherische Feinde geben." Hierauf wandte er sich zu seiner Mannschaft und fuhr fort: „Es ist besser, daß ich allein umkomme, als daß ich euch Alle in das Verderben hineinziehe. Darum gehet hin und saget den Feinden, ich sey bereit mich ihnen mit meinen Kindern zu übergeben. Erinnert sie an alte freundschaftliche Verhältnisse und bittet besonders den Markgrafen

---

[1] Der Gefängnißthurm Ezelins zu Padua ist in eine Sternwarte verwandelt, mit der Inschrift:

    Quae quondam infernas turris ducebat ad umbras,
    Nunc Venetum suspiciis pandit ad astra viam.

Maier, Beschreibung von Venedig, III, 06. Dem Markgrafen Palavicini ist als Besieger Ezelins auf dem Marsfelde in Padua eine Bildsäule errichtet. Viele Anhänger Ezelins schnitten sich nach seinem Tode mit der Kirche aus, mußten aber für Lösung des Bannes viel bezahlen. Bonelli, Not., II, 593.—
[2] Cereta zu 1260. Monach. Patav., 711. Cortus. histor., 775. Godi, 89.

Alberichs Untergang.

von Este, er möge unserer früheren Liebe und dessen eingedenk seyn, daß meine Tochter Adelheid seines Sohnes Rinaldo Weib ward; er möge mich schützen gegen den Haß erbitterter Feinde."

Alberichs Leute gingen hinab zu den Belagerern und gaben für freien Abzug ihn und die Seinen **ohne Bedingung** preis. Des Markgrafen von Este geschieht keiner weiteren Erwähnung, und ebenso wenig, daß irgend ein Anderer Regungen der Milde Raum gegeben habe; vielmehr drang man darauf, ein früher in Treviso mit frecher Kaltblütigkeit gefaßter, auf gotteslästerliche Weise beschworener Beschluß solle zur Ausführung kommen. Sobald Alberich mit sechs Söhnen, seinem Weibe Margarethe und zwei Töchtern, Amabilis und Griselda, am 26. August 1260 in die Ebene hinabgestiegen war, ließ ihm Markus Badoer, der Podesta von Treviso, ein Gebiß in den Mund legen, und nach solchem Vorgange der Obrigkeit [1] deutete freches Gesindel die thierische Behandlung thierisch weiter, sodaß sich Einer auf Alberich setzte und ihn mit Schlägen und Sporen zwang, auf allen Vieren umherzukriechen. Nachdem man ihn und die Seinen hierauf unter Spott und Hohn durch das ganze Heer umhergeführt und, jenem Beschlusse und Schwure gemäß, ein angebliches Gericht bestellt hatte, wurden Alberichs sechs Söhne vor seinen Augen hingerichtet [2], in Stücke zerrissen und dem Vater die einzelnen Glieder ins Gesicht gestoßen. Jetzt kam die Reihe an Margarethe und ihre blühenden Töchter; man schnitt ihnen (denn dieselbe Strafe habe einst Alberich verhängt) die Kleider unter der Brust ab, setzte sie so den Blicken der zuchtlosen Menge aus, band nächstdem Alle, ungerührt durch ihre Unschuld und große Schönheit, an einen Pfahl und verbrannte sie lebendig. Alberich selbst, das letzte Opfer wurde, nachdem man ihm mit Zangen das Fleisch stückweise vom Leibe gerissen hatte, an den Schweif eines Pferdes gebunden und zu Tode geschleift [3]!

Sobald diese entsetzliche, frevelhafte Rache an den Personen geübt worden war, trat auch schändlicher Eigennutz hervor. Die Sieger gaben den Kirchen und Geistlichen keineswegs diejenigen Güter zurück, welche Ezelin ihnen genommen oder von einzelnen Bürgern unter

---

[1] Malvecius erzählte dies zu 1260 ganz bestimmt. — [2] Laurentius, 150. Martino da Canale, 51. Bonon. hist. misc. Ricob., Comp. chron., 249. — [3] Es finden sich Abweichungen über die geübten Grausamkeiten, welche Verci, II, 407, näher prüft. Man hat zwar Grund anzunehmen, daß die guelfischen Schriftsteller die Anklagen gegen Ezelin übertrieben, nicht aber daß sie die Fehler und Verbrechen ihrer Partei vorsätzlich vergrößert haben. Als berich h. B., welcher, so lange er es mit der Kirche hielt, von den Mönchen gar sehr gelobt wird, soll sich nachher in einen wahnsinnigen Tyrannen verwandelt und, als er eins seiner Fasten verlor, in der Wuth die Hosen abgezogen und Gott den Hintern gezeigt haben! Salimbeni, 360—361. Noch zwei Jahre später verbrannten die Trivisaner eine natürliche Tochter Alberichs. Viesseaux, VIII, 447.

1260 Anwendung mancherlei Zwanges gekauft oder geradehin genommen hatte; sie setzten sich, ohne Rücksicht auf gerechte und nahe Erbansprüche der Verwandten, in den Besitz aller und jeder Güter des Hauses Romano und theilten sie nach Willkür [1].

Das Uebermaß von Grausamkeit, Habsucht und Sittenlosigkeit, welches sich hier und in so vielen andern Theilen Italiens offenbarte, war jedoch manchem frommen Gemüthe ein Gräuel, manchem ängstlichen ein Gegenstand der Furcht und des Schreckens. Strenge Buße das meinten sie, sey die erste und nächste Pflicht. Aus dieser Ueberzeugung entsprang um die Zeit der Ermordung Alberichs von Romano die Sekte der Flagellanten oder Geißeler [2]. Von den Hüften aufwärts gingen sie nackt und verhüllten nur das Haupt, nach Weise der Mönche und Nonnen. Mit starken Riemen, in deren Enden harte Knoten eingeknüpft waren, schlugen sie sich in Erinnerung an Christi Geißelung dergestalt, daß das Blut bis auf den Boden hinabfloß. Oft lagerten sie sich nackt an der Erde, im Schnee oder im Kothe [3]. Solche Strenge erschien anfangs sehr Wenigen einladend, und es fehlte nicht an Spottreden über das ganze Thun; bald aber griff das Gefühl innerer Sündhaftigkeit und die Hoffnung sie auf jene Weise abzubüßen, so um sich daß nicht bloß Geringe, sondern auch Vornehme, nicht bloß Männer, sondern auch Weiber und Jungfrauen sich an jene Geißeler anschlossen, und zwar nicht in geringer Zahl, sondern zu vielen Tausenden. Alle Musik hörte auf, alle Lust- und Liebesgesänge verstummten vor dem allgemeinen Rufe: „Heilige Maria, Herrin, nimm uns Sünder auf und bitte Jesum Christum, daß er uns verschone!" — Lasterhafte gelobten sich zu bessern [4], Wucherer und Räuber gaben den ungerechten Gewinn zurück, Beleidiger überreichten selbst den Beleidigten das Schwert, damit sie sich rächen möchten. Diese aber machten davon keinen Gebrauch, sondern söhnten sich aus; und selbst von Obrigkeitswegen wurden, so milder Stimmung nachgebend, viele Verbannte zurückgerufen und viele Gefangene freigelassen. Von Perugia, wo angeblich diese Geißelungen den Anfang nahmen, verbreiteten sie sich über den größten Theil Italiens, dann nach Frankreich und Deutschland, ja bis Ungern, Schlesien und Polen [5]. Tausende zogen aus einer Stadt in

---

[1] Verci, II, Url. 230—233. Gennari zu 1250. — [2] Memor. Regiens., 1121. Monach. Patav., 712. Mutinens. annal. Ventura, 702. Schon früher finden wir einzelne Geißeler, besonders in den Klöstern, sowie den Glauben an das Verdienst und die erlösende Kraft solcher Selbstpeinigung. Förstemann, 9. Mohnike über die Geißlergesellschaften in Ilgens Zeitschrift, III, 2, 245. — [3] Sancruc. chron., 645. — [4] Jacob. a Voragine chron. Januense, 50. Ventura zu 1260. — [5] Johann. de Musseis zu 1260. Engels Gesch. von Ungern, I, 383. Reynaldi annal. zu 1260, §. 6—11. Avent. ann., VII, 7, 21. Chron. aur. in Hormayrs Archiv, 1827, Nr. 79. Hund, 92. Stenzel, Script. rer. Siles., I, 35. Gleß, Gesch. von Wirtemberg, II, 2575. 1500 Flagellanten allein in Straßburg. Code de Strasbourg, conflictus in Husbergen, p. 221. Notae histor., 115.

die andere, geführt von Geistlichen mit Kreuzen und Rauchfässern, wie oder von Einsiedlern, die aus ihren Wüsten hervorkamen. Auf den Straßen und in den Kirchen lagerte die Menge singend und sich geißelnd. — Damit die erste Anregung noch bedeutsamer erscheine, erzählte man jetzt: ein Knabe in der Wiege oder ein Heiliger[1], durch höhere Gesichte geweihter Einsiedler habe solche Bußweise anbefohlen.

Allmählich aber, wie es zu geschehen pflegt, gesellte sich zu der ursprünglichen Zerknirschung und Demuth der Stolz auf diese Demuth. Abgesehen von aller inneren Besserung sezte man alleiniges und genügendes Verdienst darein daß man sich geißelte, nackt in Koth oder Schnee herumwälze[2], oder was sonst der Aeußerlichkeiten und Verkehrtheiten mehr waren. „Unsere Buße“, sagten die Flagellanten (die gewöhnliche Weise des Gottesdienstes verachtend), „ist besser als euer thörichtes Geschrei“; und leicht reihte sich hieran der Tadel oder das bestimmte Verwerfen der kirchlichen Obrigkeiten und der anerkannten Lehre. Deßhalb erklärte sich der Papst, um größeren Mißbräuchen vorzubeugen, gegen dieses ohne Zustimmung der Kirche begonnene, gesetzlos fortschreitende Treiben; und die weltlichen Herrscher, wie König Manfred, Palavicini, die Herzöge von Baiern und A., verfuhren noch strenger: anfangs, weil sie fürchteten daß die Geißeler leicht gegen sie und für die Kirche benutzt werden könnten[3]; dann, weil eine große Zahl von Unordnungen damit verbunden war[4]. Endlich schwand der Eifer selbst gar schnell, und es bewies sich auch hier, daß bloße Gefühle des Augenblicks und äußerliche Mittel keineswegs zu einer wahren, dauerhaften, inneren Heiligung hinreichen. Italien kam wenigstens durch diese Geißelnden der Tugend, der Frömmigkeit und einem geordneten Glücke nicht näher.

Sechstes Hauptstück.

Nicht lange nachdem König Manfred auf die oben erzählte Weise in Palermo war gekrönt worden[5], verließ er das ihm zugethane Sicilien, um auch in Apulien alle etwaigen Spuren alter Abneigung zu ersticken. Es gelang durch freundliche und geschickte Behandlung der Vornehmen, Belohnung der Getreuen und strenges Beobachten der zweideutig Gesinnten. Nur Aquila, undankbarer als alle übrigen

---

[1] Barthol. Annal. zu 1260. Ghirardacci, I, 200. — [2] Pappenheim zu 1261. Hofmann, Chron. Bohemiae, c. 59. — [3] Parmense, chron. Monach. Patav. 714. Gemeiner, Chronik zu 1282. — [4] Chron. Udalrici August. zu 1260. — [5] Saba Malaspina, II, 1.

Städte, widerstand seinen Aufforderungen. Weil nämlich die Feinde in dieser Gegend so oft und leicht durch die Bergpässe in das Reich eingebrochen waren[1], ließ König Konrad IV (und vielleicht schon Friedrich II) die zerstreuten, nicht hinreichend schützenden Burgen eingehen und aus deren Bewohnern jene neu angelegte Stadt bevölkern. Es wurde ihnen viel Land und Wald zugewiesen, das Jahrmarktsrecht ertheilt und gegen eine billige Entschädigung jedes Abhängigkeits- und Dienstverhältniß zu ihren ehemaligen Herren so aufgehoben, daß sie von jetzt an allein und unmittelbar unter dem Könige standen. Bald mehrte sich durch diese vortheilhaften Einrichtungen die Zahl und die Kraft der Bürger; anstatt sich jedoch dafür treu dem Könige anzuschließen, brauchten sie zur Beschönigung ihres Abfalls den Vorwand, daß sie weil mehr der Kirche als ihm gehorchen müßten. Gern aber boten die Barone, denen Apuliens Stellung von Anfang an sehr mißfallen hatte, jetzt die Hand zur Unterwerfung der Widerspenstigen.

Erscheinungen solcher Art würden das Mißverhältniß Manfreds zum römischen Stuhle erhöht haben, wäre es überhaupt noch einer Steigerung fähig gewesen. Denn Alexander IV hatte ihn ja um Ostern 1257 öffentlich gebannt[2], aller Besitzungen für verlustig erklärt und die Unterhandlungen wegen Uebergabe derselben an den englischen Prinzen Edmund erneut. Weil indeß die meisten Prälaten und Barone in England diesen Plan noch immer als kostspielig und unausführbar verwarfen und harter Mittel ungeachtet nur lässig dafür wirkten, so kam nichts Erhebliches zu Stande, und der Papst klagte über vertragswidrige Säumniß, der König hingegen, daß fast gar kein Geld einkomme und etwa eingehendes nicht für den Hauptzweck gesammelt, sondern von päpstlichen Beauftragten an sich genommen und nach Willkür verwandt werde. Dies Verfahren wollte Alexander jedoch um so weniger abstellen, da ihn Schulden aufs Aeußerste drückten und er florentinische und sienensische Kaufleute nur gegen Verpfändung des Zehnten von den geistlichen Gütern in England zu Vorschüssen und Fristbewilligungen vermögen konnte. Auch wußten jene Kaufleute, daß die Rückzahlung des Darlehns schwerlich am Verfalltage richtig erfolgen dürfte; und wenngleich bis dahin keine Zinsen versprochen waren, so liefen sie doch von diesem Tage an noch ungemein hohen Sätzen[3]. — Damit sich nun der Ertrag der englischen Kirchensteuern mehre, verlangte der Papst für sich und den König: erstens auf fünf Jahre den Zehnten von allen geistlichen Gütern ohne Abzug der Ausgaben; zweitens die Hälfte aller der geistlichen Stellen, welche ihre Inhaber nicht zu persönlicher Anwesen-

---

[1] Petr. Vin, VI, 9. — [2] Rymer, Foedera, I, 2, 26. Wahrscheinlich erfolgte der Bannspruch öfter und, wie wir sehen werden, mit Steigerungen. — [3] Rymer, Foedera, I, 2, 33, 43. Es ist von 440,000 Mark Sterling Schulden die Rede.

hielt verpflichteten; drittens alle Vermächtnisse an Kirchen und Geistliche[1]; viertens die Einnahme von den Pfründen, welche Jemand nur durch päpstliche Erlaubniß besitze. So ungeheure Forderungen erregten das höchste Mißvergnügen, und wenn auch die Geistlichen eine ansehnliche Summe bewilligten[2], so bedungen sie sich doch bei dieser Gelegenheit andere große Vortheile aus, weshalb König Heinrich (jetzt fühlend, wie wenig er bei der ganzen Sache gewinne) in Rom eine Milderung der frühern Bedingungen verlangte; wo nicht, so möge der Papst, nach Ersatz der bereits gemachten Auslagen, über das apulische Reich anderweit schalten, oder Manfreds Tochter mit Edmund vermählen[3] und hiedurch einen für jeden Theil willkommenen Ausgang herbeiführen. Diese Vorschläge waren aber dem Papste keineswegs willkommen, und der König ließ sich durch höfliche Schreiben und Fristbewilligungen verführen, noch Jahre lang diesem verwerflichen Plane nachzuhängen, bis offener Aufruhr ihn davon abzustehen zwang und der Papst andere Wege einschlug[4].

Wenn nun Alexander auf diese oder ähnliche Weise die Kräfte der Geistlichkeit in England, ja in der ganzen Christenheit benutzte, um seinen Krieg gegen Manfred zu führen, so glaubte dieser sich derselben Mittel bedienen zu dürfen. Auch er besteuerte Kirchen und Prälaten, auch er bezog die Einnahmen von erledigten Stiftsstellen[5] und übereilte sich gar nicht mit deren Wiederbesetzung. Dies Alles gab dem überhaupt seines kirchlichen Einflusses in Apulien ganz beraubten Papste neue Veranlassung zu Klagen und Vorwürfen, welche, da sie auf den König nicht wirkten, nunmehr auch gegen die Bischöfe und Geistlichen gerichtet wurden. Sie hätten keineswegs zahlen, keineswegs die Hand zur Krönung Manfreds bieten, oder ihm huldigen sollen. Manche behaupteten, daß sie sich vorsätzlich verspätet, vorsätzlich krank gestellt hätten, wie denn überhaupt alle lässig oder thätig waren in dem Maße, als sie den König oder die Kirche mehr liebten oder fürchteten. Nur einzelne, wie der Erzbischof von Agrigent[6], der Bischof von Sorrent, der Abt von Montekassino, hatten für Manfred so bestimmte Vorliebe gezeigt daß der Papst sie in den Bann that, welches strenge Mittel jedoch hinter der sonstigen Wirksamkeit zurückblieb, weil der König diejenigen Klöster und Geistlichen, welche jenem gehorchten, durch seine saracenischen Soldaten hart mitnehmen und Laien[7] für ihre als Verrätherei

---

[1] Wikes, Chron. zu 1260. — [2] Nach Matth. Paris, 640, 42,000 Mark. — [3] Rymer, Foedera, I, 2, 29. — [4] Ibid., I, 2, 34, 37, 40, 80. Diese Angelegenheit gab eine Hauptveranlassung zum Aufruhr der Barone gegen den König. Wikes zu 1263. — [5] Matth. Paris, 959. Saba Malaspina, I, 5. Sieben Jahre lang verwaltete Johann von Procida, Manfreds Freund, das Erzbisthum Amalfi. Chron. archiep. Amalfit. 170. Der Papst besoldete Mannschaft von den erledigten Einnahmen florentinischer Stiftsstellen. Lami, Memor., II, 1027. — [6] Pirri Sicil. sacra, I, 405. — [7] Neritens chron. zu 1255.

bezeichnete Anhänglichkeit an Rom körperlich aufs Strengste züchtigen ließ ¹.

1259 Sobald Manfred im Innern des apulischen Reichs keine Feinde mehr zu bekämpfen hatte, ließ er seinen Feldhauptmann Parzival von Oria in den Kirchenstaat einrücken und ernannte ihn (hiedurch den Umfang seiner Ansprüche bezeichnend) zum Statthalter in der Mark Ankona, dem Herzogthume Spoleto und in Romaniola ². Die Einwohner dieser Landschaften waren, wie in ganz Italien, theils Guelfen, theils Ghibellinen, obgleich diese Benennung nicht sowohl eine feste Gesinnung für eine als gut erkannte Sache, sondern vielmehr den Zustand innerer, oft ganz grund- und beziehungsloser Parteiung unter den Familien bezeichnet. Doch hatten sich mehre Städte zu einem engeren Bunde vereinigt, welchen aber Alexander IV (lombardische Ereignisse befürchtend) am 1. Februar 1259 aufhob ³. Wenige Wochen nachher erschien Parzival mit seiner Mannschaft und wußte die mißgestimmten Gemüther noch mehr gegen den Papst aufzubringen, oder die von ihm einzelnen Orten eingeräumten Begünstigungen zu überbieten. So hatte Alexander z. B. an S. Ginesio versprochen, daß er kein einseitiges Verbot der Getreideausfuhr erlassen wolle; allein die Dankbarkeit für diese Zusage verschwand, als Parzival einerseits drohte, anderseits bewilligte: „Die Bürger sind nicht zu persönlichen Kriegsdiensten außerhalb der Mark verpflichtet; sie können an ihrer Statt fremde Söldner stellen; sie werden nie als Geißeln ausgehoben." — Auch Fermo widerstand den Päpstlichen mit dem Schwerte ⁴, nicht sowohl aus Anhänglichkeit an Kaiser und König, als aus Haß gegen einige mehr begünstigte Nachbarn. Kamerino endlich kam im August 1259 durch Verrath in Parzivals Hände, ward aber von ihm so hart behandelt, daß man nicht weiß ob er dadurch mehr schreckte, oder zu Feindschaft und Abfall reizte ⁵.

Auf jeden Fall sah sich Papst Alexander durch diese Ereignisse gar sehr bedrängt ⁶ und sprach daher nochmals und in strengerer Form den Bann über Manfred. Er hoffte daß sein Neffe, der Kardinal Hannibal, auch im Felde, besonders durch Hülfe der sich günstig erklärenden Bologneser, weitere Fortschritte Parzivals verhindern werde ⁷; er rechnete darauf, daß die Kirchenfreunde von dem in jener Zeit aufs Höchste gesteigerten Hasse der Lombarden gegen Ezelin den größten Vortheil ziehen müßten. Aber Ezelin hatte sich, der eigenen Macht

---

¹ Nach den Regestis Caroli I, IV, 80, msor. im Archiv zu Neapel, ließ Manfred deshalb einen milde blenden. — ² Benigni, I, Urk. 32, 33. Baldassinus, XLIV, 1260 wird Heinrich von Bentimiglia und 1262 Konrad von Antiochien als Statthalter Manfreds genannt. Santini, 302, 302—303. Benigni, Urk. 36. Compagnoni, V, 75 und II, 268. — ³ Ibid. Urk. 32, 33. — Ibid. Urk. 32, 35. — ⁴ Ibid. Urk. 59. Ughelli, Italia sacra, I, 537. Turchi, De eccles. Camerin. pontificibus zu 1259. — ⁵ Raynald zu 1259, §. 13. Giannone, II, 556. — ⁷ Savioli, III, 2, 722—723. Alessandro de Magistr., 43.

vertrauend und für seine Selbständigkeit besorgt, in keine näheren 1259
Verbindungen mit Manfred eingelassen ¹; und in dem oben erwähnten
Bund, welchen Palavicini, Boso von Doara, Azzo von Este, Verona,
Vicenza, Padua, Mantua, Cremona und Ferrara wider Ezelin
schlossen, war König Manfred gegen Stellung von Hülfsmannschaft
als Freund aufgenommen und ihm versprochen worden, seine Aussöhnung mit der Kirche zu befördern ². Selbst nach dem Falle Ezelins
kam die Herrschaft nicht, wie Alexander erwartete, in die Hände der
Guelfen ³, sondern Palavicini gewann den größten Einfluß und ward
sogar Manfreds Feldhauptmann in der Lombardei. Auch in Tuscien
trat zufolge eines im Mai 1259 abgeschlossenen Bundes ⁴ zwischen
Siena und dem Könige dessen Verwandter, der Graf Jordanus von
S. Severino, nicht ohne Erfolg als Statthalter auf.

Theils dieser Umstände wegen, theils in der Hoffnung Manfred 1260
zu einem Angriffe der Griechen zu vermögen, knüpfte der Papst im
Februar 1260 neue Unterhandlungen mit ihm an ⁵, und ohne Zweifel
würde der König gern diesem Verlangen und einer Herstellung der
Verwiesenen genügt haben; die zweite Forderung hingegen, Vertreibung der Saracenen aus seinem Reiche, hätte ihn um eine große
Zahl seiner treuesten Anhänger, um den besten Theil seines Heeres
gebracht und ließ sich ohne Wortbruch und inneren Krieg überhaupt
nicht ausführen. Darum lehnte Manfred den ganzen Antrag ab und
fügte zornig hinzu, er wolle vielmehr die doppelte Zahl Saracenen
aus Afrika berufen. Und wirklich verstärkte er auf diese Weise sein
Heer und fiel im Julius 1260, nach dem Abbruche der Friedensunterhandlungen, wiederholt in den Kirchenstaat ein ⁶.

Gleichzeitig traten in Tuscien Ereignisse von solcher Wichtigkeit
ein, daß sie eine umständlichere Erzählung verdienen. Viele aus
Florenz vertriebene Ghibellinen, an ihrer Spitze der kluge und groß-
gesinnte Farinata degli Uberti, hatten sich nach Siena begeben, blieben
jedoch, selbst mit Hülfe der gleichgesinnten Bürger, so schwach, daß
sie im offenen Felde keinen Kampf versuchen durften. Daher wandten
sie sich um Hülfe an Manfred, welcher ihnen aber, bei allem guten
Willen, damals nur 100 deutsche Reiter überlassen konnte ⁷. „Was
sollen wir", sprachen Viele ungehalten, „mit so weniger Hülfe?" worauf Farinata klüglich antwortete: „Weiset auch den geringsten Beistand nicht zurück; damit indeß unsere Einigung mit dem Könige
offenbarer werde und die Hoffnung wachse, so laßt uns um seine
Fahne bitten." Manfred übersandte sie gern, und ihre feierliche Auf-
steckung schreckte (wie Farinata erwartet hatte) nicht Wenige und ließ
an nahen mächtigerem Beistand glauben.

---

¹ Saba Malaspina, II, 3. — ² Lünig, Codex Italiae diplomat., I,
1585. Spinelli, 1093. — ³ Saba Malaspina, II, 2. — ⁴ Ibid. u. Malavolti, Storia di Siena, II, 1, 2. — ⁵ Spinelli, 1095. Raynald zu 1260,
§. 1. Vieusseux, VIII, 501. — ⁶ Spinelli, 1097. — ⁷ Malespini, 164.

1260 Die Florentiner aber, erzürnt daß ihre Vertriebenen in Siena Schutz fanden, zogen mit Heeresmacht aus, nahmen einige Schlösser und drangen bis in die Nähe der Stadt zum Kloster der heiligen Petronilla. Solche Schmach abzuwehren, eilten ihnen die Ghibellinen mit den durch Geldversprechungen und Wein befeuerten deutschen Reitern entgegen, und es kam am 17. Mai 1260 zu einem hartnäckigen Gefecht, in welchem die Sienenser siegten, jedoch die königliche Fahne verloren[1]. Diese Ereignisse erhöhten den Muth der Ghibellinen und begründeten die Ueberzeugung, daß bei verstärkter Macht ein ganz entscheidender Erfolg nicht ausbleiben könne. Sie liehen also, gegen Verpfändung mehrer Besitzungen, 20,000 Goldgulden von dem sienensischen Handelshause Salimbeni[2] und schickten sie mit der Bitte an Manfred, er möge ihnen ansehnlichere Unterstützung senden und den Verlust seiner Fahne rächen. Gern bewilligte dieser, was ihm Vortheil brachte und, bei jenen Zahlungen, die vorhandenen Kräfte nicht überstieg. Graf Jordanus, sein Feldhauptmann, gesellte sich mit 800 Reitern zu den bereits in Siena vorhandenen Deutschen, und diese Zahl wurde durch große Anstrengungen der Bürger und ihrer Verbündeten bis auf 1800 erhöht. In gleichem Maße verstärkte man die Zahl des Fußvolks und griff nun Montalcino an, welches oft mit Siena, in diesem Augenblicke aber mit Florenz verbündet war. Der Entsatz jener Stadt erschien zwar den Florentinern als Pflicht, sie fürchteten indeß die jetzt sehr große Macht ihrer Gegner und beschlossen, erst nach deren bald zu hoffender Verminderung einen Angriff zu wagen. Umgekehrt wünschten die Ghibellinen, welche außer Stande waren jene Mannschaft lange zu besolden und zu verpflegen, daß es so bald als möglich zu einer allgemeinen Schlacht komme; und während nun die hart bedrängten Montalciner in Florenz nochmals um Hülfe baten, wirkte eine List der Ghibellinen zu gleichem Zwecke. Sie sandten nämlich, auf Betrieb von Farinata Uberti, durch zwei Minoriten Briefe nach Florenz, welche mit Bewilligung der obrigkeitlichen neun Männer in Siena geschrieben und mit ihren Wappen versiegelt waren. Der Inhalt dieser Briefe, so sprachen die Minoriten, gereiche zum großen Vortheile von Florenz, dürfe aber, damit er geheim bleibe, nur sehr Wenigen mitgetheilt werden. Die Anziane erwählten deshalb zwei aus ihrer Mitte, Spedito[3] und Ralfagni, welche, nach geleistetem Eide der Verschwiegenheit, folgenden Inhalt fanden: „Die meisten und angesehensten Bürger von Siena sind unzufrieden mit der jetzigen Regierung. Wenn die Florentiner,

---

[1] Malavolti, Storia di Siena, I, 2, 9. Sanese, Chron., 30. — [2] Nach della Valle, Lettere, I, 137 und II, 244, liehen die Salimbeni allmählich an 100,000 Florenen zur Vertheidigung von Siena dar und boten noch mehr, wodurch Muth und Kraft erhöht ward. — [3] Lo spedito ist wahrscheinlich ein spöttischer Beiname: der Hurtige, Uebereilte; doch findet sich kein anderer Name. Ammirato, I, 120.

Florenz und Siena.

unter dem Vorwande, Montalcino mit Lebensmitteln zu versehen, bis zur Arbia vorrücken wollen, so soll ihnen das Thor des heiligen Veit auf dem Wege gen Arezzo geöffnet und Siena in ihre Hände gegeben werden." Jene Anziane, mehr eifrig als umsichtig, vielleicht auch geblendet durch 10,000 Goldgulden [1], welche man zur Bestätigung des Vereins sogleich niederzulegen bereit war, zweifelten nicht an der Wahrheit und Heilsamkeit der Sache und trugen in einer allgemeinen Versammlung der Vornehmen und des Volkes darauf an: Montalcino in höchster Eile zu entsetzen. — Dem widersprachen Graf Guido Guerra und andere Häupter der Guelfen, welche nicht im Geheimnisse, sonst aber kriegskundiger waren als der große, laut für den Krieg stimmende Haufe. Durch dessen Eifer ungeschreckt, trat Aldobrando Aldimari auf und sagte: „Habt ihr schon die schwere Gefahr vergessen, in welche kaum 100 Deutsche euch bei Santa Petronilla brachten, und wißt ihr nicht, daß deren eine weit größere Zahl in Siena angekommen ist? Haltet euch jetzt ruhig, denn binnen kurzer Frist wird sich jene Macht aus Mangel an Solde von selbst auflösen; Montalcino aber kann, wenn wirklich die Noth sehr groß ist, ohne Anstrengung und Gefahr von Orvieto aus mit Lebensmitteln versorgt werden." — Statt diese Gründe zu widerlegen, sagte Spedito nach seiner anmaßlichen und vorlauten, beim niederen Volke aber beliebten Weise: „Wenn du dich fürchtest, so greife nach den Hosen." Aldobrando erwiederte: „Wenn Gefahr drängt in der Schlacht, wirst du mir nicht folgen, wohin ich vorangehe." — Unwillig stand jetzt Cece Gherardini auf und wollte dieselbe Ansicht nochmals begründen, aber die Anziane verboten ihm zu reden bei 100 Pfund Strafe. „Ich will," sagte Cece, „lieber diese Strafe erlegen, als zum Nachtheile meines Vaterlandes schweigen." Auch die verdoppelte, auch die dreifache Strafe erklärte er sich zu zahlen bereit, da riefen die Anziane: „Du bist des Todes, wenn du sprichst!" — und das Volk beschloß, ihnen Beifall gebend, sorglos und stolz den Krieg. Hierauf wurde der Fahnenwagen, das Carroclo, feierlich hervorgeführt, die Kriegsglocke Martinella geläutet und es entstand in solcher Eifer, daß kein Haus, keine Familie in Florenz war, welche nicht Reiter oder Fußgänger gestellt hätte.

Ebenso thätig zeigten sich die Bundesgenossen der Stadt, Lulla, Pistoja, Perugia, Orvieto, Volterra, Arezzo, S. Geminiano u. a. [2], sodaß ein Heer von 3000 Reitern und 30,000 Fußgängern zusammenkam, mit welchem man Ende August 1260 unter Anführung des Podestà Raugoni und des Volkshauptmanns Monaldo Monaldeschi nach der Arbia zog und neben der Burg Montaperto in einer für die Zufuhr und manche andere Zwecke gut gewählten Gegend

---

[1] Nach Malespini scheint diese Summe wirklich niedergelegt, nach Villani nur versprochen zu seyn. — [2] Diese Städte werden genannt; ob wirklich aus allen Hülfstruppen anlangten, bleibt zweifelhaft.

lagerte. — Kaum hatten die Sienenser zu ihrem Schrecken erfahren, welch großes Heer unerwartet bis vier Miglien von ihrer Stadt vorgedrungen sey, so erschienen auch schon Abgeordnete und verlangten: daß Siena alle florentiner Vertriebenen fortweise, Montalcino nicht belästige und allen anderen Bündnissen entsagend sich mit Florenz vereinige. Ob nun gleich die obrigkeitlichen Personen in Siena die Größe der Gefahr erkannten, beschlossen sie dennoch diese Bedingungen nicht anzunehmen; aber ehe ihre Antwort im Lager ankam, steigerten die Florentiner Forderungen wie Drohungen und erklärten, die Stadt müsse sich unbedingt ergeben und zu dem feierlichen Einzuge der Reiterei ein Theil ihrer Mauer niedergerissen werden [1]. — Solche Kühnheit ließ auf große Uebermacht oder heimliche Verständnisse schließen, sodaß die Menge ihre Angst nicht verbergen konnte. Salimbeni aber, der reiche Kaufmann, bot, in diesem gefährlichen Augenblicke keineswegs verzweifelnd, aufs Neue große Summen zur Rettung seiner Vaterstadt dar [2]. Dies war der erste äußerliche Trost; dann wandte man sich in Demuth und Gebet zu Gott, hielt feierliche Umzüge und Messen, ernannte Maria, die gute Führerin, zur Herrin von Siena und ließ die Stadtschlüssel durch den Bischof in ihre Hände niederlegen. — Man werde, dies antworteten jetzt die Sienenser den Florentinern, die Stadt mit der alten Tapferkeit und hoffentlich auch mit dem gewohnten Erfolge vertheidigen.

Unterdeß hatten die vertriebenen Ghibellinen heimlich ihre gleichgesinnten Freunde im florentinischen Heere bitten lassen, wenn es zur Schlacht käme, nicht gegen sie zu fechten, und gleichzeitig bekam ein Florentiner Razzante Kunde von dem Plane, Siena durch Verrath einzunehmen. Im Einverständnisse mit den florentinischen Ghibellinen eilte er nach Siena und warnte Farinata und Gherardo überall vor heimlichen Gefahren und offenbarer Uebermacht. Diese aber antworteten: „Du tödtest uns, wenn du diese Dinge in Siena verkündest. Nie kehren wir in unser Vaterland zurück, wenn wir nicht kämpfen, während noch die Deutschen auf unserer Seite stehen; und besser ist es, einmal sterben, als lebenslang flüchtig in der Welt umherirren." Razzante, auch in die übrigen Geheimnisse eingeweiht, trat jetzt mit bekränztem Haupte und fröhlichem Gesichte in die Versammlung der Bürger von Siena und erzählte: Unordnung und Uneinigkeit herrsche im florentinischen Heere, und man dürfe auf den Abfall Vieler in der Schlacht rechnen. — Kaum hatte Razzante diese Worte beendet, so rief das Volk einmüthig: „Zur Schlacht, zur Schlacht!" — und die Deutschen, denen man doppelten Sold versprach oder zahlte, theilten diesen Eifer.

Das Heer, an dessen Spitze Troghisio der Podesta, Rofrevo de Isola der Volkshauptmann und Graf Jordanus, der Statthalter

---

[1] Malavolti, I, 2, 15. — [2] Della Valle, Lettere Sanesi, a. a. O.

Schlacht bei Montaperto.

Manfreds, standen, zählte nur etwa 17,000 Mann und war mithin kaum halb so stark als das florentinische. 1500 deutsche Reiter und 2000 deutsche Fußgänger überwogen nun zwar eine gleiche Zahl Feinde, doch war es sehr klug außerdem auf Mittel zu denken, welche den Unterschied der Zahl ausgleichen könnten. Zu dem Zwecke wurden 400 deutsche Reiter unter Anführung eines Marschalls und 800 sienesische Fußgänger unter Anführung von Nikolo Bigozzo heimlich rechts ab, auf den Weg gen Alriano gesandt und hinter Hügeln so aufgestellt, daß sie unbemerkt das Schlachtfeld beobachten konnten. Die Hauptmacht zog aus dem Thore des heiligen Veit hervor, worüber die florentinischen Anführer (welche noch immer auf eine verrätherische Einnahme der Stadt rechneten) sehr erschraken und kaum Zeit behielten die Schaaren zu ordnen. Doch widerstand ihr linker Flügel dem ersten Angriffe des sienesischen Fußvolkes nicht bloß mit Muth[1], sondern, weil man von der Höhe herab focht, anfangs auch mit Erfolg; als es aber dem rechten Flügel der Sienenser gelang, sich eines wichtigen Hügels zu bemeistern, wodurch der Plan, das geringere Heer derselben mit der Uebergzahl einzuschließen, vereitelt wurde, so schien die Schlacht, was das Fußvolk anbetraf, im Gleichgewicht zu stehen. Hingegen ertrug die florentinische Reiterei den Angriff der deutschen um so weniger, weil zu deren Ueberlegenheit an Kraft, Muth und Uebung sich unheilbringender Verrath gesellte. Bocca Abati nämlich, ein heimlicher Ghibelline, drängte sich zu Jakob Pazzi, dem muthigen Anführer der florentinischen Reiterei, und hieb ihm plötzlich die Hand ab, sodaß sie mit der Hauptfahne zu Boden fiel; und in demselben Augenblicke warfen die übrigen Ghibellinen des Heeres ihre rothen Feldzeichen hinweg, vertauschten sie mit weißen (der Farbe Manfreds), welche sie heimlich hatten machen lassen, und riefen dabei laut aus: „Tod den Florentinern!" Hiedurch entstand Mißtrauen, Unordnung und so übereilte Flucht der florentinischen Reiter, daß nur 36 von ihnen ums Leben kamen. Tapferer widerstand noch immer das Fußvolk. Als nun aber zu so vielen Täuschungen, Unfällen und Verräthereien sich ein neues, unerwartetes Uebel gesellte, als Bigozzo und der deutsche Marschall mit ihren Schaaren aus dem Hinterhalte hervorbrachen: da ward die Niederlage allgemein, der Heldenmuth Einzelner konnte das Glück des Tages nicht wiederherstellen, und der siebenzigjährige Johann Tornaquinci[2], welcher beim Carroccio die Wacht hatte, opferte sich vergebens mit einem Sohne und drei nahen Verwandten dem Tode, um das Vaterland vor den eigenen Mitbürgern zu erretten! Das Carroccio und Martinella, die Kriegsglocke, gingen dennoch verloren, sowie

---

[1] Malavolti, I, 2, 17. — [2] Schreiben der florentinischen Guelfen an Konradin. Codex epist. Vatican. mscr., Nr. 4957, p. 84. Chron. Udalr. August. zu 1259. Pieri zu 1260. Matth. Paris, 667. Monach. Patav., 714. Saba Malasp., 4. Pecori, 80. — [3] Ammirato, I, 121—125.

64 Feldzeichen und alles Gepäck [1]. Die Florentiner nebst ihren Bundesgenossen zählten nach der geringsten Angabe 2500 Todte und 1500 Gefangene, nach der höchsten 10,000 Todte und 20,000 Gefangene [2]. In Siena war die Freude so ohne Maß, wie in Florenz die Trauer: dort hielt man Dankfeste und stiftete zum Andenken des 4. Septembers 1260, des Siegestags von Montaperto, jährliche Kampfspiele [3]; hier verzweifelten die Guelfen daß sie die obgleich noch mit Gräben und Mauern eingeschlossene Stadt behaupten könnten.

Am 13. September [4] zogen sie sämmtlich aus Florenz nach Lucca und drei Tage später rückten die Ghibellinen ein, an ihrer Spitze Graf Jordanus [5], der Statthalter Manfreds. Diesem schwuren alle Einwohner Treue und besoldeten eine deutsche Besatzung, welche zwei Jahre lang in der Stadt bleiben sollte. Graf Guido Novello trat an die Spitze der Geschäfte, abhängig jedoch, wie es scheint, von dem königlichen Statthalter. Die Grenzburgen gegen Siena wurden zerstört, Vieles abgetreten, noch Anderes (wie Montepulciano) von Manfred aus eigener Macht dieser Stadt geschenkt und ein Bündniß mit ihr zu Stande gebracht [6], welches Florenz und seine früheren Verbündeten den Ghibellinen unterwarf. Ganz Tuscien war für Manfred bis auf Lucca, wo die versammelten Guelfen einer besseren Zukunft harrten und sich über die nächste Vergangenheit gerechte, aber fruchtlose Vorwürfe machten. So sagte Albobrandini zu Spedlio [7]: „Hieher haben uns deine Vorschläge gebracht; aber freilich geht es nach dem Sprüchworte: Die Thoren begehen die Thorheiten und die Weisen weinen darüber." Spedlio gab, uneingedenk daß er Gewalt gebraucht hatte, zur Antwort: „Einem Thoren folgen ist noch jämmerlicher, als ein Thor seyn."

Den Ghibellinen in Florenz erschien aber diese Nachbarschaft der Guelfen gefährlich, weshalb sie mit dem Grafen Jordanus wiederholt in Empoli darüber rathschlagten, wie der Zustand Tusciens am

---

[1] Sanese, Chron., 30. Villani, VI, 80. — [2] Die ersten Zahlen hat Malespini, c. 167, und das Schreiben der Sienenser an König Richard in Würdtw., Nov. subs., I, 95. Job. de Mussis zu 1260 hat 4000 Todte und 2000 Gefangene. Die Ghibellinen reden in ihrem Schreiben an König Richard von 10,000 Todten und 20,000 Gefangenen. Cod. epist. Vatic. mscr., Nr. 4057, 87. Doch sagt Malespini selbst, es seyen mehr als jene Zahl umgekommen und gefallen; und vielleicht muß sie durch Hinzufügung der Bundesgenossen erhöht werden. Die Sconfitta di Montaperto (alte sienensische Chronik, herausgegeben von Porri) hat 10,000 Todte, 15,000 Gefangene, 5000 Entkommene. Liter. Converf.-Blatt, 1838, Nr. 312. — [3] Sanese, Chron., 30. Spottlieder auf die Florentiner. Kannegießer, 143. — [4] Diesen Tag hat Villani; nach einer Urkunde bei Gebauer, Leben Richards, S. 580, zogen die Guelfen aber schon am 9. September davon. — [5] Von England, nach Cesare, I, 155, sonst auch Sancia genannt. — [6] Urk. vom 22. November 1260. Camici, Urk. VII, S. 89. Lünig, Cod. dipl. Ital, III, 1501. St. Priest, I, 365. — [7] Malespini, c. 170. Villani, VI, 82. Aldimari, I, 122.

zweckmäßigsten und dauerhaftesten zu ordnen sey. Hier erklärten alle 1260 benachbarten Städte und mit ihnen übereinstimmend viele ghibellinische Häupter: Florenz sey nur durch Gewalt ghibellinisch und werde immer wieder zu den Guelfen zurückfallen; deßhalb müsse man es zerstören und in ein schlechtes Dorf verwandeln, damit weder Macht noch aufreizendes Andenken früherer Größe übrig bleibe. — Als der edle Farinata Uberti diese Worte hörte, ergriff ihn Zorn und Schmerz: dazu hätte er nicht gekämpft und gelitten daß seine geliebte Vaterstadt von der Erde vertilgt werde, sondern daß sie, für das Rechte und Tüchtige gewonnen, in neuem, schönem Glanze aufblühe [1]. Seinen Gründen über die Gefahr, den Nachtheil, den Wahnsinn jenes Vorschlages fügte er hinzu: „Und dächte auch kein Einziger wie ich, ich werde mit dem Schwerte in der Hand Florenz vertheidigen bis zum Tode." — Als Graf Jordanus und die Uebrigen einen Mann von solcher Tugend und solchem Ansehen so reden hörten, erwähnten sie jener Maßregel nicht weiter, und durch alle folgenden Jahrhunderte ist dem Farinata [2] der Ruhm geblieben: er habe das herrliche Florenz errettet, wie einst aus gleich großen Gefahren Themistokles Athen und Kamillus Rom.

Leider aber besaßen nur Wenige diesen großartigen Sinn; denn ob nun gleich Florenz nicht völlig vernichtet wurde, so zerstörte man doch aus thörichtem Haß eine solche Zahl von Häusern und eine solche Masse von Besitzthum der Vertriebenen [3], daß kaum begreiflich ist wie noch irgend etwas übrig bleiben konnte und woher einzelne Guelfen die Mittel nahmen, sich aus der Gefangenschaft zu lösen. So stellte man Gherardino Cerchio in Siena auf eine Wagschale und legte auf die andere so viel Geld, als er schwer war: diese Summe mußte er bezahlen und hatte Ursache sich noch über Milde zu freuen, denn oft schonte man in leidenschaftlicher Wuth nicht des Lebens der Gefangenen [4]. So ergab sich bei einem Zuge gen Lukka Cece Buondelmonti dem Farinata, welcher, ritterlich gesinnt, ihn hinter sich aufs Pferd nahm, um ihn zu retten; aber Asino Uberti, Farinatas eigener Bruder, ergriff, von wildem Zorne übermannt, eine eiserne Keule und schlug den Gefangenen todt, ohne Rücksicht auf dessen Bitte und Farinatas Widerstand [5].

Als der Papst von dem Siege der Ghibellinen bei Montaperto und von dessen Folgen Nachricht erhielt, erschrak er sehr, und die meisten Kardinäle theilten seinen Schmerz [6]; nur Oktavianus Ubaldini zeigte unverhohlen große Freude und deutete damit die Gefahr

---

[1] Die Anwendung von Sprüchwörtern auf die Lage der Dinge, welche Malespini, c. 170, erzählt, läßt sich im Deutschen nicht gut wiedergeben. — [2] Dankbar zeigte sich indessen das Volk weder gegen ihn, noch seine nächsten Nachkommen. Villani, VI, 82. — [3] Beweise giebt der große handschriftliche Foliant, betitelt: Guelfi e Ghibellini, in der Bibliotheca Riccardiana zu Florenz, und Brunetto, Latino tesoro, II, c. 29. — [4] Lami, Delizie, VI, 106. — [5] Villani, VI, 86. — [6] Malespini, 169.

zu einer Spaltung an, welche in spätern Zeiten der Kirche mehr Nachtheil brachte als mancher weltliche Angriff. Jetzt that Alexander zur Herstellung der Verhältnisse, was in seinen Kräften stand; er schickte seinen Kapellan Guala von Dertell zu den Guelfen nach Lukka und schrieb ihnen[1]: um ihrer Sünden willen habe sie einmal Unglück getroffen, sie möchten sich bessern, hoffen und den Muth nicht verlieren. Bei Strafe des Bannes befahl er die Auflösung aller Verbindungen mit Manfred. Allein der Bann blieb ohne erhebliche Wirkung, während das Ansehen des Königs von Tage zu Tage in ganz Italien wuchs und nicht bloß Ghibellinen feindlich den Kirchenstaat überzogen, sondern sogar Muhamedaner aus Lucerla und Afrika. Von solcher Bedrängniß ward Alexander durch den Tod befreit[2]; er starb zu Viterbo am 25. Mai 1261. Hätte er wenige Wochen länger gelebt, so würden Trauerbotschaften aus dem Morgenlande das Maß seiner Leiden noch erhöht haben.

Daß der wohlgemeinte Kreuzzug des heiligen Ludwig die Lage der Christen in Syrien und Palästina nicht verbesserte, ist bereits erzählt worden; nach seiner Entfernung nahmen indeß die Uebel noch mehr überhand, und anstatt die geringen Kräfte gegen so viele Feinde zusammenzuhalten oder durch Klugheit und würdiges Benehmen vortheilhaft zu wirken, wütheten Pisaner, Genueser, Venetianer, Johanniter und Templer, aus Neid oder Eigennutz oder Rachsucht oder aus falschem Ehrgefühl, in blutigen Fehden wider einander[3]. Die Begeisterung für eine neue glorreiche Begründung des Christenthums im Morgenlande erschien sehr Vielen als eine Thorheit, und am wenigsten wollte man sich für die ausgearteten syrischen Christen nutzlos aufopfern. Zwar versuchten die Päpste durch Ermahnungen aller Art den ehemaligen Eifer wieder zu erzeugen und den Frieden zwischen den Parteien herzustellen; aber ihre Worte machten aus den angegebenen Ursachen keinen Eindruck; auch äußerten Abgeneigte und Unlustige: ihre leidenschaftliche Verfolgung der Hohenstaufen sey der Hauptgrund, weshalb das heilige Land vernachlässiget, ja allmählich ganz aus den Augen verloren werde.

Ebenso trostlos war die Lage des sogenannten lateinischen Kaiserthums in Konstantinopel. Während Balazes, der Kaiser von Nicäa, durch Thätigkeit, Kriegsgeschick und Arglist sein Reich oder doch wenigstens seinen Einfluß allmählich bis zu den Küsten des adriatischen Meeres ausdehnte, reiste Balduin II, der Kaiser von Konstantinopel, vergeblich Hülfe suchend im Abendlande umher und gewann durch Verkauf von Kostbarkeiten und Verpfändung von Reliquien kaum so viel, als er, nicht aber als das Reich bedurfte. Fehden zwischen Gri-

---

[1] Codex epist. Vatic., Nr. 4057, 85, 87—89. — [2] Monach. Patav., 715. Concil. coll., XIV, 147. Patavin. chron., 1143. Memor. Regiens., 1120. Barthol. ann. s. d. Jahres. — [3] Raynald. Dandolo.

Einnahme Konstantinopels.

chern und Bulgaren, der Tod des Balaßes im Jahre 1255 und die nach einer nur dreijährigen Regierung seines Sohnes Theodor Laskaris eintretende Vormundschaft des Georg Muzalon für seinen Enkel Johann Laskaris gewährten den Lateinern einige Ruhe. Sobald aber Muzalon gestürzt, Johann Laskaris beseitigt und Michael Paläologus (welcher aus einem angesehenen Hause stammte und mit den Komnenen verwandt war) erst zum Reichsverwalter und dann zum Kaiser erhoben wurde: da traten nicht, wie Balduin und die Lateiner erwarteten, die gewöhnlichen Unruhen und Fehden ein, sondern Michael erhöhte seine und des Reiches Macht durch löbliche wie durch verwerfliche Mittel und behandelte, im Gefühle seiner inneren und äußeren Ueberlegenheit, die Forderungen der Lateiner welche mehre Landschaften zurückbegehrten, als lächerlich und unvernünftig. Und sie waren es auch in der That; denn um diese Zeit nahm Michael den Beherrscher Achajas, Wilhelm von Villeharduin, gefangen [1] und bedrängte Balaßes, den Beherrscher von Epirus, trotz des Beistandes, welchen ihm sein Schwager König Manfred leistete, so sehr, daß er sich dem neuen Kaiser anschließen mußte, um nicht verjagt zu werden. In Konstantinopel war der Patriarch Pantaleo Giustiniani in solcher Noth, daß Alexander IV befahl man solle ihm aus Morea Unterstützung senden; ja Balduin ließ aus dem Metalle der Kirchendächer Münzen schlagen, schöne Häuser einreißen um Brennholz zu erhalten [2], und schickte seinen Sohn Philipp als Geißel für geliehene Summen an das Haus Kapello in Venedig. Kann man bei solchen Umständen noch von dem Dasein und von dem erst bevorstehenden Untergange eines Reiches sprechen, das ohnehin schon auf den Umfang von Konstantinopel beschränkt war?

Während die Venetianer (welche allein noch durch Anstrengungen aller Art ein Scheinleben in diesen Gegenden erhalten halten) unzeitig mit ihrer Flotte nach Daphnusia am schwarzen Meere segelten [3], ließ Michael seinen Feldherrn Stratcgopulos mit einer anfangs nur geringen, aber unbemerkt immer mehr verstärkten Macht über den Hellespont setzen und sich der Hauptstadt nähern. Mit ihm vereinigten sich Hauten verwegener, aus Mangel an Sold und Gehorsam umherschweifender Kriegsleute, welche dem vorsichtigen Stratcgopulos die Eroberung Konstantinopels (bei den Gesinnungen der griechischen und der geringen Zahl lateinischer Einwohner) als so leicht und unzweifelhaft darstellten, daß er wenigstens den Versuch erlaubte. Einige erstiegen in der Nacht die Mauern, sprengten ein seit langer Zeit nicht gangbares Thor, steckten (die Verwirrung zu mehren) viele Häuser in Brand, und während Stratcgopulos den Hauptkampf noch erwartete, war er bereits Herr der Stadt. Denn Balduin, der Pa-

---

[1] Chron. Udalrici August. ja 1259. Abulfar., 335. Monach. Patav., 716. Martino da Canale, mscr., 68—79. Sanuto, Vite, 560. — [2] Du Fresne, Histor. Constant., IV, 19, 20. — [3] Gibbon, c. 61.

triarch und die angesehensten Lateiner hatten sich, ohne Widerstand zu versuchen, so eilig in die venetianischen Schiffe geflüchtet, daß Viele auf der Fahrt nach Negroponte unterwegs vor Hunger starben.

Die Genueser, welche (ihre Handelsvortheile höher achtend als die Befehle der Kirche) sich gegen Bewilligung großer Rechte mit dem Kaiser Michael verbunden und ihm ansehnliche Hülfe geleistet hatten [1], erhielten jetzt von ihm das große und wohlbefestigte Schloß der Venetianer in Konstantinopel zum Geschenk [2]; anstatt aber zu bedenken, wie heilsamen Schutz ihnen dies bei etwaiger Bedrängniß gewähren könne, rissen sie es in übereilter Freude unter Gesang und Musik ganz danieder und schickten nur einzelne Steine als aufzubewahrende Andenken nach Genua.

So ging am 25. Julius 1261 durch die Eroberung Konstantinopels unter abendländischer Mitwirkung das abendländische Kaiserthum zu Grunde, nachdem es sein kümmerliches Leben gebracht auf 57 Jahre, 3 Monate und einige Tage. — Groß war die Freude der Griechen; aber bei dem Mangel ächter Tüchtigkeit und Tugend entstand durch ihre wiederkehrende Herrschaft keine wahre Erneuerung und Verjüngung; vielmehr füllen Schwächen und Frevel die noch fast zweihundertjährige Krankheitsgeschichte des langsam und widrig dahinsterbenden byzantinischen Reiches.

Balduin durchzog Italien, Spanien und Frankreich [3], fand aber nirgends wahren Beistand, sondern überall nur Mitleid und Versprechungen. Er starb nach eilfjährigen vergeblichen Bemühungen und hinterließ Ansprüche, welche seine Nachkommen nicht eher aufgaben, als bis sie durchaus lächerlich und lästig wurden, weil sich auch nicht einmal eine träumerische Hoffnung mehr daran knüpfen ließ. — In langwierigen Handelskriegen übten und erschöpften die Venetianer und Genueser ihre großen Kräfte mit bewundernswerthem Heldenmuthe; vom Christenthume aber und gemeinsamer Anstrengung für dasselbe, mit Beseitigung aller bloß irdischen und eigennützigen Absichten und Zwecke, war, wie gesagt, nicht mehr die Rede.

---

[1] Barthol. annal. zu 1260—62. Andererseits behauptet er, daß die Genueser mehre Venetianer durch ihre Vorbitte von dem durch Michael besohlenen Ausstechen der Augen und Abschneiden der Nasen erretteten. Villani, VI, 71. Malespini, 102. Navagiero, 1000. — [2] Sauli, Della, colonia dei Genovesi in Galata handelt umständlich hierüber. — [3] Du Fresne, Hist. Const., die letzten Abtheilungen. Urban IV ließ durch Minoriten das Kreuz wider Michael predigen. Regesta in Paris, 1, 129.

Siebentes Hauptstück.

Beim Tode Papst Alexanders IV waren nur noch acht Kardinäle [1] am Leben. Weil nämlich einige derselben behaupteten, daß nur wahrhaft tüchtige Männer diese hohe Würde erhalten dürften, andere aber aus Nebenabsichten ihre Verwandten und Freunde angelegentlich empfahlen, so ernannte Alexander lieber gar keinen Kardinal, als daß er entschieden durchgegriffen und dadurch Unfrieden erregt hätte. Dieser blieb indeß nach seinem Tode nicht aus; denn troß der bringenden Verhältnisse verflossen drei Monate unter vielfachem Streite, ehe jene Kardinäle sich darüber einigen konnten, wer den päpstlichen Stuhl besteigen solle. Endlich wählten sie auf den Vorschlag des Kardinals Johann Ursini [2] am 29. August 1261 den damals am römischen Hofe anwesenden Jakob Pantaleon aus Troyes in Champagne, welcher den Namen Urban IV annahm. Er war von sehr geringer Herkunft, der Sohn eines Schuhflickers, aber durch Anlagen, Fleiß und Tüchtigkeit allmählich zum Bischof von Verdun, hierauf zum Patriarchen von Jerusalem emporgestiegen. Gesandtschaften nach Deutschland, Liefland und Preußen hatten seine Geschäftskenntniß gegründet und bewiesen; und auch in den eigentlichen Wissenschaften, wie sie damals auf der Universität Paris gelehrt wurden, stand er Keinem oder nur Wenigen nach. Troß der gewaltigen Dicke seines Körpers und ursprünglicher Vorliebe für bequeme Muße [3] finden wir doch keineswegs, daß während seiner Regierung Unthätigkeit und Unentschlossenheit obgewaltet habe. Vorwürfe, welche man ihm über seine niedere Geburt machte, wies er mit der Antwort zurück: „Edle Geburt ist Gabe der Natur; edel zu werden Werk der Tugend und Einsicht [4]." Sonst fühlte er aber das Schwierige der damaligen Verhältnisse und äußerte bei Gelegenheit von Glückwünschen zu seiner Erhebung: der äußere Glanz solle Jedem in die Augen und erscheine beneidenswerth, aber die inneren Pflichten, Sorgen und Verlegenheiten kenne Niemand und möge Keiner theilen.

Um seine Partei zu verstärken und die Verwaltung zu erleichtern, ernannte er bald nach seiner Erhebung um so lieber neue Kardinäle [5], als einige der älteren mehr den Kirchenfeinden als der Kirche zugethan waren. Ueberhaupt bedrängten nicht bloß die großen Angele-

---

[1] Monach. Patav., 715. Amalrici vitae, 407. Hist. litter. de la France, XIX, 40. — [2] Wadding, IV, 169. Salisbury. chron. Nach Villani, VI, 88, beschlossen die Kardinäle, weil sie sich nicht einigen konnten: welcher Geistliche zuerst an die Thür des Conclave klopfe, solle Papst seyn; Urban klopfte und ward es. Siehe noch Saba Malaspina, II, 5. Guil. Nang., 371. Malespini, 175. Memor. Reg., 1122. Bullar. Roman., I, 121. Dandolo, 369. Labbé, Biblioth., I, 402. — [3] Wadding, IV, 233. — [4] Ibid., IV, 169. — [5] Ptolem. Lucens., XXII, 14.

genheiten des Morgen- und Abendlandes, sondern auch das Allernächste und scheinbar Kleine. Partheiung in Rom zum Beispiel zwang den Papst sich nach Orvieto zu begeben; Kaufleute aus Rom, Florenz und Siena, welche seinem Vorgänger viel Geld geliehen hatten, wollten selbst nach Rückzahlung des Darlehns die ihnen verpfändeten Grundstücke nicht räumen, Urban hingegen die ungeheuren Zinsen nicht bezahlen[1]. Raynald Rubeus, ein Verwandter Alexanders IV, behauptete, dieser habe ihm eine große Zahl Güter geschenkt, und war durchaus nicht zur Rückgabe zu bewegen. Der mächtigste wie der gefährlichste Gegner blieb indeß — obgleich nicht ohne eigene Schuld der Päpste — König Manfred. Denn abgesehen von augenblicklichen oder bloß persönlichen Streitigkeiten, war ein von Deutschland und den deutschen Hohenstaufen getrennter König Apuliens ganz dem früheren Systeme der Päpste angemessen; wenn er ihnen aber zu mächtig ward, so kam dies hauptsächlich daher, daß sie das Gegengewicht des deutschen Königthums selbst zerstört hatten. Seit dem Siege bei Foggia stand des Königs Uebermacht im südlichen Italien, seit dem Siege bei Montaperto in Tuscien fest; Ezelins Fall hatte ihm durch Palavicinis Erhöhung und Freundschaft mehr Vortheil als Nachtheil gebracht, und die Grafen von Savoyen, von Monserrat und einige andere zerstreute Guelfen waren viel zu schwach, als daß sie etwas Erhebliches gegen die Ghibellinen ausrichten konnten. — So finster und ängstlich wie sich deshalb Alles am päpstlichen Hofe gestaltete, so freudig und lebenslustig war König Manfred und seine Umgebung.

Nach dem Tode seiner Gemahlin Beatrix heirathete er Helena, die Tochter Michaels, des Beherrschers von Aetolien und Epirus. Als die erst siebzehnjährige Jungfrau[2], welche zu großer Schönheit noch größere Anmuth und Herablassung gesellte, am 2. Junius 1250 bei Trani landete, stieg die Freude so hoch daß man sie unter Gesang, Tanz, Erleuchtung und Festen aller Art im ganzen Lande umherführte. Der neue Hof ward noch mehr als ehemals ein Sammelplatz für Sänger und Dichter, Tänzer und Tonkünstler[3]. In Kleidern, Geräthen und Schmuck jeder Art zeigte sich Reichthum wie Geschmack. Die reizendsten Frauen und Mädchen umgaben die Königin, welche vor Allen glänzte; und der König, immerdar in Grün, die Hoffnungsfarbe, gekleidet, theilte den Ruhm der Schönheit mit seiner Gemahlin[4]; er übertraf alle Uebrigen in Erfindung und Vortrag

---

[1] Amalr. vitae, 407—408. — [2] Regesta Caroli I, 111. Saba Malasp., II, 4. Rocchus Pirrus, Chronol. regum Siciliae, 56. Helena bekam große Mitgabe in Geld und Gütern. Davanzati, II, 13, 14. G. Wolf, Briefe, 19. — [3] Horned, 17. Hagen, Minnesinger, IV, 873. Manfred Maletto, der Kämmerer König Manfreds, war unvergleichlich im Erfinden schöner Gedichte wie im Spielen der Instrumente. Salimbeni, 407. — [4] Malespini, 148. Villani, VI, 46.

Manfreds Hof. Urban und Manfred.

mannichfacher Gesänge. Das Paradies ist wieder auf die Welt gekommen! riefen die Begeisterten; und war es ein Wunder, daß die Neuvermählten im Frühlinge ihres Lebens der Sorgen vergaßen und sich arglos der in diesem Augenblicke, wie es schien, allgemeinen Theilnahme hingaben? Doch fanden sich Abgeneigte, welche äußerten: „Jenes Paradies ist der Garten des Teufels und der Sinneslust, wo man eine Göttin der Liebe und einen Gott der Eitelkeiten erwählt, um den Uebrigen alle Arten von Zuchtlosigkeit recht eigentlich beizubringen [1]." — Diese Anklagen müssen wir übertrieben nennen, weil Manfreds Thätigkeit für große Angelegenheiten nicht aufhörte und (um Beispiele zu geben) der Hafenbau von Salerno, die Anlage von Manfredonia, die Gründung vieler Schulen u. A. m.[2] eine Aufmerksamkeit für das Innere beweisen, wie wir sie bereits für äußere Verhältnisse kennen lernten; weil er ferner, keineswegs geneigt Willkür zu begünstigen, selbst Ritter, welche unnütze Händel anfingen, hart bestrafte, Vornehme, welche sich mit Mädchen niederen Standes eingelassen hatten, zwang sie zu heirathen und überhaupt in Hinsicht auf Vergehen gegen die Keuschheit sehr streng verfuhr[3]. Daß ihm jedoch bei jener jugendlich-fröhlichen und dichterisch-begeisterten Richtung des Hofes ernste Geschäfte bisweilen lästig dünkten und würdige Geschäftsmänner und Krieger um jener äußerlich glänzenderen Schaar willen bisweilen zurückgesetzt wurden, ist wohl nicht zu bezweifeln.

Manchem erschien es auch unpassend, sich solcher Heiterkeit hinzugeben, während der Kirchenbann noch auf dem Reiche laste[4]; weshalb die Neapolitaner Gesandte an den König schickten und ihn um baldige Abschließung des Friedens mit dem Papste baten, weil ihr Erzbischof bis dahin keine Messe lesen wolle. Manfred antwortete: „Der Papst ist Urheber des Streites; und wäre ich auch der Schuldige, was straft er euch und das Land um meinetwillen? Ich will euch aber 300 Saracenen schicken, die sollen den Erzbischof zwingen Gottesdienst zu halten." Diesen Vorschlag lehnten die Neapolitaner ab, entweder weil sie ihn für unchristlich hielten, oder die Last solcher Einlagerung fürchteten. Ein Theil des Kirchenstaates blieb jedoch besetzt[5], um dem Papste zu zeigen daß die weltliche Macht nicht von allen Mitteln entblößt sey, Mißbräuche der Geistlichen zu bestrafen. Ueber dies Verfahren klagte Urban nach seiner Erhebung sehr laut, und Manfred, welcher sich gern mit der Kirche versöhnt hätte und vom neuen Papste

---

[1] Ibi erat dea sive ministra amoris et qui dicebatur deus vanitatum, qui docebat homines et puellas ad omnes actus amoris. Jacob. de Aqui bei Moriondus, II, 158. — [2] Den Hafenbau von Salerno leitete Johann von Procida. Mazza, S. Signorelli, II, 494. Manfredonia trat an die Stelle des ungesunden Sipontum, und es wurde der Stadt ein schönes Gebiet zugelegt. Spinelli, 1087. Giustin., Dixion. Martene, Coll. ampl., II, 1219. — [3] E da l'ora innanti, tutti li cortisciani de lo re, tennero la bracchetta legata a selle nodeche. Spinelli, 1093. — [4] Spinelli, 1097, zum September 1261. — [5] Spinelli v. Patavin. chron., 1143.

ner größere Billigkeit erwartete, schickte sogleich Bevollmächtigte an dessen Hof und machte für die Lösung vom Banne und die Bestätigung im Reiche große Anerbietungen¹. Die Unterhandlung blieb jedoch fruchtlos: theils, weil Urban noch mehr verlangte, als Manfred aus den schon dargelegten Gründen glaubte bewilligen zu können; theils, weil jener sich während der Friedensunterhandlungen nach anderen Seiten hin aufs Feindlichste gegen den König benahm und alles Zutrauen in die Milde und Aufrichtigkeit seiner Gesinnungen untergrub; theils endlich, weil um diese Zeit Ereignisse eintraten, welche Manfreds Macht sehr zu schwächen drohten.

Friedrich Maletta, Graf von Vizano, der Statthalter Siciliens, ward von Goblus, einem Deutschen und ehemaligen Anhänger Bertolds von Hohenburg, ermordet². Man fürchtete, daß dieser Frevel einen allgemeineren Aufruhr veranlassen werde; Malettas Nachfolger, Friedrich Lancia, eroberte indeß Trapani, wohin sich der Thäter mit seinen Anhängern geflüchtet hatte, und zog sie zur gerechten Strafe. — Bald nachher zeigte sich unerwartet eine neue Veranlassung zu Unruhen. Johann von Kosseria, niedrigen Herkommens und arm, suchte sein Brot bettelnd vor den Thüren. Da hörte er zufällig von Einigen, daß er dem verstorbenen Kaiser Friedrich II sehr ähnlich sehe, und schnell ergriff ihn der Wunsch durch künstlichen Betrug sich ein angenehmeres Leben zu verschaffen³. Er stellte sich geheimnißvoll und beantwortete alle Fragen über seine Herkunft unverständlich, aber andeutend. Je weniger er sagte, desto mehr meinte die leichtgläubige Menge vermuthen und annehmen zu müssen; je mehr er sich listig zurückzog, desto mehr ward er aufgesucht. Verwiesene und Mißvergnügte, welche sich seither still und verborgen gehalten hatten, freuten sich dieser zweideutigen Veranlassung neuer Thätigkeit und förderten das Unternehmen, indem sie selbst den Ungeschickten für die neue Rolle einübten. Oeffentlich ward nunmehr verkündet: zum Heile seiner Seele habe Friedrich II mehrjährige Pilgerungen unternommen und sey endlich zurückgekehrt. — In seinem Namen und unter verfälschten kaiserlichen Siegel erließen die Verbündeten von der Burg Konturbio aus Aufforderungen an die Städte zu Gehorsam und Unterwerfung und fanden mehr Eingang, als der ungeschickte Betrug hätte vermuthen lassen. Jetzt ergriff aber Richard Graf von Marsisa, der neue Statthalter Siciliens, so schnell die nachdrücklichsten Maßregeln, daß die Verbreitung des Uebels gehemmt, Johann in Flug gelegten Hinterhalte gefangen und mit eilf Anhängern zum Tode verurtheilt wurde. — Manfred kam hierauf nach Sicilien und fand die freundlichste und theilnehmendste Aufnahme, sowohl bei den Einzelnen, als auf einer feierlichen Reichsversammlung; mithin war seine Macht durch die er-

---

¹ Rymer, I, 2, 69. — ² Saba Malaspina, II, 5. Histor. Sarac. Sicula, 170; nur ist das hier angegebene Jahr 1257 unrichtig. — ³ Saba Malaspina, II, 6.

zählten mißlungenen Unternehmungen mehr gestärkt als geschwächt worden.

Als ein nicht geringerer Gewinn erschien es daß Peter, der erstgeborene Sohn des Königs Jakob I von Aragonien, Konstanze[1], die schöne Tochter Manfreds von seiner ersten Frau Beatrix, zur Gemahlin verlangte. Die Verbindung mit einem so mächtigen Hause war dem Könige Manfred, die Ehe mit Konstanze, der wahrscheinlichen Erbin von Apulien und Sicilien, dem Aragonesen sehr erwünscht; nichts hingegen konnte dem Papste unangenehmer seyn, als daß Manfred mit anderen christlichen Königshäusern in Verwandschaft komme, welche die bereits angeknüpften Unterhandlungen über Apulien und Sicilien, als ihrem Vortheile und ihren Rechten widersprechend, auf alle Weise angreifen und hintertreiben würden. Deshalb erließ Urban am 27. April 1262 ein weitläufiges Schreiben an den König von Aragonien, dessen wesentlicher Inhalt sich in der folgenden Abkürzung hinreichend ausspricht:

„Geliebter Sohn! Dein Abgesandter[2], ein überaus besonnener Mann, welcher, in Betracht der Verson und der unwandelbaren Frömmigkeit des Senders, von uns mit väterlicher Liebe aufgenommen ward, hat die Beschwerden vorgetragen, welche Manfred, der ehemalige Fürst von Tarent, auf falsche Weise darüber führt daß die römische Kirche seine wiederholten mannichfachen und bringenden Friedensgesuche (die doch ohne Zweifel nie aufrichtig waren) immerdar mit Härte zurückgewiesen habe. So sehr wir nun auch deine Gutmüthigkeit in dem Anerbieten erkennen, Vermittler der Aussöhnung zu werden; so sehr wir auch im Innersten unseres Herzens durch vielfache Betrachtung und Erinnerung deine und deiner Vorfahren Demuth und Verdienste bewahren und auf ferneren Liebeseifer vertrauen: so hat es uns doch in Verwunderung, ja in Erstaunen gesetzt, daß deine königliche Vorsicht, vielleicht in Folge zu großer Reinheit und Unschuld, den betrügerischen Einflüsterungen Manfreds ihr Ohr leiht. Denn seine Bosheit ist allen Völkern des Erdkreises bekannt, obgleich er, in einen Abgrund von Uebeln versunken, Gott und Menschen verachtet, mit einer Stirn, welche frecher ist als die Stirn einer Hure, seine nichtswürdigen Thaten gegen Jeden zur Schau trägt und augenfällig zeigt, daß alle Friedensgesuche unaufrichtig und eine Frucht doppelzüngiger Falschheit sind. Damit du also die Wahrheit erkennest, müssen wir (nicht ohne vielen und bitteren Schmerz unseres Herzens) dir einige von den vielfachen und unerträglichen Beleidigungen und Abscheulichkeiten auseinandersetzen, welche er gegen Gott und seine Mutter, die Kirche, ununterbrochen vermehrt und vermehrend aufhäuft.

---

[1] Dante, Purgat., c. 3. — [2] Raynald zu 1262, §. 9. Davanzati, 3 — 4. Nach Ferreras, VI, §. 490, war der Abgesandte Raymund von Pennaforte. In einem Schreiben Urbans an Ludwig IX heißt es von Manfred: qui Saracenorum ritus amplectitur ac illos in quotidianis ejus obsequiis notabiliter secum tenet et praefert. Dupuy, Vol. 763.

Nach dem Tode seines Bruders Konrad hat ihn die Kirche mit größter Milde und Freigebigkeit behandelt und ihm das Fürstenthum Tarent, worauf er kein Recht hatte, überwiesen; aber, seines Eides und aller Dankbarkeit vergessend, hat er Aufruhr erhoben, den Getreuen der Kirche, Burello von Anglona, fast unter den Augen unseres Vorgängers ermordet, sich mit Ungläubigen zur Verfolgung des christlichen Namens verbunden und zuletzt — ohne Rücksicht auf seine Geburt und alles Recht seines Neffen verrätherisch bei Seite setzend — den königlichen Namen dadurch geschändet, daß er ihn annahm. An solche Frevel reiht er dann ohne Bedenken Verfolgung der Geistlichen, Ketzerei, Grausamkeit, Wollust. Und wenn sich die Kirche in unerschöpflicher Milde mit dieser sich listig windenden Schlange in Friedensunterhandlungen einließ, so benutzte er diese Zeit um die keine Nachstellung fürchtende desto eifriger und wirksamer zu verfolgen. Auf solche Weise wurde durch seine Trabanten Buffarius, ein Abgeordneter Konradins, mitten im Kirchenstaate ermordet, das Land feindlich überzogen, Tuscien verheert, und wegen all dieses ungestraften Erfolges zeigte er sich täglich übermüthiger, hielt sich, wie das Füllen eines Waldesels, für frei geboren und brach alle Unterhandlungen mit der Kirche ab, welche diese freilich ihrer Pflicht gemäß nicht angenommen hatte. So ist endlich auch das, was er uns seit unserer Erhebung durch Abgeordnete antragen ließ, nur täuschend, verwerflich und der Erzählung nicht werth.

Und mit diesem Menschen wolltest du dich verbinden, uneingedenk der Macht deines Geschlechtes, der Hoheit deiner Vorfahren, uneingedenk deines eigenen Ruhmes und Rufes? Wird etwa dein Erstgeborener von allen Fürsten der Christenheit verachtet? Kann es ihm an einer würdigeren Gemahlin aus königlichem Geschlechte fehlen? Müßte es dich nicht bitter schmerzen, wenn dir von einer solchen Schwiegertochter Nachkommen geboren würden, welche deinem ganzen Hause, allen deinen Verwandten, am meisten aber dir zur Schande gereichten? Fern also, fern sey von dir eine solche Befleckung deiner Ehre, fern eine Maßregel, welche den boshaftesten Gegner Gottes und der Kirche so sehr verstärken und dich unseren Feinden zugesellen würde!"

Ungeachtet dieser so dringend rednerischen, aber sehr einseitigen Abmahnung beharrte König Jakob bei dem Entschlusse, seinen Sohn mit der Enkelin eines großen Kaisers, der Tochter eines glücklichen Königs, der Erbin eines herrlichen Reiches zu vermählen. Nachdem man über Aussteuer und Wittthum das Nöthige festgesetzt hatte[1], ward die vier-

---

[1] Konstanze erhält 50,000 Unzen Goldes Aussteuer, welche, im Falle sie vor Peter stirbt, zurückgegeben werden. Ueberlebt sie ihren Gemahl, so wird sie in den Besitz mehrer Güter gesetzt, um daraus ein jährliches Wittwengehalt von 2000 Pfund tourischer Währung zu beziehen, die überschießende Einnahme aber auf jenes Kapital abzurechnen. Ferreras, VI, §. 505. Hist. de Langued., III, preuv. 311. Dachery, Spicil., III, 644.

zehnjährige[1], schöne, kluge und wohlerzogene Konstanze von ihrem Oheim und mehren Baronen bis Montpellier geführt und daselbst nach feierlichem Empfange am 13. Junius 1262 die Trauung mit Don Pedro vollzogen.

Daß Manfred den Frieden mit der Kirche aufrichtig wünschte und gern alles irgend Erträgliche dafür bewilligt hätte, ist nicht allein nach seinen Versicherungen glaublich, sondern auch aus innern Gründen außer Zweifel; denn jede nahe und ferne Gefahr wäre ja hiedurch für ihn verschwunden, er hätte das Ziel, welchem er sich daroben mit Sicherheit kaum nähern konnte, völlig erreicht. Mithin ist die wiederholte Voraussetzung des Papstes: Manfred gehe nur auf Betrug aus, entweder eine unbegreifliche Selbsttäuschung, oder wahrscheinlicher eine vorsätzliche Erfindung, um damit wo möglich dem Ablehnen aller Erbietungen den Schein einer hinreichenden Begründung zu verschaffen. Die Fassung und der Inhalt jenes Briefes, die ununterbrochen und eifrig fortgesetzte Verhandlung wegen Uebergabe des apulischen Reiches an einen Dritten beweisen so augenscheinlich den Vorsatz, jenen nie und unter keiner Bedingung als König anzuerkennen, daß selbst der amtliche Geschichtschreiber des römischen Stuhles[2] sagt: Manfred habe sich aller Verzeihung der Kirche unwürdig gemacht, und ihm ein durch Verbrechen erworbenes Reich für eine heuchlerische Unterwerfung zuzusprechen, würde unvernünftig gewesen seyn.

Allerdings blieb, wenn Manfred auch wider alle jene Vorwürfe fest und gerüstet war, doch ein Dunkel übrig, wo man ihn angreifen und verdunken konnte, nämlich sein Benehmen gegen Konradin. Und zu dem Unfaßbaren wurde dann von Feinden noch Vieles hinzu ersonnen und gefabelt. So erzählen z. B. guelfische Schriftsteller: „Manfred schickte Abgeordnete mit Geschenken an Konradin[3]; dessen Mutter zeigte ihnen aber, Nachstellungen fürchtend, einen anderen Jüngling, der am Genusse jener Geschenke starb; und nun hinterbrachten die Gesandten, nach dem Befehle ihres Fürsten, die falsche Nachricht von dem Tode seines Neffen. Zur Widerlegung dieses Gerüchts gingen deutsche Bevollmächtigte, Kroffus und Bonficanus[4], nach Italien, zu deren Ermordung Manfred sogleich mehre römische Große, obgleich ohne Erfolg, aufmunterte; endlich übernahm Raoul, der Neffe des reichen und angesehenen Kardinals Hannibal, den Mord." — Abgesehen davon daß diese Nachrichten von Feinden herrühren, welche Unrichtigkeiten in großer Zahl über die Ghibellinen erzählen, fehlt ihnen alle Bestätigung von deutscher Seite her, sodaß in Hinsicht der ersten Hälfte jener Erzählung nur die Frage stehen bleibt: ob Manfred nicht, wie wir schon oben bemerken, das Gerücht von Konradins

---

[1] Luynes, Comment., 163. Ramon Muntaner, I, 34: la personne la plus belle, la plus sage et la plus honnête qu'on pût trouver. — [2] Raynald zu 1262, §. 15. — [3] Saba Malaspina, I, 5. Malespini, 147. Villani, VI, 45. — [4] Buffarus und Grossus lauten andere Lesarten.

vom Tode zu seinem Nutzen verbreiten half?¹ Das zweite Verbrechen wäre noch fruchtloser gewesen als das erste; und es ginge über das Maß selbst der ärgsten Entartung hinaus, wenn man in Rom mit den angesehensten, obenein zur kirchlichen Partei gehörigen Edeln wie mit Banditen hätte über Ermordungen hin und her handeln können. Endlich berichten Guelfen in amtlichen Schreiben an Konradin²: jene Gesandten hätten sich mit anderer Mannschaft zu ihnen begeben und gegen Manfred kriegen wollen, wären aber unterwegs von Leuten, die König Manfred durch Gold für seine Zwecke gewonnen habe, angefallen und erschlagen worden. Dies zeigt die Umgekommenen nicht als Gesandte, sondern als thätige Feinde und verwandelt die angeblichen Mörder wohl in Söldner; oder wenn uns auch über die Beweggründe der letzten volle Gewißheit mangelt, so wäre es doch sehr übereilt und unnatürlich, wenn wir Manfred, ohne Rücksicht auf seine fröhliche Jugend und sein großartiges Mannesalter, auf den Grund so einseitiger Beschuldigungen zu einem Banditenhauptmann und Giftmischer herabwürdigen wollten. Wie leichtgläubig die Partelung machte, wie verleumderisch die Zeit war, erhellt daraus, daß selbst Papst Urban später schreibt: Manfred trachte ihm nach dem Leben und habe einen Ritter des heiligen Jakob nebst zwei anderen Personen aus Assisi mit nicht weniger als fünfzig Arten Gift abgeschickt, um Karl von Anjou umzubringen!³

Das Wahre über jene Dinge erfahren wir nicht aus all diesen Erzählungen, sondern durch den besser unterrichteten Spinelli⁴: Konradins Mutter schickte Gesandte an Manfred, welche auch glücklich ankamen, erzählten daß jener lebe, und verlangten daß ihm Apulien und Sicilien abgetreten werde. Hierauf antwortete Manfred: „Ich habe dies Reich durch die Waffen von zwei Päpsten erobert, welche Konradin freiwillig auch keinen Fuß breit eingeräumt hätten. Mir ist das Reich ferner durch allgemeine Zustimmung übertragen; deshalb verlange ich die Herrschaft für mich auf Lebenszeit. Nach meinem Tode folge der Neffe dem Oheim; will er aber dereinst ein tüchtiger und tauglicher König dieses Landes werden, so möge er herkommen und sich bilden und leben nach den Sitten des Landes."

So natürlich es nun auch von einer Seite her erscheint, daß Manfred sein Reich und sein Glück, daß er den mit Zustimmung aller Stände ihm übertragenen großen Beruf nicht eilig in die Hände eines fernen minderjährigen Neffen legen wollte, daß er selbst sein Recht nicht geringer als das Konradins achtete, so fühlt man doch, wie innere und äußere Vorwürfe sich hier anreihen ließen, nicht aber

---

¹ Anonym. chron., Nr. 98. Dandolo zu 1256. — ² Gebauer, Leben Richards, 501. — ³ Martene, Thesaur., II, 86. Ganz auf ähnliche Weise beschuldigten später Einige den Grafen von Anjou: er habe die Könige Alfons und Richard vergiften lassen. Andr. et Chrast. chron., 2085. — ⁴ Spinelli, 1087.

Urban und Ludwig IX.

an jene ersonnenen Verbrechen, nicht an seine Fehden gegen die Kirchenherrschaft. Denn der Papst hatte diejenige Hoheit, welche früher (auch bei den heftigsten Kämpfen gegen Friedrich I und Friedrich II) nie ganz verschwand, selbst preisgegeben; er hatte sich selbst des Rechtes und der Ehre beraubt, für das Recht aufzutreten. Seitdem er Konradin von Apulien ausschloß und ihn in Deutschland seiner Würden und seines Gutes zu berauben suchte, schwand sogar der Schein der Mäßigung, Unparteilichkeit und Gerechtigkeit; nur von äußerem Erfolge gegen die Hohenstaufen konnte noch die Rede seyn. — Nicht einmal das Lehnrecht billigte solche Härte gegen unschuldige Nachkommen; wie viel weniger das heiligere Gesetz, woraus der Papst seine höhere Stellung ableitete. Ebenso nichtig war der Einwand: der minderjährige ohnmächtige Konradin biete keine Hülfe gegen Manfred dar; in größerem Sinne und mit überlegenerem Herrschergaben hatte einst Innocenz III den dreijährigen Friedrich (auch eines gebannten Vaters Sohn), dem Rechte vertrauend, gegen mächtigere Feinde erhoben und in seinem nächsten Erbtheile geschützt.

Größer und zugleich zarter als Urban[1] benahm sich König Ludwig der Heilige von Frankreich. Anerbietungen nämlich, daß er für einen seiner Söhne das apulische Reich in Besitz nehmen möge, wies er ganz von der Hand; und als jetzt der Papst die Verhandlungen seiner Vorgänger[2] mit des Königs Bruder, Karl von Anjou, aufs neue ernstlicher anknüpfte und Zustimmung und Hülfe verlangte[3], so erklärte der fromme und gerechte König mehre Male: sich fremdes Eigenthum anmaßen sey allgemeinen Anstoß und sey schändlich[4]. Konradius ursprüngliches Recht auf Neapel erscheine unbestreitbar; oder wenn er dessen wirklich verlustig gegangen sey, so wäre es, nach urkundlichem Vertrage, bereits übertragen auf Edmund, den Sohn des Königs von England. Ohne sein Gewissen und seine Pflichten gegen Gott und Menschen zu verletzen, könne er sich also nicht in die sicilischen Angelegenheiten mischen. Ueberhaupt sey es das Erste und Nächste: Friede zu erhalten innerhalb der Christenheit, damit das lateinische Kaiserthum hergestellt und das heilige Land endlich einmal gebührend unterstützt werden könne. — Anstatt hiedurch zu tieferer Selbsterkenntniß zu gelangen, schrieb Urban dem Meister Albert[5], seinem Bevollmächtigten in Paris: dergleichen Bedenken könnten nur

---

[1] Epist. ad. Reg. Franc., 33: responso devoto, sed non pro voto. — [2] Schon 14 Jahre vor der Ausführung sey mit Karl von Anjou von Innocenz IV verhandelt worden. Descr. vict. Caroli, 820. — [3] Martene, Thes., II, 210. — [4] Berard di Napoli, 4. Non sine multorum scandalo jus invadere alienum. — [5] Raynald zu 1263, §. 20. Albert war aus Parma. Descript. vict. Caroli, 820. Des Papstes Darstellungen blieben indeß nicht ohne Wirkung auf den König, weshalb Kaiser Balduin warnend an Manfred schrieb und ihm rieth, seine Sache in Ludwigs Hände zu legen, oder sich mit der Kirche auszusöhnen. Der Brief ward aber von Malatesta, dem Podesta von Rimini, aufgefangen und dem Papste überfandt. Martene, Thes., II, 23.

entstanden seyn, weil der König arglistigen Einflüsterungen ein leichtgläubiges Ohr leihe. Hievon möge er ihn abbringen und dessen löblich zartes Gewissen damit beruhigen: daß der Papst und seine Brüder, die Kardinäle, die Sachen bereits genau überlegt hätten, daß sie Alles auf ihr Gewissen nähmen und der König unbezweifelt glauben könne, nichts werde von ihm verlangt, was seiner Ehre nachtheilig sey! — Diese Berufung nicht auf eine in Staat und Kirche zur Entscheidung vieler Angelegenheiten nothwendige höchste Gewalt, sondern auf eine Unfehlbarkeit, welche das Gewissen der Einzelnen da vertilgen will, wo es entscheiden soll, konnte den wahrhaft christlich gesinnten König (trotz aller Verehrung der Kirchenherrschaft) nicht in seiner Ueberzeugung wankend machen. Leichteres Spiel hatte der Papst bei Karl von Anjou.

Selten sind vollbürtige, derselben Erziehung genießende Brüder in körperlicher und geistiger Hinsicht so durchaus verschieden gewesen als Ludwig und Karl. Diesem wird von gleichzeitigen Geschichtschreibern eine große gebogene Nase, olivenfarbige Haut, ein strenger wilder Blick und eine finstere Sitten beigelegt, und noch jetzt erschrecken und entfremden die damit vollkommen übereinstimmenden Züge seiner gleichzeitigen Bildsäule auf dem Kapitol[1]. Ueberall zeigte er Muth, Verstand und große Thätigkeit, aber sein Muth trieb ihn keineswegs immer zu edlen Unternehmungen, sein Verstand entbehrt aller höheren Richtung und Verklärung, und seine Thätigkeit zerstörte mehr, als sie erzeugte. Er schlief wenig, denn im Schlafe verliere man nur Zeit; die Jagd mit ihrem scheinbaren und halben Ernste machte ihm Langeweile. Dichter, Sänger und Tonkünstler waren ihm zuwider, und er wußte sie schon dadurch von sich abzuhalten, daß er sie nie beschenkte[2]. Er war einfach im Essen und Trinken und der Kleidung nach kaum von einem gemeinen Soldaten unterscheidbar. Nur wenig sprach er und immer ernst[3]; Niemand erinnerte sich ihn freundlich oder lächelnd gesehen zu haben. Schönheit und Jugend machte auf ihn nicht den mindesten Eindruck; er war seiner Frau getreu[4], weniger wohl aus Pflichtgefühl, als weil dem durch und durch Unliebenswürdigen nichts liebenswürdig erschien. Man möchte seine Strenge gegen Diebe, Räuber und andere Störer der gesetzlichen Ordnung für Gerechtigkeitsliebe halten, bewiese nicht das gleiche Verfahren gegen Irrende, ja gegen ganz Unschuldige, daß er auch dort nicht gerecht war, sondern nur seiner Grausamkeit freien Lauf ließ[5]. Zu dem Allem kam nun

---

[1] Die Römer setzten die Bildsäule, nachdem sie Karl zum Senator gewählt hatten. Dante, Purgat. c. 7. — [2] Fauriel, Prov. II, 210. — [3] Hilaris vel jocosus vix aut nunquam. Chron. imper. et pontif. Laurent. Vitost. VII, 1. Chron. msc. Nr. 1836, in bibl. Riccardiana. — [4] Descript. victor. Caroli, 833 seq. — [5] Vom Späteren nicht zu reden, so strafte er das unterjochte Marseille, welches die alte Freiheit wieder zu gewinnen suchte, aufs Härteste, ließ den Troubadour Bonifaz von Kastellan nebst

Ehrgeiz, Ränkezügler[1] und Habsucht im höchsten Grade; kein Mittel erschien ihm zu schlecht, kein Weg verwerflich, wenn er anders zu jenen Zielen führte. — So war, nach guelfischen Berichten, der Mann, welchen die Päpste auserkoren, um die Kirche von dem angeblich verruchten Geschlechte der Hohenstaufen zu erlösen!

Und hätte Karl, welcher damals bereits 42 Jahre zählte, etwa aus berechnender Klugheit noch gezweifelt, so trieb seine jüngere Gemahlin Beatrix mit weiblicher Ungeduld vorwärts. Sie war die Tochter Raymund[2] Berengars IV, des letzten Grafen von Provence, brachte dies Land nach dessen Tode als Erbgut ihrem Gemahle zu und dünkte sich nicht wenig mit ihrer äußeren Würde. Weil aber ihre Schwester Margarethe[3] den König Ludwig IX von Frankreich, Eleonore den König Heinrich III von England und Sanktia den König Richard von Deutschland geheirathet hatten, so mußte Beatrix als die Geringste zu ihrem großen Verdrusse bei einer feierlichen Gelegenheit um eine Stufe tiefer sitzen. Seitdem war eine Königskrone ihr höchster, alle anderen Neigungen verdrängender, alle Rücksichten vernichtender Wunsch, und Karl, ihr Gemahl, so erzählte man, hatte gesagt: „Sey ruhig, Gräfin, ich werde dich bald zu einer größeren Königin machen, als sie alle sind."

In solcher Stimmung trafen die päpstlichen Gesandten Karl und Beatrix, und es ist nicht zu verwundern daß sie Gehör fanden, obgleich Urbans Antwurf der Bedingungen, unter welchen das apulische Reich ihnen überlassen werden solle, noch weit härter lautete, als die von Alexander IV dem Könige von England vorgelegten[4]. Es heißt in demselben:

„Erstens. Das apulische Reich wird, innerhalb der näher zu bestimmenden Grenzen, dem Grafen von Provence als Mannlehn überlassen.

Zweitens. Sobald der Graf vom Reiche so viel inne hat, daß man ihn für den Herrn desselben halten kann, zahlt er (ohne Rücksicht darauf daß einige Orte etwa noch widerstehen) der Kirche jährlich

---

Anderen hinrichten (Millot, II, 40, 133. Vie de S. Louis, mscr., 48. Et prist des plus grands de la ville, les testes. Roman de la Rose, v. 6756) und verjagte eidbrüchig die kaiserlichen Statthalter aus Arles. Martene, Coll. ampliss., II, 1186. Mary-Lafond, III, 56. Von dem Hasse der Provenzalen gegen Karl: Fauriel, Poésie prov., II, 210—214.

[1] Schon 1150 wurden Alba, Cherasco und andere piemontesische Orte ganz von ihm abhängig. Mon. hist. patr. charl., II, 1503. — [2] Raymund war auch ein Dichter nach damaliger leichter Weise. Er starb am 19. August 1245. Quadrio, II, 123. Bouche, Hist. de Provence, II, 251. Labbé, Nova biblioth., I, 342. — [3] Chron. mscr., Nr. 1836. Pecoroso, II, 180. Villani, VI, 91. Malasp., 177—178. Ramon Muntaner, I, 93. Auch Peter von Aragonien suchte früher ihre Hand, aber Karl siegte ob. Bouche, l. c. Ja zufolge einer Nachricht in Bartholom. ann. ga 1245 ließ Friedrich II um sie für Conrad IV werben. — [4] Siehe oben S. 720. Dieser neue Entwurf ist vom 17. Junius 1263. Martene, Thesaur., II, 12. Einen anderen vom 23. März 1263 hat Murat., Antiq. Ital., VI, 105.

8000 Unzen[1] und sendet alle drei Jahre zur Anerkennung der Lehnsoberherrschaft einen weißen Zelter. Versäumniß einer Zahlungsfrist wird mit persönlichem Banne, zweier Fristen mit Bannung des ganzen Reiches bestraft.

Drittens. Der Graf stellt dem Papste auf Verlangen unentgeltlich drei Monate lang 300 Ritter. Auf jeden Ritter werden mindestens vier Pferde und die nöthige Dienstmannschaft[2] gerechnet. Die drei Monate beginnen mit dem Tage, wo sie die neapolitanische Grenze überschreiten. Sofern der Papst es wünscht, wird statt des Landheeres eine verhältnißmäßige Flotte ausgerüstet und überlassen.

Viertens. Alle Verwiesenen werden zurückberufen, alle Geiseln befreit, allen Geistlichen und Kirchen ihre Rechte und Besitzungen zurückgegeben. Gesetze Friedrichs II und Manfreds, welche den kirchlichen Vorschriften widersprechen, verlieren ihre Gültigkeit, und Zwiespalt, welcher über diese Dinge entstehen könnte, kommt zur Entscheidung an päpstliche Bevollmächtigte.

Fünftens. Der König von Apulien und Sicilien darf, bei Verlust des Reiches, nie römischer Kaiser oder deutscher König, nie Herr von Tuscien oder der Lombardei werden, nie hohe öffentliche Würden in diesen Ländern oder dem Kirchenstaate annehmen, oder einen Bund zum Nachtheile des Papstes schließen. Er wird seine Tochter nie ohne dessen Erlaubniß und überhaupt nicht an Jemand verheirathen, der jene Länder oder Würden besitzt.

Sechstens. Alle Barone und Stände des Reiches beschwören diese Bedingungen und daß sie dem Papste gehorchen wollen, sobald der Graf dieselben übertritt. Alle 10 Jahre wird dieser Eid wiederholt.

Siebentens. Wenn Karl nicht ein Jahr nach Vollziehung des Vertrages mit wenigstens 1000 Rittern und 4000 Pferden die Provence verlassen hat, und nicht drei Monate nachher bis Apulien vorgerückt ist, so kann der Papst den Vertrag für nichtig erklären."

So lauteten die Bedingungen; und in Bezug auf den ersten Punkt sollte der päpstliche Abgesandte auf jede Weise durchzusetzen suchen, daß alles Land abendlich von Sarno, Palma, Avellino, Nola und Kastellamare (mithin Gaeta, Kapua, Montekassino, S. Germano, Neapel[3] u. a. m.) vom apulischen Reiche getrennt und mit dem Kirchenstaate vereinigt würde. Alsdann wolle Urban dem Grafen auch den Zehnten von allen geistlichen Gütern in seinen Ländern, ja in ganz Italien auf drei Jahre bewilligen; er wolle Manfred und

---

[1] Es ist zweifelhaft, ob gleich anfangs außer dem jährlichen Zinse eine Kapitalzahlung von 50,000 Mark ausbedungen ward, oder ob eine von beiden Forderungen voranging, und welche nachfolgte. Nach dem spätern Vertrage bei Dachery, III, 650, scheint anfangs nur ein jährlicher Zins und später erst eine Kapitalzahlung gefordert zu seyn. — [2] Quatuor equitaturae. — [3] Martene, Thes. II, 19, 23.

Urban und Manfred.

seine Anhänger nochmals bannen und sie aller Besitzungen verlustig 1263 erklären; er wolle das Kreuz gegen jenen predigen und das Lösegeld der Bekreuzten Karl überlassen; er wolle versprechen, daß weder Konradin noch ein anderer seiner Verwandten von ihm jemals zu Gnaden angenommen werde!

Ehe man über diese Vorschläge und Bedingungen einig ward, geschah Mancherlei, was auf die Ansichten beider Theile von bedeutendem Einflusse war. Noch vor dem Erneuern der Unterhandlungen mit Karl hatte Urban, um nicht alle durch kirchliche Gesetze vorgeschriebenen Formen in Bezug auf Manfred zu verletzen[1], Vorladungen an die Hauptkirche von Orvieto anschlagen lassen, ohne jedoch den König durch Gesandte oder Schreiben hievon zu benachrichtigen. Desungeachtet schickte Manfred, damit er jeden Schein von Stolz oder Hartnäckigkeit vermiede, Bevollmächtigte an den Papst und ließ ihn bitten, er möge Ort und Zeit bestimmen, wo er sicher vor ihm erscheinen und sich rechtfertigen könne. Urban hatte sich aber unterdeß bereits zu weit mit Karl von Anjou eingelassen und erklärte den Gesandten ganz kurz, da Manfred sich der Verzeihung unwürdig gemacht habe, könne der Bann nicht aufgehoben werden! So schlechthin auf Krieg angewiesen, ließ der König die an der nördlichen Grenze seines Reichs versammelte Mannschaft in den Kirchenstaat und die Mark Ankona einrücken[2], ohne daß der Papst Mittel gehabt oder Hülfe gefunden hätte, sie daraus zu vertreiben.

Gleichzeitig mehrten sich die Kräfte der Anhänger Manfreds dergestalt in Tuscien, daß Lukka, seit der Schlacht bei Montaperto der Zufluchtsort und Sammelplatz der Guelfen[3], (um den weiteren Verwüstungen der übermächtigen Ghibellinen zu entgehen) einen Vertrag mit dem Statthalter Manfreds schloß, des Inhalts: „Die Gefangenen und die etwa genommenen Schlösser werden zurückgegeben und Lukka in den ghibellinischen Bund aufgenommen; Personen und Güter bleiben ungefährdet, eine deutsche Besatzung wird aber die Ruhe und Ordnung in Lukka erhalten helfen. Binnen drei Tagen verlassen alle eingewanderten Guelfen die Stadt[4]." — So streng wurde der letzte Befehl vollzogen, daß mehre edle Florentinerinnen sich gezwungen sahen, auf den Alpen von S. Pelerino, zwischen Lukka und Modena, Wochen zu halten. Ganz Tuscien war nunmehr ghibellinisch, und während dieser unerwarteten Umkehrung aller Verhältnisse geschah das früher ganz Undenkbare: Guelfen wandten sich um Beistand gegen den Hohenstaufen Manfred an den Hohenstaufen Konradin[5]! Für jetzt

---

[1] Saba Malaspina, II, 7. — [2] Am 28. Julius 1263 klagt Urban darüber bitterlich in einem Schreiben an den König von England. Rymer, Foed., I, 2, 60. Saba Malasp., II, 8. — [3] Malespini, 173. Ptolem. Lucens. ann. zu 1262. — [4] Die einheimischen Guelfen blieben ungestört. Memor. di Lucca, III, 33. Malavolti, II, 2, 29. — [5] Gebhardi, Leben Richards, 590.

1263 freilich ohne Wirkung; einer eigentlichen Heimath entbehrend, sahen sie sich vielmehr genöthigt, bald dahin, bald dorthin zu ziehen, um für geleistete Kriegsdienste bei Gleichgesinnten günstige Aufnahme zu finden.

Unfälle solcher Art und die Bitten der Guelfen veranlaßten den Papst, eine große Versammlung zu berufen und unter Aufzählung aller Beschwerden gegen Manfred und das ganze Geschlecht der Hohenstaufen jenen abzusetzen und die Uebertragung des Reichs auf Karl von Anjou feierlich auszusprechen. Der Papst und die Guelfen vergaßen aus leidenschaftlichem Hasse gegen jenes bei ganz veränderten Verhältnissen ungefährliche Geschlecht der Hohenstaufen, daß sie hiedurch auf Jahrhunderte hinaus ihre und ihres Vaterlandes Unabhängigkeit preisgaben.

In diesem Augenblicke, wo das Geschäft seinem völligen Abschlusse ganz nahe zu seyn schien, trat unerwartet ein Ereigniß ein, welches den Gesichtspunkt gar sehr veränderte. Die Römer, welche immer unzufrieden waren und ein oberflächlich haltungsloses Streben nach Wechsel und Veränderung für Beweis großer Kraft und ächter Freiheitsliebe ansahen, geriethen in heftigen Streit, wem sie zur Begründung eines besseren Zustandes die Senatorwürde übertragen sollten. Einige waren für Manfred, Andere für dessen Schwiegersohn Peter von Aragonien, noch Andere für Karl von Anjou[1]. Die letzten siegten ob, und der Graf (welcher vielleicht selbst dabei die Hand im Spiele hatte) nahm die Wahl unbedenklich und freudig an, denn er glaubte hiedurch mitten in Italien festen Fuß zu fassen und nöthigenfalls sich auch wohl gegen Urbans Willen erhalten zu können[2]. Dieser hingegen erschrak sehr über diesen Eingriff in seine, wie er meinte, unzweifelhaften Rechte, und bei einer feierlichen Berathung waren mehre Kardinäle der Meinung: man solle die ihnen ohnedieß widerwärtigen Unterhandlungen mit Karl von Anjou zur Vermeidung größeren Aergernisses und größerer Gefahr sogleich abbrechen; die Ueberzahl dagegen beschloß: man wolle dem Grafen verschiedene Vorschläge machen, unter denen er die Wahl haben solle. Nämlich er müsse entweder versprechen, die Würde nur drei, höchstens fünf Jahre zu behalten, bei Strafe des Bannes und bei Verlust des apulischen Reiches, oder daß er sie nach Eroberung dieses Reiches oder auch nur des größten Theils desselben niederlegen und sich alsdann redlich bemühen wolle, des Papstes Herrschaft über Rom wiederum herzustellen. Sollte der Graf die Annahme der Senatorwürde auf Lebenszeit beschworen haben, so sey Urban bereit, ihn von diesem Eide zu entbinden; weise er aber alle diese Vorschläge von der Hand, so möge die ganze Unterhandlung über das sicilische Reich auf sich

---

[1] Tutini, Disc. 71. Seba Malasp., II, 9. — [2] Raynald zu 1263, §. 3. Am 11. August 1263 war Karl bereits zum Senator erwählt. Martene, Thes., II, 27—29.

berufen, weil die Gründung einer weltlichen Herrschaft in Rom die geistliche Herrschaft untergrabe und der Papst nicht, die Scylla vermeidend, in die Charybdis gerathen wolle. Der Kardinal Simon ging, mit großen Vollmachten versehen, nach der Provence, machte dem Grafen obige Ansicht bekannt und unterstützte sie mit vielen Gründen[1]. Als Karl solchen Ernst sah, beschloß er, zwar in Hinsicht der Senatorwürde nachzugeben, für dieses Nachgeben aber die Milderung einiger Punkte über die Annahme des apulischen Reiches zu erzwingen. König Ludwig IX und viele provenzalische Barone[2] hatten längst ihr Mißfallen darüber laut werden lassen, und nur Karls und Beatricens Begier nach dem Throne minderte das Gewicht ihrer Widersprüche. Jetzt hieß es, auf Schmälerung der alten Grenzen Apuliens könne man gar nicht eingehen; der jährliche Zins sey bei so vielem bevorstehenden Gefahren, Ausgaben und Belohnungen in der geforderten Höhe unbillig, ja unerschwinglich; das Erbrecht müsse auf mehre Glieder der Familie Karls ausgedehnt, das Erwerbungsrecht in Tuscien und der Lombardei bestimmter, jedoch minder streng abgegränzt werden; über die angemessene Größe des Heeres könne nur der Graf entscheiden; man dürfe keine Wiederholung des Eides verlangen, weil darin der Argwohn eines Eidbruches zu liegen scheine u. s. w. — Kardinal Simon erkannte aber sehr gut die innere Begehrlichkeit Karls und Beatricens und wußte sie durch die Bemerkung einzuschüchtern, dem Papste stehe der Abschluß von weit vortheilhafterer Bedingungen mit Peter von Aragonien noch täglich frei[3]. — Schwerer war die französische Geistlichkeit zu beruhigen, welche mit großem Unwillen vernahm, daß sie nach Urbans Befehle den Zehnten von ihren Einnahmen zum apulischen Zuge geben solle. Päpstliche Schreiben, worin Lob, Bitten, Ermahnungen und Befehle geschickt verbunden und es als Ehrensache dargestellt wurde, die christliche Kirche gegen Manfred, den in Freveln aller Art versunkenen Saracenen, zu schützen, erzeugten zwar keine allgemeine Beistimmung, wirkten aber doch so viel, daß es nicht zu offenem, allgemeinem Ungehorsam kam; und zugleich ergingen Vorstellungen ähnlichen Inhalts[4] an König Ludwig, dessen Gemahlin, den Grafen von Poitou u. A. Den letzten, als ehemaligen Theilnehmer eines Kreuzzuges, erinnerte Urban noch insbesondere an die vorgeblich durch Manfred herbeigeführte Vernachlässigung des heiligen Landes; die Königin Margarethe ermahnte er[5], ihre Streitigkeiten mit Karl von Anjou bald zu beseitigen und zu vergessen; den König forderte er auf, die-

---

[1] Es hieß, auch Richard von Cornwall, dem die Kirche früher die Senatorwürde abgeschlagen habe, werde es übelnehmen. Martene, l. c. Raynald. g. 9. Amalrici vitae pontif. 416. — [2] Martene, Thes. II, 40. — [3] Ibid. II, 27—33; 60—74. — [4] Epist. ad reg. Franciae, 33—39. Cod. mscr. Vatican. Nr. 3977, fol. 5. Martene, Thes. 40—47, 56. — [5] Reg. Urbani in Paris, 1264, ep. 96—98.

sein (weil die Zehnten so langsam eingingen) Geld vorzustrecken, wofür er gewiß hundertfältigen Lohn und das ewige Leben gewinnen werde!

In der That bedurfte der Papst auch eiliger und ernstlicher Hülfe [1], denn Manfred hatte eine Reichsversammlung über die Reichsvertheidigung gehalten und untersuchen lassen, was jeder Lehnsmann zu stellen und zu leisten verbunden und im Stande sey. Mit der hienach gesammelten Macht wollte er durch die Kampagna in den Kirchenstaat einrücken, während eine zweite Abtheilung von Tuscien, eine dritte das Adriatische Meer entlang vordringen und gleichzeitig Unruhen in Rom ausbrechen sollten. Dieser zur völligen Umschließung des Papstes und zur Vernichtung seiner weltlichen Macht wohl berechnete und zusammenstimmende Plan fand jedoch in der Ausführung große Hindernisse. Zuvörderst verweigerten die Einwohner der Kampagna den Durchzug und noch mehr die Verpflegung des königlichen Heeres, worauf Manfred umkehrte und durch seinen Feldherrn, den Genueser Parzival von Oria, versuchen ließ, über die Berge östlich von Tivoli in den Kirchenstaat einzubringen. Dies gelang, und ob man gleich das Bergschloß Rolle, welches den Eingang und Ausgang sicherte, nicht sogleich erobern konnte, zog Parzival doch ungehindert vorwärts gen Spoleto. Schon hatte der größte Theil seiner Mannschaft bei der Burg Arroen durch die Nera gesetzt [2], als er, einem Reiter freundlich Hülfe leistend, mit dem Pferde stürzte und von Allen allein im Wasser umkam. Dieser Unfall erschreckte Manchen, Anderen war es ein willkommener Vorwand sich zu entfernen, sodaß Johannes von Maneria, der Nachfolger Parzivals, mit dem geschwächten Heere nicht weiter vorzudringen wagte. Mehr Erfolg hatte, wie es scheint, die andere längs des Adriatischen Meeres vorrückende Schaar; wenigstens wird erzählt, daß ein päpstlicher Herzog von Ankona in diesem Jahre gefangen, Sinigaglia erobert und guten Theils zerstört worden sey [3].

Gleichzeitig hatte sich Petrus von Vico, einer der mächtigsten Barone des Kirchenstaates, öffentlich für Manfred erklärt und von ihm deutsche Reiter zur Unterstützung erhalten. So verstärkt und im Einverständnisse mit dem aus Tuscien hervorbrechenden Grafen Jordanus, eroberte er Sutri und schlug, nach manchem Glückswechsel, die zum Widerstande sich versammelnden Guelfen beim Schlosse Vetralla, südlich von Viterbo. Kühner durch diesen Erfolg, hoffte Petrus selbst Rom einzunehmen; denn Cantellino, welcher daselbst als Stellvertreter Karls von Anjou befehligte, war kaum im Stande mit dessen und des Papstes Söldnern die aus Eigennutz und Wankelmuth [4]

---

[1] Saba Malaspina, II, 10. — [2] Ibid., II, 8—14. Martene, Thes., II, 81. — [3] Benigni, I, Urk. 37. Siena, 103, 111. — [4] Romanorum obstinata dissensio et natura invicem ad dissentiendum proclivior, quum nunquam commune commodum, sed proprium duntaxat affectat. Saba Malasp., II, 11.

überall sich aufspinnenden Unruhen zu unterdrücken. Einer geheimen Verabredung zufolge sollte nun Petrus mit all seinen Freunden in einer bestimmten Nacht vor Rom zusammentreffen; er kam indeß früher an als die Anderen, setzte sich, in der Ueberzeugung man dürfe keinen Augenblick verlieren, sogleich in den Besitz mehrer Häuser, welche ihm sonst gehört hatten, und suchte die Insel zu gewinnen, welche die Tiber in der Stadt bildet. Hiebei ward aber das ganze Vorhaben entdeckt und Petrus, den seine vor der Stadt harrenden Genossen nicht unterstützen konnten, nach langer und tapferer Vertheidigung von den Guelfen so bedrängt, daß er es für ein Glück halten mußte, mit wenigen Begleitern zu entkommen [1]. Hiedurch kehrten jedoch Ruhe und Einigkeit nicht zurück, sondern es bereiteten sich neue Bewegungen vor, welche den Papst in große Sorge setzten [2]. Seine heftige Kreuzbulle gegen Manfred hatte freilich Mehre veranlaßt sich bei den päpstlichen Fahnen einzufinden; aber da es wenig Beute zu machen gab und der Sold ausblieb, so konnte die baldige Zerstreuung dieser angeblich frommen Krieger nicht lange ausbleiben. Schon 200,000 Pfund, schrieb der Papst [3], koste ihm die Fehde gegen Manfred, und wenn Karl von Anjou nicht bis Michaelis mit Heeresmacht anlange, so werde er nothgedrungen ganz andere Beschlüsse fassen. Auch war Urban in der That fast rings von Feinden umgeben und von der übrigen christlichen Welt abgeschnitten; er mußte fürchten, daß ihn die Ghibellinen in Orvieto belagern [4], oder daß ihn die aus mehren Ursachen unzufriedenen Bürger verjagen, wo nicht gar den Feinden überantworten dürften. In solcher Noth beschloß er, sich nach dem wenigstens in etwas sichereren Perugia zu begeben, erkrankte aber unterwegs und starb am Tage nach seiner Aukunft, am 2. Oktober 1264 [5].

Dies unerwartete Ereigniß störte die Plane Karls und erhöhte die Hoffnungen Manfreds. Da so vieljährige, so mannichfache Versuche ihm Feinde zu erwecken, immerdar gescheitert waren, so machten dem Letzten natürlich die Gefahren der Zukunft jetzt weniger Sorge. Könne der nächste Papst, durch frühere Erfahrungen und unverblendet über die widerrechtliche Härte seiner Vorgänger, nicht einer billigen Aussöhnung geneigter seyn? Der Hauptzweck so vieler Bemühungen, Deutschland und Neapel nicht in Eine Hand kommen zu lassen, sey ja erreicht und besser erreicht, als wenn ein mächtiger überalpischer Fürst nach Italien berufen und die alte Gefahr nur von einer anderen Seite her erneut werde. Die Kirche solle dabei nichts

---

[1] Nach der Descript. vict. Car., 830, ertrank Peter in der Tiber. — [2] Saba Malasp., II, 15. — [3] Martene, Thesaur., II, 82. — [4] Murat., Annal. Auch mit dem mächtigen, sonst so guelfisch gesinnten Bologna war der Papst wegen einiger Besitzungen zerfallen. Savioli, III, 2, 730, 744. — [5] Raynald, §. 70. Bullar. Roman., I, 121. Concil. coll., XIV, 305. l'appenh. zu 1264.

1264 von ihren Rechten verlieren, sondern nur ihrem innersten Berufe gemäß für den Frieden wirken und von einer Fehde ablassen, die unnatürlich, gefährlich, mit Anstrengungen und Erpressungen verbunden sey und die gerechte Unzufriedenheit aller Gläubigen nach sich ziehe. Gottes Zorn habe der furchtbare Komet in diesem Jahre klärlichst angedeutet[1], und des Papstes plötzlicher Tod erweise nun, wer die Strafe wahrhaft verdient und wem die Warnung gegolten habe.

Wie die Kardinäle über dies Alles auch denken mochten, die Nothwendigkeit, den päpstlichen Stuhl in so gefährlicher Zeit schnell wiederum zu besetzen, mußte Jedem einleuchten; dennoch zögerten sie in schädlicher Uneinigkeit fünf Monate lang, bis die französisch ge-
1265 sinnte Partei die Oberhand gewann. Klemens IV, so nannte sich der am 5. Februar 1265 erwählte Papst[2], war der Sohn eines toulousischen Edlen, Fulkadius Grossus, und einer deutschen Mutter[3]. In seiner Jugend legte er sich mit solchem Eifer auf Erlernung des weltlichen und geistlichen Rechtes, daß er bald als Gerichtsbeistand gesucht und berühmt, ja hierauf von Ludwig IX zu seinem geheimen Rath ernannt und in wichtigen Geschäften gebraucht wurde. Als ihm aber (denn er hatte sich verheirathet) seine Frau starb, ergriff ihn darüber der Schmerz so sehr und er ward des bloß weltlichen Treibens so müde, daß er in den geistlichen Stand trat[4]. Deßungeachtet blieb seine Kraft und seine Anlage zu äußerer Wirksamkeit nicht unbenutzt[5]: als Bischof von Puy, als Erzbischof von Narbonne, als Kardinal der heiligen Sabina, als Abgeordneter in fremden Ländern zeigte er sich den immer schwieriger werdenden Aufgaben gewachsen und sollte nun in gefahrvoller Zeit die schwerste lösen. Seine Strenge und Redlichkeit von der einen, seine Welt= und Geschäftskenntniß von der anderen Seite machte ihn, so meinte man, doppelt geschickt den päpstlichen Stuhl zu besteigen; aber gerade jene Eigenschaften mußten seine Bedenklichkeiten erhöhen, und Wenige haben vielleicht bei anfänglichem Ablehnen der Wahl so ihre wahre Meinung ausgesprochen wie er. Dies ergiebt sich unter Anderem aus einem Briefe an seinen Neffen Petrus[6], wo er nicht nöthig hatte, um einer herkömmlichen Förmlichkeit willen sein Innerstes zu verbergen oder umzugestalten. „Während

---

[1] Sichtbar vom Julius bis September. Später auch auf Manfreds Fall gedeutet. Guil de Podio, 49. Salvi, I, 204. Patavin. chron., 1143. — [2] Dandolo, 372. Bullar. Roman., I, 131. Saba Malaspina, II, 13. Malespini, 175. Memor. Regiens., 1124. Guil. Tyr., 739. Guil. Nang., 374. Vitae pontif., 504. Villani, VI, 92. Monach. Patav., 723. — [3] Danius, 333, erwähnt der deutschen Mutter. Die Hist. de Languedoc, III, Note 43, sucht zu beweisen, daß die Familie von Klemens nur Falcadi und nie Grossus hieß. Ebenso Gallia christ., II, 717; VI, 75. Geboren zu S. Gilles in Languedoc. Hist. litt., 19, 92. — [4] Nach Tromby, V, 247, ward Klemens Karthäuser; Andere sagen dies von seinem Vater. Danius, 333. Raynald, §. 2. — [5] Matth. Par., 672, und Concil. collect., XIV, 315. — [6] Raynald, §. 10. Martene, Thesaur., II, 110.

Klemens nach Italien.

sich Viele", so schreibt er ihm, „über meine Erhebung freuen, fühle ich aufs Bestimmteste das Unermeßliche dieser Last, und was Anderen Freude erweckt, erweckt mir Furcht und Sorge. Damit du aber wissest, wie du dich bei jener Nachricht zu benehmen habest, so sage ich dir, du sollst noch demüthiger werden als zuvor; denn ich will nicht daß ein Ereigniß, welches mich so niederdrückt, die Meinen erhebe, daß man vergesse, die Ehre dieser Welt sey vergänglich wie der Morgenthau. Weder du noch irgend einer meiner Verwandten komme zu mir ohne meinen ausdrücklichen Befehl, sonst wird er sich in seinen Hoffnungen getäuscht sehen und beschämt zurückkehren müssen. Suche für deine Schwester keinen Mann, erhaben über ihren Stand; nur im Falle sie den Sohn eines gewöhnlichen Ritters heirathet, will ich sie mit 300 Mark ausstatten; trachtet ihr dagegen nach Höherem, so erhaltet ihr von mir keinen Pfennig. Ueberhaupt sollt ihr leben und handeln, als wär ich noch ein geringer Priester, ihr sollt für Niemand bitten, von Niemand um etwaiger Vorworte willen Geld nehmen; denn dies würde euch und den Bittenden nur zu großem Schaden gereichen."

Klemens, welcher bei seiner Wahl nicht gegenwärtig, sondern auf einer Gesandschaftsreise nach England begriffen war, kehrte, sobald er die Kunde erhielt, nach Italien zurück, durfte sich aber nicht, wie einst Alexander III und Innocenz IV, öffentlich und feierlich in den Städten zeigen, sondern reisete, damit die Ghibellinen ihn nicht erkennen und fangen möchten, still und in Mönchskleider gehüllt bis Perugia[1]. Kaum hatte er hier sein Amt angetreten, so wurde seine Thätigkeit und Hülfe von allen Seiten her in Anspruch genommen, und nach allen Seiten hin zu wirken erheischte die Noth nicht minder als die Pflicht. Im heiligen Lande ging eine Besitzung nach der anderen verloren, Griechen herrschten wiederum in Konstantinopel[2], mongolische Horden durchzogen Polen und Ungern, in England und Dänemark wüthete innerer Krieg, Deutschland schwankte unsicher zwischen kraftlosen Herrschern[3], und in Italien endlich war fast alle Macht bei den Feinden der Kirche. — Daß Klemens dies letzte Uebel für das wichtigste hielt, darf keine Verwunderung erregen; doch kann man anklagend behaupten, er hätte Deutschland, schon seines eigenen Vortheils halber, schnell einigen, die Sühne mit Manfred versuchen, oder Recht über Berechnung setzen und Konradin erheben sollen. Hierauf ließe sich andererseits antworten: wenn auch das Betragen des Papstes nicht über alle Zweifel und Vorwürfe erhaben ist, so treffen diese doch seinen Vorgänger in weit größerem Maße als ihn. Die Voraussetzung, Manfred wolle keinen Frieden, war nun einmal von Urban als Grundsatz aufgestellt, das Bedenken wegen

---

[1] Dandolo, 372. Cod. Vindob., Nr. 61, p. 29; Nr. 70, p. 29; Nr. 305, p. 55. — [2] So schildert Raynald, §. 11. — [3] Von Deutschland wird weiter unten im Zusammenhange die Rede seyn.

1265 Konradins Anrecht als überflüssig verworfen und mit Karl von Anjou Alles bis zum völligen Abschlusse vorbereitet worden. Sollte nun Klemens plötzlich alle Ansichten und Maßregeln Urbans preisgeben und die Kirche dadurch öffentlich beschämen? Sollte er den Worten des übermächtigen Manfred vertrauen und Konradin mittelbar fallen lassen, oder diesen Ohnmächtigen als Kronbewerber hinstellen und, der französischen Hülfe beraubt, mit Manfred in Fehde bleiben? War es doch kaum gelungen von England eine förmliche Entsagung des apulischen Reiches zu erlangen[1]; aus welchen Gründen und mit welchen Hülfsmitteln hätte man nun Aehnliches vom Grafen Karl fordern können? Auf kein Oberhaupt der Christenheit durfte sich der Papst verlassen, keines blieb ihm treu verbunden, wenn er sein persönliches Verhältniß der Anhänglichkeit und Dankbarkeit gegen das französische Königshaus auflöste oder wenigstens empfindlich verletzte. Diese und ähnliche irdische Bedenken hätte der Papst, ungeachtet ihres Gewichts, auf keine Weise über die unbedingten Gebote der christlichen Sittenlehre hinaufsetzen sollen; auf dem Standpunkte bloß staatskluger Betrachtung und Berechnung blieb ihm indeß freilich keine Wahl zwischen zwei verschiedenen Wegen mehr offen, und es war nicht die Frage, was er thun solle oder wolle, sondern was er thun könne und müsse.

Gegen das Ende des Februars 1265 übernahm Klemens seine Würde[2], und vierzehn Tage nachher brach Karl bereits von Paris auf, um, wie er versprochen hatte, Rom spätestens am Pfingstfeste zu erreichen. Nach vergeblichem Widerspruche hatte sich König Ludwig vielleicht um so eher beruhigt, als seines ehrgeizigen Bruders Gegenwart auch in Frankreich mancherlei Unannehmlichkeiten herbeiführte[3], und nach anfänglichem Zögern gingen Karls Barone und Lehnsmannen um so eifriger auf den Plan ein, da ihnen Lohn über Lohn vorgespiegelt wurde und mit der wachsenden Begierde die Furcht vor der Schwierigkeit des Unternehmens abnahm. Am thätigsten war Beatrix[4]; sie verpfändete ihre sämmtlichen Kostbarkeiten und wußte, wo Geschenke nicht ausreichten, durch Bitten und Schmeicheleien, durch Scherz und Ernst einzuwirken und das als unbezweifelte Ehren- und Ritterpflicht darzustellen, was bei ruhiger Betrachtung und der Wahrheit nach sehr unritterlich erschienen wäre. Mittlerweile hatte auch der geistliche Zehnt Manches eingebracht[5], durch des Papstes Vermittelung wurden dem Grafen ansehnliche Darlehen auf Kirchengüter bewilligt, und gern verwandelten viele Kreuzfahrer das schwere Gelübde,

---

[1] Erst im Junius 1265 hatte König Heinrich die Vollmacht ausgestellt, um sicilischen Reiche ganz zu entsagen. Rymer, Foed., I, 2, 97. — [2] Klemens Schreiben über seine Erhebung sind vom 22. Februar 1265 (Raynald. §. 4), und um Ostern (5. April) verließ Karl Paris (Malespini, 177). — [3] Ptolem. Lucens. XXII, 26. — [4] Chron. mscr., Nr. 1836. Pecorone, II, 180 — [5] Saba Malasp., II, 15.

Fehden im Kirchenstaat.

nach Palästina zu gehen, in das leichtere des Krieges gegen den Kirchenfeind Manfred. — Weil aber dessenungeachtet das französische Heer noch nicht so gerüstet war, daß es wagen durfte in die meist ghibellinische Lombardei und in Tuscien einzurücken, weil Karl sich noch weniger mit schwacher Begleitung vorwagen durfte und der Landweg auch im günstigsten Falle viel Zeit erforderte, so entschloß er sich über das Meer nach der Tiber zu segeln und durch persönliches Erscheinen den Wankelmuth der Römer, die etwaigen Bedenklichkeiten des Papstes und die Verhandlungen oder Angriffe Manfreds zu beseitigen oder zu beilegen.

Dieser hatte, Urbans Wünsche berücksichtigend, den mit Waffen in der Hand gefangenen Bischof von Verona frei gegeben und bei dieser Gelegenheit nochmals erklärt[1]: sobald man ihm nur sein Erbtheil lasse, sey er zu jedem Frieden mit der Kirche bereit und aufrichtiger bereit als der Papst, welcher sich freundlich gesinnt und friedensluftig nenne, während er und die Kardinäle dem Könige überall Feinde zu erwecken suchten und ihn als den größten Sünder und Verbrecher schilderten. Diese Erklärung führte nicht weiter als alle übrigen, und da nun Klemens, ein geborener Unterthan Karls von Anjou, gewählt war, sah Manfred wohl ein, daß Ernst und Gefahr sich verdoppele.

Auch hatte Karl den Ferrerius, einen Mann von großem Leibe und heftigem Sinne[2], mit Söldnern bereits nach Rom vorausgeschickt, welcher im Vertrauen auf seine und der Römer Tapferkeit sogleich beschloß, Jakob Napoleon, den ehemaligen Führer der römischen Ghibellinen, anzugreifen, weil er in Verbindung mit Manfreds deutschen Reitern von Vikovaro am Teverone aus die Gegend beunruhigte. Alle riethen, nicht ohne Aufzählung mancher Gründe, von dem Unternehmen ab, allein Ferrerius beharrte bei seinem übereilten Beschlusse, wurde gänzlich geschlagen und gefangen nach Apulien geschickt. — Dieser Unfall brachte indeß den Feinden Manfreds zuletzt mehr Vortheil als ihm, denn jene wurden besonnener und vorsichtiger in allen Einrichtungen und Beschlüssen, während er zwar nicht an dem Spotte seiner Anhänger Theil nahm (welche den Grafen von Anjou nur Karlotto[3], den großen ungeschlachten Karl nannten), jedoch durch günstigen Anfang getäuscht auf stetes Glück rechnete. In der That aber schien dieses sich bereits von ihm zu wenden und die besten Vorkehrungen zu vereiteln!

Manfred hatte sich nämlich (das Unausbleibliche erkennend) mit Geld und Waffenvorräthen versehen, deutsche Hülfsvölker geworben[4],

---

[1] Martene, Thesaur., II, 90. — [2] Saba Malaspina, II, 16. — [3] Malespini, 175. — [4] Allerdings warb Manfred in Tuscien und hob auch Steuern (Excerpta Mogliab., XLIII, 42), aber er strebte nach allgemeiner Aussöhnung und befahl z. B., daß die vertriebenen Guelfen höflich sollten in Siena aufgenommen werden. Malavolti, II, 2, 20.

1265 durch mildes Benehmen die Abgeneigten in Tuscien beschwichtigt, für die Lombardei den mächtigen und thätigen Palavicini zum Statthalter ernannt, die Einfahrt in die Tiber durch Sirene, Balken und Mittel anderer Art gesperrt und seine Flotte ausgeschickt, damit sie in Verbindung mit pisanischen Schiffen jede Landung der Franzosen verhindere. Hievon erhielt Karl, welcher in Marseille angekommen war, umständliche Nachricht, und die Besonneneren riethen ihm die Seefahrt aufzugeben, da er 80 Schiffen nur 20—50 entgegenstellen könne. Allein die Gefahren der Zögerung erschienen ihm größer als die des Meeres und er gab zur Antwort[1]: „Verständiger Eifer überwindet schlechtes Glück; ich will und muß zur festgesetzten Frist in Rom seyn." — Bei günstigem Winde schiffte er sich ein und hatte die Küsten Italiens fast erreicht, als ein Sturm seine Schiffe so zerstreute, daß er mit nur dreien bei Porto Pisano Schutz suchen mußte. Graf Guido Novello, damals Manfreds Statthalter in Pisa und aufmerksam auf alle Ereignisse, bekam hievon sogleich Kunde und wollte in höchster Eile mit seinen deutschen Schaaren dahin ziehen, um den Grafen zu fangen[2]; aber die Pisaner schlossen ihm die Thore, bis er ihnen erst dies und jenes bewillige, und während der hiedurch entstandenen Zögerungen war es Karl möglich geworden wieder auszulaufen und sich zu retten. Welche Zufälle! Wie konnte das den Hohenstaufen immerdar getreue Pisa in diesem entscheidenden Augenblicke mit so kurzsichtiger Thorheit verfahren! Jahrhunderte lang hat es dafür gebüßt und steht jetzt da wie eine trauernde Ruine größerer Zeiten, während Florenz, einst geringer als Pisa, jetzt seine Herrin, noch immer in frischem Leben prangt!

Trotz einbrechender Stürme erreichte Karl die Tiber und räumte leicht alle Hindernisse der Landung hinweg. Sein Wort erfüllend kam er Donnerstags vor Pfingsten, den 21. Mai 1265[3], bei S. Paolo vor den Thoren Roms an und wurde zwei Tage nachher von Geistlichen und Laien, von Männern und Frauen mit höchster Feierlichkeit in die Stadt eingeholt. Je weniger man ihn schon jetzt erwartet, desto größer war der Eindruck: seine Kühnheit und Mannhaftigkeit ward allgemein gerühmt, an seinem ferneren Glücke nicht gezweifelt und ihm die Senatorwürde nochmals mit so vielen Rechten übertragen, daß die Gründung der Macht des Grafen ein höherer Zweck zu seyn schien, als die Sicherung der römischen Freiheit. — Nicht minder beeilten sich die vom Papste beauftragten Kardinäle, den Vertrag zwischen jenem und dem römischen Stuhle endlich abzuschließen.

---

[1] Buono studio rompe ria fortuna. Malespini, 177. Ventura, c. 6.
[2] Villani, VII, 3. Pecorone, II, 180. Codic. di Volterra, Urk. 819, 821, 827, über Guido Novellos Statthalterschaft, und Camici zu 1264, Urk. XI, p. 101. Malavolti, II, 2, 31. — [3] Martene, Thesaur., II, 134, 136. Vie de S. Louis, mscr., p. 52. Saba Malaspina, II, 17.

Vertrag des Papstes mit Karl.

Dieser Vertrag[1] unterschied sich hauptsächlich darin vom ersten Entwurfe, daß dem Grafen das ganze apulische Reich nach seinen früheren Grenzen (nur mit Ausnahme des immerdar päpstlichen Beneventl) überlassen wurde. Außerdem verdienen noch folgende Abänderungen Erwähnung:

„Erstens. Das Erbrecht geht auf des Grafen eheliche und rechtmäßige Söhne und Töchter, und zwar so, daß der Erstgeborene den Nachgeborenen und der Sohn die Tochter ausschließt. Stirbt der Graf ohne Kinder, so soll ihm sein Bruder Alfons oder dessen Sohn oder einer der Söhne Ludwigs IX folgen; deren Anrecht ist aber nur persönlich und erstreckt sich nicht auf ihre Erben. Ueberhaupt sind alle andern Seitenverwandten Karls und deren Nachkommen von der Thronfolge ausgeschlossen; ebenso alle Nachkommen des Grafen, sobald ihre Verwandtschaft in der Seitenlinie den vierten Grad übersteigt[2].

Zweitens. Heirathet eine Erbtochter ohne Beistimmung des Papstes, so verliert sie das Reich.

Drittens. Dieses wird nie getheilt und kann nie mit der Herrschaft von Deutschland und dem übrigen Italien vereint werden; ja kein König von Neapel darf sich auf irgend eine Weise in die öffentlichen Angelegenheiten Deutschlands, Tusciens und der Lombardei mischen.

Viertens. Wenn Bann und Interdikt nicht genügen, nach zwei und aber zwei Monaten die Zinsreste beizutreiben, so fällt nach sechs Monaten das ganze Reich an den römischen Stuhl zurück.

Fünftens. Das gesammte Kirchenrecht Kaiser Friedrichs II wird vernichtet: mithin soll der König weder vorher noch nachher bei den Wahlen der Prälaten mit Rath und That einwirken, keinen Geistlichen vor weltliche Behörden ziehen, oder den Umfang der kirchlichen Gerichtsbarkeit beschränken, keine Berufung nach Rom hindern, kein Bündniß mit Saracenen, Ketzern, Abtrünnigen oder Kirchenfeinden schließen.

Sechstens. Alle Schenkungen und Vergabungen Friedrichs, Konrads und Manfreds, seit der Kirchenversammlung von Lyon, sind nichtig.

Siebentens. Der Graf wird als Senator nichts gegen die Kirche thun und dulden, die Würde nur bis zur Eroberung des apulischen Reiches behalten und nachher weder durch einen Andern versehen

---

[1] Raynald, §. 14—20, hat das Wesentliche; Giannone, XIX, 2, 569, zählt mehre Bedingungen auf, welche aber schwerlich alle zu gleicher Zeit gemacht und bewilligt wurden, sondern aus verschiedenen Entwürfen herrühren, oder erst später hinzutraten. Wir übergehen Nebenbestimmungen. Einen Vertrag zwischen Karl und dem Grafen Thomas von Salozzo von 1265 oder 1266 in Mulatti, Memor. di Saluzzo, II, 358.—
[2] Guil. Nang., 373.

lassen, noch einem Anderen dazu helfen, sondern sich bemühen, daß sie nebst dem Rechte der Vergabung wieder an den Papst komme.

Achtens. Sobald der Graf den größten Theil des Reiches gewonnen hat, übernimmt er (außer dem jährlichen Zinse der 8000 Unzen), bei Vermeidung kirchlicher Strafen, die Zahlung von 50,000 Mark Sterling in festzusetzenden Fristen. Doch will der Papst (wofür der Graf zum Danke verpflichtet ist) bereinst die Bitte um Erlaß eines Theiles dieser Summe anhören[1]."

Auf diese Bedingungen (welche theils strenger, theils gelinder waren als die frühern) vollzogen die Kardinäle und der Graf den Vertrag am 26. Mai 1265, sieben Tage nach jenes Ankunft in Rom. Beiden Theilen erschien, bei so gestalten Sachen, eine längere Zögerung nicht rathsam, doch blieb die letzte päpstliche Bestätigung bis in den November aus[2], entweder weil Klemens hoffte dadurch im Allgemeinen des Grafen Meister zu bleiben, oder um einzelner Ursachen willen. Schon vor Karls Ankunft hatte nämlich sein Statthalter den Lateran erbrochen, Geistliche gefangen gesetzt, Unbilden mancher Art verübt und in einem mehr als dringenden Tone Geld vom Papste verlangt. Dieser wies ihn dafür zurecht und äußerte[3]: in der päpstlichen Kasse habe er kein Geld vorgefunden und wolle nicht auf ungebührliche Weise das Kirchengut antasten; der Graf müsse Rom aus den gewöhnlichen, ihm zufließenden Stadteinnahmen vertheidigen. Nach Karls Ankunft besserten sich diese Verhältnisse nicht, vielmehr nahm er ohne Anfrage und ohne Rücksicht auf Widerspruch seine Wohnung im Lateran, worüber Klemens sehr ungehalten war und bestimmt erklärte: selbst von dem über alle Anderen begünstigten Senator werde er, der Zukunft eingedenk, solche Anmaßung nicht dulden und nie die Rechte der Kirche ohne Noth preisgeben. Es wären noch genug Häuser in Rom, wo der Graf mit seinen Begleitern Platz finden könnte, er solle alle päpstlichen Gebäude und Paläste räumen[4].

Es scheint, daß Karl in dieser Sache nachgab; aber einen wichtigerem Grund der Klage und Sorge konnte er nicht so leicht und klug beseitigen. Die erste Freude über seine Ankunft und das große Vertrauen auf seine Macht schwand nämlich nur zu bald, weil sich gar nicht verbergen ließ, daß die Zahl seiner Begleiter höchst unbedeutend und er, wie man sagte, zwar im Glauben stark, in Hinsicht aller anderen Dinge aber gar schwach und schlecht vorbereitet sei[5]. Insbesondere wuchs der Geldmangel von Tage zu Tage, und Niemand wollte Karl in Rom ohne päpstliche Bürgschaft etwas vorstrecken.

---

[1] Ex parte saltem aliqua, de qua comes ipse nobis ad gratias teneri debeat, audiemus. Dachery, Spicil., III, 650. — [2] Raynald, §. 20. — [3] Martene, Thesaur., II, 108. — [4] ibid., II, 142. Raynald, §. 19. — [5] Promptus fide, quoad alia nimis imparatus. Martene, Thes., II, 188.

Gern hätte Klemens diese geleistet, allein er war selbst schon aufs Höchste verschuldet und schrieb über alle diese Dinge seinem Vertrauten: „Palavicini macht für seinen Beistand so hohe Forderungen, daß wir sie nicht bewilligen können; die Mailänder sprechen viel, thun aber nichts oder gar Ungerechtes und Kirchenwidriges, was wir leider in dieser Zeit kaum rügen dürfen. Der aus Frankreich sehnlichst erwartete Zehnt bleibt aus, während die Habsucht der Gläubiger und das Uebermaß der Zinsen Darlehen unmöglich macht oder das Dargeliehene sogleich verschlingt. Kirchengefäße, heilige Kleider, kurz Alles ist schon verpfändet ohne hinreichenden Erfolg, und während Niemann auf unsere kümmerliche Lage Rücksicht nimmt, hat Manfred durch Geschenke die Meisten auf seine Seite gebracht. So unglaublich ist die Noth, daß Graf Karl sein Hausgeräth verkaufen, Kleider und Nahrung erbetteln und doch zuletzt verhungern oder entfliehen muß[1]! Möchte doch das apulische Reich lieber nicht in der Welt seyn! Möchte doch der Graf die Unternehmung lieber von sich gewiesen, als auf so kläglich Weise begonnen haben! Dessenungeachtet halten sich Viele immer nur an den Papst und rufen: Vorwärts, gieb Hilf! Kann man denn etwa vom Winde leben[2]? Unehrbare Mittel wollen wir nun einmal nicht anwenden und halten Manches für unehrbar, was Anderen erlaubt scheint. Nirgends thun sich die Hände milder Geber auf, und Erpressungen verschmähen wir. Die Gefahr der Unternehmung, die Folgen des etwa unglücklichen Ausganges theilen wir mit Jedem, uns allein würden aber außerdem Gewissensbisse ängstigen und ewige Schande treffen, wenn wir (nach dem Verlangen so Vieler) alles Gut der Kirche vergeuden und sie in jämmerliche Armuth stürzen wollten." Dreimal schrieb der Papst vergebens an Ludwig IX[3]; dieser wollte schlechterdings mit der ganzen Unternehmung nichts zu thun haben und zürnte seinem Bruder überdies wegen einer willkürlich eingeführten, auch die französischen Unterthanen treffenden Salzabgabe.

Als König Manfred die Nachricht von Karls Landung vernahm, erschrak er sehr und zürnte heftig über seinem Flottenführer, welcher indeß zur Rechtfertigung angab, daß ein gewaltiger Sturm ihn gezwungen habe die hohe See zu suchen, und es überhaupt fast unmöglich sey, eine Landung auf der sich weit hinstreckenden Küste Italiens zu verhindern. Als dagegen später die Kunde über jene traurige Lage Karls nach Neapel kam, erneute sich der Muth und Manfred besetzte alle Bergpässe, welche aus seinem Reiche in den Kirchenstaat führen[4].

---

[1] Regem oportet vel fame deficere, vel aufugere. Martene, Thes., II, 136—139, 172, 170. — [2] Numquid etiam de vento creditur posse vivere? Ibid., 178, 180—210 u. s. w. — [3] Ternam repulsam invenimus, schreibt Klemens, Ibid., II, 219, 267. Cod. msc. Vatic., Nr. 3977. p. 8. Epist. ad reg. Franc., ep. 36—38. — [4] Martene, Thesaur., II, 166. Saba Malasp., II, 19.

Eine förmliche Belagerung Roms schien ihm indeß nicht rathsam und würde seine für die letzte Entscheidung aufzubewahrende Macht wahrscheinlich ohne Erfolg geschwächt und ihn mit den belästigten Einwohnern des Kirchenstaats verfeindet haben. Wichtiger war es die Gemüther als das Land zu gewinnen, und gründliche Darstellungen, freundliche Bitten und große Geschenke wirkten in allen Theilen Italiens nicht ohne Erfolg zu demselben Zwecke. Hiedurch sollten, das hoffte Manfred, die schweren Gewitterwolken zerstreut werden, welche sich im Norden sammelten und über ihn loszubrechen drohten. — Alles kam nämlich darauf an, ob das in der Provence gebildete französische Heer nach der Lombardei vorrücken und wie man es daselbst empfangen würde!

Um die hierauf Bezug habenden Ereignisse zu verstehen, müssen wir kurz das Wichtigste erzählen, was seit Ezelins Tode im nördlichen Italien geschah, woraus sich unter Anderem auch ergeben wird, daß, wie gesagt, der Sturz dieses Tyrannen so wenig sicheren Frieden und geordnete Freiheit herbeiführte, als früher das Sinken der kaiserlichen Macht.

Venedig nahm geringen Theil an den Angelegenheiten des festen Landes, da es noch immer im Kriege mit Genua begriffen und außerdem beschäftigt war, seine durch die Zerstörung des lateinischen Kaiserthums unterbrochenen Handelsverhältnisse wieder anzuknüpfen. Im Jahre 1265 schloffen die Venetianer mit dem Kaiser Michael Paläologus einen Vertrag auf fünf Jahre [1], wonach sie ihre Besitzungen behielten, frei nach dem griechischen Reiche handeln durften und über Gerichtsbarkeit, Freilassung der Gefangenen u. A. m. Vortheilhaftes ausbedungen wurde. Nur der Alleinhandel kam nicht wieder in ihre Hände, sondern die Genueser blieben, als ältere Verbündete des Kaisers, in dem Besitze der ihnen bewilligten noch größeren Vorrechte. Im Allgemeinen wollte Paläologus, daß beide Freistaaten sich das Gleichgewicht halten möchten, um so allen aus einseitiger Uebermacht entstehenden Gefahren zu begegnen. Diese Lage der Dinge führte in Venedig zu ungewöhnlichen Anstrengungen und Steuern [2]; indeß wurde das sich hieran reihende Mißvergnügen leicht beseitigt, während ähnliche Uebel in Genua eine weit gefährlichere Höhe erreichten. — Boccanegra, der Hauptmann des Volkes, mehrte seine Gewalt so über alles gebührliche Maß, daß er dem Podesta, den Konsuln und allen Edlen nach Willkür befahl, die Beschlüsse des größeren Rathes verachtete, öffentliche Aemter eigenmächtig besetzte, die Rechtspflege störte und Bündnisse ohne Rückfrage schloß [3]. Hiefür ward er allen Besseren verhaßt, und bloß der geringere Haufe (welcher nur zu oft

---

[1] Navagiero. 1000. — [2] Man hatte die Abgabe vom Mahlen des Getreides erhöht. Molituram frumenti, la macina. Es beruhigte, als Mehrere aus dem Volke in den großen Rath aufgenommen wurden. — [3] Barthol. ann. ju 1262—64.

Genua. Verona. Mailand.

In einer übermüthigen Behandlung jener seine eigene Freiheit zu 1263 erkennen wähne) blieb ihm geneigt. Dennoch erlag er im Jahre 1262 seinen Gegnern, woraus aber nicht Ruhe und Ordnung, sondern Parteiung der mächtigsten Familien hervorging: die Grimaldi standen auf einer, die Fieski, Doria und Spinola auf der anderen Seite. Durch die Formen der neu geordneten Verfassung ließ sich Oberius Spinola nicht abhalten, unter dem Namen eines Volkshauptmanns mit Hülfe des Pöbels (ebenso wie vorher Boccanegra) seine Willkür an die Stelle aller Obrigkeiten zu setzen. Erst nach manchen Verwirrungen und Fehden ward er im Jahre 1265 von seinen Gegnern zu einem Vergleiche genöthigt, welcher indeß so wenig lange hielt, als unzählige frühere.

In Verona blieb nach Ezelins Falle, der von ihm gegebenen Verfassung zufolge, die Uebermacht nicht bei dem Adel, sondern bei dem Volke [1], aber es fehlte in dieser Volksherrschaft keineswegs an argen Mißbräuchen, bis, wie fast allemal, Einer Herr Aller ward. Martinus della Scala vertrieb im Jahre 1265 den Grafen S. Bonifaz und alle Guelfen aus der Stadt und wußte, klüger und gemäßigter als Ezelin, die Obergewalt trotz aller Gegenversuche zu behaupten und auf seine Nachkommen zu vererben. Dieser Uebergang aus käuflichem, nachtheiligem Wechsel zu erblicher Herrschaft einer einheimischen Familie wäre dem Beharren auf der alten Bahn noch öfter vorzuziehen gewesen, wenn nicht die Emporkömmlinge beim Mangel alles eigentlichen Rechtstitels fast immer ausschließend der Gewalt vertraut und alle die Formen der Verfassungen aufgelöset hätten, in denen man früher so lange alleinige Hülfe suchte [2].

Aehnliches bereitete sich, nur auf mehren Umwegen, in Mailand vor. Nach Ezelins Tode wurden die vertriebenen Adligen nicht zurückberufen, sondern Martinus della Torre suchte sich und die Volkspartei im alleinigen Besitze der Regierung zu erhalten, bis wachsende Gefahren ihm nur die Wahl ließen, sich mit jenen zu vertragen oder durch fremde Hülfe zu verstärken. So groß war der Haß gegen ursprüngliche Mitbürger, daß Martinus, den ersten löblichen Ausweg verschmähend, Palavicini, den Herrn von Cremona, im November 1259 auf fünf Jahre zum Oberhaupte von Mailand erwählte und ihm für seinen kriegerischen Schutz eine jährliche Belohnung von 5000 Pfund zusichern ließ [3]. Um Ezelins wilde Tyrannei zu brechen, hatte sich Palavicini allerdings den Guelfen angeschlossen, sonst aber stand er, seiner Ueberzeugung nach und seines Vortheils wegen, innerlich auf der Seite der Ghibellinen. Demgemäß und selbst im Einverständnisse mit Martinus, welcher dem Papste zürnte, weil er seinem Bruder

---

[1] Cereta zu 1261—61. Carli, Verona, III, 387. Joh. de Mussis, 596. — [2] Siehe hierüber den Abschnitt in den Alterthümern über die Verfassung der italienischen Städte. — [3] Johann de Mussis zu 1259. Galvan. Flamma, 295.

1270 bis 1265

Raymund nicht als Erzbischof von Mailand bestätigen wollte, hörten in dieser Stadt nicht bloß alle Verfolgungen der Ketzer auf[1], sondern sie durften sogar ihre Ansichten durch Schulen und besondere Lehrstühle verbreiten. Geistliche, welche dem widersprachen und die frühere Strenge geltend machen wollten, wurden verjagt und ihre Güter eingezogen. Aus gleicher Ansicht ging der schon oben[2] erwähnte Bund mit Manfred hervor; und statt des nach Ezelins Tode erwarteten Unterganges aller Ghibellinen in der Lombardei sah man (fast unbegreiflich) das mächtige, seit undenklichen Zeiten guelfische Mailand an ihrer Spitze! Hieraus entsprangen natürlich in den nächsten Jahren mannichfache Fehden, welche jedoch im Ganzen für Palavicini glücklich ausfielen, so lange er mit den Torres einig blieb. Und diese wurden wiederum zu jenem hingedrängt, weil der Papst den Otto Visconti, aus einer ihnen feindlichen, dem Adel anhangenden Familie, zum Erzbischof von Mailand erhoben und sie wegen ihres Benehmens wider die Geistlichen und Ketzer gebannt hatte.

Mithin verbanden sich eigentlich — ein neuer Beweis von willkürlicher Unbestimmtheit der Parteien — der Papst und die Geistlichen mit dem Adel und den alten Ghibellinen gegen das guelfische Volk und die Torre. Martinus, päpstlicher wie kaiserlicher Uebermacht abgeneigt, hätte um diese Zeit wahrscheinlich am liebsten Adel und Bürgerschaft ausgesöhnt und alsdann das Ganze statt der Hälfte geleitet (wenigstens widersprach er mit Recht dem grausamen Vorschlage[3], die im Kriege gefangenen mailändischen Edelleute hinzurichten), aber der Tod überraschte ihn vor Ausführung weiterer Pläne am 18. December 1263[4]. Palavicini, welcher zeither nur durch die höchste Geschicklichkeit seine schwierige Stellung zu den Torres behaupten, die Spannung mildern und den Argwohn beschwichtigen konnte, hoffte jetzt seinen Einfluß auszudehnen, aber Philipp Torre, Martins Bruder und Nachfolger, gewann so die Oberhand, daß Palavicini genöthigt wurde, nach Ablauf des mit ihm geschlossenen Vertrages, im Jahre 1264 Mailand zu verlassen[5].

Aus diesem Ereignisse folgte eine allgemeinere Umstellung der Parteien. Der ghibellinische Adel schloß sich wieder an Palavicini an, Mailand hingegen söhnte sich zwar noch nicht völlig mit der Kirche aus, neigte sich aber um so mehr zu den Guelfen, weil Gerüchte über die baldige Ankunft eines französischen Heeres deren Muth und Einfluß erhöhten. Deßhalb entstanden im Jahre 1264 Unruhen in Mantua, deßhalb wurden die Ghibellinen aus Vicenza, Modena und Reggio vertrieben[6].

---

[1] Mediol. ann. Tiraboschi, Stor. d. lett, IV, 143. — [2] Seite 267. — [3] Mediol. ann. zu 1261 und 1262. — [4] Diesen Tag nimmt Murat. Ann. an; die Annal. Mediol. nennen den 18. Januar 1263 (aber 1264?). — [5] Placent. chron. macr. Mediol. ann. zu 1264. — [6] Maffei, Annal. zu 1264, p. 61 ff. Smeregus zu 1262, 1265.

Sehr thätig war bei all diesen Bewegungen der Markgraf Azzo 1264 von Este [1], und nach dessen Tode (er starb am 17. Februar 1264) blieb sein Enkel und Nachfolger Obizzo nicht allein gleich seinen Vorfahren der Kirche getreu, sondern hatte als Gemahl von Jakomina Fiesko, einer Nichte Papst Innocenz IV, dazu eine neue Veranlassung. Am 6. August 1265 schloß er mit Karl von Anjou ein Bündniß [2], welchem auch der mächtige Graf Ludwig für sich und die Stadt Mantua beitrat. Das französische Heer (dahin ging der Hauptinhalt) solle frei durch die Lombardei ziehen, Manfred, Palavicini und Bojo von Doaria (der jetzige Herr von Cremona) aus allen Kräften bekriegt und von keinem einzelnen Theilnehmer ein besonderer Friede geschlossen werden [3]. Schon früher hatte sich der Markgraf Wilhelm V von Montferrat zu einem ähnlichen Vergleiche bereit finden lassen, und außerdem durfte Karl mit mehr oder weniger Bestimmtheit, wo nicht zu seinen Freunden, doch zu den Parteilosen zählen: Savoyen, Genua, Bergamo, Lodi, Mailand, Novara und Brescia [4]. Hiezu kam, daß die von gefährlichen Nachbarn bedrängten Orte Alba, Cuneo, Montevico, Piano und Chierasko sich bereits im Jahre 1259 in seinen Schutz begeben [5] und dadurch die Alpenpässe nach Piemont geöffnet hatten.

Die Ghibellinen konnten sich über die Lage der Dinge nicht länger täuschen. Insbesondere suchte Palavicini, der angesehenste und tüchtigste unter ihnen, zu beweisen, wie nöthig es sey daß sich Alle, der früheren Streitigkeiten vergessend, gegen die neue und größere Gefahr verbünden; denn sobald es den Franzosen einmal gelungen sey, sich wie ein verheerender Strom von den Alpen herab über das schöne Land zu ergießen, so dürfte Hoffnung und Begier zu steten Wiederholungen anreizen, und statt der Deutschen und des Kaisers (welche man, ungeachtet ihres besseren Anrechts, wegen der Einmischung in die italienischen Angelegenheiten so oft verwünsche) würde sich jenes Volk heraufdrängen, leichtsinniger, unbesonnener und eigennütziger, es würde das größere Uebel an die Stelle des kleineren treten und Italien in den Kämpfen zwischen Deutschen und Franzosen zu Grunde gehen oder beiden dienen! — Wer aber hatte Augen zu sehen, Ohren zu hören?

Vergeblich schrieb Palavicini halb bittend, halb drohend an König Ludwig IX: er möge seinen Bruder von einem Einfall auf das nördliche Italien abhalten; vergeblich hoffte er, die Armuth Karls und seiner Ritter werde, wie so lange, so für immer die Rüstung eines Heeres unmöglich machen. Der päpstliche Gesandte vertheilte [6],

---

[1] Ferrar. chron., 484. Monach. Patav., 718. Bonon. hist. misc. und Griffo p. 1204. — [2] Murat., Antiq. Estens., II, 26—29. Dumont, I, 222. — [3] Im Mai 1264. Ventura, c. 6. Murat, Annal. zu 1264. Benev. di S. Georg., 390. — [4] Murat., Antiq. Est., l. c. — [5] Barthol. annal. zu 1259. — [6] Velly, V, 374.

1265 des endlosen Zögerns ungeduldig und selbst im Widerspruche mit päpstlichen Befehlen, den Ertrag des geistlichen Zehnten zur Bestreitung wenigstens der unerläßlichen Ausgaben; denn im Uebrigen waren Alle entschlossen auf Kosten Italiens zu leben. In dem größtentheils wie zu einer heiligen Unternehmung mit dem Kreuze bezeichneten Heere befanden sich Guido von Mello, Bischof von Auxerre, Robert von Bethune, ältester Sohn des Grafen von Flandern und Schwiegersohn Karls, Burkard, Graf von Vendome, Johann, Graf von Soissons, Guido, Marschall von Mirepoix, Philipp und Guido von Montfort und viele andere Ritter und Erle [1].

Im Junius 1265 zog das Heer über den Col di Tenta und andere Bergpässe nach Piemont hinab [2], ungehindert, denn die alten Parteien standen in einem solchen Gleichgewichte, daß keine irgend Kraft zu außerordentlichen Zwecken frei und übrig behielt, daß jede durch ein Auftreten außerordentlicher Feinde unbezweifelt zur schwächeren wurde. — Die piemontesischen Städte, welche noch nicht in Karls Schutze waren, bezahlten jetzt seine Gunst; der Markgraf von Saluzzo ward sein Lehnsmann; die Lancia, Manfreds Verwandte und sonst angesehen in diesen Gegenden, konnten nicht einmal versuchen einer solchen Macht zu widerstehen [3]. In Asti vereinigte der Graf von Montferrat seine Mannschaft mit den Franzosen, und Abgeordnete gingen nach Genua mit dem Auftrage: sie sollten die Stadt wo möglich für Karl gewinnen, Hülfe gegen Manfred auswirken und Antheil an dem Eroberten versprechen [4]. Die Genueser waren jedoch abgeneigt, sich in entfernte Unternehmungen einzulassen und für Karl oder Manfred aufzuopfern; sie antworteten höflich ablehnend, wodurch indeß die Franzosen schon viel gewannen, weil ihnen kein mächtiger Feind im Rücken blieb. Vercelli ward hierauf mit Gewalt eingenommen, der Uebergang über die Sesia erzwungen und manche Burg im Novaresischen zerstört. Am Ticino harrte das französische Heer der Vorkehrungen zu freiem Uebergang und Durchzug, welche, wie es hieß, Mailand bereits vorläufig versprochen hatte [5].

Allein von Ansichten, Bedenklichkeiten und Partheiungen mancher Art bewegt, zögerten Bürger und Obrigkeit eilf Tage lang, ohne sich für oder wider die Franzosen zu erklären; da zogen diese ohne weitere Anfrage vorwärts. Palavicini, solchen Ausgang vielleicht vorahnend, hatte alle Macht der Ghibellinen bei Soncino an

---

[1] Vie de S. Louis, macr., fol. 54. Descr. vict. Caroli, 834. Guil. Nang., 374. Matth. Paris, 873. — [2] Costa, I, 161. — [3] Hohn, Bullae pontif., 49—50, hat ein Schreiben, welches vermuthen läßt, die Lancia wären nicht immer einig mit Manfred gewesen. Im Jahr 1262 stand Alessandria noch auf dessen Seite. Moriondus, I, Urk. 227. — [4] Pignoli zu 1264—65. — [5] Descript. vict. Caroli, 835. Estense chron. zu 1265. Bonon. hist. misc. Monach. Patav., 725.

Frevel der Franzosen.

Oglio aufgestellt und hoffte, auf der linken Seite durch Cremona, auf der rechten durch Brescia gedeckt, die Franzosen hier, wo nicht zu besiegen, doch lange aufzuhalten. Allein Boso von Dovaria, durch Aussichten künftigen Gewinnes verblendet, oder auf ganz gemeine Weise durch Geld bestochen [1], hinderte mit scheinbar ehrlichem, der Wahrheit nach aber treulosem Rathe jede kräftige Maßregel und unterrichtete die Franzosen von allem für sie Vortheilhaften. Daher ging die Zeit hier ungenutzt verloren [2], bis sich, unter thätiger Mitwirkung eines päpstlichen Bevollmächtigten und des Markgrafen von Este, im Rücken der Ghibellinen bei Mantua eine bedeutende guelfische Macht gesammelt hatte. Nunmehr zogen die Franzosen, wahrscheinlich nach Bosos verrätherischer Weisung [3], oberhalb Soncino bei Pallazolo ungehindert über den Strom und eroberten in raschem Anlaufe mehre für unersteiglich gehaltene Burgen. Gleichzeitig drangen die Guelfen von Mantua aus gen Castiglione vor: und so von allen Seiten bedroht, ja fast umringt, mußte es Palavicini für ein Glück halten, daß ihm und den Ghibellinen der Rückzug nach Cremona frei blieb. Erst später ward Bosos schändliches Benehmen offenbar und gestraft: Dante hat ihn in der Hölle den Verräthern zugesellt.

Durch diese Ereignisse und die Vereinigung der Franzosen mit den Guelfen war der Weg bis Rom eröffnet. Ueber Parma, Ferrara, Bologna [4] (nur das ghibellinische Iustrien vermeidend) erreichten die Franzosen um Weihnachten 1265 jene Stadt. Niemand war hierüber mehr erfreut als Karl; denn den ganzen Sommer und Herbst hatte er wegen Mangel an Geld und Mannschaft in den traurigsten Umständen und, wie wir sahen, in stetem Mißverhältnisse zum Papste verlebt.

Und auch jetzt waren mit den Nachrichten über die Fortschritte der Franzosen Berichte eingelaufen, welche neue Sorgen und Zweifel erzeugen mußten. Ueberall nämlich hatten jene nach Willkür Schatzungen eingetrieben [5] und Kirchen und Geistliche keineswegs verschont, sondern wohl am strengsten und übermüthigsten behandelt. Aller Orten klagte man über Raub, Plünderung, Mord und Brand. Wurden doch, weil man in Cavrioli einen Soldaten Karls, ungewiß warum, aufgehängt hatte, bei der Eroberung des Orts ohne Ausnahme alle Bewohner, Männer, Weiber und Kinder umge-

---

[1] Malespini, 177—178. Villani, VII, 4. Dante, Inferno, XXXII. Denina, XIII, 2. — [2] Maffei, Annal., 618. Descr. vict. Car., l. c. Memor. Regiens., 1124. Murat., Antiq. Estens., II, 26—29. — [3] Doch muß man bezweifeln daß die Ghibellinen, wenn auch sein Verrath eingetreten wäre, lange würden die Franzosen aufgehalten haben. — [4] Ueber die inneren Unruhen Bolognas zu sprechen, fehlt es an Raum. Siehe Griffo und Bonon. hist. misc. zu diesen Jahren. — [5] Malvec., 941. Faas zahlte z. B. 1500 Silberlivres. Amiani, I, 215.

1265 bracht¹! Mit Recht erschrak Klemens über diese und ähnliche, von guelfischen Schriftstellern bestätigte Frevel und schrieb dem Grafen²: er möge, als angeblicher Vertheidiger der Kirche, nicht so gräulichen Anstoß geben, sondern dem Uebel, damit sich die Zahl seiner Feinde nicht mehre, ernstlich steuern.

Trotz dieser Ermahnungen wurden viele Unbilden solcher Art, selbst nach der Ankunft der Franzosen in Rom, verübt; denn alle waren arm und erschöpft durch die Anstrengungen des langen Zuges³, rauh und heftig in Worten und Thaten, abgeneigt und ungeschickt Gemüther zu gewinnen, oder neue Verbindungen anzuknüpfen. In dieser Lage drangen Manche auf schnellen Krieg, damit man sich durch ernste Thaten über die Noth des Tages erhebe, oder die drückende Armuth auf ehrbarem Wege in Reichthum verwandle. — Die Meisten fingen dagegen an ohne Scheu zu stehlen und zu rauben⁴. Und das Geld, welches einige römische Kaufleute dem Grafen für die Zusicherung ansehnlicher Handelsvortheile im apulischen Reiche darliehen, wurde schwerlich von ihm verwendet die ärgste Noth zu lindern und den frevelhaften Ausschweifungen vorzubeugen.

Höchst wichtig erschien es dem Grafen, daß der Papst ihn jetzt zum Könige von Neapel kröne; bisher war nämlich Klemens diesem Antrage mit gar vielen, theils aufrichtigen, theils gesuchten Gründen ausgewichen. Zuerst antwortete er dem Wittenben: in der Hitze des Sommers möge er sich nicht nach dem ungesunden Rom begeben⁵; dann entschuldigte er sich mit der Unsicherheit der Wege; hierauf lud er Karl zur Krönung nach Perugia ein, fügte aber hinzu⁶: wenn er sich gegen Manfreds Vorkehrungen und andere Feinde nicht ganz sicher wisse oder sicher stellen könne, so dürfte es besser seyn die Reise auszusetzen. Karl entgegnete: die Römer würden, sofern er sich außerhalb Roms krönen lasse, einen gewaltigen Lärm erheben; worauf indeß der Papst noch am 20. December 1265 ganz ruhig antwortete: darüber stehe jenen gar kein Urtheil und keine Würde zu. — Klemens wollte sich keineswegs in die Hände der Wankelmüthigen und Leidenschaftlichen geben, er wollte (und dies war, ob er ihn gleich verschwieg, wohl der wichtigste Grund) den Grafen nicht krönen, so lange dieser in so kläglichen Umständen war und der Ausgang so ungewiß erschien. Jetzt, nach Ankunft des französischen Heeres, ward Karls Andringen heftiger und der Grund der Weigerung geringer; dennoch übernahm der Papst die

---

¹ Alferius zu 1161. Memor. Reglens., 1124. Tam viri, quam mulieres et pueri. Salimbeni, 406. — ² Martene, Thesaur., II, 106. — ³ Saba Malaspina, II, 23 sq. Descr. vict. Caroli, 837. — ⁴ Saba Malaspina, l. c. u. III, 1. — ⁵ Martene, Thes., II, 134—164. — ⁶ Ibid., II, 252. Cod. Vatican., 3977, p. 6. Malespini, 177.

Krönung nicht selbst, sondern bevollmächtigte dazu fünf Kardinäle, welche Karl endlich am 6. Januar 1266 nebst seiner Gemahlin Beatrix feierlichst und unter lautem Beifalle des Volkes krönten [1]. Um seine fromme Dankbarkeit zu zeigen, versprach Karl jährlich der vatikanischen Kirche 50 Unzen Goldes; wie wenig er aber in diesem Augenblicke wirklich etwas geben konnte, bewiesen seine ungestümen Geldforderungen an den Papst und dessen Antworten. „Ich besitze", so schrieb ihm dieser [2], „weder goldene Berge, noch goldene Flüsse, und begreife nicht, wie du, nachdem ich alles Mögliche für dich gethan habe, nachdem alle Kräfte erschöpft, alle Kaufleute ermüdet und verdrießlich sind, mich auf solche Weise noch weiter belästigen kannst; wenn du anders nicht etwa verlangst, daß ich Wunder thun und Erde und Steine in Gold verwandeln soll!" — Diese Mißstimmung zwischen Karl und Klemens gibt sich noch mehr in anderen Briefen des Letzten kund, worin es heißt [3]: „Die Ausrede, daß du die täglich vorfallenden Frevel nicht anbefohlen habest, ist, bei deiner Pflicht sie zu verhindern und zu bestrafen, durchaus ungenügend. Auch erscheint Vieles, was du unläugbar selbst anordnest und durch das Beispiel früherer Senatoren rechtfertigen willst, schlechthin verwerflich, und wir wollen solch Verfahren keineswegs länger dulden, oder die Klagen überhören, welche von Kirchen, Baronen, Rittern und Gemeinen über das in der That nicht geringe Unrecht ergehen [4], das du von deiner Heimath an bis hieher gegen Alle geübt hast. Du sollst wissen, daß wir dich nicht beriefen, damit du die Verkehrtheiten Anderer nachahmest und die Rechte der Kirche an dich reißest, sondern dich mit deinem Rechte begnügest und zunächst und vor allen die römische Kirche, dann aber auch jede andere schützest und vertheidigest."

„Wenn ein Fürst (so schreibt Klemens [5] in einem anderen Briefe) „zum Kriege ausziehen will, muß er auf jede Weise den Frieden im eigenen Lande sichern, damit keine heimische Fehde ihn überrasche und den äußeren Feinden verächtlich mache. Unter allen inneren Fehden ist aber die innerlichste und gefährlichste, welche allein vor Gottes Augen geführt wird: wenn das böse Gewissen ängstigt, martert, zu Boden wirft und die Ruhe und Kraft des Gemüthes vernichtet."

Warnungen und Vorwürfe solcher Art, Erinnerungen an Eid und Pflicht scheinen auf den ob des neuen Königthums stolzen Grafen keinen Eindruck gemacht zu haben, weshalb Klemens, geängstigt

---

[1] Ventura, l. c. Peppenb. za 1266. Guil. de Podio, 49. Descr. victor. Caroli, 637. Vitae pont. it., 595. Baron., De mon. Sicil., 358. Spinelli za 1266. Villani, VII, 3. — [2] Raynald, § 9. — [3] Martene, Thesaur., II, 264 — [4] Ibid II, 267. — [5] Schreiben vom 11. Januar 1266. Raynald, § 7.

über seine und der Kirche Stellung [1], noch am 21. Februar den Kardinälen die Frage vorlegte: ob nicht die Kirche mit Manfred wegen seiner Aussöhnung als Ketzer weiter verhandeln solle? — Was hätte sich nicht an diese Verhandlung knüpfen lassen! — Aber es war zu spät; nur sechs Tage jünger, vom 27. Februar 1266, ist der Bericht Karls an den Papst über die Schlacht bei Beneuent!

Die hier entwickelten geheimeren Verhältnisse [2] erschienen, obgleich Klemens öffentlich auf alle Weise für Karl sprach und wirkte, diesem doch sehr bedenklich und drängten, nicht minder als die äußere Noth, zu einer schnellen Entscheidung. „Das Heer", sagt ein guelfischer Schriftsteller [3], „mußte Rom verlassen, weil es nicht hungern konnte, weil Mangel an Kriegsbedürfnissen, an Geld, ja an allen Dingen es vorwärts trieb." Nachdem Karl sich mit mehren römischen Ghibellinen ausgesöhnt, das Kreuz wiederholt genommen und von den Kardinälen Vergebung seiner Sünden empfangen hatte, brach er in der zweiten Hälfte des Monats Januar [4] gen Neapel auf.

Während des Sommers hatte Manfred durch mehre Einfälle in den Kirchenstaat seinen Gegner vergebens zu einer Schlacht gereizt [5]; denn außer der eigenen Einsicht hielten ihn bestimmte Warnungen des Papstes von jedem übereilten Wagstücke ab. Nachdem es dem französischen Heere gelungen war durch die Lombardei vorzudringen, verdoppelte sich unerwartet die Gefahr für Manfred, und er mußte aller Kriegführung im Kirchenstaate theils deshalb, theils aus dem Grunde entsagen, weil viele seiner Vasallen nicht Lust hatten oder es nicht für ihre Pflicht hielten, länger außer Landes zu kämpfen. Auch schien es, hievon abgesehen, dem Könige am leichtesten und rathsamsten, daß er seine Macht hinter der gewaltigen Bergreihe aufstelle, welche sich von dem adriatischen Meere bis Terracina und die pontinischen Sümpfe hinstreckt und den Kirchenstaat vom Neapolitanischen so scheidet, daß, wenige Pässe ausgenommen, ein Uebergang mit Heeresmacht schlechthin unmöglich scheint. Nur gegen zwei dieser Pässe konnte sich Karl wenden: entweder über Tivoli und Wikovaro zu dem von Tagliakozzo, oder über Frosinone nach Ceperano am Flusse Garigliano. Manfred hatte mit großer Thätigkeit für die Sicherung beider Stellen, besonders der letzten gesorgt, weil man aus mehren Gründen vermuthen mußte, daß die Franzosen hier an-

---

[1] Martene, Thesaur., II, 270. — [2] Savioli, III, 2, 717, 748. — [3] Saba Malaspina, III, 3. — [4] Acht Tage nach der Krönung, sagt die Descr. victor. Caroli, 837; doch scheint die Frist bis zur Ankunft vor Rocca d'Arce am 9. Februar dann etwas sehr lang. (Vergl. Bonon. hist. misc.) Auch soll diese, was wahrscheinlicher ist, nur acht Tage nach dem Ausmarsche stattgefunden haben. — [5] Raynald zu 1265, §. 25. Monach. Patav. Carnici zu 1264, p. 78. Spinelli, 1009.

greifen würden [1]. Um indeß mildere Auswege jetzt so wenig bei Karl unversucht zu lassen, als früher bei dem Papste, schickte Manfred Abgeordnete nach Rom, um mit jenem über einen für beide Theile annehmlichen Frieden zu unterhandeln. Der neue König gab aber, ganz seiner Weise gemäß, zur Antwort: „Saget dem Sultan von Nocera, ich werde ihn zur Hölle senden, oder er mich zum Himmel [2]!"

Hierauf berief Manfred nach Benevent alle Barone und Lehnsmannen seines Reichs, ferner Abgeordnete der Landschaften und wichtigsten Städte, endlich die Anführer des Heeres und der deutschen Kriegsleute. Zu den Versammelten sprach er [3]:

„Ein Feuer, welches lange in der Ferne brannte, hat sich mit Blitzesschnelle genaht; eine Gefahr, die oft nur der Gegenstand überflüssiger Berathung zu seyn schien, droht uns zu verderben, wenn wir ihr nicht widerstehen mit höchster Anstrengung und Einigkeit! Jenes fremde Volk, das auf uns eindringt, herbeigerufen durch den, welcher aller Welt den Frieden vermitteln sollte, schmückt sich mit vielfachen Vorwänden geistlicher Zwecke und uneigennütziger Absichten: wer aber sähe nicht durch das Gewebe trügerischer Künsteleien hindurch die wahren Triebfedern, Eigenschaften und Zwecke? — Ihr habt von der Milde des Königs von Frankreich und seiner Umgebungen gehört; glaubet nicht hier Aehnliches zu finden: ein hartes Herz, ein finsterer Geist, ein unerbittliches Gemüth leitet diese Schaaren, und sie selbst stehen an Wildheit, an Geldgier, an Blutgier keinesvegs hinter ihrem Führer zurück. Wähnet nicht, die ganze Unternehmung sey nur gegen meine Person gerichtet; sie ist gerichtet gegen die Unschuld und das Recht. Wäre Karl von Anjou irgend verwandt mit den Hohenstaufen, wäre des Papstes Blick auf eine große neapolitanische oder sicilische Familie gefallen, so möchte sich noch ein scheinbarer Vorwand für die Unternehmung erklügeln lassen: jetzt aber sollt ihr (das ist der Zweck) aller Dankbarkeit gegen den großen Kaiser, meinen Vater, und gegen dessen ganzes Haus vergessen und euch, eines freien Volkes ganz unwürdig, jenen durchaus fremden Herrscher aufdringen lassen! — Glaubet nicht, daß ich, der König, allein könne gestürzt werden, ihr aber Alle in Besitz und Würden ungefährdet bleiben; der eröffnete Thron wird kaum den ehrsüchtigen und geldgierigen Grafen von Anjou befriedigen; seine nicht minder ehr- und habsüchtigen Helfer und Helfershelfer wird er hingegen durch euren Untergang erheben wollen und müssen. Laßt

---

[1] Sobald Manfred seine Mannschaft aus der Mark Ancona herauszog; nahm ein päpstlicher Abgeordneter die Städte in Besitz. Baldassini, 76. Camici zu 1264, p. 78. — [2] Malespini, 179. Chron. macr. Nr. 1890 in der bibl. Riccard. — [3] Nach Saba Malaspina, II, 21. Den 11. September 1265. Luynes, Commentaires, 200.

euch nicht durch Versprechungen täuschen, sondern erkennet daß Jeder, der widerrechtlich einen Thron gewinnt, sich nur durch eine Partei erhalten kann und jede übertriebene Begünstigung bloß einer Partei nothwendig das Ganze ins Verderben stürzt. Laßt uns also für gemeinsamen Nutzen, für gemeinsames Recht, für gemeinsame Ehre dem Unrecht und den Freveln entgegentreten und mit aller Kraft dahin wirken, daß dies fremde, wildgierige Volk beim ersten Versuche für immer abgeschreckt werde, selbstständige Könige, Reiche und Völker des schönen Italien nach sündhafter Willkür zu behandeln."

So sprach Manfred warnend und weissagend, und Alle schienen eines Sinnes und begeistert zu seyn für die Vertheidigung ihres Vaterlandes und ihres Königs. In der That aber waren weit mehr Gründe zu Besorgnissen vorhanden, als dieser selbst glaubte, oder in seinen Worten andeutete. Schreiben des Papstes und des Grafen von Anjou [1] wurden (insgeheim angesehenen Baronen und Prälaten durch Abgeordnete überbracht und den dringenden Aufforderungen zum Abfall lockende Versprechungen hinzugefügt. Bei einigen überwog diese eigennützige Aussicht jeden durch Manfred erweckten edleren Vorsatz; andere meinten, dessen zweifelhaftes Recht stehe dem Ausspruche der Kirche nach; noch andere waren geneigt, in jeder Veränderung eine Besserung zu sehen; viele endlich — denn der unentschlossenen Gemüther ist immer die größte Zahl — blieben ganz unthätig und vergaßen, daß nur derjenige Zustand für gut zu achten sey, in welchem sie beharren aus eigener Kraft.

So war die geheime Lage der Dinge; öffentlich dagegen keine Spur des besorglichen Uebels. Aller Orten zeigte sich Manfred und that was in seinen Kräften stand; die Brücke über den Garigliano bei dem wichtigen Engpasse von Ceperano deckten mit auserlesener Mannschaft der Oheim des Königs, Graf Jordanus Lancia [2], und sein Schwager, der Graf Richard von Caserta; für das die Gegend nächstdem schützende Bergschloß Arce hatte man nicht minder gesorgt; S. Germano, von der einen Seite durch Berge, von der andern durch Moräste eingeschlossen und vermöge seiner Lage bei Weitem der wichtigste Ort [3], zählte eine Besatzung von mehren Tausend Mann und war mit Lebensmitteln und allen Bedürfnissen auf zwei Jahre versehen. Hinter diesen Pässen und Festungen stellte endlich Manfred sein Heer auf, damit er überall wo es Noth thue, zu Hülfe eilen könne. Daß dies Heer noch nicht vollzählig war, lag nicht an ihm, sondern an dem langsamen Gehorchen der Berufenen. Doch liegt die Frage nahe: warum er nicht mit der versammelten Mannschaft weiter, bis zur Grenze vorrückte? Wahrscheinlich weil er die

---

[1] Saba Malaspina, II, 22. — [2] Malespini, 179. Pecorone, II, 193 — [3] Ober Augiano. Cesare, I, 208.

Verrath bei Ceperano. Der Graf von Caserta.

gegen jede Uebermacht leicht zu vertheidigenden Stellen für hinreichend besetzt hielt; weil man ein Heer bequemer in den Ebenen um Kapua verpflegen und einlagern kann; weil die Straße über Fondi, welche nicht ganz unberücksichtigt bleiben durfte, vielleicht nur durch eine mehr rückwärts genommene Stellung zugleich mit gedeckt werden konnte; weil er endlich diese Stellung den Regeln der Kriegskunst ganz angemessen halten mochte [1]. Vermuthungen solcher Art über die Gründe seines Verfahrens heben jedoch eine andere nicht auf, daß Manfred den Angriff der Franzosen keineswegs so früh erwartet hatte.

Als diese von Frosinone her bei Ceperano anlangten und die nach allen Seiten sich thürmenden Felsen, den in der Tiefe rauschenden Strom und den schmalen Eingang zur Brücke so wohl befestigt als besetzt sahen, mochten sie erschrecken und sehr am Erfolge zweifeln; allein niederträchtiger Verrath, geschickt die Hülle besonnener Vorsicht annehmend, kam ihnen (aber wohl nicht dem Könige Karl) unerwartet zu Hülfe! — „Was nützt es uns", sprach der Graf von Caserta zu Jordanus, „daß wir die Brücke vertheidigen? Dabei bleibt die Macht der Franzosen ungeschwächt, der Krieg dauert ohne Ende, oder jene finden wohl gar anderwärts einen offenen Eingang in das Reich. Der Hauptzweck ist, sie zu vertilgen; wenn wir also einen Theil ihrer Mannschaft ruhig über die Brücke ziehen lassen und dann die Abgeschnittenen rasch angreifen, so wird Keiner von ihnen dem Tode entgehen [2]." — Ungeachtet mancher Zweifel willigte Graf Jordanus endlich ein, im Vertrauen auf Richards Einsicht, oder ihm in streitigen Fällen zu gehorchen verpflichtet [3]; als er aber, nachdem eine Abtheilung der Franzosen ungestört auf dem linken Ufer angekommen war, laut jener Verabredung angreifen wollte, behauptete der Graf von Caserta: es wären ihrer schon zu viele und das Gefecht zu gefährlich! Er floh mit den Seinigen, der Paß war verloren!

Zur Erklärung dieses an sich fast unbegreiflichen Verrathes ist erzählt worden: „Um die Zeit, als Graf Richard schon zur Deckung des Engpasses bei Ceperano stand, berichtete ihm ein Diener, seine Gemahlin Violante lebe unterdeß mit König Manfred im Ehebruche. Der Graf, entschlossen seine Ehre zu wahren, schickte hierauf insgeheim einen Abgeordneten nach Rom und ließ, ohne jedoch Namen zu nennen, den Grafen von Anjou und die französischen Ritter befragen: ob in solchem Fall ein Lehnsmann seinem Lehnsherrn ungetreu werden dürfe? Nach Empfang der bejahenden Antwort willigte er in jenen Verrath."

Zur Würdigung dieses Berichtes dient Folgendes:

Erstens ist er in solcher Umständlichkeit von gar keinem Schrift-

---

[1] Und noch jetzt billigen Kriegsverständige dies Verfahren. — [2] Malespini, l. c. — [3] Costanzo, 36.

steller jener Zeit beglaubigt[1], sondern nur, ungewiß woher, von Munde zu Munde weiter getragen worden. Guelfische Schriftsteller erwähnen zwar jenes Mißverhältniß zwischen Manfred und dem Grafen, allein ohne nähere Erläuterung und nur als ein Gerücht, dem das zweite: der Graf sey von Karl mit Geld und Gut gewonnen worden, mit gleichem Gewichte gegenüber steht. Ghibellinische Schriftsteller endlich halten sich an die letzte, mit Uebergehung der erstern Nachricht.

Zweitens. Wäre es die thörichtste Uebereilung, wenn Richard, ohne Rückfrage und Beweis, auf einseitige Aussage an die Schuld seiner Gattin geglaubt; es wäre der sonderbarste Ausweg, wenn er, rathlos, bei den französischen Rittern Rath gesucht hätte!

Drittens: im Falle Manfred dergestalt am Grafen frevelte, so würde ihn, wenn auch nicht Tugend und Gewissen, doch Klugheit und Mißtrauen bestimmt haben, diesem keineswegs die Vertheidigung des wichtigsten Einganges in sein Reich anzuvertrauen.

Viertens: König Manfred war sehr streng in Bestrafung von Vergehen solcher Art[2] und lebte damals in zärtlicher, glücklicher Ehe mit der wunderschönen Helena.

Fünftens endlich war Violante, des Grafen Frau, die Schwester Manfreds[3]! Und wenn auch leidenschaftliche Gegner das Unnatürlichste bei diesem Fürsten am glaublichsten finden, so sollte doch Geschwätz solcher Art nicht hinreichen, auch die verheirathete Tochter eines Kaisers kurzweg der Blutschande zu zeihen, oder in ekelhafter Entschuldigung Nothzucht der Blutschande hinzuzugesellen[4].

Aus diesen Gründen müssen wir den in seinem Zutrauen zum Grafen bitter getäuschten König für unschuldig erklären, wenn sich gleich nicht mit völliger Gewißheit ausmachen läßt, ob Argwohn, Ehrgeiz, Geldgier, Furcht oder dies Alles zusammen genommen den Grafen zu jenem unnatürlichen Frevel verführte. Nur so viel läßt sich noch erläuternd beibringen, daß er schon zur Zeit Friedrichs II in den wahrscheinlich nicht ungegründeten Verdacht einer Verrätherei kam[5] und ein anderes Mal harte Vorwürfe über Mangel an Muth hören mußte.

Nach dem Falle von Ceperano drangen die Franzosen auf der Hauptstraße vorwärts bis Aquino; sie überraschten die solch Unglück

---

[1] Costanzo, ein Schriftsteller des 16. Jahrhunderts, erzählt die Sage von der Gesandtschaft nach Rom u. s. w. Malespini, c. 170, erwähnt ganz kurz des Ehebruches, und auf ähnliche Weise Bonon. biel. misc. Anon. Ital. histor. Cesare, I, 225. — [2] Siehe oben S. 270. — [3] Petr. Vin., III, 61. Salimbeni, 206. — [4] Aves per forza giaculo etc. Malespini, c. 179. Der Sohn des Grafen von Kaserta war dem Konradin treu. Cesare, II, 15. — [5] Martene, Coll. ampl., II, 1192. Petr. Vin., II, 53—58.

und solchen Anfall gar nicht ahnende Besatzung von Arce, erstürmten die Burg und ernannten Arghio Grosso, den Bruder des Papstes, zum Befehlshaber[1].

Sowohl hier als zu allen Orten, welche von ihnen besetzt wurden, begingen sie, theils aus Noth, theils aus Uebermuth und Zuchtlosigkeit, die ärgsten Gewaltthaten[2]. Zwischen den Fuhrleuten z. B., welche gezwungen wurden dem Heere das Belagerungszeug nachzuführen, und den zu ihrem Schutze mitgegebenen Söldnern kam es auf solche Veranlassung erst zu Streit, dann zu Schlägereien, wobei über hundert von jenen auf dem Platze blieben, alle übrigen aber entflohen und Wagen und Kriegszeug stehen ließen. — Die Reiter und Fußgänger langten darum früher bei S. Germano an, dessen Besatzung Manfred noch sehr verstärkt, hiedurch aber vielleicht Veranlassung gegeben hatte, daß zwischen Saracenen und Christen höchst nachtheiliger Zwist entstand. Nur in Verspottung der Franzosen waren alle einig; und in der That erschien es thöricht, eine so liegende und so befestigte Stadt bloß mit Fußvolk und Reiterei einnehmen zu wollen. Jener Spott von den Mauern herab wurde von unten erwiedert, hienächst folgten Steinwürfe, von Steinwürfen kam es zu Schlägereien zwischen französischen Pferdeknechten, welche sich beim Wasserholen vorwagten, und zwischen einzelnen Kriegern, welche aus der Feste herausgekommen waren[3]. Von beiden Seiten eilten Mehre ihren Landsleuten zu Hülfe, das Gefecht ward gegen alle Erwartung immer allgemeiner. In dieser Verwirrung vergaßen die sich zum Theil erst rüstenden Neapolitaner eine geöffnete Thür hinreichend zu besetzen; Burlart und Johann von Vendome gewahrten dieses, stürmten mit tapferen Begleitern hinan, gewannen den Eingang und pflanzten die französische Fahne an einer Stelle der Mauer auf. Das befeuerte die Angreifenden und erschreckte die Angegriffenen, sodaß Viele nur der Flucht gedachten und der übrige Theil der Besatzung, besonders die Saracenen, nach tapferem Widerstande und einem Verluste von mehr als 1000 Mann endlich der Uebermacht erliegen mußten. So ging S. Germano am 10. Februar 1260 auf ähnliche Weise wie Ceperano verloren[4]!

Ein allgemeines Schrecken kam jetzt über das ganze Land, und sowol diejenigen welche früher zu viel Selbstvertrauen besaßen, als die welche zu kleinmüthig gefürchtet hatten, glaubten nur in der Ergebung Hülfe zu finden. Mehre Orte, darunter Gaeta und Montecassino, geriethen in Karls Gewalt, der durch seine Beamten gleichzeitig die Huldigung einnehmen und mit höchster Strenge große Abgaben beitreiben ließ[5].

---

[1] Grossi, Lettere, II, 39. — [2] Mutin. ann. Malespini, l. c. Villani, VII, 6. Saba Malasp., III, 4. — [3] Vie de S. Louis, mscr., fol. 53. Guil. Nang., 375. Guiart, 149. — [4] Martene, Thes., II, 302. — [5] Wer nicht gleich zahlte, ward eingesperrt. Gattula, III 353.

Diese raschen und ungeheuren Unfälle hatte Manfred nicht voraussehen, nicht zu Hülfe eilen können; anstatt aber dadurch die Besinnung zu verlieren, erhöhte sich seine Thätigkeit. Nachdem man vom Garigliano weggedrängt und jede Festung des vorderen Landes in den Händen der Franzosen war, mußte die Vertheidigung der Linie des Vulturnus als Hauptzweck erscheinen. Deshalb vereinte Manfred sein Heer bei Kapua [1], welches stark befestigt und wo insbesondere die Brücke über den Vulturnus durch zwei von Kaiser Friedrich II angelegte Thürme aufs Vollkommenste gedeckt war. Sehr gern hätten sich die Franzosen hieher gewandt, um in der fruchtbaren Terra di Lavoro Erholung von Mangel aller Art zu finden; allein nirgends bot der angeschwollene Fluß gangbare Furten, und ein Angriff jener Brücke selbst erschien den Führern, trotz des bisherigen Erfolges, immer noch zu gewagt. Man solle, so riethen Einsichtige, diese furchtbare Stellung Manfreds durch Umgehen derselben ganz unnütz machen und ihn zwingen sie ohne Schwertstreich aufzugeben. Demzufolge verließen die Franzosen S. Germano am 15. Februar [2], gingen, sich links in das Innere des Landes wendend, über den beim Einflusse des Tuliverno noch ganz kleinen Vulturnus und hofften nun durch die Grafschaft Molisi, über Alise und Telesia, leicht und noch vor ihren Gegnern in die Ebene von Benevent hinabzukommen [3].

Sobald Manfred hievon glaubhafte Nachricht erhielt, verließ er die jetzt allerdings unbedeutend gewordene Stellung bei Kapua und erreichte, rechts abziehend, mit seinem Heere Beneventi vor den Franzosen. Denn so richtig deren Beschluß, Manfred zu umgehen, auch nach den Regeln der Kriegskunst mochte gewesen seyn, so hatten sie sich doch von den örtlichen Verhältnissen zu wenig unterrichtet, oder die erhaltenen Nachrichten zu wenig beachtet. Anstatt nämlich rasch und leicht bis Beneventi vorzudringen, konnten kaum die Fußgänger, wie viel weniger die Pferde in den bergigen, unwegsamen Gegenden von der Stelle kommen [4]. Alles Gepäck mußte zurückbleiben, Lebensmittel für Menschen und Futter für Pferde ließen sich weder in hinreichender Menge mitnehmen, noch mit Gewalt anstreiten, sodaß manches Pferd aus Hunger umkam, manches aus Hunger verzehrt wurde. Und von solchen Tagen der höchsten Anstrengung und Noth konnte man sich nicht in bequemen Nachtlagern einigermaßen erholen, sondern mußte die Nächte des Februars größtentheils unter freiem Himmel zubringen. Ja wäre statt der höchst günstigen die gewöhnliche Witterung dieser Jahreszeit eingetreten, jener zehntägige Zug

---

[1] Saba Malaspina, III, 5. — [2] Descript. vict. Car., 838 sq. Trutta, 376. Marteno, Thes., II, 284. — [3] Cesaro, I, 229. — [4] Malespini, l. c. Pecorone, II, 197.

der Franzosen würde noch weit länger gedauert und sie faft ganz aufs gerieben haben [1].

Am 26. Februar 1266, als sie gegen Mittag den Gipfel eines vor ihnen liegenden Bergrückens erreicht hatten, erblickten sie auf einmal das Ziel ihrer mühsamen Wanderung, die Ebene von Benevent [2], gleichzeitig aber auch das wohlgeordnete Heer König Manfreds. Sogleich wurde laut und mit großem Eifer verhandelt: ob man dasselbe ohne den geringsten Verzug angreifen, oder die Schlacht bis zum folgenden Morgen verschieben solle. Nicht Wenige vertheidigten das Letzte, weil Mittag schon vorüber und es thöricht sey, mit hungrigen und ermüdeten Menschen und Pferden Feinde anzugreifen, welche sich lange ausgeruht und reichlich gegessen hätten, welche zahlreicher und besser gerüstet erschienen, als man nach den bisherigen Erfahrungen hätte vermuthen können. Noch Mehre aber sprachen: „Wir müssen auf der Stelle angreifen, denn heute haben wir doch noch etwas gegessen, morgen dagegen fehlen die Lebensmittel vielleicht ganz. Und wer darf überhaupt georbnete Feinde muthlos aus der Ferne beobachten? Ein plötzlicher Angriff wird sie überraschen, erschrecken und den Sieg erleichtern." — Als man hiegegen noch einige Zweifel erhob, rief Gilles le Brun (Connetable von Frankreich und Erzieher des Grafen von Flandern): „Thut ihr Anderen was ihr wollt; ich werde, und wäre ich auch ganz allein, im Namen der heiligen christlichen Kirche gewiß angreifen und mit ihrer Hülfe gewiß siegen [3]."

Als König Karl diesen mit Beifall aufgenommenen und von ihm sehr gebilligten Eifer sah, sprach er von einem Hügel zu den um ihn Versammelten [4]: „Der Tag der Schlacht, welchen wir Alle herbeiwünschten, ist endlich gekommen; wir müssen siegen oder sterben! Denn nur weil wir siegten, haben uns die Städte und Völker Italiens äußerlich ehrenvoll aufgenommen; werden wir besiegt, so bricht dagegen unfehlbar ihr innerer Haß und ihre gewohnte Treulosigkeit dergestalt hervor, daß keiner von uns den offenen Angriffen und den heimlichen Nachstellungen entgeht, kein einziger die ferne Heimath glücklich wieder erreicht. Besser also, wir sterben Alle ehrenvoll und in derselben Stunde, als daß wir elendiglich und vereinzelt umkommen auf schmachvoller Flucht. Fürchtet eure Feinde nicht; bei Ceperano, bei S. Germano hätten Wenige leicht einem ganzen Volke widerstehen können; da flohen sie feige; woher sollte ihnen nun jetzt der Muth kommen? Ihr seyd aus einem Volke, dessen Name in

---

[1] Costanzo, 39. — [2] Estense chron. Parmense chron. Marangoni, Memor. di Civil., 284. Baluz. miscell., I, 412. Guil. de Podio, 49. Sicil. chron., 32. Chr. ital. Brév., 256, hat den 1. März. — [3] Guil. Naug., 376. Descript. vict. Caroli, 342. Villani, VII, 7. — [4] Saba Malaspina, III, 6.

aller Welt furchtbar geworden ist und jedem fremden Volke als ein zermalmender Hammer erscheint [1]; sie dagegen sind weder eines Stammes, noch eines Landes. Wir fechten als gute Christen, begleitet vom Segen der Kirche, und für eine heilige Sache; sie sind nicht einmal desselben Glaubens, von Sünden zu Boden gedrückt und der Verdammniß bereits übergeben."

Dieser Anrede folgten noch einige nähere Befehle des Königs über die Art und Weise zu fechten; hierauf gab er Mehren den Ritterschlag als Belohnung für vollbrachte, als Ermunterung zu künftigen Thaten; endlich ertheilte der Bischof Guido von Auxerre, als päpstlicher Bevollmächtigter, feierlich Allen die Lossprechung von ihren Sünden, sofern sie den Kampf mit den Feinden siegreich als Buße vollführten [2].

Ebenmäßig fanden in Manfreds Heere Ueberlegungen statt, ob man sogleich schlagen müsse oder nicht. Unvortheilhaft erschien jenes, weil der König aus Apulien, Kalabrien und Sicilien noch Verstärkungen erwartete und weil die Franzosen ohne Schwertstreich vor Hunger umkommen müßten, wenn man im Stande sey, sie nur noch ein Paar Tage in diesen Gegenden festzuhalten. — Für den Angriff sprach andererseits der schon erwähnte Umstand, daß der Kampf mit den jetzt Ueberraschten, Hungrigen und Ermüdeten leichter sey als in irgend einem anderen Augenblick, und daß man die Verwüstung des Vaterlandes [3] ohne Schande nicht einen Tag länger dulden dürfe. Zu diesen aus der Lage der Dinge hergenommenen Gründen kamen aber noch manche unreine und geheime, und man rieth zur Schlacht oder zum Aufschub nicht bloß aus innerer Ueberzeugung, sondern je nachdem Eigennutz, Feigheit oder schon beschlossener Verrath dabei seinen Vortheil zu finden schien. Insbesondere stellten Mehre sich an, als erlaube ihnen ihre Vaterlandsliebe nicht, an den verkehrten Maßregeln Manfreds Theil zu nehmen, als sey es höhere Pflicht ihre eigenen Besitzungen zu decken, als zürnten sie dem Könige, weil er die Schlacht lediglich auf den Rath eines Sterndeuters wünsche [4]! — Manfred war tief bewegt, als er diese Erscheinungen bemerkte, welche zu vertilgen oder zu strafen über seine Kräfte ging; er mußte es erleben, daß einige ihm zur Treue Verpflichtete nicht bloß in Bezug auf den gegenwärtigen Augenblick, sondern ganz allgemein ihn den Rath gaben: er möge fliehen und seine Sache aufgeben [5]. Da rief er in zornigem Schmerze: „Lieber will ich heute hier sterben als König, denn fliehend und bettelnd als ein

---

[1] Et est aussi comme mal du monde, en tout estrange pouple. Vie de S. Louis, mscr., 55. — [2] Malespini, c. 180. Hist. episc. Antissiod. in Lappe, Bibl., II, 502. Gallia christ., XII, 308. — [3] Boclio Aquilano, 537. Ferretus, 947. — [4] Saba Maluspina, III, 3. — [5] Bonon. hist. miscella. Chron. mscr., Nr. 911, p. 914.

Manfreds Rede und Schlachtordnung.

Elender in der Fremde umherirren!" Kalte Berechnung und Ge- 1266
müthlosigkeit hatten indeß nicht ganz die Oberhand behalten; die
Grafen Lancia, der Römer Theobald von Anniballs und mehre Andere traten begeistert hervor und sprachen: „Herr, dein Leben ist
unser Leben, dein Heil unser Heil, ohne Dich wartet unser nur
Schande und Elend. Für Dich wollen wir kämpfen und siegen oder
sterben, sogleich in dieser Stunde!" Diesen Worten stimmten Manche
bei, welche den Verdacht, daß sie bei S. Germano übereilt geflohen
wären [1], von sich abwälzen wollten; Manfred endlich sehnte sich nach
einem schnellen, entscheidenden Ausgange. Er sprach zu den jetzt in
größerer Zahl um ihn Versammelten [2]:

„Unsere Feinde sind endlich erschienen, aber nicht an Kraft und
Schönheit dem früheren Rufe entsprechend. Wie klein, wie abgema-
gert sind die Pferde; wie leicht muß der Sieg seyn, wenn wir ihnen
keine Zeit lassen zur Erholung. Nur der erste Angriff der Franzosen ist heftig und furchtbar: finden sie unerwartet ausharrenden Widerstand, so verwandelt sich ihre Tollkühnheit in fast unglaubliche
Feigheit. Und wir, deren Vorfahren so oft die Gallier schlugen,
sollten uns fürchten vor denselben Gegnern? Wir, seither frei und
unabhängig, sollten ihrer schnöden Tyrannei den Nacken beugen, oder
von der Gnade dieser Fremden stiefmütternde Lebensfristung erbetteln?
Wahrlich, dagegen wäre der Tod ein Gewinn, und mannhaft wollen wir, wo nicht den Sieg erkämpfen, doch im Tode Befreiung
finden."

Unmittelbar nach diesen Worten ordnete Manfred sein Heer in
drei Treffen. Das erste bestand aus 1200 deutschen Reitern [3], auf
deren Treue und Tapferkeit er sich am meisten verließ; an ihrer
Spitze stand sein Oheim, Graf Galvan Lancia. Das zweite zählte
etwa 1000 Reiter aus Tuscien und der Lombardei und ward angeführt von seinem zweiten Oheim, dem Grafen Jordanus Lancia [4].
Das dritte bildeten 1400 apulische und saracenische Reiter, an deren
Spitze sich der König selbst stellte. Sein weit zahlreicheres Fußvolk
und die ihm vor Allen zugethanen, mit Bogen bewaffneten Saracenen wurden auf ähnliche Weise vertheilt oder den Ritterschaaren
zugesellt [5]. Die Franzosen schätzten die Stärke dieses ganzen Heeres auf 5000 gerüstete Reiter und 10,000 Saracenen. Ob und
wie viel sonst noch Fußvolk vorhanden war, wird nicht mit Bestimmtheit angegeben. Im Rücken Manfreds lag Benevent und
der Fluß Kalore, rechts der Bach Tammaro; links streckte sich

---

[1] Guil. Nang., 375. — [2] Saba Malaspina, III, 6—8. — [3] Malespini, c. 280. Rudolf von Habsburg, der im Jahre 1254 als Anhänger der
Hohenstaufen war gebannt worden (Gerbert, Histor. nigrae silvae, III, 160),
lieh am 8. April 1260 Geld in Bologna und soll nach Savioli für Manfred gefochten haben. Savioli, III, 2, 749. — [4] Oder Ruggiero nach Cesare, I, 232. — [5] Descript. vict. Car., 847. Tutini, Discorsi, 41.

und die Ebene von Roseto bis zu dem Wege, welcher nach S. Germano führt [1].

Auch Karl von Anjou theilte sein Heer in drei Schaaren: die erste, geführt vom Grafen Philipp von Montfort und dem Marschall von Mirepoix, zählte 1000 französische Reiter; die zweite, geführt von ihm selbst und dem Grafen Guido von Montfort, bestand aus 900 provenzalischen Reitern; die dritte, befehligt von Giles le Brun und dem Grafen Robert von Flandern, etwa 700 Reiter stark, war zusammengesetzt aus Flamländern, Brabantern, Pikarden und Savoyern [2]. Außer diesen drei Abtheilungen des eigentlichen Heeres bildeten aber die Guelfen aus Toskana unter dem Grafen Guido Guerra eine vierte, welche sich auf 400 Reiter belief. Schon in der Lombardei hatten sich diese (seit Besiegung der Ghibellinen in Modena und Reggio, reich und wohl gerüstet) den Franzosen zugesellt, hoffend durch deren Hülfe einst ihr Vaterland wieder zu beherrschen [3]. Zwischen den Reitern war auf Karls ausdrücklichen Befehl das Fußvolk vertheilt, um jenen, bei der Ermattung ihrer Pferde, im Fall übermächtigen Angriffes zu Hülfe zu kommen und die feindlichen Reiter oder Pferde zu erschießen oder zu erstechen. Ueber die Zahl des gesammten französischen Heeres weichen die Nachrichten sehr von einander ab [4]; auch nach der geringsten Angabe war es stärker als das Heer Manfreds.

Die Schlacht begann damit, daß die leichten französischen Fußgänger sich gegen die Saracenen vorwagten, welche ihnen ihres ungeordneten Zuges halber nicht gefährlich, ihres Unglaubens wegen verächtlich und hassenswerth erschienen; und wiederum warteten diese, durch spöttische Aufforderung gereizt, höhere Befehle nicht ab, sondern eilten auch ihrerseits vorwärts und erlegten mit geschickt abgeschossenen Pfeilen so viele ihrer Gegner, daß die übrigen in große Unordnung geriethen. Als aber die erste französische Reiterschaar unter Philipp von Montfort und dem Marschall von Mirepoir zu deren Unterstützung anrückte, geriethen die Saracenen um so mehr in Noth, als ihre Pfeile den gerüsteten Reitern keinen Schaden thaten. Dies erblickend, setzte sich Graf Galvan, ebenfalls ohne weitere Befehle abzuwarten, mit seinen Deutschen in Bewegung, welches Alles zeigt, daß von beiden Seiten kein zusammenhängender Plan entworfen und ausgeführt wurde, ja daß überhaupt keine gleichzeitige all-

---

[1] Manetti, 1640. Villani, VII, 7. Umständlicher verbreitet sich Borgia, Memor. di Benev., II, 228 und III, 247, über die Oertlichkeit, worauf es indessen hier nicht weiter ankommt. — [2] Malespini, I. c. und 174. Gulart, 140, giebt die Anordnung etwas abweichend an. — [3] Villani, VII, 2. Malespini, 178. — [4] Nach Gulart, 140, zählte die erste Abtheilung Karls mit dem dazu gehörigen Fußvolke allein 10,000 Mann. Die Mutin. annal. sprechen von 5000 Reitern, 15,000 Fußgängern und 10,000 Ballistarii.

Schlacht bei Benevent.

gemeine Schlacht stattfand, sondern diese sich in eine Reihe von ein- 1266
zelnen Gefechten auflösete [1].

Die französischen Reiter griffen mit gewohnter Lebhaftigkeit an, aber die Deutschen (besser gerüstet, besser beritten und ausharrend tapferer) schlugen sie mit großem Verluste gänzlich in die Flucht. Als Karl sah, daß dies denen widerfuhr, welchen er am meisten vertraut hatte, wandte er sich (den anfangs beschlossenen Angriff der zweiten Schaar Manfreds aufgebend) zu ihrer Unterstützung; aber auch er war nicht im Stande den Sieg herbeizuführen, weil die Deutschen mit längeren Schwertern und Keulen schon in der Ferne trafen und alle etwa glücklich angebrachten Streiche auf ihren starken Rüstungen ohne den geringsten Erfolg blieben. Da rief Karl, Besonnenheit nie verlierend: „Stecht die Pferde nieder, stecht mit der Degenspitze unter die Achseln und in die Fugen der Rüstungen [2]!" — Mit so großer Gewandtheit ward diese Vorschrift befolgt, daß viele Deutsche verwundet zu Boden stürzten und sich in ihrer schweren Rüstung nicht schnell wiederum aufrichten und am Gefechte Theil nehmen konnten.

Dem Könige Manfred entging diese ungünstige Wendung der Schlacht nicht, weshalb er, Karls Beispiel nachahmend, mit seiner Abtheilung nun auch zur Unterstützung der Deutschen herbeieilte. In demselben Augenblicke sah er, daß eine dritte Schaar der Feinde nach derselben Stelle hinzog, und fragte: „Wer sind jene, so ausgezeichnet an Pferden und Waffen?" „Es sind", antwortete man ihm, „die Guelfen aus Toskana [3]." Da rief er laut: „Welch löbliche Treue für ihre Partei! Wo leisten mir die Ghibellinen solche Hülfe, die ich unterstützte mit aller Anstrengung, mit Gut und Blut [4]!" „Auch Ghibellinen", fuhren jene fort, „sehen wir im feindlichen Heere"; und der König erwiederte: „Die treulos Undankbaren, sie denken sich zu sichern, möge ich siegen oder Karl von Anjou!"

Manfreds rascher und kräftiger Angriff ermuthigte indeß die noch immer heldenmüthig widerstehenden Deutschen, und er erwartete, daß sich seiner verständigen Anordnung zufolge auch die übrigen Abtheilungen schnell hieher wenden und durch Richtung aller Kräfte auf den wichtigsten Punkt obsiegen würden. In diesem entscheidenden Augenblicke rief ihm ein Krieger zu: „O Herr, seht, welch eine große Schaar Eures Volkes zu den Feinden übergeht, seht, wie so Viele dort verrätherisch fliehen!" Als Manfred erschreckt sich umwandte, stürzte ihm sein mit silbernem Adler geschmückter Helm vom

---

[1] Malespini und Saba Malaspina sind die Hauptquellen, deren etwaige Abweichungen ich geprüft und danach, mit genauer Rücksicht auf andere Zeugnisse, die Erzählung gefaßt habe. — [2] Vie de S. Louis, 55–60. Descript. vict. Caroli, 247. — [3] Sozom., 148. — [4] Manetti, 1010.

Haupte auf dem Sattel[1] und er sprach: „Das ist ein Zeichen Gottes; denn ich hatte den Helm mit meinen Händen so befestigt, daß er niemals von selbst herabfallen konnte!" Dann, den hochbejahrten Offursius anredend[2], fuhr er fort: „Gedenke, daß du des Kaisers, meines Vaters, Mundschenk warest, daß er mich dir vor Allen empfahl; rathe mir getreulich!" — „Das ist wohl zu spät", antwortete dieser in wehmüthigem Zorne. „Wo sind nun Eure Geiger und Dichter, die Ihr mehr als Ritter und Knechte liebtet, daß sie versuchen könnten, ob Karl auch nach ihren süßen Getöne tanzen möchte. Euer Leben aber will ich Euch erhalten mit meinem Tode!"

— Er nahm den Helm und des Königs Abzeichen und stürzte sich in die Schlacht; der getreue Knecht ward erschlagen, sein Herr aber nicht gerettet. Denn als dieser rings um sich nur Flucht und Verrath sah, fühlte er, es sey die Stunde gekommen, welche nie zu überleben er längst beschlossen hatte. Auch er drang hinein in das wildeste Getümmel und ward nicht wieder gesehen!

Getödtet wurden 3000 Reiter, Fußgänger und Söldner[3]; gefangen wurden die Grafen Jordanus und Bartolomäus Lancia, Pietro Uberti, Bernardo Castagna und viele andere Edle aus verschiedenen Theilen Italiens. Der Sieg schien vollkommen; als aber Karls Barone ihm dazu Glück wünschten, zeigte er fast keine Freude, sondern sagte: „Dem Tapferen genügt kaum die Welt; was ist es weiter einen Mann zu besiegen[4]!" — Daran lag ihm aber doch viel, zu wissen, wo dieser eine Mann sey, ob er lebe oder ob er umgekommen.

Nach zwei Tagen hatte man von Manfred noch keine Spur; endlich sahen die gefangenen Grafen Jordanus und Bartolomäus Lancia, daß ein Picarde sein Pferd ritt, und fragten ihn erschreckt: woher er das Pferd habe und was er von dessen früherem Besitzer wisse? Jener sagte hierauf aus: „Während der Schlacht stürzte ein Ritter mit einem Begleiter (es war der edle Römer Theobald von Annibalis gewesen) unter unsere Schaaren, laut die Seinen zum Kampfe anfeuernd. Wären jene treu und tapfer, wie er, gefolgt, wahrlich, sie hätten gesiegt; so aber traf meine Lanze den Kopf seines Pferdes, es bäumte sich und stürzte mit dem Reiter zu Boden.

---

[1] Malespini, cap. 180. Aehnliches wird erzählt von Karl dem Kühnen in der Schlacht bei Nancy. Müller, Geschichte der Schweiz, V, 117. — [2] Hagen, Chron., 1072. Manfred war nicht von Anfang an ohne Schmuck und Abzeichen, und so paßt Hagens Erzählung sehr gut zu der Malespinis. — [3] Nach den Vit. pontif., 505, blieben aus Manfreds Heere 2000, aus Karls Heere Einer! 3000 Todte haben Menior, Regiens., 1125, und Salimbeni, 406. Fast 3000 Todte, sagt Karl selbst. Martene, Thes., 284, 289, 302. Laut dem Cron. mscr., Nr. 811, p. 213, kam auch Friedrich von Antiochien in der Schlacht um. — [4] Chron. Imper. et pontif. Laurent. mscr.

Manfreds Leiche und Begräbniss.

Diesen ergriffen Knechte aus unserem Heere, plünderten ihn ganz aus und erschlugen ihn mit vielen Strichen[1]. Mir ward dies Pferd und dieser Gürtel zu Theil." — Die Beschreibung des Getödteten stimmte ebenfalls dergestalt, daß die Sorge der Theilnehmenden immer höher stieg, unter den Franzosen aber die Rede, Manfred sey todt, sich schnell verbreitete und bis zum Könige drang. Viele ritten mit dem Villarden zur Stelle, wo jener gefallen war: man fand den nackten Leichnam und neben ihm den edlen Theobald.

Im Siegesübermuthe hingen Einige den erschlagenen König über einen Esel, und einer von ihnen rief laut: „Wer kauft Manfred?" — aber ein französischer Baron züchtigte ihn, in richtigem Gefühle, hart wegen dieser Frechheit. — Als der Leichnam, welcher zwei tödtliche Wunden am Haupte und in der Brust zeigte[2], vor den König Karl gebracht war, ließ er alle gefangenen Barone herbeirufen und fragte jeden einzeln: ob dieses Manfred sey? Sie antworteten furchtsam: Ja. Nur Graf Jordanus rief, als er ihn erblickte, in ungemessenem Schmerze: „O mein Herr, o mein König!" und bedeckte laut weinend sein Gesicht mit den Händen. Die Franzosen achteten und ehrten Jordanus für solche Treue und Anhänglichkeit; Graf Richard von Caserta hingegen, der Verräther, welcher auch herbeigerufen ward, um über seinen geldgierigen Schwager ein trockenes Ja auszusprechen, fand für so beschämende, vernichtende Stellung darin wohl keinen hinreichenden Ersatz, daß ihn König Karl seinen Getreuen nannte[3].

Die französischen Großen baten jetzt, daß für Manfred ein ehrenvolles kirchliches Begräbniß bewilligt werde; Karl aber schlug es streng ab, denn ein Gebannter, ein Ketzer dürfe nicht in geweihter Erde liegen. Daher vergrub man ihn in aller Stille nahe bei der Brücke über den Fluß Calore[4]. Allein nicht bloß das Volk, sondern selbst die Franzosen häuften ihm theilnehmend dadurch ein Ehrendenkmal, daß jeder einen Stein zu seinem Grabe trug, und der Ort selbst hatte oder erhielt den bedeutenden Namen: Fels der Rosen[5]! Nachmals fand jedoch der Kardinalgesandte, Erzbischof von Cosenza, Bartolomäus Pignatelli, nach der Weisung des Papstes:

---

[1] Exutum armis, innumeris ictibus malleorunt. Saba Malaspina, III, 13. Ich habe auch hier die im Einzelnen abweichenden Erzählungen zu vereinen gesucht. Sicil. chron., 32. — [2] Dante, Purgat., c. 3. — [3] Das Schreiben Karls vom 1. März (Tutini, Discorsi, 43) sagt, daß der Graf Manfred erkannt habe, und nennt ihn ausdrücklich: fidelem nostrum. Richards Sohn Konrad hielt treu zu den Hohenstaufen. Cesare, II, 83. — [4] Klagelied Aimerichs von Peguilain über Manfreds Tod. Diez, Leben der Troubadours, 444. Ricolo. 77. — [5] Petra roseli oder Campus rosarum hieß der Todes- und Begräbnißplatz. Bartolom. de Neocastro, c. 7. Dante, Purgat., c. 3. Blasi, II, 424.

21*

für diese Stelle sey zu gut, der Boden kirchliches Eigenthum und Manfred verdiene überhaupt keine Ruhestätte in seinem ehemaligen Reiche. Darum ließ er ihn wieder ausgraben und nach der Gränze von Abruzzo und Pienum bringen¹. Hier, in einem abgelegenen, von düstern Felsen eingeschlossenen Thale, welches der Fluß Werde kurz vor seiner Vereinigung mit dem Tronto bildet², wurde Manfred, ohne Beobachtung kirchlicher Gebräuche, zum zweiten Male begraben. In der Nähe steht eine einsame Mühle; unter den benachbarten Landleuten lebt bis auf den heutigen Tag die Sage von dem schönen, geistreichen, unglücklichen Könige Manfred!

Die Königin Helena erfuhr den Tod ihres Gemahls in Luceria und erlag fast bewußtlos dem ersten Schmerze. Als sie wieder zu sich kam, fand sie sich von Edeln, Hofleuten, Dienern (welche alle gemüthlos dem bloßen Glücke anhingen) gänzlich verlassen. Nur ein Bürger Munnualbu aus Trani³, dessen Frau Amundilla und ein gewisser Amerusio blieben ihr getreu und riethen, sie möge mit ihren vier Kindern fliehen und sich in Trani nach Cyprus einschiffen. Lupone, ein redlicher Freund der Genannten und der Königin, wurde durch Boten heimlich benachrichtigt und setzte auch sogleich ein Schiff in Stand; allein der Wind blieb so lange ungünstig, daß Helena sich mit den Ihrigen dem Burgvogt anvertrauen mußte, welcher sie auch treulich aufnahm und zu retten versprach. Bettelmönche aber (welche nach des Papstes Befehl das Land durchreist hatten, um Empörungen gegen Manfred anzuzetteln) erhielten hiervon Nachricht und redeten dem Burgvogte so viel vor von dem geistlichen Segen der Kirche und den irdischen Belohnungen Karls, daß er, seines Wortes und der alten Treue vergessend, die Königin festhielt und mit ihren vier Kindern und vielen Schätzen am 6. März, am neunten Tage nach der Schlacht von Benevent, den hingesandten Rittern Karls auslieferte. Helena erlag nach wenigen Jahren⁴ der harten Behandlung und dem innern Schmerze. Beatrix, ihre Tochter, lebte (gleichwie die Tochter des Grafen Jordanus) 18 Jahre in der neapolitanischen Burg dell' Uovo als Gefangene und ward erst im Jahre 1284⁵ ungern freigelassen, um Karls Sohn aus aragonischer

---

¹ Malespini, 180. Troyli, V, 1, 232. Capecelatro, II, 112, Compagnoni, Reggia Picena, I, 134. Manfred war 34 Jahre alt. — ² Cesare, I, 254, bemerkt, der Werde sey bei Garigliano und fließe nicht in den Tronto; so findet wahrscheinlich eine Verwechslung mit dem Namen eines anderen kleinen Flusses statt. — ³ Aus einer gleichzeitigen Chronik von Trani, in Davanzati, Dissertazione sulla seconda moglie del re Manfredi e su loro figliuoli, Napoli 1791, fol., einem an Umfang nicht großen, aber so scharfsinnigen und gründlichen Werke, daß es alle ähnlichen neapolitanischen Untersuchungen weit übertrifft. — ⁴ Wahrscheinlich im Jahre 1271. Davanzati, 30. Riccio, 81. — ⁵ Noch 1284 wies Karl Geld zu ihrem Unterhalte an. Regesta, IV, 151. Sie ward in Capri

Haft zu lösen, oder zunächst gegen Lebensgefahr zu schützen. Manfreds drei Söhne, Heinrich, Friedrich und Azzolino[1] (zur Zeit ihrer Gefangennehmung unschuldige kleine Kinder), blieben 31 Jahre lang in Fesseln[2], kümmerlicher ernährt und gehalten als die meisten anderen Gefangenen, und ohne daß irgend einem Menschen der Zutritt zu ihnen gestattet wurde. Erst im Jahre 1297 ließ Karl II ihnen die Fesseln abnehmen und erlaubte, daß ein Geistlicher und ein Arzt sie besuche[3]. Wann jeder von ihnen starb, ist nicht genau bekannt; gewiß lebte der blind gewordene Heinrich noch im Gefängnisse 43 Jahre nach der Schlacht bei Benevent[4]!

So verfuhr Karl von Anjou, der angebliche Vorkämpfer des Feindesliebe gebietenden Christenthums, gegen die schuldlose Familie Manfreds. Weit man indeß sagen könnte, Haß und Furcht hätten hiebei mitgewirkt, wollen wir zur vollständigeren Uebersicht sogleich berichten, wie er sich gegen seine neuen Unterthanen benahm.

Als die Einwohner von Benevent[5] den Ausgang der Schlacht gewahrten, zogen sie, an ihrer Spitze die Geistlichkeit mit Reliquien und Heiligthümern, den Siegern entgegen und hofften um so mehr daß Karl sich freundlich zeigen werde, weil die Stadt seinen Bundesgenossen und Lehnsherren, dem Papste gehörte und diesem bis zur unabwendbaren Besetzung durch die Hohenstaufen immer treu gewesen war. Allein wie sehr sie sich getäuscht sahen, welche furchtbare Behandlung sie erlitten, würde man trotz der zusammenstimmenden Erzählungen einzelner Schriftsteller bezweifeln, wenn nicht des Papstes amtliche Schreiben an König Karl bestätigend hinzuträten.

Vom Schlachtfelde aus hatte dieser an Klemens einen Siegesbericht erstattet[6], welcher große Freude erregte; als nun aber gleich darauf die Nachrichten über die Behandlung Benevents einliefen, verwandelte sich die Freude in Schmerz, und der Papst konnte Gewissensbisse über die Vergangenheit, Sorge wegen der Zukunft nicht

---

den Sicilianern übergeben, mit Jubel auf der Insel empfangen und an Manfred, den Sohn des Marchese von Saluzzo, verheirathet. Davanz., 48. Amari, 132.

[1] Cesaro, II, 28, 146. Einer vereinzelten, nicht vollständig beglaubigten Nachricht zufolge wäre Friedrich nach Aegypten entflohen. — [2] Davanz., 66, LXXXIII. Das in den Text Aufgenommene ist erwiesen; ob die Kinder auch geblendet wurden, wie Einige behaupten, bleibt zweifelhaft. Macr. Riccard. Nr. 1330. — [3] Auch die Aragonesen thaten zu wenig für die Unglücklichen und fürchteten wohl ebenfalls ihre gerechten Ansprüche auf den Thron. — [4] Davanz., p. 71, Archiv. Napol. Nach Malespini, 187, erblindete dieser vor Alter. Wahrscheinlich ward auch Manfreds Schwester Anna oder Konstanze, welche früher Batazes Gemahlin war, in Lucrria gefangen und sehr spät nach Aragonien ausgewechselt. Davanzati, 17. Surita und Vic de S. Louis, mscr., 36. — [5] Cirillo, 5—7. Seba Malasp., III, 11—13. — [6] Raynald, §. 13.

nig unterdrücken. Er schrieb dem Wesentlichen nach Folgendes an Kö=
nig Karl[1]: „Der Sieg, welchen du mit Hülfe der Kirche erfoch=
test, hätte dich zur Milde, selbst gegen die Besiegten, wie viel mehr
aber dahin bringen sollen, das der Kirche zugehörige, ihr immer
getreue Benevent zu ehren und zu belohnen. Statt dessen hat sich
nichts gezeigt als Habsucht, Wollust, Blutdurst! Ihr verschontet
weder geistliches noch weltliches Gut, weder Stand, noch Alter, noch
Geschlecht! Kreuzfahrer, welche Kirchen und Klöster beschützen soll=
ten, haben sie erstürmt, ausgeplündert, Heiligenbilder verbrannt
und selbst gottgeweihten Jungfrauen Gewalt angethan. Und dies
Rauben und Morden, diese entsetzlichen Frevel aller Art wurden nicht
etwa geübt im ersten Eifer der Schlacht, sondern acht Tage lang
dauerten sie unter deinen Augen, und es geschah nichts, um die
Ordnung wiederherzustellen. Ja, obenein wird laut gesagt: mit
Vorsatz sey man so verfahren, weil die Stadt nicht dem Könige ver=
bleibe, weil sie dem Papste gehöre! Wahrlich, so arg hat Kai=
ser Friedrich II als Feind der Kirche nie gehandelt! O
des unseligen Feldzuges, der unseligen Aussicht, wenn man von dem=
jenigen, was am grünen Zweige geschieht, auf den dürren schließen
muß! Für so viel Gutes, was ich dir erzeigt habe, empfange ich
gleich anfangs so üble, ja die ärgste Vergeltung, worüber alle
Frommen sich entsetzen müssen und alle Abgeneigten sich freuen wer=
den. Die Klugheit aber und die Pflicht gebieten, keineswegs Uns
gebühr solcher Art zu dulden, sondern ihr im ersten Beginnen kraft=
voll entgegenzutreten; mithin fordere ich, daß jeder Frevel gestraft,
jeder Raub ersetzt und Buße gethan werde." — Allein das Ent=
wendete wollte man nicht auffinden, die Mißhandelten konnte man
nicht entschädigen und noch weniger die Todten erwecken; mithin
geschah nichts, und als endlich Karl nach sechs Jahren mit schein=
barer Frömmigkeit auf dem Schlachtfelde eine Kirche errichtete[2], sa=
hen die Einwohner von Benevent darin nur das Wahr= und Erin=
nerungszeichen ihres grenzenlosen Elendes!

Kapua eröffnete geschreckt dem Könige die Thore; in Neapel
hielt er einen feierlichen Einzug[3]. Voran ritten 400 schön gekleidete,
mit Federhüten geschmückte französische Edelleute; dann folgte eine
Schaar von auserwählten Brabantern; hierauf 60 französische Große
mit goldenen Ketten am den Hals, an ihrer Spitze der König selbst;
endlich die Königin[4] in einem mit blauem Sammet ausgeschlage=
nen, mit goldenen Lilien gestickten Wagen. Franz von Rossredo
übergab die Schlüssel der Stadt und hielt dabei dem Könige eine

---

[1] Marteno, Thes., II, 298, 306. — [2] Regesta Caroli, II, 209.
— [3] Spinelli, 103. — [4] Nach Einigen kam die Königin zu Wasser,
nach Anderen zu Lande mit dem Herrn. Beides läßt sich wohl vereinigen.
Descr. vict. Carol., 833. Monach. Patav. zu 1265. Malespini. VillanL
Cesare, I, 218.

Lobrede in — französischer Sprache! So schnell lernte dies Volk, welches den einheimischen Herrscherstamm nicht ertragen wollte, dem fremden zugleich sein und gemein schmeicheln; weshalb sogar ein französischer Chronist jener Zeit den von der frühern und spätern Geschichte nur zu oft bestätigten Ausspruch fällt: „Es ist Gebrauch und Natur der Einwohner dieses Landes, daß auf sie, wenn es gilt, kein Verlaß ist und sie an jedem Tage einen neuen Herrscher haben möchten [1]."

König Karl war indeß keineswegs ein Mann, der sich durch Mittel jener Art hätte rühren oder nur um ein Haar breit von seiner Natur und seinem Wege abbringen lassen. Diejenigen, welche man unter Manfreds Herrschaft gefangen gesetzt hatte [2] (gewiß die meisten erwiesene Verbrecher), wurden befreit; alle hohen und niederen Richter, alle Beamte im ganzen Reiche dagegen abgesetzt und überall neue angestellt; großentheils habsüchtige Franzosen [3], oder solche, die, wie Pandulfus Fasanella, der Graf von Caserta u. A. an den Hohenstaufen zu Verräthern geworden waren. Nur Manfreds Oberkämmerer oder Finanzminister, Gezolin von Marra, blieb im Amte, denn seine Kenntnisse konnte man nicht entbehren; auch hatte er sich bereit erklärt [4], auf die Ansichten seines neuen Herrn einzugehen und ihm die Schätze [5] Manfreds zu übergeben. Karl war über den neuen Reichthum hoch erfreut und ließ das Gold in Gegenwart seiner Gemahlin und mehrer Ritter zur Augenweide auf einen Teppich schütten. Dann sagte er dem Ritter Hugo von Baur: „Nimm die Wage und wäge und theile mir das Geld." Aber Hugo, innerlich erzürnt über diesen Götzendienst mit dem Mammon, sprach: „Was habe ich zu schaffen mit dem Wägen Eures Goldes!" Mit dem Fuße stieß er es in drei Haufen aus einander und fuhr fort: „Einen Haufen möget Ihr, einen die Königin, einen Euer Reiter nehmen." — Der König — dies behaupten Einige, während Andere [6] es läugnen — ernannte Hugo zum Grafen von Avellino. Auf jeden Fall wäre dies, wie alles Vorhergehende und Folgende zeigt, mehr geschehen, weil er solche Gesinnungen scheute, als weil er sie ehrte.

Nach allen Seiten verbreiteten sich nunmehr Abtheilungen seines Heeres, auch nach Sicilien [7]. Und obgleich der willkürliche Druck,

---

[1] Chauscun jor voudroient avoir noveau seignor. Livre dou conquest., 304. — [2] Malaspini, c. 161. Villani, VII, 10. — [3] Pirri Sicilia, II, 1199. — [4] Suba Malaspina, III, 16. — [5] Manfred hatte in keinem Theile Italiens Geld gespart, wo er dafür Anhänger gewinnen konnte; zu einem längeren Kriege mußte er aber Geld vorräthig halten, und einen solchen und so schnellen Ausgang hatte er nicht erwartet. Guil. Nang., 373. — [6] Geldangri von Ciarland, 350. — [7] Am 13. März steckte Messina Karls Flagge auf, und am 1. April landete Philipp von Monfort, der

welcher gleich anfangs zu dem unausweichbaren der Verpflegung und Einlagerung hinzukam, nicht bloß die Erwartung der Hoffenden, sondern auch die Besorgniß der Fürchtenden überstieg, so schwiegen doch Alle und gehorchten, vom plötzlichen Sturme übertäubt und niedergeworfen, den siegestrunkenen Fremden.

Achtes Hauptstück.

In Deutschland blieben die Verhältnisse während dieser Jahre denen ähnlich, welche wir bereits oben geschildert haben. Der Fehden war noch immer kein Ende, und wenn sich einerseits hiebei oft persönliche Tüchtigkeit und ein reiches frisches Leben zeigte, so darf man doch andererseits die Masse des Zerstörten nicht übersehen und muß behaupten, daß sich bei näherer Beziehung auf Gesetze, bei größerer Anerkenntniß von gemeinsamen höheren Rechten und Richtern die Mittel und Wege irdischer Fortschritte sowie geistiger Entwickelung nicht würden gemindert, sondern gemehrt und verklärt haben.

Die Grafen von Holstein, Herzog Albert von Braunschweig und die Bürger von Lübeck, welche sich mit Nachdruck der Dänen erwehrten[1], waren in diesem Wirken gegen Fremde vielleicht am tadellosesten; doch fehlt es nicht an Klagen über ihre willkürliche Behandlung der Geistlichen und Kirchengüter. — Albert, welcher Elisabeth, die Stieftochter Sophiens von Brabant, geheirathet hatte, verfocht die Ansprüche ihres Sohnes, Heinrichs des Kindes, gegen Heinrich den Erlauchten, ward aber am 28. Oktober 1263 von diesem bei Halle geschlagen, gefangen und erst losgelassen, als er 8000 Mark zahlte und acht Burgen abtrat[2]. Hieraus folgte, daß Heinrich das Kind im Jahre 1265 auf Thüringen Verzicht leisten und sich mit Hessen und den Städten an der Werra begnügen mußte. — Dieselbe Summe, welche Heinrich der Erlauchte von Albert erhielt, hatte dieser wenige Jahre vorher dem gefangenen Erzbischof von Mainz

---

neue Statthalter. Histor. Sarac. Sicula, 270. App. ad Malaterr. Er war von Reggio aus auf einem genuesischen Schiffe hinübergesegelt. Pignoli zu 1204.

[1] Danise chron., 1, bei Ludw., Reliq., IX, 3. Annal. Albiani bei Langebek, I, 211. Annal. Esrom. ib., 246. Besonders zu 1259 — 62. — [2] Weiße, Geschichte von Sachsen, I, 279. Vitodur., 3. Ueber die Ansprüche des Erzbischofs von Mainz auf thüringische Erbstücke siehe Gudeni cod., I, 681. Tittmann, II, 235.

Fehden in Deutschland.

als Lösegeld abgenommen ¹. — Erzbischof Engelbert von Köln ² lebte in bösen Händeln mit der Bürgerschaft, und in Trier ³ war lange Zeit große Klage, daß der Erzbischof Arnold seinen Pflichten nicht nachkomme, sich die Kirchengüter zueigne u. dergl. Nach dessen Tode erneute sich der Streit über die Wahl und das Benehmen seines Nachfolgers Heinrich, bis der Papst Urban, weil ihm die Berichte der zur Sache beauftragten Bischöfe nicht genügten, aller ächten Kirchenordnung zuwider einigen Minoriten und, weil auch deren Benehmen ihm mißfiel, zuletzt einem bloßen Pfarrer die Untersuchung gegen Kapitel und Erzbischof übertrug!

Andere Fehden fanden statt zwischen Jülich und Köln ⁴, zwischen den von zwei Parteien gewählten Bischöfen von Würzburg, zwischen diesen und dem Grafen von Orlamünde über Theile der meranischen Erbschaft u. s. w. — Im Salzburgischen bekriegten sich die Erzbischöfe und das Kapitel 18 Jahre lang ⁵, und die Herzöge von Baiern und die Grafen von Tirol nahmen die Gelegenheit wahr, wenn auch nicht immer Vortheile zu erfechten, doch dem Lande vielfach zu schaden. Ein Wunder, daß der Erzbischof von Salzburg die Befreiung des Patriarchen von Aquileja ⁶, Gregor von Montelongo, durchsetzen konnte, welchen Graf Albert von Görz gefangen nahm und, wahrscheinlich aus Zorn wegen dessen früherer Verfolgung der Ghibellinen, auf schlechtem Pferde und barfuß nach Görz reiten ließ.

An der Ostgrenze von Deutschland befehdete Ottokar, der Beherrscher Böhmens und Oesterreichs, den König Bela von Ungern, welcher den Umfang seines Reiches abendwärts vergrößern wollte, als drohten nicht vom Morgen her weit größere Gefahren ⁷. Aber Bela ward am 13. Julius 1260 bei Kressenbrunn so geschlagen, daß er dem Böhmen Steiermark abtreten und zur Befestigung des Friedens seine schöne Nichte Kunigunde vermählen mußte ⁸. Ottokar verstieß nämlich (unter dem Vorwande der Unfruchtbarkeit und ihres ehemaligen Klostergelübdes) seine bisherige Gemahlin, Margarette von Oesterreich, welcher er ohnehin nicht treu gewesen war ⁹; sie mußte

---

¹ Rohte, 1749, zu 1262. Wadding, III, 249. — ² Securis, 260 zu 1264. Die Bürger nahmen ihn gefangen und wurden gebannt. Urbani regest. in Paris, Jahr II, ep. 149, 251. — ³ Hontheim, Hist. Trevir., I, Urk. 503, 507, 512, 514. Martene, Thes., II, 548. Gesta Trevir. Mart., 257. — ⁴ Erfurt. chron. S. Petrin. zu 1260 — 65. Spieß, Nebenarbeiten, I, 151. — ⁵ Salisburg. chron. Canisii, 483 sq. und Salisb. chron. — ⁶ Rubeis, 751, zu 1267. — ⁷ Noch 1261 sammelten Kirchenversammlungen und Processionen in Mainz statt gegen die Mongolen. - Harzheim, III, 611. Gud. cod., I, 681. — ⁸ Aventin. annal., VII, 7, 10. Rauch, Geschichte von Oesterreich, III, 208. Steindel Salisb. chron. zu 1257 und Salisb. chron. Canis., 484. Udalr. chron. August. zu 1258. Mellic. chron. Neuburg. chron. Monach. Patav., 714. Lambacher, 78. — ⁹ Leobiense chron., 825. Poppenh.

hierauf zum zweiten Male ins Kloster gehen, wenig von den Leuten geachtet, weil sie um Heirath und Herrschaft willen dem ersten Gelübde untreu geworden sey. Sie starb 1265 in Krems, einer unverbürgten Sage nach an Gift.

Minder glücklich als gegen Ungern kriegte Ottokar gegen Baiern und bat endlich den Herzog Heinrich, er möge nach Wels kommen, damit man durch mündliche Unterhandlung allen Zwist über Oesterreich und die Ländergrenzen beilege. Während Heinrich aber diesen freundlichen Aufforderungen traute, überfiel Ottokar arglistig Passau, drang vor bis in die Gegend von Landshut und lagerte bei Fronhofen. Schneller jedoch, als er es für möglich hielt, sammelte Herzog Ludwig ein Heer und ließ ihm durch Gesandte seinen Friedensbruch und die Geringschätzung aller Bunde des Blutes vorwerfen [1]. Ottokar bat um einen Waffenstillstand für einen Tag und entfloh mit Wenigen; die meisten seiner Leute, welche so schnell nicht folgen konnten, wurden dagegen am 23. August 1257 bei Mühldorf am Inn von den Baiern eingeholt und angegriffen. Die Brücke über den Strom brach unter der zu großen Last; an 400 ertranken; fast alle Anderen wurden getödtet oder gefangen, und diejenigen, welche sich in benachbarte Thürme gerettet hatten, mit denselben auf Ludwigs Befehl niedergebrannt. Der im Oktober zu Cham geschlossene Friede lautete natürlich vortheilhaft für Baiern; doch erneuten sich die Fehden in den folgenden Jahren [2].

Vergebens hoffte man, daß von Seiten der beiden deutschen Könige etwas zur Herstellung des Friedens und zu einer gesetzlichen und rechtlichen Entscheidung so zahlloser Fehden geschehen werde. Alfons blieb in Kastilien und hatte fast gar keinen Einfluß auf Deutschland; denn wenn sich auch einmal ein Vasall von ihm belehnen ließ, wie Herzog Friedrich von Lothringen [3], so wurde doch der Urkunde sogleich hinzugesetzt: dieser wolle und solle zu nichts verpflichtet seyn, sobald Alfons nicht binnen zwei Jahren nach Deutschland komme und Kaiser werde. Ebenso fruchtlos blieben seine Versuche, eine Kriegsmacht durch den Herzog Heinrich von Brabant anzuwerben und aufzustellen [4].

Thätiger war eine Zeit lang allerdings Richard; aber fast immer

---

zu 1261. Hasselbach, 730. Ludw., Reliq., XI, 305. Martin. Polon., 1123. Chron. aur. zu 1261. Kurz, Oesterreich unter Ottokar I, 21. Joh. Victor., 204.

[1] Bavar. chron. ap. Pez., II, 78. Pappenh. zu 1257. Bela war Herzog Heinrichs Schwiegervater und Heinrich und Ludwig sonst nicht immer einig. Gemeiner, Chron., 385. — [2] Ottokars Macht und Wirken verdient eine gründlichere Würdigung, die aber hier nicht ihren Platz finden kann, ohne das richtige Verhältniß des zum Schlusse drängenden Werkes zu verletzen. — [3] Leibnitz, Cod., Urf. 13. — [4] Lünig, Cod. Germ., II, 1111, Urk. 58.

Deutschland.

brachte fein Eifer nur Einzelnen Vortheil auf Kosten des Ganzen ober Mächtigeren auf Kosten der Schwachen. So belehnte er z. B. den Grafen von Savoyen mit den Gütern Graf Hermanns von Kyburg[1] und dem König Ottokar von Böhmen (unter Verletzung mancher Formen) mit Oesterreich und Steiermark[2]. Er überließ dem Grafen Ulrich von Wirtenberg die Reichsstadt Eßlingen, über welche Minderung ihres Standes diese sehr gerechte Klagen erhob[3]. Und wenn der König so viel gab, so nahm man aus eigener Macht noch mehr; wenn er so wenig schützte, so sah man sich nach einem anderen Schutzherrn um. Demgemäß vermachte Herzog Ulrich von Kärnthen[4] an Ottokar von Böhmen nicht bloß sein Allode, sondern auch seine Lehen; daher nahmen die Berner den Grafen Philipp von Savoyen zum Schutzherrn an, bis ein deutscher König in ihre Gegend komme. — Anstatt aus eigener Macht (nach Weise der großen Hohenstaufen) die Freiheit und Unabhängigkeit des deutschen Reiches zu behaupten, oder sich doch in Zeiten der Ohnmacht vor leichtsinnigem Preisgeben zu hüten, nahm Richard keinen Anstoß daran, die Bürger Frankfurts im voraus ihres Huldigungseides zu entbinden[5], sofern der Papst ihn nicht bestätige; und diese fanden es wohl klug obenein, sich so nach allen Seiten gegen Acht und Bann gedeckt zu haben!

Bei solcher von Hohen und Niederen offenkundig dargelegten Anerkenntniß der kirchlichen Oberherrschaft war es kein Wunder, daß sich die Päpste die Entscheidung des Streites zwischen beiden Königen vorbehielten; allein in diesem Augenblicke lag ihnen keineswegs daran, ein zugestandenes Recht schnell auszuüben. Ihr nachdrücklicher Beistand hätte einem wahrscheinlich das Uebergewicht verschafft, Deutschland einig im Inneren und wiederum mächtig nach außen gemacht, welche Folge ihnen aber nicht willkommen, sondern gefährlich erschien. Anstatt also (wie der größer gekannte Innocenz III.) den Deutschen mit Ernst die Nachtheile und das Verwerfliche solcher Spaltungen vorzuhalten, anstatt, wie ein wahrer Vater der Christenheit, für schleunige Herstellung der Ordnung und des Rechtes alle Mittel

---

[1] Lünig, Reichsarch., cont. II, Abth. 4, Absatz 12, von Savoyen, Urk. 7. — [2] Lambacher, Urk. 29 und S. 78. Lünig, Reichsarchiv, cont. I, Fortf. 1 von kaiserlichen Erblanden, Urk. 3. Ueber Ottokars (wirkungslose) Ernennung zum Reichsvikar diesseit des Rheins: Palacky, Formelbücher, 263. — [3] Archiv von Stuttgart. Gebauer, Leben Richards, 374. — [4] Lünig, Reichsarchiv, pars spec., cont. I, Absatz 6. von Kärnthen, Urk. 85. Unrest, Kärnthische Chron., 414. Auch zu Baiern hatte schon Herzog Otto viel eröffnete Reichslehen eingezogen. Aventin. ann., VII, 6, 11. Die Berner Urk. hat Lünig, Reichsarchiv, cont. II, Abth. 4, Absatz 12, v. Savoyen, Urk. 8. Richard versprach dem Erzbischof Heinrich von Trier 2000 Mark, die dieser in Rom schuldig war, für ihn zu bezahlen. Günther, Cod., II, Urk. 192. — [5] Lünig, Reichsarchiv, cont. IV, Abth. 14, Urk. 9. Böhmer, Cod. Francof., 117.

aufzubieten und anzuwenden, blieb es bei schönen Worten, während man gern die sich zahlreich darbietenden Gelegenheiten und Vorwände des Zögerns ergriff. Als endlich Alexander IV dem Zwiste ein Ende machen und offen für Richard entscheiden wollte [1], starb er, und Urbans, seines Nachfolgers, Benehmen war, trotz dem Scheine von Unpartheilichkeit und Gründlichkeit, für Deutschland so einseitig und verderblich wie für Italien [2]. Während der vier Jahre seiner Regierung war die Sache dem Ziele auch nicht um einen Schritt näher gekommen. Als aber mehre ächt deutsch Gesinnte [3] (weil Richard am 14. Mai 1264 in der Schlacht bei Lewes von den englischen Baronen gefangen ward und eine königliche Regierung bis auf den letzten Schein verschwand) nochmals den Gedanken faßten, den letzten Sproßen des großen hohenstaufischen Kaiserhauses, Konrabin, auf den Thron zu setzen, da war Urban schnell mit entscheidenden Verboten und Gegenerklärungen [4] zur Hand. „Dies Geschlecht", so schrieb er, „hat die Tyrannei aller anderen Verfolger der Kirche weit überboten, sie schwerer beleidigt, mit härterer Unterdrückung betrübt, zu ihrer mörderlichen Ausrottung den Bogen der Wuth und das Schwert der Wildheit geschwungen, sie mit schrecklichen Geißelungen geängstet und bis ins Innerste verwundet und zerrissen. In diesem schändlichen Geschlechte hat sich die alte Bosheit und die Aehnlichkeit der Thaten von dem Vater auf den Sohn vererbt; und gerade in dem sicilischen Reiche, dem Eigenthume der Kirche, war zur Verdopplung unseres Schmerzes ihre Herrschaft am unumschränktesten und ihre Verfolgung am gewaltigsten. Denn weder die kirchlichen noch die geistlichen Güter, noch die Geistlichen selbst entgingen der Wuth jener Drachen; vielmehr ward alles dasjenige, was den geistlichen Namen trug, von ihrem größten und heftigsten Hasse getroffen" u. s. w.

Ferner verbot Urban [5]: daß Konrabin neue Erwerbungen, etwa von Reichsgut mache, und wies den Bischof Eberhard von Konstanz, einen gebornen Truchseß von Waldburg, streng zurecht, daß er ohne seine Genehmigung die Mitvormundschaft für den Jüngling übernommen habe. Ganz in demselben Sinne schrieb Klemens den deutschen Erzbischöfen [5]: die frühere Doppelwahl, der Spruch der Kirche, Stamm und Ge-

---

[1] Raynald zu diesem Jahre. Rymer, Foed., I, 2, 44. Cod. Vindob. philol., Nr. 305, fol. 30, 30, 55; Nr. 61, fol. 20. — [2] Siehe Gebauers Kritik des päpstlichen Brauchtums, 205 — 209. — [3] Gebauer, 195. Die Statthalter, welche Richard während seiner Abwesenheit setzte, waren nur auf ihren Vortheil bedacht. Wormat. chron., 128. Rymer, Foed., I, 2, 103. Matth. Paris, 670. — [4] Rymer, Foed., I, 2, 80. — [5] Cod. Vindob. philol., Nr. 61, fol. 01; Nr. 305, fol. 55. Tschudi, I, 145. Richard sicherte jedoch Konrabin das Herzogthum Schwaben und seine Familienbesitzungen zu. Mon. Boica, XXX, 1, 328. — [6] Cod. Vindob. philol., Nr. 61, f. 76; Nr. 305, f. 136. Eutendorf, Registrum, S. 111.

Städtebund. Landfrieden.

schlecht ftanden der Erhebung Konradins entgegen, und überdies sey er, obgleich noch zarten Alters, doch von frühreifer Bosheit. Je: den Laien, der für ihn wirke, treffe Bann und Verluft aller Kir: chenlehen, aller Wahlrechte und aller Wahlfähigkeit auf vier Ge: schlechter hinab; der Geiftliche sey entseht ohne weitere Unterfuchung und Rückfrage. Bei solchen Gefinnungen und Aeußerungen der Päpfte mußte man, wenn auch nicht unzählige andere Hinderniffe eingetreten wären, jenen Gedanken fahren laffen und fich im Einzel: nen helfen, fo gut man konnte.

Der Städtebund am Mittel = und Niederrhein ward erneut und erweitert [1], und ähnliche Verbindungen trafen zu wechselfeitigem Schuhe mehre Landfchaften in der Schweiz [2]. Im Jahre 1259 fchloffen zu Köln einen befonderen Landfrieden [3] der Erzbifchof Kon: rad, die Herzoge von Geldern, Kleve und Jülich, die Grafen von Mons und Sayn, der Bifchof von Utrecht und viele Städte, wo: durch den Kaufleuten, Pilgern, Reifenden u. A. Sicherheit verfpro: chen wurde, fofern fie nur die gefehlichen Zölle und Abgaben ent: richteten. Einige dazu eigens beftellte tüchtige Männer follten gegen Uebertretungen wachen. — Im Jahre 1260 hielt der Erzbifchof En: gelbert II von Köln eine Kirchenverfammlung, wo Befchlüffe [4] ge: faßt wurden wider Verächter des Kirchenbannes, Eingriffe in geift: liche Steuerfreiheit und Gerichtsbarkeit, Störung der Verfammlung, ungehorfame Zehntpflichtige, Eindringen und Einfchleichen in Kirchen: güter; ferner gegen Laien und Geiftliche, welche an Geiftlichen Gewalt, ja Mord verübten. — Schlüffe folcher Art zeigen nun zwar die Größe des Uebels und wie die alte Reichs = und Kirchen: ordnung gefchwunden war, aber fie halfen keineswegs hinreichend. Sonft hätten (um aus Vielem Einiges herauszuheben) Adlige dem Bifchof von Merfeburg wohl nicht fangen, zu fchwerer Löfung und obenein zum Eide zwingen dürfen, daß er das Geld nicht wieder fordern, auch keine Klage erheben wolle [5]; fonft hätte es mit Klö: ftern wohl nicht dahin kommen können, daß fie, ftatt 60 Menfchen, kaum drei zu ernähren im Stande waren [6].

So viel geht wenigftens aus dem Allem klar hervor, daß Deutfch: land als folches, als ein Ganzes, durchaus keinen Einfluß auf ita: lienifche Angelegenheiten ausüben konnte [7]. Und wenn Konradin durch fein Recht dazu auch unbezweifelt perfönlich berufen, ja ver:

---

[1] Aventin. ann., VII, 7, 4. — [2] Lünig, Reichsarchiv, pars spec., cont. I, Anhang 4, Abfah von der Schweiz, Urk. 34, S. 204. — [3] Kindlinger, Beiträge, II, Urk. 78. — [4] Concil. XIV, 335. — [5] Lud: wig, Relig., IV, 307. — [6] Klage des zum paffauer Sprengel gehörigen Kloftere Ranshofen. Monum. boica, III, 334. Urk. von 1267. — [7] Ri: chard fchrieb zwar, er werde nach Italien kommen, und fchickte Gefandte dahin ab, aber er konnte feinen Vorfah nicht ausführen. Codex epist. 4037, p. 96.

pflichtet war, so fehlte dem Vereinzelten doch die Macht, und es mußte Vieles vorhergehen und zusammentreffen, ehe er dem eigenen Antriebe und den fremden Aufforderungen Gehör geben durfte. Deshalb wird es nöthig, nach diesen für eine allgemeine Uebersicht des Zusammenhanges erforderlichen Andeutungen unsere Blicke von Deutschland hinweg wieder nach Italien zu wenden.

Daß nach dem Falle Manfreds, des edelsten, geistreichsten und mächtigsten unter den Ghibellinen, die Uebermacht in ganz Italien wiederum den Guelfen zufallen würde, hatten Alle vorhergesehen, aber wohl nur Wenige in der Freude oder dem Leide des raschen Wechsels bedacht oder erkannt, wie sich das Verhältniß zu ihrem neuen und gerade zu diesem Schutzherrn gestalten werde und müsse. Die Torre in Mailand schlossen sich bei ihren unlöslichen Mißverständnissen mit Palavicini und den Visconti freiwillig dem Könige Karl an, der ihnen auch dafür sogleich einen Podesta, Enguerrand von Baur [1], setzte. Anstatt daß dieser, als ein Fremder, sich von der Leidenschaftlichkeit italienischer Parteiungen hätte frei halten sollen, ließ er, um einige von Ghibellinen begangene Frevel zu strafen, 52 ihrer unschuldigen Verwandten auf so furchtbare Weise martern und tödten, daß selbst Napoleon della Torre erschrak und ausrief: „Das Blut dieser Unschuldigen wird auf meine Kinder kommen!" — Den fremden grausamen Podesta verjagte zwar das Volk, stand aber seitdem unsicher und vereinzelt zwischen den Ghibellinen und Karl von Anjou. Zur Zeit Friedrichs I hätte Mailand eine solche Stellung mit Würde behaupten können, jetzt hingegen, wo die frühere Größe, Tüchtigkeit und Einigkeit der Gesinnung dahin war, boten die Torre dem Könige Karl sogar die Herrschaft von Mailand an und glaubten, nur auf dessen Vorwort werde der Papst den Bann lösen, welcher zu allgemeinem Mißvergnügen, wegen Verwerfung des Erzbischofs Otto Visconti, auf der Stadt lastete [2]. Am 23. März 1266 kam daher ein Bund zu Stande zwischen Mailand, den Markgrafen von Montferrat und Este, dem Grafen Ludwig von Verona, den Städten Mantua, Ferrara, Bologna, Modena, Reggio, Lodi, Padua, Vercelli u. m. a. für Karl von Anjou gegen alle Feinde desselben. Hiemit war ihm die Oberleitung aller lombardischen Angelegenheiten auf eine Weise abgetreten, wie man sie rechtmäßigen Kaisern nie bewilligt hatte, und vermöge seiner neuen Würde gesellte er nun den mailändischen Abgeordneten die seinigen hinzu, welche die Sache jener vor dem Papste vertraten und behaupteten [3]: nur mit Hülfe Mailands und der Torre habe König Karl durch Oberitalien hindurch bringen und Manfred schla-

---

[1] Murat. Ann. zu 1266. Stephanardus, p. 67—71. Mediol. ann. zu 1265 und 1266. — [2] Tiraboschi, Modena, V, Urk. 007. Eccelela, 147. — [3] Mediol. annal zu 1267.

gen können. Es würde sehr unrecht seyn, wenn die Kirche eines so 1256
großen Dienstes vergäße, bloß des Erzbischofs Visconti und einiger
vertriebenen Edlen halber, welche dem Tyrannen und Ketzer Ezelin
angehangen hätten und jetzt Palavicini ehrten, das Haupt aller
Ketzer und Kirchenfeinde. Billig erscheine es vielmehr, daß Otto
abgesetzt und Raymund della Torre zum Erzbischof ernannt werde.
Nach diesen und ähnlichen Darstellungen der königlichen und der 1257
mailändischen Gesandten glaubten die Meisten, sie würden ohne
Zweifel obsiegen; allein der gegenwärtige Erzbischof Otto Visconti,
ein gewaltiger, nie einzuschüchternder Mann, stand auf und antwortete: „Ich und mein Haus war nie feindselig gegen Mailand; aber
die Habsucht, die Erpressungen, die Grausamkeit die Hinrichtungen
der Torre zwangen uns zum Widerstande. Wir suchten Hülfe bei
der Macht Ezelins, theilten aber nicht seine Grundsätze, wogegen
jene freiwillig Palavicini beriefen und ihm große Gewalt einräum-
ten. Zum Beweise der Wahrheit meiner Rede sehet und höret hier
einen Unglücklichen, welcher aus ihrem furchtbaren Gefängnisse entkommen ist." — Dieser geschickt zu solchem Zeugniß und zur Erregung des Mitleids herbeigerufene bestätigte Ottos Worte, worauf
sich Klemens erhob und sprach: „Erst wenn die Erde keinen Samen
trägt, den Sternen das Licht fehlt und der Sturm nicht mehr die
Lüfte bewegt, werde ich den Spruch der Kirche gegen die Torre aufheben." — Da schwuren, um größere Gefahr zu vermeiden, die
Gesandten der Torre dem Papste Gehorsam [1]; aber die Parteiungen, Verfolgungen und Grausamkeiten [2] hörten, trotz der Uebermacht der Guelfen, hiemit in Mailand und der Lombardei keineswegs auf.

Für Niemand mußte der Fall Manfreds von wichtigeren Folgen 1266
seyn als für den Markgrafen Palavicini, weshalb dieser auch so- bis
gleich, um wenigstens nach einer Seite hin gesichert zu seyn, die 1267
Hände bot zur Aussöhnung mit dem Papste. Weil er aber diese
Unterhandlungen seinem Mitbeherrscher von Cremona, Boso von
Doaria, verschwiegen hatte [3], so zürnte dieser oder stellte sich erzürnt, um seinen schon früheren Abfall zu verdecken und zu be-
schönigen.

Palavicini verlor bei dieser Gelegenheit Cremona, ja allmählich ward er — einst durch große Klugheit und Tapferkeit Herr
von Mailand, Cremona, Brescia, Piacenza, Pavia, Alessandria,
Tortona — durch die Guelfen, unter eifriger Mitwirkung päpstlicher Abgeordneter, so aller Herrschaft beraubt, daß ihm nur

---

[1] Auch den angerichteten Schaden sollten sie ersetzen. Galv. Flamma,
Mn. Saxii archiepiscop., II, 712. — [2] Chron. ital. Brèh., 208.
74 Gefangene geköpft. — [3] Placentin. chron. macr. ju 1266. Martene,
Thes., II, 302. Memor. Regiens., 1125.

ein paar unbedeutende Schlösser zu seiner persönlichen Sicherheit übrig blieben [1]. Aber auch Bojo verlor (eine gerechte Strafe seines Benehmens) noch in demselben Jahre alle Macht und allen Einfluß [2].

1266 Nicht minder wichtige Veränderungen als in der Lombardei ereigneten sich in Florenz. Das Volk, welches zum größeren Theile guelfisch gesinnt war, klug nach Maufreds Tode an über Willkür, harte Auflagen, Bezahlung fremder Söldner u. dergl. zu murren, und die von den Ghibellinen zu ihrer Sicherung ergriffenen Maßregeln erhöhten nur die Unzufriedenheit und Gefahr. In solcher Lage hielten diese es für gerathen, etwas zu bewilligen, damit das Uebrige unangetastet bleibe, und die Guelfen für klug, sich mit Wenigem scheinbar zu begnügen, damit nur der Weg zu größeren Erwerbungen erst gebahnt werde. Zwei Podesta, dies beschloß man, sollten künftig in Florenz neben einander stehen, ein Guelfe und ein Ghibelline [3]; 36 ehrbare Bürger und Kaufleute aus allen Parteien (die bisher ohne Fehde und friedlich gelebt hatten) erhielten, wie über manches Andere, so hauptsächlich über die Staats-Einnahmen und Ausgaben eine prüfende Mitaufsicht. Jede der sieben Hauptzünfte (Richter und Schreiber, Kaufleute, Wechsler, Wollenweber, Aerzte und Apotheker, Seidenwirker, Kürschner), welchen sich auch Personen anderer Gewerke anschlossen, erhielt ihre Konsuln, Beschloßhaber, Abzeichen und Fahnen, damit die Zusammengehörigen sich sogleich vereinigen und zum Besten des gemeinen Wesens aller Gewalt und allen schädlichen Neuerungen widerstehen möchten. — So schien das Ganze verständig geordnet und gegen einander abgewogen; ja es wäre vielleicht wirklich so gewesen wenn man mit den besseren Formen den Parteien hätte einen besseren oder doch minder leidenschaftlichen Geist einflößen können. Bald aber begünstigten die Sechsunddreißig mehr die Guelfen als die Ghibellinen, und diese, empfindlich selbst über geringe Minderungen einer sonst ungetheilten Macht, beriefen ihre Freunde aus Pisa, Siena, Arezzo, Pistoja, Volterra, u. a. O., um nöthigenfalls durch Gewalt die alte Lage der Dinge herzustellen. Mit Einschluß der Deutschen zählten sie an 1500 Reiter. Dennoch versammelte sich das weit schwächere Volk unter dem tapferen Soldanieri, wo nicht zum Angriffe, doch zur Vertheidigung. Auch kam es in der Stadt zu blutigen, jedoch unentscheidenden Gefechten; als Graf Guido Novello auf einmal (entweder die Gesinnungen der Mehrzahl oder äußere Feinde fürchtend, oder einen bürgerlichen Krieg über Alles verabscheuend) am 21. November 1266

---

[1] Guercius zu 1267. Mutin. annal. Monach. Patav. zu 1266. Er starb 1269. Placent. chron. mscr. Salimbeni, 409. Joh. de Mussis. Sein Testament in Affò, Parma, III, 400. — [2] Salimbeni, 409. Bonon. hist. miscella. — [3] Malespini, 183, 184. Villani, VII, 14.

Karls Regierung.

freiwillig mit den Ghibellinen Florenz verließ und nach Prato zog. 1266
Kaum aber waren sie hier angekommen, als die Meisten erklärten:
die ergriffene Maßregel sey aus einer ungeheuren Uebereilung, Täuschung oder Feigheit entsprungen, weshalb man sogleich mit den
Waffen in der Hand nach Florenz zurückkehren müsse. Dies geschah;
allein die Bürger ließen, Rache fürchtend, sich weder durch Bitten
noch durch Drohungen bewegen, die Thore zu öffnen, und Gewalt
blieb, bei der guten Befestigung und Vertheidigung der Stadt, ohne
Erfolg. Das Volk setzte einen neuen Podesta und Hauptmann ein,
und die ungetheilte Herrschaft nur einer Partei schien wiederum befestigt zu seyn. Doch muß es nicht an edlen Männern gefehlt haben, welche von höherem Standpunkte das Ganze im Auge behielten; wenigstens kam es im Januar 1267 zu einem neuen Vertrage, 1267
vermöge dessen die Ghibellinen nochmals in die Stadt aufgenommen
und durch zahlreiche Wechselheirathen mit den Guelfen versöhnt war-
den. Die überall Unheil bringende Einwirkung König Karls zerstörte aber dies glückliche Verhältniß, wie sich näher ergeben wird,
sobald wir über dessen Regierungsweise in Neapel und seine Stellung zum Papste das Nöthige mitgetheilt haben.

Nirgends waren die verzweifelten, ihres Hauptes beraubten Anhänger Manfreds[1] nach der Schlacht bei Benevent fähig, Widerstand
zu leisten; das ganze Reich kam in die Gewalt König Karls. Nur
Philipp Chinardo, Manfreds getreuer Flottenführer, segelte mit vielen Söldnern nach Cyprus, damit er für Helena und deren Kinder
wenigstens diejenigen Besitzungen erhalten möchte, welche sie als Aus-
stattung erhalten hatte[2]. Michael, Helenens Vater, stellte sich auch
anfangs über diese Treue sehr erfreut und gab an Chinardo die
Schwester seiner Frau zum Weibe; dann ließ er ihn heimtückisch ermorden! Der habsüchtige Plan, durch diesen Mord in den Besitz
jener Güter zu kommen, mißlang jedoch, weil die italienischen Besatzungen sich nunmehr lieber dem Könige Karl als ihm ergaben.

Von dem in sich so folgerechten, in seiner Art so bewunderns-
würdigen Systeme der Verfassung und Verwaltung Kaiser Friedrichs
blieb jetzt fast keine Spur. Zuvörderst löfete die Anerkenntniß des
gesammten päpstlichen Rechtes einen sehr wichtigen Theil jener
Einrichtungen völlig auf; von Lehnsverhältnissen, regelmäßigen
Steuern der Geistlichkeit oder weltlichen Gerichtsverfahren gegen dieselbe war nicht mehr die Rede, und von allem Einfluß des Staates
auf Kirche und Priester blieb nur ein unsicheres Patronatsrecht übrig.
Ferner baten die zu Karl abgefallenen apulischen, es forderten die

---

[1] Karl ließ alle Ufer und Landungsstellen besetzen, damit alle der Ghibellinen zu Hülfe kommenden abgehalten oder gefangen würden. Archiv. di
zecca napol. Urk. vom 23. März 1266. — [2] Du Fresne, Histor. Con-
stantinop., IV, 50.

1266 von ihm neu eingesetzten französischen Großen eine Herstellung der altadeligen, vom Kaiser veränderten Gerichtsrechte; sie freuten sich dieses Gewinnes und sahen nicht, wie gleichzeitig die größern Gaben und Geschenke Friedrichs verloren gingen. Die höchste Gerichts- und Reichsoberbehörde, die magna curia [1], behielt nämlich keinen Einfluß, weil der König Jegliches von seiner Kammer aus mit wenigen Räthen anordnete und überhaupt keinen Staats= oder Ständerath mehr wollte. Der hohe Gerichtshof ebenbürtiger Barone kam außer Thätigkeit; die so wichtigen Landtage (welche die Elemente ständischer und stellvertretender Verfassungen auf eine treffliche und damals einzige Weise vereinigten) wurden nicht berufen oder weiter ausgebildet, sondern vorsätzlich unterdrückt, und mit dem völligen Untergange aller reichsständischen Bedeutung verlor (wir wiederholen es) der Adel, ja selbst die Geistlichkeit im Wesentlichen weit mehr, als sie irgendwo anders in Kleinigkeiten zusammen gewinnen konnten. Auch unterließ Karl nicht einmal sie in den nächsten und persönlichsten Verhältnissen zu mißhandeln, indem er, unbekümmert um Friedrichs II Entsagung, aufs neue verbot [2] daß irgend ein Lehnsmann ohne seine ausdrückliche Erlaubniß heirathe oder seine Töchter vermähle, indem er Handelsgesetze erließ welche die Rechte des Adels und der Geistlichkeit sehr beschränkten. Auch das bürgerliche und peinliche Recht machte Rückschritte, weil man Friedrichs treffliches Gesetzbuch erst umdeutete und dann ganz in Vergessenheit gerathen ließ [3]. Hiermit ging der lebendige geschichtliche Faden aller Entwickelungen verloren, welcher durch römische Rechtstheorien späterer Zeit um so weniger ersetzt werden konnte, als sich ein ächtes Staatsrecht durchaus nicht daran knüpfen ließ.

Ueberhaupt hatte Karl einen unbegrenzten Haß gegen alles und jedes Hohenstaufische; deshalb gerieth er in Zorn, wenn Jemand die Stadt Manfredonia nannte [4], und suchte, obgleich ohne Erfolg, diesen Namen zu vertilgen; darum ließ er die vortrefflichen Augustalen Friedrichs sogleich auf höchst ungeschickte Weise in Karlinen umprägen [5]; daher wurden alle Urkunden, Staatsschriften und Denkmale aus der hohenstaufischen Zeit so vernichtet, daß im Königlich sicilischen Archive gar keine schriftlichen Ueberbleibsel vorhanden [6] und in Nea-

---

[1] Pecchia, III, 60—75. — [2] Lelli, Discorsi, III, 55. — [3] Cadde in dimenticanza il divino codice Suevo, sagt Gregorio, Introduzione, 85. Beweis durch Kampf z. G. wurde wieder häufig gebraucht. Pecchia, I, 172. Signorelli im dritten Bande. — [4] Habuit eam exosam in totum, quod eam audire nominari non poterat. Salimbeni, 467. — [5] Regesta Caroli I, 63. — [6] Keine Urkunde im sicilischen Archiv ist älter als 1312. Urschriften wie Abschriften aus früherer Zeit fehlen. Greg., Introduz., 88, 109. Auch beginnen die Regesta Karls wahrscheinlich mit Vorsatz erst vom Jahre 1283. nach Konradins Tode. Vergl. Troyli, IV, 2, 436. Topi, I, 40.

Karls Regierung. Steuerwesen.

bei (ungewiß durch welches Glück) nur zwei Jahrgänge der Verordnungen Friedrichs II gerettet find. Man darf diese Zerstörung um so weniger dem Zufalle, man muß sie dem Vorsatze zuschreiben, weil die Denkmale aus normannischer, ja aus noch älterer lombardischer Zeit wohlgeordnet in großer Zahl erhalten find und die Lücke genau die Regierungen Heinrichs VI, Friedrichs II und Manfreds umfaßt.

Hat aber, so ist man geneigt zu fragen, Karls Regierung nicht wenigstens zur Vertilgung derjenigen Uebel hingewirkt, welche sich früher, wenn auch nicht durch Mangel an Einsicht, doch durch die Noth bei Steuern und Handelssachen eingefunden hatten? Hierauf kann man im Allgemeinen antworten: Regierungen, durch Gewalt gegründet, find jedesmal kostspieliger als Regierungen, welche sicher auf Recht und Herkommen ruhen. Wenn also Karl auch die gründlichste Einsicht und den besten Willen gehabt hätte, würde arges Unrecht nicht überall vermieden seyn; wie viel weniger, da ihm Einsicht und guter Wille fehlten, Verschwendung abgezwungen und Geiz natürlich war [1]. Er mußte seinen nur um solcher Hoffnungen willen mitgezogenen Baronen unglaublich viel schenken [2], er mußte dazu unglaublich viel fremdes Gut willkürlich in Anspruch nehmen und einziehen; er ordnete ungeheure Erpressungen an, damit für ihn doch auch etwas übrig bleibe und er sich auf Gold betten könne. · Und die Beschenkten waren zuletzt nicht einmal zufrieden, und die Wehklagen der Beraubten hätten jeden anderen als diesen König sicherlich gerührt und erweicht.

Die durch Friedrich II angeordnete, höchst preiswürdige Verwaltung der Kronguter nannten jetzt blutsaugende Schmeichler unvorteilhaft und parteiisch. Also ward, um die Einnahmen zu erhöhen und statt der wenigen Pächter und Verwalter angeblich recht viele Personen durch Theilnahme an der Bewirthschaftung jener Güter zu beglücken, folgender Plan entworfen und ausgeführt: alle wohlhabenden Gutsbesitzer, Pächter und Landleute erhalten Theil an den königlichen Weiden und dem Ertrage der königlichen Heerden, ja diese werden ihnen ganz übergeben, indem der eine so viel Kühe, der andere so viel Schweine u. s. w. nach einem bequem schwebenden Verhältnisse bekommt. Für eine so große Begünstigung muß dem Könige indeß ein billiger Vortheil werden, welcher nach festen, mit der Natur übereinstimmenden Grundsätzen zu berechnen ist. Eine Sau z. B. (dies nahm man an) wirft jährlich zweimal fünf Junge, vier männliche und sechs weibliche. Die drei weiblichen des ersten Wurfes bringen in demselben Jahr auch noch einige Junge, sechs männliche und neun weibliche. Von diesen 25 Schweinen verlangt

---

[1] Lelli, I. 181. — [2] Villani, VII. 10. Lelli, Discorsi, I. 108. Unzweifelhafte Beweise geben Karls Regesta auf allen Seiten.

der König — nur 20 oder deren Werth¹! — Hundert Schafe bringen jährlich 30 männliche und 60 weibliche Lämmer und diese 60 im zweiten Jahre ebenfalls schon wieder Lämmer. Nach dieser Steigerung wird die Zahl der Heerden berechnet und fürs Hundert abgeliefert: 12 Zentner Käse verschiedener Art und vier Zentner Wolle. Weil jedoch der König diese Naturerzeugnisse nicht füglich gebrauchen kann, so ist der Abkürzung halber sogleich festgesetzt, wie viel sie werth seyn müssen! Bei diesen Berechnungen hat man ferner noch nicht auf den großen Gewinn Rücksicht genommen, welcher aus dem Dünger entsteht; deshalb übernehmen die begünstigten Mitbesitzer der Krongüter hiefür noch eine gleich billig berechnete Abgabe²! — Ob Jemand diese Bedingungen verwarf, ward nie berücksichtigt, sondern Jeder, welcher dies ihm zugedachte Glück verkannte, zur besseren Erkenntniß und Selbstliebe gezwungen.

Ebenso thöricht und ungerecht war die Gesetzgebung über den Handel. Alle Häfen, welche nicht dem Könige gehörten, wurden durchaus gesperrt, damit Handel und Verkehr in den seinigen zunehme³. Schon an sich hätte eine solche Ungerechtigkeit keine guten Früchte gebracht, am wenigsten in Verbindung mit gemeiner Habsucht. Die begünstigten Städte mußten nämlich höhere Abgaben zahlen⁴, und noch drückender war die Art der Hebung und Aufsicht in dem rings an das Meer stoßenden Lande. Bei jeder Verschiffung sollte der Mauthbeamte schriftlich verzeichnen und bezeugen: den Betrag der Gegenstände, Ort und Tag der Ausfuhr, Tauf- und Geschlechtsnamen der Käufer und Verkäufer, des Schiffes und Schiffseigenthümers, den Bestimmungsort, die gestellten Bürgen, den Geldempfang u. s. w. Bei jeder Landung ward diese Bescheinigung vorgezeigt und in allen Theilen geprüft. Wer an einen falschen Bestimmungsort segelte, oder die vielfachen Vorschriften in irgend einem Punkte übertrat, wurde sehr streng, der Beamte in gewissen Fällen sogar mit dem Tode bestraft.

So gewiß Gesetze solcher Art, Land- und Wassersperren, selbst

---

¹ Danach traten Steigerungen auch für die folgenden Jahre ein. — ² Saba Malaspina, VI, 7. Auf ähnliche Weise wurden die Kühe und Stuten ausgethan, ja, wie es scheint, auch die Ländereien, wo, gegen Ablieferung der Ernte, nur geringe Bestellungskosten vergütet wurden. Weil indeß die Ausdrücke hier nicht ganz deutlich sind, haben wir nur das durchaus Klare in den Text aufgenommen. — ³ Saba Malaspina, VI, 3. Erst zur Zeit Gregors X, auf der Kirchenversammlung in Lyon, wagte die angeblich durch die Anjouiner befreite Geistlichkeit nicht ohne Besorgniß, ihre Klagen laut werden zu lassen. Aber der König nahm darauf wenig oder keine Rücksicht. — ⁴ Constitut. regni Neap., II, 1. Wann jede von diesen Maßregeln ergriffen wurde, steht nicht genau fest; gewiß stieg das Uebel bis zur sicilianischen Vesper, und die alsdann im Einzelnen eintretenden Milderungen zeigen erst recht augenscheinlich die Größe der Mißbräuche und Uebel.

in unseren Tagen, nach mancher drückenden Vorübung, gehässig und 1266
nicht ohne Tyrannei auszuführen waren, so gewiß haben sie, damals
eine ganz unerhörte Erscheinung, außerordentlich viel geschadet und
zerstört und zuletzt nur wenig eingebracht.

Auch sehen wir den König immerwährend in Schulden, und
nachdem er vielen Edlen aus neapolitanischen Familien (um sie desto
mehr in seine Hände zu bekommen) große Summen zwangsweise
abgeliehen [1], oder von einzelnen Städten [2] nicht weniger beigetrieben
hatte, gerieth er dennoch den Wucherern in die Hände und mußte verkaufen und versetzen, was nur irgend zur Hand war [3].

Wie die Verpachtung aller Zölle, ja sogar der Gerichtsgelder und
vieler obrigkeitlichen Stellen wirken mußte [4], sieht Jeder ohne weitere
Erläuterung von selbst ein.

Die Wahrheit dieser Nachrichten, welche ohnehin großentheils den
eigenen Verordnungen des Königs entnommen sind, wird noch durch
einen andern, für ihn sonst nur zu parteilschen Zeugen bestätigt:
durch den Papst. Um diesem Aufmerksamkeit und Dankbarkeit zu
bezeigen, hatte ihm Karl Geschenke, darunter den erbeuteten Kaiser-
thron, übersandt [5] und angeordnet, daß Innocenz IV in Neapel ein
Denkmal errichtet werde — aus dem Ertrage freiwilliger Gaben!
Als aber Niemand etwas dazu hergab, und Karl, der auf Unkosten
Anderer gern großmüthig erschienen wäre, die Ausgabe selbst übernehmen mußte [6], befahl er (weniger wohl aus Verehrung für die
Kunst des Alterthums, als aus Geiz) nur dann einen neuen Sarg
zu fertigen, wenn man keinen alten auffinden könne, der brauchbar sey.

Kleine Gefälligkeiten und Kunstmittel solcher Art konnten den
Papst um so weniger täuschen, da Karl in wichtigen Dingen, und
obenein auf eine plumpe Weise, wider die Verträge handelte. Dem
päpstlichen Bevollmächtigten z. B., welcher an die längst fälligen
Zahlungen erinnerte, gab er zur Antwort: er habe die Zahlungs-
fristen vergessen und geglaubt, die außer dem gewöhnlichen Jahrgelde
bedungenen 50,000 Mark werde man nie wirklich fordern. Clemens,
welcher über diese Rede erschrak, minderte die Summe auf 40,000 [7],
bewilligte längere Fristen, erklärte aber dann: von allen übrigen
Bedingungen dürfe, bei Strafe des Bannes, auch nicht eine uner-
füllt bleiben. Dennoch forderte Karl nicht allein den völligen Erlaß
jener Zahlungen, sondern auch, daß der Papst ihn fernerhin als

---

[1] Aldimari, Memorie, 130, 154, 252. Archiv. della zecca in Napoli. — [2] So lieh Pistoja 2000 Lire gegen große Versprechungen. Salvi,
I, 213. — [3] Regesta Caroli I, 177, 250, 255, 272 u. f. w. — [4] Er
verpachtete, was sich verpachten und nicht verpachten ließ; gabellae, jura
curiae, bajulatus u. A. m. Beweise im Archivio della zecca Napol. —
[5] Saba Malaspina, III, 14, 15. — [6] Regesta Caroli I, 30. — [7] Lello,
Vite, 12.

römischen Senator anerkenne. Hierauf erinnerte Klemens, daß der König mehre Male und zuletzt am 26. Januar 1266 [1], vier Wochen vor der Schlacht bei Benevent, feierlich und schriftlich versprochen habe, diese Stelle gleich nach der Besitznahme Apuliens niederzulegen; allein Karl blieb bei seinen Forderungen und fügte nur den Vorschlag hinzu: der Papst könne ihn ja mit jener Würde insgeheim belehnen, während er sie öffentlich als eine Gabe der Römer behalte! Hierin größeren Sinnes, antwortete Klemens: „Die Römer sind, wenn auch nicht auf tadellose Weise, doch schon so lange in dem Besitze des Rechtes den Senator zu ernennen, daß es unschicklich wäre ihnen dasselbe ohne alle Vorladung und Untersuchung abzusprechen. Der vorgeschlagene Ausweg aber: öffentlich anders zu reden und heimlich anders zu handeln, ist ganz unter der Würde eines Papstes und eines Königs." Nach Empfang dieser verblümten Zurechtweisung schrieb Karl nach Rom: da die Kirche behaupte, ihr gebühre die Verleihung der Senatorstelle, so wolle er, um seiner geliebten Mutter keinen Anstoß zu geben, dieselbe niederlegen, und die Römer möchten damit nur auch zufrieden seyn. Klemens antwortete: dies Schreiben sey boshaft und gehe mehr darauf aus Aergerniß herbeizuführen, als zu beseitigen [2], welche Ansicht auch dadurch bestätigt wurde daß Karl sich, trotz der angeblichen Niederlegung, nach wie vor Senator nannte und seine Beamten keineswegs aus Rom abrief.

Nicht minder bedenklich für den Papst waren die neu sich bildenden Verhältnisse Karls zu Tuscien. Einzelne Guelfen aus Florenz, welche in blinder Leidenschaft über die Versöhnung mit den Ghibellinern zürnten, wandten sich um Beistand an Karl, und dieser, froh einen Deckmantel der Herrschsucht und einen Vorwand zur Uebertretung des Vertrages zu bekommen, wollte sogleich ein Heer nach Tuscien senden. Indeß widersprach Klemens und schrieb ums Ende des Jahres 1266 nach Florenz [3]: die Ghibellinen möchten sich gemäßigt benehmen und zu einem billigen Frieden bereit finden lassen, weil er sonst Karls Theilnahme nicht verhindern werde. Ob nun gleich Billigkeit und Mäßigung jetzt gewiß mehr den mächtigen und drohenden Guelfen als den geschwächten und bedrohten Ghibellinen fehlte, so konnte sich doch der Papst nicht füglich gegen die kirchliche Partei streng erklären. Darauf bauend ging Karl unbekümmert vorwärts und sandte Guido von Montfort mit 800 Reitern nach Tuscien. Sobald die Ghibellinen hievon Nachricht erhielten, verließen sie Florenz um Ostern 1267 an demselben Tage, wo 52 Jahre

---

[1] Murat., Antiq. ital., VI, 105. — [2] Maliliose; plus provocativa quam repressiva scandali. Martene, Thes., II, 324. Zu Rom war dennoch seine Ordnung; in sua conversa jam viscera, nescit legem. Martene, Thes., II, 333. — [3] Ibid., II, 437.

vorher Buondelmonti war ermordet [1] und der Grund zu den unseligen Partheiungen gelegt worden. Sie zerstreuten sich nach Pisa, Siena und einigen anderen ihnen noch gewogenen Orten.

Blut hatte man bei dieser neuen großen Auswanderung zwar nicht vergossen, wohl aber unter Karls und des Papstes Beistimmung festgesetzt, daß ein Drittel der ghibellinischen Güter an die Stadt, ein Drittel zum Ersatz an die früher beraubten Guelfen fallen und das letzte Drittel einstweilen dieser ganzen Partei zur Benutzung bleiben solle. Aber auch selbst dies letzte Drittel ward allmählich von den Guelfen veräußert, wodurch die Ghibellinen, wie alles Eigenthum, so die letzte Hoffnung einer wünschenswerthen Rückkehr in ihr Vaterland verloren.

Auf die Erklärung der Florentiner, daß sie ihm die Herrschaft anvertrauen wollten, antwortete Karl anfangs: er verlange nur ihr Herz und ihren guten Willen[2]. Bald darauf nahm er aber die Würde eines Podesta für sechs oder zehn Jahre an, und Pistoja, Prato, Lukka[3] und andere tuscische Orte beeilten sich in ähnlicher Art ihre Gesinnungen zu zeigen, oder vielmehr seine Feindschaft abzuwehren. — Bei solchen Umständen blieb freilich kaum etwas Anderes übrig, als daß der Papst zur Erhaltung seiner Würde und seines Einflusses dem Könige das auftrug, was dieser aus eigener Macht zu thun sich nicht scheute, und daß er über die Art und Weise dieses Thuns regelnde Bedingungen aufstellte, statt sich fernerhin gutmüthig der Willkür eines solchen Bundesgenossen anzuvertrauen. Deshalb ernannte er den König auf drei Jahre zum Erhalter des Friedens in Tuscien, ließ sich aber, bei unvermeidlicher Strafe des Bannes, versprechen: 1) daß Karl wirklich ein Friedens- und nicht ein parteiischer Fehdestifter[4] seyn wolle; 2) daß er einen Monat nach Entscheidung der Frage über die zwiespaltige Wahl des deutschen Königs oder nach empfangener Aufforderung des Papstes diese Würde niederlegen und weder Herresmacht in Tuscien lassen, noch Orte behalten, noch Geld daher beziehen werde; 3) daß jede Bedingung des Hauptvertrags über das sicilische Reich in voller Kraft

---

[1] Im Jahre 1215. Villani, VII, 15—19. Ptol. Luc. ann. zu 1267. Geschichte der Hohenstaufen, Band III, S. 328. — [2] Lo loro cuore e buona volontà. Malesp., c. 185. Martene, Thes., II, 463. — [3] Karl ließe sogleich den Podesta in Lukka. Mem. di Lucca, II, 234. — [4] Paciarius, non partiarius. Raynald, §. 5—8. Martene, Thes., II, 500. Murat., Antiq. Ital., VI, 106. Gegen König Richard entschuldigte sich Klemens gewissermaßen: er habe Karl, der ohnehin so große Macht in Tuscien besitze, nicht zum vicarius imperii, sondern zum conservator pacis unter den erzählten Bedingungen ernannt, und Erhaltches sey von früheren Päpsten nicht bloß vacante, sondern auch fluctuante imperio gethan worden. Cod. Vindob. philol., Nr. 305, fol. 33. Cod. mscr. Vatic., Nr. 3977, fol. 18.

bleibe. — Nachdem Karl in Viterbo alle etwa noch vorhandenen Bedenklichkeiten des Papstes zu beseitigen gewußt und jene Urkunde am 4. Junius 1267 vollzogen hatte, begab er sich nach Tuscien und ward ehrenvoll in Florenz empfangen. Die Bürger dieses Freistaats hielten es für eine große Gnade, daß der ehemalige Graf von Anjou mehre in den Ritterstand erhob; sie mußten (auch für die Leidenschaftlichsten wohl ein bedenkliches Zeichen der neuen Freiheit) schwören: „Wir wollen der Kirche und dem Könige Karl gehorsam sein, mit Konradin schlechterdings in keine Verbindung treten und Niemand vor Beistimmung des Papstes als deutschen König anerkennen [1]."

Unterstützt von seinen neuen, sogleich zu Kriegs- und Geldleistungen angehaltenen Unterthanen [2], zog Karl gen Poggibonizzi, einen Zufluchtsort der Ghibellinen; aber vier Monate, bis in den December 1267, vertheidigten sich diese heldenmüthig und wurden nur durch Mangel an Lebensmitteln zur Uebergabe gezwungen. Dann schädigte der König aufs Aergste die Besitzungen der Pisaner, eroberte mehre Schlösser und verfuhr dabei auf eine Weise, welche mit seinem Berufe als Friedensstifter im frechsten Widerspruche stand. So wurden z. B. bei der Einnahme von S. Hilario Alte und Junge, Männer und Weiber, Laien und Priester ohne Unterschied gemartert oder niedergehauen [3]; und wenn man auch nicht sagen kann daß Karl jeden einzelnen Frevel anordnete, so duldete er doch deren Uebermaß, und es wird ausdrücklich berichtet: keiner von den Thätern sey gestraft worden [4]. — Klemens zürnte über dies Benehmen seines kirchlichen Vorkämpfers und schrieb ihm [5]: „Vermelde die Grausamkeit, zeige dich, wenn auch als Sieger, doch nicht als Rächer; sorge für die wahre Ruhe des Landes und mehr dafür daß du geliebt, als daß du gefürchtet werdest." — Karl aber beharrte auf seinem Wege.

Nach der Schlacht bei Benevent waren die Grafen Friedrich und Galvan Lancia aus Kalabrien nach Terracina entkommen und hatten mit des Königs Marschall einen Vertrag über ihre Sicherheit geschlossen, welchen jener nicht halten wollte, obgleich ihm der Papst warnend schrieb: er möge Sorge tragen für Ruf und Ehre [6]. Den Grafen Jordanus, Bernard Kaslagna, Peter Uberti und viele andere in der Schlacht bei Benevent gefangene Edle hatte Karl sogleich nach Frankreich geschickt und ließ sie in den allererlesensten Gefängnissen schmachten, bis sie ihre Wächter überwältigten und entflo-

---

[1] Dieser Eid war schon im April 1267 geschworen. Laml. Memor., I, 406. Malespini, c. 185, 188. Mecatti, 1, 74. — [2] Excerpta Magliab., XLIII, 42 und 66. Salimbeni, 407. Manni, Cron., 140. Nonach. Palav. zu 1267. — [3] Nach dem guelfischen Chron. imper. Laurent. wurden über 400 getödtet, pietate deposita. — [4] Neo' talis facientes sunt puniti. Ibid. — [5] Martene, Thes., II, 515. — [6] Provido famae tuae. Ibid., II, 432.

hen. Allein die Unglücklichen wurden wieder ergriffen, und nun ließ 1267 Karl, denn Empörer hätten ja schon bei der ersten Gefangennehmung das Leben verwirkt[1], jedem von ihnen eine Hand und einen Fuß abhauen und beide Augen ausstechen! Um so unermeßlichem leiblichem und geistigem Leiden zu entgehen, hungerten sie sich zu Tode! Karl blieb ungerührt bei dieser Botschaft, bei des Papstes wiederholten Warnungen.

Ueberhaupt muß man anerkennen, daß dieser seinen Schützling (leider zu spät) aufs Dringendste und Preiswürdigste zu allem Guten ermahnte, aufs Unverhohlenste dessen abscheuliches Benehmen tadelte. Wir geben aus diesen Briefen, weil sie die Lage der Dinge so genau als wahrhaft schildern, folgenden getreuen Auszug:

„Es gebührt sich daß du überall mit Ordnung verfahrest, damit du nicht, wider alles Recht, bei deinen Unterthanen suchest was sie bei dir selbst nicht finden. Man sagt, du seyst unermüdlich und für Freundschaft ohne alles Gefühl[2]. Männer, welche freiwillig und deiner Gnade vertrauend zu dir zurückkehrten, wurden auf deinen Befehl gefangen gesetzt, Unschuldige an der Stelle von Schuldigen gestraft und nutzlose Untersuchungen angestellt und unbillige Beweise von denen verlangt, welche du verdächtig zu nennen für gut fandest[3]. Da sollte der Eine darthun, wo er während der Schlacht von Benevent gewesen sey, der Andere, woher er seine Pferde bekommen habe u. dergl. Dies Alles schickt sich nicht für einen Fürsten, welcher Jeden durch Milde an sich ziehen und mit sich versöhnen soll. — Aber selbst deine getreuesten Anhänger betrügst du um den verdienten Lohn[4], sodaß viele Edle (gleich ungeziemend für ihren Adel und deine Ehre) in den Armenhäusern umherliegen oder gar aus Mangel umgekommen sind. Mit Unrecht verachtest du deine neuen Unterthanen, verzögerst die Rechtspflege, hörst Niemandes Beschwerden wie es sich gebührt, sondern entweder gleichgültig, oder ohne Geduld und unter lautem Schelten[5]: mit Einem Worte, du bist weder zugänglich, noch umgänglich, noch liebens-

---

[1] Der Papst nennt im August 1268 Galvan Lancia unter den Enthaupteten; mithin hatte Karl wahrscheinlich die später Betrogenen mit den zuerst Gefangenen gleich behandelt. Martene, Thes., II, 377. Camici, Url. XXI, S. 65, setzt dies Schreiben auf den 27. Julius 1266. Vie de S. Louis, user., 50. Bonon. hist. misc. Ricob. hist. imper., p. 136. Chron. macr., Nr. 911, p. 215. Anon. ital. histor., 263. Cluniac. chron. nuscr., 23. Chron. ital. Bröh., 274. Leider Zeugnisse aller Parteien, ob ich gleich gern an Uebertreibungen glauben möchte. — [2] Inhumanus diceris et nullum afficeris, prout dicitur, amicitia. Schreiben vom 22. September 1266. Martene, Thes., II, 406. Raynald, §. 10—21, und Append., 616. — [3] Martene, Thes., II, 507. Camici, Url. XXI, S. 65, zu 1266. [4] Suis fraudas stipendiis. — [5] Martene, Thes., II, 505. Cod. macr. Vatic., Nr. 3977, fol. 10—12.

[126] würdig, noch geliebt von den Deinen oder von Andern[1]. Bei solchem Verfahren mußt du stets das Schwert in der Hand haben, den Panzer auf der Brust und ein gerüstetes Heer zur Seite; — und ist das nun wohl ein Leben und nicht vielmehr ein Bild kläglichen Todes, immer seine Unterthanen zu beargwöhnen und immerdar ihnen verdächtig zu seyn?

Allerdings fragst du öffentlich die Erfahrenen um Rath; nachher aber hörst du insgeheim die Thörichten, welche nicht fähig sind jene zu beurtheilen, und folgst ihren Reden oder deiner eigenen Willkür. Auf so hoher Stelle wir auch stehen, so haben wir doch wo das Gewissen nicht bestimmt widersprach, unsere Meinungen nie den Rathschlüssen unserer Brüder vorangestellt. Mißtrauest du deinen Räthen, so erwähle andere geprüfte Männer; erneue aber dann nicht, nach französischer Weise, von Tag zu Tag den Argwohn ohne hinlänglichen Grund. Laß dem Geschäftsgange, besonders der Gerichte, freien Lauf und fordere die Sachen nie ohne erheblichen Grund nach Hofe ab. Entferne die Eingeborenen nicht aus ihren Aemtern; nie wirst du das Reich ohne ihren Beistand gut regieren, dein und ihr Wohl muß zugleich stehen und fallen.

Um deinen Haushalt und dein Hauswesen wollen wir uns im Einzelnen nicht bekümmern, aber auch keineswegs verhehlen, daß es heißt: so viel Köpfe, so viel Herren; daß Unordnung, Verschwendung und Mißbrauch dessen gerügt wird, was zu bessern Zwecken sollte verwandt werden. Schäme dich nicht, von Zeit zu Zeit über die Ausgaben und Einnahmen Rechnungsablegung anzuhören[2], und zügle die Habsucht deiner Beamten, über welche Alle klagen, während du allein schweigst. Aber freilich könnte man jene entschuldigen, daß sie Diebe werden, weil sie ihren verdienten Lohn nicht erhalten; deine Nachlässigkeit hingegen verdient doppelte Vorwürfe. Du legst Steuern aller Art und sogar den Geistlichen auf, ohne Rath und Beistimmung der Prälaten, Barone und Gemeinen; sowie darin die härteste Sklaverei liegt, so folgt daraus der ärgste Haß. Mache dem Gräuel dieser furchtbaren Expressungen ein Ende[3], sey zufrieden mit deinem Rechte und laß ihnen ihre Freiheiten. — Wir wundern uns daß nicht zu deinen Ohren bringt, wie groß das Geschrei und Wehklagen der Betrübten sey, wie bitter die Beschwerden der Kirchen und Geistlichen, wie viel Gewalt geschehe selbst den Weibern und Jungfrauen, wie viel Raub an Armen, Willkür an

---

[1] Nec adibilis, nec affabilis, neo amabilis. Nec suis, nec aliis gratiosus. Ibid., II, 406, 472. — [2] Nec pudeat te, de receptis et expensis certis temporibus rationem audire. Ibid., 505. — [3] Tollatur infamia de horrendis exactionibus. Ibid., 443, 445, 506, 525. Als ein besonders schändlicher und eigennütziger Beamter wird der Franzose Wilhelm Lando genannt. Cirillo, 8. Andris, 414.

Klage über Karl.

Welchen, Unrecht an Jedem! "Daher bist du Allen verhaßt ¹, Alle verfluchen dich, und nicht bloß Schande bricht auf dich ein, sondern du kannst (was dir nicht minder empfindlich seyn dürfte) auf diesem Wege nicht einmal dem Drucke der Armuth entgehen. — Vielleicht findest du diese Aeußerungen hart, da sie doch nur heilsam sind, und wir hoffen, daß du lieber durch Worte als durch traurige Erfahrungen lernen willst. Handle mithin und ordne Alles und Jedes so daß das Ende dem Anfang entspreche, und es Gott zur Ehre, dir zum Vortheil und den Deinen zur Freude und zum Beispiel gereiche."

Wenn Karl ein durch Worte zu bewegendes Gemüth, wenn er überhaupt ein Gemüth oder Gewissen gehabt hätte, so würden des Pappstes strenge Mahnungen und seiner Unterthanen lauter Jammer nicht so ganz spurlos an ihm vorübergegangen seyn. Jetzt aber, nach solchen Erfahrungen, zweifelte Niemand mehr daß diese neue Strenge, dies neue Elend, wogegen alles früher Getadelte und Beklagte von der höchsten Milde erscheine, ewig dauern werde, sofern man den Tyrannen von Stein und Eisen nicht mit Gewalt bezwinge. Ehrgefühl, Zorn, Noth und Verzweiflung entwickelten endlich auf gleiche Weise, erst bei Einzelnen, dann immer allgemeiner die Hoffnung: aus dem Lande und dem Geschlechte, welches man so lange und so oft als Quell jedes Unglücks bezeichnet hatte, werde die Erlösung kommen: aus Deutschland, durch den Hohenstaufen Konradin!

Neuntes Hauptstück.

Konrad der Jüngere, von den Italienern Konradino genannt, der Sohn König Konrads IV und der baierischen Elisabeth, war geboren am 25. März 1252 ², mithin beim Tode seines Vaters erst zwei Jahre und zwei Monate alt. Die nächste Erziehung des Kindes verblieb der Mutter, und die Vormundschaft übernahm sein Oheim, Herzog Ludwig von Baiern, als nächster Verwandter. Aber die Schwester wie der Neffe mochten bei dem leidenschaftlichen und strengen Manne wohl kein sehr erfreuliches Leben führen; sie waren Zeugen von Begebenheiten, welche hier um so weniger zu übergehen sind, da sie einen Nebenzweig der hohenstaufischen Leidensgeschichte bilden.

Herzog Ludwig hatte am 2. August 1254 Marie geheirathet,

---

¹ Odiosus redderis omnibus, — quae deprecationes etc. Cod. mscr. Vatic., Nr. 3077, fol. 0. — ² Aventin. annal., VIII. 6, 8. Herm. Altah. ju 1252. Böhm, Geschichte des Mittelalters, I, 456.

die Tochter Herzog Heinrichs II von Brabant, die Enkelin des von
dem Wittelsbacher ermordeten Königs Phillpp und der heiligen Eli=
sabeth. Sie lebte in Jeglichem ihres Standes und ihres Ge=
schlechts würdig, der erste Schmuck eines Hofes, an dem sich so
manche ehrenwerthe Männer versammelten. Unter diesen zeichnete sich
durch Tapferkeit und durch Gewandtheit in Worten und im Umgange
aus Ritter Rucho der Ottlinger [1]. Mehre Male spielte die Her=
zogin Schach mit ihm, was sein Zutrauen so erhöhte daß er bat:
sie möge ihn, gleich anderen ihrer näheren Diener, künftighin du=
zen und nicht mehr Ihrzen, oder mit Ihr anreden. Die Her=
zogin aber schwieg und ließ es beim Alten. — Bald nachher zog
ihr Gemahl ins Feld gen Augsburg und setzte sich so vielen Gefah=
ren aus, daß Marie ihn, obgleich vergeblich, warnte. Da schrieb
sie zu demselben Zwecke ein zweites Mal an den Herzog und gleich=
zeitig an jenen Ritter: er möge mit Fleiß dahin wirken, daß ihr
Gemahl das Feld verlasse; dann wolle sie ihm auch die Bitte ge=
währen, um welche er sie so oft gebeten habe. — Statt des ersten
kam durch Vertauschung dieser letzte Brief in die Hände Ludwigs,
welcher (durch Verleumdungen wahrscheinlich doppelt aufgeregt [2]) die
ihm unklaren Worte sogleich aufs Aergste mißdeutete, in sinnloser
Wuth den Boten niederstieß und, Tag und Nacht reisend, uner=
wartet am Abend des 18. Januar 1256 in Donauwörth anlangte [3],
wo sich seine Gemahlin und seine Schwester aufhielten. Beide em=
pfingen ihn mit ungeheuchelter Freude, er aber rief seiner Gemahlin
entgegen: sie sey eine Ehebrecherin und müsse sterben! — Diese,
fast betäubt von Schreck und Schmerz, bat, wo nicht um Beweise
so schwerer Anklage, doch um Frist damit sie ihre Unschuld darthun
könne. Allein weder ihre Bitten, noch die dringende Fürsprache der
Königin Elisabeth konnten den Herzog erweichen oder auch nur zur
Besinnung bringen. Das Fräulein Cilika von Brennberg durch=
bohrte er — denn sie wisse um den Verrath — mit einem Messer;
eine Andere ließ er von der Mauer des Thurms hinabstürzen, daß
sie starb. Jetzt kam die Reihe an seine Gemahlin. Ungerührt durch
die steigende Wehklage, durch ihr und der Uebrigen lautes Flehen,

---

[1] Aventin., VII, 7, 8, nennt ihn Rucho; Wispacher bei Westenrieder,
II, 102, sagt, er sey ein Ottlinger oder ein Graf Heinrich von Hirschau
gewesen. Vergleiche Wiener Jahrbücher, 1818, IV. Anzeigeblatt 7. An=
dere nennen ihn einen Raubgrafen Heinrich (Hormayr, Archiv, 1818, S.
107). und erzählen wie er ein Marschall Marie verleumdet und den Herzog
aufgereizt habe. — [2] Meister Stolle nennt zwei Herren von Isold und von
Brotiensdorf als Oerleumder. Hagen, Minnesinger, III, 6. Soltau, 43.
— [3] Er kam erst in der Nacht an, nach Mellic. chron., 1256, welches
zugleich, aber ganz unwahrscheinlich, sagt: habito de nece (Mariae) per
quinque septimanas consilio. In castro Swobiswerder. Sancruc. chr.,
643. Die Antonii. 17. Jan. Ensdorf. ann. Kaiser, Beiträge für Kunst im
Oberdonaukreise, S. 13.

durch die Schönheit der Unschuld, durch die sonst jedes schlafende Ge- 1256
wissen aufweckenden Mordthaten, beharrte er bei der satanischen Ver-
stocktheit, welche er Gerechtigkeit nannte: Marie mußte niederknien
und ein Wächter sie enthaupten¹! — Noch in dieser Nacht der
Gräuel und des Jammers, so erzählt man, erhielt der Herzog über-
zeugende Beweise von der Unschuld seiner Gemahlin; da brach
seine angebliche Kraft zusammen, und Mark und Bein wurden ihm
durch Gewissensangst so furchtbar erschüttert, daß der erst siebenund-
zwanzigjährige braungelockte Mann am anderen Morgen, zum neuen
Entsetzen Aller, mit ganz ergrautem Haupthaare hervorging². —
Ritter Rucho war unterdeß der ihm zugedachten Rache entkommen
und machte aller Welt seine und Mariens Unschuld glaubhaft be-
kannt³. Als Zeichen der Reue erbaute Herzog Ludwig hierauf das
Kloster Fürstenfeld; aber so viel dergleichen Handlungen in jener
Zeit auch galten, Liebe und Vertrauen konnten sie nicht erzeugen.

Daher dürfen wir wohl vermuthen, daß Elisabeths Verhältnisse 1259
zu ihrem Bruder unangenehmer Art waren, und daß sie am 6. Oktober 1259 gern dem Grafen Meinhard von Görz ihre Hand
reichte⁴; im Angedenken früherer Zeiten führte sie jedoch nach wie
vor den Namen einer Königin.

Alle diese Ereignisse wirkten natürlich auch auf Konradin zurück,
welcher mit geringer Umgebung bei seinem Oheim lebte, während in
Schwaben Jeder nach den hohenstauffischen Gütern seine Hände aus-
streckte und König Richard erklärte: Alles sey dem Reiche anheimgefallen, weil kein deutscher König Konradin damit belehnt habe.
Und doch hatten ⁵ Richards eigene Bevollmächtigte urkundlich versprochen, er werde nach seiner Wahl Konradin mit dem Herzogthume Schwaben belehnen und ihn in allem Erbe und Allode an-
erkennen⁶! Erst als Richards Macht ganz unbedeutend ward, doch-

---

¹ Sie ward nebst dem Fräulein von Brennberg im Kloster zum heiligen
Kreuz in Donauwerth begraben. Königsdorfers Geschichte dieses Klosters. —
² Meichelbeck, Hist. Frising., II, 1, 45. — ³ Dennoch habe (so sagen Einige) Herzog Rudolf, Ludwigs Sohn, den Ritter, als mittelbare Ursache des Todes seiner Mutter, erstochen. Wipacher, a. a. O. Dichter san-
gen theilnehmend von der Gräuelthat. Hormayr, Archiv, 1821, S. 203.
Noch in demselben Jahre stand Ludwig mit Richard in Unterhandlungen
über die Heirath irgend einer englischen Prinzessin. Hormayr, Archiv, 1829,
S. 1113. — Durch ihre Tochter Elisabeth, Gattin Kaiser Albrechts I,
ward Konradins Mutter auch Ahnfrau der Habsburger. Wiener Jahrb.,
1818, Anzigebl. 7. Aretinhover, Geschichte von Baiern, S. 18. Daß
der erst siebenjährige Konradin (wie Vitoduranus, S. erzählt) vor seiner
Mutter wegen Minderung ihres Standes nicht aufgestanden wäre und mit
ihr staatsrechtlich gezürnt hätte, ist durchaus unwahrscheinlich. Avenlin. annal., VII, 7, 18. — ⁵ Wiener Jahrbücher, XLIV, Anzigeblan 15.
Böhmer, Reg. zu 1257 und 1262. — ⁶ Ueber die weitern Schicksale
hohenstauffischer Güter siehe Wegelin, Landvogtei von Schwaben, I, 149.

teten, trotz der päpstlichen Verbote, Manche an des sehr schönen Jünglings Erhebung auf den Thron seiner Väter; und durch die getreue Vorsorge des der Zukunft vertrauenden Bischofs Eberhard von Konstanz (Truchseß von Waldburg [2]) kam doch wenigstens ein Theil Schwabens wieder an Konradin. Nicht minderer Sorgfalt trug man für dessen Erziehung und angemessenen Unterricht, sodaß er z. B. gut und fertig Lateln reden lernte [3]. Doch waren für ihn noch ganz andere Erziehungs- und Entwicklungsmittel zur Hand. Zuvörderst die Natur, deren heitere und belebende Einwirkung der zarte Jüngling an den schönen Ufern des Bodensees tief empfand und in Liedern aussprach [4]; dann die Erinnerung an das tragische Schicksal der Hohenstaufen, welches selbst Unempfindliche rührte, wie viel mehr ihn ergreifen mußte; endlich Freundschaft, geschlossen in aller Unbefangenheit und Herzlichkeit der Jugend mit dem nur nun drei Jahre älteren Friedrich von Oesterreich [5]. Dieser, der letzte Nebenzweig der alten Babenberger, ein Sohn Markgraf Hermanns VI von Baden und der österreichischen Gertrud, stammte, gleich Konradin, im sechsten Gliede von Agnes, der Tochter Kaiser Heinrichs IV, und entbehrte, wie Konradin, des väterlichen Erbes und der ehemaligen Macht seines Hauses. Beide, in gleicher Jugend, gleichen Leiden, gleichen Hoffnungen erzogen, mußten sich finden und vereinen für Leben und Tod.

Warum es unmöglich war Konradins Ansprüche auf Neapel und Sicilien nach dem Tode seines Vaters geltend zu machen, ist umständlich erzählt worden [6]. Daß später die Aufforderungen der Guelfen, sie gegen den Ghibellinen Manfred zu unterstützen, nicht zum Ziele führten, erscheint natürlich [7]; jetzt aber, als die Kunde der neuen Lage Italiens zu Konradin kam, als Ghibellinen ihn von allen Seiten dringend aufforderten, sein Recht geltend zu machen und das Unrecht fremder Tyrannei zu vertilgen: da ergriff der Jüngling diese höheren Gedanken und Zwecke, da glänzte noch einmal des alten Stammes Glücksstamme leuchtend empor, und er vergabte und veräußerte gern Alles diesseit der Alpen, um jenseit derselben ruhmbekrönt mehr zu gewinnen!

Schon im Jahre 1260 erhielt Graf Ulrich von Wirtenberg [8] für

---

[1] Formosus et magnus de persona valde. Chr. ital. Breb., 271. Das Bild ist nach gleichzeitigen Gallen gezeichnet. Mone, Zeitschrift, VI, 93. — [2] Hagen, Minnesänger, IV, 8. Sulin, II, 211. — [3] Conradinus litteratus juvenis fuit et Latinis verbis optime loquebatur. Salimbeni, 403. — [4] Manesses Codex, I, am Anfange. Daselbst auch ein Bild Konradins. Hagen, Minnesänger, I, 4. Pfister, Geschichte von Schwaben, II, 320. — [5] Rauch, Geschichte von Oesterreich, III, 60. — [6] Siehe Seite 276, 284. Malespini, 169—171. Memor. di Lucca, III, 30. — [7] Cherrier, IV, 523. — [8] Wirtembergs pragmatische Geschichte, I, 13. Mosers Erläutertes Wirtemberg, I, 10—26. Lünig, Reichsarchiv,

neue, aber kostspielige Freundschaft von Konradin das Marschallamt in Schwaben, die Schutzvogtei von Ulm, das Landgericht in der Bürsch und einen Landstrich auf der leutkircher Halde; und nicht minder vortheilhaft mochten spätere Erwerbungen seyn, welche der Graf, der Bischof von Augsburg¹ und mehre Städte und Edle in den nächsten Jahren von Konradin machten. Den Herzögen Ludwig und Heinrich von Baiern mißfiel aber eine solche Zerstreuung seiner Besitzungen um so mehr, als sie ein näheres Anrecht auf diese zu haben meinten; daher nahmen sie nicht allein für manche ihrem Neffen geleistete Vorschüsse Güter pfandweise in Besitz, sondern ließen sich auch im Jahre 1263 von dem erst eilfjährigen Knaben ur= kund lichversprechen, daß er ihnen im Falle kinderlosen Todes sein sämmtliches Allode überlaßen und sich bemühen wolle, daß sie auch alle Lehen bekämen². Nur für seine künftige Gemahlin und zu frommen Zwecken behielt er sich vor, noch andere Bestimmungen tref= fen zu dürfen.

Mit der neuen Aussicht auf Italien steigerten sich aber natürlich die Bedürfnisse, die Leistungen und die Vergabungen. Waren doch selbst die ältesten Erbgüter an der Rems und das Stammschloß Ho= henstaufen nicht mehr in des letzten Sprößlings Händen, sondern durch ihn oder seinen Vater an Walter, den Schenken von Lim= purg, gekommen³. — So stand Konradin da, schon in früher Ju= gend durch der Vorfahren und Verwandten Schuld oder Größe ein entblätterter Stamm; doch konnte er, wenn man ihn fragte: „Was bleibt dir?" mit Alexander dem Macedonier antworten: „Die Hoffnung!"

Auch ward diese in ihm auf alle Weise erhöht. Pisa z. B. ver= sprach durch Baccio Orlandi und Giuseppe Malpighi Geld und Mannschaft⁴; gleich vortheilhaft erklärten sich Siena, Verona und Pavia⁵. Die Grafen Galvan und Friedrich Lancia, die tapferen Brüder Konrat und Marino Kapece und mehre Andere, welche nach Deutschland gereist waren, stellten dem Jünglinge so beredt als der Wahrheit gemäß vor: Apulien und Sicilien sey gegen Karl höchst ungünstig gestimmt, und ohne Zweifel würden Alle bei dem

---

cont. II, Abth. 4, Absatz 6, von Wirtenberg, Urk. 1. Nach Benvenuto da Imola (Kommentar zu Dante, Inferno, XXVIII, 17) hatten unzufrie= dene Italiener 100,000 Gulden an Konradin geschickt. Hiervon ist keine wei= tere Spur, wohl aber von häufigem Geldmangel. ¹ Stetten, Geschichte von Augsburg, I, 75. Archiv von Stuttgart. Gassarus, 1454 — ² Sorl, Lechrain, Urk. IX — XII. Lünig, Reichs= archiv, cont. II, Abth. 4., Abf. 1, von Pfalz, Urk. 1. Archiv von Stutt= gart. Lettenhover, 173—179. Mon. Boica, XXX, 1, 333. Grälin, II, 213, 613. — ³ Prescher, Geschichte von Limpurg, I, 140. Vergleiche indeßen Orig. Guelf., III, praef., 81. — ⁴ Troncl zu 1267. Fiorello di croniche. — ⁵ Memor. di Lucca, III, 30. Saba Malespina, III, 17. Martene, Thes., II, 456. Cod. epist. 4957, p. 69.

erſten Anſcheln äußerer Hülfe ſich laut für ihn, ihrem rechtmäßigen Herrn, erklären. Nicht minder wünſchten die nur durch ihre Zerſtreuung ohnmächtigen Ghibellinen einen neuen Vereinigungspunkt ſehnlichſt herbei, und ſogar Karl wirke eigentlich mehr für als gegen Konradin, indem er durch ſein Verfahren dieſem alle Herzen gewinne. Schnell werde ſich jede nach Italien geführte Macht daſelbſt verſtärken und aller Schein von Tollkühnheit der Unternehmung verſchwinden wenn überhaupt da von Tollkühnheit die Rede ſeyn könne, wo man ſein Recht gegen den Ungerechten verfechte.

Dies und Aehnliches ward für den Zug nach Italien angeführt [1], während Konradins Mutter beharrlich widerſprach: die Gefahr ſey gewiß, der Erfolg zweifelhaft, jede bisherige Erfahrung abſchreckend. Dürfe ſie ihren einzigen Sohn den offenen Angriffen, den heimlichen Nachſtellungen fremder Völker und boshafter Herrſcher ausſetzen um künſtlich berechneter Möglichkeiten eines äußeren Erfolges willen? Italien habe die Hohenſtaufen immerbar tückiſch angelockt und ihnen Kraft und Blut ausgeſogen. Sollte ſich der Letzte dieſes Stammes nicht vielmehr warnen als verführen laſſen, nicht ein mäßiges Beſitzthum in dem heiteren Schwaben vorziehen jenem trügeriſchen, von finſteren Mächten umgewühlten Zauberboden? nicht das Leben mit redlichen deutſchen Freunden und Lehnsmannen vorziehen dem Bekämpfen feindlich, dem ängſtlichen Bewachen zweihundig Geſinnter, dem überall mit Zerſtörung begleiteten Abmühen nach einem unerreichbaren Ziele? — Aber alle dieſe für die Mutter mit Recht ſo bedeutenden Gründe verloren allmählich ihr Gewicht vor dem Jünglinge [2], welcher der Jugend ſeines Großvaters Friedrichs II gedachte und ſich freue, ebenſo früh den Beruf eines großen Mannes gefunden zu haben! — Auch gab ja Herzog Ludwig, der Oheim und Vormund, der ernſte und beſonnene Mann, dem Zuge Beifall und wollte, gleichwie Konradins Stiefvater, der Graf Meinhard von Görz, daran Theil nehmen; es ſtrömten ja von allen Seiten Ritter und Mannen herbei, um des hochverehrten Kaiſerhauſes letztem Sproſſen mannhaft beizuſtehen gegen weltliche und geiſtliche Tyrannen!

Im Herbſte des Jahres 1267 zog Konradin (nachdem er den Italienern ſeine Ankunft gemeldet und ſie zum Beiſtand aufgefordert hatte [3]) wohl mit 10,000 Begleitern über die Alpen [4] und erreichte Verona am 20. Oktober. Maſtino della Scala, der jetzige Beherrſcher dieſer Stadt, hatte als Ghibelline den Fürſten eingeladen [5] und

---

[1] Malespini, 194 u. f. Kap. Chron. mscr., Nr. 1836, in Bibl. Riccard. Sozomenes, 150. Gedichte für und gegen Konradin. Cherrier, IV, 527. — [2] Daß Konradin anfangs zögerte und darum getadelt wurde. Vitodur. chron., 4. — [3] Cherrier, IV, 161. — [4] Donon. hist miscella. Der Zug ging über Bregenz. Vitodur., 5. Wahrſcheinlich nahm Konradin in Hohenſchwangau Abſchied von ſeiner Mutter. Hormayrs Hohenſchwangau, 18. — [5] Carli, Verona, IV, 22. Verci, Trivig., 1, 171.

Konradin nach Italien.

empfing ihn aufs Feierlichste. Gesandte langten an von Padua, Vicenza, Mantua, von Boso und Palavicini, von den Vertriebenen aus Ferrara, Bergamo, Brescia; sie berichteten, wie groß die Freude aller Ghibellinen sey, und erneuten und vermehrten die früheren Zusicherungen. Alles versprach mithin den glücklichsten Erfolg, und Karl von Anjou wie der Papst erschraken über des Hohenstaufen unerwartet mächtigen Auftritt. — Allein wie immer sahen die Italiener in seiner Macht nur eine Partei [1], gegen welche eine andere Macht, das hieß wiederum nur eine Partei aufgestellt werden müsse, bei welcher Ansicht und Verfahrungsart man nicht einmal zu einem Gleichgewichte der Kräfte, viel weniger zu etwas Höherem gelangen konnte. Ferner bemerkten Alle gar bald, daß Konradin an Geld und Gut nichts zu vertheilen habe, oder etwaiger Lohn erst die Folge siegreicher Anstrengungen seyn könne; und überdies mußte jener die freundlich Gesinnten sehr schonen, da des unvermeidlichen Druckes bereits so viel war.

Noch Trauriges aber als dieses in Italien herkömmlichen Erscheinungen erlebte der Jüngling an vielen Deutschen, ja an seinen nächsten Verwandten. Die Noth und der Geldmangel wurden nämlich in Verona [2] bald so drückend, daß Viele Waffen und Pferde verkaufen mußten oder, weil sie sich in ihrer Hoffnung getäuscht sahen, über die Alpen zurückkehren wollten. Wenn Herzog Ludwig jetzt mit Muth und Ernst für seinen Neffen hervorgetreten wäre, so hätte er diese Gefahr beseitigen können; statt dessen benahm er sich auf eine Weise, welche früheren Verdacht fast zur vollen Gewißheit erhob. Unläugbar hatte er Konradin zeither oft unterstützt, allein aus der langen Reihe von Schenkungs= und Vergabungsbriefen geht hervor, daß er dabei als seines Vortheils vergaß [3]. So war ihm nun auch der italienische Zug ganz willkommen; denn im glücklichsten Falle blieb Konradin abwesend, und im unglücklichen kehrte er ebenfalls nicht wieder; mithin hatte sich der Herzog füglich nach allen Seiten gedeckt und lauerte auf Konradins Erbe wie auf eine sichere Beute. Auch die Noth in Verona wußte er sogleich zu benutzen [4] und erhielt für einen neuen Vorschuß an Geld wiederum große Güter als Pfand. Und wenn er nun wenigstens den Krieg noch mitgewagt, den sechzehnjährigen Jüngling treu berathen und begleitet hätte; aber auch er, auch Konradins Stiefvater, Graf Meinhard von Görz, kehrten

---

[1] Malvec., 940. — [2] Monach. Patav. zu 1267—68. — [3] Hugo, Neblatisirung der Reichsstädte, 213, 361. — [4] Kettenhover, 178 u. f. w. Korl, Lechrain, Urk. 13—14. Hagen sagt in seiner Chronik, 1075: Herzog Ludwig sey umgekehrt, weil er gehört, daß der Papst ihn gebannt habe; allein den kirchlichen Gesetzen blieb er immer ungehorsam, und weder er noch fein Stamm hatte fich feit vielen Jahren darum gekümmert. Graf Meinhard ward am 8. Februar 1268 von dem päpstlichen Bevollmächtigten, Erzbischof Philipp von Ravenna in den Bann gethan. v. Hormayr, Tirol, 1, 2, Urk. 186.

1267 (unbekannt, aus welchen angeblich überwiegenden Gründen) nach Deutschland zurück! War es da ein Wunder, wenn Aermere, Geringere und Fremde gleich klug, vorsichtig, eigennützig oder feig waren und die Zahl der Mannschaft von 10,000 auf 3000 zusammenschmolz[1]?

Doch verlor Konradin den Muth nicht und mochte sich damit trösten, daß eine kleine, aber getreue Schaar im Kriege mehr werth ist als eine große zweifelhafter Gesinnung, daß sie auf jeden Fall leichter besoldet und ernährt werden kann. Ferner überzeugten sich die Ghibellinen, sie müßten eigene Anstrengungen übernehmen, wenn nicht ihre ganze Hoffnung vereitelt werden solle. Endlich gereichten ihm mehre Ereignisse im mittleren und südlichen Italien zu großer Unterstützung. Der Papst zuvörderst war unzufrieden nicht bloß mit der Regierungsweise König Karls im Inneren, sondern auch mit seiner Behandlung der auswärtigen Angelegenheiten. „Wir fürchten", schrieb er[2] an Ludwig IX, „daß dein Bruder sein Reich lässiger bewahrt, als es dringend nöthig ist, und indem er sich auf so Vieles einläßt, kaum Weniges gut zu Stande bringen wird." — Denn nicht allein nach Italiens Herrschaft streckte der Unbefriedigte seine Hände aus, sondern auch schon nach Afrika und Griechenland. Am 27. Mai 1267 versprach er dem vertriebenen Kaiser Balduin ansehnliche Unterstützung[3], bedingte sich aber aus: erstens die Oberlehnsherrschaft über die Fürstenthümer Achaia und Morea, ferner das Eigenthum der Besitzungen, welche Michael von Epirus seiner Tochter Helena als Heirathsgut überlassen hatte, endlich ein Drittel alles künftig Eroberten, nebst dem Rechte, es hier oder dort zu wählen und abzugrenzen.

Auch hiebei schien Karl bloß nach den Ansichten und für die Zwecke der Kirche zu wirken, allein selbst wenn Klemens weniger scharfsichtig und unbefangen gewesen wäre, hätte er die im Hintergrunde liegende Gefahr dennoch gewiß erblickt, und noch weniger konnte er über das Nächste zweifelhaft seyn, daß nämlich mit Karls Thronbesteigung für Italien keineswegs alles das gewonnen und erreicht war, was man bezweckt hatte. Wenn ferner in den früheren Fehden die von Konradin ausgehenden Vorwürfe mehr gegen Manfred als den Papst gerichtet zu seyn schienen, so lasteten sie jetzt mit verdoppelter Kraft allein auf diesem. Gegen Manfred konnte man auf ganz andere Weise als gegen Konradin von ungenügenden Rechtstiteln sprechen, und die anfangs hervorgehobene Unfähigkeit dieses Kindes zum Herrschen hatte sich über Erwartung schnell verloren. Mehr als damals erschien es nunmehr widerwärtig und sinnlos, daß die erkünstelte Annahme von einer unbedingten Verderbtheit aller gegenwärtigen und künftigen Hohenstaufen über alle Grundsätze des Er-

---

[1] Mutin. annal. Salimbeni, 108. — [2] Marlene, Thes., II, 320, 472—474. — [3] Recueil de cartes histor. du Fresne, Hist. de Constantin., IL

Des Papstes Lage und Schreiben.

und Lehnrechtes, über alle evangelischen Vorschriften christlicher Milde und obliegen solle. Der Papst (wir dürfen es aus seinen trefflichen Ermahnungen an Karl schließen) fühlte gewiß in der Stille das Schwierige, ja das Ungerechte seiner Stellung. Anstatt aber den verwerflichen, seit Innocenz IV betretenen Weg aufzugeben und nach so bitteren und wohlverdienten Erfahrungen, sowie aus neuen und dringenden Gründen sich rücksichtslos für Wahrheit, Billigkeit und Recht zu erklären, blieb Klemens (gern oder nothgedrungen) im Bunde mit Karl dem Bösen und schrieb (diesmal wohl im Innern anders denkend) schon im April 1267 den Florentinern[1]: „Ein Königlein (Basilisk), entsprossen aus dem Stamme der giftigen Schlange, erfüllt mit seinem Gezüchte die Landschaften Tusciens und sendet Gleichgesinnte, Otterngezücht, Männer der Pestilenz, welche Verrath an euch, dem Reiche und an Karl von Anjou, unserem geliebtesten Sohn in Christo, verübten, zu allen Edeln, Städten und Orten umher, läßt durch auserlesene Lügen seine nichtige Pracht aufstutzen und sucht unermüdet Einige durch Bitten, Andere durch Lohn vom Wege der Wahrheit abzubringen. Der, welchen wir bezeichnen, ist der unvorsichtige Jüngling Konradin, der Enkel Friedrichs, des durch Gott und seinen Statthalter in gerechtem Gerichte verurtheilten Römerfürsten. Seine großsprecherischen Werkzeuge sind die verwerflichen Männer Guido Novello, Konrad Trinca, Konrad Kuperr und viele Andere, welche in Tuscien jenes schändliche Götzenbild errichten möchten, welche Söldner werben, Verschwörungen mit gleich argen Frevlern anstellen, jenen im Wahnsinn König nennen und ihn so weit verführt haben, daß er diesen Titel annimmt und sich des steiflischen Wappens bedient" u. s. w.

Vorhaltungen solcher Art überzeugten jedoch nur diejenigen, welche ohnehin des Papstes Ansicht theilten; mehr Gemüther gewann verhältnißmäßig Konradin durch seine Jugend, Schönheit[2], Gewandtheit, Beredtsamkeit und seine auf gutes Recht gegründete fröhliche Hoffnung. Deshalb und weil Konradin weder Warnungen[3], noch Vorladungen, noch den Befehl, Italien binnen Monatsfrist zu verlassen, im Geringsten berücksichtigte, steigerte Klemens seine Maßregeln wider ihn und seine Anhänger auf eine Weise, die an Strenge weit über das Gewöhnliche hinausging. Nicht bloß einzelne Uebertreter päpstlicher Vorschriften traf der Bann[4], sondern sogleich ganze Städte und Landschaften, welche jene duldeten oder herbergend aufnahmen; nicht bloß dem Fürsten wurden alle Besitzungen und sogar die Fähigkeit zu erwerben abgesprochen und seine Mannen vom Eide der Treue ent-

---

[1] Raynald, §. 4. Martene, Thes., II, 456. — [2] Formа egregius Ferret, 248. Pulcherrimus. Monach. Patav. zu 1268. — [3] Fijon, III, 8. Regesta Clem. in Paris, a. 4, ep. 2. — [4] Raynald zu 1268, §. 4. Der Bann Konradins fällt auf Petri Kirchweih oder, nach Martene, Thes., II, 541, auf Martini. Er ward öfter wiederholt.

bunden, sondern auch jeder seiner Freunde aller Würden und Lehen für verlustig erklärt, aller Vorrechte, Freibriefe und Verleihungen, ja des Rechtes beraubt vor Gericht Ansprüche zu verfolgen oder öffentliche Handlungen vorzunehmen. Geistliche, höhere wie niedere, betrachtete man nach irgend einer Begünstigung Konradins sogleich als entsetzt, ohne Hoffnung jemaliger Herstellung[3]; Wahlrecht und Wahlfähigkeit zu geistlichen Stellen erlosch auf vier Geschlechter hinaus. Jeder durfte die Besitzthümer, Waaren und Forderungen ghibellinischer Kaufleute in allen Ländern wegnehmen[2]; Jeder durfte Konradins Anhänger (Mord und Verstümmelung allein ausgenommen) an ihren Personen nach Willkür schädigen und sich in den Besitz ihrer Güter setzen; und diese Vernichtung aller Rechte und alles Eigenthums, dieser mannichfachste innerliche Krieg, diese grenzenlose Plünderung galt für ein würdiges Mittel zu würdigen Zwecken!

Selbst ein König wie Karl konnte, von der weltlichen Seite her, Maßregeln solcher Art nicht überbieten; auch traf ihn, da er verletzbarer und verhaßter war als der Papst, um diese Zeit mancher Unfall, den er hätte vorhersehen, ja vermeiden können. Anfangs wollte er kühn die ganze Lombardei vor Konradins Ankunft besetzen[3], hierauf diesen in Pavia belagern, endlich ihm wenigstens den Eingang in Tuscien versperren; aber alles mißlang wegen der neu eintretenden Verhältnisse des Königs zu Heinrich von Kastilien, den Sicilianern und zu den Saracenen in Apulien.

Heinrich von Kastilien, ein Sohn Ferdinands III und der Beatrix von Hohenstaufen (einer Tochter König Philipps), war, jeder Abhängigkeit ungeduldig, mit seinem Bruder, dem Könige Alfons X, in Fehde gerathen, und von ihm besiegt, zur Flucht nach Tunis gezwungen worden[4]. Nachdem er dem dasigen Könige einige Jahre mit Erfolg gedient und viel Geld erworben hatte, schien es ihm aus mehren Gründen räthlich, sein Glück von neuem und um so lieber innerhalb der Christenheit zu suchen, da er ein Verwandter König Karls war[5], der schwankende Zustand von Italien Erfolg verhieß und wahrscheinlich auch einzelne bestimmte Aufforderungen an ihn ergingen. Als er im Jahre 1266 mit einer auserlesenen Schaar von 300 oder gar 800[6] meist spanischen Reitern landete, hoffte jede Partei, er werde in ihre Pläne eingehen, während Heinrich ein Mann war, keineswegs geneigt sich benutzen zu lassen, sondern entschlossen Personen und Sachen zu seinem Vortheile zu gebrauchen. Religiöse Ansichten konnten ihn um so weniger bestimmen, da mehrjähriges

---

[1] Salisb. chron. zu 1267. Rudberti chron., 797. — [2] Cod. epist. mscr. 4957, p. 66, in Bezug auf Siena, und 68, 69. — [3] Martene, Thes., II, 525, 532, 574. — [4] Ferreras, IV, 289. — [5] Karls Mutter, Blanka, war die Tochter Alfons VIII von Kastilien; Karl und Heinrich stammten im vierten Gliede von Alfons VII. — [6] Ferreras, IV, 310. Malespini, c. 181, hat 800. Sanese, Chron., 500.

Umgang mit Saracenen ihn gegen die Ansichten der christlichen Kirche 1767 sehr gleichgültig gemacht hatte [1]; weil jedoch der Papst und der König von Neapel die Mächtigeren und scheinbar einig waren, so wandte er sich an sie, und Karl insbesondere nahm ihn freundschaftlich und ehrenvoll auf. Trotz dieser scheinbar großen Freundschaft gingen indeß die beiden Vettern doch heimlich darauf aus, sich wechselseitig zu überlisten, und diesmal fand Heinrich, so verschlagen er auch sonst war [2], seinen Meister. Karl nämlich ließ sogleich von ihm 40,000 oder, wie Andere berichten, gar 60,000 Dublonen [3], unter dem Versprechen pünktlicher Rückzahlung und williger Unterstützung seiner anderweiten Plane. Diese richteten sich zunächst auf die Erwerbung der römischen Senatorwürde, wozu Karl um so lieber die Hand bot, da er nun des Papstes willen sich äußerlich aller Einwirkung in Rom enthalten mußte und bequemer durch einen Vetter zu herrschen hoffte, dessen ganzes ihm zutraulich dargeliehenes Vermögen er bei der geringsten Untreue in Beschlag nehmen konnte.

Mittlerweile war bei einem vielleicht angestifteten Aufstande in Rom Angelo Kapucia gegen den Willen der Großen zum Volks= hauptmann ernannt [4] und ihm das Recht ertheilt worden, mit Zu= ziehung einiger Männer aus jedem Stadtviertel einen Senator zu erwählen. Er wählte Heinrich von Kastilien, womit mehre Geistliche und Laien anfangs sehr unzufrieden waren, ob sie gleich äußerlich ihren Beifall zu erkennen gaben. Durch unparteiische Rechtspflege gewann aber Heinrich manche Gemüther, und dem Papste schien es bei gründlicher Prüfung rathsam, wenn er den neuen Senator be= stätige und an ihm einen Mittelsmann zwischen sich und dem Könige von Neapel gewinne. Durch solchen Erfolg aufgemuntert, verhandelte Heinrich nunmehr darüber, daß ihn Klemens mit dem Königreiche Sardinien belehnen solle; und in der That scheint das Geschäft guten Fortgang gehabt zu haben, bis Karl, eine solche Erweiterung seiner eigenen Macht wünschend, widersprach und hiedurch seinen Vetter zu= erst beleidigte. Noch zorniger ward Heinrich, als der König sein Versprechen der Rückzahlung jener ihm dargeliehenen Gelder vorsätzlich nicht hielt und sogar des Papstes Aufforderungen und verständige Warnungen [5] in dieser Beziehung unberücksichtigt ließ. „Bei dem Herzen Gottes", rief Heinrich [6], „ich werde diesen Menschen umbringen oder er mich." Ein Bruch zwischen beiden Männern war also unver= meidlich, und da Heinrich vorhersehen konnte, daß Klemens seinen Schützling nicht verlassen werde, so beschloß er sich durch eine Verbin=

---

[1] Fidei catholicae cultu non diligens prosecutor. Guil. Nang., 378.
— [2] Multum callidus. Guil. Nang. chron. za 1256. — [3] Die kleinere Summe hat Villani, die größere Malespini. — [4] Saba Malasp., III, 18— 21. — [5] Schreiben des Papstes vom 27. September 1267 an Karl. Mar= tene, Thes., II, 513, 529. Donon. hist. miscella za 1268. — [6] Villani, VI, 10. Pecorone, II, 205.

bung mit den Ghibellinen zu stärken. Ehe hievon irgend etwas ruchbar ward, berief er die angesehensten Guelfen aufs Kapitol und ließ sie hier (unter ihnen Napoleon und Matthäus Ursini) gefangen setzen. Wenige nur hatten sich, Gefahr ahnend, in ihre festen Schlösser gerettet. Alle Schätze der Kirchen und Klöster und alle daselbst zur Sicherheit aus benachbarten Gegenden niedergelegten Güter verwandte Heinrich jetzt für seine Zwecke. Gleichzeitig schloß er einen Bund mit Konradin, ja am 18. Oktober 1267[1] nahm er dessen Bevollmächtigten Galvan Lancia in Rom auf und ließ hohenstauffische Fahnen von allen Mauern und Thürmen der Stadt wehen.

Zu diesem unerwarteten, für Karl in so vieler Hinsicht nachtheiligen Ereigniß gesellte sich der Aufstand der Saracenen in Lucera. Unter der hohenstauffischen Herrschaft wurden diese nicht bloß geduldet, sondern sogar vorgezogen; jetzt hingegen traf sie, außer den selbst Christen unerträglichen Steuern, auch noch allgemeine Zurücksetzung und religiöse Beschränkung. Dafür zeigten sie sich die ganze Regierungszeit Karls hindurch von sehr zweifelhafter Treue, und bei dem ersten Auscheine glücklichen Erfolges wagten sie, im Herbste 1267, öffentlichen Abfall[2]. Jedoch glaubte Karl um so weniger seine Mauer in Tuscien darum aufgeben zu müssen, da der Papst kampanische Söldner gen Lucera sandte[3], und die Kräfte des Landes in der That vollkommen hinreichten jene Minderzahl der Saracenen im Zaume zu halten, wenn sich die christlichen Einwohner nicht erst heimlich über deren Kühnheit gefreut, dann auf die Nachricht von Konradins Annäherung sich ihnen öffentlich angeschlossen hätten. So gewaltig griff der Aufstand im Neapolitanischen um sich, daß man eher die wenigen Orte aufzählen könnte, welche dem Könige treu oder von seinen Soldaten besetzt blieben, als diejenigen, welche von ihm abfielen[4].

Nicht geringer war endlich die dritte Gefahr, welche aus den Begebenheiten in Sicilien für Karl entstand. — Konrad Kapece, welchen Konradin schon in Deutschland zum einstweiligen Statthalter Siciliens ernannt und mit den nöthigen Vollmachten versehen hatte, segelte auf einem pisanischen Schiffe nach Tunis und berief, wahrscheinlich im Einverständnisse mit Heinrich von Kastilien, dessen daselbst noch verweilenden älteren Bruder Friedrich. Mit 200 deutschen, 200 spanischen und 400 tudeskischen Söldnern, welche der König von Tunis ihnen überließ, landeten sie im September 1267[5] bei Sciacca

---

[1] Martene, Thes., II, 540, 543. Raynald zu 1267, §. 13—20. — [2] Lucera mag nie ganz unterworfen gewesen seyn, wenigstens war es im Februar 1267 in offenem Aufstande. Martene, Thes., II, 450. Nach der Descr. vict. Caroli, 848, hätte es sich früher salva vita ergeben. — [3] Martene, Thes., II, 451. Monach. Patav. — [4] Malespini, c. 189, 190. — [5] Saba Malasp., III, 17—19. Nach dem Schreiben des Papstes vom 17. September 1267 waren gelandet 300 Deutsche, 100 Catelaner, 100 Sara-

und verbreiteten im ganzen Lande Aufforderungen zum Abfalle von Karl und zur Anerkennung Konradins. „Sehet", so hieß es unter Anderem in jenen Schreiben, „euer König wird schnell erscheinen, mit starker Hand und preiswürdiger Majestät. Er, der wahre Herr, der wahre König, der wahre Erbe, kommt zu seinem von Fremden und Unwürdigen grausam unterdrückten Volke, um Allen das Glück und die Freiheit wiederzubringen, welche sie unter seinen Vorfahren ungestört genossen."

Bald darauf ward auch eine öffentliche Erklärung [1] bekannt, worin Konradin alles Unrecht aufzählt, was ihm seit seiner Geburt von den Päpsten und ihren Schützlingen widerfahren sey. Beide Schriften wirkten um so größeren Eindruck, weil die Sicilianer sich noch mehr als die Neapolitaner dadurch beleidigt glaubten, daß der Papst ihnen nach Willkür einen König setzen [2] und dieser Neapel zur Hauptstadt erheben wolle; da ferner der Druck hier nicht geringer und die alte Anhänglichkeit an die Hohenstaufen noch größer war. Mit Recht trat daher Fulko von Puyregard, Karls Statthalter in Sicilien [3], dem scheinbar klügsten, aber bös gemeinten Rathe bei, die Neuangekommenen so schnell als möglich anzugreifen. Das Vertrauen auf sein zahlreiches Heer täuschte ihn aber sehr; denn während des Treffens schwenkten die Sicilianer plötzlich hohenstaufische Fahnen, wandten ihre Waffen gegen die Franzosen, schlugen sie gänzlich und erbeuteten ihr Lager. Messina, Palermo und Syrakus, die stärker besetzten Städte, blieben zwar noch in französischer Gewalt, aber der größte Theil des übrigen Landes, ferner Agrigent, Kalata, Nikosa, Katana, Noto, Konturbio und mehre andere Städte erklärten sich für Konradin.

Obgleich König Karl schon im Herbst 1267 von Heinrichs des Senators Abfall, der Empörung Lucerias und der Landung in Sicilien Nachricht bekam, ob ihn gleich der Papst dringend aufforderte [4] in sein Reich zurückzukehren, blieb er dennoch in Tuscien und meinte, wenn nur Konradin abgehalten oder geschlagen werde, sey jede andere Gefahr leicht zu beseitigen. Auch gelang es ihm im Januar 1268, selbst das wichtige Pisa zu einem Frieden zu zwingen [5], welcher indeß um so weniger Festigkeit gewann, da die erzählten Uebel immer bekannter wurden, und Konradin, von Verona aufbrechend, am 19. Januar ungehindert Pavia erreichte [6]. — „Wie hat dies geschehen können", so fragten erstaunt König Karl und der Papst, „bei Mailands Macht und guelfischer Gesinnung?" Aber die Torres, erzürnt

---

eмеm, Martene, Thes., II, 525, 532. Im November 1267 war schon ein großer Theil Siciliens in Aufruhr. Ibid., 543.
[1] Lunig, Cod. dipl. ital. — [2] Gianell., I, 426. — [3] De Podio Ricardi. Saba Malaspino, IV. 2. — [4] Martene, Thes., II, 525, 532, 563. — [5] Ibid., II, 568. — [6] Ibid., II, 597. Mediol. annal. 20. Januar. Chr. ital. Dreh., 275.

über den ihnen aufgedrungenen Erzbischof, begünstigten heimlich Konradin, und die Diskonti fühlten (als alle Ghibellinen) auch seinen Beruf ihm nachdrücklich zu widerstehen. Ihrem Beispiele folgend blieb ebenfalls der große Bund unthätig, welchen lombardische Städte bereits früher gegen alle Feinde Karls geschlossen hatten[1]. Doch war der gerade Weg nach Rom oder Tuscien hierdurch noch nicht eröffnet; denn alle Städte, welche in dieser Richtung lagen, insbesondere das mächtige Bologna[2], waren feindlich gesinnt, und den zweiten Haupteingang nach Tuscien[3], über die Bergpässe von Pontremoli, hielten die Guelfen auf Karls Befehl stark besetzt. Und doch mußte Konradin vor Allem daran liegen, dieß Land, wo die meisten seiner heimlichen Anhänger lebten, zu erreichen. Darum verließ er Pavia am 22. März[4] wagte sich (während Genua zweifelhaft blieb, welche Partei es erwählen sollte) durch die Besitzungen des Markgrafen von Karelo und das ligurische Gebiet nach Vado[5] (zwischen Savona und Finale) und fand hier, nach einer heimlichen Abrede, 10 pisanische Schiffe, welche ihn über Porto sino am 4. April nach Pisa brachten[6].

Um dieselbe Zeit kam König Karl, Tuscien verlassend, beim Papste in Viterbo an, hoffte aber noch immer, daß Konradins Landmacht nicht im Stande seyn würde durch die besetzten Bergpässe hindurch Pisa zu erreichen. Aber Herzog Friedrich von Oesterreich, welcher seinen Freund erst bis Vado begleitet hatte und dann nach Pavia zurückgegangen war, führte sie glücklich über die Berge nach Varese und durch Lunigiana und das Meer entlang bis Mutrone[7]. Hieher kamen ihnen die Pisaner entgegen und holten Alle unter Ehren- und Freudenbezeigungen in ihre Stadt ein. Dies Ereigniß, welches zeigte, daß sich der von Karl mit 800 Reitern in Tuscien zurückgelassene Marschall Wilhelm Boiselve[8] entweder täuschen ließ oder zu offenem Widerstande nicht stark genug fühlte, war dem Könige theils an sich höchst unangenehm, theils wußte er nun nicht, welchen Vertheidigungsplan er entwerfen sollte, da alle Nachrichten darüber fehlten, ob Konradin nach Rom oder ohne Aufenthalt nach Neapel ziehen, oder ob er (was man für das Gefährlichste hielt) nach Sicilien segeln

---

[1] Giulini, 220, zu 1267. Vergl. Malvecius, 945, über den vom päpstlichen Legaten 1267 vermittelten Frieden. — [2] Grisso zu 1267. Auch hielt man ja Enzius noch immer gefangen. — [3] Schreiben des Papstes vom 2. März 1268. Martene, Thes., II, 517, 581. — [4] Medial. annales. Pignolus zu 1268. Martene, Thes., II, 584. — [5] Diese Nachrichten des französischen Geschichtschreibers Guercio zu 1268 sind wohl die richtigsten und stimmen mit den päpstlichen in Martene, Thes., II, 584. Andere lassen ihn von Finale oder Varaggio absegeln. Villani, VII, 23. Manni, Cronich., 141. 7. April in Pisa. Chr. ital. Brèh., 279. — [6] Martene, Thes., II, 584. Über den 7. April. Böhmer, Reg. — [7] Guercius zu 1268. Nach Villani, VII, 23, ging auch ein Theil über Pontremoli. — [8] Villani, VII, 23, nennt den Marschall Belselve; Aldimari, Mem., 477, Guillelmo Etrubardo; Storia pisana mscr., 10, dagegen Nerbone.

wolle. So viel war jedoch außer Zweifel, daß Karl allen diesen Gefahren keineswegs von Viterbo aus entgegentreten könne[1]; darum verließ er diesen Ort und kehrte, nachdem ihm der Papst heilsame Lehren über Milde und Mäßigung auf den Weg gegeben hatte, in sein Reich zurück. Mit einem Theile der hier gesammelten Macht hoffte er vor weiteren Fortschritten Konradins Lucerla zu bezwingen; einen anderen Theil sandte er unter Philipp von Egle nach Sicilien und schrieb seinem Statthalter[2]: „Suche vor Allem Messina zu erhalten, denn so lange wir das Haupt in unserer Gewalt haben, kümmern wir uns wenig um das Uebrige. Zeige keine Furcht, übe die Söldner, halte stets Geld zu ihrer Bezahlung in Bereitschaft, habe ein wachsames Auge auf Reisende, falsche Arme, kleine Schiffe und Versammlungen aller Art; mißtraue Jedem!"

Aber auch Konradin und seine Freunde blieben in gleichzeitiger Thätigkeit nicht zurück; besonders schonte Pisa (allen ghibellinisch gesinnten Städten mit preiswürdigem Beispiele vorangehend) keine Art von Aufopferungen für seinen geliebten Schutzherrn und erfreute sich dagegen großer Begünstigungen[3]. Eine ansehnliche, stark bemannte[4] Flotte segelte unter Anführung von Friedrich Lancia gen Apulien und Sicilien, während Konradin am 15. Junius 1268 Pisa verließ und sich über Poggibonizzi, welches sich ihm angeschlossen hatte, nach dem gleich freundlich gesinnten Siena wandte. Hiedurch war eigentlich der Weg nach Rom eröffnet, weil Karls Marschall, welcher von Lucca nach Florenz gezogen war, die Straße über Radikofani und Viterbo nun nicht mehr versperren konnte. Damit er aber wenigstens Herr der zweiten Straße über Perugia bleibe oder in einem günstigen Augenblicke den Ghibellinen in die Seite fallen könne, beschloß Boisrive nach Arezzo zu gehen und nahm florentinische Begleitung nur bis Montevarchi an, weil die Stärke seiner Mannschaft hinreichend und auch kein Feind in der Nähe sey. Konradin, welcher Nachricht von diesen Bewegungen erhielt, stimmte der Ansicht bei daß man eine so bedeutende Macht nicht ungestört in Tuscien zurücklassen dürfe. Darum sandte man eiligst hinreichende Mannschaft unter Anführung eines Uberti den Franzosen entgegen, welche ungeordnet und keine Gefahr ahnend von Montevarchi gen Laterina zogen und am 25. Junius 1268[5] bei Ponte di Valle über den Arno gehen wollten. In diesem Augenblicke wurden sie aber von den in Seitenthälern des Arno versteckten Ghibellinen unerwartet angefallen und so vollkommen geschlagen, daß sich der Marschall mit 500 Reitern gefangen geben mußte[6].

---
[1] Martens, Thes., II, 581—589. — [2] Gallo, Annal. II, 96. — [3] Konradins wichtiger Freibrief für Pisa. Dorgo, Dipl. 201. Fanucci, IV, 51. Chron. Ital. Brev., 275. — [4] Saba Malaspina, IV, 4. Das Chronolo. Pisan. spricht von 5000 Soldaten. — [5] Malespini, 180—191. Honon. histor. miscella. Sanese, Chron. — [6] Chr. Ital. Brev., 231. L'Stendart entkam mit einem Theile der Mannschaft nach Viterbo. Jäger, 41.

Dieſer Sieg ſchreckte alle Guelfen ſo ſehr, als er die Ghibellinen ermuthigte, und ſelbſt Konradin ſagte in einem den Sieneſern am 7. Julius ertheilten Freibriefe [1] ganz offen: er wolle ihnen alle Reichs- und Handelsabgaben erlaſſen, ſobald er Kaiſer werde, nach welcher Würde er, ſeiner Ahnen großem Beiſpiele folgend, nicht unwürdig oder mit Unrecht trachte.

Von Siena zog Konradin über Radikoſani nach Aquapendente, weßhalb in Viterbo natürlich Furcht vor einem Angriff entſtand. Nur der Papſt verlor die Faſſung nicht [2] und weiſſagte, während die Anderen verzagten: „Des Knaben Größe wird verſchwinden wie ein Rauch, er ziehet hin gen Apulien wie zur Schlachtbank!" — Andererſeits hielt es Konradin mit ſeinen Freunden nicht für gerathen, daß man Zeit und Menſchen vor dem wohlbeſetzten [3] Viterbo verliere und durch perſönliche Verfolgung des Papſtes ängſtliche Gemüther abwendig mache. Er ließ Viterbo zur Linken und zog über Toscanella und Vetralla nach Rom.

Hier hatte Heinrich der Senator Anſtalten getroffen ihn aufs Feierlichſte, ja wie einen Kaiſer [4] zu empfangen und empfangen zu laſſen. Wohl geordnet und bewaffnet, mit Kränzen und Blumen geſchmückt, zogen (am 24. Julius [5]) die Männer dem Ankommenden bis zur Ebene unter dem Monte malo entgegen und führten ſie von hier zur Stadt, wo die ſchönſten Frauen und Jungfrauen Roms, in gleich geſtellte Schaaren abgetheilt, den ſchönen Jüngling mit Geſang, Tanz und Muſik der mannichſachſten Art empfingen. Hierauf wandte ſich der Sieges- und Prachtzug bei der Burg des Crescentius vorbei die Straßen hinauf zum Kapitol. Und dieſe Straßen boten einen Anblick dar, wie man ihn noch nie geſehen, ſie erſchienen zauberiſchen Bogengängen ähnlich [6]. Denn wetteifernd hatte man in bunteſter Abwechſelung alle Häuſer und Fenſter ausgeſchmückt und über die Straßen gezogen Lorberzweige und Blumengewinde, koſtbare Tapeten, ſeidene, purpur- und goldburchwirkte, künſtlich in einander geſchlungene Zeuge, zwiſchen welchen Edelſteine und Koſtbarkeiten aller Art noch heller hervorglänzten. Im Vergleiche mit dieſem war der Empfang König Karls nur dürftig und kalt geweſen.

Als Konradin endlich das Kapitol erreicht hatte und daſtand in jugendlicher Heiterkeit und Schönheit, umgeben von ſo vielen Fürſten und Edeln [7], da ſtieg der Jubel des Volks aufs Höchſte und es war

---

[1] Malavolti, II, 2, 37. Lünig, Cod. diplom. Ital., III, 1503. — [2] Er gleiche tanquam ad vindictam, ſagt der gleichzeitige, genau unterrichtete Salimbeni, 400. Ebenſo Pipin, III, 7. Mediol. ann. und Vitae pontif., 505. Memor. Regiens., 1181. — [3] Schon im Juni 1268 ſammelte Klemens ſo viel Soldaten als möglich. Martene, Thes., II, 609. — [4] Laudes imperatorias acclamarunt. Chron. Imper. et Pontif. Laurent. Ein Gedicht Heinrichs an Konradin. Cherrier, IV, 531. — [5] Chron. Ital. Brüh., 232. — [6] Saba Malasp., IV, 6. — [7] Ibid., IV, 7, nennt unter Anderen die Grafen Galvan Lancia, Gerhard Donoratifo von Piſa, Guido von Montefeltre, Konrad von Antiochien u. A. m.

Konradin und Heinrich.

kein Wunder, wenn sich jene Führer in solchem Augenblicke des Sieges und Glücks für so gewiß hielten, daß sie Belohnungen, Bestrafungen und Lehen schon in Gedanken vertheilten. Doch sprachen einige ernster Gesinnte: „Welch eine Stadt ist dies, die schon so unzählige Male ihrer alten Freiheit keusches Wesen verletzt hat und wie eine Hure sich jedem Ankommenden als ihrem Herrn hingiebt¹!" Und Andere sagten sich argwöhnisch ins Ohr: „Heinrich der Senator hat diese großen, zum Theil kriegerischen Aufzüge nicht sowohl angeordnet aus Liebe zu Konradin, oder um dessen Feinde zu schrecken, als um dem Jüngling drohend zu zeigen, was er selbst bedeute und vermöge; ja sein geheimer, mit Mehren schon verabredeter Plan geht dahin, daß nach dem unausbleiblichen Falle König Karls auch Konradin auf irgend eine Weise aus dem Wege geschafft und ihm, dem Frevler selbst, die sicilische Krone aufs Haupt gesetzt werde." — Ohne Zweifel suchte Heinrich von Kastilien zunächst seinen Vortheil, und entscheidendes Glück hätte gewiß dereinst Streitpunkte zwischen ihm und Konradin zu Tage gefördert; daß er aber in diesem Augenblicke kaltblütig Mordpläne und noch obenein mit Galvan Lancia, dem Glücks- und Leidensgefährten Konradins, entworfen habe, ist in sich höchst unwahrscheinlich und ganz unerwiesen. Es zeigt sich keine Spur von Argwohn oder zweideutigem Benehmen zwischen den beiden Verbündeten, und wären geheime Pläne vorhanden gewesen, so hätte sie der gewandte Kastilianer gewiß auch geheim gehalten. Im Uebrigen ist freilich die Entstehung und Verbreitung solcher Gerüchte in Zeiten solcher Parteiung zu natürlich, als daß man sich darüber wundern oder eine besondere Begründung derselben verlangen könnte.

Während der Zeit daß Konradin nach Rom zog, segelte die pisanische Flotte zuerst nach den apulischen Küsten und setzte alle Bewohner dieser Gegenden in Schrecken; dann wandte sie sich, größeren Erfolg hoffend, nach Sicilien und ankerte bei Milazzo. Schon früher waren die französischen Hülfsmannen unter Philipp von Egle auf der Insel gelandet, erhöhten aber durch Habsucht, Grausamkeit und unverhohlene Verachtung aller Einwohner den Haß derselben so sehr, daß ihre Ankunft in der That die französische Partei weit mehr schwächte als stärkte². In diesem Augenblicke, wo sich die Lage der Franzosen durch Mangel an Lebensmitteln und ansteckende Krankheiten noch verschlimmerte, würden ihre Feinde gänzlich obgesiegt haben, wenn sich Konrad Kapece, Friedrich Lancia und Friedrich von Kastilien, die äußerlich Gleichgestellten, über die Oberanführung und die zu ergreifenden Maßregeln schnell geeinigt hätten. Nun aber ward der aus ihrem Zwiespalt entstehende Zeitverlust Ursache, daß Robert von Lavena 22 provenzalische Schiffe herbeiführen und sich mit neuen messinesischen verstärken konnte. Hiedurch entstand in den Franzosen neuer Muth, andererseits unter ihren Gegnern aber auch die nöthige Einigkeit.

---

[1] Saba l. c. — [2] Gallo, Annal. II, 99.

Beide Theile rüsteten sich zu einer doppelten, zu einer Land= und einer Seeschlacht. Die letzte begann sehr glücklich für die Franzosen, denn die erste Hälfte der pisanischen Flotte schien sich der Provenzalen kaum erwehren zu können, und die zweite, welche den Messinesen gegenüberstand, begab sich nach kurzem Kampf auf die Flucht und wurde von den Siegern lebhaft verfolgt. Aber gerade dies hatten die seekundigeren Pisaner gewünscht und erwartet: sie nahmen, von ihrer verstellten Flucht sich umwendend, die jetzt vereinzelten Messinesen in die Seite, drängten sie zum Lande und eroberten alle ihre Schiffe. Der ernstere Kampf, welcher nunmehr gegen die größere Zahl der provenzalischen Schiffe beginnen sollte, fand gar nicht statt, weil Robert von Lavena, der, man weiß nicht wie, aus einem Lehrer der Rechte in einen Flottenführer verwandelt worden [1], bereits in feiger Ueber=eilung das Weite gesucht hatte.

Nach diesem unglücklichen Ausgange der Seeschlacht kehrte Fulko der Statthalter, welcher dem hohenstaufischen Landheere entgegengezogen war, rasch nach Messina zurück; und in der That schien Eile nöthig, indem die Bürger hier schon rathschlagten, ob man sich für den Ver=lust der Schiffe nicht an den Gütern der Franzosen erholen, ob man die Stadt nicht den Hohenstaufen übergeben solle. Die Pisaner störten jedoch dies günstige Vorhaben selbst durch zu rasche und gewaltsame Maßregeln. Sie segelten nämlich mit ihrer Flotte, von deren Masten die Fahnen Konradins und Pisas wehten, zum Hafen und trieben die erbeuteten, in Brand gesteckten Schiffe gegen das Ufer, damit auch alle übrigen auf der Rhede liegenden Fahrzeuge vernichtet würden. Als aber das Feuer nicht bloß diese, sondern auch viele Häuser er=griff, entstand das Gerücht, die Pisaner wollten Messina niederbrennen, woraus Cluigung und Widerstand der Bürger hervorging. Doch wäre die Stadt an diesem Tage, am 11. August 1268, wohl erobert wor=den [2], wenn sich der Wind nicht plötzlich gewendet und den Grafen Lancia gezwungen hätte, mit der Flotte nach Kalabrien hinüber zu segeln. Deßungeachtet konnte man Sicilien für gewonnen halten; denn jene pisanisch=hohenstaufische Flotte beherrschte ohne Nebenbuhler das Meer, die französischen Landsoldaten fanden einstweilen nur un=sicheren Schutz hinter den Mauern abgeneigter Städte, und aus Apulien Hülfe zu senden verhinderte der Mangel an Schiffen, der täglich wachsende Aufruhr und die Annäherung des durch alle diese Ereignisse doppelt ermuthigten und gestärkten Konradin.

---

[1] Daß er juris civilis professor war, sagt Saba Malaspina, IV, 4. —
[2] Caruso, Memor., II, 1, 324. Coraffa, Della città di Messina, 165.

Zehntes Hauptstück.

Um von den erzählten Begebenheiten die höchsten Vortheile zu ziehen, beeilte Konradin seine Rüstungen auf jede Weise und verwandte selbst Kirchengut für diesen Zweck. Sieben Tage nach jener Niederlage der französischen Flotte, am 18. August [1], brach er von Rom auf, wandte sich aber nicht, wie Karl erwartete, auf der gewöhnlichen Straße nach dem stark besetzten Paß von Ceperano, in dessen Rücken überdies das befestigte S. Germano und Kapua lag, sondern hoffte auf einem kürzeren und kühleren Wege [2], über unbesetzte Berge, in denjenigen Theil des apulischen Reiches einzubrechen, wo er von vielen ihm heimlich verbündeten Edlen und von den ihm leidenschaftlich zugethanen Saracenen den größten Beistand erwarten konnte. Gen Tivoli zog das Heer das reizende Thal des Teverone aufwärts, dann über die wüsten Berge bei Riofreddo in die mit Anhöhen rings umkränzte Ebene von Karsoli hinab. Von Ceperano bis hieher giebt es, auf einer Strecke von 10 deutschen Meilen, durchaus keinen gangbaren Weg über die hohen Bergrücken, an deren Morgenseite der Garigliano hinabströmt; und auch jetzt zeigen sich noch große Schwierigkeiten, wie man von Karsoli in die palentinischen Ebenen zwischen Tagliakozzo und Alba hinabkommen soll. Der kürzere Weg über Rolle und Roffa Terra [3] ist so ungeebnet und führt über so schmale, ängstliche Berglehnen, daß hier an vielen Stellen nur Einzelne nach einander, nicht Mehre neben einander gehen können. Daher ließ man vielleicht einen kleinen Theil der Fußgänger in dieser Richtung ziehen; der größte Theil des Heeres nahm dagegen wahrscheinlich den etwas längeren, aber auch viel bequemeren Weg durch das wohlbebaute schöne Thal von Lallamura in das Thal von Karionara und umging auf solche Weise den hohen Bergrücken von S. Martino. Dieser bildet von hier an zur Rechten die nördliche, mit hohen Kastanien bewachsene Thalwand; gegen Mittag strecken sich Weinlehnen, und in

---

[1] Nach Malespini, c. 102, brach Konradin bereits am 10. August von Rom auf und müßte sich dann freilich zu lange in Tivoli aufgehalten haben; Raynald, Annal., §. 29, hat dagegen den 18., was mit der Entfernung und der Ueberraschung Karls besser paßt und, wie es scheint, auf archivalischen Nachrichten beruht. — [2] Costanzo, 58. Grossi, Lettere, II, 40. — [3] Ich habe diese Straßen und Gegenden vom 5. bis 10. April 1817 (unterstützt von genau prüfenden Freunden und alle urkundlich auf uns gekommenen Nachrichten in der Hand) hin und her durchwandert und endlich diese Ergebnisse gewonnen, in welche ich um so mehr Vertrauen setze, da ich es anfangs für Pflicht hielt mich dem anzuschließen, was Marinori in den Memorie degli Abbruzzi, II, 09—132, hierüber sagt, was aber mit dem Oertlichen gar nicht stimmen wollte. Erst als ich in Alba Beweise erhielt, daß Marinori gar nicht in der Gegend gewesen sey und unterfuscht habe, traute ich bloß den alten Quellen und meinen Augen.

in der Mitte des durch Felder, Gärten und Baumgruppen reich geschmückten Thales schlängelt sich ein von Pietrasetta her ellenber, die ganze Gegend erfrischender und belebender Bach. Gen Pietrasetta hin wird aber das Thal immer enger, die von beiden Seiten sich nähernden Felsen immer höher und schroffer, in der Tiefe rauscht jener Bach aus einer finsteren Höhle hervor, und in der äußersten, wie man glauben möchte, unersteiglichen Höhe erscheint jener Ort wie ein Adlernest auf wilden, zerrissenen, überhangenden röthlichgelben Kalkfelsen. Die künstliche Straße windet sich indeß, ununterbrochen gangbar, immer höher hinauf; dann senkt sie sich wieder in etwas zum Thale von Uppa [1], sodaß bei der nächsten Wendung plötzlich die hohen wunderbaren Gestalten des mit ewigem Schnee bedeckten Velino glänzend herüberleuchten. Nachdem der Weg so eine Zeit lang von Morgen gegen Abend fortgelaufen ist, dreht er sich gegen Mittag und man erreicht, einen nur mäßigen Hügel hinansteigend, den Punkt der Wasserscheide, wo eine neue Welt plötzlich und überraschend vor die Augen tritt. Aller Schein des Nordens ist verschwunden, Hügel und Thäler, Felder, Wiesen und Wälder, an Bächen liegende freundliche Häuser, an den Felswänden kühn hinaufgebaute Orte zeigen sich in unglaublicher Mannichfaltigkeit, und wie Tagliakozzo sich als letzter Schlußpunkt zur Rechten darstellt, so erscheinen in noch größerer Entfernung, mit dem Dunkelblau des Himmels verschmelzend, die ruhigen Fluthen des Sees von Celano. — Heiterer, heimathlicher, in besserem Frieden mit sich und der Welt mag man leben in dem schönen Schwaben und an den Ufern des Bodensees, aber mannichfaltiger, bewundernswürdiger, unwiderstehlicher ist diese neapolitanische Zauberei, welche sich des Gemüthes ganz bemächtigt, sich desselbe ganz unterwirft. Sowie jedoch an einem sonnenhellen Tage bisweilen unerwartet der dunkle Schatten einer Wolke über die glanzreiche Gegend dahinfliegt, so wird bisweilen jener überschwängliche Genuß unwillkürlich durch den Gedanken umschattet, daß der unwiderstehliche Eindruck einer solchen Natur nicht bloß begeistere, sondern auch wohl verführe und vom Höheren abziehe.

Wie fröhlich und jubelnd und aller finsteren Ahnungen ledig mag Konradins Herz in dies neu eröffnete Paradies hinabgeblickt haben; was mußte der Jüngling fühlen, der dies herrliche Reich, sein Erbreich, jetzt zu seinen Füßen sah, dem seit Uebersteigung aller natürlichen Hindernisse der Weg nach Sulmona, ja nach allen Gegenden offen zu stehen schien! — Auch war dies in der That der Fall und Karl überrascht worden, weil er sonst so viele leicht zu vertheidigende [2] Engpässe bei Wisevaro, Rioferdo und auf dem Wege von Karsoli nach Tagliakozzo gewiß nicht unbesetzt gelassen, sondern

---

[1] Die Karte von Barler b'Albe ist für die ganze Gegend bis Alba sehr mangelhaft in Hinsicht auf Höhen, Thäler, Wendungen, Abhänge u. s. w. —
[2] Guil. Naug., 378, 379.

einen Kampf versucht hätte, ehe seine Feinde in die palentinische Ebene
hinabzogen, welche ihnen bei der größeren Zahl ihres Heeres, beson=
ders an Reiterei, so vortheilhaft seyn mußte. Andererseits erscheint
es aber auch natürlich, daß Karl bis auf den letzten Augenblick die
Belagerung Luccrias betrieb, um wo möglich nach Einnahme dieser
Stadt im Rücken gesichert zu seyn. Erst auf erhaltene Botschaft von
Konradins Annäherung zog er in Eilmärschen über Sulmona nach
Aquila, sammelte hier seine Mannschaft und ermahnte die Bürger, an
deren freundlicher Gesinnung er zweifelte, zur Treue. Da stand ein
alter Bürger auf und sprach: „Halte keine langen Berathungen,
sondern eile deinen Feinden rasch entgegen, damit sie nicht mehr Land
gewinnen und der Sieg schwieriger werde. Wir bleiben dir treu,
darauf kannst du dich verlassen."

Unterdeß war Konradins Heer, bei Tagliakozzo vorbei, auf der
valerischen, in dieser ebenen Gegend noch nicht ganz verderbten Straße
bis Skurkola oder bis zu derjenigen Stelle gezogen, wo die Schlacht
vorfiel, welche man entweder nach der Stadt, woher Konradin kam,
Schlacht bei Tagliakozzo, oder nach der Stadt, woher Karl angriff,
Schlacht bei Alba nennen kann, aber eigentlich nach dem Orte, welcher
der Kampfstätte am nächsten lag, Schlacht bei Skurkola nennen
sollte [1].

Die palentinische Ebene, so heißt sie nach ihrem Haupttheile, be=
ginnt bei Tagliakozzo, das noch an schroffen Bergen hinangebaut ist,
und erstreckt sich von Abend gegen Morgen bis Alba; ihr zweiter
Durchmesser geht von Skurkola und Massa auf der Mitternachtsseite
bis über Cese hinweg nach der Südseite. Eine gewaltig hohe und
schroffe Bergwand, zu den Massen des Velino gehörig, streckt sich fast
in gerader Linie auf der Nordseite und wird nur durch das schmale
Thal unterbrochen, in welches der Salto hineinfließt. Aber auf dem
linken Ufer dieses Flusses erheben sich sogleich neue ungangbare Berg=
rücken, an deren Abhange Skurkola liegt. Auf ähnliche Weise ist die
Gegend morgenwärts von Alba mit Bergen eingeschlossen, welche nur
in Nordosten ein Thal offen lassen, durch welches ein Weg über
Ovindulo [2] nach Aquila führt. Alba selbst erhebt sich aus der Ebene,
zum Theil durch cyklopische Riesenmauern gestützt, wie eine ungeheure
Insel und Felswarte, sodaß nach zwei Seiten ein rascher Abfall
von der größten Höhe bis in die völlige Ebene stattfindet, nämlich
auf der Nordseite gen Massa und auf der Morgenseite nach einem

---

[1] Die örtlichen, wie die nachfolgende Erzählung zeigen wird, hier entschei=
dend eintretenden Verhältnisse sind so verwickelt und mannichfaltig, daß man
sie mit bloßen Worten kaum verständlich machen kann, weshalb ein an Ort
und Stelle, jedoch ohne mathematische Genauigkeit entworfener Grundriß und
eine Ansicht der Gegend zur Verdeutlichung der Beschreibung beigefügt ist.
— [2] Ovindulo und Odimlle lauten die Erzarten des Briefes von König Karl
an den Papst und an die Stadt Padua. Raynald, §. 23, u. Palav. chron.,
11,11, in Murat., Antiq. Ital., IV. Die Karten lesen Ovindole.

Schlachtfeld bei Skurkola.

1268 Thale, welches sich von Ovinulo und Treforme[1] bis Avezzano und dem Celaner See erstreckt. Bei Weitem weniger schroff ist der Abhang auf der Abendseite gen Tagliakozzo, und noch abweichender und mannichfaltiger sind die örtlichen Verhältnisse auf der vierten Seite gegen Mittag. Sobald man hier nämlich von der größten Höhe, bei einem Kloster vorüber, um ein Bedeutendes hinabgestiegen ist, hebt sich der Boden bei dem Dorfe Antrosciano[2] und bildet einen Hügel. Jenseit desselben steigt man wiederum gelinde bergab und glaubt, daß sich der Boden allmählich verflache, bis man in der Nähe des neu und rasch aufsteigenden Berges Felce[3] eine tiefe Senkung findet, welche die Behauptung bestätigt[4] daß man den Celaner See, statt zum Garigliano, einmal habe hiedurch zum Salto ableiten wollen. Der Berg Felce, welcher, mannichfach gestaltet und gewendet, von Mittag her in die paleutinische Ebene eingreift, berührt sie an allen anderen Stellen ohne Senkungen oder Einschnitte ähnlicher Art. — Mitten durch die große Ebene, von Tagliakozzo sich herwindend, strömt der Salto zum Thale von Rosciolo und nimmt an dieser Stelle den Bach Rafia auf, welcher von Skurkola her nahe den Bergen entlang fließt. Auf der geraden Straße von Tagliakozzo nach Alba führt eine Hauptbrücke über den Salto, und weiter morgenwärts folgten sonst über kleine Senkungen und Quellen noch mehre kleine Brücken, wovon diese Gegend den Namen Siebenbrücken, selle ponti, erhielt. In der Ebene selbst liegt eigentlich nur das Dorf Kapella, jetzt wie damals reich von Bäumen umgeben. — Was die Eingänge und Ausgänge der ganzen Gegend anbetrifft, so können wir bereits den Weg von Tagliakozzo; der von Rosciolo war für beide Theile unwichtig, der hinter die Berge über Cese zum Garigliano unbrauchbar für ein Heer, und der über Ovinulo ließ seitwärts nur gen Aquila, wogegen endlich die Straße bei Alba und Antrosciano vorbei in der kürzesten und geradesten Richtung über Celano und Sulmona in das Innere des Reiches führte.

Konradins Heer lagerte nun in der Art, daß hinter ihm die Straße nach Tagliakozzo offen blieb und das Gesicht gen Alba gekehrt war. Die Berge von Skurkola, der Bach Rafia und der Fluß Salto deckten und befestigten diese Stellung nach allen Seiten. — Nicht minder zweckmäßig erscheinen die Maßregeln Karls[5]. Von Aquila eiligst über die Berge herziehend, erreichte er die Gegend von Ovinulo und Avezzano, rückte dann weiter vor und lagerte sich am 22. August

---

[1] Tre Forme nannten die dortigen Einwohner den am Rande der Ebene liegenden Ort, welchen Barler b'Albe, wie ich herauslese, als Forma in die Berge setzt und Manassei le Tornes nennt. — [2] So schreibt Barler b'Albe, die Leute sprachen Antrofano. — [3] Monte Felice nannte man ihn mir an Ort und Stelle; vielleicht kammm der Name von der Zeit dieser Schlacht. — [4] Hierü Abhandlung über den Guiffar in den Horen, Band VIII, Stück 11—12. — [5] Malespini, c. 192.

Hülfe aus Aquila.

auf der bezeichneten Anhöhe bei Antrosciano, etwa eine halbe Miglie von Alba und zwei Miglien von seinen Gegnern entfernt. Sein linker Flügel war durch Berge, der rechte durch die größeren Höhen von Alba geschützt, und der von dieser Stelle aus bis zur eigentlichen Ebene noch immer bedeutende Abhang erschwerte seinen Feinden jeden Angriff. Dennoch rückten Konradins Schaaren, als sie die Franzosen erblickten, zum Kampfe gleichsam herausfordernd, vorwärts; weil Karl sich indeß wegen großer Ermüdung der Pferde ruhig hielt [1] und nicht, wie sie wünschten, in die Ebene hinabkam, kehrten sie in ihr Lager zurück.

Gleich nachher sah man daß viele wohlgekleidete Personen feierlich eben dahinzogen, und hörte es sey eine Gesandtschaft aus Aquila, welche an Konradin viele Geschenke und die Schlüssel der Stadt überbringe. Hierüber erschrak König Karl gar sehr; denn wenn Aquila von ihm abfiel, so konnte dem großen Mangel an Lebensmitteln nicht, wie er hoffte, von daher abgeholfen werden, und er mußte das ganze Thal zwischen Alba und dem Velino decken, damit Konradin nicht von dieser Seite vordringe. Um über diese entscheidend wichtigen Umstände ins Klare zu kommen, setzte sich der König [2], einen raschen Entschluß fassend, sogleich zu Pferde, ritt in der Nacht mit wenigen Begleitern bis Aquila und rief dem Thorwächter zu: „Wem huldigt die Stadt?" Auf die Antwort: „Dem Könige Karl!" ritt er hinein, ermahnte, ohne abzusteigen, mit wenigen, aber nachdrücklichen Worten zur Treue, bat um eilige Uebersendung von Lebensmitteln und war vor Tagesanbruch schon wieder in seinem Lager. Jene nur von unzufriedenen Edlen [3] veranlaßte Gesandtschaft hatte wahrscheinlich den doppelten Zweck gehabt, sich bei Konradin in Gunst zu setzen und Karl zu täuschen und zu schrecken, welches auch, jedoch nur auf kurze Zeit, gelang und am Ende sogar vortheilhaft für ihn ward.

Die Kunde von seiner Anwesenheit in Aquila verbreitete sich nämlich noch während der Nacht und erzeugte den größten Eifer seine Wünsche zu erfüllen. Mit Anbruch des Tages sahen beide Heere zu ihrer Verwunderung die Berglehnen nach der Seite von Aquila mit Menschen überdeckt; Frauen und Jungfrauen trugen, Lasten auf dem Haupte tragend vorsichtig hinab und bewaffnete Jünglinge gingen schützend zur Seite. Sie wandten sich zum Lager Karls, brachten Lebensmittel und wurden mit Freuden und Ehren empfangen.

Bald aber mußte man ernsterer Dinge gedenken, denn in Konradins Lager zeigte sich die größte Bewegung. Er theilte sein Heer in

---

[1] Karl in seinem schon erwähnten Schreiben. — [2] In Aquila befehligte für Karl Hugo Giaqua. Mart., Thes., II, 607. — [3] Manfred hatte den Adel mehr begünstigt. Doctio Aquilano, 544. Cirillo, 9. Cod. 1836 bibl. Riccardianne.

zwei Haupttheile; der erste bestand aus Spaniern, geführt von Heinrich dem Kastilianer, aus Lombarden, geführt vom Grafen Galvan Lancia, und aus Tuseiern, geführt von dem pisanischen Grafen Gherardo Donoratiso. Den zweiten Haupttheil bildeten die Deutschen, an deren Spitze sich Konradin und Friedrich von Oesterreich selbst stellten.

Noch immer schlief König Karl[1], eine Folge der nächtlichen Anstrengung. Als man ihn endlich weckte, erschrak er gar sehr über die unläugbare Mehrzahl seiner Feinde[2] und wandte sich Rath suchend an Erard von Valery[3], einen so klugen als tapferen Ritter, welcher gerade in diesen Tagen mit mehren Begleitern aus dem heiligen Lande zurückgekehrt war. — „Wenn du siegen willst", sprach dieser, „so mußt du mehr Kunst und List anwenden, als Gewalt." Ihm überließ hierauf der König die Anordnung des Heeres, und er theilte es in drei Schaaren. Die erste unter Jakob Gancelme und Wilhelm l'Estendart bestand aus Provenzalen, Lombarden und einigen Römern; die zweite unter dem Marschall Heinrich von Cousance aus Franzosen; die dritte bildeten 800[4] vom Könige und von Valery auserwählte und befestigte Ritter. Jene erste Schaar Provenzalen sollte mehr in der Ebene, gegen den Salto hin wirken; die zweite, wenigstens anfangs, die Abhänge des Lagerhügels decken und dann Beistand leisten wo er am nöthigsten erscheine; von der letzten Schaar endlich die Entscheidung kommen. Zu dem Zwecke stellte sie Valery heimlich in dem Engthale am Fuß des Berges Felice auf, sodaß man sie (der Senkung des Bodens und der vielen Bäume bei Kapella halber) weder in dem konradinisch gesinnten Alba, noch in Skurkola sehen konnte. Um aber in der Schlacht nicht vermißt zu werden, vielleicht auch um sich persönlich zu sichern, erlaubte oder befahl König Karl, daß der Marschall Heinrich von Cousance, welcher ihm an Gestalt und Haltung ähnlich war, die königlichen Waffen und Abzeichen anlege.

Hierauf eilte die erste Schaar der Provenzalen in die Ebene hinab und hoffte den Uebergang ihrer Feinde über den Salto zu verhindern, oder die etwa Herübergekommenen vereinzelt zu besiegen; aber Beides

---

[1] Guil. Nang., 379. Cod. 1830 Riccardianus. — [2] Daß Konradins Heer stärker war, bezeugen Alle. Die Mutin. annal. geben ihm 6000, Karl 4000 Mann. Malespini, 192, giebt jenem über 5000 cavalieri und Karl noch nicht 3000. Die Annal. Mediol. sagen, Konradin habe in Rom 10,000 Mann beisammen gehabt, und der Abbas Burg. in Sparke zu 1268 giebt ihm gar 16,000 equorum loricatorum. — [3] Valery war schon 1249 mit Ludwig IX in Aegypten und kam 1265 wieder nach Palästina. Joinville, 58. Le livre dou conquest. Guiart, 152. Nach dem inscr. Riccard. 1836 wollte er erst nach Palästina segeln und weigerte sich, des Gelübdes halber, anfangs hier zu fechten; nach Caruso, II, 1, 327, war er dagegen schon an 20 Jahre lang in Syrien gewesen. Gemauert Rutebeuf, I, 212. — [4] Diese Zahl hat Malespini, Pipin., III, 7—9, nur Barthol. de Neocastro, c. 9, dagegen nur 500 Reiter.

Schlacht bei Skurkola.

mißlang nicht allein, sondern sie sahen sich auch von den Spaniern und Lombarden, welche durch aufgefundene Fuhrten des Salto vordrangen und ihnen an Zahl und Tapferkeit überlegen waren, so gewaltig angegriffen, daß sie sich in der größten Unordnung auf die Flucht begaben und vom Prinzen Heinrich rastlos auf dem Wege gen Aquila verfolgt wurden. — In dem Augenblicke, wo das Gefecht diese üble Wendung nahm [1], rückte die zweite französische Schaar unter Heinrich von Cousance zur Hülfe vorwärts, ward aber sogleich von Konradin und den Deutschen dergestalt empfangen, daß sie nach kurzem Widerstande und nach dem Tode ihres Führers in nicht geringerer Verwirrung als die Schaar der Provenzalen entfloh.

König Karl, welcher schon bei jenem ersten Unfalle aus seinem Hinterhalte hervorbrechen wollte, gerieth bei diesem verdoppelten Unglücke so außer sich, daß er vor Schmerz und Zorn weinte und es thöricht und schändlich zugleich nannte, auch nur einen Augenblick länger der Vernichtung seines Heeres unthätig zuzusehen. Aber Valery hielt ihn fast mit Gewalt zurück und sprach: „Was willst du mit dieser geringen Schaar ausrichten gegen die Ueberzahl tapferer und durch ihren Sieg doppelt ermuthigter Deutscher? Bleib, bis sie sich, keinen Feind mehr erwartend, nach ihrer Weise der Ruhe und dem Plündern ergeben; dann wollen wir sie überfallen und vernichten."
— Ungern ließ sich der König beruhigen; denn in der That, wenn die Deutschen irgend eine Ahnung oder Nachricht von jenem Hinterhalte hatten oder erhielten, wenn sie auch nur eine kurze Zeit wachsam und geordnet blieben, so ward der Alles auf die Spitze eines bloßen Glücksfalles hinauftreibende Rath Valerys die nothwendige Ursache eines unausweichbar vollständigen Unterganges. — Leider aber gewann er sein lustiges Spiel; denn Konradin und die Seinen lebten der festen Ueberzeugung, nicht allein alle Feinde seyen besiegt, sondern auch in dem Marschall von Cousance [2] der König getödtet. Sie überließen sich rücksichtslos ihrer Freude [3], sammelten unter sich die Beute, entwaffneten sich zur Erholung von den schweren Anstrengungen dieses langen und heißen Sommertages, oder badeten auch wohl zur Erquickung in den kühlen Fluthen des Salto.

---

[1] Mehr oder weniger bedeutende Nachrichten über die Schlacht haben noch: Chron. Norm., 1013. Auct. incert. ap. Urstis. Histor. Sicula, 780. Juliani chron. Forojul. Mediol. annal. Guil. de Podio, 49. Ptolem. Lucens. annal. Bonon. hist. misc. Amalrici vitae pontif., 423. Vie de S. Louis, mscr., 52. — [2] Daß Heinrich von Cousance in der Schlacht sey gefangen und durch ein förmliches Gericht noch während der Schlacht zum Tode verurtheilt worden (Hist. Bonon. Saba Malasp.), ist unwahr, ja unmöglich. Selbst französische Schriftsteller, wie Guil. Nang., 378, erzählen ganz einfach, er sey im Gefechte getödtet worden. In einem Schreiben an den König von Kastilien äußert König Karl mit einer so albernen als boshaften Verdrehung: weil man denjenigen in der Schlacht getödtet habe, welchen man für ihn gehalten, so sey eine Verschwörung gegen sein Leben vorhanden gewesen! Davanzat, Urf. 25. — [3] Costanza, 60. Fiorello di cronache.

„Jetzt ist es Zeit!" sprach Erard von Valery; und mit solcher Schnelligkeit und Kühnheit brachen hierauf die französischen Reiter aus ihrem Hinterhalte hervor, daß die Deutschen (welche obenein die Nahenden anfangs für Freunde hielten, die vom Verfolgen zurückkehrten) keine Zeit hatten sich zu waffnen oder zu ordnen, oder auch nur die Brücke über den Salto zu decken. Vielmehr drangen die Franzosen bis in das Lager von Skurkola vor und sprengten Alle nach allen Seiten so aus einander, daß jede Bemühung Konradins oder anderer Häupter sich irgendwo zu sammeln und zu setzen vergeblich blieb.

Nunmehr wollten auch die Franzosen verfolgen und plündern, aber vorsichtiger als die Anführer der Deutschen, hielt sie Valery an der Stelle beisammen, wo jene gestanden hatten; denn er ahnete, daß noch nicht alle Gefahr vorüber sey. Heinrich von Kastilien nämlich, welcher die Provenzalen nur zu weit verfolgt und, sich dann seitwärts wendend, selbst das französische Lager eingenommen hatte, hegte, als er von den Anhöhen bei Antroselauo gen Skurkola hinabsah, nicht den mindesten Zweifel, daß alle Feinde zerstreut wären und Konradin siegreich in seinem Lager stehe[1]. In diesem Sinne sprach er freudig und bewegt zu seinen Begleitern; dann rückten Alle vorwärts, um sich mit ihren Siegesgefährten zu vereinigen. Indem sie aber der alten Lagerstätte bei Skurkola näher kamen, erschien Einzelnes was sie bemerkten erst unerklärbar, dann bedenklich, bis man zu der schrecklichen Gewißheit dessen kam, was mittlerweile geschehen war! Doch verlor Heinrich als ein ächter Kriegsmann die Gegenwart des Geistes nicht, sondern sprach: „Hat sich das Glück nach so günstigem Anfange von uns abgewandt, so kann es sich, wenn wir tapfer fechten, auch wohl wieder zu uns wenden." — In geschlossenen wohlgeordneten Reihen zog er den Franzosen entgegen, welche der Zahl nach geringer, ermüdet und minder gut gerüstet waren. Sie zögerten deshalb mit dem wenig Glück versprechenden Angriff, als wiederum ein Vorschlag Valerys aus der Noth half. „Alles kommt darauf an", so sprach er, „daß wir die festen, gefährlichen Ordnungen unserer Gegner auflösen." Zu dem Zwecke begab er sich nach leichtem Angriff mit 30—40 Reitern scheinbar auf die Flucht, es folgten immer mehre und mehre, sobald die Spanier, des Sieges gewiß, ihre Reihen öffneten und den Fliehenden nachsetzten. In diesem sehnlichst erwarteten Augenblicke wandte sich Valery und gleichzeitig griff Karl mit den Uebrigen an. Allerdings überraschte und verwirrte dies die Spanier, indeß einigten sie sich dennoch von neuem und widerstanden um so glücklicher, als man sie wegen ihrer starken Rüstungen mit dem Schwerte gar nicht verwunden konnte. Um deswillen ward befohlen, jene, wie bei Turnieren, mit der Lanze aus dem Sattel zu

---

[1] Vie de S. Louis, mscr., 53—60.

heben [1], welche, obgleich unerwartete Kampfweise das Gefecht wohl noch lange unentschieden gelassen hätte, wenn nicht die Zahl der sich wiederum sammelnden Franzosen von Augenblick zu Augenblick stärker geworden wäre. Da mußte endlich auch Heinrich von Kastilien fliehen; nach so mannichfachem täuschendem Wechsel war die Schlacht wirklich ganz für die Franzosen gewonnen. Sie fällt auf den in der Geschichte durch so viel furchtbare Ereignisse bezeichneten Tag des heiligen Bartholomäus [2].

Noch an demselben Abend erstattete König Karl dem Papste einen Siegesbericht und äußerte am Schlusse: die Schlacht sey weit härter und blutiger gewesen als die bei Benevent. Ob und wohin Konradin, Friedrich von Oesterreich und Heinrich von Kastilien geflüchtet, wisse man noch nicht, doch hätten Einige des Letzten Pferd unter den erbeuteten erkannt.

Heinrich war nach Montekassino entkommen [3] und erzählte kühn, daß die Franzosen besiegt seyen; allein aus der ganzen Haltung und Umgebung schloß der Abt sehr leicht auf die Unwahrheit dieser Aussage, nahm den Prinzen gefangen und überlieferte ihn auf Befehl des Papstes an König Karl [4], jedoch nicht eher, als bis dieser versprach, daß er seinen Verwandten nicht tödten wolle [5].

Konradin, Friedrich von Oesterreich, Graf Gerhard von Pisa, Graf Galvan Lancia, dessen Söhne und mehre Edle flohen nach Rom und hofften, im Angedenken der ihnen vor kurzer Zeit bewiesenen höchsten Theilnahme, hier thätige Hülfe zu finden. Aber obgleich der Statthalter Guido von Montefeltro sie (am 28. August) freundlich und ehrenvoll empfing [6], obgleich Einzelne, deren Schicksal an das ihrige fest geknüpft war, in der alten Gesinnung beharrten, so zeigte doch die immerdar wankelmüthige Menge hier so viel Gleichgültigkeit, dort so viel Furcht, daß man das Aergste erwarten mußte, sobald sich (wie schon verlautete) die Orsini, Savelli und andere früher vertrie-

---

[1] Villani, VII, 27. — [2] Die Schlacht fällt nach Karls Schreiben an den Papst und den Annal. Cavens. (Pertz, V, 195) auf den 23. August. Andere nennen den Bartholomäustag. Rudberti annal., p. 799. Daß dieser den 23., 24. und 25. gefeiert worden, darüber siehe Aldimari, II, 144, und Augusti, Alterthümer, III, 231. — [3] Die meisten und sichersten Quellen lassen Heinrich in Montekassino gefangen nehmen, z. B. Karls eigenes Schreiben in Hymer. Foed., I, 2, 110; wogegen Saba Malaspina und das Chron. Cavense ihn nach Rieti fliehen lassen. Daß ein Theil der Flüchtigen sich hieher wandte, geht daraus hervor, daß der Papst die Einwohner tadelte, weil sie jene ungestört ziehen ließen. Martene, Thes., II, 6:0. — [4] Villani, VII, 20. Chron. imper. et pontif. Laurent. — [5] Im Gefängnisse war aber Heinrich noch 22 Jahre nachher, kehrte dann (freigelassen oder entflohen) nach Kastilien zurück und starb 1304, nach einem sehr unruhigen Leben. Ein strenges Urtheil über ihn in Quintana, Vidas, I, 31. Cesare, II, 65. Cherrier, IV, 217. Ferreras zu 1301. — [6] Saba Malaspina, IV, 13. Caruso, Memor., II, 1, 329. Guerclus zu 1208. Nicol. histor. imper., 130. Bartol. de Neocastro, c. 0. Chr. ital. Bréh., 233.

und bene Guelfen oder gar König Karl der Stadt nähern würde. Deshalb eilte Konradin heimlich mit seinen Freunden nach Astura zum Meere, in der Hoffnung, wo nicht auf geradem Wege, doch über Pisa Sicilien zu erreichen und von dieser ihm befreundeten Insel aus den Kampf gegen Karl zu erneuen. — Schon waren Alle auf einem Fahrzeuge in die See gestochen, als der Herr Asturas vom Geschehenen Nachricht erhielt und aus Kleidung, Sprache, bemerkten Kostbarkeiten u. s. w. die nahe liegende Folgerung zog, daß die Eingeschifften angesehene, von Sturfola her fliehende Personen, mithin auf jeden Fall für ihn eine erwünschte Beute seyn müßten. — Darum sandte er eiligst ein Schiff mit stärkerer Bemannung nach, welche, dem erhaltenen Befehle gemäß, verlangte, daß die Fliehenden sogleich zum festen Lande zurückkehren sollten. Groß war deren Schred; als sie aber auf die Frage: „Wer ist der Herr von Astura?" zur Antwort erhielten: „Johannes Frangipani!" — so faßten sie neues Zutrauen; denn Kaiser Friedrich II hatte fast keine Familie so geehrt und belohnt wie diese.

Von ihm und seiner Mutter Konstanze erhielt Otto Frangipani [1], Johanns Großoheim, und Emanuel, sein Großvater, die ansehnlichsten Besitzungen im Neapolitanischen, welche auch während der Streitigkeiten mit den Päpsten nicht eingezogen wurden. Dem Vater Johanns und einem Vetter desselben kaufte der Kaiser ihre Güter ab und gab sie dann unentgeltlich als Lehn zurück; er zahlte ihnen ferner große Summen für den Schaden, welchen sie bei Unruhen in Rom erlitten hatten, und baute von seinem Gelde ihre Häuser und Thürme wieder auf. Endlich hatte Johann Frangipani selbst vom Kaiser den Ritterschlag erhalten [2], wodurch unter ritterlich Gesinnten ein heiliges Verhältniß begründet wurde. — Dieser trostreichen Betrachtung stand andrerseits freilich auch Bedenkliches entgegen: Johanns Großmutter gehörte zur Familie Papst Innocenz III [3]; nach Kaiser Friedrichs Tode hatte die Familie Innocenz IV gehuldigt und von ihm schon früher ansehnliche Lehen empfangen; ein Frangipani endlich (dessen mochte sich Friedrich von Oesterreich ängstlich erinnern) sollte ja dessen Oheim, Herzog Friedrich den Streitbaren, meuchelmörderisch umgebracht haben.

Wohin sich aber auch das Gewicht der Gründe und Gegengründe neigen mochte, es gab keine Wahl, man mußte der Gewalt nachgeben. — Sobald Konradin vor Frangipani gebracht wurde, gab er sich (denn längere Verheimlichung schien fruchtlos, ja nachtheilig) zu er-

---

[1] Onuphrius Panvinius, De gente Frangipana, mscr. della bibl. Barberina, Nr. 1023, 104—108. Regesta Frid., II, 357. Petr. Vin., III, 72. Chron. mscr., Nr. 911, p. 215. Paolo Pansa, 8. Aldimari, Mem., I, 66. Burchardi vita Frid. I, 169. — [2] Avus Conradini eum militem fecerat, Chron. imper. et pontif. Laurent. Siehe die Stammtafel der Frangipani in der fünften Beilage. — [3] Nerini, 107, 422. Cherrier, III. 263. Wenn Frangipani dem Papste nicht gehuldigt hatte (wie Höfler, 272, behauptet) so ist sein Benehmen noch verdammlicher.

Konradin gefangen.

kennen und forderte ihn, an alle jene Wohlthaten erinnernd, zur Dankbarkeit gegen Friedrichs Enkel und zur Unterstützung des rechtmäßigen Erben von Neapel auf, wofür ihm Belohnungen zu Theil werden sollten, so groß er sie irgend hoffen oder wünschen könne. Johannes Frangipani aber folgte dem Beispiele der schlechtern unter seinen Vorfahren, welche ohne Rücksicht auf Ehre und Tugend, nur um äußerer Vortheile willen [1], sich bald auf die Seite der Kaiser, bald auf die Seite der Päpste gestellt hatten. Anstatt mit raschem Edelmuthe den Unglücklichen aus den Händen seiner Verfolger zu retten, mochte er überlegen, daß Konradin zwar viel geben wolle [2], aber nichts zu geben habe, König Karl dagegen zwar geizig sey, ihm jedoch bei einer solchen Gelegenheit wohl etwas Bedeutendes abgepreßt werden könne. Vielleicht beruhigte sich Johann auch — wie so viele Gemüther, deren Schwäche ihrer Schlechtigkeit gleich kommt — mit dem irrigen Wahne, es sey noch lauter Zeit, einen freien letzten Entschluß zu fassen. — Schon hatten sich aber mittlerweile Nachrichten vom Geschehenen verbreitet, Robert von Lavena, Karls Flottenführer, umlagerte herzueilend das Schloß, in welchem die Gefangenen aufbewahrt wurden, und hoffte durch deren Einnahme die wegen des Verlustes der Seeschlacht bei Messina verlorene Gunst des Königs wieder zu erwerben. In dessen Namen versprach der Anführer einer ebenfalls hierher gesandten Reiterschaar [3] an Frangipani den größten Lohn für rasche Auslieferung Konradins und seiner Gefährten, man drohte ihn dagegen mit dem Tode, wenn er Verräther irgend beschütze!

In solchen Wechselfall gesetzt, bedachte sich Frangipani um so weniger, da er die Schande seiner That jetzt mit dem Vorwande erlittener Gewalt zuzudecken hoffte [4]; er schloß eiligst den ehrlosen Handel ab und übergab die Gefangenen ohne sichernde Bedingung für Geld und Gut [5] ihren Verfolgern. Unter Spott und Hohn, einem Verbrecher gleich [6], ward der Enkel Kaiser Friedrichs durch Kampanien hindurch in die Hauptstadt seines Reiches geführt. Ihm solle kein Leides geschehen, verkündeten Täuschende oder Getäuschte in König Karls Namen; welche Milde aber von diesem zu hoffen sey, zeigte sein Benehmen in allen Theilen des Reiches.

Nicht bloß diejenigen, welche öffentlich für Konradin aufgestanden

---

[1] Dies geht aus Onuphrius Panvinius hervor. Vergl. Bd. 1, S. 193. — [2] Nach Bartol. de Neocastro, c. X, erbot sich Konradin, eine Tochter Frangipanis zu heirathen. Ueber die Frage, ob Konradin verheirathet gewesen sey, siehe die siebente Beilage. — [3] Nach Saba Malaspina, IV, 13, erschien auch ein Kardinal, um die Sache zu betreiben. — [4] Daß Frangipani Konradin beshalb verrieth, bleibt außer Zweifel. — [5] Er erhielt Pilosa, Terrilaso, Monte Fragneto, Formisola. Aldimari, Mem., 86. Sanese. Chron., 35. Noch andere Orte nennt Riccio, 38. — [6] Er wurde zuerst nach Palästrina Gefängniß gebracht. Salimbeni, 408. Pretio, 9.

1268 waren oder die Waffen ergriffen hatten, wurden feindlich behandelt [1], sondern Jeder, der nur irgend einen Wunsch für ihn ausgedrückt, ein Lob ausgesprochen, einen Zweifel über den Erfolg gehegt oder mit einem seiner Freunde geredet hatte. Man nahm ferner nicht bloß Vornehme und Anführer um deßwillen in Anspruch, sondern die aus Habsucht verhängte Einziehung der Güter [2] ging hinab bis auf Bürger und Bauern, bis zu einem heillosen Wechsel unzähliger Besitzer des Grundeigenthums. Und fast mußte man diejenigen glücklich nennen, welche nur mit ihrem Gute, nicht mit ihrer Person büßten. So ließ Karl mehreren Römern, die ihm früher gefolgt waren, jetzt aber in Konradins Heere gefochten hatten, die Füße abhauen und sie dann (die Folgen der Kundwerbung solcher Grausamkeit fürchtend) in ein Gebäude zusammenbringen und dieses anzünden [3]! Wenn man aber auch diesen letzten entsetzlichen Bericht zu verwerfen geneigt ist (obgleich er von einem Anhänger Karls herrührt), immer bleibt des Erwiesenen, des Aehnlichen nur zu viel übrig; und wie der Herr, so die Knechte [4]!

Die Bürger in Potenza ermordeten alle konradinisch gesinnten Adligen [5], in der Hoffnung, sich dadurch zu retten; allein dieser Frevel half ihnen so wenig als Bitten und Flehen; ihre Stadt wurde geplündert, ihre Häuser zerstört und Alle zum Tode verurtheilt. Auch Alba, welches während der Schlacht seine Theilnahme an Konradins Fortschritten nicht verhehlt hatte [6], ward zerstört und auf eine solche Weise zerstört, daß bis auf den heutigen Tag Niemand durch die beispiellos wilden Ruinen ohne Furcht und Entsetzen hindurchgehen kann!

Die Einwohner von Korneto hatten den Anhängern Konradins französische Pferde übergeben und beriefen, als sie den Ausgang der Schlacht bei Skurkola erfuhren, die Urheber dieser Maßregel auf das Schloß [7], als wollten sie dasselbe eifrigst schützen und vertheidigen. Aber während des Abendessens wurden jene, die edelsten und tüchtigsten unter den Bürgern, 106 an der Zahl, gefangen, gebunden und an den König geschickt. Hundert und drei ließ er sogleich aufhenken, drei sandte er, ungewiß in welcher Absicht, nach Melsi. Allein diese, welche alle ihre Freunde verloren, welche auf dieser Erde nichts mehr zu hoffen hatten, stürzten sich in einen Abgrund und endeten, jenem Unglücklichen freiwillig folgend, ihr Leben!

Am längsten widerstand Luceria [8], sodaß nur wenige von den Saracenen dem Tode durchs Schwert oder durch Hunger entgingen; die Christen, welche ihnen Hülfe geleistet hatten, wurden hingerichtet.

---

[1] Ventura, c. 0. Ptol. Luc., XXII, 38. Mehres bei Saba Malasp., IV, 17; V, 3—8. Regesta Caroli I, 281. — [2] Cod. epist., Nr. 378, p. 302. Testi, Montecassino, III 65. — [3] Saba Malasp., IV, 13. — [4] Von den Frevern der Monferté Remondini, Stor. napol., III, 131—135. — [5] Capacelatro, II, 140, 147. — [6] Aldimari, II, 140. — [7] Ciarlanti, 156. — [8] Bis ins Jahr 1269. Monach. Patav. Simon. Monf. chron. Guil. de Podio, 49. Saba Malasp., IV, 20. Regesta Caroli I, 101.

Aehnlich waren die Ereignisse in Sicilien. Der Fall Konradins entmuthigte seine Anhänger, wogegen Wilhelm l'Etendart den Franzosen große Verstärkung zuführte. Er nahm Augusta durch Verrath[1], ließ aber nachmals die Verräther niedermetzeln, gleich den Verrathenen. Weder Stand, noch Alter, noch Geschlecht ward irgendwo verschont, und Wilhelm gefiel sich darin, die ungerechten Strafen mit unmenschlicher Grausamkeit durch künstliche Martern zu schärfen. — Noch hielt sich Konrad Kapece in Kontorbe[2] mit Deutschen und Tuskiern; da versprachen die letzten, gegen Sicherheit ihrer Personen, die Auslieferung ihres Anführers. Kapece stand an der Hauptkirche, als er die Verschworenen nahen sah, und redete sie also an: „Ich kenne eure Absicht und will mich gern für euch aufopfern, aber sehet euch wohl vor, ob eure Rettung gewiß ist; denn der Muth zu Freveln wächst mit der Macht, und leicht dürfte die französische Treulosigkeit, nach meinem Fall, auch jeden von euch vertilgen." — Jene antworteten: „Herr, wir vermögen nicht uns Alle zu retten, aber Eure Auslieferung wird die Meisten befreien; darum widerstrebet nicht. Und auch Ihr erhaltet vielleicht Verzeihung, denn l'Etendart versprach alles irgend Mögliche zu thun, wenn er Kontorbe einnehme ohne Schaden seines Herres." — Als Konrad sah, daß er die Treulosen zu keinem anderen Beschlusse vermögen könne, setzte er sich auf sein Pferd und ritt schweigend hinab in das französische Lager. Unverzüglich ließ ihm hier l'Etendart die Augen ausstechen und ihn dann bei Katanea an einer öden Stelle des Meeresufers aufhenken! Zwei seiner Brüder, durch große Schönheit und Tapferkeit gleich ausgezeichnet, litten in Neapel auf Befehl König Karls dasselbe Schicksal[3].

Der Papst, welcher sich über die Niederlage Konradins im Anfange mehr gefreut hatte, als der Gerechtigkeit und klugen Voraussicht gemäß war, erkannte gar bald mit Schrecken, daß das neue Glück die alte böse Natur seines Schützlings nicht verändert habe, und ermahnte ihn daher wiederholt auf eine so würdige als dringende Weise zur Milde und Besserung[4]. Anstatt aber daß Ermahnungen solcher Art diesen Menschen von seiner verwerflichen Bahn ablenken sollten, be-

---

[1] Saba Malasp., IV, 18. — [2] Ibid., IV, 19. Guil. Nang., 380—382. Nicht Konrad von Antiochien ward, wie Villani und Malespini berichten, in Kontorbe gefangen und hingerichtet, sondern Konrad Kapece. Jener wurde gegen Verwandte eines Kardinals (welche seine Gemahlin zu der Burg Saracinesko gefangen hielt) auf Betrieb des Papstes ausgewechselt. Friedrich von Kastilien entkam aus Sicilien auf einem pisanischen Schiffe. Saba, IV, 12 u. 19. Raynald, Annal. zu 1282, §. 20. Antinori, Mem., II, 143. Salimbeni, 408. Ferreras, IV, 414. Amico, Lex. Val. Demons, I, 177 und der Artikel Centuripe. De Capyciorum antiquitate, 31. — [3] Doch retteten sich einige Nebenzweige des Hauses Kapece, welche noch jetzt in ihrem Wappen den Namen der Hohenstaufen führen, als preiswürdiges Andenken unwandelbarer Treue. (Usano ancora nel cimiero cifrato, il nome suevo.) Torelli, 41. Reccho, 119. — [4] Raynald, Annal., §. 36.

stärkten sie ihn nur in seinem finstern Frevelmuthe und führten höchstens zu dem boshaften Versuche, Andern den Schein der Schuld aufzuwälzen.

Auf unparteiischem, leidenschaftslosem, rechtlichem Wege (so hieß es jetzt) müsse über das Schicksal der Gefangenen von Astura entschieden werden; deshalb ließ der König Richter und Rechtsgelehrte aus mehren Theilen des Reiches nach Neapel kommen, welche untersuchen und das Urtheil sprechen sollten. Jeder von ihnen, das hoffte er, werde der Anklage beistimmen: „Konradin sey ein Frevler gegen die Kirche, ein Empörer und Hochverräther an seinem rechtmäßigen Könige und, gleich allen seinen Freunden und Mitgefangenen, des Todes schuldig." — Als die Richter diese Anklage hörten, erschraken sie sehr, wagten aber, der wilden Grausamkeit Karls eingedenk, lange nicht ihre entgegengesetzte Ansicht unverhohlen darzulegen. Da trat endlich der edle Guido von Suzara[1] hervor und sagte mit lauter und fester Stimme: Konradin ist nicht gekommen als ein Räuber oder Empörer, sondern im Glauben und Vertrauen auf sein gutes Recht. Er frevelte nicht, indem er versuchte sein angestammtes väterliches Reich durch offenen Krieg wieder zu gewinnen; er ist nicht einmal im Angriffe, sondern auf der Flucht gefangen, und Gefangene schonend zu behandeln gebietet göttliches wie menschliches Recht." — Erstaunt über diese unerwartete Erklärung, wandte König Karl (das niedrige Geschäft eines Anklägers selbst übernehmend und seine Behandlung Benevents[2] vergessend) hiegegen ein, daß Konradins Leute sogar Klöster angezündet hätten; worauf aber Guido ungeschreckt erwiederte: „Wer kann beweisen, daß Konradin und seine Freunde dies anbefohlen haben? Ist nicht Aehnliches von andern Herren geschehen? Und steht es nicht allein der Kirche zu, über Vergehen wider die Kirche zu urtheilen?" — Alle Richter bis auf einen, den unbedeutenden[3], knechtisch gesinnten Robert von Bari, sprachen jetzt Konradin und seine Gefährten frei, welches preiswürdige Benehmen den König indeß so wenig zur Mäßigung und Besonnenheit zurückbrachte, daß er vielmehr in verdoppelter Leidenschaft jeden Schein von Form und Recht selbst zerstörte und frech jener einzelnen Knechtsstimme folgend aus eigener Macht und ohne die Angeklagten zu hören das Todesurtheil über alle Gefangenen aussprach.

Als Konradin diese Nachricht beim Schachspiel erhielt, verlor er die Fassung nicht, sondern benutzte, gleich seinen Unglücksgefährten,

---

[1] Nicobaldi histor. imper., 137, nach dem Berichte eines Augenzeugen. Tiraboschi, Stor. della letter., IV, 258. Chron. macr. in der bibl. Borberiana, Nr. 911. Guido lehrte früher die Rechte in Modena, Padua und Bologna und war geboren in Suzara, mantuanischen Gebietes. Sarti, I, 1, 166. Colle, II, 19. Savigny, V, 349. — [2] Oben Seite 325. — [3] Non magnae litteraturae hominem. Isernia bei Giannone, XIX, 4. Descript. victor. Caroli, 850.

Hinrichtung Konradins.

die wenige ihnen gelassene Zeit, um sein Testament zu machen [1] und 1268 sich mit Gott durch Beichte und Gebet auszusöhnen.

Unterdeß errichtete man in aller Stille das Blutgerüst dicht vor der Stadt, nahe bei dem später so genannten neuen Markte und der Kirche der Karmeliter. Es schien als sey dieser Ort boshaft ausgewählt worden, um dem Jünglinge alle Herrlichkeit seines Reichs vor dem Tode noch einmal zu zeigen. Die Wogen des hier so schönen als friedlichen Meeres dringen nämlich bis dahin [2], und der diesen herrlichsten aller Meerbusen einschließende Zauberkreis von Portici, Kastellamare, Sorrento und Massa stellt sich, durch den blendenden Glanz südlich reiner Lüfte noch verklärt, dem erstaunten Beobachter dar. Auf furchtbare Mächte der Natur deutet jedoch das zur Linken sich erhebende schwarze Haupt des Vesuvs, und rechts begränzen den Gesichtskreis die schroffen zackigen Felsen der Insel Kapri, wo einst Tiberius, ein würdiger Genosse Karls von Anjou, frevelte.

Am 29. Oktober 1268, zwei Monate nach der Schlacht bei Sturkola, wurden die Verurtheilten zum Richtplatze geführt, wo der Henker mit bloßen Füßen und aufgestreiften Aermeln schon ihrer wartete. Nachdem König Karl in dem Fenster einer benachbarten Burg einen angeblichen Ehrenplatz eingenommen hatte [3], sprach Robert von Bari, jener ungerechte Richter, auf dessen Befehl: „Versammelte Männer! Dieser Konradin, Konrads Sohn, kam aus Deutschland, um als ein Verführer seines Volkes fremde Saaten zu ernten und mit Unrecht rechtmäßige Herrscher anzugreifen. Anfangs siegte er durch Zufall, dann aber ward durch des Königs Tüchtigkeit der Sieger zum Besiegten, und der, welcher sich durch kein Gesetz für gebunden hielt, wird jetzt gebunden vor das Gericht des Königs geführt, welches er zu vernichten trachtete. Dafür wird, mit Erlaubniß der Geistlichen und nach dem Rathe der Weisen und Gesetzverständigen, über ihn und seine Mitschuldigen als Räuber, Empörer, Aufwiegler, Verräther das Todesurtheil gesprochen und, damit keine weitere Gefahr entstehe, auch sogleich vor Aller Augen vollzogen."

Als die Gegenwärtigen dies so größtentheils überraschende Urtheil hörten, entstand ein dumpfes Gemurmel, welches die lebhafte Bewegung der Gemüther verkündete; Alle aber beherrschte die Furcht, und nur Graf Robert von Flandern [4], des Königs eigener Schwiegersohn, ein so schöner als edler Mann, sprang, seinem gerechten Zorne freien Lauf lassend, hervor und sprach zu Robert von Bari: „Wie darfst du frecher, ungerechter Schurke einen so großen und herrlichen

---

[1] Abgedruckt in Jägers Geschichte Konradins, 117. Er bestätigt seine Oheime, die Herzöge von Baiern, als Erben und macht einige Vermächtnisse. Vergl. Sinatario zu 1268. Riccio, 104. — [2] Richtplatz ad litus maris extra civitatem. Jacobus v. Aqui bei Moriundus, II, 140. — [3] Bartolom. de Neocastro, c. X. Davanzati, 10. Vie de S. Louis, znscr., 60—62. Guil. Tyr., 710. Herm. Altah. Jacob. v. Aqui, l. c. — [4] Mscr. biblioth. Riccard., Nr. 1836

380 Konradins Hinrichtung.

1268 Ritter zum Tode verurtheilen?" — und zu gleicher Zeit traf er ihn mit seinem Schwerte dergestalt, daß er für todt hinweggetragen wurde [1]. Der König verbiß seinen Zorn, als er sah, daß die französischen Ritter des Grafen That billigten; das Urtheil blieb aber ungeändert! Hierauf bat Konradin, daß man ihm noch einmal das Wort verstatte, und sprach mit großer Fassung: „Vor Gott habe ich als Sünder den Tod verdient, hier aber werde ich ungerecht verbannt. Ich frage alle die Getreuen, für welche meine Vorfahren hier väterlich sorgten, ich frage alle Häupter und Fürsten dieser Erde, ob der des Todes schuldig ist, welcher seine und seiner Völker Rechte vertheidigt? Und wenn auch ich schuldig wäre, wie darf man die Unschuldigen grausam strafen, welche, keinem Anderen verpflichtet, in löblicher Treue nur anhingen?" — Diese Worte erzeugten Rührung, aber keine That; und der, dessen Rührung allein hätte in Thaten übergehen können, blieb nicht bloß versteinert gegen die Gründe des Rechts, sondern auch gegen die Eindrücke, welche Stand, Jugend und Schönheit der Verurtheilten auf Jeden machten. — Da warf Konradin seinen Handschuh vom Blutgerüste hinab, damit er dem König Peter von Aragonien als ein Zeichen gebracht werde, daß er ihm alle Rechte auf Apulien und Sicilien übertrage [2]. Ritter Heinrich Truchseß von Waldburg nahm den Handschuh auf und erfüllte den letzten Wunsch seines Fürsten.

Dieser, aller Hoffnung einer Aenderung des ungerechten Spruches beraubt, umarmte seine Todesgenossen, besonders Friedrich von Oester-

---

[1] Daraus daß Robert von Bari nicht starb, folgt nicht, daß die ganze von Mehren bezeugte Geschichte ganz unwahr sey. Vergleiche Riccio, 57. Giannot, I, 547. Robert von Flandern hatte vier ausgezeichnete Brüder und vier sehr schöne Schwestern. Geneal. comit. Flandr., 413. Malespini, 183. Villani, VII, 29. — [2] Dies erzählt zwar kein gleichzeitiger Schriftsteller, allein da selbst die gleichzeitigen in so manchen Einzelnheiten von einander abweichen, da die Sage und die späteren Schriftsteller den Namen Heinrichs und andere Umstände so genau festhalten, so sehe ich keinen hinreichenden Grund, diese Erzählung zu verwerfen. Sehr natürlich war es für Konradin, nicht an Margarethe von Meißen und eine strengstlegitime Erbfolge zu denken; Peter und Konstanze waren auf ganz andere Weise fähig, in Süditalien zu wirken und ihn zu rächen. Daß von solchem Vermächtniß Apuliens nichts in dem von einem Franzosen entworfenen Testamente steht und stehen sonnte, beweiset eher für als gegen die symbolische Uebergabe; daß ferner Peter von Aragonien darauf seinen Nachdruck legte, ist bei dem Ableiten seiner Rechte von Konstanze, Mansfreds Tochter, ganz natürlich. Eher bliebe die Frage übrig, ob Konradin beim Wegwerfen des Handschuhes ausdrücklich sagte, was diese symbolische Handlung bedeuten solle; und daraus würde es erklärlich, warum Einige Peter, Andere Friedrich von Kastilien, Andere Friedrich von Thüringen nennen. Was Pretio für den Letzten anführt, stimmt nicht mit Konradins Testament und den früheren Verträgen mit den Herzögen von Baiern. Die Umstände lassen solche Abweichungen in der Erzählung sehr natürlich erscheinen. Ritter Heinrich Truchseß von Waldburg war übrigens gewiß ein Verwandter des Bischofes von Konstanz (s. S. 350), der sich als Vormund so redlich Konrads angenommen hatte. Memminger, Jahrbücher, 1831, S. 161.

Sagen über Konradins Hinrichtung.

reich, zog dann sein Oberkleid aus und sagte, Arme und Augen gen Himmel hebend: „Jesus Christus, Herr aller Kreaturen, König der Ehren! Wenn dieser Kelch nicht vor mir vorübergehen soll, so befehle ich meinen Geist in deine Hände!" Jetzt kniete er nieder, rief aber dann noch einmal sich emporrichtend aus: „O Mutter, welches Leiden bereite ich dir!" Nach diesen Worten empfing er den Todesstreich. — Als Friedrich von Oesterreich das Haupt seines Freundes fallen sah, schrie er in unermeßlichem Schmerze so gewaltsam auf, daß Alle anfingen zu weinen. Aber auch sein Haupt fiel; auch das des Grafen Gerhard von Pisa. — Vergeblich hatte Graf Lancia[1] für sich und seinen Sohn 100,000 Unzen Goldes als Lösungssumme geboten, der König rechnete sich aus dem Einziehen aller Güter der Ermordeten einen größeren Gewinn heraus; auch überwog sein Blutdurst noch seine Habsucht. Denn er befahl jetzt ausdrücklich[2], daß der Sohn des Grafen Galvan in dessen Armen und dann erst er selbst getödtet werde! — Nach diesen mordete man noch Mehre[3], wer von den Beobachtern hätte aber ihre Namen erfragen, wer kaltblütig zählen sollen? Nur im Allgemeinen findet sich bezeugt, daß über tausend allmählich auf solche Weise ihr Leben verloren[4]. — Die Leichen der Hingerichteten wurden nicht in geweihter Erde begraben, sondern am Strande des Meeres oder, wie Andere erzählen, auf dem Kirchhofe der Juden verscharrt[5].

Zu all diesen herzzerreißenden Thatsachen, die man nach genauester Prüfung als geschichtlich betrachten muß, hat Sage und Dichtung noch Manches hinzugefügt, was den schönen Sinn Theilnehmender bekundet, aber mehr oder weniger der vollen Beglaubigung ermangelt. Ein Adler, so heißt es[6] z. B., schoß nach Konradins Hinrichtung aus den Lüften herab, zog seinen rechten Flügel durch das Blut und erhob sich dann aufs neue. Der Henker ward, damit er sich nicht rühmen könne solche Fürsten enthauptet zu haben, von einem Anderen niedergestoßen. Die Stelle des Richtplatzes ist, ein ewiges Andenken der thränenwerthen Ereignisse, seitdem immer feucht geblieben. Kon-

---

[1] Cereta zu 1267 u. 1268. Ueber die Reihenfolge der Hinrichtung halten wir uns an die sichersten Quellen. — [2] Ricobaldi hist. imper., 137. Aus dem Schreiben Karls (S. Priest, III, 397) geht hervor, daß die Lancia gleich den Uebrigen verurtheilt, nicht daß sie bereits früher hingerichtet waren. Jener versichert vielmehr, er werde Niemand begnadigen und sehre in sein Reich zurück: ad cunctorum proditorum exterminium et ruinam. — [3] Ein schwäbischer Ritter ward mit hingerichtet. Gassarus, 1455. Laut Johann. Victor., 295, wurden 11 Vornehme hingerichtet. — [4] Cereta, l. c. Siehe noch Guil. de Podio, 40. Northenso chron. Malespini, 183. Steron. annal. Daß Ottokar von Böhmen den König Karl ersucht habe, die Prinzen hinzurichten, ist unerwiesen und mit Hinsicht auf die Zeitrechnung auch wohl unvermeidlich. Hagen, Chron., 1075. Contin. Mart. Poloni, 1424. Ottokar fand seinen Tod am 10. Jahrestage nach der Schlacht bei Sturfula. — [5] Bonon. hist. misc. Chron. Cavense, 928. — [6] Vitodoranus, 5. Brantome, Mem., III, 174. Capecel., II, 102. Maffei, Annal., 621. Aventin., VII, 10, 1.

rabins Mutter eilte nach Neapel, ihren Sohn zu lösen¹, kam aber zu spät und erhielt bloß die Erlaubniß, eine Kapelle über seinem Grabe zu erbauen, mit welcher Erzählung unvereinbar Andere jedoch wiederum irrig berichten daß die Karmeliter aus Mitleid oder für Lohn den Leichnam Konradins nach Deutschland gebracht hätten² u. s. w.

So viel ist gewiß, daß eine starke Säule von rothem Porphyr und eine darüber erbaute Kapelle — mögen sie nun später von reuigen Königen, oder theilnehmenden Bürgern, oder auf Kosten Elisabeths aufgerichtet worden seyn³ — der Sage nach Jahrhunderte lang die Blutstelle bezeichneten, bis in unseren gegen Ehren und Warnungen der Vorzeit nur zu gleichgültigen Tagen die Säule weggebracht, die Kapelle zerstört und an ihrer Stelle ein Schenkhaus angelegt wurde⁴!

König Karl, reich geworden durch unzählige Gütereinziehungen, bot jetzt, damit er doch auch einmal dankbar erscheine, seinem Retter Erard von Valery⁵ die Städte Amalfi und Sorrent, aber dieser antwortete: „Ich mag nichts von Euren Gütern; was ich that, that ich aus Liebe zu meinem Könige, dem frommen Ludwig, und zu Ehren meines Vaterlandes." Dahin kehrte er, einen Lehnsherren wie Karl verschmähend, unverzüglich zurück. — Dieser ließ auf dem Schlachtfelde von Skurkola eine Abtei, Maria della Vittoria, erbauen und mit französischen Mönchen besetzen⁶. Aber die Gottheit schien seinen Dank zu verwerfen, denn ein furchtbares Erdbeben stürzte die Gebäude so darnieder, daß kaum einzelne Bruchstücke der Mauern stehen blieben.

Während all dieser Gräuel war König Karl — denn seine ehrgeizige Gemahlin Beatrix⁷ hatte weder sein größtes Glück, noch seine größten Frevel erlebt — auf eine neue Heirath bedacht und verlobte sich mit Margarethe, der Tochter des Grafen Endo von Nevers. Und die Mailänder, welche einst mit Heldenmuth den strengen, dann mit Halsstarrigkeit selbst den billigen Ansprüchen hohenstaufischer Kaiser widerstanden und die ganze Lombardei in ein neues Leben gerufen hatten, waren so herabgesunken daß sie gerade in den Tagen, wo der

---

¹ Giannet., I, 574. Wegelin, Thesaur., II, 512. Geneal. Caroli I in Pelliccia, I, 166. Sie stiftete für das Heil seiner Seele das Kloster Staube. Wien. Jahrb. XL, 82. — ² Giornali napolit. zu 1268. — ³ Daß Karl II sie erbaut habe, sagt die Nonon. hist. msc. zu 1268. Vergl. Romanelli, I, 155. Huillard, 151. — ⁴ Erst Kronprinz Maximilian von Baiern hat im Jahre 1817, nach Auffindung der Begräbnißstelle und des Sarges, unter Beistimmung aller Deutschen, dem freventlich Ermordeten ein würdiges Denkmal sehen lassen. Riccio, 45, 59—64. Novi. Scavamento. — ⁵ Mscr. bibl. Riccard., Nr. 1830. — ⁶ Malespini, c. 182. Ptolem. de Luca, 903. Phoebonius, 182. Lanza, II, 320. Riccio, 60. Corsignani, I, 320, 337. Regesta Caroli, II, 221. Nach Vasari, I, 207, erbaute Nikolo Pisano die Kirche. — ⁷ Sie starb zu Nocera im Julius 1267. Bouche, II, 820. Luynes, Comment., 218. Ihr Testament in Dachery, Spicil., III, 600. Ueber ihr Grabmal in Aix Millin, Voyage, II, 287—293.

Karls I Heirath. Tod Klemens IV.

Letzte jenes Stammes rechtswidrig gemordet wurde[1], seinem Mörder den Gehorsam schwuren und dessen Braut[2] mit Schmeicheleien aller Art empfingen. Zwölf der ersten Männer der Stadt, in Scharlach gekleidet, ließen sich willig finden, einen Baldachin von Seide zu tragen, 20 Ellen breit und 40 Ellen lang, unter welchem Margarethe einherging. Vierundzwanzig andere nicht minder reich gekleidete Männer hielten das Volk mit Ruthenstreichen in demüthiger Ferne, und dieses beruhigte sich leicht über eine solche Behandlung, weil man ihm zwei gebratene Ochsen preisgab, die mit Schweinen und Hammeln angefüllt waren!

Am 18. November 1268 war die feierliche Hochzeit Karls und Margarethens[3]. Es schien als habe der Neuvermählte beschlossen sich milder zu zeigen. Er erließ ein Gesetz[4], welches mit dem erfreulichen Ausspruche beginnt: alle zu Konradin Abgefallenen sollen Vergebung erhalten. Dann aber heißt es: „Hiervon sind ausgenommen alle Deutschen, Spanier, Katalanen und Pisaner. Ferner sollen diejenigen, welche gegen den König fochten, oder entflohen, oder bereits verurtheilt sind, oder in rebellischen Städten lebten, oder sich versteckt halten, von den Gerichten eingefangen, ihre Güter eingezogen und sie selbst ohne allen Verzug aufgehenkt werden. Wer solche Personen aufnahm, versteckte, ihnen forthalf oder Rath gab, ist derselben Strafe unterworfen. Söhne und Töchter von Geächteten dürfen nie heirathen ohne königliche Erlaubniß, und diese erfolgt nur wenn sich die Aeltern vor den Gerichten stellen" u. s. w. — Wie dies Gesetz Niemand wahrhaft sicherte, sondern die Unglücklichen durch Erregung täuschender Hoffnungen nur verspottete, geht zunächst aus den Worten, dann aber auch daraus hervor[5], daß Karl sechs Jahre später noch eigennützige Untersuchungen selbst gegen diejenigen anstellen ließ, welche im Heere König Manfreds gegen Alexander IV geblent hatten!

Am 29. November 1268, genau einen Monat nach der Hinrichtung Konradins, starb Papst Klemens IV. Daß er zu jenem Frevel durch ein schlechtes Witzwort: „Der Tod Konradins ist das Leben Karls!" gerathen habe, ist nicht allein unwahr, sondern man kann

---

[1] Mediol. annal. Placentin. chron. Saba Malasp., IV, 20. Giulini, 236, 248, Davorio, 52. — [2] Den 10. Oktober 1268. — [3] Regesta Caroli, I, 156. Nach der Histoire de Bourgogne, II, 42, hatte die Vertretungsrathung durch Prokuration (durch Gottfried von Beaumont) bereits im Junius 1268 stattgefunden. — [4] Constit. regni Siciliani, II, 14—23. — [5] Lelli, Discorsi, I, 303. Regesta, II, 03; I, 281. Ueber Gütereinziehungen Amato, Memor., 41. — [6] Jene Todesformel findet sich zuerst bei dem jüngeren Albert von Straßburg; die näheren Beweise ihrer Unwahrheit stehe in Jägers Geschichte Konradins und bei Raynald. Wie abweichend die Erzählungen derjenigen sind, welche den Papst befragen lassen, geht aus Folgendem hervor. Er antwortete nach dem Monum. Pisanis, 979: Che non era consiglio di prode, che altri mandasse alla giustizia (es scheint eine Lücke im Text zu seyn). Nach der sehr alten italienischen Handschrift Nr. 911 der

was auch auf den Grund seiner früheren Ermahnungsschreiben und anderer Zeugnisse annehmen, daß er des Königs Verfahren durchaus mißbilligte. Zweifelhaft bleibt es dagegen, ob er von Karls nichtswürdigem Vorsatze so früh unterrichtet war, daß er zur Blutvermeidung desselben irgend genügende Mittel anwenden konnte, oder ob er dieselben aus Furcht und Schwäche anzuwenden unterließ. Wie dem auch sey, so war seine Freude über den Fall der Hohenstaufen gewiß nicht ungetrübt; er mußte wissen und fühlen daß ein so herbeigeführter und so benutzter Sieg weder die Freiheit der Kirche (und Italiens) gründen, noch ihre Macht vermehren, noch ihre Würde unverletzt erhalten, noch ihre Heiligkeit bezeugen könne.

In ganz Europa war über König Karls Benehmen nur ein und dasselbe Gefühl des Mitleids, des Zornes und der Verachtung [1]. Selbst sein eigener Bruder König Ludwig tadelte ihn streng, und der König von Aragonien schrieb ihm [2]: er sey grausamer als Nero und habe Unschuldigen nicht einmal so viel Milde widerfahren lassen, als er in Aegypten unter Ungläubigen gefunden. Den größten Eindruck machten diese schrecklichen Ereignisse natürlich in Deutschland, aber zur Bestrafung des Urhebers fehlte es an Einheit der Kräfte und des Willens; die schmerzlichen Klagen der unglückseligen Mütter Konradins und Friedrichs [3] blieben ohne Erfolg, und Mancher hielt den völligen Untergang des einst so mächtigen Hauses, wo nicht heilsam für das Wohl des Ganzen, doch für seinen nächsten angeblichen

---

bibl. Barberina, 215, gab Klemens keine bestimmte Antwort, sondern ging in einen Garten und schlug die höchsten Zwiebelköpfe ab; oder er habe nach Einigen geantwortet: Miror te, virum prudentem, super interfectione viri consilium petere a sacerdote. Die letzte Aeußerung wäre zweideutig und die Erzählung von den Zwiebelköpfen offenbar einer alten nacherfunden. Nach Jacobus von Aqui, aus dem Anfange des 14. Jahrhunderts, bei Moriondus, II, 100, sagte der Papst: De Conradino, illo iniquitatis, vindictam non quaerimus, nec justitiam denegamus. Schon Villani glaubte den über diesen Punkt umlaufenden Gerüchten nicht, und noch bestimmter widerspricht mscr. bibl. Ricc., 1848. Siehe noch Jordani chron. in Murat., Antiq. Ital., IV, 1000. Concil. coll., XIV, 325. Auf jeden Fall würde Karl, bei so vielen Vorwürfen, sich später auf des Papstes Ausspruch bezogen und nicht geschwiegen haben. Hätte Klemens wirklich, auf Vorbitte des E. Ambrosius (Acta Sanct., März, III, 100. Cherrier, IV, 215) Konradin vom Kirchenbann losgesprochen, so brachte es diesem eher Schaden als Vortheil, weil Karl behaupten konnte, das Urtheil stehe nunmehr lediglich der weltlichen Macht zu.
[1] Der Venetianer Bartolomeo Giorgi, mehre Provenzalen und Deutsche dichteten Trauergesänge auf die Hinrichtungen. Foscarini, 30. Kannegießer, 403. Diez, Leben der Troubadours, 493. Hagen, Minnesänger, IV, 9; III, 102. Millot, II, 353. Crusius, Schwäb. Chron., I, 824. — [2] Petr. Vin., I, 39. — [3] Konradins Mutter starb am 9. Oktober 1273 und ward in Stambs begraben. Wibacher, bei Westenrieder, II, 101, und Rubeis, 738. Stälin, II, 213. Die Monum. Boica, XV, 556, haben das Jahr 1271 aus einem alten Klosternekrolog. Daß Gertrud, Friedrichs Mutter, dessen Tod erlebte, zeigt Kurz in der Gesch. v. Oesterreich, III, 202, und Schrötter, III, 203. Nach Abelungs Directorium, 126, lebte sie noch 1289.

Vortheil. Was irgend von hohenstaufischem Allode und Reichsgut übrig war, wurde rücksichtslos von allen Seiten in Beschlag genommen ¹.

Noch lebten allerdings zwei Nebensprossen jenes Stammes: Margarethe, die Tochter Friedrichs II, und König Enzius, sein Sohn. Allein anstatt der gehofften Linderung herben Schmerzes findet der theilnehmende Forscher auch hier nur bittere Leiden. Albert der Entartete, Markgraf von Meißen, vernachläßigte seine Gemahlin Margarethe auf unwürdige Weise und lebte in öffentlichem Ehebruche mit Kunigunde von Eisenberg. Ein minder verstocktes Gemüth wäre durch das Gefühl dieses Unrechts wenigstens zu äußerlich schonender Behandlung vermocht worden: Statt dessen steigerte der Anblick seines unschuldigen Weibes den Haß Alberts dergestalt, daß er einem Diener gegen Versprechen großen Lohnes schwören ließ, er wolle als Teufel verkleidet des Nachts zu Margarethe hinschleichen und sie erdrosseln. Allein die Ueberzeugung von ihrer Unschuld, die Furcht vor den Folgen einer solchen That, die Scheu, an eine Kaisertochter mörderische Hand anzulegen, trieben den Knecht so lange unentschlossen umher, bis er, durch Albert nochmals gedrängt, sich in der Nacht wirklich zur Markgräfin schlich, ihr aber, Gnade flehend, die Gefahr eröffnete. Margarethe erschrak aufs Aeußerste und stimmte dem ihr getreuen Diener bei, daß sie ihr Leben nur durch die schleunigste Flucht retten könne. Noch einmal ging sie zu ihren kleinen Söhnen Friedrich, Heinrich und Diezmann, und bei diesem Abschiede biß sie in grenzenlosem Schmerze den Ersten so heftig, daß er davon zeitlebens den Beinamen Friedrich mit der gebissenen Wange führte. An Stricken ließ sich Margarethe mit ihrem treuen Erretter und zwei getreuen Frauen von der Wartburg hinab und wanderte, von Angst und Sorgen getrieben, hülflos durch das Land, bis der Abt von Fulda die Unglückliche nach Frankfurt bringen ließ, dessen Bürger sie, im Angedenken an ihren großen Vater, ehrenvoll aufnahmen. Aber schon in demselben Jahre, am 8. August 1270, endete der Tod ihre Leiden ³.

Ebenso traurig war und blieb das Schicksal ihres Halbbruders, des seit 1249 in Bologna gefangenen Königs Enzius. Und zu den gewöhnlichen Uebeln jeder Gefangenschaft ⁴ traten hier noch manche außerordentliche hinzu: die Jugend und der Stand des Unglücklichen,

---

¹ Schöpfl., Hist. Zar. Bad., II, 8. Es entstand über Konradins Erbe Streit unter seinen Oheimen. Feßmaier, 503. Lori, Lechrain, Urk. 10. — ² Am 7. Mai 1247 schrieb Innocenz IV dem Markgrafen von Meißen, er möge sich und seine Nachkommen nicht inficere sanguine scelerato des Kaisers. Palacky, Reise, 31. — ³ Sifridi epit., 1017: Flucht am Johannis. Tod den 8. August 1270. Eccard. gen. princ., 161. Nach Rohte, 1744, fiele der Tod erst ins nächste Jahr; nach der Gallia christ., VII, 489, ließ sie der Erzbischof Werner von Mainz feierlichst begraben. Winkel Tilemannus, p. 10. — ⁴ Verfügungen des Senats von Bologna über die Haft. Münch, 325.

das mit Friedrichs II Tode gänzliche Verschwinden der Aussicht auf eine künftige Befreiung ¹ und der Mangel an so vielen Dingen, welche einem als König Erzogenen unentbehrlich schienen mußten. Noch schmerzhafter aber mochte es Enzius fühlen, daß sich seine Gemahlin Arelaña im Unglücke gar nicht um ihn bekümmerte und später sogar den Sardinier Michele Zanchi heirathete, welchen Dante zu den größten Betrügern auf Erden zählt ². Am härtesten und erdrückendsten war es endlich ohne Zweifel, daß die Bologneser, taub gegen alle seine Bitten und Vorstellungen, ihn 14 Jahre lang in demselben Zimmer mit einem Grafen von Solimburg einsperrten, den sie amtlich einen rohen, unerträglichen, albernen ³ Menschen nennen. Wie mußten Verhältnisse solcher Art nicht zur Ertödtung alles Lebens- und Geistesträfte wirken; und dennoch zeigt sich, daß Enzius, fern von erkünstelter Ruhe oder verzweifelnder Ergebung, eine unverwüstliche Heiterkeit behielt und selbst die Bologneser zur Bewunderung fortriß. Er sammelte, was er nur irgend an Sagen, Dichtungen, Romanzen, Liedern u. dergl. bekommen konnte, und erweiterte als Dichter ⁴, Sänger und Tonkünstler sein Gefängniß zu einer Welt, die reicher war, als seine Zwingherren begreifen konnten. Pietro Afinelli, ein heiterer, geistreicher Jüngling, welcher fast so fertig deutsch als italienisch sprach, ward nicht bloß des Königs Gesellschafter, sondern sein wahrer Freund; ja die Liebe fand, ihren Weg bis in den Kerker ⁵, und von dem schönen Enzius und der schönen Lucia Viadagola stammte ein Geschlecht, dessen bedeutender Name Bentivoglio (Dirwillichwohl) auf seinen Ursprung hinweiset ⁶.

In solchen Verhältnissen war das zwanzigste Jahr seiner Gefangenschaft herangekommen: da hörte Enzius von der Niederlage und dem Tode Konradins, und neue Rechte, neue Pflichten, neue Hoffnungen schienen sich hiedurch für ihn, den einzigen noch übrigen Sohn Kaiser Friedrichs, aufzuthun. Alle Unzufriedenen mit sich vereinen, alle Ungerechtigkeiten strafen, den alten Glanz seines Hauses herstellen,

---

¹ Enzius hatte sollen gegen den Sohn des Markgrafen von Montferrat ausgewechselt werden, aber Friedrichs II Tod hinderte die Beendigung dieser Angelegenheit. Matth. Par., 540. — ² Dante, Inferno, canto XXII. Savioli zu 1272. — ³ Intolerabilem et ineptum etc. Ibid. — ⁴ Valeriani, 108, giebt eine Sammlung seiner Gedichte, und Münch, 224. — ⁵ Siehe die Geschichte seiner Gefangennehmung oben S. 130. Wir können Saviolis Zweifel (zum Jahre 1254) gegen diese Erzählung und die von der Flucht nicht theilen, da er keine anderen Gründe dagegen vorbringt, als daß sie nicht in den Chroniken jener Zeit stehen. Diese Chroniken sind gerade für Bologna höchst dürftig, und wie viel ist nicht erweislich und erwiesen, was sie übergangen haben! Hier steht die umständlichste, genaueste Tradition zur Seite, und der tüchtige Geschichtschreiber Ghirardacci (I, 191, 213) verdient Glauben für das Aufgenommene. Prüfung der Gründe und Gegengründe bei Münch, 218. Gedichte über Enzio in Möggeraths Rheinischen Provinzialblättern, Neue Folge, II, 4, 157. — ⁶ Litta, Famiglie, fasc. 31.

ja die Kaiserkrone gewinnen, schien dem Dichter, welcher einst ein geschickter Feldherr gewesen war, selbst bei Berücksichtigung äußerer Umstände, nicht unmöglich, wenn anders der erste Schritt gelang, die Befreiung aus der bologneſiſchen Haft. — All dieſe lang umhergetragenen, mannichfaltig ausgebildeten Plane theilte Enzius ſeinem Freunde Pietro Aſinelli endlich mit, und dieſer verſprach ihm (ſowol aus innerer Zuneigung, als in Erwartung einer eigenen glänzenden Laufbahn) den treuesten Beiſtand. Ein ihnen wohlbekannter Küper Filippo ward gewonnen und ſchwur den entworfenen Plan geheim zu halten und zu unterſtützen. Von Zeit zu Zeit brachte jener Filippo ein großes Faß voll Wein zum Könige, forderte nachher das geleerte zurück und trug es auf ſeinen Schultern hinweg. In ſolch einem Faſſe verbarg ſich König Enzius, und der gewaltig ſtarke Küper trug es ſo behend davon, daß Niemand auf die Vermuthung kommen konnte, es ſey ſchwerer als gewöhnlich. Schon war er durch alle Wachen und alle Thore glücklich hindurch, ſchon erblickte man in der Ferne Rainerio di Gonſalonteri mit den zur Flucht beſtellten Pferden, da warf zufällig ein Soldat ſeine Blicke auf das Faß, ſah eine blonde Locke hervorhangen und rief: nur König Enzius habe ſo ſchöne Locken und müſſe im Faſſe verborgen ſeyn! Mehre eilten herbei: das Geheimniß war entdeckt! Aſinelli entkam, verlor aber Habe und Gut, Filippo und Rainerio wurden hingerichtet und der fröhliche Enzius ſeitdem[2], wenn auch nicht, wie Einige erzählen, in einem eiſernen Käfige, doch bis an ſeinen Tod in ſtrengerer Haft und finſterer Einſamkeit gehalten.

Das brach ſeine Kräfte und er machte ein Teſtament, deſſen Inhalt in mehr als einer Beziehung rührend iſt, zuvörderſt durch den Gegenſatz, daß er ſeinen Neffen (Alfons von Kaſtilien und Friedrich von Thüringen) die ſo viele Länder umfaſſenden Anſprüche der Hohenſtaufen vermachte und ſie doch wiederum bitten mußte, für Begräbniß und Seelenmeſſen, für Bezahlung kleiner Schulden, für Belohnung treuer Diener, für Ausſtattung ſeiner Töchter Sorge zu tragen, ja daß er, in der Ungewißheit, ob ſie für jenes glänzende Vermächtniß ſo viel geben wollten oder konnten, alle ſeine, ſeines Vaters und ſeines Hauſes Freunde auffordert, durch Uebernahme der aufgezählten Leiſtungen ein erfreuliches, heilſames Beiſpiel zu geben! Den Bologneſen verzieh er alle Schuld, ja er dankte daß ſie ſeine Aerzte beſoldet hatten, und bat, ihn nicht an ungeweihter Stelle, ſondern in einer Kirche begraben zu laſſen. „Wenn ich", ſo fährt er fort[3], „an die glorreiche Tugend und tugendreiche Macht meines

---

[1] Malespini, 140. Monach. Patav., 684. Bonon. hist. misc. Memor. d'Illustri Pisani, II, 219. Villani, VI, 37. Savioli zu 1249. Einſt wollte ihm ſeine Wächter nichts zu eſſen geben; da wandte er die Sache ſcherzhaft, ſpielte darum Würfel und gewann. Salimbeni, 311. — [2] Das Teſtament bei Savioli, III, 2, 769. Petracchi und Mönch. Schriftſteller aus dem 16.

Vaters, wenn ich an meine Brüder und Verwandten, diese Könige und Fürsten, dachte, so ward der Wunsch nach irdischen Dingen und der Schmerz über die Last des mich friedlich niederdrückenden Schicksals doppelt lebhaft; jetzt aber erinnert mich schwere Krankheit so dringend an das bevorstehende Ende, daß alle anderen Gedanken und Wünsche dahinfallen." — Er starb den 14. März 1272[1], im sechsundvierzigsten Jahre seines Alters, nachdem er gesungen gewesen 22 Jahre, 9 Monate und 16 Tage. Die Bolognesen, welche ihn so lange unköniglich behandelt hatten, ließen ihn jetzt (war es Spott, Reue, Achtung oder eins von den Ereignissen, welche bisweilen zwar absichtslos eintreten, das Gemüth aber am sonderbarsten und mannichfachsten ergreifen und bewegen) einbalsamiren, in Scharlach kleiden, ihm eine sehr reiche Krone aufsetzen und einen Zepter in die Hand geben. Der Sarg stand auf einer mit Sammt und Scharlach überzogenen Erhöhung und ward in feierlichem Zuge zur Kirche des heiligen Dominikus gebracht. Eine zwei Fuß hohe gekrönte Bildsäule von Marmor und eine Inschrift bezeichnen die Grabstätte[2].

Fünfunddreißig Jahre früher schrieb Kaiser Friedrich den Valentanern bei der Geburt eines seiner Söhne[3]: „Freuet euch mit mir, denn sobald eine zahlreiche Nachkommenschaft von Kindern mich beglückt, könnet auch ihr nie an dem größten und ärgsten aller Mängel, nicht an einem Könige Mangel leiden." — Nie täuschte eine fröhlichere Aussicht vollständiger den Herrscher und die Völker!

In diesen Zeiten hatte sich König Ludwig IX. nicht aus Ehrgeiz und Habsucht, sondern aus Gründen, welche den bereits früher entwickelten ähnlich sind, zu einem zweiten Kreuzzug entschlossen. Daß dieser nicht nach Palästina und auch nicht nach Aegypten gerichtet werde, dafür wirkte König Karl auf alle Weise[4], hoffend, bei dieser Gelegenheit den größten Gewinn zu ziehen und die ehemalige Herrschaft der Normannen über einen Theil Afrikas zu erntiern. Aber alle die in der Geschichte der Kreuzzüge so oft wiederkehrenden, dauernden Erfolg vernichtenden Schwierigkeiten traten auch hier ein, und insbesondere brachen ansteckende Krankheiten im christlichen Heere vor Tunis aus, an denen König Ludwig am 24. August 1270 starb, genau zwei Jahre nach der Schlacht bei Skurkola[5] und 21 Jahre vor dem Verluste Akkons, der letzten christlichen Besitzung im Morgen

---

und 17. Jahrhundert haben viel Rhetorisches in die Geschichte Ludwigs verwebt. Ich habe es überall zur Seite gelassen. [1] Ueber die Abweichungen, den Lebenstag und den Tag der Abfassung des Testamentes betreffend, siehe Petracchi, Solimbeni, 413, Ghirard. u. Malvec., 915. — [2] Ueber die Inschriften siehe Ghirardacci, l. c. Arndts Reise, II. 23. Hagen, Briefe in die Heimath, II, 180. — Petr. Vin., III, 70, 71. — [3] Saba Malasp., V, 1. — [4] Velly, VI, 91. Er starb am Bartholomäustage oder einen Tag nachher. Vitae pontif., 590. Gesta Ludov. IX, 408 und 411.

lande ¹! — Die Wohlthaten seiner vierundvierzigjährigen Regierung suchte Ludwig noch dadurch zu verlängern, daß er seinen Söhnen Vorschriften hinterließ, welche in dem Tone inniger, bewährter Ueberzeugung alle Pflichten eines Menschen, eines Königs, eines Christen entwickeln ².

Als König Karl, welcher erst am Todestage seines Bruders vor Tunis anlam, die Stadt nicht erobern konnte, erpreßte er wenigstens so viel Geld und Gut als irgend möglich. Seine hiemit reich beladene Flotte wurde zwar auf der Rückfahrt nach Sicilien größtentheils durch einen Sturm vernichtet, allein er wußte diesen Verlust sogleich auf seine Weise dadurch zu ersetzen daß er alles geraubte Gut, sogar seiner Verbündeten, Freunde und Unterthanen, in Beschlag nahm ³! — Aus diesen und ähnlichen Gründen schrieb ihm Papst Gregor X, Klemens IV Nachfolger: er solle die königliche Würde nicht durch unkönigliche Thaten entstellen und den Klagen seiner mißhandelten Unterthanen Gehör geben. Diese Ermahnung blieb indessen durchaus ohne Erfolg, und auf die erneute Warnung und Weissagung: daß ein Tag kommen werde, wo über ihn und seine Erben wegen solcher Tyrannei unerwartet die Strafgerichte Gottes hereinbrechen würden, erwiederte er mit trotzigem Hochmuthe ⁴: „Ich weiß nicht was ein Tyrann ist, wohl aber daß Gott, der bisher meine Schritte geleitet hat, mir auch künftig beistehen wird!"

Aber das Maß seiner Sünden war voll, und schon auf dieser Erde sollte er nicht ungestraft bleiben. Am 30. März 1282 brach in Palermo das furchtbare Blutbad aus, welches unter dem Namen der sicilianischen Vesper bekannt ist, fast allen Franzosen auf der Insel das Leben kostete und die Herrschaft in die Hände Konstanzens, der Tochter Manfreds, und ihres Gemahls brachte. Vergebens setzte König Karl Alles in Bewegung, Sicilien wieder zu erobern: am 5. Junius ⁵ 1284 ward seine Flotte von dem tapferen Aragonesen Roger von Loria ⁶ gänzlich geschlagen, sein fremder Feldherr (l'Stendart, ja sein Sohn Karl gefangen und von den Einwohnern Messinas, mit Rücksicht auf Manfreds und Konradins Schicksal, zum Tode verurtheilt! Konstanze aber und ihr Gemahl, so viel Veranlassung sie auch gehabt hätten, Rache zu üben oder der Rachsucht Anderer freien Lauf zu lassen, erinnerten sich jener höheren Vorschrift: „Vergilt nicht

---

¹ Sind setzte sich die ganze Christenheit um des heiligen Landes willen in Bewegung, jetzt gilt ein für Jerusalem gespendetes Almosen als Aberglaube. Die Auferstehungskirche ist abgebrannt und die heilige Stätte weder gegen Verwüstung der Menschen, noch gegen Sturm und Regen geschützt! Chateaubriand, Voyage, II, 115; III, 40. — ² Joinville, 126. Wadding, IV, 310. — ³ Matth. Par., contin., 678. Sismondi, III, 424. Ueber den Frieden mit Tunis: Journ. asiat., VII, 139. Ueber die letzten Kriege der Christen mit dem Sultan Bibars: XI, 2. — ⁴ Saba Malasp., VI, 4. Dante Purgat., XX. — ⁵ Amari, 171. — ⁶ Oder Lauria. Sein Vater ward in der Schlacht bei Benevent getödtet. Quintana, I, 56.

390   Schluss.

Böses mit Bösem", und retteten den Sohn ihres ärgsten Feindes vom Tode¹. Diese Schicksale hatten bei König Karl, wenn nicht Reue und Besserung, doch Trübsinn und Gewissensangst erzeugt und seine Gesundheit angegriffen; er starb am 7. Januar 1285. Im nächsten Jahre zerstörte der Sicilianer Bernhard von Sarriano Astura², wobei — die Strafe des Himmels blieb also auch hier nicht aus — ein Sohn des Verräthers Johann Frangipani niedergestoßen wurde.

So haben wir den Ausgang des großen Trauerspieles in allen Haupttheilen dargestellt, in allen Nebenzweigen angedeutet und das Ziel unserer Aufgabe erreicht. Der Untergang des Chalifats und des lateinischen Kaiserthums, das Verschwinden abendländischen Einflusses auf das Morgenland und deutschen Einflusses auf Italien, das Sinken kaiserlicher Hoheit und das Steigen fürstlicher Macht, die mit dem Augenblicke vollständigen Sieges unerwartet hereinbrechende Abhängigkeit und zunehmende Ausartung der Kirche: dies und Unzähliges bezeichnet aufs Bestimmteste den Schluß eines großen Zeitabschnittes, und Andere mögen entwickeln, welche Keime des Todes aus der Vergangenheit in die Zukunft hinübergingen und welche Lebenskeime mit frischer Kraft emporwuchsen. Bei der Darstellung jedes Abschnittes der Menschengeschichte wird sich indeß ergeben: kein Einzelner, kein Geschlecht, kein Volk, keine Zeit ist so unschuldig, daß sie ohne Irrthum und Sünde erfunden würde, oder so schuldig, daß sie einer höheren Reinigung und Erlösung ganz unfähig wäre. Diese kann jedoch nur beginnen mit der Erkenntniß, daß Feigheit, Ungerechtigkeit, Herrschsucht und Hochmuth die Urquellen alles Uebels, Gerechtigkeit, Muth, Demuth und Liebe hingegen nicht bloß die Wurzeln, sondern zugleich die Blüthen und Früchte von dem Baume des Lebens sind!

¹ Cesare, II, 139. Lob Constanzens. Amari, 218. Quintana, I, 40.
— ² Murat. Annal. zu 1285. Ramon Muntaner, I, 120 u. fg. Amari, 171.

Erste Beilage.

Ueber Peter von Vinea.

Ueber die Handschriften der Briefe Peters handelt Perz in seiner Italienischen Reise so gründlich, daß ich lediglich darauf verweise.

Nachrichten über Peters Leben geben Sarti, De claris professoribus, 1, 1, 128, Toppi, Bibliotheca Napoletana, p. 250, und Nicodemus, Zusätze, S. 198, Tafuri, Serie degli scrittori napoletani, zum Jahre 1246, und dessen Opuscoli scientifici, XXIV, p. 306. Doch enthalten sie alle nur die bekannten Dinge. Nach Toppi befanden sich Peters Werke handschriftlich im Museum von Giacomo Capece Galeota. Ich habe darüber so wenig etwas Näheres erfahren können, als über eine Lebensbeschreibung Peters von Antonio Cavalieri, welche irgendwo handschriftlich vorhanden seyn soll.

Eine gründliche Beurtheilung der Iselinschen Ausgabe von 1740 giebt das Giornale de letterati (Tom. I, parte I, p. 60; Firenze 1742).

Gedichte Peters finden sich unter Anderem in Leonis Allatii poeti antichi, p. 503, und in Corbinelli, Rime antiche, p. 88.

Aus den Commentaren zu der bekannten Stelle Dantes über Peter von Vinea (Inferno, XIII, 50) und aus einigen anderen Werken theile ich Folgendes mit:

1. Benvenuto Rambaldi sagt: Peter sey von ganz niederem Herkommen, aber ein großer Rechtsgelehrter und Stilist gewesen. Man habe ihn verleumdet und gesagt: er sey reicher als der Kaiser, schreibe seiner Klugheit alle Thaten desselben zu und verrathe dem Papste die Geheimnisse. Diese Reden wären dem Kaiser wahrscheinlich geworden, weil Peter sich seiner nicht genügend auf der Kirchenversammlung angenommen habe.

2. Benvenuto von Imola erzählt Zweierlei:
a) daß Peter sich nach der Blendung aus dem Fenster des Gefängnisses herabstürzte, als der Kaiser vorbeiging, und
b) daß man ihn an mehren Orten umherführte und er sich in Pisa den Kopf gegen die Mauer einstieß. Er glaubt indeß keinem von diesen Berichten, sondern hält es für wahrscheinlich, daß Peter im Gefängnisse blieb und sich daselbst umbrachte.

3. Francesko Buti aus Pisa erzählt (Mscr. in der bibliotheca Riccardiana zu Florenz, Nr. 1006): Peter ward auf einem Maulesel Abend nach Pisa gebracht, ließ sich in die Kirche führen und fragte seinen Begleiter, ob zwischen ihm und der Kirchmauer etwas stehe? Auf die verneinende Antwort lief er mit dem Kopfe so heftig dagegen, daß er starb.

4. Ein anderer Commentator zum Dante (Riccardiana, Nr. 1004) sagt: Peter erweckte zuerst Verdacht in dem Kaiser gegen seinen Sohn Heinrich und veranlaßte die harten Maßregeln, welche Friedrich nachher bereute, wie der: Misericordia pii patris anfangende Brief bezeugt. Ferner schrieb Petrus, wie aus der Gleichheit des Stils der Briefe hervorgeht, auch für den Papst, gegen den Kaiser, und die Barone sagten diesem: „Wie er dich durch Verdacht um deinen Sohn gebracht, wird er dich um alle treuen Diener bringen." Petrus brachte sich selbst um; über die Art und Weise schweigt die Handschrift.

5. Sallumbeni der Minorit erzählt (Handschrift in der bibliotheca Vaticana, S. 293—294): Der Kaiser hatte seinen Gesandten befohlen: es solle durchaus Keiner auf der Kirchenversammlung in Lyon allein mit dem Papste sprechen und verhandeln. Dies that Petrus aber mehre Male und wurde deßhalb nach der Rückkunft von seinen Genossen angeklagt. Der Kaiser, welcher in jener Zeit leicht Argwohn faßte, klagte laut über sein Unglück und ließ ihn verhaften. Ueberhaupt hatte Friedrich die Gewohnheit, Jeden, den er erhob, nachdem zu erniedrigen und ihm das Gegebene wieder abzunehmen, seiner Aeußerung gemäß: quod nunquam nutrisset aliquem porcum, cujus non habuisset axungiam.

6. Bonati De astronomia, pars I, tractatus 5, consid. 141, p. 210, edit. Basil. 1550) berichtet: Quidquid Petrus faciebat, imperator habebat ratum; ipse autem multa retractabat et infringebat de his, quae faciebat imperator. — Beatus reputabatur, qui poterat fimbriolam aliquam habere gratiae ipsius. Nach der gemeinen Meinung habe sich Petrus den Kopf gegen die Wand zerstoßen und, andere Güter ungerechnet, 10,000 Pfund Augustanen hinterlassen.

7. Giustiniani (Memorie istoriche degli scrittori legali del regno di Napoli, 1788, 3 Vol., 4.) äußert: man wisse nicht mit Bestimmtheit, wann Peter Rath und Notar ward, und ebenso wenig Ort und Art seines Todes. Ja nicht einmal der Zeitpunkt der Ungnade stehe fest; doch könne man ihn nicht vor dem Junius 1249 ansetzen. Daß er Kanzler gewesen, sey nicht vollkommen zu erweisen. Den Nachlaß berechnet Giustiniani (gewiß übertrieben) auf 900,000 neapolitanische Dukaten.

8. Der Predigermönch Peter von Aqui, welcher im Anfange des 14. Jahrhunderts lebte, erzählt (Moriondus, Memoriae Aquens., II, 151): Friedrich II kam einst in das Haus Peters und ging ungehindert bis in ein Zimmer, wo er dessen Frau mit unbedecktem

Ueber Peter von Vinea.

Armen schlafend fand, sie, ohne irgend etwas Weiteres vorzunehmen, zudeckte, aber zufällig oder vorsätzlich seine Handschuhe liegen ließ. Peter fand diese und sprach aus Eifersucht seitdem nicht mit der Frau. In Gegenwart des Kaisers kam es darüber zu Erklärungen, wo Peter bildlich andeutend sagte: Una vigna o pianta, per traver- e intra, chi la vigna mia guasta, an fait gran pecca di far o mi tant mal. Die Frau antwortete: Vigna sum, vigna sarai, la mia vigna non falli mai. Darauf Peter: So cosa e, come e narra, piu amo la vigna, che fis jamai. Nun sey eine neue Einigung erfolgt und Peter habe in der Heiterkeit seines Herzens ein Gedicht gemacht: De XII mensibus anni et de proprietatibus eorum.

9. Sismondi (III, 80) spricht von einer pisanischen Handschrift, aus der hervorgehen solle, daß Peter in Pisa starb. Er citirt Flaminio del Borgo, Dissert. IV. §. 2, p. 257.

10. Malespini, 131, und Villani, VI, 22, sagen: Lo imperatore fece abbacinare el savio uomo Pietro delle Vigne opponendogli tradimento. Ma cio gli fu fatto per invidia del suo grande stato; per la qual cosa il maestro per grande dolore si lascio morire in prigione, o chi disse che egli medesimo si tolse la vita. Aehnlich äußert sich Johann. de Mussis zu 1218; desgleichen Dipl. II, 39, welcher nur noch den Verdacht berühret: quod in vitulo ejus erabat.

11. Die Annal. Mediol. erzählen zu 1239: die Mailänder hätten mit Peter verhandelt, er solle den Kaiser im Bette ermorden, worauf ihn dieser nach erhaltener Kunde habe bleiben lassen.

12. Im Junius 1249 nennt der Kaiser Peter einen proditor; er befiehlt, daß mehrere seiner Güter und derer, die sein Bruder Tomaso und Tafuro und Angelo delle Vigne besaßen, dem erwählten Bischofe von Capua ausgehändigt werden sollten, da sie diese Besitzungen (vielleicht auf ungebührlichem Wege) von der Kirche zu Capua erhalten hätten (Daniele, 86).

Zu diesen Nachrichten fügen wir nur wenige Bemerkungen hinzu:

a) Das Benehmen Peters in Lyon kann aus den bereits im Texte angegebenen Gründen nicht Ursache seines Falles gewesen seyn, und ebenso wenig eine Verhandlung über die Ermordung Friedrichs vom Jahre 1239. Wollte man aber diese Zahl in 1249 verwandeln, so bleibt es doch unwahrscheinlich, daß Peter sich mit einer ganzen Stadt über Pläne solcher Art eingelassen haben sollte.

b) Peter, der im Jahre 1212 schon kaiserlicher Notar war (Roselli, Miscellanee storiche spettanti alla Sicilia), zählte um die Zeit seines Falles gewiß 60, der Kaiser 55 Jahre, und jener hatte mehre Kinder (Epist. IV, 13; V, 19). Deshalb möchten wir den hingeworfenen Sagen über Eifersüchteleien kein Gewicht beilegen.

c) Im Mai 1249 war Friedrich in Pisa (Affò, Storia di Parma, III, 386), und im Junius nennt er ihn Verräther; deßhalb könnten seine Verhaftung und sein Tod wohl in jener Stadt eingetreten seyn. Ob ihn Friedrich habe blenden lassen, steht nicht mit vollkommener Gewißheit fest; es ist wahrscheinlich, daß Peter sich selbst aus Verzweiflung den Tod gab. Die angeblich von Peter im Gefängnisse aufgesetzte Klage über sein Schicksal ist, wo nicht unächt, doch für die Geschichte unbedeutend [1].

---

[1] Raumers Italien, II, 733.

	7.	7.	7.
8) mma, n Bin- lla	15) Anna Graf Thomas von Acerra u. Aquino	16) Sel- vaggia Ezelin von Romano	17) Sohn stirbt jung um 1239

Dritte Beilage.

Bemerkungen zur zweiten Stammtafel der Hohenstaufen.

1. Ueber die Gemahlinnen Friedrichs II sind die Nachrichten der Schriftsteller keineswegs gleichlautend.

1. Konstanze von Aragonien, welche er im Jahre 1208 heirathete, war blond, seit 1204 Wittwe König Emerichs von Ungern, und starb in Catanea den 23. Junius 1222, Daniele, 69, 70, 80. Inveges, Annal., 549. . Fazellus, Decas IX, p. 550.

2. Jolante gebar Konrad IV Mitte Februar 1228 in Andria, starb daselbst und ist auch dort begraben. Daniele, 65. Camici, 32.

3. Ueber Isabelle und deren Kinder siehe Inveges, Ann.; Matth. Par., 315; Gebauer, Leben Richards, 23; Baluz. misc., I, 485; Daniele, 66. Von späteren, nicht zu Stande gekommenen Heirathsplanen Friedrichs siehe Böhmer, Reg., XLVIII.

4. Daß Blanka dem Kaiser angetraut wurde, sagt Salimbeni, 295. Vielleicht redet Matth. Par., 500, auch von ihr. Ueber die Familie der Lancia: Tenivelli, III, 1.

5. Mathilde oder, wie Andere schreiben, Beatrix von Antiochien muß mit dem Kaiser nicht vermählt gewesen seyn, da Friedrich von Antiochien nirgends als ein ehelicher Sohn bezeichnet wird. Ja Heirath und Kindschaft wird von gleichzeitigen Schriftstellern gar nicht mit Bestimmtheit erwähnt, und es bleibt fast nichts übrig, als aus Friedrichs Beinamen zurückzuschließen, daß seine Mutter aus Antiochien gewesen sey. So vermuthet Camici zu 1246, S. 6: der Kaiser habe sich bei seinem Kreuzzuge mit ihr eingelassen und sie sey schwanger in Asien zurückgeblieben, was denn freilich für eine Prinzessin nicht sehr ehrenvoll gewesen wäre. In den genealogischen Tabellen wird eine Marie, die Tochter Boemunds IV, aufgeführt, welche Friedrich von Hohenstaufen geheirathet habe. Die Lignages d' outremer wissen aber nichts von einer solchen Heirath, weder mit dem Kaiser, noch mit seinem Sohne. Ja die Opusc. d' autori sicillani, IV, 206, und Inveges, Ann., 656, nennen Friedrich von Antiochien den Sohn einer Ruthina, Gräfin von Wolfersoloien, und lassen von jener Antiochierin Elisabeth geboren werden, die der Landgraf Ludwig geheirathet habe. Allein diese Nachrichten lassen sich ebenso wenig beglaubigen; und da Friedrich von Antiochien Margarethe Gaetani heirathete, bleibt doch die Vermuthung wahrscheinlich: der Beiname komme von seiner Mutter und nicht von seiner Frau. Dafür stimmt auch Bertolom. de Neocastro, 1015, und Schmid (Hermes, XXX, 334) giebt noch andere Beweise. Ueber das Alter Friedrichs und Enzius: Böhmer, Reg., und Stälin. — Konradin

Bemerkungen zur zweiten Stammtafel.

nennt Friedrich von Antiochien seinen patruus und erhebt dessen Sohn Konrad zum Fürsten von Abruzzo. Cherrier, IV, 553.

6. Daß die Mutter des Königs Enzius eine edle Deutsche gewesen, bezeugt Guil. Tyr., 748; das leidenschaftlich guelfische Chron. imper. Laurent. sagt dagegen, gewiß unwahr, er sey geboren ex muliere infami et ignobili; Pipin., II, 49, erzählt, sie sey aus Cremona gewesen. Das erste Zeugniß ist, bei Enzius blondem Haare und seiner Kenntniß der deutschen Sprache, das wahrscheinlichste. Davon daß Gazio und Manfred von derselben Mutter abstammen, kann ich mich nicht überzeugen. Münch, 201.

7. Daß Friedrich II noch andere Beischläferinnen gehabt habe, ist zu vermuthen, aber nichts Sicheres und Denkwürdiges darüber beizubringen. Im Jahre 1250 habe er eine Tochter des Herzogs von Sachsen heirathen wollen, sagt Salisburg. chron. Hogwart, 204. Im Jahre 1245 schreibt der Kaiser dem Herzoge Friedrich von Oesterreich wegen einer Zusammenkunft: assumpta tecum nepte tua, futura consorte nostra (Müller, 180); es ward jedoch nichts aus diesem Plane.

II. Hinsichtlich der Kinder und Nachkommen Friedrichs geben wir noch folgende Erläuterungen:

1. Heinrich. Ueber ihn siehe unsere Geschichtserzählung an mehreren Orten.

2. Konrad. Ueber seine Geburt im April 1228. Rich. S. Germ., 1005, wo aber qu.ae flattqui gelesen werden muß; denn die Mutter starb, nicht das Kind.

3. Von Jordanus, 4. Agnes und 5. Heinrich handelt unter Anderen Inveg., Annal.

6. Margarethe und ihre Kinder. Tentzel, Vita Frid. Admorsi, 895. Sifridi epU., 1043. Verlobt 1246, vermählt 1254. Innocenz IV (Reg., a. IV, ep. 626: Non. Maji) fordert den Markgrafen von Meißen auf, die Verlobung zu trennen.

7. Anna, von Einigen auch Konstanze genannt, heirathete 1244 (Matth. Par., 431) den Batazes, ward aber von ihm schlecht behandelt und ging später in ein italienisches Kloster. Gregoras, II, 13; IV, 5. Pachymor., III, 7. Matth. Par., 431. Du Fresne, Illst. Const., V, 6, 58. Gibbon, XI, 123. Huillard, 115, 161. Nach Benv. S. Georg., 1352, hatte Manfred zwei Schwestern.

8. Manfred. Die Beweise über ihn und seine Familie sind bereits angeführt. Wahrscheinlich ward er geboren nach dem Tode Jolantens und vor der Verheirathung Friedrichs II mit Isabelle, oder zwischen 1228 und 1235. Cesare, I, 6, setzt dieselbe auf 1232. Daß Friedrich II den Tod seiner Gemahlin erlogen habe, ist dem Antonio Alefano um so weniger zu glauben, da er Elisabeth oder Isabelle von England als eine Tochter König Johanns bezeichnet. Cesare, I, 20. Der Heirathsvertrag zwischen ihm und der Tochter des Grafen Amadeus von Savoyen, Beatrix, der Wittwe des Mar-

Bemerkungen zur zweiten Stammtafel.

dese von Saluzzo, siehl in Gulchenon, preuv. 72, Capacelatro. II, 113, Bartol. de Neocastro, 1045.

2. Ueber Friedrich von Antiochien und seine Nachkommen siehe Amato, 18; Gaetani, II, 461; Mugnos. L. 69; Camici zu 1246. p. 10. Konrad Kapece und dessen Familie darf nicht mit der Friedrichs von Antiochien verwechselt werden. Bartol. de Neoc. Capacel. Farina. Amico, Lexic. Val Demona, I, 177, und der Artikel Centuripe.

10. Enzius. Savioli, III, 2, Urk. 769, 773. Petr. Vin., III, 82. Borgo, Dipl. pisani, p. 14. Er hatte auch Töchter von Beischläferinnen (Jacob. de Aquis bei Moriondus, II, 156), und Helena war vielleicht die einzige Tochter Adelasiens. Näheres bei Münch, S. 179.

11. Katharina. Chron. Ital. Dréh., 210. Inveges, 357. Mediol. ann. zu 1247. Münch, 331.

12. Blanchefleur. Im Kloster S. Dominique bei Montargis findet sich folgende Grabschrift: Cy gist très vénérable et excellente Dame Blanchefleur, qui fut fille de Frederic Empereur, laquelle pour l'amour de Dieu et de sa virginité depita l'empire et tout le monde selement de ses amis, vint en France en cette maison en habit de beguinage jusqu'à la fin et trespassa le 20 de Juni 1279. Ueber dem Grabmal ist ihr Bildniß angebracht (depingitur): sie hält in der Rechten eine Palme, in der Linken eine Tafel: Regnum et omnem ornatum saeculi contempsi. Ein zweiköpfiger Adler findet sich als Erinnerung der Abstammung. Gallia christ., XII, 257.

13. Violante, 14. Stemma, 15. Anna. Rocch. chron., 30. Pirri Sicil., I, XXX. Petr. Vin., III, 61, 79; VI, 2. spinelli, 1065. Aldimari. 11. Cesare, I, 85.

16. Selvaggia. Zazala, 32.

17. Filius tenellus starb zur Zeit des Kreuzzuges des Königs von Navarra. Frid. II epistolae, Nr. 6584, manuscr. de la bibl. royale à Paris.

18. Friedrich II nennt den Bischof Friedrich von Trident (1213) seinen consanguineus. Hist. dipl., L. 1, 219. Dies heißt vielleicht nur so viel wie intimus. Font. rer. Austr., II, 5, 263.

19. Chr. Ital. Bréh., 214, nennt noch einen (unehelichen?) Sohn Algardus.

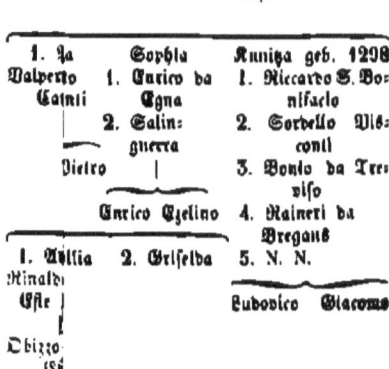

Sechste Beilage.

Ueber das Schlachtfeld von Skurkola.

1. Karl sagt in seinem Schreiben an den Papst: er habe die Grenzen des Reiches wohl gedeckt und sey den Märschen der Feinde drei Tage und drei Nächte gefolgt. Ich halte dies für unrichtig, denn:

a) die Grenze war nicht gedeckt, und wenn er, statt drei voller Tage, auch nur einen halben Tag früher in diesen Gegenden gewesen wäre, so würde er gewiß die höchst wichtigen Engpässe vertheidigt und Konradin nicht ungehindert in die Ebene hinab= gelassen haben.

b) In dem Schreiben an den Papst redet Karl nur von drei Tagen und drei Nächten; in dem Schreiben an die Pavienser (Palav. chron. in Murat., Antiq. Ital., IV, 1141) sind schon vier Tage und vier Nächte daraus geworden; ein Beweis, daß es mit dieser zur Rechtfertigung seines Verspätens hingesetzten Formel so genau nicht zu nehmen ist.

c) Alle anderen Schriftsteller lassen ihn in Eilmärschen von Lu= cerra nach Aquila ziehen; und von dieser Seite kam er auch erst an, als Konradin bereits in Skurkola stand.

2. Antinori läßt, wahrscheinlich um jene Tage und Nächte aus= zufüllen, Karl im Thale des Garigliano zwischen Sora und Kampi= strello hin und her ziehen. Hiegegen bemerke ich:

a) Wenn dem so wäre, würde es Karl, um seine Deckung der Grenzen zu beweisen, höchst wahrscheinlich gesagt haben.

b) Ist auf dieser ganzen Entfernung kein Uebergang über die Berge aus dem Kirchenstaate in das Neapolitanische möglich, also eine Deckung überflüssig.

c) Kann man aus dem Thale von Kampistrello mit einem Heere nicht über die Berge in das Thal des Salto hineinziehen.

d) Auch kommt Karl, seinen deutlichen Worten nach, von Ovinulo, also von Aquila, und hat keineswegs, wie Antinori irrig vor= aussetzt, den Celaner See zur Rechten gehabt.

3. Antinori läßt Konradin über Bolla di Teve, Roseloli u. s. w. ziehen. Dies halte ich für irrig, denn

a) diese und andere von Antinori genannte Oerter werden in den Quellen nirgends erwähnt.

b) Würde Konradin alsdann gar nicht nach Tagliakozzo und auf die valerische Straße gekommen seyn, was alle Quellen be= haupten.

c) Hätte er alsdann die hohen, unwegsamen Bergrücken über= steigen müssen, welche sich auf der linken Seite des Salto zwi=

schen Carsoli und S. Anatolia, hinter Skurkola bis Terano und weiter hinziehen.

d) Wäre er dadurch auf das rechte Ufer des Salto gekommen und hätte in der Schlacht diesen Fluß im Rücken gehabt, während die Quellen darin übereinstimmen, daß er seine Vorderseite gedeckt und der Kampf sich bei der Brücke erhoben habe.

e) Befindet sich die Kirche S. Maria della Vittoria, welche Karl gewiß nicht auf der Stelle seiner Niederlage, sondern seines Sieges erbaute, auf dem linken Ufer des Salto.

4. Daß der Hinterhalt Karls nicht auf der Nordseite des Berges Felice (Malllanus bei Hirt) gestanden habe, ergiebt sich aus Folgendem:

a) Würde Karl nur dann in das Thal gen Cese gekommen seyn, wenn er von Sora herbeigezogen wäre.

b) Widerspräche es seinen Worten, denen zufolge er nahe (prope) bei Alba stand.

c) Ist das Thal hier ganz offen, und die Berge verlaufen sich so in die Ebene, daß kein Hinterhalt anzubringen ist, den man nicht von dem höher liegenden Skurfola sehen könnte.

d) Muß der Weg nach Tagliakozzo dem fliehenden Konradin, der Weg nach Montekassino dem fliehenden Heinrich offen bleiben, was bei jener Annahme nicht möglich ist.

5. Der Hinterhalt stand aber auch nicht in dem Thale morgenwärts von Alba, weil er

a) alsdann viel zu entfernt gewesen wäre;

b) weil man dies Thal von Alba aus ganz übersieht, mithin daselbst nicht der voreilige Glaube entstehen konnte, Konradin habe gesiegt, während man die Schaar Erards von Valery noch unangegriffen halten sah; wogegen man die im Text bezeichnete Stelle des Hinterhaltes weder von Skurfola noch von Alba sehen kann.

6. Karls Worte sprechen für meine Ansicht; denn

a) nach Ovinulo konnte er nur von Aquila her kommen.

b) Die Villa Anzanii oder Avezeni, wie die Lesarten bei Rainald und Muratori lauten, heißt in dem Abdrucke bei Bouche, Hist. de Provence, II, 286, Avezano und ist unläugbar der noch vorhandene Ort gleiches Namens. Dahin ging Karl mit Recht, um die große Straße nach Sulmona zu decken, was nicht geschehen wäre, wenn er sich auf der Nordseite von Alba, etwa bei Ire Fornie aufgestellt hätte. Ja selbst wenn er von Sora her gekommen wäre, stand er jetzt auf jeden Fall mit dem Rücken nach dem Gelzner See und mit dem Gesichte gen Antrosciano.

c) Avezzano liegt aber in der Tiefe und keineswegs ganz in der Nähe von Alba, oder nur zwei Miglien von Konradins Lager

bei Sturfola; deßhalb muß der Hügel bei Alba, wohin Karl
von Avezzano aus zog, von dieser früheren Lagerstelle noth=
wendig unterschieden werden. Alle die von Karl angegebenen
Umstände passen vollkommen auf die Anhöhe bei Antrosciano,
wo man recht eigentlich sagen kann, daß die palentinische Ebene
sich eröffne, ausbreite (se explicat), und von wo aus Karl,
wenn er von Avezzano aufwärts gezogen war, zuerst Konradins
Lager sehen konnte.

d) Endlich bewegten sich beide Heere ganz angemessen auf der va=
lerischen Straße weiter, und die Siebenbrücken (selle ponti)
lagen allerdings zwischen beiden. Wenn man annimmt, daß
Karl im Thale gen Kampistrello stand, paßt dies Alles auf
seine Weise.

Siebente Beilage.

Ueber Konradins Verheirathung.

Dafür daß Konradin verheirathet gewesen sey, sprechen zwei
gleichzeitige Zeugnisse. Erstens sagt Pretio ohne nähere Bezeichnung
S. 10: O conjux infelix ejus; zweitens bestellt Konradin in einer
Urkunde von 1266 (Aettenkhover, Urk. 178), an deren Archtheil zu
zweifeln kein Grund ist, seinem Oheim Herzog Ludwig von Baiern
Pfand für Auslagen, die er gehabt habe: pro consummatione ma-
leimonii nostri apud Babenberg.

Ferner, erzählt Wipacher [1], ein Schriftsteller des 16. Jahrhun=
derts: Als Konrad 14 Jahre alt war, da gab ihm Dietrich,
Markgraf von Meißen, seine Tochter, und die Hochzeit war in Koburg.
Dabei war sein Vetter Herzog Ludwig von Baiern und viele Fürsten
und Herren.

Ladislas Suntheim und Veit Arenpek [2] äußern sich auf ähnliche
Weise, nur gebrauchen sie die Worte sponsa und desponsavit, was
man für eine bloße Verlobung halten könnte.

Andere gleich späte Schriftsteller [3] nennen die Tochter Dietrichs
Brigitta, und seitdem findet sich diese Annahme in allen genealogischen
Tabellen. Oßnungeachtet ist die Sache keineswegs im Klaren. Denn
wenn man auch Konradins Jugend nicht hinderlich findet und die

---

[1] In Beßtarievers Beiträgen, II, 10. — [2] Oefele, Script., II,
631. Pez. thes. nov., III J, 772. — [3] Menck. script., II, 910.
Jägers Geschichte Konradins, 36.

Nachricht des Bartolomäus de Neokastro (S. 10): daß er eine Tochter Frangipanis habe heirathen wollen, für falsch erklärt, oder als einen in der Angst ergriffenen Ausweg bezeichnet; wenn man sich auch nicht daran stößt, daß Konradin in der Todesstunde keineswegs der Gattin oder Braut, sondern nur der Mutter gedenkt: so bleibt doch ein großes Bedenken übrig, welches zu heben ich noch kein Mittel gefunden habe.

Dietrich von Meißen nämlich, geboren 1242, heirathete 1268 Helena, die Tochter Markgraf Johanns I von Brandenburg; und Brigitta, die Tochter dieser beiden Ehgatten, soll schon zwei Jahre vor Vermählung ihrer Aeltern im Jahre 1266 Konradin geheirathet haben! Dieser Unsinn ist keinem Genealogisten aufgefallen; auch haben sie Brigitte obendrein als das jüngste Kind aufgeführt und lassen ihren ältesten Bruder erst 1269 geboren werden. Klöden (Markgraf Waldemar, I, 413) nimmt an, daß Dietrich schon früher im funfzehnten Lebensjahre eine andere, ganz unbekannte Frau geheirathet und mit ihr Brigitta gezeugt habe, wogegen sich aber große Bedenken erheben lassen.

Ehe also keine neuen Aufklärungen eintreten, kann man zwar nicht unbedingt läugnen, daß Konradin, wo nicht verheirathet, doch versprochen gewesen sey; allein dies Ereigniß scheint auf seine Stimmung und Handlungsweise keinen Einfluß gehabt zu haben, und Brigitta, welche angeblich nach einander drei Konrade geehlicht haben soll, darf keineswegs mit voller Gewißheit als Braut bezeichnet werden.

Die Gedichte Konradins (Hagen, Minnesinger, I, 4) erwähnen einer Geliebten und seiner Jugend, aber nicht ausdrücklich einer Braut [1].

---

[1] Stälin, II, 216.

Inhalt.

Siebentes Buch. (Fortsetzung.)

Vierzehntes Hauptstück. Die Mongolen, Deutschland, Albert Beham (1154—1241) 1

Funfzehntes Hauptstück. Krieg in Italien, vereitelte Kirchenversammlung, Tod Gregors IX (1240—1241) 19

Sechzehntes Hauptstück. Von dem Tode Gregors IX bis zur Flucht Innocenz IV nach Lyon (1240—1244) 29

Siebzehntes Hauptstück. Das lateinische Kaiserthum, das Morgenland und die Chowaresmier (1238—1244) 54

Achtzehntes Hauptstück. Die Kirchenversammlung in Lyon (1245). 61

Neunzehntes Hauptstück. Maßregeln des Kaisers, italienische Verhältnisse, England und Frankreich (1245—1246) 80

Zwanzigstes Hauptstück. Deutsche Angelegenheiten, Heinrich Raspe, Belagerung von Parma (1244—1248) 98

Einundzwanzigstes Hauptstück. Deutsche Angelegenheiten, Wilhelm von Holland, Kämpfe in Italien. König Enzius gefangen, Tod Kaiser Friedrichs II (1247—1250) 115

Achtes Buch.

Erstes Hauptstück. König Ludwig IX von Frankreich und sein erster Kreuzzug (1244—1254) 139

Zweites Hauptstück. Deutschland und Italien vom Tode Kaiser Friedrichs II, bis zum Tode König Konrads IV (1250—1254) ... 170

Drittes Hauptstück. Neapel und Sicilien vom Tode Konrads IV bis zur Krönung Manfreds (1254—1259) 198

Viertes Hauptstück. Deutschland, die Könige Wilhelm, Alfons und Richard, der rheinische Städtebund und der Untergang des Chalifats (1252—1258) 216

Fünftes Hauptstück. Rom und die Päbste, Toskana und die Lombardei bis zum Tode Ezelins und Ulrichs von Romano (1255—1260) 246

Sechstes Hauptstück. Manfred und die Päbste, Florenz, Untergang des lateinischen Kaiserthums (1258—1261) 263

Siebentes Hauptstück. Italien vom Tode Papst Alexanders IV bis zum Tode König Manfreds (1261—1266) 277

Inhalt.

Achtes Hauptstück. Deutschland unter Alfons und Richard, die Regierung König Karls I. in Neapel (1256—1267) 328

Neuntes Hauptstück. Von dem Aufbruch Konradins aus Deutschland bis zu seiner Ankunft in Rom (1267—1268) 347

Zehntes Hauptstück. Von dem Aufbruche Konradins aus Rom bis zum Untergange aller Hohenstaufen und dem Tode Ludwigs des Heiligen (1268—1270) 365

Erste Beilage. Ueber Peter von Vinea........................ 391

Zweite Beilage. Stammtafel der Hohenstaufen. Zweite Hälfte.... 395

Dritte Beilage. Bemerkungen zur zweiten Stammtafel der Hohenstaufen 397

Vierte Beilage. Stammtafel der Ezelini 401

Fünfte Beilage. Stammtafel der Frangipani................... 403

Sechste Beilage. Ueber das Schlachtfeld bei Skurkola 405

Siebente Beilage. Ueber Konradins Verurtheilung............. 407

www.ingramcontent.com/pod-product-compliance
Lightning Source LLC
Chambersburg PA
CBHW050851300426
44111CB00010B/1220